프랑스어 교육학

Didactique du **français**

이근님 · 김은정
김정숙 · 김진하
김현주 · 박동열
서은영 · 심봉섭
윤선영 · 장니나
최윤희 · 최희재
한문희 · 홍승현 지음

신아사

머리말

프랑스어 교육을 전공한 10여 명의 모임으로 2008년 4월에 출발한 프랑스어교육연구회는 그동안의 연구 성과를 모아 프랑스어 교육 개론서를 내놓게 되었습니다.

프랑스어교육연구회 최초 모임은 각자의 관심 분야 논문을 읽는 것으로 시작되었습니다. 그러다가 2009년 2월부터 대학과 대학원에서 가르치고 배울 수 있는 프랑스어 교육 관련 서적을 집필하자는 데 의견이 모아졌고 이런 바람은 프랑스어문교육학회 송정희 교수 기금을 교부받게 되면서 구체화되었습니다.

저자 14명이 그동안 공부하고 연구했던 분야를 나누어 집필하기에 이르렀고 초고, 수정 원고를 내는 과정에서 가르치고 배우는 입장에서 상호 간에 수차례 검토와 토론을 거쳐 수정 · 보완을 하였습니다. 이러한 일련의 과정을 거치면서 저자들 각자가 자신의 전공 분야뿐 아니라 프랑스어 교육 전반에 대한 지식의 폭과 깊이가 향상되었습니다.

이 책은 프랑스어 교육학 전반에 관한 개론서로서 각 분야별 이론 및 현재 연구 동향, 교실에서의 실천 사례를 포함하여 관련 자료 분석, 그리고 향후 전망 등을 다룬 것으로 프랑스어 교육을 전공하는 학부생과 대학원생들을 위한 교재로 집필되었습니다. 1장과 2장에서는 프랑스어 교육학 발달사와 한국에서의 프랑스어 교육을 통해 프랑스어 교육 발달사를 짚어보고, 3장과 4장에서는 교육과정, 교수 · 학습방법론에서 실천적인 프랑스어 교육을 뒷받침 해 줄 수 있는 이론적 근거를 논하였습니다. 5장부터 13장에서는 언어학, 문화, 문학, IT 등과 교육학을 접목하여 교실에서의 실천을 염두에 둔 실용적인 내용들을 다루었습니다. 14장에서는 앞장에서 다룬 이론과 실천을 집대성한 교재론을, 15장에서는 교수 · 학습의 마지막 단계이자 교육 목표 설정에 결정적 영향을 주는 평가를 다루었습니다.

저희 집필진은 이 책이 프랑스어 교사나 프랑스어 교육 전문가가 되고자 하는 후학들에게 프랑스어 교육의 현주소를 파악하고 향후 프랑스어 교육의 향방을 가늠해 볼 수 있는 지표가 될 귀중한 서적으로 자리매김되길 기원합니다. 그리고 이번 집필을 계기로 보다 깊이 있고 전문적인 프랑스어 교육서의 집필 열기가 달아오를 것을 기대해 봅니다.

여러 해 동안 길고 긴 여정에 처음부터 끝까지 함께 참여해 준 집필진 모두에게 진심으로 감사드립니다. 막판에 목차를 새로 구성하면서 급하게 집필을 부탁드렸는데도 마다하지 않고 훌륭한 원고를 집필해 주신 김은정, 김진하, 최윤희 선생님께도 깊이 감사드립니다. 직접 집필에 참여하지는 않았지만 검토 작업에 참여하여 조언을 아끼지 않았던 노정규, 배진아, 서숙희, 이송 선생님께도 진심으로 감사드립니다. 본 모임의 간사로서 수고를 아끼지 않은 이혜리, 조성회 선생님께도 진심으로 감사드립니다. 어려운 프랑스어 서적 출판 환경에서도 집필진의 열정과 노고를 높이 사 기꺼이 출판을 해 주신 신아사 관계자 여러분께도 깊이 감사드립니다. 마지막으로 저희 집필진에게 전공서 집필의 단초를 마련해 주시고 용기를 가질 수 있게 해 주신 송정희 교수님께 머리 숙여 깊이 감사드립니다.

2015년 3월

대표저자 이근님

차 례

01 프랑스어 교육학 발달사 _ 심봉섭

02 한국에서의 프랑스어 교육 _ 윤선영

04 교수 · 학습 방법론 _ 김정숙

05 발음 교육 _ 김현주

06 어휘 교육 _ 김은정

08 읽기 교육 _ 홍승현

09 쓰기 교육 _ 박동열

10 문법 교육 _ 최윤희

11 문화 교육 _ 최희재

12 문학 교육 _ 김진하

13 컴퓨터 활용 프랑스어 교육 _ 장니나

14 교재론 _ 서은영

15 평가 _ 이근님

프랑스어 교육학

01

프랑스어 교육학 발달사

심 봉 섭

1950년대 이전까지만 하더라도 모국어로서의 프랑스어(français langue maternelle, 이하 FLM), 외국어로서의 프랑스어(français langue étrangère, 이하 FLE), 제2언어로서의 프랑스어(français langue seconde, 이하 FLS)라는 구분은 명시적으로 존재하지 않았다. 먼저 FLM과 FLE의 구분은 프랑스어 원어민이 자신의 모국어인 프랑스어를 습득할 때 발생하는 문제론과 외국인이 프랑스어를 학습할 때 발생하는 문제론은 동일하지 않으므로 프랑스어 교수·학습시 각각 다른 방법과 절차가 필요하다는 인식에서 비롯되었다. FLS는 프랑스어가 모국어 혹은 출신어(langue d'origine)가 아닌 경우로, 예를 들어, 프랑스에 이주해 온 이주민들에게 프랑스어는 FLS이다.

본 장에서 기술하는 프랑스어 교육학 발달사는 간단히 말해 FLE 교육의 발달사를 의미한다. 프랑스어 교육학 발달사에 대한 기술은 무엇에 중점을 두고 기술하느냐에 따라 내용이 매우 달라질 수 있다. 본 장에서는 FLE의 탄생과 이론적, 실천적 전개 과정, 학문으로서의 성립 과정에 초점을 맞추어 프랑스어 교육학의 발달 과정을 더듬어 볼 것이다.

프랑스어 교육학 발달사는 프랑스어 보급과 관련하여 프랑스 내에 독립적인 공식 기구의 설립, FLE 개념의 출현, 대학의 한 전공 분야로의 독립 시기 등을 고려할 때 다음과 같이 크게 세 시기로 구분해 볼 수 있다.

- 제1차 세계대전 이전 프랑스어 보급기
- 제1차 세계대전 이후 FLE개념 등장 이전 시기
- FLE 개념의 등장과 학문으로의 발전기

이 가운데 세 번째 시기는 다시 외국어교육에서 FLE가 주도적인 역할을 하면서 다른 외국어교육을 이끌어 가던 시기와, 유럽 통합 이후 외국어로서의 현용어(langue vivante étrangère, 이하 LVE) 교육의 문제에 포함되어 다루어지기 시작한 시기로 다시 구분해 볼 수 있다.

1. 제1차 세계대전 이전의 프랑스어 교육

FLE라는 명칭과 개념이 대두된 것은 1950년대 초이며, 이 명칭과 개념이 프랑스어 교육 영역에서 완전하게 정착된 것은 1970년대이다. 따라서 프랑스 영토 밖에서 공식적으로 혹은 비공식적으로 이루어진 프랑스어 교육의 오랜 역사를 돌이켜 볼 때 FLE의 역사는 그리 오래지 않다. 더구나 학문 분야로서의 FLE의 지위, 즉 본 장에서 '프랑스어 교육학'이라 지칭한 FLE 교육학에 관한 논의가 시작된 것은 1980년대 중반 이후부터이고, 이후 다양한 논의를 거쳐 FLE 교육학이 다른 학문들과 마찬가지로 하나의 학문 분야로 인정된 것은 2000년대 들어서이다. 이렇게 짧은 기간 내에 프랑스어 교육학이 성립할 수 있었던 것은 수 세기에 걸친 프랑스어 보급의 역사가 있었기에 가능한 것이었다. 학문적 사유 이전에 다양한 형태로 이루어졌던 프랑스어 보급과 교육적 실천은 엄격히 말해 일관되고 체계적인 흐름 속에서 공식적인 절차에 의거하여 이루어진 것이 아니라는 점에서 프랑스어 교육학 발달사 안에 포함시킬 수 없지만, 그럼에도 불구하고 이러한 교육적 실천이 프랑스어 교육학의 학문적 토양으로서의 구실을 했다는 점에서 프랑스어 교육학 발달사에 관한 논의에서 빼놓을 수 없는 부분이다. 따라서, 프랑스어 교육학 발달사를 본격적으로 다루기에 앞서 프랑스어 보급의 세기별 양상을 간략하게 소개하기로 한다.

Minerva & Reinfried(2012)에 의하면, 프랑스어는 17세기부터 제1차 세계대전까지 유럽 전역에 걸쳐 가장 중요한 외국어의 지위를 차지하고 있었다.

고전 프랑스어 시기인 17세기는 국어로서 프랑스어의 지위가 공고하게 되었던 시기이다. 고전학에 접근하기 위한 수단으로서 라틴어가 여전히 그 위세를 잃지 않고 있었던 이 시기에 프랑스 국내 교육 기관 중에는 프랑스어를 제1언어로서 가르치는 곳이 생겨나게 되었고, 프랑스 밖의 경우, 특히, 스페인과 이탈리아에서는 몇몇 예수회 계열의 중학교에서 프랑스어를 제2언어로 가르치기 시작하였다.[1] 이 시기에 이르러 처음으로 프랑스 인들은 프랑스어가 프랑스 내의 다른 언어보다 우수한 언어이며 유럽의 상류 사회에서 통용될 만한 가치가 있는 언어라는 생각을 가지게 되었다.[2] 또한, 17세기는 언어 교육에 대한 교수법적 성찰이 시작된 시기로 언어 교육 '방법(méthode)'이라는 개념이 언어 교육의 주요 개념으로 등장했던 시기이다. 1648년 최초의 언어 교육 이론서인 Comenius의 *La toute nouvelle méthode des langues*[3]의 출판을 필두로 17세기 후반에 출판된 스무 개가 넘는 저작물의 제목에 이 용어가 사용되고 있는 것으로 보아 당시 언어 교육 영역에서의 주요 관심사 중 하나가 체계화된 언어 교육 방법을 고안하는 것이었음을 짐작할 수 있다. 이 시기에 제2언어 혹은 외국어로서 프랑스어와 관련된 문법서로 C. Maupas의 *Grammaire et syntaxe françoise* (1607), A. Oudin의 *Grammaire françoise rapportée av Langage dv Temps* (1632), L. Chiflet의 *Essay d'une parfaite grammaire de la langue françoise* (1659)를 들 수 있다.[4] 이 가운데 특히 주목할만한 문법서는 Chiflet의 문법서인데 이 책의 '프랑스어 교수 · 학습 방법'이라는 제목의 장은 제2언어로서 프랑스어 교육을 다룬 최초의 글 중 하나로 여겨지고 있다. 이 외에도 관례와 규칙, 학교에서의 학습과 자연적 습득, 실재 사용(l'usage authentique)과 인위적 사용, 제1언어와 제2언어 간의 관계, 어휘 학습 등, 오늘날 서구의 외국어교육의 방법론적 성찰의 주요 주제들이 언급된 것도 이 시기에 간행된 교재와 이론서들을 통해서이다.[5]

일반 이성 문법의 시기인 18세기는 프랑스어가 오늘날의 프랑스어와 거의 유사한 형태를 가지게 됨으로써 유럽 다른 국가에서 보기에 학습할 가치가 있는 외국어로 인정될만큼 안정적 지위를 확보한 시기이다.[6] 18세기 동안 프랑스 밖에서는 300종 이상의 프랑스어 문법서가 간행되는 등 프랑스어에 대한 관심이 매우 높았지만, 제2언어로 프랑스어를 채택하고 있었던 유럽의 대부분의 나라에서는 이를 학교의 정식 교육과정에 통합하여 운영하기보다 정규 수업 외 교육 형태로 운영하곤 하였다. 그

1) Berré & Besse(2012:66)
2) Cuq & Gruca(2005:19)
3) *Methodus linguarum novissima*
4) Piron(2008)
5) Berré & Besse(2012:66)
6) Cuq & Gruca(2005:19-20)

이유는 제2언어는 무엇보다도 실제 사용을 통해 학습되어야 하므로 학교에서의 수업에는 적합하지 않다는 생각 때문이었다. 이 시기에 프랑스어 교육은 '문법'이라는 개념과 '번역'이라는 두 개념을 중심으로 당시 등장한 세 교수법인 문법-번역교수법, 독해-문법교수법, 직접교수법의 전신으로 볼 수 있는 직관교수법에 의거하여 이루어졌다.

19세기는 제2차 산업혁명, 식민지 확장 정책, 과학적 탐구의 전문화 등으로 인해 유럽 사회 전체에 걸쳐 커다란 변화가 일어나는 격동의 세기이다. 제2언어 혹은 외국어로서의 프랑스어는 이와 같은 시대적 상황 속에서 제2언어가 차지하게 된 위상과 그 맥을 같이 한다. 무엇보다도 민족국가의 출현으로 자민족 중심주의적 경향이 강해지면서 모든 국가는 자국어에 대한 관심과 중요성을 새로이 인식하게 되었고, 그 결과 국가 수준에서 언어 정책과 학교 정책을 수립하여 실행하기 시작하였다. 또한, 각국은 언어 정책과 학교 정책의 일환으로 제2언어의 제도화 정책을 추진하게 되고 이로써 제2언어는 학교의 한 과목으로 자리잡기에 이르렀다. 당시 학교에서의 제2언어 교육은 문법-번역교수법 혹은 번역-문법교수법에 따라 이루어졌고, 직관교수법은 학교 교육에 부적합하다는 이유로 사용되지 않았다. 직관교수법은 주로 실용적 언어 교육이 필요한 성인들, 국경지역에 거주하는 관계로 교육적인 목적보다 실용적인 목적으로 언어를 배워야 하는 초등학생들의 제2언어 교육에 사용되었다. 다른 한편, 제2차 산업혁명으로 경제 규모가 비약적으로 성장하게 된 유럽 각국은 경쟁적으로 식민지 확장에 나서게 되고, 식민 통치의 영속화 수단으로 식민지에서 제2언어로서 자국어 보급에 힘을 기울였다. 식민지에서의 프랑스어 교육에서는 수많은 논의와 논쟁을 거친 끝에 19세기 말에 이르러 직관교수법이 사용되었다. 이와 같이 19세기 내내 모든 유럽 국가에서 제2언어 교육은 전통교수법에 의거하여 이루어졌지만, 언어의 실용적 측면에 대한 필요성을 점점 더 첨예하게 느끼게 된 유럽의 여러 국가들은 19세기 말에 이르러 직접교수법을 공식적인 제2언어 교육 방법으로 도입하기에 이르렀다.

2. 제1차 세계대전 이후의 프랑스어 교육

2.1. 외국에서의 프랑스어(le français à l'étranger)

1차 대전 이후 프랑스는 유럽 대국들 가운데 지리적, 정치적으로 국제적인 위상을 확보하기 위하여 식민지뿐 아니라 그 외 지역에도 프랑스어를 보급하려는 정책을 수립하였다. 이 정책의 핵심은 외국인 교사들에게 높은 수준의 프랑스어 연수 기회를 제공함으로써 이들이 자신의 나라에서 프랑스어를 보급하는데 기여하게 하는 것이었다. Galisson(1998:266)에 의하면, 이러한 정책의 일환으로 1920년 Paris에 '국외 프랑스어 교사 준비 고등학교(École Supérieure de Préparation des Professeurs de Français à l'Étranger, 이하 ESPPFE)'가 설립되었고, 이 학교는 1945년 교사 재교육 기능을 추가하여 '국외 프랑스어 교사 준비 및 재교육 고등학교(École Supérieure de Préparation et de Perfectionnement des Professeurs de Français à l'Étranger, 이하 ESPPPFE)'로 개편되었다. 이 두 기관의 교육 연한은 ESPPFE가 1년이었으며, ESPPPFE로 개편된 후에는 2년, 1947년부터 1985년 문을 닫을 때까지는 3년이었다. ESPPPFE는 1953년에 중등교원 자격증인 CAPES[7]의 현대 문학 전공에 '외국어 전공'이라 기재된 자격증 과정을 신설하여 1980년에 교육부에 의해 폐지될 때까지 운영하였다.

위 두 기관의 명칭에 들어 있는 '외국에서(à l'Étranger)'라는 말이 시사하는 바는 다음과 같다.

첫째, 당시 프랑스어 보급 정책은 프랑스 국내에 체류하거나 거주하는 외국인들을 위한 것이 아니라 다른 나라에 프랑스어를 보급하기 위한 것, 즉 '외국에서의 프랑스어' 교육이라는 개념을 중심으로 이루어졌다. 따라서, 시대 상황적으로 볼 때 FLM과 FLE 간의 구별에 대한 생각이 아직 표면적으로 드러나지 않고 있었다. '외국에서의 프랑스어'라는 개념은 그 대상(=외국인)과 환경(=외국)이 분명하다는 점에서, FLE라는 용어가 가지고 있던 고질적인 모호성, 즉 프랑스어 원어민 입장에서 볼 때 자신의 모국어가 어떻게 외국어일 수 있는가 라는 의구심을 일으키지 않는 장점이 있었

7) certificat d'aptitude au professorat de l'enseignement secondaire

다.[8] 그러나, 이 개념은 외국인을 대상으로 하는 프랑스어 교육의 공간적 범위를 외국으로 명확히 한정함으로써 후에 국내외를 모두 포괄하는 개념으로서 FLE라는 용어가 자연스럽게 등장하는 계기를 마련해 준 셈이다.

둘째, 당시 프랑스어 보급을 위한 교육 정책의 핵심은 '국외 프랑스어 교사 준비'라는 말이 시사하는 바와 같이 가르치는데 사용할 도구를 제작하는 것보다 교육하는 주체인 교사를 잘 양성하는 데 있었다. 교육의 재료나 대상보다 가르치는 주체를 잘 양성하는 것이 프랑스어의 보급과 교육에 가장 효과적이라는 생각을 지지하고 있던 당시 프랑스어 교육 전문가들은 다음 세대의 FLE 전문가들과는 달리 프랑스어 교수·학습 원리나 방법론, 수업을 위한 교재를 만들어내는 데에 관심이 없었다.[9]

2.2. 외국에서의 프랑스어로부터 FLE로

FLE라는 분야의 존재가 인정을 받기 시작한 것은 연대적으로 볼 때 1951년 CREDIF[10]의 전신인 '기초 프랑스어 연구소(Centre d'études du français élémentaire)'에서 조사 및 연구가 시작되어 1954년 기본 프랑스어(le français fondamental, 이하 FF) 첫 목록을 발간하면서이다. 프랑스 교육부의 후원 하에 언어학자 G. Gougenheim에 의해 주도된 이 FF 선별 작업은 1950년대 10년 간에 걸쳐 이루어진 작업으로, 2차 세계대전 이후 프랑스가 직면하고 있던 다음과 같은 세 가지 정치적 문제를 해결하기 위한 작업의 일환이었다:[11]

> **CREDIF** : 1959년 프랑스어 보급을 목적으로 설립된 기관. SGAV 교수법을 창안. 1996년 폐지되기까지 프랑스 국내 및 타국가에서 외국인을 위한 프랑스어 교육, FLE 교사 연수, 전문 프랑스어 연구, 이주 노동자들의 언어 교육 등, FLE와 관련된 이론 연구와 실천을 주도. 다음과 같은 교재들을 편찬: *Voix et Images de France (1958), Bonjour Line (1971), De vive voix (1972), Archipel (1982)*

– 습득이 용이한 프랑스어를 보급함으로써 외국에

8) Galisson(1998:266)

9) Galisson(1998:267)

10) Centre de recherche et d'études pour la diffusion du français

11) Cuq et Gruca(2005:196)

서 프랑스어의 위상을 만회한다.
- 해외에 있는 프랑스 영토에 프랑스어를 보급함으로써 이 지역 주민들의 취학 문제를 해결한다.
- 프랑스 국내 이주민들에게 프랑스어를 가르침으로써 이들의 통합을 용이하게 한다.

상황적으로 볼 때, 이 시기의 프랑스어 교육은 교육의 장소와 대상이 확대된 것으로 해석할 수 있다. 외국에서, 즉, 프랑스어가 사용되지 않는 환경에서 프랑스어를 배우는 외국인을 위한 교육이라는 개념이 지배적이었던 1950년대 이전의 시기와 달리 이 시기에 들어 프랑스어 교육은 외국뿐 아니라 프랑스 내에 있는 외국인을 위한 교육을 포괄하는 개념으로 바뀌게 되었다. 그 결과 FLM과 대립되는 개념으로서의 FLE가 프랑스 인들의 마음 속에 자연스럽게 한 자리를 차지하게 되었다. 그리고 '프랑스어가 사용되는 환경 하에서'라는 개념은 이후 FLE 이론의 발달과 교육적 실천의 암묵적 전제로 작용하였다.

이와 같이 넓은 지역에 걸쳐 빠르게 프랑스어를 보급하려는 목적으로 작성된 FF는 이후 1976년 *Un niveau-seuil*가 출간되기까지 국내외 프랑스어 교육에서 기본적인 참조 도구의 역할을 하였다. 그러나, 프랑스어 교육 발달사의 관점에서 볼 때, FF 목록의 작성이 프랑스어 교육에 가져온 중대한 변화는 외국어 교육에 대한 관점의 변화이다. 앞서 살펴 본 바와 같이, 짧은 기간이기는 하지만 약 40년 동안 프랑스어 교육의 중심이 교육의 주체인 교사 양성에 있었다면, FF의 간행은 교육의 중심이 주체로부터 다시 재료로, 그러나 이전과는 다른 방식으로 되돌아 왔다는 점이다. 16세기 이래 유럽에서 프랑스어 교육에 대한 관심은 다양한 유형의 프랑스어 자료 간행 형태로 나타났다. 2개어 사전 혹은 다국어 사전, 단어 목록, 표현 목록, 주제별로 분류된 대화집, 여행객이나 상인, 학생들을 위한 속성 문법서 출판 등이 그 예이다. 이러한 오랜 전통에 비추어 볼 때, 교사 양성 중심의 프랑스어 보급 정책은 오히려 새로운 시도였다고 할 수 있으며, FF의 출간은 프랑스어 교육의 오랜 전통인 재료 중심의 프랑스어 교육으로의 회귀로 볼 수 있다. 그러나 FF가 이전의 재료들과 다른 점은 전적으로 일상 구어에 기반을 두고 작성된 목록이라는 점, 그리고 목록 작성을 위해 인터뷰, 실생활에서 이루어지는 원어민들의 대화 녹음 등 다양한 유형의 대규모 자료 수집 절차를 거쳐 실제 사용 빈도에 따라 목록을 확정했다는 점이다. 객관적으로 입증되고 실용성이 매우 높은 기본 자료를 제시함으로써 프랑스어 교육의 실재성과 효율성, 경제성을 높이려는 이 노력은 그 당연한 귀결로서 어떻게 가르칠 것인가의 문제에 대한 성찰로 이어졌다. 프랑스어 교육은 이제 더 이상 이전과 같이 교수자 한 개인의 경험과 즉흥성에 의해서가 아니라 객관적이고 효율적인 절차와 방법에 의해서 이루어질 필요가 있었다. 이러한 시대적 요구는 프랑스어 교육 역사상 처음으로 과학적인 프랑스어 교수 · 학습 방법론의 개발로 이어지게 되어, 이후 방법론(méthodologie)의 시대가 열리는 계기가 되었다.

1950년대 말 프랑스 식민지들의 독립이 완성되고, 상업적 · 기술적 국제화의 물결이 일기 시작하면서 국가 간의 교류가 활발해짐에 따라 보다 실용적인 언어 학습에 대한 요구가 점점 더 증대되자 프랑스 정부는 FLE를 보다 조직적이고 체계적으로 보급하기 위하여 이를 전담하는 기관을 설립하기에 이르렀다. 앞서 언급한 바 있는 CREDIF가 1959년 설립되었고, 같은 해 BELC[12)]가 설립되었으며, 이 두 기관보다 덜 알려지긴 했지만 두 기관에 앞서 1958년 Besançon에서 CLA[13)]가 설립되었다.

CREDIF는 1961년에 FF를 토대로 최초의 FLE 교재인 *Voix et Images de France* (이하 *VIF*), 1971년에는 *De vive voix*를 제작하였는데, 이 두 교재는 구조 · 총괄시청각교수법(méthode SGAV[14)])의 원칙이 적용된 교재로 전세계에 걸쳐 대성공을 거두었다. SGAV 교수법과 *VIF*를 비롯하여 이후 출간된 교재의 이론적, 실천적 기반이 된 원칙을 살펴보면 다음과 같다:[15)]

- 언어의 근본적 실체는 그것의 구두적 측면이다.
- Saussure로부터 유전된 구조주의 언어학은 언어를 기술하기에 좋은 도구이다.
- 심리학, 그 중에서도 특히 Skinner의 행동주의는 학습의 기본 구성요소이므로 교육 도구에 통합되어야 한다.
- 의사소통 수단으로서 여러 매체를 사용함으로써 학습자의 요구에 부합하는 교육을 촉진시킬 수 있다.

---

12) Bureau d'enseignement de la langue et de la civilisation française à l'étranger. 1959년 창립 당시 명칭은 BEL(Bureau d'études et de liaison pour l'enseignement du français dans le monde)이었고, BELC로 명칭이 바뀐 것은 1965년이다.

13) Centre de linguistique appliquée

14) structuro-globale audiovisuelle

15) Porcher(1995:11)

이 원칙은 의사소통접근법이 등장하기까지 FLE 이론과 실천을 지배하는 원칙의 역할을 하였고, 첫 번째와 네 번째 원칙은 오늘날까지도 모든 언어 교육 방법론과 언어 수업에서 중요시 되는 원칙이다.

CREDIF가 고등교육 수준에서의 FLE에 관심을 가졌다면, 그와 경쟁 관계에 있었던 BELC는 외무부와의 협력 관계를 맺고 중등교육 수준에서의 FLE 보급에 더 많은 관심을 기울였다. 그러나 FLE의 행동 기반을 방법론에 두고 있던 시대적 분위기의 영향을 받았던 BELC는 새로운 방법론을 창안해 내기보다 미국에서 청화식 교수법(méthode audio-oral, 이하 MAO)을 받아들여 1969년에는 이에 기반한 교재인 *La France en direct*를 출간하였다.[16]

FLE의 태동과 함께 새로운 방법론에 큰 기대를 걸었던 FLE 교수법 학자들과 교수자들은 이 방법론에 의거한 언어 교육에서 학습자들의 놀랄 만한 진보에 환호하였지만, 오래지 않아 새로운 문제에 직면하게 되었다. 당시의 용어로 '수준1(Niveau 1)'로부터 '수준 2(Niveau 2)'로의 진보의 문제이다. 이른바 과학적 방법론에 의거한 FLE 수업 결과, 학습자들이 '수준 1'의 단계, 즉, 기본적인 언어 구조를 습득하여 이를 기반으로 학습한 상황과 동일하거나 유사한 상황에서 그것을 사용하는데까지는 이르렀으나, 대부분의 학습자들이 다음 단계로 넘어 가는데 어려움을 겪고 정체 상태를 보였다. 1970년대 초에 제기되어 의사소통접근법이 등장하기 전까지 FLE 교수법에서 주요 관심사가 되었던 '수준 2'의 문제는 어떻게 하면 학습자들이 의사소통 상황에 따른 발화체의 의미 변화를 이해하고 자신의 의사소통 의도에 맞게 언어를 구현하며 의사소통하기에 이를 수 있을 것인가에 대한 고민이었다. 자율성이 부족하고 언어적으로 정형화된 의사소통 단계로부터 보다 자율적이며 자유로운 의사소통 단계로 학습자의 의사소통 능력을 끌어올리는 문제는 SGAV교수법 이후의 모든 교수·학습 방법론들에서도 동일하게 마주치는 문제이며, 오늘날까지도 언어교육에서 학습자의 진보와 관련하여 해결해야 할 중요한 문제이다.

1970년대 초 '수준 2'의 문제와 아울러, SGAV교수법에 대한 회의가 서서히 일기 시작했는데, 그 논란의 중심은 구어 중심의 FLE 교육의 지속적인 효율성에 대한 것이었다. 특히 프랑스어가 통용되지 않은 지역에서 일반적인 목적에서가 아니라 직업적

16) Galisson(1998:267)

혹은 전문적인 이유로 프랑스어를 배우고자 했던 학습자들에게 필요한 것은 프랑스어를 듣고 말하는 것이 아니라 글을 읽는 능력이었다. 이러한 학습자 층에 대한 고려는 직접교수법(méthode directe)과 SGAV교수법의 적용으로 프랑스어 수업에서 뒷전에 밀려있던 읽기(lecture)의 중요성을 부각시키는 계기가 되었다. Beacco(2007:60)가 의사소통접근법이 탄생하는 단초가 된 것으로 보고 있는 읽기 능력과 관련된 당시의 논의들은 직업적 혹은 전문적인 이유로 정해진 범위 내에서 최소한의 능력을 빠르게 습득하여 언어를 사용하게 하는데 목적을 둔 도구 프랑스어(le français instrumental)를 탄생시켰다. 그러나 이와 같이 전문화된 프랑스어 교육은 곧 이어 거기에 일반적인 목적의 프랑스어 교육의 개념이 추가된 기능 프랑스어(le français fonctionnel) 개념으로 확장이 되었는데, 이는 전문 프랑스어를 우선적으로 필요로 하는 학습자도 프랑스어 권 지역을 방문하거나 거기에 거주하게 되는 경우 일상생활을 영위하기 위한 프랑스어가 필요하다는 점을 고려한 결과이다. 이처럼 학습자의 언어적 필요(besoins langagiers)에 대한 고려는 당시 일반 교육학 분야에서 일고 있던 학습자 중심(centrage sur l'apprenant)의 교육이라는 일반 교육학의 원칙을 자연스럽게 수용하면서 의사소통접근법의 핵심적인 원리 중 하나로 자리잡게 되었다.

2.3. 제2언어로서의 프랑스어(français langue seconde)

1절의 역사적 고찰에서 시사된 바와 같이, 제1언어로서의 프랑스어와 구별되는 개념으로서 FLS 개념은 오래전부터 존재해 왔지만, 이 개념이 구체화되어 FLS라는 용어로 지칭되며 FLE와는 다른 관점에서 하나의 독립적인 영역을 구성하기 시작한 것은 1980년대이다. Cuq & Gruca(2005:94-95)에 의하면, FLM 교수법과 FLE 교수법 간의 구분이 명확했던 가운데 FLS가 등장한 것은 이 FLM과 FLE라는 두 개념만으로는 프랑스어 습득 상황 전체를 기술하는데 어려움이 있었기 때문이다. 특히 프랑스어가 인구 대부분의 모국어가 아니면서 법규상으로나 사회적인 이유로 외국어도 아닌 지역들의 경우가 문제이다. 예를 들어, Côte d'Ivoire나 프랑스의 DOM-TOM 지역의 경우 프랑스어가 공식어(langue officielle)일 뿐 모국어나 외국어라 보기 어려우며, 캐나다, 벨기에, 스위스의 경우도 상당수의 인구가 프랑스어를 사용하고 있지만 프랑스어에 대해 모국어 혹은 외국어라는 지위를 부여하기 어렵다. 또한, 북아프리카의 이른바 마그레브 지역의 프랑스어는 공식어는 아니지만 교육 체제나 문화적인 측면에서 볼 때 여전히 사회적으로 중요한 역할을 하고 있는 언어이므로 단순히 외국어로 분류하기에는 무언가 석연치 않은 점이 있다. FLS라는 용어와 개념이 등장한 것은 바로 이와 같은 상황에서이다. 역사적으로 볼 때, FLS라는 용어가 처음 명시적으로 사용된 것은 1975년 튀니지의 프랑스어 교육 문제를 다룬 A.-M. Blondel의 논문이고, FLS가 하나의 영역으로 부상된 것은 1980년대 말이지만, 1960년대 간행된 몇몇 FLE 전문지들을 살펴 보면 이미 많은 논문들에서는 FLE와 FLS를 구별하여 다루고 있다.[17] 그러나, FLS를 어떻게 이해하여 어떻게 정의할 것인가에 관해서는 학자마다 상당한 의견의 차이가 있다. Cuq & Gruca(2005:95-96)에 의하면, FLS에 대한 정의는 대체로 다음 두 가지 유형으로 대별된다. 첫 번째 유형은 영국 사회언어학에서 유래된 개념에 입각하여 언어 습득 순서상으로 볼 때 제1언어 이후 습득한 언어를 제2언어라고 보는 견해를 따르는 정의이다. 두 번째 유형의 정의에서 FLS는 다른 외국어들과 마찬가지로 여전히 외국어이다. 그러나 법적 가치나 사회적 가치면에서, 그리고 이중 언어 혹은 다중 언어 공동체인 그 공동체가 FLS에 대해 요구하는 습득 정도 면에서 볼 때 함께 존재하는 다른 외국어와 구별되는 언어이며, 이 공동체의 구성원들의 심리적, 인지적, 정보적 발달에 있어 우선적인 역할을 하는 언어이다. 이 외에도 다양한 정의가 있지만, 오늘날 FLS라고 할 때 가장 일반적으로 받아들여지는 정의는 첫 번째 정의이다.

2.4. LVE들 가운데 하나로서의 FLE

1980년대 중반 이후 많은 대학에서 FLE 관련 학과가 창설되고 1990년대 들어서는 이 학과들에 FLE 박사학위 과정이 개설됨에 따라 독립적인 학문으로서의 FLE의 위상이 뚜렷해지는 양상을 보이기 시작했다. FLE가 대학에서 한 학문 분야로 편입됨에 따라 그때까지 FLE의 방법론과 교재를 개발하여 보급하고, 외국인 교사를 연수하는 등 FLE와 관련하여 중심적 역할을 해왔던 기관들은 FLE 영역에서 설 자리를 잃기

17) Cuq(1992:14)

시작했다. 그 결과 1996년에는 그 동안 FLE 교수법의 산실이었던 CREDIF가 폐지되었고, BELC는 현재 CIEP[18] 하에 여전히 남아 있기는 하나 그 기능과 역할이 축소된 상태이다.

그러나 프랑스 국내 대학에서 FLE 관련 분야의 외연적 확장과 달리 대외적으로 프랑스어의 영향력은 점점 더 줄어드는 추세에 있었고, 이러한 시대적 분위기로 인해 1960년대 이래 약 40년간 외국어교수 · 학습 방법론 분야에서 FLE가 누려왔던 독점적 지위는 그 명분을 잃어 가고 있었다. 1950년대 이래 지속적으로 추진되어 온 유럽 통합이 실현되기 직전인 1990년대 말에 이르러 프랑스의 외국어교육 전문가들은 외국어교육에 관한 논의가 이제는 더 이상 특정 언어 중심, 즉 FLE 중심이 아니라 LVE 전체를 아우르는 총체적인 관점에서 이루어져야 할 필요성을 느끼게 되었다.[19] 1996년 CREDIF의 폐지는 이와 같은 맥락에서 이루어진 것으로 그 때까지 프랑스뿐 아니라 유럽 전역에 걸쳐 외국어교육의 방법과 절차를 주도해 왔던 FLE 중심의 교수법의 종결을 의미한다. 이후 FLE에 관한 논의는 유럽연합의 출범과 함께 유럽 연합의 언어정책의 일환으로 2001년에 출간된 유럽공통참조기준(*Cadre européen commun de référence*, 이하 CECR)이 표방하는 행위중심적 관점(perspective actionnelle, 이하 PA)에 의거하여 통합 유럽의 정치적, 사회적, 경제적, 문화적 상황을 고려하는 최적의 현실적 교수법을 도출하는 방향으로 나아가고 있다.

3. 프랑스어 교육학의 정립

프랑스어 교육학에 관한 논의가 시작되어 오늘날에 이르기까지 과정을 살펴보기에 앞서 didactique du français (langue étrangère et seconde)의 번역어로 사용한 '프랑스어 교육학'이라는 용어의 적절성을 논해 보자.

---

18) Centre international d'études pédagogiques

19) Galisson(1998:270)은 FLE 교수법의 주된 한계를 다음과 같이 지적하고 있다.
- 문화적 차이를 집단적 균질성으로 희생시키는 기대에 어긋나는 보편주의
- image를 외국의 의미의 절대적 매개수단으로 삼으려는 결실없는 시도
- 교수절차의 너무나 철저하고 반복적인 연출

3.1. 우리말 명칭 문제: 프랑스어 교수법과 프랑스어 교육학[20]

우리나라 프랑스어 교육의 역사를 돌이켜 볼 때 프랑스어의 didactique라는 용어는 교수법이라는 말로 번역되곤 했다. 그런데, 우리말에서 '...법'이라는 말은 '방법'이나 '기술', 즉 실천에서 비롯되는 경험적 지식의 규칙화를 의미한다. 따라서, 프랑스어 교수법이라고 할 때 이 명칭은 프랑스어 교육이 이론적 성찰의 대상이 아니라 경험에 의하여 축적된 실천 방법이나 기술이라고 생각하게 하는 경향이 있다. 그러나, FLE 탄생 직후인 1970년대 초 프랑스에서는 이미 언어 교육은 어떤 기술을 숙달시켜 숙련된 기술자를 양성하는 것과는 다르며 그 자체가 하나의 학문이자 과학이라는 관점에서 언어 교육을 바라보려는 시도가 있었다. Galisson과 같은 학자는 여기서 한 걸음 더 나아가 언어교수법이 다른 학문 분야들과는 다른 자립적 학문 분야를 구성할 수 있고 구성해야 한다는 점을 강조하면서 didactologie라는 새로운 명칭을 만들어 제안한 바 있다.[21] FLE 교육이 시작된 이래 반세기 이상의 시간이 지난 이 시점에서 FLE를 포함한 언어 교육 분야를 전반적으로 조망해 볼 때, 프랑스어 교육에 대한 인식이 그리 높지 않았던 시기에 만들어져 사용되기 시작한 '프랑스어 교수법'이라는 우리말 명칭은 이 분야를 지칭하는 용어로는 부적절함을 느끼게 된다. '...법'이라는 말에 대해 좀 더 부연해 보자면, 우리는 일반적으로 일상적으로 실천하는 그 어떤 반복적인 행위에 대해 경제성과 효율성에 기반하여 경험적으로 일정한 틀을 부여하게 될 때, 그 행위에 일정한 구조가 있음을 상정하면서 '...법'이라는 어미를 붙인다. '...법'이라는 어미가 붙은 용어들이 지시하는 행위는 경험적으로 익힌 일정한 틀이 있지만 그것이 포괄하는 현상이 너무 다양하고 변화무쌍하여 아직 이론적 체계화 단계에 이르지 못했거나, 반대로 관련된 행위가 포괄하는 영역이 매우 좁아 이론화 자체를 생각할 수 없는 경우들이다. 이렇게 볼 때 우리나라의 경우 학교문맥에서 주로 사용되기 시작한 용어인 프랑스어 교수법이라는 명칭에 대해서 아무런 이의 제기없이 지금

---

20) 본 절의 논의는 拙稿(2005)의 '4.2. 명칭의 변화 - '불어교육학''의 내용을 약간의 수정한 것이다.

21) didactologie라는 명칭은 프랑스에서 모두에게 인정받는 명칭은 아니지만, 부분적으로 그것이 사용되는 경우를 찾아볼 수 있고(대표적인 경우로 잡지 부제에서 didactologie라는 용어를 사용하고 있는 *Étude de linguistique appliquée*를 들 수 있다), 명칭은 아니더라도 그것의 개념적 측면은 언어교육이 나아갈 방향을 시사하는 것으로 평가되기도 한다(Puren(1998)의 경우).

까지 사용될 수 있었던 것은, 대부분의 사람들이 프랑스어 교육을 첫 번째에 해당하는 경우, 즉 귀납적으로 도출된 행위구조가 체계화된 이론화에 이를 수 없는 경우로 생각해왔기 때문인 것으로 보인다. 그런데, 오늘날 모두가 인정하듯이, 프랑스어 교육이 자립적이며 과학적인 학문이라고 한다면 프랑스어 교육에 '...법'이라는 어미를 붙여 프랑스어 교수법이라 부르는 것은 그것의 위상에 걸맞지 않는 명칭일 것이다. 현재 우리 나라 프랑스어 교육 영역에서 '프랑스어 교수법'을 대신할, 모두가 동의하는 적절한 명칭에 대한 논의는 공식적으로 진지하게 제안된 바 없다. 그렇다면, 과학적 학문으로서 프랑스어 교육에 맞는 명칭은 어떤 것일까? 먼저, 과학적 학문으로서의 성격을 부각시키기 위해서는 우리가 다른 학문분야를 지칭하기 위해 흔히 사용하고 있는 '...학'이라는 어미를 사용하는 것이 합당할 것이다. '...학'이라는 어미를 사용하여 현재의 프랑스어 교수법을 '프랑스어 교수학'이라고 지칭하는 것은 명칭에 최소한의 변화를 주면서 프랑스어 교육의 과학적 성격을 부각시킬 수 있고, 프랑스어 교수법이라는 용어에 친숙한 사람들에게 그리 큰 거부감이 없이 받아들여지게 할 수 있는 방법일 것이다. 게다가 프랑스어 교수법으로부터 프랑스어 교수학으로의 명칭 변경은, Galisson(1986:108)이 didactique와 didactologie의 대립을 실천과 이론의 대립으로 규정하면서 didactique라는 용어에서 출발하여 didactologie라는 용어를 제안한 것처럼 용어상의 최소한의 변화로 최대한의 개념적 변화를 이끌어내는 효과가 있다. 그러나, 프랑스어 교수법이라는 용어가 그렇듯이, 오늘날 교수 · 학습의 중심이 학습자에게로 옮겨져 있는 상황에서 '...교수...'라는 말을 그대로 유지하는 것은 교육의 중심이 교수자에 있다는 인상을 줌으로써 시대적인 흐름에 역행하는 듯한 인상을 줄 우려가 있다. 이를 보완하기 위한 방안으로 '교수'라는 용어에 '학습'이라는 용어를 부가하여 '프랑스어 교수 · 학습학'이라고 부르는 것도 하나의 방안이 될 수 있지만, 이것 역시도 프랑스어 교육의 분야를 교수와 학습의 두 영역으로만 인식하게 만들 위험이 있다. 이렇게 볼 때, 프랑스어 교육분야 전체를 포괄하는 용어로 '프랑스어 교육학'이라는 명칭은 이러한 위험을 피하면서 프랑스어 교육의 과학적 성격을 잘 드러내 줄 수 있는 용어일 것이다. 그러나 이 명칭은 오늘날 우리나라의 교육계에서 교육학이라는 분야가 차지하고 있는 위상과 영향력에 비추어 볼 때, 프랑스어 교육을 일반 교육학의 한 특정의 분야인 것처럼 느끼게 할 수 있다는 점에서 그리 만족스러운 명칭은 아니지만, 이런 함축이 없고 프랑스어 교육의 현 상황을 가장 잘 반영해 줄 수 있는 새로운 명칭을 창조하지 않는 한 현재로서는 가장 적합한 명칭일 것이다.

3.2. 과학적 학문으로서 프랑스어 교육학[22)]

프랑스어 교육학의 과학성에 관한 본격적인 논의는 1980년대 들어 시작되었다. 이 논의의 핵심은 FLE를 포함한 언어 교육이 과연, 예를 들어, 언어학, 심리학, 사회학 등과 같은 학문들과 어깨를 나란히 할만한 자격이 있는가에 관한 논의이다.

그것의 속성상 실천에 기반을 둔 학문으로서 프랑스어 교육학은 교실에서 이루어지는 교수자와 학습자, 학습자와 학습자 간에 이루어지는 다양한 유형의 상호작용에 대한 관찰로부터 출발해서 교수 · 학습에 일정한 틀을 부여하게 된다. 또한, 프랑스어를 학습하는 학습자 집단, 심지어는 학습자 개개인의 차이로 인해 발생하는 모든 교수 · 학습의 문제들을 다 고려한다는 것은 불가능하지만, 프랑스어 교육학은 이러한 문제점들을 분류하고 유형화하여 생산성이 있는 해결책을 제시하려는 시도를 끊임없이 한다. 이 과정에서 프랑스어 교육학은 유사한 문제를 다루는 다른 학문 분야, 예를 들어, 언어학, 심리학, 사회학, 의사소통 문화기술지(ethnographie de la communication) 등의 학문 분야에서의 성과를 참조하게 된다. 그런데, 프랑스어 교육학이 여러 학문들로부터 빌어온 개념들의 단순한 혼합체가 아니라 이 학문들과 대등한 지위를 지니는 자립적인 학문으로 인정받기 위해서는 이 개념들을 프랑스어 교육학의 필요에 맞게 재정의하고 재공식화는 것이 필수적이며, 이는 프랑스어 교육학 고유의 과학적 계획에 따른 이론화를 통해 가능하다.

그러면, 프랑스어 교육학이 하나의 과학으로 인정받기 위한 조건은 무엇인가? 이 질문에 대해 누구나 납득하고 동의할 수 있는 대답을 내놓기란 쉬운 일이 아니다. Milner(1989:23)는 과학성의 조건으로 경험적 성격, 경험의 수학화, 기술(technique)과 관계 맺기라는 세 가지 조건을 들고 있다. 일단 이 세 가지 조건을 과학성의 기준으로 받아들인다고 가정하고 이 기준들에 비추어 프랑스어 교육학의 현 상태를 점검해 보자. 그 어떤 과학이 경험적이라는 것을 그 과학이 제안하고 있는 명제들의 논박 가능성으로 정의한다면, 프랑스어 교육학은 충분히 경험적이다. 교수법 학자가 교실

22) 본 절의 논의는 拙稿(2005)의 '4.1. 과학적 학문으로서의 조건'의 내용을 약간의 수정한 것이다.

에서의 실천에 의거하여 상정하는 교수·학습 절차에 대한 가정들은 새로운 실천적 데이터에 의해 언제라도 새로운 가정으로 수정될 수 있다. 있을 수 있는 어떤 함축도 배제한 상태에서 기호들을 사용하여 고유한 규칙들을 세움으로써, 어느 누가 이 규칙들을 다루더라도 동일한 방식으로 다룰 수 있어야 함을 제기하는 '경험의 수학화' 기준은 사실상 학습자의 개성과 다양성에 대한 고려가 핵심인 프랑스어 교육학에는 적용할 수 없는 기준이다. 기술과 관계 맺기라는 기준은 그 옛날 언어교수법이 응용언어학으로 불리던 시절 언어학과의 관계를 생각하면 쉽게 이해할 수 있다. 언어교수법이 언어학과 다르다는 것이 인정되고 있는 오늘날 언어교수법이 그 어떤 기술들에 대한 기반 이론으로 기능할 수 있을 것인가하는 점은 좀 더 깊이 있는 탐색과 논의를 요한다.

그러나, 위에서 살펴 본 과학성의 징표로서의 세 조건들은 언어학이 과학이기 위한 조건은 될 수 있을지 모르지만, 이 세 조건을 모든 과학을 특징짓는 필요충분 조건으로 보기에는 아무래도 무리가 있는 것으로 여겨진다. 무엇보다도, 과학을 이런 식으로 특징짓는 것은 과학적 지식을 정립하는 양식을 단 한가지로 정의하는 것이고, 각 과학적 학문분야는 그것의 지식을 정립하는 고유의 절차를 가질 수 있다는 점을 무시하는 것이기 때문이다.

한 학문분야의 과학성은 그 대상의 특수성보다는 대상을 연구하기 위해 추구된 방법을 통해 확립되는 것이라는 Besse(1989:38)의 주장을 받아들인다면, 과학적 학문으로서의 프랑스어 교육학은 그것의 영역을 정의하고 조직하는데 사용될 연구 절차인 방법론적인 절차를 가질 필요가 있다. 이와 관련하여, Cuq & Gruca(2005:53-55)가 모든 학문에 공통적인 방법론적 절차로 간주한 개념화(conceptualisation)와 객관화(objectivation), 압축(compression)과 확장(expansion)이라는 네 가지 절차는 개별 언어교수법으로서 프랑스어 교육학에도 적용될 수 있다. 개념화와 객관화 절차는 과학적 학문으로서의 프랑스어 교육학이 속하게 될 범주인 인문학에서 공통적으로 사용하는 방법론적인 절차이고, 압축과 확장 절차는 프랑스어 교육학을 포함하여 일반적으로 외국어교수법에 고유한 절차이다. 프랑스어 교육학은 효과적이고 합리적인 프랑스어 교수·학습 이론을 세우기 위해 현실을 기

압축(compression): 사회적인 것을 교실 내에서 학습 가능한 형태로 만드는 절차.
확장(expansion): 교실에서 학습한 것을 사회에서 사용할 수 있는 것으로 만드는 절차.

술하고 조직하는데 필요한 추상적 도구인 개념들을 만들게 되는데, 이 개념들을 만들어내는 활동이 개념화이다. 객관화는 개념화하기에 앞서 현실세계의 요소들 중 (프랑스어) 교수·학습과 관련된 요소들을 포착하는 절차이다. 압축은, 교수법적 행위가 시간, 장소, 재료의 제약 하에 이루어진다는 사실을 고려하는 절차이다. 예를 들어, 이상적인 외국어교육은 현실에서의 언어 사용 양상을 그대로 언어 수업에 옮겨 놓는 것이겠지만 그것이 불가능하므로, 우리는 이러한 이상을 실현하는 최적의 방안으로 교수방법론을 만들어 이에 의거하여 외국어교육을 실현하게 된다. 이렇게 볼 때 어떤 교수방법론이란 이념적, 사회적, 경제적, 기술적, 등등의 요소에 대해 압축 절차를 적용한 결과이다. 이와 반대로 확장은 언어교육을 통해 습득한 지식과 활동을 실생활에서 적용할 수 있도록 하는 실천법으로 만드는 절차이다. 예를 들어, 그 어떤 연습을 만들고 사용하는 것은 압축행위라면, 그것을 어떤 목적하에 행하는 것은 확장절차이다. 따라서, 확장에서 중요한 것은 학습자로 하여금 교실에서 학습되는 내용은 현실에서의 사용을 목적으로 한다는 점을 끊임없이 의식하게 하는 것이다.

이처럼 프랑스어 교육학이 인문학에 속하는 다른 학문들에서 사용되는 절차를 사용한다는 것은 그것이 다른 학문들과 마찬가지로 과학적임을 보여주는 것이며, 다른 한편으로 프랑스어 교육학이 다른 언어교육학과는 다른 문제론을 가지고 그것에 고유한 절차를 사용한다는 것은 프랑스어 교육학의 독자성을 보여주는 것이다.

3.3. 프랑스어 교육학의 구성 요소

프랑스어 교육학은 하나의 총체가 아니라 여러 개의 하위분야 혹은 하위이론들로 구성된 총체이다. 한 학문은, 하나의 총체 안에서 지시영역이 서로 다른, 그러나 서로 간에 상호작용하며 전체의 관점에서 하나의 목표를 지향하는 여러 하위요소들로 구성될 때 설명력 강해지고 현상을 보다 객관적으로 포착하게 된다. 한 학문의 내적인 풍요성이라고 부를 수 있는 이러한 상태는 모든 과학적 학문이 지향해야 할 방향일 것이다. 일례로 언어학의 경우를 보자. 어느 누구도 과학적 학문으로서의 지위에 대해 의구심을 갖지 않는 언어학이라는 학문의 내적 풍요성은 언어 현상을 단지 하나의 관점에서 포착하는 것이 아니라, 음성학과 음운론, 통사론, 의미론 등 여러 개의 분과적 요소로 나누어 언어 현상을 포착한다는 데 있다. 그렇다면, 과학적 학문으로서 프랑스어 교육학을 구성하는 하위 분야들은 어떤 것일 수 있는가? 현재로서는 프랑스어 교육학의 하위 분야가 어떤 과목 혹은 어떤 요소로 구성되어야 하는가에 대한 공식적이고 진지한 논의가 없었던 것으로 보이므로, 우리가 주변에서 흔히 보아 왔던 프랑스어 교육과 관련된 저서들과 프랑스어 교사를 양성하는 대학들의 교육과정에 진술되어 있는 교과목명을 중심으로 프랑스어 교육학의 하위 분야를 제시해 보면 다음과 같다.

- 프랑스어 교육학
  - 프랑스어 교사론
  - 프랑스어 교육사
  - 프랑스어 교수·학습방법론
  - 프랑스어 교재론
  - 프랑스어 의사소통교육론
  - 프랑스어 문법교육론
  - 프랑스어 어휘교육론
  - 프랑스어 문화교육론
  - … …
  - 프랑스어 평가론

위 분류는 달리 보면 지금까지 프랑스어 교육 영역에서 다루어져 왔고, 또 앞으로 다루어야 할 여러 문제들을 나열한 것이라 할 수 있다. 프랑스어 교육학이 하나의 학문으로서 그 지위를 공고히 하기 위해서는 장차 그것의 내적 구성에 대해 다양하고 깊이 있는 성찰과 논의가 필요하다.

4. 프랑스어 교육학의 전망

21세기 초 프랑스어 교육학은 이론과 실천의 면에서 그것이 나아갈 방향에 대한 분명한 지표를 얻었다. CECR가 지향하는 PA는 프랑스어 교육뿐 아니라 모든 언어 교육, 학교 밖에서뿐 아니라 학교에서의 외국어교육의 이론과 실천의 준거가 되는 원칙이다.

학문적 관점에서 프랑스어 교육학이 앞으로 풀어가야 할 과제는 다음과 같다.

첫째, LVE 교육학과 그것의 한 분야로서 프랑스어 교육학 간의 관계를 명확히 하는 것이 필요하다. LVE 교육학이 개별 외국어 교육학에 공통된 자질들의 집합 혹은 보편적 원리라면 개별 언어 교육학으로서 프랑스어 교육학에 들어 있는 보편적 요소와 개별적 특성은 어떤 것인가?

둘째, 프랑스어 교육학과 다른 외국어 교육학과의 관계는 어떻게 정립될 수 있을 것인가?

셋째, 프랑스어 교육학의 내적 구성을 명확히 함으로써 그것의 정당성을 굳건히 하는 문제이다. 20세기 후반 40여 년의 시간은 프랑스어 교육학이 학문 분야로서의 기반을 확립하는 시기였다. 그 결과 오늘날 프랑스어 교육학이 정의와 목적 면에서 프랑스어학이나 프랑스 문학 연구와 다르며, LVE 교육학 중 하나로서 그것과 밀접한 연관이 있는 인접 학문들과 다르다는 점에 대해서는 아무도 의심하지 않는다. 그러나 프랑스어 교육학의 내부를 들여다 볼 때, 3.3에서 논한 바와 같이 프랑스어 교육학을 구성하는 하위 분야는 어떤 것이어야 하며, 또한 그 하위 분야에서 교수·학습되어야 할 내용은 어떤 것이어야 하는가에 대해 현재로서는 모두가 동의하는 답변이 존재하지 이상, 학문적 관점에서 프랑스어 교육학의 논의는 이에 대한 명확한 답을 추구하는 것이 되어야 할 것이다.

〈학습과제〉

1. 외국에서의 프랑스어와 FLE 간의 차이를 시기, 교육 대상, 프랑스어 보급 기관, 프랑스어 교육의 중심 요소로 나누어 설명해 보시오.
2. FLS를 탄생시킨 문제론은 무엇이었는지 말해 보시오.
3. FLE 교수법이 학문으로 정립되어야 할 필요성에 대해 논하시오.

참고문헌

심봉섭(2005) "과학적 학문으로서의 불어교수법", 『師大論叢』 제69집, 서울대학교 사범대학, 63-78쪽.

Beacco, J.-C.(2012) "Linguistique du français et dimensions métalinguistiques de l'enseignement du français en tant que langue étrangère (1975-2010 env.) : nœuds de savoirs", *Les dossiers de HEL : la disciplinarisation des savoirs linguistiques. Histoire et Epistémologie* [supplément électronique à la revue *Histoire Epistémologie Langage*], Paris, SHESL, 2012, n°5, disponible sur Internet : http://htl.linguist.univ-paris-diderot.fr/num5/num5.html [mise en ligne 14/12/2012]

Blondel, A.-M.(1975) "La pédagogie du français langue seconde", *Le Français dans le monde*, 114, pp.10-17.

Cuq, J.-P.(1992) "Français langue seconde. Un point sur la question", *Études de linguistique appliquée*, n°88, pp.5-26.

Berré, M. & H. Besse(2012) "Méthodes, techniques d'enseignement du français comme L2 : éléments pour une réflexion historiographique", dans *Le français dans le monde — Recherches et applications n°52 : Histoire internationale de l'enseignement du français langue étrangère ou seconde : problèmes, bilans et perspectives*, Paris: juillet, pp.62-77.

Galisson, R.(1986) "Eloge de la « didactoloige/identique des langues et des cultures (maternelles et étrangère) — D/DLC— »", *Études de linguistique appliquée*, n°64, pp.39-54.

Galisson, R.(1998) "Le « français langue étrangère » montera-t-il dans le train en marche de la « didactique scolaire » ?", *Études de linguistique appliquée*, n°111, pp.265-286.

Milner, J.-C.(1989) *Introduction à une science du langage*, Paris: Édition du Seuil, 711p.

Minerva, N. & M. Reinfried(2012) "Les domaines à explorer et l'évolution historique", dans *Le français dans le monde — Recherches et applications n° 52 : Histoire internationale de l'enseignement du français langue étrangère ou seconde : problèmes, bilans et perspectives*, Paris: juillet, pp.14-28.

Piron, S.(2008) "La grammaire du français au XVIIe siècle", *Correspondance*, v.14, n°1, version Web. (http://correspo.ccdmd.qc.ca/Corr14-1/Histoire.html)

Porcher, L.(1995) *Le français langue étrangère*, Paris: Hachette, p.105.

Puren, C.(1998) "Didactique scolaire des langues vivantes étrangères en France et didactique française du français langue étrangère", *Études de linguistique appliquée*, n°111, pp.359-383.

02

한국에서의 프랑스어 교육

윤 선 영

프랑스어는 이를 공식어(langue officielle/co-officielle)로 채택한 나라 수, 전 세계 출판물의 번역어 순위, 노벨 문학상 수상작의 원어 순위에서 영어 다음으로 자리매김 되고 있는 제 2의 국제어이다.[1] 오대양 육대륙에 걸쳐 '프랑코포니'(francophonie)[2]가 건재하고, '지구촌'이라는 말이 낯설지 않은 21세기 한국에서 프랑스어를 배운다는 것이 새삼 놀라울 건 없다. 그러나 유라시아 대륙의 양극단에 위치한 한국과 프랑스의 지정학적 조건에 비추어 볼 때, 한국에서의 프랑스어 교육의 역사가 짧지 않다는 사실과 제도권 교육에서의 학습인구가 인접국인 일본보다 월등하게 높다는 사실에 주목하지 않을 수 없다.

본 단원에서는 한국에서의 프랑스어 교육에 대한 개괄적인 이해를 목표로, 언어·문화의 확장 과정을 통시적 시각으로 조명해 보고자 한다. 파리외방전교회 신부들의 입국에서부터 구한말, 개화기, 일제강점기 순으로 프랑스어 교육의 발자취를 돌아보고, 건국 이후 프랑스어 교육이 중등학교와 대학에서 양적, 질적으로 발전하게 되는 과정을 살펴볼 것이다. 이와 함께 중등학교의 외국어 또는 제2외국어 교과에 편성되어 국내 프랑스어 교육을 견인해 온 시기별 교육과정[3]을 한국에서의 FLE 발전 선상에서 분석, 종합, 평가해 보도록 한다.

---

1) 수치의 근거는 L.-J. Calvet(2008) *Le français dans le monde*, No 355, p.45.

2) 프랑스어를 사용하는 나라들로 구성된 언어공동체. 대문자로 시작하는 'Francophonie'는 프랑코포니국제기구(Organisation Internationale de la Francophonie, http://www.francophonie.org)를 말한다. OIF 공식자료에 따르면 54개의 회원국과 23개 동조국이 있다.

3) 지침으로서의 교육과정(programmes)에 국한하며, 교육과정에 대한 일반이론은 3단원에서 다루고 있다.

1. 해방 이전의 프랑스어 교육[4)]

1.1. 한국천주교회와 프랑스어 교육

우리 역사상 민간에 프랑스 언어·문화가 유입되게 되는 계기는 1836년 파리외방전교회(Société des Missions Étrangères de Paris) 소속 프랑스 신부들의 조선 입국에서 찾아야 할 것이다. Maubant 신부(1836), Chastan 신부(1837), Imbert 주교(1837)의 전교활동은 한·불 언어 간 참조물이 전무했던 시대 정황상 상상하기 어려운 어려움을 겪었을 것으로 추정된다. 외세를 부정하던 정치사회적 기류에 따라 기해박해(1839) 때 모두 순교하게 되었으나, 이들이 뿌린 언어·문화적 소통의 싹은 민간에서 서서히 자라나게 된다. 이 시기 신학생으로 선발되어, 마카오 파리외방전교회로 유학을 떠나기 전 Maubant 신부로부터 프랑스어와 라틴어를 배운 최양업, 최방제, 김대건을 최초의 한국인 프랑스어 학습자로 보아도 좋을 것이다.

19세기 중후반 파리외방전교회 신부들의 활약은 언어교육 측면에서도 의의를 찾을 수 있다. 사제 서품을 받은 김대건과 함께 1845년 조선에 입국한 Daveluy 주교는 왕성한 저술활동과 함께 사전편찬 사업을 소신 있게 추진하였다. 라틴어에 능통하고 중국에서 한자를 익힌 Daveluy 주교는 『라한(羅韓)소사전』(1851 탈고), 『한한불(漢韓佛)사전』(1854 추정)을 완성하여 상호 의사소통의 물꼬를 터주었다. 그의 주도로 다수의 신부들이 집필에 참여하여 불한, 한불 대역어(對譯語) 사전편찬이 진행되었으나 병인박해(1866) 때 대부분의 원고가 소실된 것으로 전해진다.

고난의 시기를 피해 상하이에 머물게 된 Féron 신부는 동료들의 선행 작업을 토대로 하여 육필본(肉筆本) 불한사전, *Dictionnaire Français-Coréen*(1869)을 완성하였다. 이는 최초의 활판본(活版本) 불한사전, *Petit Dictionnaire Français-Coréen*(1901)[5)]보다 30년 이상 앞선 것으로, 원본으로부터 유래하는 4권의 필사본(筆寫本)이 현존한

---

4) 『교회사 연구 제5편 한불수교 100주년 기념 한·불천주교관계사』(한국교회사연구소, 1987), 내포교회사연구소 http://www.djhistory.org), Troyes문화원(http://www.mediatheque.grand-troyes.fr), 『한불자전연구』(이은령 외 2013), 이광숙(2001), 강이연(2004), 한학성(2009), 포괄적 참조

5) 프랑스인 Ch. Alévêque가 저술한 『법한ᄌ뎐 *Petit Dictionnaire Français-Coréen*』, 서울프레스 간, 377쪽, 서울대학교 중앙도서관 소장.

다.[6] 전교활동과 일상생활에 직결되는 10,328개의 표제어를 택해 불한대역 위주로 편찬한 실용적 사전으로, 오늘날 언어사전의 형식과 비교할 때 일러두기와 부록이 부재하며 표제어 배열에 일관성이 없고 어휘 및 철자상의 오류도 적지 않다. 판독하기 어려운 필체와 필사하는 과정에서 생겨난 오독과 오기는 필사본이 안고 있는 약점이라 하겠다. 훗날 Le Gendre 신부는 Féron 사전의 가치를 재평가하며 그 개정판이라 할 수 있는『법한ᄌᆞ뎐 *Essai de Vocabulaire Français-Coréen*』(1912)을 펴내었다. 사전학의 기본 형식을 반영하여 사전의 편찬경위, 제작과정, 표기원칙, 한불 어법상의 차이 등을 서문에 자세히 언급하고 있다. 언어 간 소통 매체의 불모지에서 탄생하여 점진적으로 진화해간 이들 사전의 가치는 프랑스어 교육 차원에서 평가해 볼 필요가 있을 것이다.

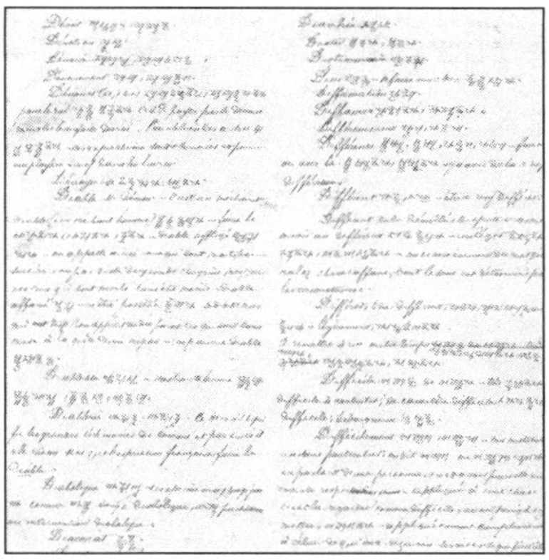

Féron 사전(1869)[7]

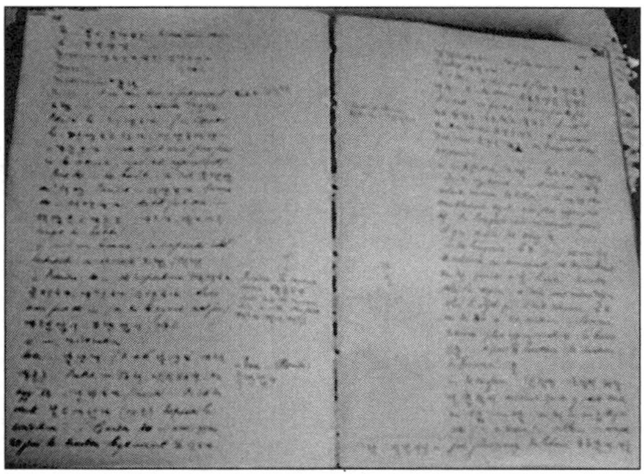

Le Gendre 사전(1912)[8]

[그림 2-1]

19세기 후반에는 활판 인쇄에 의한 출판물의 제작이 이어졌다. 1874년 Daveluy 주교의 선행연구를 토대로 Dallet 신부가 저술한『조선천주교회사』(*Histoire de l'Église de Corée*)가 프랑스에서 출간되었다. 이 책은 교회사 외에도 한국의 역사, 제도, 언어, 풍습을 소개하는 장을 두고 있어, 우리의 언어 · 문화가 프랑스 사회에 알려지는 중

6) 절두산 순교성지 박물관, 한국교회사연구소 고문서고, 영남교회사연구소 문서고, 파리외방전교회 고문서고에서 1부씩 소장하고 있다. 한국교회사 연구소에서 발행한 영인본(2004)을 대형 도서관이나 연구소 출판국에서 구할 수 있다.

7) S. Féron(1869), *Dictionnaire Français-Coréen*, p.95.

8) 내포교회사연구소(http://www.djhistory.org) : 번역 사료/교회사 둘레길/르장드르법한사전 〈사진3〉

요한 계기가 되었다.

우리나라 사전편찬 역사에 길이 남을 『한불ᄌᆞ뎐 *Dictionnaire Coréen-Français*』(1880)이 요코하마에 소재하는 프랑스인 신문사의 인쇄소에서 간행되었다.[9] 오랜 기간 축적된 원고들이 최종편집을 맡은 Ridel 주교와 출판실무를 맡은 Coste 신부의 헌신적인 노력에 힘입어 4×6배판 694쪽의 인쇄본으로 빛을 보게 된 것이다. 『한불ᄌᆞ뎐』은 29,000여 개의 표제어를 모음과 자음으로 나누고 로마자 알파벳순에 따라 가로쓰기로 제시하되, 프랑스어 식으로 발음을 표기한 다음 한자를 병기한 다국어 혼식 사전으로, 19세기 말 주요 한영사전[10]의 모델이 되어 체제 및 내용 구성에 많은 도움을 주었다.

한편 근대언어학의 이론적 체계에 따라 우리말을 연구한 *Grammaire Coréenne* (1881), 일명 『한어문전』이 파리외방전교회 이름으로 동일한 출판사에서 동일한 판본 334쪽으로 간행되었다. 한국어의 기원, 한국어와 중국어의 차이, 품사론, 구문론, 음성학, 표기법 등을 소개하고 있는 『한어문전』은 프랑스인이 서양문법 체계에 따라 우리말을 분석하여 프랑스어로 기술한 최초의 문법서로, 『한불ᄌᆞ뎐』과 함께 한국어 연구의 귀중한 자료가 되고 있다.

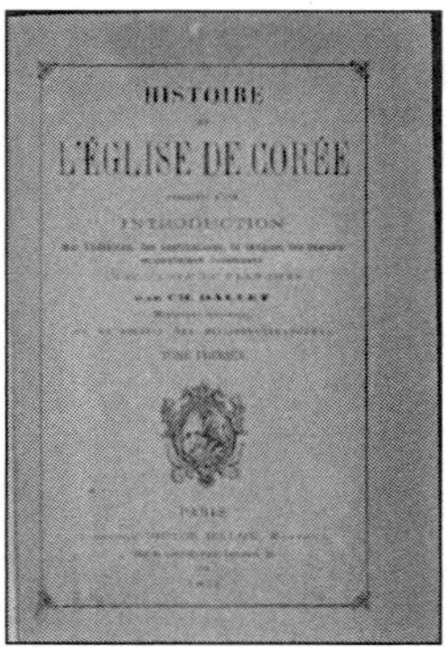

조선천주교회사(1874)

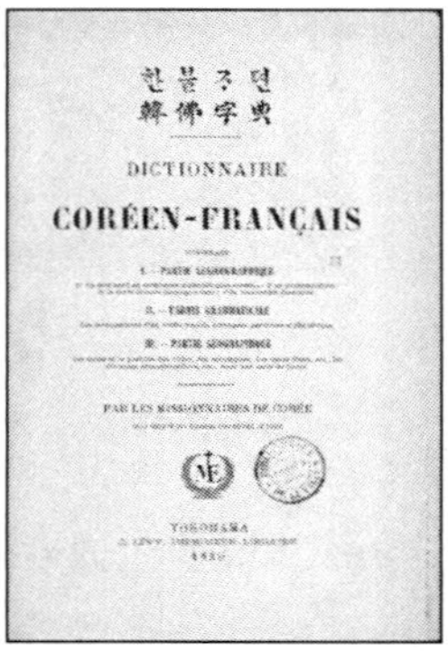

한불자전(1880)

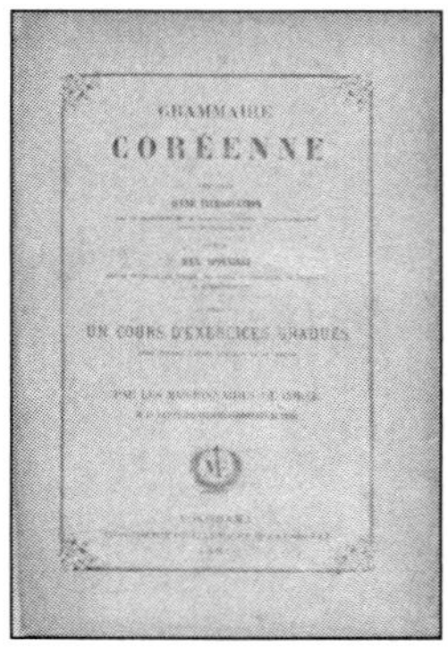

한어문전(1881)

[그림 2-2][11]

9) 프랑스인 Lévy가 운영하던 인쇄소. Lévy는 당시 일본에서 발행되던 유일한 프랑스어 일간지, *L'Echo du Japon* (1870-1885)의 발행인.

10) *A Concise Dictionary of Korean Language* (Underwood 1890), *English-Corean Dictionary : Being a Vocabulary of Colloquial Words in Common Use* (Scott 1891), *A Korean–English Dictionary* (Gale 1897/1911). 이은령 외(2014), 『한불자전 연구』, 4, 106-138쪽에 근거함.

11) 프랑스 Troyes시 문화원(http://www.mediatheque.grand-troyes.fr)

한편 샤르트르 성 바오로 수녀회 소속 Zachari 원장, Estelle 수녀의 입국(1888)은 소외된 계층의 사람들에게 프랑스어와 문화를 접할 수 있는 계기가 되었다. 이 무렵부터 종교 단체의 자선 교육활동의 일환으로 여아들을 대상으로 하는 프랑스어 교육이 이루어진 것으로 추정된다. 1909년 설립 인가된 제주 신성여학교 관련 자료를 보면 이 당시 수준 높은 프랑스어 학습이 이루어지고 있었음을 알 수 있다.

제주 신성여학교의 수업 모습(1912)

교실 벽면의 프랑스어 문구

[그림 2-3][12)]

1.2. 개화기~일제 강점기의 프랑스어 교육

개화기를 대표하는 교육 정책으로 외국어학교의 설립을 들 수 있다. '갑오경장'(1894)은 서구식 교육 제도를 도입하게 되는 계기가 되었으며, 정규 학교에서의 외국어 교육이 처음으로 실시되었다. '외국어 학교 관제'(1895) 법령에 따라 영어, 일어, 법어(法語=프랑스어)[13)], 아어(雅語=러시아어), 한어(漢語=한문), 덕어(德語=독일어) 학교가 차례로 세워졌다. 1896년 1월 개교한 법어학교에서는 Emile Martel이 정규 교사로 부임하여 평균 연령 17세의 학생 34명을 가르쳤다. 개화기 외국어 학교들은 열강의 세력 판도에 따라 존폐가 결정되었다. 1901년 영어, 일어 다음으로 지원자가 많았던 법어학교는 '을사늑약(乙巳勒約)'으로 통하는 '제2차 한일협약'(1905) 이후 졸

12) 제주시 한경면 용수리 소재 김대건신부제주표착기념관(http://www.kimdaegun.net) 자료실

13) 현 맞춤법 규정으로는 '프랑스 어'로 기술하게 되어 있으나, 여기서는 각 시대별 용어(法語, 불란서어, 불어, 프랑스어)를 그대로 사용하기로 한다.

업생이 급격하게 줄어들면서 1910년 문을 닫게 되었다.

일제 강점기 하의 외국어 교육은 일본의 식민지 정책 기조에 따라 시기별로 변화한다. '한일병합'(1910) 직후 일제의 무단통치 시기에는 식민지 우민화(愚民化) 정책에 따라 외국어 교육은 영어와 일어로 축소되고 외국어학교들이 폐교되었다. '3·1만세운동'(1919) 이후 문화통치 시기에는 민족정신을 둔화시킬 명분으로 일제는 외국어 교육을 부활시켰다. '제2차 조선교육령'(1922~1937)에 따라 외국어가 필수가 되며, 고등보통학교에서는 영어, 독어, 불어, 중국어 중 택일하여 주당 5~6시간을 이수하고, 여자고등보통학교에서는 영어와 불어 중 택일하여 주당 2~3시간을 이수하도록 하였다. 문어중심, 번역중심, 입시위주 교육으로 특징 지워지는 이 시기의 외국어 교육의 풍토는 해방 이후 제도권 학교 교육에 그대로 이식되었고, 불행히도 그 영향은 오늘날까지 지속되고 있다.[14)]

한편 1924년 개교한 경성제국대학에는 불어가 영어, 독어, 러시아어, 라틴어, 그리스어와 함께 예과와 본과에 정식 개설되었고, 가톨릭대학 신학부에서는 Pichon 신부가 일본에서 제작된 교과서를 가지고 불어를 가르치기도 하였다.[15)] 오늘날 우리 일상생활에서 무의식적으로 사용하고 있는 프랑스어에서 유래하는 외래어들이 이 시기에 유입되기 시작하였으며 식자들의 언어생활에서 새로운 문화적 어휘로 사용되기 시작하였다.[16)] '제3차 조선교육령'(1938~1943) 하에서 외국어 교육은 교육기관 체제에 편입되어 학교 교육과정 편성 체계의 기초를 확립하게 된다. 이에 따라 소학교, 중학교, 고등학교, 전문학교, 대학교로 학제가 재편되고, 계열(문과, 이과)과 전공(법학, 의학, 공학 등)에 따라 외국어 이수 요건이 달리 제시되었다.

1920~1940년대 일본 유학을 통해 프랑스어를 직·간접적으로 접하게 되는 내국인이 늘어났다. 손우성, 이휘영 등은 이 시기 일본에서 불어불문학을 전공한 학문 1세

14) 한학성(2009)『민족문화연구』 제51호, 495-524쪽. 저자는 일제강점기를 우리나라 외국어교육에 최대 불행을 안겨준 시기로 평가하고, 역관 양성 교육과정에서 확인할 수 있는 구어중심, 내용중시 원칙, 목표어사용 수업 등 우리 고유의 외국어교육 전통을 복구하기 위한 노력이 필요함을 역설한다.

15) 정기수(1987),『교회사연구』 제5집, 264쪽.

16) 데생, 아틀리에, 멜랑콜리, 부르주아, 프롤레타리아, 파르티잔, 르포, 쿠데타, 장르, 콩트, 쿠폰, 크레용, 데뷔, 앙코르, 마담, 마사지, 모델, 몽타주, 파라솔, 프로필, 카바레, 카페, 레스토랑, 살롱, 샹들리에, 사분, 발레 등을 들 수 있다.

대로, 해방 이후 대학에서의 후진 양성은 물론 교과용 도서 및 사전을 편찬함으로써 국내 프랑스어 학습의 기초를 마련하는 데 기여하였다.

2. 해방 이후의 프랑스어 교육

2.1. 대학교

해방 이후 프랑스어 교육은 대학은 물론 중등교육 기관에서 괄목할만한 성장을 가져왔다. 1946년 서울대학교에 불어불문학과가 창설된 이래, 성균관대학교 불어불문학과(1947), 효성여자대학 불어불문학과(1952), 한국외국어대학교 불어과(1954), 이화여자대학교 불어불문학과(1955), 서울대학교 사범대학 불어교육과(1959) 순으로 프랑스어 관련 학과가 속속 설치되었다. 학생과 일반인의 필요에 따라 현대식 불한사전이 제작되었다. 이휘영 저『신불한소사전』(1960)을 필두로 하여, 한국불어불문학회 10명(김붕구, 박옥줄, 박은수, 손우성, 손석린, 오현우, 이환, 이휘영, 정명환, 정병희) 공저의『최신불한사전』(1971)이 간행되었다.

초창기 대학에서 프랑스어를 가르칠 수 있는 인력은 매우 제한적이었다. 불문법, 불문학 강좌 위주로 교과과정이 편성되고, 문어중심 교육 체제와 문법·번역 교수 방법이 보편적 관행으로 자리를 잡게 되었다. 이후 구조주의 언어 교수방법론이 대세를 이루었던 1970년대에는 구어 학습을 위한 회화 강좌의 비중이 상대적으로 높아지게 되었다. 이 시기 '랩실'로 통하던 언어실습실에서 녹음기를 통한 기계적 듣기 훈련을 특징으로 하는 청화식 교수법과, 이미지중심 교재와 환등기를 교수매체로 활용하는 시청각교수법이 단계적으로 도입되었다.

한편 1970년대 후반 구미를 중심으로 언어교수법의 대전환을 가져온 '의사소통 능력(compétence de communication)', '개념·기능 교수요목(syllabus notionel-fonctionnel)', '화언행위(acte de parole)' 개념은 국내의 프랑스어 교육에도 큰 변화를 가져왔다. 1980년대 중반부터 의사소통접근법에 대한 관심이 점진적으로 확산되며 이에 따른 교수·학습 방법에 대한 관심이 고조되었다. '언어·문화 교육학'(didactique des langues-cultures)을 비롯한 응용언어학 분야가 새롭게 조명을 받게 되면서 '외국어로서의 프랑스어'(français langue étrangère) 관련 강좌들의 비중이 높아지기 시작하였다. 해외 유학과 유럽 여행이 보편화되고, 순수 어문학보다 실용 학문에 대한 사회적 요구가 높아지게 되는 1990~2000년대에는 유럽 지역학 또는 프랑스 문화 관련 강좌들이 다양한 명칭으로 개설되어 나갔다. 불어불문학과, 불어과, 불어교육과, 프랑스어문학과, 프랑스문화학과, 프랑스지역학과, 프랑스문화관광학과, 유럽어문학부 내 프랑스어/프랑스문화 전공 등 프랑스어를 모태로 하는 하는 학과 수는 1990년대 말 70여 개를 상회하였다. 그러나 21세기 국제사회의 세력 재편과 무관할 수 없는 정치, 경제, 사회, 문화적 요구의 변화 추이에 따라 도입된 학부제 실시, 학과 통폐합 등 대학 내부의 변화 요구에 직면하게 되면서 개설 대학 및 학과 수는 점차 감소하고 있는 추세이다.

1965년 발족한 한국불어불문학회, 프랑스어문교육연구회(1985)를 전신으로 하는 한국프랑스어문교육학회를 비롯하여, 프랑스 및 프랑스어권의 어문학, 어문교육학, 문화, 문화예술, 지역학을 주 연구 대상으로 하는 학술단체들이 속속 결성되었다. 이들 단체는 학회지 발간, 학술대회 개최, 강연회, 연구발표회, 공동연구, 저술활동 등으로 학문의 질적, 양적 성장을 도모하고 있다. 한국연구재단(www.nrf.re.kr)에 등재된 학술지를 계간으로 출판하고 있는 학술단체는 다음과 같다.

〈표 2-1〉 한국연구재단 등재 학술지 발간 학술연구 단체

학회명	창립년도	학술지	홈페이지
한국불어불문학회	1965	『불어불문학연구』	www.french.or.kr
한국프랑스어문교육학회	1985	『프랑스어문교육』	www.scellf.or.kr
한국프랑스문화학회	1996	『프랑스문화연구』	www.acfco.or.kr)
프랑스문화예술학회	1999	『프랑스문화예술연구』	www.cfaf.or.kr
한국프랑스학회	1999	『한국프랑스학논집 』	www.acef.or.kr
프랑스학회	2002	『프랑스학연구』	francehak.com

2.2. 고등학교

중등학교에서는 1906년 개교한 휘문의숙에서 출발하는 휘문고교를 비롯하여 1952년 가톨릭 재단에서 신설한 효성여고, 계성여고의 교육과정에 불어가 개설되었고, 1959년에는 이화여고, 진명여고, 성심여고, 숙명여고로 불어 개설 학교는 점진적으로 확산되어 갔다. 영어 이외의 개설 외국어로는 독어와 불어가 절대다수였고, 남학생들은 독어를, 여학생들은 불어를 선호하는 경향을 보여줌으로써, 우리나라에서 프랑스어는 여성적인 언어라는 편견을 심어놓는 계기가 되기도 하였다.

프랑스어는 해방 후 실시된 미군정 시기부터 현재까지 중등학교 교육과정에 편제되어 있고, 일선 고교에 개설되어 무수한 학습자를 배출해 온 정규 교과목이다. 서구식 교육과정이 처음 도입된 교수요목기(1946~1954)에 5개 외국어(영어, 불어, 독어, 노어, 중어) 가운데 하나로 지정되었으며, 독어, 노어, 중어와 함께 중학교 고학년(4, 5, 6학년)의 선택 외국어로 일선 학교에 제시되었다. 1차 교육과정 시기(1954~1963)에는 영어, 독어, 중어와 대등한 자격의 선택 외국어로, 2차 교육과정 시기(1963~1974)에는 영어II, 독어, 중어, 에스파냐어(1969 신설), 일어(1973 신설)와 함께 선택 외국어로 제시된 바 있다. 3차 교육과정 시기(1974~1981)에 영어가 외국어 필수 교과로 지정되면서, 불어는 독어, 중어, 일어, 에스파냐어, 일어와 함께 제2외국어 선택 교과로 분리되었다. 이후 6차 교육과정 시기에 러시아어(1992)와 아랍어(1997)가, 2009 개정교육과정에서 베트남어가 추가되면서, 현재 제2외국어군은 8개 교과목으로 편성되어 있다.

1970~1980년대 대다수 일반계 고교에서는 제2외국어 교과로 독어 또는 불어를 개설하였다. 특히 1980년대에 들어 아프리카 대륙이 조명을 받으며 '프랑스어권'의 중요성이 대두되었다. 프랑스어의 개설이 권장되면서 개설학교 수가 현저히 늘어났고 교사 수도 크게 증가하였다. 양적인 측면에서 고등학교 프랑스어 교육이 정점에 이른 1997년도에는 일반계열을 기준으로 할 때, 개설학교 470개교, 학급 수 5844개 반, 교사 728명, 학습자 295,876명(여학생200,049명)으로 전국적으로 25%에 가까운 학생들이 프랑스어를 학습한 사실을 확인할 수 있다.[17]

17) 교육통계서비스(http://std.kedi.re.kr) 1997년도 자료

세계 경제에서 아시아권의 영향력이 커지고, '학습자중심'이라는 개념과 더불어 교육수요자의 선택이 교과 개설 변수로 작용하게 된 제7차 교육과정 시기에 들어서면서 서양어 특히 독어, 불어의 선택 비율은 동양어(일본어, 중국어) 선택자의 증가에 따라 큰 폭으로 감소하고 있다. 2012년 일반계열 기준으로 개설학교 75개교, 학급수 402개 반, 교사 102명, 학습자 8,229명(여학생 5,891명)으로 감소하여 프랑스어 선택 학생 비율은 4%대의 수치를 보여주고 있다.[18] 더구나 대학수학능력시험에서 제2외국어 교과와는 성격이 매우 다른 한문이 추가되어 제2외국어 · 한문 영역으로 묶이게 되면서 프랑스어 선택자의 비중은 상대적으로 감소하는 양상을 보여주고 있다.[19] 2007 개정 교육과정은 제2외국어 교과의 정체성에 변혁을 초래하였다. 교수요목기부터 제2외국어군은 교육과정 총론의 교과 군 편제에서 영어와 같은 외국어군으로 편제되어 있었으나, 2007 개정 교육과정에서부터 영어는 국어, 수학과 함께 기초 영역에 편성된 반면, 제2외국어는 기술 · 가정, 한문, 기타 교양 과목과 함께 생활 · 교양 영역으로 분리되었다. 이로써 2007 개정 교육과정 체제를 계승한 현 2009 개정 교육과정에서 제2외국어 8개 교과의 위상은 매우 약화되는 결과를 초래하게 되었다.

3. 역대 프랑스어 교육과정[20]

교과의 청사진에 해당하는 교육과정 지침은 교육과정에 대해 기술하고 있는 일종의 '메타교육과정'으로, 사회변화, 교육정책, 외국어 교수법의 동향을 반영하며 개편 또는 수정 고시되고 있다. 건국 이후 중등학교 교과목 체제에 편입되어 9차례의 개정을 거치며 부단히 변화해 온 역대 프랑스어 교육과정을 개정 배경, 편제상의 특징, 체제 구성, 목표, 내용 영역을 중심으로 살펴보도록 한다. 일반계 고등학교 교육과정을 기본으로 하며, 외국어 교과명은 해당 교육과정에서 사용하고 있는 명칭을 그대로 사용하기로 한다.

---

18) 교육통계서비스(http://std.kedi.re.kr) 2012년도 자료

19) 교육과정평가원(http://www.kice.re.kr)

20) 국가교육과정센터(www.ncic.re.kr) 교육과정 원문 및 해설서, 함종규(1984), 이경환(2002), 윤선영(2014)에 근거하여 기술함.

3.1. 긴급조치기(1945. 8~1946. 8) ~ 교수요목 시기(1946. 9~1954. 4)

'한국교육위원회'[21]는 해방 직후 미군정 시기 교육 부문의 의사결정을 주도한 기관으로, 정치체제로서 민주주의를 도입하기 위해 미국식 진보주의 교육을 표방하는 새로운 학교제도의 설계를 담당하였다. '미군정 일반명령 제6호', '신조선의 조선인을 위한 방침'에 따라, 교수 용어로 국어를 사용할 것을 명시하고 조선의 이익에 반하는 모든 교수 행위를 금지하였다. 영어는 유일한 외국어 교과로 채택되었고 4년제 중학교 학제에서 남중은 5시간, 여중(당시 고녀)은 4시간으로 편성되어 있다.

이로부터 1년 후 '홍익인간' 정신에 입각한 애국애족과 일제 잔재의 제거를 기본 방침으로 한 교수요목이 제정되었다. "학생들이 학습해 나갈 코스, 교사가 학생에게 가르칠 교수 내용의 주제 또는 제목"으로 교수요목을 정의하고, 지도 내용의 상세화와 기초능력의 배양을 강조하고 있다. 학제를 6년제 중학교로 개편하고, 필수과목과 선택과목으로 교과를 구분하였다. 영어는 필수 외국어로 전 학년에, 중국어, 불어, 노어, 독어는 선택 외국어로 주당 5시간 고학년(4, 5, 6)에 편성되어 있다. 이처럼 불어를 비롯한 몇몇 외국어 교과가 건국 시부터 중등학교의 공식 외국어 교과로서의 지위를 확보하고 있으나, 영어를 제외한 외국어 교육과정 문서가 부재하여 당시 교육 상황을 파악하는 데 어려움이 있다.

3.2. 제1차 교육과정 시기(1954. 4~1963. 2)

'초 · 중 · 고등학교 · 사범학교 교육과정 시간배당 기준령'(1954)에 따라 초 · 중 · 고등학교 교과과정이 출범한다(1955). '교과과정'이라는 명칭으로 발표된 제1차 교육과정은 교육과정을 "각 학교의 교과목 및 기타 교육활동의 편제"로 규정하고 있다. 외국어 교과로 영어, 독일어, 불란서어, 중국어를 편성하고, 이 가운데 1~2과목을 선택하여 연간 0~175시간, 주당 0~5시간 이수하도록 편제되어 있다.

각 교과의 제1차 교육과정을 묶어 놓은 교육부의 공식 문헌에서 불란서어 교육과

21) 이 조직의 공식 성격은 자문 기관이었으나 실질적으로는 한국의 교육 현안을 심의 결정하고, 기관장 임명, 개교, 교사 채용, 교사 연수, 교과서 편찬 등을 총괄하였다. 시카고의 한 초급대학에서 영어를 가르친 경험이 있는 육군 대위 Lockard가 교육부문의 책임자로 임명되었다.

정은 부재한다. 이로 인해 이 시기 불란서어 교육과정은 제정되지 않았고, 문헌의 존재가 확인되는 제2차 교육과정 시기부터 공식적인 프랑스어 교육이 이루어진 것으로 보는 시각이 있다. 그러나 문교부령[22]에 의거하여, 해당 교육과정이 학교 현장에 적용된 기간(1954~1968) 중 6종류나 되는 교과용 도서[23]가 제작된 사실과, 휘문고, 진명여고를 비롯하여 불란서어를 학교단위 교육과정으로 운영한 학교가 존재했던 사실에 근거할 때, 이 시기 프랑스어 교육을 공식적인 것이 아니라고 본 견해는 수정되어야 할 것이다. 또한 불란서어 교육과정의 부재 문제에 대해 제고해 볼 필요가 있겠다. 당시 여러 해에 걸쳐 이루어진 교육과정의 개발 및 심의 절차, 교육과정을 전제로 한 교과서 편찬 규약, 동일 교과에 편성되어 있는 독일어와 중국어 교육과정이 존재하는 사실을 종합해 볼 때, 불란서어 교육과정이 개발되지 않을 수는 없을 것으로 추정되기 때문이다. 현재 일반에 공개된 교육부 원문의 상태는 이러한 추론을 뒷받침해 준다. 교육과정 개발의 근거가 되는 '시간배당 기준령'(1954)은 한자가 주가 되는 국한문 혼용체인데 반해, 이듬 해(1955) 공표된 교육과정은 순 국문으로 표기되어 있어 원본이 아님을 알 수 있다. 즉 현재의 문헌은 국문 표기를 원칙으로 한 후대에 각 교과에서 개발한 교육과정을 규합하여 재기술한 것으로 볼 수 있다. 그렇다면 제1차, 제2차 교육과정의 머리말에서도 언급하고 있듯이, 정부의 부산 피난과 환도 등 어지러운 시대 상황 하에서 불란서어 교육과정 원본이 분실되었을 개연성도 배제할 수 없다. 따라서 이 시기 불란서어 교과의 교육과정 개발 여부에 대해 보다 관심을 가지고 사실관계를 밝혀야 할 필요성이 제기된다.

---

22) "이에 따라 편찬될 교과용 도서는 본 과정의 지도 목표와 내용을 구현함에 힘쓸 것이며, 본 과정의 세밀한 검토 아래, 지도 범위와 정도를 조절하여야 할 것이다. 따라서 교과서의 활용은 본 과정의 취지를 벗어나서 다루어질 수 없으며, 모든 학습 자료도 본 과정의 취지 아래 이용되어야 한다."(문교부령 제 44호 별책 1955. 8. 1)

23) 한국교과서연구재단(www.ktrf.re.kr) 자료에 의거하면 이 시기에 제작된 교과서 목록은 다음과 같다. 1. NOUVEAU COURS DE FRANÇAIS (손우성 1956, 1957, 향린사), 2. 프랑스말 교본(손우성 1957, 1964, 향린사), 3. COURS DE LANGUE FRANÇAISE I (이휘영 1957, 1958, 1965, 민중서관), 4. COURS DE LANGUE FRANÇAISE II (이휘영 1957, 민중서관), 5. 중급불란서어(이휘영 1958, 민중서관), 6. APPRENONS LE FRANÇAIS (김붕구 외 1 1966, 성문각)

3.3. 제2차 교육과정 시기(1963. 2~1973. 2)

전쟁 직후 휴전이라는 상황에서 제정된 제1차 교육과정이 우리 고유의 가치관을 제대로 구현하지 못하고 있다는 인식 하에 교육과정이 개정되고, 1965년부터 현장에서 시행되었다. 제2차 교육과정은 '생활중심' 교육과정을 표방하여 "학생들이 학교의 지도하에 경험하는 모든 학습 활동의 총화"로 교육과정을 정의하고 있다. 4.19 혁명과 5.16 군사정변을 거친 이 시기의 교육과정은 자주성, 생산성, 유용성, 합리성, 지역성을 강조함으로써 다분히 사회재건적인 요소를 반영하고 있다. 고교 과정이 인문, 자연, 실업 과정으로 나누어지고, 이수단위 개념의 도입과 함께 공통 교과와 선택 교과제가 실시되었다. 1969년 에스파니아어가 제2외국어 교과에 추가되었다.

영어 I은 공통필수 18단위로 분리 운영되고, 여타 외국어는 인문, 자연 과정 공히 영어II, 독어, 불어, 중국어 중 1~2 과목 선택 30단위로 편제되어 있다. 불어과 교육과정의 목표는 언어적 측면과 교양적 측면을 부각시키며 기본적인 어법의 연마, 불어권 문화의 이해, 우리 문화를 전달하는 기초 능력의 배양을 강조하고 있다. 지도 목표, 지도 내용, 지도상의 유의점으로 체제를 구성하고, 용어, 문법, 독해, 청취, 발표로 내용 영역이 나누어지고, 상용어 1500 단어 내외라는 어휘 사용량 규정을 두고 있다. 그러나 상호 문화 이해의 실제성을 강조한 교육목표에 비해 내용 항목이 문어 위주로 구성되어 있고 문화에 대한 고려가 없어 교육과정이 일관성 있게 조직되었다고 보기 어렵다. 교육과정이 적용된 시기에 발행된 교과용 도서는 본문, 문법, 연습문제를 기본으로 하는 문법·번역 방식을 취하고 있으며, 구조주의 언어학과 청화식 교수법의 흔적을 부분적으로 찾아볼 수 있다.[24)]

---

24) 문법을 도식적으로 설명하는 방식과 발음연습에 비중을 둔 성문각(1967) 교과서와 별도의 발음 항목을 둔 일조각(1969) 교과서를 예로 들 수 있다.

3.4. 제3차 교육과정 시기(1973. 2~1981. 12)

국민교육헌장(1968), 유신헌법(1972)을 비롯한 정치사회적인 격변기를 거치며 교육 과정이 개정되어 1977년부터 고교 현장에 시행되었다. 제3차 교육과정은 지식의 구 조, 개념과 원리, 지식의 전이, 교육 내용의 정선을 중요시 하는 학문중심 교육과정을 표방하고, 교육과정의 기본 방침을 '지식 기술 교육의 쇄신'에 두고 있다. 이와 함께 국민적 자질, 인간교육, 지식·기술 교육의 쇄신, 자주성, 국가발전, 민주적 가치 등 국민 정체성과 관련된 인성과 태도 요인을 강조하고 있다. 국사가 단일교과로 독립 하고, 1973년 일본어가 제2외국어 교과에 추가되었다.

명목상 동일 외국어 교과로 분류되어 있는 영어와 제2외국어는 실행 조건을 달리하여 실제로는 분리 운영되었다. 영어I, 영어II는 각각 10~12단위로, 독일어, 프랑스어, 중국어 에스파냐어, 일본어는 인문, 자연 과정 공히 택일하여 10~12 단위를 이수하도록 편제되어 있다. 프랑스어 교육과정의 목표는 2차와 비교하여 큰 변화는 없으나, 듣기, 읽기 말하기, 쓰기로 나눈 언어 기능이 명시적으로 제시되어 있고, 프랑스 문화만이 아니라 한국문화의 소개를 명시하고 있다는 점에서 국민교육헌장이 추구하는 자주성의 가치를 언어교육 측면에서 수용하고 있음을 볼 수 있다. 지도 목표, 내용, 지도상의 유의점으로 체제를 구성하고, 내용을 읽기, 쓰기, 듣기와 말하기로 구분하여 항목별로 언어재료와 지도사항을 두고, 1500단어 내외의 어휘 규정을 제시하고 있다. 언어 기능별로 구분한 내용 영역은 이전 교육과정에 비해 진일보했다고 하겠으나, 여전히 평가에 대한 고려가 없어 교육과정의 기본에 충실한 지침으로 보기 어렵다. 해당 교육과정이 적용된 시기에 발행된 교과용 도서는 본문, 발음, 문법, 연습문제를 기본으로 한 과를 구성하고 있어 체제와 내용 면에서 이전 시기의 교재와 크게 달라진 점이 없다. 'STRUCTURE ET GRAMMAIRE' 항목을 두고 문법을 구조화하여 소개하고 있는 교재(일조각 1978)에서는 구조주의 언어학과 청화식 교수법의 원리를 반영하고 있음을 볼 수 있다.[25)]

---

25) 일조각(1978) 교과서는 머리말에서 "반복 연습을 통하여 프랑스어의 가장 일반적인 표현을 익혀 나가도록 했으며, 언어 구조에 대한 학습도 그 활용에 중점을 두었다"고 밝힘으로서 구조주의 언어학과 청화식 교수법의 영향을 시사해 주고 있다.

3.5. 제4차 교육과정 시기(1981. 12~1987.2)

1980년 제5공화국의 출범을 계기로 새로운 교육적 전환을 모색할 필요에 따라 교육과정이 개정되어 1984년부터 고교 현장에 적용되었다. 개발을 위임받은 한국교육개발원은 "학교에서 전개되고 실현될 교육 실천의 효과를 극대화하기 위하여 일정 학생에게 무엇을 어떻게 교육할 것인가를 국가 수준에서 규정하는 의도되고 문서화된 계획"으로 교육과정을 정의하고 종합적인 접근의 필요성을 강조하고 있다. 제4차 교육과정은 건전한 심신의 육성, 지력과 기술의 배양, 도덕적인 인격의 형성, 민족공동체 의식의 고양에 역점을 두고 있어 인간중심 교육과정의 성격이 강하다. 한편 학문중심을 표방한 이전 교육과정에 비해 학습량과 수준을 축소 조정하는 쪽으로 방향을 전환하고 있다. 인문·사회, 자연 과정으로 나누고, 교과의 성격은 공통 필수와 과정별 계열별 선택 교과로 구분하였다.

외국어는 필수 교과로 선정되어, 영어I은 6~8단위를 영어II는 14~16단위를 부여한 반면, 독일어, 프랑스어, 에스파니아어, 중국어, 일본어 중 택일하여 인문 · 사회, 자연 과정 공히 10~12단위를 이수하도록 하였다. 프랑스어 교육과정의 목표는 3차와 비교할 때 언어적 측면에서는 큰 변화가 없으나, 우리 문화에 대한 소개 부분이 생략되고 프랑스인의 생활과 문화에 관한 이해로 축소되었다.[26] 목표, 내용, 지도 및 평가상의 유의점으로 체제를 구성하여 처음으로 평가에 대한 인식을 드러내고 있다. 언어 기능(듣기와 말하기, 읽기, 쓰기)과 언어재료(언어재료, 발음, 어휘, 문형 · 문법)로 내용 체제를 제시하여 외국어 교수법의 국제적 동향을 어느 정도 반영하고 있음을 볼 수 있다. 외국어과 별책으로 724개의 기본 어휘표를 제시하고, 학습량 축소 기조에 따라 어휘 수를 1200개 내외로 하향 조정하였다. 해당 교육과정이 적용된 시기에 발행된 교과용 도서는 저자별로 매우 다른 양상을 보여주고 있다. 'PHONÉTIQUE', 'GRAMMAIRE', 'STRUCTURES' 항목을 두어 구조주의 언어학과 청화식 교수법의 원리를 강조하는 교재(삼화출판사 1983)와 상황별로 이미지의 사용을 극대화하여 대화문을 전개해 나가는 방식으로 시청각교수법을 시도해본 교재(지학사 1983)를 그 예로 들 수 있다.

---

26) 이후 외국어 교과서에 자국의 문화를 소개하는 데 대한 반대 목소리가 높아 교과서 심의 과정에서 배제되고 있다. 이 문제는 '상호문화'를 강조하는 현 시점에서 하나의 쟁점으로 새롭게 조명해 볼 필요성이 있다.

3.6. 제5차 교육과정 시기(1987. 3~1992. 10)

학문의 발전과 광범위한 사회경제적 변화에 따라 제5차 교육과정이 고시되어, 1990년부터 고교 현장에 적용되었다. 한국교육개발원은 "국가 수준의 문서화된 개괄적인 기준"으로 교육과정을 정의하고, 개인적, 학문적, 사회적 적합성을 고루 갖춘 종합적인 접근 방식을 강조하고 있다. 제5차 교육과정은 교육과정의 적정화, 내실화, 지역화를 개정의 방침으로 정하고, 기초교육의 강화, 통합 교육과정의 구성, 미래 사회 대비 교육의 강조, 교육과정 운영의 효율성 제고에 주안점을 두었다. 교육과정 및 교과용 도서에서 개선이 필요한 부분만 개정한다는 내부 원칙에 따라 기본적으로 제4차 교육과정의 기조를 유지하고 있다.

영어와 여타 외국어는 4차와 같은 동일한 체제로 편성되어 있으나 이수단위에 변화가 있다. 영어I은 8단위, 영어 II는 12단위, 독일어, 프랑스어, 에스파냐어, 중국어, 일본어는 인문·사회, 자연 과정 공히 택일하여 10단위를 제시하고 있다. 프랑스어 교 육과정은 4차의 틀을 그대로 유지하여 목표, 내용, 지도 및 평가상의 유의점으로 체 제를 구성하고, 내용 영역은 언어 기능(듣기와 말하기, 읽기, 쓰기)과 언어재료(소재, 발음, 어휘, 문형 · 문법)로 제시하여 용어 보정 수준의 변화가 있다. 기본어휘를 1000 단어 내외로 축소 조정하고 제한 문법사항[27]을 두어 학습량 조절을 유도하고 있다. 어휘를 문법어와 내용어로 어휘를 구분한 점, 듣기와 말하기 중심의 구어 의사소통 능력 배양을 중시한 점은 프랑스어 교육과정의 발전선상에서 특기할 만한 변화라 하겠다.

3.7. 제6차 교육과정 시기(1992. 11~1997. 2)

1980년대 후반의 경제성장, OECD 가입을 통해 획득한 자긍심, 국제화 조류 등이 배경이 되어 교육개혁의 일환으로 교육과정이 개정되어 1995년부터 고교 현장에 적용되었다. 제6차 교육과정은 "초 · 중등학교의 교육내용에 관한 전국 공통적, 일반적 기준"으로 교육과정을 정의하고, 구조의 다양화, 내용의 적정화, 운영의 효율화를 원 칙으로 하고 있다. 제6차 교육과정은 편성과 운영에 있어 국가, 시 · 도, 학교의 역

27) 직설법 단순 과거와 전과거, 접속법 반과거와 대과거, 조건법 과거 제2형

할과 책임을 규정하고, 학교가 자율적으로 이수단위를 증배 편성 · 운영할 수 있도록 하였다. 북방외교의 성과에 따라 러시아어가 제2외국에 추가되고(1992), 외국어에 관한 전문교과가 신설되었다.

일반계 과정별 필수과목으로 영어 5과목(영I, 영II, 영어독해, 영어회화, 실무영어)과 함께 외국어 12과목(독I, 독II, 프I, 프II, 에I, 에II, 중I, 중II, 일I, 일II, 러I, 러II)을 각 6단위로 편성하였다. 외국어계는 외국어I 외 12개의 전문교과(독해I, 독해II, 회화I, 회화II, 작문I, 작문II, 문법I, 문법II, 문화I, 문화II, 청해, 실무)를 편성하여 외국어 교육의 내실화, 전문화를 유도하고 있다. 목표, 내용, 언어재료, 방법, 평가로 체제를 구성하고, 언어 기능(이해 기능, 표현 기능)과 의사소통 기능, 언어 재료(소재, 발음, 어휘)로 내용 영역을 나누고 있어 이전의 교육과정과 차별화된다. 무엇보다 큰 변화는 의사소통 기능이라는 개념과 10개의 항목[28]으로 분류한 의사소통 기능 예시문의 도입이다. 그러나 간단한 일상어의 이해와 표현에 목표를 두고, 언어의 기능을 이해기능과 표현기능으로만 제시함으로써, 언어 4기능(듣기, 말하기, 읽기, 쓰기)의 활성화와 의사소통 능력의 배양에 초점을 두고 있는 의사소통접근법의 기본 시각을 충분히 반영한 것으로 보기 어렵다. 어휘 규정으로는 프I 500단어, 프II 추가 500단어 총 1000단어 내외, 기본어휘 663단어를 제시하고, 제한문법 사항[29]을 두고 있다.

3.8. 제7차 교육과정 시기(1997. 12~2006. 11)

21세기 정보화 시대를 주도할 자율적이고 창의적인 한국인의 육성을 지향하며 교육과정이 개정되어 2002년부터 고교 현장에 적용되었다. 제7차 교육과정은 구성주의 교육철학을 반영하여, 공급자중심의 획일적 교육으로부터 학생중심 교육으로의 전환을 표방하고 있다. 제7차 교육과정은 국민공통기본교육과정(초1~고1)과 선택중심 교육과정(고2~3)을 기본 골격으로 하여 기초교육의 연계성을 강화하고 있다. 수준별 교육과정을 도입하여 학습내용의 최적화에 역점을 두고 있다. 아랍어가 신설됨으

28) 〈개인의 생각〉, 〈개인의 느낌〉, 〈친교 활동〉, 〈일상적 대인 관계〉, 〈권유와 부탁〉, 〈지시와 명령〉, 〈정보 교환〉, 〈의견 교환〉, 〈문제 해결〉, 〈창조적 활동〉 (전 항목 1~5개의 소 항목을 두고 있다.)

29) ① 직설법 전미래, 단순과거, 전과거, ② 명령법 과거, ③ 공손한 표현의 용법을 제외한 조건법, ④ 접속법, ⑤ 제롱디프를 제외한 분사 구문

로써 제2외국어는 7개 교과로 늘어났다. 일반 계열에 외국어I, II를 각각 6단위씩 편성하고, 외국어 계열에는 외국어I 외에 12개의 전문교과(독해I, 독해II, 회화I, 회화II, 작 문I, 작문II, 문법I, 문법II, 문화I, 문화II, 청해, 실무)를 두어 특화시키고 있다. 또한 국제 계열에 8개 외국어(영, 독, 프, 에, 중, 일, 러, 아) 강독을 편성하고, 중학교 생활외국어 7과목(독, 프, 에, 중, 일, 러, 아)을 재량활동 교과로 편성함으로써 외국어 교과의 양적 팽창을 가져왔다.

프랑스어 교육과정은 목표, 내용, 교수·학습 방법, 평가로 기본 체제를 구성하고, 의사소통 활동(듣기, 말하기, 읽기, 쓰기)과 언어 재료(의사소통 기능, 발음, 어휘, 문법, 문화)로 내용 영역을 구성하고 있다. 의사소통 활동으로 듣기, 말하기, 읽기, 쓰기를 두어 언어의 수행적인 측면을 부각시키고, 24개 항목[30]으로 분류한 의사소통기능 예시문을 어휘표와 함께 제시하고 있다. 학습 내용의 최적화 원칙에 따라 어휘 수는 프랑스어I 400단어, 프랑스어II 800단어(프랑스어I 400단어 포함) 내외로 제한하고 제한문법 사항[31]에 직설법 대과거를 포함시키고 있다.

3.9. 2007 개정 교육과정 시기(2007. 2~2009. 12)[32]

'주 5일제 수업'의 전면 시행을 앞두고 교육과정이 개정 고시되었다. 2011년부터 고등학교에 단계적으로 적용하도록 고시되었으나, 뒤이어 고시된 2009 개정 교육과정과 동시에 적용됨으로써 존재감이 약화되고 정체성이 애매해진 측면이 있다. 2007 개정 교육과정은 제7차 교육과정의 철학과 체제를 유지하되 문제점 보완 수준으로 개정의 범위를 최소화하고 있다. 사회적 변화의 흐름을 주도할 수 있는 기본능력 함

30) 1. 인사, 2. 감사, 3. 소개, 4. 묘사, 5. 길 묻고 가르쳐 주기, 6. 사과와 유감, 7. 물건사기, 8. 대답, 9. 만날 약속, 10. 의견 또는 판단, 11. 편지쓰기, 12. 전화하기, 13. 음식이나 음료 권하기, 14. 제안, 15. 기호, 16. 계획, 의도, 희망, 소원, 17. 부탁이나 요청, 18. 축하, 기원, 격려, 찬사, 칭찬, 19. 감정, 20. 행동요구, 21. 초대, 22. 음식 권하기, 제안, 요구, 초대 등의 승낙과 거절, 23. 확실성, 가능성, 추측, 24. 과거 시실 묘사 (이 중 일부 항목은 2~4개의 소 항목을 두고 있다.)

31) ① 직설법 대과거, 단순과거, 전과거, 전미래, ② 명령법 과거, ③ 공손한 표현의 용법을 제외한 조건법, ④ 접속법, ⑤ 제롱디프를 제외한 분사 구문

32) 교육과정이 전면 개정에서 수시 개정 체제로 전환됨에 따라 8차 교육과정이라는 명칭은 존재하지 않는다.

양, 교육 내용의 적정화와 심도 있는 학습, 학생의 능력, 적성, 진로를 고려한 교육 내용과 방법의 다양화, 교육과정 편성과 운영에 있어서 현장의 자율성 확대, 교육과정 평가 체제를 통한 질 관리에 역점을 두고 있다. 일반 계열에 14과목(독I, 프I, 에I, 중I, 일I, 러I, 아I, 독II, 프II, 에II, 중II, 일II, 러II, 아II)의 외국어를 편성하고, 외국어 계열에 8개 기초외국어(영, 독, 프, 스, 중, 일, 러, 아)와 각 전문 과목(청해, 독해, 작문, 문법, 회화I, 회화II, 문화I, 문화II)을 편성하였다. 국제 계열과 중학교 생활외국어의 편성 체제는 7차 교육과정에서와 동일하다.

프랑스어 교육과정은 성격, 목표, 내용, 교수 · 학습 방법, 평가로 기본 체제를 구성하되, 언어 기능, 문화, 태도별 목표를 세분하고, 내용 영역을 언어적 내용과 문화적 내용으로 구분하고 있다. 언어 기능을 듣기, 말하기, 읽기, 쓰기로, 언어재료는 발음 및 철자, 어휘, 문법, 의사소통 기본 표현으로 나누고, 교수 · 학습 방법을 일반 지침, 언어 기능, 언어재료, 문화로 나누어 제시하고 있다. 프랑스어I 500단어, 프랑스어II 800단어(프랑스어I 500단어 포함)라는 어휘 규정을 두되 1017 단어로 확장된 기본 어휘표를 제시함으로써, 교과서 개발 시 보다 다양한 어휘를 사용할 수 있도록 하였다. 제7차 교육과정에서의 '의사소통 기능(예시문)'을 '의사소통 기본 표현'으로 변경하고, 보다 상세하고 일관성 있게 분류한 28개 항목[33)]의 예시문을 제시하고 있다. 문법은 직설법 대과거에 이어 수동태와 관계 대명사로까지 제한문법 사항[34)]을 확대하여 부담을 줄여주고 있다.

33) 1. 인사, 2. 소개. 3. 감사, 4. 사과와 유감, 5. 인적 사항, 6. 묘사, 7. 기호, 8. 사물, 9. 기상, 10. 공간 표현, 11. 장소 이동, 12. 시간 표현, 13. 만날 약속, 14. 전화, 15. 물건 사기, 16. 식사, 17. 의견 또는 판단, 18. 제안 및 권고, 19. 편지, 20. 초대, 21. 명령, 충고, 부탁이나 요청, 22. 허락, 금지, 의무, 23. 건강, 24. 감정 표현, 25. 축하, 26. 계획이나 희망, 27. 비교, 28. 확신, 가능성, 추측의 표현(전항목 1~6개의 소 항목을 두고 있다).

34) ① 직설법 대과거, 단순 과거, 전과거, 단순미래, 전미래, ② 명령법 과거, ③ 공손한 표현의 용법을 제외한 조건법, ④ 접속법, ⑤ 제롱디프를 제외한 분사 구문, ⑥ 수동태, ⑦ 관계 대명사

3.10. 2009 개정 교육과정(2009. 12~현재)

'글로벌 창의 인재 육성'을 모토로 2009 개정교육과정이 고시되어, 2011년부터 고교 현장에 단계적으로 적용되고 있다. 학기당 이수 교과목 축소를 통한 효율성 제고, 창의적 체험활동을 통한 창의 인재 육성, 교과 재구조화를 통한 핵심역량 강화, 교육과정 자율화를 통한 학교의 다양화에 역점을 두고 2007 개정 교육과정을 손질한 교육과정이다. 공통 교육과정(초1~중3)과 선택 교육과정(고1~고3)으로 기간을 조정하고, 교과의 범주를 4개 영역(기초, 탐구, 체육 · 예술, 생활 · 교양)으로 구분하고 있다. 제2외국어는 영어와 분리되어 기술 · 가정/제2외국어/한문/교양 교과군에 편성됨으로써 외국어 교과로서의 위상 약화를 가져왔고, 성급히 도입된 집중이수제[35]는 제2외국어 교과의 입지를 더욱 어렵게 만드는 결과를 초래하였다. 일반 계열, 외국어 계열, 국제 계열, 생활프랑스어에 베트남어가 추가되어 제2외국어는 8개 교과(독, 프, 에. 중, 일, 러, 아, 베)로 늘어났다. 일반 계열의 경우, 일반 16과목(독I, 프I, 에I, 중I, 일I, 러I, 아I, 베I, 독II, 프II, 에II, 중II, 일II, 러II, 아II, 베II)과 심화 6과목(프랑스어 회화 Ⅰ, 프랑스어 회화Ⅱ, 프랑스어 독해Ⅰ, 프랑스어 독해Ⅱ, 프랑스어 작문, 프랑스어 권문화)이 편성되어 있으나, 현실적으로 심화 과목이 채택될 가능성은 미미하다.

프랑스어 교육과정은 2007 개정 교육과정의 기본 골격을 그대로 유지하고 있으나, 성격 항목이 없어지고 내용 항목 대신 성취기준을 제시하고 있다는 점이 특징이다. 즉 목표, 성취기준, 교수 · 학습 방법, 평가로 기본 체제를 구성하고, 언어 기능, 문화, 태도별 목표를 세분하고, 성취기준은 언어적 내용과 문화적 내용으로 나누어 제시하고 있다. 언어 기능은 듣기, 말하기, 읽기, 쓰기로, 언어재료는 발음 및 철자, 어휘, 문법, 의사소통 기본 표현으로 구분되고, 교수 · 학습 방법을 일반 지침, 언어 기능, 언어 재료, 문화로 나누어 제시하고 있다.

---

35) 2~3개 학년에 걸친 과목을 학년별로 집중해 이수하거나, 1년간 이수하는 과목을 한 학기동안 집중하여 이수하도록 하는 제도이다. 제한한 학습 효율을 높이기 위한 목적으로 도입 되었으나, 학기당 최대 8과목으로 제한한 집중이수제는 우리교육 현실에 맞지 않아 학교장 재량으로 조정할 수 있게 되었다.

4. 기대와 전망

지금까지 9차례의 개정을 통해, 프랑스어 교육과정은 사회적 요구와 외국어 교육의 국제적 사조를 반영하며 발전해 왔다. 현 교육과정에서 도입한 '성취기준(achievement standards)' 개념은 우리 교육의 오랜 관행인 '규준지향 평가(évaluation normative)' 체제를 '준거지향평가(évaluation critériée)' 체제로 유도함으로써, 교수 · 학습의 표준화를 도모하는 동시에 외국어 교육을 보다 질적인 차원에서 접근할 수 있도록 하는 가능성을 열어주고 있다. 이러한 평가 방식의 변화는 '세환효과(洗還效果 = washback effect = effet de retour)'를 유발하여 교수 · 학습의 변화를 이끄는 동인이 될 수 있을 것이다. 또한 정보화 시대의 논리에 맞게 보다 유연해진 교육과정 개정 절차를 통해 언어교육의 적정선을 제시하고 바람직한 교수 · 학습 · 평가 방법을 정립해 나갈 수 있을 것으로 전망한다. 프랑스어를 배우기에 불리한 지정학적, 언어적 조건에도 불구하고, 중등교육과 고등교육의 장에서 무수한 학습자를 길러온 한국에서의 프랑스어 교육이 '표준화(standardisation)'와 '다양화(diversification)'를 지향하는 언어 교육의 신경향[36]을 수렴하며, 우리 실정에 맞는 '맥락화(contextualisation)'를 실현해 갈 수 있기를 기대한다.

> **세환효과:** 교육평가 영역에서 일반적으로 사용되는 세환효과는 'washback effect = backwash effect'을 번역한 용어로, 평가가 후속 교육에 영향을 미쳐 교수 · 학습의 변화를 가져오게 되는 현상을 일컫는다. 평가를 교육 활동에 대한 검증으로 보게 되면 평가는 교수 · 학습의 종착점으로 고정되지만, 세환효과 측면에서 보면 평가는 교수 · 학습의 형식과 내용에 변화를 가져오는 유기적인 장치로서 그 의미와 존재감이 크게 확장된다.

프랑스어 교육과정의 변천사를 다음 〈표 2-2〉, 〈표 2-3〉, 〈표 2-4〉를 통해 종합해 보도록 한다.

---

36) 21세기 유럽 언어교육의 방향을 제시하고 있는 유럽공통참조기준(CECR)은 투명한 목표기술항(descripteur)을 두어 언어교육의 표준화를 도모하는 동시에, 상호문화의 인정을 전제로 하는 다중언어주의(plurilinguisme)의 도입을 명시함으로써 다양성의 가치를 추구하고 있다. 유럽사회를 이끌어 온 합리와 인정이라는 가치를 언어교육의 장에 도입함으로써 '다양성 속의 통일'을 추구하는 것으로 평가할 수 있다.

〈표 2-1〉 역대 교육과정의 개요(공포 시기, 총론의 특징, 시수배정 상황)

* 약어 : 영(영어), 독(독일어), 불/프(프랑스어), 에/스(스페인어), 중(중국어), 일(일본어), 러(러시아어), 아(아랍어), 베(베트남어)

명칭	법적 근거 법령[22] (일반계 고교 기준)	특징 (총론 기준)	편제상의 특징 (외국어과 기준)
교육에 대한 긴급조치 시기 (1945~1946)	ㅁ 미군정 일반 명령 제6호(1945. 9. 17) ㅁ 법령 제4호 '신조선의 조선인을 위한 교육 방침'(1945. 9. 29)	ㅁ 국호를 조선으로 규정 ㅁ 교수 용어 국어 사용 ㅁ 조선의 이익에 반하는 교과 교수 및 실습 금지 ㅁ 교과서는 학교 재량(일본 교과서 학생 사용금지) ㅁ 민주시민 양성을 위한 공민과 신설 ㅁ 4년제 중학교 학제 ㅁ 교과목(공민, 국어, 지리, 역사, 수학, 물리, 화학, 가사, 재봉, 영어, 체육, 음악, 습자, 도화, 수예, 실업) 및 주당 시수표 제시	ㅁ 외국어는 영어만 편성 : 남중은 5시간, 여중(당시 명칭 고녀)은 4시간 편성
교수요목 시기 (1946~1954)	ㅁ '교수요목 제정위원회' 결성(1946. 2. 21) ㅁ 중학교(초급, 고급) 교수요목 시달 (1946. 9. 1) ㅁ 고급 중학교 교수요목 발표(1946. 9. 20)	ㅁ 교수요목을 "학생들이 학습해 나갈 코스, 교사가 학생에게 가르칠 교수 내용의 주제 또는 제목"으로 정의 ㅁ 명시적 총론 부재 ㅁ 필수과목, 선택과목 교과 구분 ㅁ 지도 내용 상세화, 기초능력 배양 주력 ㅁ 교과 분과주의 채택, 체계적 지도와 지력 배양 중점 ㅁ '홍익인간' 정신에 입각한 애국애족 강조, 일제 잔재 제거 노력 ㅁ 6년제 중학교 학제로 개편(1947. 4)	ㅁ 영어는 필수과목 외국어로 전학년에 편성 ㅁ 중, 불, 노, 독은 선택과목 외국어로 주당 5시간 고학년(4, 5, 6)에 편성
제1차 교육과정 시기 (1954~1963)	ㅁ 문교부령 제35호 "국민학교, 중학교, 고등학교, 사범학교 교육과정 시간 배당 기준령"(1954. 4. 20 제정)	ㅁ 교육과정을 "각 학교의 교과목 및 기타 교육활동의 편제"로 정의 ㅁ 교과 및 특별활동으로 편제 ㅁ 교과는 필수, 선택, 전문 과정으로 구분 ㅁ 도덕 과목 신설	ㅁ 외국어는 선택과목으로 편성하여 영, 독, 불, 중 중 1~2과목 선택하게 함

37) 2~3개 학년에 걸친 과목을 학년별로 집중해 이수하거나, 1년간 이수하는 과목을 한 학기동안 집중하여 이수하도록 하는 제도이다. 제한한 학습 효율을 높이기 위한 목적으로 도입 되었으나, 학기당 최대 8과목으로 제한한 집중이수제는 우리교육 현실에 맞지 않아 학교장 재량으로 조정할 수 있도록 하였다.

	□ 문교부령 제46호 □ "고등학교 및 사범학교 교과과정" (1955. 8. 1 제정)	□ 교과중심 교육과정 : 지적인 체계 중심이되 생활교육을 교육과정 및 교과서에 반영 □ 특별활동 시간 배당하여 전인교육 지향	□ 문장 문법에 대한 기초 능력, 회화 능력 및 각국의 문화를 이해하는 능력을 기르는 데 목표를 둠 □ 연간 시수로 제시하고 주당 시수는 괄호 안에 표시 : 연간 0~175시간, 주당 0~5시간 * 프랑스어는 교과과정에 편제되어 있으나 교육과정 지침 부재
	□ 문교부령 제67호(1958. 6. 5 제정 공포 시행)	□ 실업고의 교과시간 배당	
제2차 교육과정 시기 (1963~1973)	□ 문교부령 제121호(1963. 2. 15 개정 공포) □ 1965. 3. 1 시행	□ 교육과정 : "학생들이 학교의 지도하에 경험하는 모든 학습 활동의 총화" □ 생활(경험)중심 교육과정 □ 자주성, 생산성, 유용성, 합리성, 지역성 강조 □ 단위제 실시 □ 인문, 자연, 실업 과정 구분 □ 공통, 선택 과목으로 구분 □ 학교급 간의 연계성과 교과 간의 통합성 강조	□ 인문, 자연 과정 공히 영II, 독, 불, 중 중 1~2 과목 선택하여 30단위 □ 지도 목표, 지도 내용, 지도상의 유의점으로 체제 구성 □ 지도 내용은 용어, 문법, 독해, 청취, 발표로 나누어 제시 □ 어휘 사용량 규정 : 일상 상용어 1500 단어 내외
	□ 부분 개정 : 문교부령 제251호 (1969. 9. 4) □ 1970. 3. 1 시행	□ 국민교육헌장 이념 구현 □ 교련('69), 에스파냐어('69), 한문('72) 신설	
제3차 교육과정 시기 (1973~1981)	□ 문교부령 제350호(1974. 12. 31 개정 공포) □ 1977. 3. 1 시행	□ 학문중심 교육과정 표방 □ 국민교육헌장 이념 구현 : 국민적 자질, 인간교육, 지식·기술 교육의 쇄신, 자아실현, 국가발전, 민주적 가치의 강조 □ 교과는 필수 및 필수 선택, 과정별 선택으로 구분 □ 국사 단일교과로 독립 □ 일본어('73) 신설	□ 외국어과(영, 독, 프, 중, 에, 일)로 묶여 있으나, 운영상 영어와 제2외국어 분리 □ 인문, 자연 과정 공히 독, 프, 중, 에, 일 중 택1 10~12 단위 □ 목표, 내용, -지도상의 유의점으로 체제 구성 □ 내용 체제는 읽기, 쓰기, 듣기와 말하기로 구분하여 제시하고, 항목 별로 언어재료와 지도사항을 둠 □ 어휘는 1500 단어 내외
	□ 문교부령 제404호(1977. 2. 28) □ 문교부 고시 제424호 "고등학교 교육과정" (1979. 3. 1 고시, 시행)	□ 학생회 활동을 학도호국단 활동으로 변경 □ 교육과정 문서 결정 체제개선 : 법규 문서에서 공고 문서로 변경	
제4차 교육과정 시기 (1981~1987)	□ 문교부 고시 제442호 "고등학교 교육과정" (1981. 12. 31 개정 고시)	□ 한국교육개발원에서 기초연구, 총론, 각론 시안 개발	□ 외국어 필수 교과 □ 인문·사회, 자연 과정 공히 독, 프, 중, 에, 일 중 택1 필수 10~12단위 편성

<table>
<tr>
<td rowspan="2"></td>
<td></td>
<td>ㅁ "학교에서 전개되고 실현될 교육 실천의 효과를 극대화하기 위하여 일정 학생에게 무엇을 어떻게 교육할 것인가를 국가 수준에서 규정하는 의도되고 문서화된 계획"으로 교육과정 정의
ㅁ 인간중심 교육과정 성격 반영
ㅁ 일반계 과정을 인문 · 사회, 자연으로 구분
ㅁ 공통 필수와 과정 및 계열별 선택 교과로 구분
ㅁ 자유 선택 과목 신설 : 논리학, 철학, 교육학, 심리학, 종교
ㅁ 학습량 · 수준 축소 조정</td>
<td rowspan="2">ㅁ 목표, 내용, 지도 및 평가 상의 유의점으로 체제 구성
ㅁ 내용 체제는 언어 기능(듣기와 말하기, 읽기, 쓰기)과 언어재료(언어재료, 발음, 어휘, 문형 · 문법)로 제시
ㅁ 외국어과 별책으로 어휘표 제공(프랑스 어 어휘 742개)</td>
</tr>
<tr>
<td>ㅁ 문교부 고시 제85- 10호 (1985. 1. 17 개정 고시)
ㅁ 1986. 3. 1 시행</td>
<td>ㅁ 국민정신교육 강화, 군사 기능 내용 통합 축소
ㅁ 학도호국단 활동을 학생회 활동으로 변경</td>
</tr>
<tr>
<td rowspan="2">제5차
교육과정
시기
(1987~1992)</td>
<td>ㅁ 문교부 고시 제88-7호 "고등학교 교육과정"(1988. 3. 31 개정 고시)
ㅁ 1990. 3. 1 시행</td>
<td>ㅁ 교육과정 : "국가 수준의 문서화된 개괄적인 기준"
ㅁ 홍익인간 이념 구현 : 건강한 사람, 자주적인 사람, 창조적인 사람, 도덕적인 사람
ㅁ 교육과정의 적정화, 내실화, 지역화 방침
ㅁ 기초교육의 강화, 정보화 사회에 대응하는 교육의 강화, 교육과정 운영의 효율성 제고
ㅁ 과학계열, 예술계열 교육과정 개발</td>
<td rowspan="2">ㅁ 영어Ⅰ, 영어 Ⅱ와 분리 운영되며, 인문 · 사회, 자연 과정 공히 독, 프, 에, 중, 일 중 택1 10단위 편성
ㅁ 목표, 내용, 지도 및 평가상의 유의점으로 체제 구성
ㅁ 내용 체제는 언어 기능(듣기와 말하기, 읽기, 쓰기)과 언어재료(소재, 발음, 어휘, 문형 · 문법)로 나누어 제시
ㅁ 문법어와 내용어로 어휘 구분, 기본어휘 1000단어 내외로 줄임
* 제한 문법사항을 두어 학습량 조절을 유도하고, 듣기와 말하기 중심의 구어 의사소통 능력 배양에 중점을 둠</td>
</tr>
<tr>
<td>ㅁ 문교부 고시 제190 -1호 (1990. 6. 30)
ㅁ 1993. 9. 1 시행</td>
<td>ㅁ 군사 교육중심 교련을 안전생활 주임으로 개정</td>
</tr>
<tr>
<td>제6차
교육과정
시기
(1992~1997)</td>
<td>ㅁ 교육부 고시 제1992-19호 "고등학교 교육과정"(1992. 10. 30 개정 고시)
ㅁ 1996. 3. 1 시행</td>
<td>ㅁ 교육과정 : "초·중등학교의 교육내용에 관한 전국 공통적, 일반적 기준"
ㅁ 편성·운영 체제 개선 : 교육과정 결정의 분권화 (중앙집중형→지방분권형 :국가, 시 · 도, 학교수준), 구조의 다양화, 내용의 적정화, 운영의 효율화</td>
<td>일반계 과정별 필수과목으로 영어 5과목(영Ⅰ, 영Ⅱ, 영어독해, 영어회화, 실무영어)와 함께 12과목(독Ⅰ, 독Ⅱ, 프Ⅰ, 프Ⅱ, 에Ⅰ, 에Ⅱ, 중Ⅰ, 중Ⅱ, 일Ⅰ, 일Ⅱ, 러Ⅰ, 러Ⅱ) 각 6단위 편성</td>
</tr>
</table>

第6차 교육과정 시기 (1992~1997)	ㅁ 교육부 고시 제1992-19호 "고등학교 교육과정"(1992. 10. 30 개정 고시) ㅁ 1996. 3. 1 시행	ㅁ 러시아어, 진로 · 직업 신설 ㅁ 외국어에 관한 전문교과 신설	ㅁ 일반계 과정별 필수과목으로 영어 5과목(영I, 영II, 영어독해, 영어회화, 실무영어)와 함께 12과목(독I, 독II, 프I, 프II, 에I, 에II, 중I, 중II, 일I, 일II, 러I, 러II) 각 6단위 편성 ㅁ 외국어계 외국어I 외 12개의 전문교과 편성(독해I, 독해II, 회화I, 회화II, 작문I, 작문II, 문법I, 문법II, 문화I, 문화II, 청해, 실무) ㅁ 목표, 내용, 언어재료, 방법, 평가로 체제 구성 ㅁ 내용 체제는 언어 기능(이해 기능, 표현 기능)과 의사소통 기능, 언어 재료(소재, 발음, 어휘)로 제시 ㅁ 프I 500단어, 프II 추가 500단어 총 1000단어 내외, 기본어휘 663개 제시 ㅁ 의사소통 기능 항목 제시
	ㅁ 교육부 고시 제1997-12호 (1997. 12. 12) ㅁ 1999. 3. 1 시행	ㅁ 전문교과 교육과정에 의거한 교과용 도서 편찬	
	ㅁ 교육부 과정81160-602 교육과정의 탄력적 운영 지침(1998. 12. 11) ㅁ 1999. 3. 1 시행	ㅁ 학생중심 교육과정 체제 구축 ㅁ 이수단위 학교 자율적으로 증배 운영	
第7차 교육과정 시기 (1997~2007)	ㅁ 교육부 고시 제1997-15호"초 · 중등학교 교육과정"(1997. 12. 30 개정 고시) ㅁ 2002. 3. 1 시행	ㅁ 교육과정 업무 한국교육과정평가원으로 이관(1997) ㅁ 대통령 직속 '교육개혁위원회'에서 개정 주도 ㅁ 학생중심 교육과정 : 공급자 중심의 획일적인 교육 체제에서 교육 수요자인 학생중심 교육 체제로 전환 ㅁ 기본 방향은 21세기 정보화 시대를 주도할 자율적이고 창의적인 한국인 육성 ㅁ 국민공통기본교육과정(초1~고1)과 선택중심 교육과정(고2~3)으로 편성 ㅁ 국민공통기본교육과정은 교과, 재량활동, 특별활동으로 세분 ㅁ 편제에 과목군 개념 도입 ㅁ 수준별 교육과정 도입 ㅁ 재량활동의 신설 확대 : 교과 재량, 창의적 재량 ㅁ 과목 수 축소, 교과별 학습내용의 최적화	ㅁ 일반계 일반선택 과목으로 6과목(독I, 프I, 스I, 중I, 일I, 러I), 심화 선택 과목으로 6과목 (독II, 프II, 스II, 중II, 일II, 러II) 선택과목으로 각 6단위 편성 ㅁ 목표, 내용, 교수 · 학습 방법, 평가로 체제 구성 ㅁ 내용 체제는 의사소통 활동(듣기, 말하기, 읽기, 쓰기)과 언어 재료(의사소통 기능, 발음, 어휘, 문법, 문화)로 제시 ㅁ 의사소통접근법의 명시적 도입 ㅁ 언어 수행을 강조하여 언어 4기능 중심으로 내용 체제 구성 ㅁ 의사소통기능 예시문 기본어휘와 함께 제시 ㅁ 학습 내용 최적화 원칙에 따라 기본어휘 800 단어 내외로 감소, 제한문법 사항 확대

		□ 국제에 관한 전문 과정 신설 □ 아랍어 신설	□ 외국어계 8개 외국어(영, 독, 프, 에. 중, 일, 러, 아) 외국어I 외 12개 전문교과(독해I, 독해II, 회화I, 회화II, 작문I, 작문II, 문법I, 문법II, 문화I, 문화II, 청해, 실무) 편성 □ 국제 계열 8개 외국어(영, 독, 프, 스, 중, 일, 러, 아) 강독 편성 □ 중학교 생활외국어 7과목(독, 프, 에, 중, 일, 러, 아)을 재량활동 교과로 편성
2007 개정 교육과정 시기 (2007~2009)	□ 교육인적자원부 고시 제2007-79호(2007. 2. 28 개정고시)	□ 교육과정 수시 개정 체제에 따른 개정 □ '주 5일제 수업'을 위한 교육과정 체제 □ 제7차 교육과정의 철학과 체제를 유지하되 문제점 보완 수준으로 개정의 범위 최소화 □ 국민공통기본교육과정(초1~고1)과 선택중심 교육과정(고2~3)으로 편성 □ 강조점 : 사회적 변화의 흐름을 주도할 수 있는 기본 능력 함양, 교육 내용의 적정화와 심도 있는 학습, 학생의 능력, 적성, 진로를 고려한 교육 내용과 방법의 다양화, 교육과정 편성과 운영에 있어서 현장의 자율성 확대, 교육과정 평가 체제를 확립하여 질 관리	□ 일반계 외국어 영역으로 14과목(독I, 프I, 에I, 중I, 일I, 러I, 아I, 독II, 프II, 에II, 중II, 일II, 러II, 아II) 편성 □ 어휘 규정: 프I 500단어, 프II 프I 500포함 800 단어 이내 □ 성격, 목표, 내용, 교수·학습 방법, 평가로 체제 구성 □ 언어 기능, 문화, 태도별 목표를 세분하고, 내용은 언어적 내용과 문화적 내용으로 나누어 제시 □ 언어 기능은 듣기, 말하기, 읽기, 쓰기로, 언어재료는 발음 및 철자, 어휘, 문법, 의사소통 기본 표현으로 나누어짐 □ 교수·학습 방법을 일반 지침, 언어 기능, 언어재료, 문화로 나누어 제시 □ 외국어계 8개 외국어(영, 독, 프, 스, 중, 일, 러, 아) 해당 기초외국어 외 8개의 전문 과목(청해, 독해, 작문, 문법, 회화I, 회화II, 문화I, 문화II) 편성 □ 국제계 8개 외국어(영, 독, 프, 스, 중, 일, 러, 아) 강독 편성 □ 중학교 생활외국어 7과목(독, 프, 에, 중, 일, 러, 아)재량활동 교과로 편성, 일반계 고등학교 기본어휘 중 300 낱말 내외 사용

2009 개정 교육과정 시기 (2009~)	ㅁ 교육과학기술부 고시 제2009-41호 (2009. 12. 23 개정 고시) ㅁ 2014. 3. 1 고1 시행	ㅁ '글로벌 창의 인재 육성'을 모토로 2007년 개정교육과정의 방향 전환 ㅁ 학기당 이수 교과목 수 축소를 통한 효율성 제고 ㅁ 창의적 체험활동 도입을 통한 배려와 나눔을 실천하는 창의 인재 육성 ㅁ 고교 교과 재구조화를 통한 학생의 핵심역량 강화 ㅁ 교육과정 자율화를 통한 학교의 다양화 유도 ㅁ 공통 교육과정(초1~중3)과 선택 교육과정(고1~고3)으로 편성 ㅁ 선택 교과는 4개 교과영역(기초, 탐구, 체육·예술, 생활·교양)으로 구분하고 필수 이수단위 제시 ㅁ 교과별 수업시수 20% 증감 허용 ㅁ 학년군[22], 교과군[23] 도입 ㅁ 집중이수제[24] 도입 ㅁ 교과교실제 운영 활성화 ㅁ 학습부진아, 다문화 가정 자녀에 대한 배려와 지원 ㅁ 학교 교육과정 지원을 위한 교육청 지원 사항 신설	ㅁ 일반계 : 생활 · 교양 영역 기술·가정/제2외국어/한문/교양 교과군에 편성. 일반 16과목(독I, 프I, 에I, 중I, 일I, 러I, 아I, 베I, 독II, 프II, 에II, 중II, 일II, 러II, 아II, 베II), 심화 6과목(프랑스어 회화 I, 프랑스 어 회화 II, 프랑스 어 독해 I, 프랑스어 독해 II, 프랑스어 작문, 프랑스어권 문화) 편성 ㅁ 어휘 규정 : 프I 500단어, 프II 프I 500포함 800 단어 이내 ㅁ 목표, 성취기준, 교수 · 학습 방법, 평가로 체제 구성 ㅁ 언어 기능, 문화, 태도별 목표를 세분하고, 성취기준은 언어적 내용과 문화적 내용으로 나누어 제시 ㅁ 언어 기능은 듣기, 말하기, 읽기, 쓰기로, 언어재료는 발음 및 철자, 어휘, 문법, 의사소통 기본 표현으로 나누어짐 ㅁ 교수 · 학습 방법을 일반 지침, 언어 기능, 언어재료, 문화로 나누어 제시 ㅁ 외국어계 : 8개 외국어(영, 독, 프, 스, 중, 일, 러, 아) 해당 기초외국어 외 8개의 전문 과목 (청해, 독해, 작문, 문법, 회화I, 회화II, 문화I, 문화II) 편성 ㅁ 국제계 : 9개 외국어(영, 독, 프, 스, 중, 일, 러, 아, 베) 강독 편성 ㅁ 중학교 생활외국어 8과목(독, 프, 에, 중, 일, 러, 아, 베) 선택교과로 편성, 일반계 고등학교 기본어휘 중 300 낱말 내외 사용

38) 학년별, 학기별, 분기별 집중 이수를 통해 학기당 이수 과목 수를 줄이기 위해 학년군 설정. 초등학교는 1-2학년, 3-4학년, 5-6학년의 3개 학년군으로, 중학교와 고교는 3개 학년으로 묶음

39) 기존의 교과들을 과목 간의 상호 연관성 등을 고려하여 광역군으로 묶은 단위

40) 2~3개 학년에 걸쳐 이수하는 과목을 학년별로 집중해 이수하거나, 1년간 이수하는 과목을 한 학기동안 집중하여 이수하도록 하는 제도. 학습 효율을 높이기 위한 목적으로 도입되었으나, 우리 교육 현실에 맞지 않아 학교장 재량으로 축소

〈표 2-3〉 역대 교육과정 체제 비교

<table>
<tr><th>제 2차</th><th>제 3차</th><th>제 4차</th><th>제 5차</th></tr>
<tr><td>외국어과 목표
【과목별 체제】
1. 지도 목표
2. 지도 내용
3. 지도상의 유의점</td><td>외국어과 목표
【과목별 체제】
1. 목표
2. 내용
3. 지도상의 유의점</td><td>외국어과 목표
【과목별 체제】
1. 목표
2. 내용
3. 지도 및
평가상의 유의점
[별표1]
기본 어휘표</td><td>외국어과 목표
【과목별 체제】
1. 목표
2. 내용
3. 지도 및
평가상의 유의점
[별표1]
기본 어휘표</td></tr>
<tr><td>비고</td><td>비고</td><td>비고</td><td>비고</td></tr>
<tr><td></td><td></td><td>평가에 관해 처음 언급.
기본 어휘표 제시.</td><td>제 4차와 동일한 체제.
평가 관련 내용의 구체화.</td></tr>
<tr><th>제 6차</th><th>제 7차</th><th>2007 개정</th><th>2009 개정</th></tr>
<tr><td>외국어과의
성격·목표·내용
【과목별 체제】
1. 성격
2. 목표
3. 내용
4. 방법
5. 평가
〈부록 1〉
의사소통기능 예시문
〈부록 2〉
기본 어휘표</td><td>외국어과의
성격·목표·내용
【과목별 체제】
1. 성격
2. 목표
3. 내용
4. 교수·학습 방법
5. 평가
〈부록 1〉
의사소통기능 예시문
〈부록 2〉
기본 어휘표</td><td>제2외국어 일반 과목의
추구하는 인간상,
고등학교 교육 목표
【과목별 체제】
1. 성격
2. 목표(언어 기능, 문화, 태도)
3. 내용(언어적 내용, 문화적 내용)
4. 교수·학습 방법(일반 지침, 언어 기능, 언어 재료)
5. 평가(평가 지침, 평가 방법)
〈부록 1〉
의사소통 기본 표현
〈부록 2〉
기본 어휘표</td><td>제2외국어 일반 과목의
추구하는 인간상,
고등학교 교육 목표
【과목별 체제】
1. 목표(언어 기능, 문화, 태도)
2. 성취기준(언어적 내용, 문화적 내용)
3. 교수·학습 방법(일반 지침, 언어 기능, 언어 재료)
4. 평가(평가 지침, 평가 방법)
〈부록 1〉
의사소통 기본 표현
〈부록 2〉
기본 어휘표</td></tr>
<tr><td>비고</td><td>비고</td><td>비고</td><td>비고</td></tr>
<tr><td>외국어과 성격 및 프랑스어과 성격 신설.
지도 및 평가 상의 유의점이 방법과 평가로 분리.
의사소통기능 예시문 제시.</td><td>6차의 방법이 교수·학습 방법으로 변화.</td><td>외국어과 교육과정의 상세화·구체화.
언어 기능, 문화, 태도별로 목표 세분.
내용을 언어적 내용과 문화적 내용구분.
교수·학습 방법을 일반 지침, 언어 기능, 언어 재료, 문화로 세분.
평가 지침 외 평가 방법을 언어 기능별로 제시.</td><td>2007 개정 교육과정 기조 유지.
기본 체제에서 성격이 제외되고 내용 영역 대신 성취기준 항목 신설.</td></tr>
</table>

〈표 2-4〉 역대 교육과정 내용 영역 비교

제 2차	제 3차	제 4차	제 5차
내 용	내 용	내 용	내 용
1) 용어 2) 문법 3) 독해 4) 청취 5) 발표	1) 읽기 가) 언어 재료 나) 지도 사항 2) 쓰기 가) 언어 재료 나) 지도 사항 3) 듣기와 말하기 가) 언어 재료 나) 지도 사항	1) 언어 기능 가) 듣기와 말하기 나) 읽기 다) 쓰기 2) 언어 재료 가) 언어 재료 나) 발음 다) 어휘 라) 문형·문법	1) 언어 기능 가) 듣기와 말하기 나) 읽기 다) 쓰기 2) 언어 재료 가) 소재 나) 발음 다) 어휘 라) 문형·문법
비고	비고	비고	비고
문어 중심. 발표에는 말하기, 쓰기 모두 포함됨.	언어 기능별로 기술. 구어에 비해 문어 강조. 기능별 언어재료 및 지도사항 제시.	구어 강조. 언어 기능과 언어재료로 나누어 제시. 기본어휘표 제시.	구어에 우선순위. 제4차 기조를 유지하되 일부 수정·보완.
제 6차	**제 7차**	**2007 개정**	**2009 개정**
내 용	내 용	내용	성취기준
1) 언어 기능 가) 이해 기능 나) 표현 기능 2) 의사소통 기능 3) 언어 재료 가) 소재 나) 발음 다) 어휘	1) 의사소통 활동 가) 듣기 나) 말하기 다) 읽기 라) 쓰기 2) 언어 재료 가) 의사소통 기능 나) 발음 다) 어휘 라) 문법 마) 문화	가. 언어적 내용 (1) 언어 기능 가) 듣기 나) 말하기 다) 읽기 라) 쓰기 (2) 언어 재료 가) 발음 및 철자 나) 어휘 다) 문법 라) 의사소통 기본 표현 나. 문화적 내용	가. 언어적 내용 (1) 언어 기능 가) 듣기 나) 말하기 다) 읽기 라) 쓰기 (2) 언어 재료 가) 발음 및 철자 나) 어휘 다) 문법 라) 의사소통 기본 표현 나. 문화적 내용
비고	비고	비고	비고
의사소통접근법의 기본 개념이 도입되나, 언어 기능을 이해 기능과 표현 기능으로만 제시. 이해 기능은 듣기와 읽기를, 표현 기능은 말하기와 쓰기를 지칭. 프랑스어I, II 교육과정 별도 제시. 의사소통 기능 예시문 제시.	의사소통접근법의 성격 강화. 6차의 언어 기능을 의사소통 활동으로 대치. 언어재료에 의사소통 기능과 문화가 편입 언어 재료에 편입된 의사소통 기능을 언어 4기능별로 재기술. 문화 항목 신설, 문화교육 강조.	언어 기능을 듣기, 말하기, 읽기, 쓰기로 세분. 언어 재료를 발음 및 철자, 어휘, 문법, 의사소통 기본 표현으로 세분 목표 및 내용에서 문화 영역을 별도 제시함으로써 문화교육 강조. 7차의 의사소통 기능을 의사소통기본 표현으로 대치.	2007 개정 교육과정 기조 유지. 역대 교육과정의 내용 영역 대신 성취기준 항목 신설.

〈학습과제〉

1. 19세기 중후반 프랑스 선교사들의 업적을 프랑스어 교육과 연관하여 설명하시오.
2. 국내 프랑스어 교육의 발전과정을 돌아보고, 대학 프랑스어 교육의 발전 방안에 대해 토의해 보시오.
3. 역대 프랑스어 교육과정의 내용 영역을 비교해보고, 교수방법론적 측면에서 두드러지는 변화상에 대해 서술하시오.
4. 현 프랑스어 교육과정의 특징에 대해 알아보고, '세환효과' 측면에서 기대할 수 있는 변화를 중심으로 서술하시오.

참고문헌

교육과정 원문 및 해설서

1차 이전 시기, 1차 시기, 2차 시기, 3차 시기, 4차 시기, 5차 시기, 6차 시기, 7차 시기, 2007 개정 시기, 2009 개정 시기, 국가교육과정센터.

논문 및 저서

강이연 (2004), "19세기 후반 조선에 파견된 파리 외방전교회 선교사들의《불한사전》(Dictionnaire Français-Coréen) 연구", 『교회사연구』 제22집, 173-211쪽.

송정희 외(1999), 『불어교육론』, 서울: 하우.

윤선영(2014), "Curriculum, Programmes ou cursus -교육과정의 개념과 프랑스어 교육과정 다시 보기-", 『프랑스어문교육』 제46집, 7-31쪽.

이경환 외(2002), 『한국교육과정의 변천』, 서울: 대한교과서.

이광숙(2001), "한국에서 외국어 교육의 역사", 『독어교육』 제21권, 53-88쪽.

이근님(2004), "고등학교 제2외국어과 교육과정 목표 및 내용 구성 방안 연구", Foreign Language Education, 11-4, 447-474쪽.

이은령 외(2013), 『한불자전연구』, 부산대학교 인문학연구소 지능형 개화기 한국어사전 연구 총서 02, 서울: 소명출판.

이은령(2014), "19세기 이개어 사전 한불자전(1880)과 한영자전(1911) 비교 연구", 『한불자전 연구』, 106-138쪽.

이휘영(1960), 『신불한소사전』, 서울: 민중서관.

장한업(2003), 『한국의 불어교육』, 서울: 이화여자대학교출판부.

정기수(1987), "한국에서의 프랑스어 교육의 변천". 『교회사연구』제5집, 253-275쪽.

한국교회사 연구소(1987), 『교회사연구 제5집 한불수교 100주년 기념 한·불천주교관계사』, 한국교회사 연구소.

한국불어불문학회(1971), 『최신불한사전』, 서울: 삼화출판사.

한학성(2009), "우리나라 외국어교육의 전통과 19세기말 유럽의 개혁교수법", 『민족문화연구』제51호, 495-524쪽.

함종규(1984), "미 군정시대의 교육과 교과과정", 위탁연구 KR 84-2, 한국교육개발원. 1-67쪽.

Alévêque, Ch.(1901), 『법한ᄌᆞ뎐 *Petit Dictionnaire Français-Coréen*』, 서울프레스.

Conseil de l'Europe(1976), *Un niveau-seuil*, Paris: Conseil de l'Europe.

Calvet, L.-J.(2008), "Mettre de l'ordre dans le désordre babélien", *Le français dans le monde*, No 355 jan-fév, pp.44-46.

Coste, D.(1995), "Langue et curriculum, Méthodes et méthodologies, *Le français dans le monde*, janvier 1995. pp.79-93.

Cuq, J.-P.(2003), Dictionnaire de didactique du français, Langue étrangère et seconde sous la direction de Jean-Pierre Cuq, Paris: CLE international.

Cuq, J.-P. & Gruca, I. (2005), Cours de didactique du français, langue étrangère et seconde, Nouvelle édition, Paris: PUG.

Dallet, Ch.(1874), *Histoire de l'église de Corée*, Paris : Librairie Victor Palmé.

Féron, S.(2004[1869]), *Dictionnaire Français-Coréen*, 한국교회사연구소.

Le Gendre, L.(1912), 『법한ᄌᆞ뎐 *Essai de Vocabulaire Français-Coréen*』 cd-rom, 내포교회사연구소.

Ridel, F.-C.(1880]), 『한불ᄌᆞ뎐 *Dictionnaire Coréen-Français*』, Yokohama: Lévy.

Ridel, F.-C.(1881), *Grammaire Coréenne*, Yokohama: Lévy.

Sitographie

국가교육과정센터 http://www.ncic.re.kr

국가기록원 http://contents.archives.go.kr

교육부 교육과정·교과서정보서비스 http://cutis.mest.go.kr/

교육통계서비스 http://std.kedi.re.kr

내포교회사연구소 http://www.djhistory.org

프랑스 Troyes 문화원 http://www.mediatheque.grand-troyes.fr

한국교과서연구재단 www.ktrf.re.kr

한국교육과정평가원 http://www.kice.re.kr

한국교회사연구소 http://www.history.re.kr

03

교육과정

윤 선 영

'교육의 역사는 곧 교육과정의 역사'란 말이 있다. 교육을 '의도에 따른 인간 행동의 계획적인 변화'로 정의할 때, 교육과정은 이러한 시각을 극명하게 보여주는 교육의 핵심 요소이다. 강인한 신체의 육성을 지향한 스파르타식 교육과 인문정신과 시민윤리를 지향한 아테네식 교육은 추구하는 가치에 따라 교육과정을 달리 운영함으로써 상이한 이수 결과를 낳게 되었듯이, 제도권 교육에서의 교육활동은 목표지향적인 교육과정과 불가분의 관계에 있다고 하겠다.

학문의 분화가 가속화되는 20세기 초 교육과정은 과학적 학문으로 자리 잡게 되고, 오늘날 교육과정이 관여하는 영역은 더욱 세분화, 전문화되고 있다. 이를테면, 교육학(science de l'éducation)의 한 분야인 학문으로서의 교육과정이 있고, 제도권 학교 교육에서 교수 · 학습 · 평가 활동 전반에 관한 교과 지침으로서의 교육과정이 있다. 또한 일선 학교에 편성된 이수 교과로서의 교육과정은 물론 학습자 개개인이 이수하게 되는 경험으로서의 교육과정이 있다. 이렇듯 이론과 실제라는 복합적 속성으로 교육활동 전반에 관여하는 교육과정에 대한 올바른 이해는 교과교육학의 학습 첫 단계에서 반드시 필요하다. 제한된 지면에서 방대한 교육과정의 영역을 모두 다룰 수 없어 본장에서는 교육과정학의 기초이론, 교육과정과 교수요목, 국내 교육과정의 개발 절차를 중심으로 살펴보도록 한다.

1. 교육과정 이해의 기초

1.1. 교육과정의 다의성[1)]

우리가 일반적으로 사용하고 있는 교육과정이란 말은 미국식 교육학을 통해 들어온 '커리큘럼(curriculum)'의 번역어로 굳어진 것이다. 이때 '교육과정(教育課程)'은 '교육의 과정(教育의 過程, processus de l'éducation)'과는 개념이 다른, 교육학의 전문용어로 이해하여야 한다.

커리큘럼은 라틴어 '쿠레레(curere)'에 어원을 두고 있는 말로 '달리다' 또는 '경주마들이 달리는 코스'를 의미한다. 경기에서 말이 달리는 코스는 경기를 있게 만드는 규약으로 경주의 핵심 요소이다. 이때 합의된 트랙을 벗어나면 실격 처리되는 경주의 속성과 같이 학업코스(cours d'étude = course of study)로서의 교육과정은 기본적으로 당위성과 구속력을 전제로 한다. 학업에 관여하는 유 · 무형의 형식인 동시에 내용으로, 크게 보면 '목적-방법' 체계로 구성된 교육과정은 순환적인 양상을 보여주는 일련의 결합체이다. 다시 말해 교육계획에 따른 교과내용의 실현으로부터 평가 결과에 이르기까지 교과의 과정 전체를 망라하며, 다음과 같이 계획, 전개, 이수, 3단계로 구분해 볼 수 있겠다.

① **계획 단계** : 지침으로서의 교육과정
② **전개 단계** : 실행으로서의 교육과정
③ **이수 단계** : 성과로서의 교육과정

각 단계를 우리나라 제도권 교육에 결부시켜 보면, 교육행정 기관의 의사결정에 따른 교과 단위의 교육과정 제정, 실행기관 및 실행가의 교수요목 설계, 교육 수혜자의 이수결과로 구분할 수 있다. 발효 중인 교육과정 지침(①)에 의거하여 운영되는 중 · 고등학교의 학사과정(②)과 이 과정을 통해 인증 받는 학습자의 이수성과(③)라 할 수 있다.

---

1) 『교육학대백과사전』(1998:544-545), 이원희 외(2005), 김영천(2006), 김재춘 외(2010), Coste(1995) 포괄적 참조하여 기술함.

그런데 교육과정 담론 속에서 각 단계는 개별적인 동시에 순환적으로 연결되어 있어 교육과정을 바라보는 시각은 복합적일 수밖에 없다. 다시 말해 교육과정의 해석에는 관련 주체의 입장이 반영되어, 교육행정 관계자 및 지침 개발자들은 ①에, 학교운영자와 교육 실행가들은 ②에, 교육 수혜자들은 ③에 비중을 두고 교육과정을 이해하는 경향을 보여주고 있다.

1.2. 교육과정의 정체성 정립

서양 학문의 방법론적 토대를 마련한 Aristoteles는 현상의 존재 원리를 형상, 질료, 작용, 목적 개념으로 파악하고, 추구하는 대상의 원형으로서의 형상인(cause formelle), 형상의 구현에 소용되는 물질로서의 질료인(cause matérielle), 형상을 빚기 위한 각각의 재료에 가하는 행위로서의 작용인(cause motrice), 이러한 작용이 일어나게 되는 근본적 이유로서의 목적인(cause finale), 이 네 가지 원인(原因)으로 세계의 질서를 설명하고 있다.[2] 결국 형식, 내용, 방법, 목적의 문제로 환원되는 서구식 사고 체계는 교육과정 개발의 논리에도 적용되어 학교교육의 틀을 '무엇을', '어떻게', '왜'의 관점에서 직조하게 해주었다.

현대적 의미의 교육과정이 학교교육과 연관되기 시작한 것은 20세기 초 미국에서부터이다. Bobbit는 1910년 시카고 대학에 교육과정이라는 명칭의 강좌를 개설하여 교수자의 '직관적' 운영이 아닌 '과학적' 절차로서의 교육과정에 대한 의식을 촉발시켜 준 인물이다. 그는 당대의 기류였던 행동주의 심리학의 영향을 받아 과학적 경영의 원리로 학교교육을 바라보고, 학교를 학생으로 하여금 일정 기간 일련의 교육과정을 거치게 함으로써 사회가 원하는 이상적인 제품을 생산해내는 공장에 비유한 바 있다. 교육과정 편성에 대한 그의 생각은 훈련된 전문가들에 의해 이상적인 성인들의 생활을 주요 활동별로 나누고, 이를 다시 학생들이 성취할 수 있는 활동으로 구체화하여 교육 목표를 설정해야 한다는 것으로 요약된다. 그의 저서 *The curriculum* (1918)과 *How to make a Curriculum*(1924)은 교육과정이 전문적인 학문의 영역으로 출범하게 되는 발판을 마련해 준 것으로 평가받는다. 1937년 콜롬비아 대학교 사

2) Droit(2004) *Philosophie La petite encyclopédie*, p.500.

범대학에 '교육과정 및 교수학과'가 설치되고, 1943년 '장학 및 교육과정 개발 위원회(ASCD)'[3]가 결성되면서 교육과정학은 미국중심으로 발전하게 되었다.

Bobbit의 문제의식은 Tyler에 이르러 보다 학문적 체계를 갖추게 된다. 실증주의, 구조주의에 입각한 Tyler의 교육목표 진술은 교육과정 개발 논리의 고전으로 통한다. Tyler는 『교육과정과 교수의 기본 원리』 *Basic principles of curriculum and instruction*(1949:1)에서 교과(학문), 학습자(개인), 사회(환경)를 교육과정을 결정하는 3대 요소로 보고, 교육과정의 정체성을 다음 네 가지 구조적 질문을 통해 구체화하고 있다.

① 학교는 왜 어떤 교육목표의 달성을 위해 노력해야 하는가?
② 이러한 목표 달성을 위하여 어떤 교육적 경험을 제공해야 하는가?
③ 이러한 교육 경험을 효과적으로 조직하는 방법은 무엇인가?
④ 의도한 교육목표의 달성여부를 판단하는 방법은 무엇인가?

결국 계획된 학습 경험의 총체적 구조화라고 할 수 있는 Tyler의 질문을 프랑스어 교수·학습 상황에 적용시키면 다음과 같은 도식을 얻을 수 있다.

〈표 3-1〉 프랑스어 교육과정의 구조화[4]

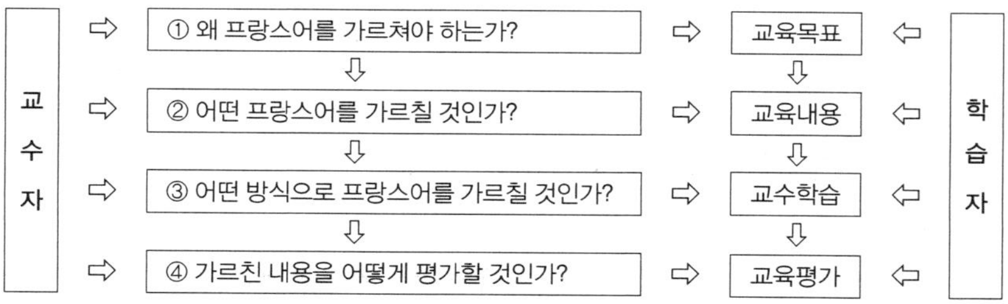

3) Association for Supervision and Curriculum Development. 수업에 대한 장학과 교육과정 개발을 위해 조직된 국제적 교육협회로 교육과정 연구의 메카로 통한다. 135개국 60여개 이상의 단체가 가입되어 있으며, 교육계 종사자(행정가, 실행가, 연구자, 이사회 임원 등) 17만 명 이상의 회원을 확보하고 있다. 회의, 연구, 워크숍, 학술대회와 같은 활동과 함께 온라인을 통한 교원전문성 개발 프로그램을 제공하고 있다.

4) 홍후조(2003) 『교육과정의 이해와 개발』 18쪽 도표 참조하여 재구성함.

①은 교육목표, ②는 교육내용, ③은 교수방법론, ④는 교육평가 영역에 해당한다. 여기서 어떤 외국어를 가르칠 것인가라는 영역 ②는 언어재료 측면이 강한 협의의 교육과정으로, 교육목표, 교육내용, 교수 · 학습 방법론, 교육평가에 걸친 교육활동의 전 과정 ①, ②, ③, ④는 광의의 교육과정으로 간주할 수 있을 것이다. 협의의 교육과정은 교수요목 성격을 띠며, 광의의 교육과정은 교육의 일반적 과정으로서의 성격이 강하다.

타일러의 기본 질문은 교육 체제의 구성요소에 대입하여 다음과 같이 구조화할 수 있다. 이 도식을 통해 보면, 광의의 교육과정과 협의의 교육과정의 실체가 보다 잘 드러난다. 즉 교육활동의 틀로 제시된 ②는 협의의 교육과정으로, ①, ②, ③, ④, ⑤ 전체를 광의의 교육과정으로 볼 수 있다.

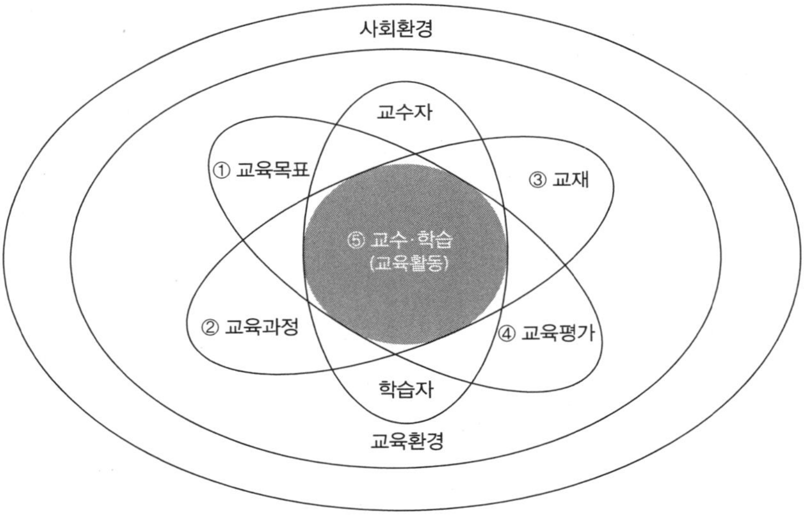

[그림 3-1] 교육의 요소로 본 교육과정[5)]

5) 홍후조(2003)『교육과정의 이해와 개발』67쪽 표 인용

1.3. 교육과정의 유형 및 성격

교육과정에 대한 정의는 시대사조와 교육철학을 반영하여 점진적으로 변모해왔다. 20세기 초에는 어원에 충실하게 '교육기관에서 제공하는 이수해야 할 과목들'이라는 고전적 의미로 사용된 반면, 진보주의 교육운동이 거세었던 1930년대에는 '교사의 지도하에 아동이 경험하는 모든 것'으로 학습자의 생활 속 경험에 초점을 두고 있으며, 인지주의 교육으로 선회하게 된 1970년대 미국에서는 '학교가 제공하는 학습 기회의 총체'로 인지적 측면에서의 학습이 강조되는가 하면, 학습자가 교육 주체로 재부상한 1980년대 이후로는 '학교가 학생에게 교육적 결과를 가져다줄 목적으로 제공하는 일련의 계획된 활동'에서처럼 인본주의적 요소가 다분히 반영되어 있다.

교육과정을 지칭하는 용어를 보면 분류 기준이 실로 다양함을 알 수 있다. 〈전통주의 교육과정 : 진보주의 교육과정〉, 〈교과중심 교육과정 : 경험중심 교육과정〉, 〈행동주의 교육과정 : 인지주의 교육과정〉, 〈공식적 교육과정 : 잠재적 교육과정〉, 〈일반 교육과정 : 교과 교육과정〉, 〈공통필수 교육과정 : 선택 교육과정〉, 〈국가 교육과정 : 지역 교육과정〉, 〈학교 교육과정 : 교실 교육과정〉과 같은 예에서 보듯이 추구하는 가치, 교수 · 학습 원리, 수혜 대상, 제정 주체 등에 따라 성격이 확연히 달라진다. 따라서 하나의 잣대로 교육과정의 성격이나 유형을 재단할 수 없음을 알 수 있다.

교육과정의 성격은 일차적으로 무엇에 우선 가치를 부여하여 어떤 방향을 지향하고 있느냐에 따라 구분된다. 주지주의, 실용주의, 행동주의, 구조주의, 사회재건주의, 구성주의 등은 지식의 속성과 그것의 승계 방식에 대한 거대 담론으로서, 20세기 교육과정의 큰 흐름을 대변해 주고 있다. 교과중심 교육과정, 경험중심 교육과정, 학문중심 교육과정, 인간중심 교육과정, 사회중심 교육과정은 위 사상을 반영하고 있는 주요 교육과정 이론들이다.

1.3.1. 교과중심 교육과정

교육의 내용을 우선시하는 교과중심 교육과정은 동서양을 막론하고 고전적 인문주의에 기초한다. 교과란 인류의 문화유산을 체계적으로 조직해 놓은 것으로, 교과교육을 통한 지적 인간의 형성을 이상으로 한다. 학교의 의사결정에 따라 채택된 교과와 교재가 핵심이 되는 교육과정으로, 전통적 학교 교육과정이 이에 해당한다. 교사 주도, 설명 위주, 계획적 · 체계적 운영, 수동적 학습 태도, 주입식 · 단편적 지식의 암기, 분과적 사고 등의 특징을 보인다.

1.3.2. 경험중심 교육과정

교육의 대상에 초점을 두는 경험중심 교육과정은 실용주의에 의거한 진보주의 교육철학의 산물로 생활중심 교육과정이라고도 한다. 교육과정 구성의 원칙을 학습자의 흥미, 필요, 욕구, 목적에 의한 자발적 행동으로 생기는 경험의 체계에 둔다. 교재보다 생활을, 지식보다 행동을, 분과적 사고보다 범교과적 사고를, 교사중심의 교수보다 학생중심의 활동을 중시한다. 호기심, 자발성, 책임감, 민주적 태도 등이 부각되며, 표현력, 사고력, 분석력 등 고등정신기능의 함양에 유리하다.

1.3.3. 학문중심 교육과정

경험적 사실보다 지식의 구조 및 교육의 방법에 보다 관심을 두게 되는 학문중심 교육과정은 소련의 스푸트니크(Sputnik) 위성 발사 이후, 진보주의 교육에 대한 총체적 반성과 함께 미국에서부터 급부상한 이론이다. 본질주의, 항존주의 교육철학에 기초하며, 심리학적 배경 이론으로는 Piaget식 인지발달 이론을 들 수 있다. 학문의 기저가 되는 일반지식의 구조를 밝히는 일과 그것을 학습자에게 이해 가능한 형태로 바꾸는 일이 주요 관심사이다. 개념 원리, 교육 내용, 나선형 조직, 탐구과정 등을 중시하며, Bruner의 『교육의 과정(*The process of Education,* 1962)을 주요 참조문헌으로 꼽는다.

1.3.4. 인간중심(인본주의) 교육과정

교육의 과정이 특히 강조되는 인간중심 교육과정은 현대사회의 비인간화 현상에 대한 저항에서 출발하며, 실존주의, 인지심리학, 인본주의 심리학을 배경으로 한다. 지식의 체계에 집중하는 학문중심 교육과정을 비판하며, 교육의 본질을 인간성 계발에 두고 있다. 학교의 계획된 지도 경험은 물론 의도하지 않은 학생의 경험 모두가 교육과정의 내용이 된다. 자아실현, 협동심, 전인교육, 잠재적 교육과정, 교사의 인격 등을 중시한다.

1.3.5. 사회중심(문화재건) 교육과정

교육목표를 중시하는 사회중심 교육과정은 현대문명의 위기를 교육을 통한 이상사회 건설로 극복할 수 있다고 보는 문화재건주의 교육철학에 기초한다. 교육은 사회를 재건하는 도구가 되어야 하며, 학교 교육과정은 새로운 사회질서의 창조와 사회변화에 대처하는 능력에 중점을 두어야 한다는 입장을 취한다. 행동과학, 비판적 지성, 사회적 실천, 민중에 의한 민주주의 등이 부각된다.

심리학적 관점, 즉 인지과정에 초점을 두고 교육과정의 유형을 나누어 볼 수 있다. 상호대립적인 동시에 상호보완적인 원리로써 외국어 교육학의 발전에 영향력을 행사하고 있는 행동주의, 인지주의, 구성주의 교육과정의 특징을 다음 표를 통해 비교해 보도록 한다.

〈표 3-2〉 인지과정에 따른 교육과정 유형 비교[6]

	행동주의 교육과정	인지주의 교육과정	구성주의 교육과정
별칭	교과중심 교육과정	학습과정중심 교육과정	문제해결중심 교육과정
부각 시기	1960~1975	1976~1988	1989~
이론가	Skinner, Thorndike, Popham, Hunter	Chomsky, Köhler, Lewin, Tolman, Bandura	Dewey, Bruner, Piaget, Vygotsky, von Glasersfeld
문제의식	어떤 교육과정을 마쳤을 때 학습자는 무엇을 할 수 있는가?	어떤 심리적 과정을 거쳐 세계를 이해하고, 정보를 저장하는가?	어떤 방식으로 의미를 받아들이고 지식을 확장시켜 나가는가?
패러다임	교수 지향	교수-학습 지향	학습 지향
교사 역할	지식 제공자	인지구조 변화 촉진자	학습 환경 조성자
학습자 역할	정보의 수동적 수용자	정보의 능동적 처리자	지식의 (재)구성자
목표	외형적 행동의 변화	인지구조의 변화	의미의 (재)창출
내용	관찰/측정 가능한 학습자의 행위 강조	개념원리와 학습자의 사고 기능 강조	실생활 관련 문제 해결 능력 강조
방법	조건 형성과 기능 숙달에 초점	사고과정(입수-조직-저장-인출)에 초점	구체적 상황에서의 문제해결 능력에 초점
평가	평가기준(규준/준거)에 따른 객관적 평가	정보처리 과정에 대한 임상면접 및 관찰	문제해결 과정에 대한 관찰 및 수행을 통한 자기평가

6) 허경철 외(2001) 『교과교육학신론』, 192-201쪽 참조하여 재구성함.

특징 비교[7]	⇦ ⇦ ⇦ o 보편적, 유일한 교육과정 o 문서로 주어지는 교육과정 o 절대적 가치를 지닌 교육 내용 o 이론적 지식의 강조 o 선형적 계열성(선적 구조) o 분절된 교과(단일교과)	⇨ ⇨ ⇨ o 다중적 교육과정 o 만들어 가는 교육과정 o 소재로서 교육 내용 o 실제적 지식의 강조 o 반성적 회귀(나선형 구조) o 상호 연관된 경험(통합교과)

교육과정이 관여하는 영역을 교육정책, 교육행정, 교육활동으로 나누어 각 단계의 성격과 세부적 특성을 다음과 같이 구분하기도 한다.

〈표 3-3〉 교육과정이 관여하는 영역 비교[8]

	성격	진술 내용	구현 수단	대상
교육정책	선언적(déclaré)	목적(finalités)	정책 공표	교육에 관계하는 전 국민
교육행정	형식적(formel)	일반능력(compétences générales)	능력 및 양성과정에 대한 기준	장학관, 고문, 기관장 행정직원, 교사
교육활동	실현적 (effective)	목표(objectifs) 세부능력(compétences spécifiques)	학습 프로그램	교사, 학생

2. 외국어교육과 교육과정

2.1. 교육과정과 교수요목

교육과정이 관여하는 영역(교육정책, 교육행정, 교육활동)이 광범위한 만큼, 각 영역의 성격(선언적, 형식적, 실현적)은 물론 실행 주체의 관점이 달라 교육과정의 개념은 다의적일 수밖에 없다. 따라서 교육과정을 지칭하는 용어가 통일되어 있지 않고, 실상 용어의 개념조차 명확하게 정립되어 있지 않다. Martinez(2011:275)에서 언급한 바 있듯이 유독 프랑스에서 그러한데, 그 이유는 다음과 같이 설명할 수 있

7) 화살표의 방향은 좌로 갈수록 행동주의, 우로 갈수록 구성주의의 특징이 뚜렷해짐을 의미한다.

8) Depover & Bernadette(2005) *Le curriculum et ses logiques,* p.18. 참조하여 재구성함

을 것이다. 20세기 초 행동주의 및 구조주의적 사고를 바탕으로 미국에서 정립된 'curriculum'이란 개념은 프랑스 교육의 전통이 아니었기에 이에 해당하는 대역어(對譯語)가 부재하였고, 프랑스인들에게 'curriculum'이란 말의 일상적 의미는 학문적 의미와 매우 달라, 학자들마다 'curriculum'이 아닌 다른 용어를 고안하여 교육과정을 지칭했던 사정과 무관하지 않을 것이다. '개인의 능력, 증서, 활동에 관한 총체적 정보를 담은 지시물'(Robert 1967:438)이라는 사전적 정의가 말해주듯 프랑스에서 커리큘럼은 일차적으로 이력서(curriculum-vitae)를 지칭하며, 흔히 '쎄베(cv)'로 약칭된다.

프랑스어교육학 및 FLE 관련 문헌에서 찾아볼 수 있는 교육과정에 관계하는 용어로는 Instructions ministérielles/officielles, Programmes, Plan d'étude, Cours d'étude, Syllabus, Référentielles, Certification, Cursus, Curriculum/Curricula 등이 있다. 근자에는 유럽공통참조기준(CECR 2001)에서 볼 수 있듯이. 'curriculum'을 'programmes'과 함께 사용하여 학술 용어의 국제화, 표준화를 도모하고 있음을 볼 수 있다. 이 중 특히 'syllabus'는 외국어 교육에서 간과할 수 없는 요소로 'curriculum'과 비교하여 알아둘 필요가 있겠다.

양피지 라벨 또는 제목 리스트를 뜻하는 그리스어 σίττυβας[sittybas]가 라틴어 syllabus로 옮겨지고, 이후 학교의 교수 과정에서 다루는 주제에 대한 진술 즉 학습 프로그램의 의미로 사용되게 되면서 curriculum과의 경계가 모호해진 측면이 있다.[9] 특히 두 용어가 지시하는 실체는 나라에 따라 다르고, 연구자에 따라 해석이 분분하여 두 개념을 명확히 규정하기 어렵다.[10]

Cuq (2003:64;230)에 따르면, 교육과정이 기획, 실행 조건, 내용 설계, 평가 방법 등 학습 프로그램 운영에 관계하는 표준화된 상위 의사결정이라면, 교수요목은 교육과정에 명시된 교육 내용을 교수자가 어떻게 구조화하여, 어떤 순서로, 어떤 방식으로 전개할 것인가를 보여주는 교수·학습 설계 시의 내용 구성 모델이라고 할 수 있다. 교수요목이란 교육과정의 현장적용을 위한 세부 규정으로서, 교육과정이 규범적(prescriptif)이라고 한다면 교수요목은 보다 기술적(descriptif)인 성격을 띤다고 하겠다.

교수요목 설계의 핵심은 교과 내용을 어떤 기준으로 선별하여 어떤 방식으로 전개시킬 것인가, 학습 과제로는 무엇을 선정하고 교실 활동은 어떻게 전개할 것인가에

9) *The Oxford English Dictionary* 2nd ed. (1989:17권446)

10) Cuq & Gruca(2005) *Cours de didactique du français, langue étrangère et seconde,* p.57.

있다. 전자는 언어재료의 선정과 교재 설계 시, 후자는 교수자에 의한 수업 설계 시 중점을 두어야 할 사항으로 이해하면 좋을 것이다. 그러나 어떤 언어재료를 어떤 방식으로 가르칠 것인가가 관건이 되는 외국어 교육에서 교육과정과 교수요목은 상당 부분 융합되어 있다고 볼 수 있다. 우리나라 제도권 교육에서 교육과정과 교수요목이 실현되는 일반적인 양상은 다음과 같다.

〈표 3-4〉 교육과정과 교수요목의 실현 과정

교육과정 개발(언어재료 선정 : 개발자의 교수요목)
⇩
교과서 제작(단원 구성 : 집필자의 교수요목)
⇩
연간 수업 설계(학습지도 계획 : 학교/교수자의 교수요목)
⇩
단원별 차시별 수업 설계(학습지도안 : 교수자의 교수요목)

제도교육에서 교수요목은 교육과정의 하위영역으로 간주되는 경향이 있으나, 교육과정의 효과적인 실행을 이끄는 교수요목의 개념이 보다 명확하게 정립될 필요가 있겠다. 특히 교재 제작과 불가분의 관계에 놓이는 교수요목 설계 부분은 교육과정과 독립된 요소로서 고유한 역할이 강조되어야 한다는 주장도 있다. 교수요목 설계를 학문적으로 체계화한 Nunan(1988:5)에서는 학습내용의 선별과 등급화에 관여하는 교수요목과 학습과제와 학습 활동의 선별에 관여하는 교수방법론(méthodologie)의 연관성에 주목하고 있음을 볼 수 있다. 특히 의사소통을 넘어 사회적 행위자의 문제해결을 부각시키는 근자의 추세에 비추어 볼 때, 교수요목 설계에는 이러한 관점을 수렴하는 교수방법론이 고려되어야 할 것이다.

2.2. 교수요목의 유형별 특징[11)]

유형별 교수요목의 특징을 통해 외국어 교육과정의 성격을 규명해 보도록 한다. 교수요목은 무엇을 위주로 내용을 선정하고 단원을 전개하느냐에 따라 범주를 달

11) Shaw(1977:217-233), Cuq(2003:231), Cuq & Gruca(2005:130-131) 포괄적 참조하여 기술함.

리한다. 내용 선정 기준에 따라 크게 문법중심, 상황중심, 주제중심, 개념 · 기능중심, 과제중심으로 나누어 볼 수 있다. 문법은 구조, 상황은 맥락, 주제(thème)는 화제(topique), 개념 · 기능은 의사소통, 과제는 문제해결과 같은 선상에서 다루어진다.

2.2.1. 문법 · 구조중심 교수요목

문법 · 구조중심 교수요목은 의미적 요인보다 형태적 요인을 중시하여, 의사소통적 필요가 아니라 기술 문법의 범주에 따라 내용을 조직한다. 다양한 방법으로 조합할 수 있는 규칙의 체계를 아는 것이 학습목표의 주가 되며, 언어형태와 언어구조에 따라 기술된 문법요소(품사, 시제, 구문, 문장 등)를 중심으로 학습 내용을 선정한다. 문법의 난이도와 문장 구성성분의 단순함과 복잡함에 따라 전개순서가 결정되며, 학습 활동은 주로 언어형태의 연습과 언어구조의 훈련으로 이루어진다. 언어란 한정된 일련의 규칙의 체계라는 Chomsky(1957)의 가설과 관련하여 생각해 볼 수 있겠다. 문법 · 구조중심 교수요목의 특징이라고 할 수 있는 직선적 배열 구조는 언어의 복합적인 속성을 제대로 기술하지 못한다는 점과 외국어를 배울 때 교수요목상의 문법적 순서대로 습득하지 않는다는 점에서 비판을 받는다.

2.2.2. 상황중심 교수요목

상황중심 교수요목은 일차적으로 목표언어를 사용할 수 있는 상황을 설정한 다음, 가상의 맥락에서 필요한 언어재료를 중심으로 내용을 선정한다는 점이 특징이다. 개인적, 사회적 삶에서 피해갈 수 없는 특정 공간(방, 집, 학교, 교실, 거리, 공원, 역, 공항, 호텔, 우체국, 경찰서, 병원, 카페, 식당, 가게, 시장, 서점, 도서관, 여행사, 관광지, 일터 등)에서 일어나는 가상의 대화를 중심으로 텍스트를 전개하고, 해당 상황에서 보편적으로 사용되는 어휘와 표현을 제시한다. 언어형태의 난이도보다는 학습자의 요구와 필요에 부합되는 구체적인 상황을 제공함으로써 학습 의욕을 높여주고, 언어습득을 보다 맞춤식으로 실용화하는 데 주력한다. 상황중심으로 교수요목을 전개한 대표적인 방법론으로는 1970년대 널리 확산된 시청각 교수법을 들 수 있다. *De vive voix*(1972)는 이미지(상황 그림) 텍스트와 환등기라는 시청각 도구를 통해 언어학습을 도모하는 대표적인 상황중심 학습 교재로 평가할 수 있다.

2.2.3. 주제중심 교수요목

주제중심 교수요목은 다루고자 하는 주제를 일정순서로 분류하고, 과업을 수행하는 데 필요한 문법과 구문을 등급화 하여 제시한다. 학습자의 기호를 반영한 화제(외식, 외박, 용돈, 패션, 여행, 축제, 시험, 흡연, 차별, 여가, 통신비, 이성교제, 봉사활동, 환경문제, 우주여행 등)의 전개에 필요한 언어재료를 주요 내용으로 편성하게 된다. 언어형태의 난이도는 문제 삼지 않으며, 일상생활과 의사소통에 필요한 다양한 내용을 주제별로 집단화하여 제시한다. 학습자의 요구와 필요에 부응하는 내용을 선정하여 동기를 강화한다는 측면에서는 매우 긍정적이지만, 학습내용의 일관성 유지가 어렵고, 인간의 언어생활에 잠재된 광범위한 주제를 한정된 목록으로 가르친다는 점 자체가 한계라고 할 수 있다. 주제중심 교수요목은 의도하는 화제를 전면에 부각시킨다는 점에서 *Tempo 1*(1996)에서와 같이 의사소통접근법을 기저로 만들어진 교재에서도 특정 장소에서 이루어지는 전형적인 언어행위를 부각시키는 방식으로 응용할 수 있다.

2.2.4. 개념 · 기능중심 교수요목

의사소통접근법의 핵심이라고 할 수 있는 개념 · 기능중심 교수요목은 언어를 사회 구성원들의 정보교환 수단으로 보고 사회 · 문화적 필요에 부응하는 의사소통 기능을 중심으로 학습을 편제하고자 한다. *Notional Syllabuses*(1976), *Un Niveau-seuil*(1976)를 통해 제시된 '개념 · 기능 교수요목'(syllabus notionnel-fonctionnel)은 언어 형식이 아닌 화자의 의도와 언어행위가 가지는 효과를 기준으로 학습 단위를 재편해 놓음으로써 언어교육 방식에 일대 전환을 가져온 계기가 되었다. Searle의 '화언행위'(speech act = acte de parole), Hymes의 '의사소통 능력'(communicative competence = compétence de communication) 개념에 기반을 둔 개념 · 기능중심 교수요목에서는 화자의 의도에 따른 의사소통기능(인사하기, 소개하기, 묘사하기, 기호말하기, 제안하기, 승낙하기, 거절하기, 요청하기, 축하하기, 기원하기 등)이 학습할 내용을 구성하는 출발점이 된다. 의사소통접근법이 확고하게 자리 잡은 1980년대 이후 출간된 FLE 교재의 대부분이 개념 · 기능중심 교수요목을 취하고 있다. 여기서는 언어 4기능(듣기, 말하기, 읽기, 쓰기)의 연마에 초점을 두고, 학습자가 청자, 화자, 독자, 저자의 입장에서 정보를 주고받을 수 있는 역량을 길러주는 데 역점을 둔다.

2.2.5. 과제중심(과정중심) 교수요목

교수요목을 이론적으로 체계화한 Shaw(1977)의 연구에서는 볼 수 없는 항목이다. 그러나 언어 능력 평가에 '숙달도'란 항목이 도입되고 과제의 수행여부가 숙달도를 측정하는 지표가 되면서 과제식 접근은 새로운 언어학습 이론으로 주목받게 된다. 단계별 문제해결식 과제수행을 통한 언어학습 방법을 제시한 Prabhu(1987)의 '절차적 교수요목'(procedural syllabus)을 그 시발점으로 보며, Nunan(1988, 1989, 2004), Ellis (2003) 등을 통해 과제중심 교수요목(task-based syllabus)으로 체계화되고 있다.

> **절차적 교수요목** : Prabhu(1987:46-7)는 문제해결 또는 과제수행을 통하여 의사소통 능력을 배양하는 동시에 언어 그 자체를 습득하게 한다는 생각을 실현하기 위한 방법론으로 절차적 교수요목을 제시하였다. 과제의 유형을 정보결함 활동(information-gap activity), 사고결함 활동(reasoning-gap activity), 의견결함 활동(opinion-gap activity)으로 분류하고, 언어를 항목별로 나누어 가르치는 것이 아니라 점진적으로 복잡한 언어 사용을 요구하는 과제별로 접근하자는 이론이다.

21세기 유럽 언어교육을 주도하는 이론에서는 인간의 언어행위를 누가, 어떤 목적으로 말을 배우느냐에 초점을 두고 있다. 이에 따라 실생활에서의 언어사용을 전제로 사회적 문제를 해결해 나가는 과정이 부각되게 됨으로써 자연스럽게 과제중심 접근 방법이 부상하고 있다. 유럽공통참조기준(CECR 2001) 이후 출간된 대다수의 FLE 교재는 '행위중심 관점'(perspective actionnelle)에 의거하여, '사회적 행위자'(acteurs sociaux)가 삶의 현장에서 부딪히는 문제를 해결하는 과정을 언어 학습에 담아내고자 한다. 이러한 비전을 실현하기 위한 구체적인 방법으로 '과제'(tâche)란 개념을 학습의 장에 도입하고 있다. 과제는 크게 현실에서 부딪히는 실생활 과제와, 교실을 유기체적 사회로 가정하고 의미의 협상을 장려하는 교육적 과제로 나누어진다. 해결해야 할 과제를 중심으로 편성한 교수요목의 전개순서는 ① 학습의 계획, ② 언어재료 입력, ③ 학습 활동 전개, ④ 결과물 출력을 기본으로 하며, ①에서 ④에 이르는 학습과정에 대한 고려가 필수적이다. 과제 실행에 요구되는 언어재료의 전개순서(progression), 학습자 수준에 따른 과제의 난이도 조절 문제는 과제중심 교수요목이 해결해야 할 난제로 남아 있다.

과제 : Ellis(2003:16)의 정의에 따르면, 과제란 어떤 성과를 내기 위하여 학습자에게 언어를 실용적으로 처리하도록 요구하는 작업 계획이다. 그 성과는 정확한 혹은 적합한 명제적 내용이 구현되었는가의 관점에서 평가될 수 있다. 비록 과제의 의도가 특정한 형태를 선택하도록 할 수는 있지만 학습자들은 기본적으로 의미에 집중해야 하며 자신의 언어적 자원을 활용해야 한다. 과제는 언어가 실제로 쓰이는 방식과 직·간접적인 유사성을 갖는 언어사용을 이끌어내는 데 있다. 다른 언어 활동과 마찬가지로 과제는 생산이나 수용, 말하기 또는 쓰기 기술 및 그 밖의 다양한 인지 과정을 수반한다.
유럽공통참조기준(CECR 2001) 따르면, 목표로 하는 의사소통 행위에 도달하기 위하여 사용되는 의미에 초점을 둔 활동과, 교수·학습 목표에 도달하기 위해 수행되는 모든 실제적, 교육적 활동으로 과제를 구분할 수 있다.

3. 교육과정의 개발

중등학교 프랑스어 교육의 기본 틀(cadre)이라고 할 수 있는 교육과정 지침(programmes)의 연구개발 과정에 대해 알아보도록 한다.

3.1. 교육과정의 개발 절차

학교 교육과정은 크게 규범과 실천의 영역으로 나누어 볼 수 있다. 프랑스어 교육과정의 경우, 외국어 교육정책의 목적에 따라 언어 기능별 성취기준을 정하고, 구체적인 언어재료의 목록과 교수·학습·평가 활동에 대한 상세한 지침을 제공한다는 점에서 규범의 영역이며, 교육 현장에서 운영되는 역동적인 학습 활동과 학습자의 변화를 포함한다는 점에서 실천의 영역에 있다. 따라서 고정된 실체로서 강력한 규범이 되고 있는 전자는 '개발'의 관점에서, 역동적 현상으로 다변화하는 후자는 '경험' 또는 '이해'의 관점에서 접근할 수 있을 것이다.

우리나라 초·중등 교육은 교육행정 기관의 의사결정을 중심으로 체계적으로 운영되고 있다. 즉 교육행정 기관의 수장인 교육부는 국가 수준의 교육과정기준을 고시하고(교육법 제155조), 시·도교육청은 지역 수준의 교육과정 편성·운영 지침 및 학교 교육과정 편성·운영에 관한 장학 자료를 마련하고(지방 자치에 관한 법률 제27

조), 각 급 학교는 시·도교육청의 기준에 의거하여 자체적인 학교 교육과정을 편성하도록 되어 있다(초·중등교육법 제23조).

공교육 체제에서 교육과정은 정권이 추구하는 교육철학을 반영하여 개정 고시되는 경향을 보여주고 있다. 따라서 제도권 교육에서 교육과정 지침은 선언적 의미 그 이상을 함의하며, 특히 교과용 도서 제작과 국가수준 시험의 기준이 되고 있는 우리나라 교육과정은 규범적 성격이 매우 강하다. 교육과정의 개발은 교육정책, 사회적 요구, 교육 인프라, 교수 내용, 평가 체제 등 다양한 요소를 고려하여 이루어지는 복합적이고도 광범위한 연구 행위이다. 교육학자 중심으로 이루어진 교육과정의 개발은 교육 현장의 여건을 충분히 고려하지 않고 서구의 이론을 성급히 도입함으로써, 교육과정 목표와의 괴리를 빚거나 기대효과를 충분히 거두지 못하는 결과를 가져오기도 하였다.[12)]

교육부는 7차 교육과정 이후 국제화, 정보화 시대에 요구되는 교육적 비전을 보다 유연하게 공유하기 위하여 교육과정 개정을 수시로 열어두고 있다. 그런데 총론, 각론 공히 개발부터 고시까지 상당한 시간이 소요되는 데다, 교육과정이 최종 고시된 후에 교과용 도서 개발이 이루어짐으로써 해당 교육과정이 발의되어 실제 교육 현장에서 시행되기까지는 5년 이상의 긴 시간이 소요된다. 따라서 교육과정 개정의 취지가 퇴색되어 버리거나, 기대효과를 충분히 거두지 못하는 경우가 생겨날 수 있다.

현행 개발 체제에 따라 교육과정 개정이 발의되어 학교 현장에 적용되기까지의 연구·개발·편성·운영 과정은 다음과 같다.

12) 이러한 현상에 대해 김영천(2006:553-558)은 '번역에 의한 교육과정 연구', '이론중심의 교육과정 연구', '길들임의 교육과정 연구'란 말로 우리나라 교육과정학의 미국 의존도를 비판한 바 있다.

〈표 3-5〉 교육과정 연구·개발·편성·운영 절차[13)]

교육부 (전문연구기관 위탁 수행)	↔ 시·도교육청	↔ 학교	↔ 교사
ㅁ 국가수준 교육과정 (총론, 각론 순차 개발) ㅁ 국가수준 평가 기준 ㅁ 교과서 편찬·공급	ㅁ 국가수준 교육과정 (검토 및 심의) ㅁ 편성·운영 지침 ㅁ 실천중심의 장학 자료	ㅁ 국가수준 교육과정 (검토 및 심의) ㅁ 시·도교육청 편성·운영 지침 ㅁ 실천중심의 장학 자료 ㅁ 학교 교육과정 ㅁ 교육자료 제작	ㅁ 국가수준 교육과정 (검토 및 심의) ㅁ 시·도교육청 편성·운영 지침 ㅁ 실천중심의 장학 자료 ㅁ 학교 교육과정 ㅁ 연간 교수·학습 계획 ㅁ 교과서 선택 ㅁ 교육자료 활용 ㅁ 평가도구 및 문제 출제

* 교육과정 개정 업무 흐름도

(1) 개정 기본 계획 수립 → (2) 기초연구 및 체제·구조개선 연구의 위탁 → (3) 개정 기초연구 → (4) 총론 개정 시안의 개발 → (5) 심의회 구성·운영 → (6) 개정 시안 현장 검토, 공청회 → (7) 총론 확정 → (8) 각론 개정안 개발 계획 수립 → (9) 교과별 각론 개정 시안 연구 개발 → (10) 각론 현장 검토, 공청회 → (11) 개정안 작성 → (12) 개정안 확정 고시 → (13) 개정 후속 지원 업무(3년) → (14) 새 교육과정의 시행(고시 후 2~4년 소요)

3.2. 총론, 각론, 교과용 도서

교육과정은 성격이 상이한 두 영역, 즉 총론과 각론으로 구성되어 있다. 총론은 교육과정 개발의 취지, 방향성, 편성 원칙 전반을 보여주는 영역으로, 교육과정의 성격, 교육과정 구성의 방향, 추구하는 인간상, 학교 급별 편성과 운영 원칙으로서의 교육목표, 교과의 편제, 시간 단위 배당 등을 수록하고 있다. 전 교과에 적용되는 총론의 개발은 교육행정의 최고 기관인 교육부의 책임 하에 교육부로부터 위탁 받은 전문연구기관의 연구에 의해 이루어진다. 전문연구 기관으로는 제4차 교육과정부터 개발을 담당한 한국교육개발원과 1997년 제7차 교육과정 시기부터 교육과정 관련 제반 업무를 수행하고 있는 한국교육과정평가원이 있다. 교육과정 개발 절차를 보자면,

13) 이경환(2002)『한국교육과정의 변천』, 8쪽

일차적으로 위탁 연구기관의 전문가 집단의 기초연구를 토대로 한 시안 개발이 선행되고, 다양한 교육수요자 집단이 참가하는 공청회 및 현장 검토단의 워크숍 등을 통해 수정 보완된 후 교육과정 총론이 최종 고시된다.

각론이란 개별 교과의 구체적인 지침을 말한다. 프랑스어 교과의 경우를 보면, 목표, 성취기준, 교수·학습 방법, 평가 영역으로 구성되어 있고, 항목별 가이드라인을 매우 구체적으로 기술하고 있다. 교과 교육과정의 개발은 개발 주관 기관의 주도 하에 교사, 연구원, 교수 등 해당 교과의 전문가 그룹이 맡고 있다. 개발된 교과 교육과정은 교육부가 위촉하는 위원단으로 구성된 교과 교육과정심의회의 심의를 거치며 내용을 확정하게 된다. 개발 및 심의 과정에는 현장교사 검토와 일반에게 공개되는 공청회가 수반되며, 이러한 복합적인 절차를 통해 수정·보완을 거듭하며 교육과정이 최종 고시된다. 교육과정이 법적 효력을 발휘하게 되면 교과용 도서개발이 뒤따른다.[14)]

한국에서의 FLE 교육을 견인해 온 동력으로 국내 전문가 집단(집필진, 연구진, 심의진)에 의한 교과용도서 제작을 들 수 있다. 교수요목기에 이미 '교과용도서 검인정 규정'이 제정되고, '교과중심 교육과정'의 성격을 띤 제1차 교육과정기부터 전 교과의 공식 교재가 제작되었다. 프랑스어과의 경우, 제1차 교육과정이 학교 현장에 적용된 시기(1957~1967)에 6종류의 교과서가 10차례에 걸쳐 출간되었고, 이후 8차례의 교육과정 개정에 따라 새 교과서 편찬 작업이 진행되었다. 교육과정 시기별로 교수진, 교사진, 원어민, 장학사, 연구사, 연구원이 프랑스어 교과서의 연구, 집필, 심의 과정에 참여하고 있다.

교과서 제작은 '교과용도서에 관한 규정'(1977. 8. 22, 대통령령 제8660호)에 의거하며, 프랑스어 교과서는 외국어 교수방법론의 세계적인 동향을 점진적으로 반영하며 양적, 질적 성장을 거듭하고 있다. 일반계열 교과서는 **검정도서**로, 수요가 제한적인 외국어계열 교과서, 중학교 생활외국어 교과서는 **국정도서** 방식으로 제작되어 왔

---

14) 교육부가 주도하는 교과서 정책은 1950년 12월 '교과용도서 검인정 규정'이 만들어지고, 제1차 교육과정이 공포되면서부터 시작되었다. 1977년 '교과용 도서에 관한 규정'이 마련됨으로써 국정 및 검인정 도서 체제에서 1종과 2종도서 체제로 전환하였다. 이 시기부터 전문연구기관(한국교육개발원→한국교육과정평가원)에 교과서 제작을 위탁하였고, 기존의 문교부 편수국은 장학실로 통합되었다. 1980년대 2종도서의 확대, 6차 교육과정기의 지방분권화로 교과서의 다양화가 가능해졌다. 7차 교육과정에서도 이 기조가 유지되었다. (국가기록원 http://contents.archives.go.kr/next/content/viewMain.do)

다. 그러나 2009년 개정교육과정에서 고등학교 선택과목은 인정 전환함을 원칙으로 하고 있어, 이후의 프랑스어 교과서는 인정도서 형태로 제작되고 있다.

국정도서, 검정도서, 인정도서 :
교과용도서의 종류는 국정·검정·인정으로 구분되는데, 국정도서는 교육부가 저작권을 가진 교과용도서이고, 검정도서는 교육부 장관이 검정한 교과용도서이며, 인정도서는 국정도서 또는 검정도서가 없는 경우 교육부 장관의 인정을 받은 교과용도서이다. 국정도서는 교육부가 직접 편찬하지만, 필요하다고 인정되는 경우에는 연구기관 또는 대학에 위탁하여 편찬할 수 있도록 규정하고 있다. 검정도서와 인정도서는 일련의 신청과 검인정단계를 거쳐 합격된 경우에 선정되도록 하고, 교과용도서와 관련된 전반적인 사항을 심의하기 위하여 각급 학교의 교과목 또는 도서별로 5인 이상으로 구성된 '교과용도서심의회'를 두며, 심의회는 편찬·검정·인정·가격사정 및 발행 등에 대한 사안을 심의하도록 되어 있다.

3.3. 교육과정, 용어의 정립 필요성

우리나라에서 교육과정에 대한 연구는 주로 개발 패러다임에 의거하고 있다. 이로 인해 교육부가 법령 또는 문서로 고시한 교육과정 지침을 교육과정 그 자체로 인식하는 경향이 있으며, 프랑스어 교육 관련 제 문헌에서도 교육과정은 대부분 문서화된 국가교육과정을 지칭하고 있음을 볼 수 있다. 이로 인해 교육과정 지침에 국한된 사실을 교육과정 운영의 문제로 확대 해석하여, 우리나라에서 공식적으로 프랑스어 교육이 이루어진 것은 제2차 교육과정 시기라는 오해를 낳기도 하였다.[15)]

이 문제와 관련하여 다른 나라의 사례를 보면, 지침으로서의 교육과정과 실행으로서의 교육과정을 용어를 달리하여 구분하고 있음을 주목하게 된다. 예컨대, 미국에서는 교육과정 가이드라인(Curriculum Guideline, Program guide, Minimum Standards), 프랑스에서는 교육부 지침(Instructions ministérielles, Instructions officielles, Programmes), 영국에서는 국가교육과정(National Curriculum), 일본에서는 학습지도요령(學習指導要領), 대만에서는 과정표준(課程標準)이란 말로 문서화

15) 이 문제에 대해서는 2단원, '제1차 교육과정 시기' 참조할 것.

된 교육과정을 지칭하여 일반적인 개념과 구별하고 있다. 특히 프랑스의 경우는 계획 단계 즉 'programmes'에 대응하는 실행 교육과정을 'cursus'란 말로 달리 부르고 있어 양자 간 혼돈의 여지가 없다. 이러한 사실을 종합해 볼 때, 우리나라에서도 교육과정의 다의성으로 인한 오해의 소지를 없애기 위하여 계획과 실행 차원에서 용어를 달리하는 방법을 모색해 볼 필요가 있을 것이다.

〈학습과제〉

1. Tyler의 교육목표 진술을 참조하여 프랑스어 교육과정을 구조화하여 설명하시오.
2. 행동주의, 인지주의, 구성주의 교육과정의 특징을 문제의식을 중심으로 비교하시오.
3. 외국어 교수요목을 유형별로 제시하고 각각의 장단점에 대해 설명하시오.
4. 우리 교육과정의 개발 과정에 대해 알아보고, 문제점을 토의해 보시오.

참고문헌

김영천 편저(2006)『After Tyler : 교육과정 이론화 1970년-2000년』, 서울: 문음사.

김재춘 외(2010)『예비·현직 교사를 위한 교육과정과 교육평가』, 제4판, 서울: 교육과학사.

배두본(2002)『영어교육학 총론』, 서울: 한국문화사.

서울대교육연구소(1998),『교육학대백과사전』, 서울: 하우동설.

윤선영(2011)『구성주의와 행위중심접근법 : 프랑스어 교수 · 학습 · 평가 설계에의 적용』, 서울대학교 대학원 박사 학위논문.

윤선영(2014) "Curriculum, Programmes ou cursus -교육과정의 개념과 프랑스어 교육과정 다시 보기",『프랑스어문교육』제46집, 7-31쪽.

이원희 외(2005)『교육과정과 수업』, 서울: 교육과학사.

조명원 · 이흥수(2004)『영어교육사전』, London: Pearson Longman.

허경철 외(2004)『교과교육학신론』, 서울: 문음사

홍후조(2003)『교육과정의 이해와 개발』, 서울: 문음사.

Allen, J. P. B.(1984) "General-purpose language teaching: a variable focus approach", *General English Syllabus Design*, Pergamon Press Ltd. and The British Council, pp.61-74.

Bloom, B.(1956) *Taxonomy of educational objectives*, Handbook I: The Cognitive Domain. New York: David McKay 1956. Boston, MA. Copyright (c) 1984 by Pearson Education.

Bobbit, F.(1918) *The Curriculum*, Boston: Houghton-Mifflin.

Brown, J. D.(1989) "Language program evaluation: A synthesis of existing possibilities". In R. K. Johnson (Ed.), *The second language curriculum*, pp.222-241.

Brown, J. D.(1995) *The elements of language curriculum : a systematic approach to program development*, Boston: Heinle & Heinle Publishers.

Chomsky, N.(1957) *Syntactic Structure*, Paris: The Hague Mouton.

Conseil de l'Europe(1976) *Un niveau-seuil*, Strasbourg: Conseil de l'Europe.

Coste, D.(1995) "Langue et curriculum, Méthodes et méthodologies", *Le français dans le monde*, janvier 1995. pp.79-93.

Cuq, J.-P.(2003) *Dictionnaire de didactique du français, Langue étrangère et seconde* sous la direction de Jean-Pierre Cuq, Paris: CLE international.

Cuq, J.-P. & Gruca, I.(2005) *Cours de didactique du français, langue étrangère et seconde,*

Nouvelle édition, Paris: PUG.

Depover, Ch. & Noël, B.(2005) *Le curriculum et ses logiques*, Paris: L'Harmattan.

Droit, R.-P.(2004) *Philosophie La petite encyclopédie*, Paris: Edition de la Cité.

Ellis, R.(2003) *Task-based language learning and teaching*, Oxford: Oxford University Press.

Martinez, P.(2011) "Des programmes et des curricula : cursus, curricula, certification, instructions, référentielles...", *Guide pour la recherche en didactique des langues et des cultures*, Agence universitaire de la francophonie.

Nunan, D.(1988) *Syllabus Design*, Oxford: Oxford University Press.

Nunan, D.(1989) *Designing, Tasks for the Communicative Classroom*, Cambridge: Cambridge University Press.

Nunan, D.(2004) *Task based Language Teaching*, Cambridge: Cambridge University Press.

Prabhu, N.(1987) *Second language Pedagogy: A Perspective*, Oxford: Oxford University Press.

Shaw, A.(1977) "Foreign-Language Syllabus Development: some recent Approaches", *Language Teaching and Linguistics: Abstracts*, 10, pp.217-233.

The Oxford English Dictionary 2nd ed.(1989), Oxford: Oxford University Press.

Tyler, R. W.(1949) *Basic principles of curriculum and instruction*, Chicago: University of Chicago Press.

Wilkins, D.(1976) *Notional Syllabuses*, Oxford: Oxford University Press.

04

교수·학습 방법론

김 정 숙

국제화 시대를 살아가는 많은 현대인들에게 외국어 학습은 단순한 취미를 넘어 절박한 생존의 문제로 다가온 지 이미 오래다. 그런데 실상 따지고 보면 외국어 교수·학습의 연원은 5000년[1] 전의 아득한 태곳적까지 거슬러 올라갈 수 있다.

본 장에서는 인류가 숙명처럼 안고 있는 외국어 교수·학습 문제를 해결하기 위해 유구한 세월 동안 어떤 지혜와 방법들을 창안해냈는지를 살펴보고자 한다. 여기에 소개할 방법론들은 전체 외국어교육을 아우르는 것들인데 비록 우리의 관심은 외국어교육 중에서도 특히 외국어로서의 프랑스어(FLE) 교육에 있지만 그 방법론에 있어서는 서로의 궤적이 일치하기 때문이다. 지면의 제약 상 당대 사회나 학계를 풍미했을 뿐만 아니라 지금까지도 그 영향력이 남아 있고 무엇보다 FLE 교재의 제작에 중요한 이론적 틀과 기초를 제공했던 교육방법론들을 중심으로 먼저 자세히 소개한 후, 프랑스에서는 사용되지 않았지만 상당한 교육학적인 논쟁을 불러일으킨 몇 가지 방법론들을 간략히 다루려고 한다.

우리는 이 교육방법론들을 크게 '전통교수법'과 '과학'(science) 기반 교수법, 그리고 '비관례적'(non conventionnelles) 교수법으로 분류할 것이다.[2] 그리고 앞의 두 방법론들의 경우는 그 시대적인 순서로 제시하면서 그 전형적인 특징을 검토한다. 또

1) 기원전 3000년경부터 현재의 이라크 바그다드에 해당하는 고대의 수메르에서 아카드인들에게 수메르어를 가르쳤다(Germain 1993:23).

2) 이 분류기준과 본문의 내용은 대부분 C. Germain(1993)의 *Évolution de l'enseignement des langues : 5000 ans d'histoire*와 J.-P. Cuq et I. Gruca(2003)의 *Cours de didactique du français langue étrangère et seconde*를 참고하여 정리했음을 밝혀둔다.

한, 언어교육학이 하나의 과학적, 학문적인 토대를 정립하기 시작한 20세기 중반의 청화식 교수법부터는 그 방법론이 대두하게 된 정치 · 사회적, 학문적 배경도 함께 생각해 볼 것이다. 한편, '비관례적'(non conventionnelles) 방법론들은 개괄적으로 그 내용을 검토한다.

1. 전통교수법(méthode traditionnelle)

1.1. 문법 · 번역교수법(la méthode grammaire-traduction)

1.1.1. 역사적 고찰

이 교수법은 현대에도 지구상의 많은 언어교육 현장에서 활용되고 있는 연원이 깊은 교육 방법이다. 이 방법의 원형은 가장 멀리는 기원전 3000년 경 아카드인들의 수메르어 교육이나 그보다 훨씬 나중인 그리스 · 로마인들의 그리스 고전 작품의 학습에서 찾을 수 있다.

그러나 일반적으로 문법 · 번역교수법은 16세기 이후에 그리스어나 라틴어와 같은 고대 언어, 즉 사어를 가르치는 데 사용된 방법을 일컫는다. 라틴어는 서기 1세기경부터 서양 세계의 종교, 문화, 철학, 법률, 행정뿐만 아니라 일상 구어로도 사용되었으나 르네상스 시대에 이르러 점점 구어로서의 가치가 떨어진다. 그 결과 서양 문화의 원류로 인정되는 그리스의 언어와 마찬가지로 라틴어 교수 · 학습의 의미는 두뇌 훈련 정도로 퇴색된다. 이 라틴어 교육 형태가 그 이후 근대 언어 교육의 전범으로 자리 잡으면서 현용어(langue vivante)를 사어(langue morte)처럼 가르치게 된다.

이 교수법은 3세기 이상의 세월을 거치면서 그 방법론에 약간의 변화를 겪게 된다. 르네상스 시대 이 교수법의 주요한 특징인 문법/작문(grammaire-thème) 형태의 교육에 18세기부터는 번역/문법(version/grammaire) 형태가 새로이 도입된 것이다. 비록 후자의 경우 문법의 위치나 교육 방식에 있어서 전자와 상당한 차이를 보이지만 전체적으로는 문법 · 번역교수법의 틀과 맥락을 벗어나지 않기 때문에 별도로 언급하지 않을 것이다.

1.1.2. 언어 학습의 목표

외국어 학습의 궁극적인 목표는 문학에의 접근과 이해, 즉 학습자(apprenant)가 해당 외국어로 쓰인 문학 작품을 읽을 수 있게 하는 것이다(Cuq & Gruca 2003:255). 사실 이 교수법은 더 이상 실생활에서 사용되지 않는 고전어를 가르치는 데서 시작되었기 때문에 구어 교육이 전무하다시피 하고 오로지 언어와 문화의 보고라 간주되는 문학 작품을 중심으로 교수 · 학습이 이루어졌다. 이 과정을 통해 학습자는 목표어(langue cible)에서 자국어로 혹은 자국어에서 목표어로 번역할 수 있는 능력을 습득하게 된다. 또 하나의 주요한 목표는 암기력 등 학습자의 지적인 능력을 개발하는 것이다.

1.1.3. 언어 학습의 내용 및 전개

문학 작품 속에서 가르칠 어휘, 구문, 형태, 문법 내용을 선정하는데 발음은 거의 다루지 않는다. 물론 학습 초기에 발음 연습이 있지만 원문의 암송이나 작품을 소리 내어 읽는 수준에 불과하다. 작가들이 사용하는 규범적인 언어만 관심의 대상이 된다. 처음부터 어려운 문학 작품을 바로 다루기는 힘들기 때문에 문법을 중심으로 대화나 주제별 단어 목록, 격언집, 관용적 표현을 통해 어휘를 암기해나가지만 종국에는 문법 학습과 문법을 응용한 작문이 주된 학습 활동이 된다.

수업은 학생들의 모국어(langue maternelle)로 진행되는데 교수 · 학습할 문법 내용의 구성이나 단계에는 어떤 특별한 원칙은 없고 다만 모국어 문법에서 제시하는 순서에 따라 선택되는 편이다. 문법교육은 메타언어[3](métalangage)를 사용하여 규칙을 명시적(explicite)으로 설명한 후, 작가의 문장을 통해 다뤄진 문법 사항을 확인하는 연역적(déductif) 방법을 쓴다.

가장 중시되는 능력은 문학 텍스트를 읽고 이해하는 능력과 학습한 주제와 관련하여 작문을 하거나 번역하는 쓰기 능력이다.

---

3) 문법, 언어, 교수 · 학습 활동에 관해 학습자와 교수자가 쓰는 용어 및 담화들을 지칭한다. 예를 들면 동사, 형용사, 인칭 대명사, 화법, 형용사의 일치, 구조 연습, 역할 놀이 등이고 사전이나 문법 책들은 메타언어적인 책이다.

수업은 지식과 권위의 소유자로 간주되는 교사에 의해 주도되며 학습자는 어떤 결정권도 없이 교사의 지시에 따라야 한다. 따라서 공부할 텍스트 선정, 텍스트의 이해에 관한 질문 준비, 연습문제 준비, 과제 부여, 필요에 따라 정답 제공, 문법 규칙 설명 등은 전적으로 교사의 몫이다.

자연히 교사와 학생 간의 상호작용은 교사로부터 학생으로의 일방적인 형태이며 학생들 간의 상호작용도 거의 전무하다. 일반적으로 오류는 용납되지 않고 오류가 발생했을 때 정답을 가르쳐주고 오류를 수정해 주는 역할은 교사의 몫이다.

1.1.4. 문법 · 번역교수법의 한계

이 교수법에서는 문법과 어휘 중심으로 수업이 이루어지는데 이러한 지식이 곧바로 언어 구사 능력으로 연결되는 것은 아니다. 이 방식은 일반인들이 외국인과 외국 문화를 직접 접하고 소통할 기회가 거의 희박하고 주로 문학 작품을 통해 외국 문화에 접근했던 시대의 산물이다. 따라서 문학 작품의 강독과 이해가 외국어 교육의 주요한 목표이고 구어의 지식이 거의 필요하지 않은 경우에 적합하다.

1.2. 직접교수법(la méthode directe)

1.2.1. 역사적 고찰

단순히 원어민이나 원어민 수준의 화자에 의해 외국어를 외국어로 직접 가르치는 것을 의미한다면 이 교수법은 언어 교육 역사에서 가장 오래된 방법이다(Cuq & Gruca 2003:257). 실제로 문자가 발명되기 이전의 고대 국가에서는 노예들이나 원어민 교사에 의해 직접적으로 외국어 교육이 이루어졌다. 그러나 보통 직접교수법은 19세기 말과 20세기 초에 독일과 프랑스에서 사용된 교수 · 학습 방법을 지칭하는데 문법 · 번역교수법에 대한 반대 운동에 속한다.

이 운동의 발단은 산업 혁명으로 상업과 산업의 발달이 가속화되고 국제적인 교류가 증가하면서 외국어 사용자와의 실제적인 의사소통의 기회가 증가한 것에서 찾을 수 있다. 이러한 사회적인 변화로 외국어 교육의 본질적인 목표는 그 언어를 실제로 말하고 쓰기를 배우는 것으로 새롭게 인식되기에 이른다. 따라서 그동안 사어 교육을 위해 쓰이던 문법 · 번역교수법은 현용어(langue vivante) 교육에 더 이상 어울리지 않는다는 주장이 제기되면서 직접교수법이 주목을 받게 된 것이다.

1.2.2. 언어 학습의 목표

이 교수법은 언어의 본질을 의사소통에 둠으로 언어 교육의 목표는 자연히 구어로 의사를 소통하는 능력의 개발에 있다. 따라서 수업 초반부터 발음에 많은 시간과 노력이 할애되고 구어를 중심으로 한 듣기와 말하기에 수업의 초점이 놓인다. 읽고 쓰는 능력도 중시되긴 하지만 글(écrit)은 소통의 자율적인 체계로 간주되지 않고 '문자화된 말'(langue orale scripturée)로 여길 정도로 말하기 능력의 개발에 우선권을 둔다.

1.2.3. 언어 학습의 내용 및 전개

다른 교수법들과 구별되는 직접교수법의 가장 큰 특징은 수업이 목표어인 외국어로 진행된다는 점이다. '직접'의 의미는 모국어로의 번역을 거치지 않고 외국어의 의미에 직접 접근한다는 것인데 학습자들이 모국어를 습득하듯이 자동적으로 외국어로 생각하도록 훈련시키기 위한 방법이다. 따라서 수업 중에 모국어의 사용은 엄격하게 금하고 의미 전달을 위해 몸짓이나 표정 같은 비언어적 소통 수단을 사용한다.

교수 · 학습 내용은 언어 구조보다는 상황이나 토의 주제에 따라 결정되고 어휘가 문법보다 더 중시된다. 어휘는 그림이나 교실의 구체적인 사물들, 환경, 상황 등을 기초로 일상적인 것들을 선택하고 추상적인 단어들은 이미 알고 있는 단어들과 연계하여 가르친다. 단어의 의미는 전체 문장 속에서 파악되어야 한다고 믿기 때문에 학습자는 어휘 목록의 암기 대신 문장 속에서 적절한 어휘를 사용하도록 독려를 받는다. 문법 사항은 교수자나 교재 제작자의 직관에 의해 선택되는데 귀납적(inductif)으로 제시되므로 학습자는 여러 예문들을 통해 목표 언어의 형태나 구조의 규칙성을 찾아내야 한다. 이 교수법은 교사와 학생 간의 지속적인 대화와 상호작용(interaction)이 요구되는 대단히 활동적인 방법이다.

교사는 가르치는 언어에 능통해서 학생에게 언어적인 모델이 되어야 한다. 사물, 도표, 그림들을 수업에 적극 활용하나 번역이나 설명은 지양한다. 학습자는 교사의 질문에 대답할 뿐 아니라 스스로 질문도 하면서 적극적으로 수업에 참여해야 한다. 교사와 학습자들은 파트너로 이해되고 상호작용은 양방향으로 이루어지며 오류(erreur)는 교사의 암시나 도움을 받아 학생들이 스스로 깨달아 고쳐나가도록 한다.

한편, 문법 · 번역교수법과 달리 문화의 동의어는 문학이 아니라 일상적인 삶의 방식, 지리, 역사를 포함한다고 본다.

1.2.4. 직접교수법의 한계

이 교수법은 어떤 뚜렷한 방법론적인 원칙이 아니라 직관이나 상식에 토대를 둔 방법으로서 무엇보다 외국어를 모국어처럼 가르치는 교사를 필요로 하지만 모든 교육 현장에서 원어민이나 원어민 수준의 외국어 구사 능력을 소유한 교수자를 확보하기는 사실상 불가능한 일이다. 한편, 이 방법의 기저에는 자연적인 환경에서의 모국어 학습과 학교에서 행해지는 외국어 학습이 유사하다는 가정이 깔려 있는데 다음과 같은 이유에서 이 가정은 취약하다. 즉, 외국어와 모국어는 주위환경, 학습에 할애하는 시간, 사회적 요구가 같을 수 없고 외국어 학습자들은 모국어 학습자와 달리 그 자신의 모국어나 모국 문화와 같은 선행 지식과 경험을 보유한 채 외국어를 학습하게 됨으로 무의식적으로 외국어 문장을 번역한다는 사실이다.

결국 1901년에 프랑스 중등 교육에 공식적으로 채택되었던 이 교수법은 얼마 지나지 않아 문법 · 번역교수법과 절충되어 쓰이게 된다. 왜냐하면 초보 수준에는 적용이 가능하고 효과도 있지만 수업 내용이 추상화되고 복잡해질수록 문법 · 번역교수법에 비해 학습자가 이해하는데 훨씬 많은 시간과 노력이 들기 때문이다.

어쨌건 직접교수법은 지금도 서로 다른 모국어를 가진 외국어 초보자들이나 자발적이고 동기 부여가 된 성인들을 상대로 한 수업에서 이용되는 방법이다.

Comenius[4]의 표현을 빌자면 지금까지 살펴본 문법 · 번역교수법과 직접교수법은

---

4) Comenius(1592-1670) : 체코 사람으로 본명은 Jan Amos Komenský며 작가이자 신학자, 인문주의자였고 17세기의 가장 위대한 교육학자로 통한다. 프랑스 역사가 Jules Michelet는 그를 교육학(Pédagogie)의 갈릴레이라 불렀다. 또한 그는 독자적인 학문으로서의 언어 교육학(didactique des

과학적인 성격의 방법론이라기보다는 언어를 가르치는 하나의 기술(art d'enseigner)에 불과했다. 그런데 20세기 중반에 대두된 청화식 교수법과 함께 외국어 교육학은 신기원, 즉 과학의 시대를 맞게 된다(Germain 1993:137).

2. 과학(science)기반교수법

2.1. 청화식 교수법(la méthode audio-orale)

2.1.1. 정치 · 사회적 배경

이 방법은 미국에서 1940-1950년대에 개발되었는데 2차 대전 중에 영어 외에 다른 언어를 구사하는 사람들을 속성으로 양성하기 위해 군대에서 시행했던 언어교육 방법에서 비롯되었기 때문에 일명 '군대 방법'(méthode de l'armée)이라고도 불린다. 이 교수법이 결정적으로 미국 외국어교육의 지형을 바꾼 계기는 1957년 러시아의 첫 인공위성 스푸트니크(Sputnik) 호의 발사였다. 이 사건에 자극을 받아서 언어적으로 다른 나라들로부터 고립되고 싶지 않았던 미국은 Bloomfield 등의 언어학자들에게 효과적인 외국어 교수법 개발을 의뢰하게 된다. 그 결과 미국 군대의 경험에서 영감을 얻은 청화식 교수법이 탄생한 것이다. 그런데 사실 엄밀히 따지자면 청화식 방법의 핵심이라고 할 수 있는 '구조 연습'(exercices structuraux)의 연원은 16세기 초까지 거슬러 올라간다. 다만 이 방법론은 신기술의 도래로 등장한 녹음기와 언어 실습실을 언어 교육에 적극 활용하여 기존의 구조 연습을 집중적으로 부각 · 강화시킨 것이다.

2.1.2. 학문적 배경

청화식 교수법은 미국 구조주의 언어학과 행동주의 심리학의 결합의 산물이다. 구조주의 언어학에 따르면 각 언어는 음운론적, 형태적, 통사적 차원에서 자신만의 고

---

langues)의 시조로 간주되는데 외국어 교육학 역사상 최초로 그림을 활용한 것으로도 유명하다. (Germain 1993:94)

유한 구조와 체계를 가진 통사적 구조의 집합이자 습관의 총체이다. 한편, Skinner로 대표되는 행동주의 심리학에 의하면 언어는 인간 행동의 한 형태이며 언어를 배운다는 것은 자극-반응-강화 형태로 조건화되는 몇 가지 습관들을 배우는 것이다. 따라서 청화식 교수법에서는 외국어든 모국어든 언어를 배운다는 것은 그 언어의 통사구조와 습관을 내면화하여 언어적인 자동화에 이르는 것을 의미한다. 이렇게 이 교수방법론은 언어 학습 이론에 있어서 처음으로 학문간 연계를 이루어내면서 단기간에 문법 · 번역교수법을 밀어내고 미국의 공립학교에 보급 · 확산된다.

2.1.3. 언어 학습의 목표

이 방법론이 지향하는 언어학습의 일반적인 목표는 외국어로 의사소통하기에 이르는 것이다. 일상생활에서의 원활한 소통을 위해 우선권을 구어, 특히 구어의 구조에 두며 정확한 발음 교육에 비중을 둔다. 외국어 습득도 모국어와 동일한 절차를 따른다고 보아 언어의 4기능의 제시는 듣기(compréhension orale), 말하기(expression orale), 읽기(compréhension écrite), 쓰기(expression écrite)의 순서로 이루어진다.

2.1.4. 언어 학습의 내용 및 전개

청화식 교수법에서는 우선 음성적 · 구조적인 면에서의 모국어와 외국어 간의 대조분석을 거친 후 수업 내용을 선택한다. 왜냐하면 언어는 습관의 총체로 이해되기 때문에 외국어 학습 시 모국어의 간섭(interférence) 현상으로 인한 잘못된 습관의 형성을 예방하기 위해서이다. 수업 진도는 두 언어의 구조상의 유사성이 큰 순서대로 정해진다.

수업은 녹음기에 구어로 녹음된 대화를 듣고 그 대화 속에 나오는 통사 구문이나 구조, 발음 등을 '구조 연습'(exercices structuraux)을 통해 익혀나가는 것으로 이루어진다. 대치나 변형 등의 일련의 구조 연습을 통해 학습자는 외국어의 통사적 구조를 스스로 유추해내고 강화하고 모국어처럼 자동화하게 된다. 어느 구조가 자동화 수준에 이르면 그것을 적절한 맥락 속에서 사용하는 대화 연습으로 넘어가고 그 이후에는 주어진 글을 읽고 이해하는 단계로 나아간다. 한편, 이 교수법에서는 언어의 의미적 차원보다 형태가 중시되므로 어휘는 학습할 통사구조에 사용되는 것만 제시된다.

대화나 구조 연습을 통해 문법 규칙을 학습하므로 문법 교육은 귀납적이고 암시적이지만 종종 명시적인 형태를 띠기도 한다.

외국어와 모국어는 충돌을 일으킬 수 있는 두 개의 다른 언어 체계로 간주되기 때문에 교실에서는 외국어 사용이 장려된다. 새로운 요소들의 의미를 이해시키기 위해 교사는 번역뿐 아니라 몸짓, 표정, 이미지, 사물들을 이용할 수 있다.

교사는 원어민이 아니거나 충분한 외국어 구사 능력을 갖추지 못했어도 녹음테이프를 통해 학생들의 발음과 학습을 지도한다. 학생은 교사를 모방하고 지시에 따르고 질문에 신속하게 자동화된 답변을 해야 한다. 교사와 학생 간, 혹은 학생들 간의 상호작용은 교사의 지시에 따라 이루어진다. 발음이나 구조에 있어서 오류는 허용되지 않는다. 교사는 오류의 수정은 물론이고 두 언어의 비교 분석(analyse comparée)을 통해 오류를 예상하여 가능한 오류를 피해야 한다.

문화는 삶의 방식으로 이해되며 문화적 요소는 명시적으로 교재에 제시되어 있다.

2.1.5. 청화식 교수법의 한계

이 방법은 초보자(débutant)들에게는 효과적일 수 있지만 동일한 구조의 반복연습이 가져오는 지루함으로 인해 중급(niveau intermédiaire)이나 상급(niveau avancé) 수준에서는 비효율적이기 십상이다. 게다가 청화식 교수법은 두 가지 면에서 중대한 결함이 발견되는데 우선 '전이'(transfert)의 문제가 있다. 즉, 학습자는 오랜 시간 외국어를 배운 후에도 교실에서 연습한 언어형태를 교실 밖에서 자연스럽게 사용할 수가 없다. 두 번째는 이 교수법의 이론적 토대였던 언어학과 심리학 이론에 있어서의 취약성이 그것인데 언어학 차원에서는 Chomsky의 변형 · 생성문법이 Bloomfield의 구조 언어학을 공격하면서 언어의 심층 구조를 무시하고 표면적인 현상에만 관심을 두는 것에 대해 비판을 했다. 또한 심리적 차원에서 Chomsky는 Skinner의 행동주의 심리학에 대해 격렬하게 반론을 제기하면서 모국어든 외국어든 언어 습득은 Skinner의 주장처럼 외적인 자극에 대한 조건화가 아니라 내적이고 보편적인 과정에 속하는 것이라고 주장한다.

2.2. 구조 · 총괄시청각교수법(la méthode structuro-globale audiovisuelle)

2.2.1. 정치 · 사회적 배경

앞서 살펴 본 청화식 교수법의 경우와 마찬가지로 이 교수법의 개발도 정치적인 이유에서 비롯되었다. 2차 대전 이후 프랑스는 이민자들을 통합하고 식민지에서의 자신의 입지를 강화하며 점차 확산되어가는 영어에 맞서서 프랑스어의 국제적인 위상을 확보할 필요를 느끼게 된다. 그리하여 프랑스 정부는 해외로의 프랑스어 전파 정책을 수립하고 그 실질적인 방안으로 외국인에게 가르칠 기본적인 프랑스어 어휘 선정 작업에 착수한다. 이렇게 해서 1950년대 초반 언어학자 Gougenheim을 중심으로 어휘와 문법 통계 조사 및 구어의 분석을 통한 『기초 프랑스어』(*Français élémentaire*) 편찬이 시작되어 1954년에 일차 결실을 보게 되지만, 종국에는 1959년 『기본 프랑스어 1』(*Français fondamental premier degré*)과 『기본 프랑스어 2』(*Français fondamental second degré*)라는 이름으로 완성된다. 이 자료들을 토대로 1958년 구조 · 총괄시청각교수법에 입각한 첫 FLE 교재인 『Voix et Images de France』 제 1판이 발간된다.

2.2.2. 학문적 배경

20세기 중반까지 유럽 대륙에서는 문법 · 번역교수법과 직접교수법이, 그리고 미국 구조주의의 영향을 강하게 받은 영국의 경우는 문법 · 번역교수법과 상황교수법이 공존했다. 그런데 위에서 언급한 정치 · 사회적인 필요 때문에 프랑스 내외에서 동원된 언어학, 특히 응용 언어학자들에 의해 구조 · 총괄시청각교수법이 개발되는데 이 방법은 Saussure에게서 영감을 얻은 당대 유럽 구조주의의 영향을 간접적으로 받았다. 그러나 소쉬르가 언어 능력의 사회적 측면인 '랑그'에 천착하고 '빠롤'을 언어의 개인적인 측면이라 하여 관심 영역에서 배제한 것에 반해 이 교수법은 '빠롤'은 개인적인 동시에 사회적인 현상이며 구조적인 불변성을 띤다고 본 점에서 Saussure보다는 그의 제자인 Bally의 이론에 더 근접해 있음을 알 수 있다.

한편, 이 교수법의 심리학적인 토대는 독일어로 '형태', '구조'를 의미하는 '게슈탈트'(Gestalt) 이론인데 형태와 구조의 총체적인 인식이 그 요지다. 이 이론에 따르면 우리의 두뇌는 감각 기관을 거친 모든 감각 요소들을 낱낱의 개체가 아닌 하나의 총체로 통합하고 재구성하여 인지하게 된다. 또한 구조는 하나의 조직된 총체로서 각 구성요소는 다른 요소들과 분해될 수 없는 긴밀한 내적 연관성을 갖는다.

구조 · 총괄시청각교수법은 유럽 구조주의 언어학과 게슈탈트 심리학 이론에서 출발하여 화자로서의 각 개인은 그가 속한 공동체의 고유한 관습에 따라 사회적으로 만들어진 여러 '빠롤' 속에서 또한 그 '빠롤'에 의해 스스로를 구조화한다고 본다. 그런데 이 '빠롤'은 어휘, 형태, 통사, 발음 등 언어적 요소뿐 아니라 리듬, 억양, 몸짓, 표정, 자세, 시공간적 상황, 사회적 문맥 등의 비언어적 요소까지 포함하는 것으로 규정된다. 결국 모든 개인은 다양한 상황에서 전개되는 다른 구성원들과의 '빠롤'을 매개로 한 소통 경험을 축적하면서 발화 환경과 주변 사람들과의 끊임없는 상호작용을 통해 '빠롤'의 의미를 언어적으로 또 비언어적으로 찾아가는 생각의 주체이자 사회화된 공동체의 일원으로서 자신을 점진적으로 구축해나가게 되는 것이다. 따라서 이 교수법의 '총체적'이라는 형용사의 의미는 언어 학습에 있어서 이 모든 언어적 · 비언어적, 개인적 · 사회적, 생리적 · 물리적 요소들의 동시적이고 상호작용적인 공존이 전제된다는 것이다. 또한, '구조적'이 뜻하는 바는 학습자가 지속적으로 모든 감각을 동원하여 이러한 요소들을 총체적으로 재구조화할 수 있을 때 언어 학습이 진전된다는 것인데 특히 시각이나 청각이 주된 역할을 하기 때문에 '시청각'이라는 수식어가 붙었다.

구조 · 총괄시청각교수법은 미국 청화식 교수법과 거의 같은 시기에 개발되었지만, 구어를 중시하고 진도에 맞추어 미리 만들어 놓은 대화를 중심으로 수업이 진행된다는 점만 빼고는 순전히 언어학적이며 분석적인 언어 구조에 초점을 맞춘 청화식 교수법과 확연히 대비되며 오히려 직접교수법이나 상황교수법에 더 가깝다.

2.2.3. 언어 학습의 목표

언어는 무엇보다 구어적인 표현과 소통의 수단으로 이해됨으로 구어 의사소통이 이 교수법이 지향하는 궁극적인 목표이다. 또한 언어의 4기능의 개발이 세부적인 목표지만 외국어의 실제적인 숙달에 이르기 위해 생성(production)보다는 이해(compréhension)에 초점이 맞춰지고 문어보다 구어에 우선권이 있다. 그런데 구조 · 총괄시청각교수법은 이전의 방법론들과 달리 의사소통에 있어서 정의적인 요소와 비언어적 요소들의 중요성에 주목하였다. 일례로 Guberina는 언어를 시청각적인 총체로 보고 리듬과 억양 등 외국어의 운율적인 요소들(éléments prosodiques)을 부각시켰다.

2.2.4. 언어 학습의 내용 및 전개

수업에 도입되는 어휘와 문법은 『기본 프랑스어 1』에 의거하여 결정되는데 가장 많이 쓰이는 순서대로 제시된다. 소리 차원에서는 학생들에게 어렵고 자주 쓰이는 소리를 우선적으로 다루며 개별적인 음의 정확한 발음보다 억양과 리듬의 정확성을 중시한다.

특기할 점은 이 교수법에서는 언어의 본질을 의미의 총체적 인식으로 보기 때문에 분석적인 차원의 문어가 발음 교정에 방해가 되지 않도록 학습자가 구어에 숙달될 때까지 그 학습을 연기한다. 예를 들면, 『Voix et Images de France』에서는 32과부터 텍스트가 도입된다. 왜냐하면 이 책의 저자들에 의하면 60~70시간의 수업을 한 이후에야 비로소 학습자들은 텍스트를 읽고 받아쓰기를 하고 그 이후에 글을 쓸 수 있을 것으로 보았기 때문이다. 따라서 학생들의 책에는 대화의 대본이 실려 있지 않고 다만 모든 대화가 벌어지는 물리적인 상황이나 맥락을 보여주는 그림만 나와 있다. 이 그림에는 화살표, 물음표, 느낌표, 점선, 십자표시, 말풍선 등의 여러 기호들이 포함된다. 그러므로 수업에서 가장 중요한 역할을 하는 것은 슬라이드와 녹음기이고 이 시청각 매체를 통해서 학생은 총체적으로 '빠롤'의 용례를 접함으로써 그 의미를 쉽게 익히게 된다.

이 방법론에서 수업은 일반적으로 다음과 같은 단계에 따라 전개된다.

- **제시(présentation)** : 상황의 전체적인 이해를 위해 슬라이드에 담긴 그림(image)과 함께 녹음된 대화를 제시하는 단계
- **설명(explication)** : 발음, 어형, 통사 등에 있어서 새로운 요소들을 설명하기 위해 필요한 부분의 대화를 다시 들려주고 학생이 정확히 각 음성 단위를 구분하는지 확인하는 단계
- **반복(répétition)** : 발음 교정과 구조와 대화의 암기 단계

- **활용(exploitation ou réemploi)** : 암기하고 새로 배운 요소들을 이미 제시된 상황과는 조금 다른 상황들에서 활용하고 재사용하는 단계
- **전환(transposition)** : 역할 놀이나 극화활동을 통해 같은 형태의 상황들에서 배운 요소들을 훨씬 더 자발적으로 다시 사용하게 하는 단계

한편, 문법 교육은 일반적으로 대화 상황에서 함축적이고 귀납적으로 이루어지며 모국어의 음운체계는 외국어의 음운체계 학습에 장애가 된다고 보아 모국어 사용은 지양된다.

교사는 언어적 규범이므로 리듬과 억양, 발음, 문법을 정확히 지도해야 하고 학생들의 문장 의미 파악과 자발적인 수업 내용 활용 및 창의력을 자극하기 위해 부단히 노력해야 한다. 특히 녹음기와 슬라이드 환등기를 동시에 작동시킬 수 있는 능력이 필요하다.

이 교수법에서 학습자는 수업 전개나 수업 내용에 대해서 어떤 결정권도 없이 다만 교사의 지시에 따라 정해진 과제를 적극적이고 활동적으로 수행해야 한다. 따라서 대부분의 상호작용은 교사 → 학습자 방향으로 이루어진다. 오류에 대한 태도는 단계별로 그 양상이 다른데 초기에는 오류를 수정하지 않지만 암기화 단계에 이르러 비로소 발음 교정이 시작되며 특히 억양, 리듬, 강세에 초점이 놓인다.

문화는 언어에 통합되어 함축적이거나 명시적인 수많은 문화요소들이 대화 속에 제시되어 있는데 특히 원어민들의 생활 방식에 관한 내용이다.

2.2.5. 구조 · 총괄시청각교수법의 한계

이 교수법의 장점은 인사 등 관례적인 상황에서 원어민과 대면하는 경우에 상대적으로 빨리 구어로 의사소통하는 법을 배우게 해 준다. 그러나 교재에 실린 대화는 그야말로 교과서적이고 규범적인 형태이기 때문에 학습자는 텔레비전이나 영화 같은 대중 매체 속의 원어민의 말이나 원어민 사이의 대화는 쉽게 이해할 수 없다.

게다가 상황 설정용으로 제시된 그림들에 물음표와 감탄 부호가 들어 있는데 이것은 학습자가 이미 문어에 익숙해 있음을 전제로 한 것이라 볼 때 언어 학습의 어느 시점까지는 문어에의 노출을 의도적으로 피하는 구조 · 총괄시청각교수법의 원칙

에 배치되는 것이다. 따라서 그 두 번째 세대에 해당하는 1972년에 출간된 교재『De vive voix』에는 이런 부호들이 삭제되어 있다.

이렇게 교수법 학자들은 지속적으로 그 세부 내용을 검토 · 수정 · 보완해가는데 1970년대 초반에 학계에 새롭게 제기된 언어학적인 성찰과 시대 상황의 변화에 맞추어 새로운 방법론이 등장하게 된다.

2.3. 의사소통접근법[5)](l'approche communicative)

2.3.1. 정치 · 사회적 배경

1965년 Bruxelles에서 기존의 유럽원자력공동체, 유럽경제공동체 그리고 유럽석탄철강공동체의 집행부를 통합하고 유럽위원회(Commission européenne)와 유럽이사회(Conseil européen)를 창설하는 내용의 조약이 체결되면서 유럽은 하나의 공동체 구성이라는 이상에 한 걸음 더 가까이 나아가게 된다. 이로써 자연히 유럽인들의 역내 교류와 협력이 증가하면서 상호 간의 이해와 친선의 기초가 될 원활한 의사소통의 필요성이 강하게 대두되었다. 이에 1972년 유럽평의회(Conseil de l'Europe)에서는 유럽인들의 이동성을 촉진하고 유럽 통합을 공고히 하며 성인들에게 외국어 학습에 대한 동기를 부여하기 위해 언어교육 전문가들에게 의뢰하여 '성인을 위한 언어수업'(cours de langue pour adultes) 모형을 개발하게 한다. 그 결과 1975년에 유럽 상황에서 외국어로서의 영어 교육을 위한 참고자료집『Threshold Level English』가 나왔고 그것을 토대로 그 이듬해인 1976년에 외국어로서의 프랑스어 교육을 위한 자료집인『Un Niveau-Seuil』가 출간되었다. 위 책들의 제목이 시사하듯이 이 서적들은 일상의 다양한 상황들에서 직면하는 문제들을 학습자 스스로 헤쳐 나갈 수 있는 최저 수준의 의사소통 능력 함양을 목표로 집필되었는데 언어 교수 · 학습에 있어서 새로운 방법론적 성찰과 적용을 선보이면서 의사소통접근법의 준거로 자리 잡는다.

---

5) 이 교수법은 의사소통 능력의 습득이라는 목표를 공유하고 있지만 실제로는 굉장히 다르고 다양화된 형태의 교수 방법들을 포괄하고 있으므로 그 유연성을 강조하기 위해 흔히 방법론보다 접근법이라는 용어를 쓴다.

2.3.2. 학문적 배경

1960년대 말과 70년대 초반에 영국에서 상황교수법의 실효성에 대한 의문이 제기될 즈음 미국에서는 Chomsky가 변형 · 생성문법이론을 발표하면서 당대 언어학계에서 신봉되고 청화식 교수법과 상황교수법의 토대가 되었던 구조주의 언어학을 신랄하게 비판한다. Chomsky는 언어를 의사소통이 아닌 사고의 표현 수단으로, 또 '언어 능력'(compétence linguistique)은 이전에 결코 들어보지 못한 새로운 문장들을 산출할 수 있는 '이상적인 화자-청자'가 소유하고 있을 내적인 능력으로 이해했다. 그런데 사회언어학자 Hymes는 1972년에 발표한 *On communicative competence* 라는 제목의 논문을 통해 Chomsky가 '순수한' 언어의 개념에만 집착하여 언어의 사회적인 측면을 고려하지 않는다고 비판했다. 그 반향으로 많은 학자들이 언어를 사회적인 맥락 속에서 이해하는 것에 관심을 기울이게 된다. 같은 시기에 Austin, Searle 같은 몇몇 언어 철학자들은 의사소통의 도구로서의 '일상 언어'(langage ordinaire)에, 또 다른 학자들은 특별히 언어의 의미적인 측면에 흥미를 보이게 되는데 그것은 이후에 '의사소통 의도'(intention de communication) 또는 '언어 기능'(fonction langagière)으로 명명된다.

> **Niveau-Seuil**: 외국어 학습을 통한 유럽 통합을 목적으로 유럽 성인들이 쉽게 외국어를 배우도록 유럽평의회에 의해 제작. 이 저서의 중요한 특징 중 하나는 각 화언행위(acte de parole) 혹은 언어 기능(fonction langagière)마다 여러 소통 상황에서 가능한 일련의 문장들의 목록을 제시한 것이고 또 다른 특징은 외국어 교육에 있어서 학습자의 언어적 필요(besoin langagier)를 적극 반영토록 한 것. 수업 시간에 이 교재로 바로 수업할 수도 있지만 언어학습의 목표, 방법, 내용 등을 제시한 하나의 언어교육 지침서의 성격이 더 강함. 이후에 학생들 교재, 교육과정, 평가 문제 개발에 활용이 됨, 실제로 우리나라 교육과정 집필 시에도 참고함.

결국 의사소통접근법은 유럽의 정치 · 사회적인 변화가 계기가 되어 이 모든 이론적 동향들이 융합되고 수렴되어 탄생한 교육방법론인데 이 용어 자체는 1975년 경 무렵에야 나타났다.

한편, 이 교수법은 청화식 교수법의 경우와 같이 직접적으로 어떤 특정한 심리학 이론을 원용하지는 않았지만 그 내용상 인지 심리학에 근접해 있고 행동주의 심리학과 대척점에 서있다. 사실 60년대 초반 Chomsky 언어학에 영향을 받은 인지 심리학자들은 학습을 외적인 영향보다는 내적인 구조에 좌우되는 훨씬 더 창조적인 과정으로 인식하기 시작했다. 즉, 인간이 이전에 결코 들어보지 못한 말들을 하는 것을 볼 때 언어는 기존 문장의 단순한 모방과 반복이 아니라 새로운 문장들을 만들 수 있는 일련의 규칙들을 터득하면서 배우며 사고가 문장 형성 규칙의 발견에 핵심적인 역할을 한다는 점에 주목했다.

결국 의사소통접근법에서 학습자는 더 이상 교수자나 교재에 전적으로 의존하지 않고 능동적이고 창의적으로 자신의 학습에 참여하며, 학습은 학습자 개개인의 선행지식이나 경험, 태도, 가치관 등에 의해 긍정적이든 부정적이든 영향을 받는 것으로 이해되었다.

2.3.3. 언어 학습의 목표

의사소통접근법은 언어를 무엇보다 의사소통의 수단으로 혹은 사회적 상호작용의 도구로 간주하기 때문에 언어 학습의 본질적인 목표를 외국어로 소통하는 방법을 배우는 것에 두며 학습자의 흥미, 욕구, 필요에 따라서 4가지 언어 기능을 골고루 혹은 따로 따로 개발할 수 있도록 한다. 그러므로 경우에 따라서 듣기나 말하기, 혹은 쓰기에 초점을 맞출 수 있다.

그런데 이 교수법에서 의미하는 의사소통 능력은 발음, 문법 구조, 어휘 등의 언어학적인 능력을 넘어서 사회 · 문화적, 담화적, 전략적 능력까지를 모두 포함하는 총체적 능력이다. 외국어로 효과적인 소통이 이루어지기 위해서는 문법 규칙에 대한 지식으로 충분하지 않고 그 언어의 사용 규칙(règles d'emploi)을 알아야 한다는 것인데 따라서 의사소통 능력은 대화자의 사회적 지위, 나이, 대화 장소 등 의사소통 상황과 정보를 묻기나 명령 또는 부탁을 하기 등 의사소통의 의도에 언어 형태를 맞추는 능력으로 정의된다.

2.3.4. 언어 학습의 내용 및 전개

이 교수법은 학습 내용이나 전개 양상이 규범화되지 않고 매우 다양하기 때문에 이 글에서는 그 다양한 교수 · 학습 방식들을 아우르는 일반적인 특징들에 초점을 맞추어 서술할 것이다. 의사소통접근법에서 학습내용은 문법 면에서의 수월성이나 빈도가 아니라 가장 객관적이고 일반적인 혹은 학습자들의 특수한 언어적 필요에 따라 결정된다. 즉, 시청각교수법에 의해 정착된 엄격한 언어학적인 기준에 따른 진도는 자연스럽게 무시되고 학습자들의 필요 분석을 기초로 추출한 언어 기능(fonction langagière)을 중심으로 수업이 이루어진다. 따라서 특정한 언어학적인 기준에 의해 만들어진 자료보다는 학습자들의 언어적 필요와 흥미에 부합하는 다양한 형태의 실재자료, 예를 들어, 잡지 기사, 광고, 일기 예보, 텔레비전 뉴스 등이 도입된다. 대화의 경우 실재자료가 아니더라도 가능한 한 실제 대화에 가깝도록 만들어진다.

이 방법론에서도 구어에 우선권이 주어지고 모든 학습 활동들은 소통의 의도를 전제로 이루어진다. 더 이상 '구조 연습'이나 단순한 반복연습이 아니라 놀이, 역할 놀이, 모의활동(simulation) 등 언어 형태를 의사소통 상황과 소통의 의도에 맞추어서 진정한 의사소통으로 이끌 수 있는 교육 활동을 구상하는 것이다. 다시 말하면, 학습자들은 하나의 의도를 표현하는 데 쓰일 수 있는 다양한 언어 형태들을 배운 후 제시된 대화 구성틀(canevas)에 맞추어 실제 상황을 가정한 대화를 하는데 가능한 여러 언어형태들 중 사회 · 문화적, 전략적 조건에 맞는 하나의 언어 형태를 선택하여 사용하게 된다. 이렇게 의사소통접근법에서 언어 형태는 일반적으로 개념적인 관점에서 접근하게 된다.

문법의 역할과 위치에 대해서는 분석적인 문법 교육을 지양하는 학자들로부터 문법에 큰 비중을 두는 학자들에 이르기까지 의견이 분분하다. 후자의 경우 문법 교육은 명시적이며 귀납적으로 이루어지고 학습 활동은 언어의 기능을 발견하고 개념 체계를 구성하는 방식으로 이루어진다. 더 나아가 언어의 형태적 · 통사적 구조를 체계화하고 자동화하는 구조 연습도 도입될 수 있다.

수업은 외국어로 이루어지는 것이 원칙이지만 그것이 불가능하거나 비현실적일 때는 학습자의 모국어를 사용하는 것이 허용되며 어떤 상황에서는 번역도 용인된다.

교사는 이전에 비해 훨씬 덜 권위적이고 그 역할이 다양화되어 수업 활동의 '모델', '도우미', '조직가', '조언가', 또한 학습자들의 필요와 흥미의 '분석가', '공동 소통자' 등으로 이해된다. 그러므로 무엇보다 교사는 학습자들에게 필요한 풍부하고 다양한 언어적 자료들을 제공하고 고무적인 의사소통 상황을 조성해야 한다.

한편, 학습자는 '소통자'(communicateur), 즉 자신이 들은 말이나 의미를 액면 그대로 수용하는데 그치지 않고 능동적으로 협상해 가는 소통의 상대로 간주된다. 사실 인지 심리학은 학습자들에게 그 자신의 학습과정에 아주 적극적인 역할을 부여하므로 학습자들은 자신의 학습에 대해 상당부분 책임이 있다(Germain 1993:206).

일반적으로 학생들 간의 상호작용은, 둘이나 셋 혹은 소집단 등의 형태로 활발하게 이루어지며 교사는 학생들과 공동 소통자로 상호 작용하게 된다.

오류는 학습의 자연스러운 과정으로 보기 때문에 교수자는 그에 대해 관용의 태도를 취할 것이 요구된다. 왜냐하면 결국 오류란 학습자가 끊임없이 외국어에 대해 세우는 가정들을 시험하면서 만들어 낸 자신만의 중간언어(interlangue), 즉 모국어나 목표어와 다른 일시적인 언어형태에 해당하기 때문이다.

문화 차원에서는 일상생활의 요소들을 선호하고 모든 언어적 의사소통에 수반되는 비언어적 요소들도 관심의 대상이 된다.

2.3.5. 의사소통접근법의 한계

이 교수법의 독창성은 무엇보다 의사소통 능력과 언어학적인 능력을 동일시하던 기존의 통념을 깨뜨린 것에 있다. 즉, 의사소통 능력은 문법, 발음, 억양 등 언어학적인 차원의 지식을 넘어 사회·문화적, 담화적, 전략적 차원의 지식이 필요한 고차원적이고 복합적인 능력임을 간파한 것이다. 또한 교수·학습의 중심을 교수자나 교재가 아닌 학습자와 학습자의 필요와 흥미로 옮긴 것은 다른 교수법들과 구별되는 의사소통접근법의 대표적인 특징들 중의 하나이다. 따라서 이 교수법은 기초단계에서의 의사소통 능력의 개발이나 학습자의 흥미유발 혹은 동기부여의 측면에서는 매우 효과적인 방법이다. 그러나 교수자가 원어민이 아닐 경우 학습자가 발화하는 문장들이 해당 외국어의 사회·문화적인 문맥에서 사용 가능하고 원어민 화자에게 제대로 이해될 수 있는지에 대한 판단이 늘 쉽지만은 않다는 문제가 있다. 또한 학습 내용과 수준이 높아짐에 따라 전적으로 의사소통접근법에 기초한 수업을 계획, 운영하기가 어렵고 이 교수법에서 관심을 두는 실재자료는 사회적으로 해당 외국어를 접하기 어려운 언어 환경이라면 구하기도 힘들 뿐더러 초보 학습자 대상의 수업에서는 가공하지 않고 곧바로 도입해서 사용하기에 무리가 있다. 특히, 유럽연합처럼 정치·사회적인 정황상 구어로의 의사소통 능력이 절실하게 필요하지 않고 오히려 문학 작품이나 학술 저서의 이해가 외국어교육의 주된 목표인 사회에서는 이 교수법의 유용성이 크게 떨어진다고 할 수 있다.

이런 문제점들이 노정되면서 1990년대 이후의 교재들은 새로운 이론적, 방법론적 보완과 수정을 거쳐 절충적인 형태들로 만들어지고 있다.

2.4. 행위중심접근법(l'approche actionnelle)

2.4.1. 정치 · 사회적 배경

1992년 2월에 체결된 Maastricht 조약으로 유럽은 명실상부한 정치 · 경제적 공동체로 거듭나게 되는데 기존의 유럽공동체(Communauté européenne)를 대신한 유럽연합(Union européenne)의 출범과 유럽연합시민권(citoyenneté européenne)과 유럽 연합의 단일 통화인 유로화 창설이 그 단적인 예가 된다.

따라서 유럽인들에게 외국어와 외국 문화의 학습과 능력은 그 자체의 의미를 넘어서 유럽연합의 존속과 성패에까지 직결되는 중요하고도 절박한 문제가 되었다. 왜냐하면 유럽연합이 원활히 가동되기 위해서는 구성원들의 상호 이해와 소통, 더 나아가 유럽시민으로서의 정체성과 소속감이 필요한데, 유럽 연합의 언어적, 문화적 다양성은 이러한 소통과 교류, 그리고 일체감 형성에 심각한 장애가 될 수 있기 때문이다. 그러므로 유럽의 다양하고 풍요로운 언어와 문화유산을 지키면서도 역내 구성원들이 민주시민으로서의 자질을 갖추고 공동으로 일상생활을 영위하고 학업 및 직업 활동도 수행할 수 있게끔 유럽연합 차원의 새로운 외국어 · 문화 교육 체계와 방법이 필요했다.

결국 이러한 시대적 · 사회적 요구에 부응하여 유럽연합 내 이동과 교류를 촉진하고 협력을 강화하기 위해 총체적이고 투명하며 일관성 있는 언어교육과 평가 및 인증 체계인 유럽공통참조기준(*Cadre européen commun de référence pour l'apprentissage et l'enseignement des langues*[6] : 이하 CECR)이 제작되었고 이 CECR

---

6) 이 방대한 작업은 유럽 평의회(Conseil de l'Europe) 산하의 문화협력회의(Conseil de la coopération culturelle) 내 언어분과(Section des langues vivantes)의 주도로 10년에 걸쳐 이루어져

에서 채택한 교수·학습 방법론이 행위중심적 관점(perspective actionnelle)이다. 이 CECR를 통해 유럽연합 회원국들은 언어 교수·학습의 목표, 방법 그리고 평가를 위한 공통의 기준과 객관적인 지표를 확보함으로써 각 교육체계의 상이함에서 비롯되는 소통의 어려움을 극복하고 훨씬 더 수월하게 언어정책들을 조율해가고 교육기관들 간의 협조를 이끌어 낼 수 있게 되었다.

뿐만 아니라, CECR는 평생토록 언어학습을 지속해야 하는 유럽 시민들에게 매 학습단계와 생애의 어느 순간에라도 그 능력을 평가하고 진보를 측정하게 해 주는 능력수준을 규정하고 있기 때문에 외국어교육과정 수립, 교재와 평가 문제 집필 등에 있어서도 공통의 준거로 자리 잡았다(Conseil de l'Europe 2001:9).

한편, 이 참조기준의 특징 중 하나는 다중언어주의(plurilinguisme)[7]의 장려로서 유럽연합 회원국들의 다양한 언어와 문화를 존중하고 지키면서도 구성원들 간의 원활한 의사소통과 교류를 활성화하려는 유럽 평의회의 언어 교육 원칙에서 비롯된 것이다. 따라서 언어교육의 목표가 이상적인 원어민 화자를 궁극의 모델로 삼고 일정한 시기에 일정한 수준의 언어 능력을 습득케 하는 것에서 이제는 언제 어느 곳에서든 새로운 언어를 배울 수 있도록 동기와 자신감과 능력을 개발하며, 필요시 개인이 보유하고 있는 삶의 모든 영역과 모든 수준의 언어와 문화 지식을 총동원하는 능력을 개발하는 것으로 초점이 옮겨졌다. 그러나 CECR에서 표방하는 언어교육의 목표나 방법들은 어느 상황에서나 지켜야 할 절대적인 규준이 아니라 하나의 가능성으로서 제시되었을 뿐이기 때문에 각 상황의 특수성에 맞춰 적용되고 변용되어야 한다고 저자들은 밝히고 있다.

결국 행위중심접근법은 일상생활 및 직업 생활을 함께 꾸려가야 할 유럽 시민들에

2001년 '유럽 언어의 해'에 발표되었다. (윤 2009)

7) plurilinguisme은 우리말로는 거의 비슷하게 번역되는 multilinguisme과 엄연히 구분되는데 후자는 한 사회 내 여러 언어들의 공존이나 여러 언어를 아는 것을 가리키는 것으로 단지 학교나 교육체계에서 다양한 언어를 가르치거나 학생들에게 외국어를 여럿 배우도록 독려하면 가능한 반면, plurilinguisme의 경우는 한 개인이 지니고 있는 여러 언어와 문화 능력이 별개의 것으로 구분되지 않고 한데 녹아 어우러져서 서로 연계되고 상호작용하며 소통하는 능력을 함의하고 있다. 이렇게 언어학습에 있어서 학습자의 모든 언어적, 문화적 경험과 지식들이 존중되는 plurilinguisme 개념에 입각하여 2000년도에 유럽평의회에서는 개인의 다양한 언어 학습, 문화적 경험들, 그의 자격들을 수록하는 Le Portefeuille européen des langues(Portfolio)를 창안하기로 결정한다.

게 자칫 소통과 통합의 걸림돌로 작용할 수도 있는 언어적, 문화적 다양성을 최대한 살리고 동원하여 단순한 의사소통을 넘어 공동으로 행위, 즉 과제를 수행할 수 있는 능력과 자질을 갖추어 주도록 고안된 언어 교수 · 학습 방법이라고 볼 수 있다.

2.4.2. 학문적 배경

행위중심접근법의 학문적 배경은 유럽공통참조기준의 저자들이 밝히는 다음의 인용문에서 확연히 드러난다.

"일반적으로 유럽공통참조기준에서 중시하는 관점은 무엇보다 언어 사용자와 학습자를 사회적 행위자로 간주한다는 점에서 **행위중심**[8] 형태에 속한다. 사회적 행위자는 특별한 행위 영역에서, 주어진 상황과 환경 속에서 꼭 언어적인 것만은 아닌 과제를 수행해야 한다. 화언행위가 언어 활동의 차원에서 이루어지는 것이라면, 언어 활동 자체는 유일하게 그것에 완전한 의미를 부여해 주는 사회적 문맥 속에서 이루어지는 행위들 가운데 포함된다. 행위는 정해진 결과에 이르기 위해 자신이 가지고 있는 능력들을 전략적으로 동원하는 하나 혹은 여러 주체들의 행위인 '과제'가 있다. 그러므로 행위중심 관점은 또한 사회적 행위자가 소유하고 사용하는 능력 전체와 인지적, 정의적, 의지적 자원을 중시한다." (2005:15)

우선 행위중심접근법의 학문적 계보는 인간 행위, 즉 인간 행위의 성격, 동기와 의도성에 관한 문제들을 연구 대상으로 하는 행동철학이며 이 접근법은 사회학과 현상학에도 닿아 있다.

그러나 무엇보다 행위중심접근법의 이론적, 방법론적 토대 형성에 더 구체적이고 직접적인 영향을 끼친 것은 구성주의(constructivisme)라고 볼 수 있다. 구성주의란 지식은 각 개인이 환경과의 상호작용을 통해 스스로의 경험을 능동적으로 구조화하는 과정을 통해서 구성된다고 보는 관점이다. 이렇게 지식은 인간의 경험세계로부터 주관적으로 구성되므로 지식은 삶과 불가분의 관계에 놓여 있다.

이 구성주의 이념은 교육학에도 큰 반향을 일으켰는데 특히 Dewey와 Freinet의 교육원칙과 실천을 살펴보면 그들이 CECR의 행위중심접근법에 시사한 바가 컸음을

---

8) 필자 강조

알 수 있다. 미국 교육학자 Dewey의 신조는 'learning by doing', 즉 '행하면서 배운다'로서 성인들과 마찬가지로 어린이들도 활동하면서 부딪히는 문제들로부터 배우는 능동적인 존재들이며 특히 자신들에게 유의미하고 중요한 경험을 제공하는 상황에서 지식이 창출된다고 보았다.

프랑스 교육자 Freinet는 교육에 있어서 이론과 지식의 일방적인 전수가 아닌 창작과 경험을 중시하고 학교와 실제 삶과의 연결을 모색했다. 그는 학습자들의 자유로운 사고를 개발하여 미래 사회의 자율적이고 책임감 있는 성인으로 키우고자 노력했다. 아울러 학습자 스스로 학습의 유용성을 인식하도록 학습자의 동기와 리듬에 맞춘 개별화된 교육, 실질적인 삶의 경험과 일의 의미를 터득하기 위한 노작교육, 연대감과 책임감을 기르기 위한 협동 형태의 학급 구성 등을 실행했다.

이렇게 행위중심접근법의 근저에는 학습과 실제의 삶을 동일시하면서 인간을 능동적이며 사회적으로 행동하는 존재로 보는 다양한 학문의 갈래들이 자리하고 있다.

2.4.3. 언어 학습의 목표

행위중심접근법의 기본 전제는 인간은 행동하면서 배운다는 것이고 인간의 언어 소통에는 반드시 어떤 행위적인 목표가 있다는 것이다. 따라서 단편적인 언어 지식의 전수나 학습을 위한 학습으로 이루어진 언어교육은 학습자들의 언어 능력 개발이나 학습 동기 유발에 적절치 않다고 본다. 대신에 언어를 사용하여 이루어 내야 할 실질적인 목표가 있을 때에만 비로소 학습자들은 언어 학습에 의미를 부여하고 흥미를 느끼게 되며 직접 다양한 상황 속에서 전략적으로 언어를 사용해가면서 언어 능력이 함양된다고 주장한다.

이렇게 이 접근법에서는 언어를 의사소통을 넘어 행위의 수단으로 보기 때문에 외국어로 행위적인 어떤 목표를 이루게 하는 것, 즉 행위를 하게 하는 것이 언어 학습의 근본적인 목표가 된다. 물론 종래의 언어 교육에서 발견되는 번역이나 문법연습, 역할놀이 등도 행위로 볼 수 있지만 학습 차원에서 이루어졌을 뿐 진정성이 없고 교실 밖 실제 상황에서의 언어 사용능력으로 이어지지 않았다는 점에서 행위중심접근법에서 말하는 행위와 구별된다. 이 접근법에서의 행위 혹은 행위적인 목표인 과제(tâche)는 실제적이며 또 반드시 언어적인 것에만 국한되지 않기 때문에 편지 쓰기,

인터뷰하기뿐만 아니라 조리법을 읽거나 듣고 요리하기, 교실 장식하기, 조별로 패션쇼 하기 등도 포함된다. 이렇게 행위중심접근법에서는 학습(apprentissage)과 사용(usage), 학습자(apprenant)와 사용자(usager), 학습과제(tâche d'apprentissage)와 사회적 과제(tâche sociale)가 구분되지 않고 동일시된다.[9]

그런데 이 과제들의 수행에는 학습자-사용자의 지식 차원의 언어 능력과 의사소통 능력을 넘어서는 새로운 차원의 인지적, 전략적, 문화적, 사회적 능력들이 요구된다. 사실, 의사소통교수법에서조차 학습의 주체인 학습자와 학습의 대상인 언어가 분리되었다. 그래서 학습 활동은 안부 묻기, 감사하기 등 일상적인 소통 상황에서 사용되는 정형화된 문장들을 중심으로 이루어졌다. 그래서 학습자는 주어진 과제를 수행하기 위해서 객관화된 지식을 재사용하거나 응용하는 것으로 충분했다. 그러나 행위중심접근법에서는 이러한 학습자와 언어의 경계가 사라져서 학습자는 정해진 과제를 분석 · 검토한 후 주관적인 판단에 따라 언어지식을 비롯한 자신의 모든 지식과 능력을 적절하게 각 소통 단계에 총동원하고 적용하여 과제를 성취해야 한다.

결과적으로 이 접근법에서는 언어 능력 외의 다른 여러 능력들도 중시하는데 언어 학습과 사용에 있어서 언어와 직접적으로 관련이 있는 지식만 개입하지는 않기 때문이다. CECR에서는 사회적 행위자로서의 인간이 갖추어야 할 능력을 크게 개인의 일반 능력(compétences générales)과 언어소통능력(compétence à communiquer langagièrement)으로 규정한다. 우선 전자에 속하는 것은 사회적인 경험이나 학습에서 오는 지식(savoirs), 기능에 해당하는 능력(savoir-faire), 개인적인 자질이나 태도(savoir-être), 학습능력(savoir-apprendre) 등이다. 그리고 후자를 구성하는 능력은 어휘, 발음, 구문 등에 관한 지식과 활용능력인 언어학적 능력(compétence linguistique), 언어 사용에 있어서의 사회적인 규범, 의식 등의 사회문화적인 요소에 관한 사회언어학적 능력(compétence sociolinguistique), 그리고 마지막으로 화용론적 능력(compétence pragmatique)이 있는데 이것은 소통의 의도나 언어 기능(fonction langagière)에 따른 적절한 언어 사용, 담론의 통일성과 일관성, 글의 유형과 종류의 식별, 반어법과 각색의 효과를 알아보는 능력 등이 포함된다.

---

9) 이 내용은 다음 논문을 참고하여 정리했음을 밝혀둔다. Bourguignon, C.(2006) "De l'approche communicative à l'approche communic-actionnelle : une rupture épistémologique en didactique des langues-cultures", *Synergie Europe* n° 1, pp.58-73.

한편, 행위중심접근법에서 추구하는 행위의 또 다른 특징은 사회적인 차원이라는 점이다(Puren 2004:123). 즉 학습자들은 공동의 목표를 위해 다른 학습자들과 연대하고 협력하며 과제를 수행해 간다. 결국, 이 접근법에서 지향하는 언어교육의 목표는 학습자들이 협의를 통해 공동으로 결정한, 꼭 언어적인 것만은 아닌 어떤 실제적이고 행위적인 목표를 이루기 위해 언어 능력 및 일반 능력들을 총동원하여 구성원들과 일관성 있게 소통하면서 함께 행동하는 능력을 개발하는 것이다.

2.4.4. 언어 학습의 내용 및 전개

행위중심접근법은 가르칠 문법 내용이나 가상의 의사소통 상황이 아니라 학생들이 함께 준비하고 실현해야 하는 진정한 행위에 따라 학습 단위가 만들어진다. 이렇게 수행해야 할 실제적인 행위과제는 학생들에게 지식의 필요를 직접적으로 깨닫게 하고 소통의 동기를 부여함으로써 학습을 유의미한 것으로 만든다. 그런데 이러한 행위중심적 개념을 반영한 학습 형태로는 Dewey에 의해 고안된 프로젝트 학습이나 시나리오 학습을 들 수 있는데 그 특징은 수업이 어떤 결과물(produit)이 아닌 과정(processus) 중심이라는 사실이다.

이제 행위중심접근법에 기초한 학습들이 대체로 어떤 과정을 밟으며 전개되는지 프로젝트 학습의 예를 통해 살펴보자.[10]

- **프로젝트(projet) 정하기** : 언어 학습자-사용자가 궁극적으로 수행해야 하는 구체적인 행위 목표로서 모든 학습 활동들 즉, 소과제들의 방향을 결정짓는다. 실제적이고 진정한 사회적 행위에 속하는 것이며 학습자의 학습 맥락(교육과정, 학습능력, 선행지식, 경험, 환경, 상황 등)을 고려하여 결정하는데 학습자들도 그 과정에 동참한다.
- **자료 수집** : 프로젝트를 수행하기 위해 텍스트를 비롯한 각종 자료들을 모으는 과정인데 반대로 이 과정을 통해 프로젝트를 결정할 수도 있다.
- **자료 선택** : 모든 학습자들이 프로젝트 수행에 능동적으로 참여할 수 있도록 언어 수준이 적절하고 문화적으로 타당한 자료들을 선택한다.

---

10) 이 내용은 Bourguignon, C.(2007) *Apprendre et enseigner les langues dans la perspective actionnelle : le scénario d'apprentissage-action*, conférence à l'Assemblée Générale de la Régionale de l'APLV de Grenoble을 참고해서 정리했음.

- **목표 설정** : 프로젝트를 실현해 가면서 동시에 도달해야 할 언어적 목표를 세우는 것으로 언어적, 화용론적, 사회 언어적 요소들에 관련된 목표다.
- **소과제들(micro-tâches) 수행** : 대과제(macro-tâche)라고 불리는 복합적인 과제를 수행하기 위한 일련의 과제들로서 듣기, 읽기, 말하기, 쓰기라는 언어소통활동을 필요로 한다. 그런데 이 언어소통활동들은 자료를 중심으로 따로따로 이루어지지 않고 통합된 형태로 제시되는데 소통 자체가 아니라 행위 즉, 프로젝트를 수행하는데 그 궁극적인 목적이 있다.

한편, 행위중심접근법에서 문법 학습은 행위적인 목표를 이루기 위해 소과제들을 해가는 도중에 자연스럽게 이루어진다. 게다가 이 학습이 프로젝트 수행에 꼭 필요함을 알기 때문에 학습자들은 유의미한 학습을 하게 된다. 과제의 경우는 목표 외국어로 수행해야 하지만 부득이한 경우 학습자들이 알고 있는 모든 언어들을 동원할 수 있다.

교사의 역할은 우선 학습자들이 학습의 맥락에 맞는 프로젝트를 찾아내도록 방향을 제시하고 프로젝트 수행에 요긴한 텍스트를 구하는 데 도움을 주는 것이다. 또한 거기서 유용한 정보들을 추출해내는 데 장애가 될 수 있는 학습자들의 언어적 문제를 규명하고 그 문제를 해결하는 데 필요한 학습 활동들을 연구해야 한다. 이 접근법에서 학습자는 사회적, 자율적, 자기 주도적 인간으로서 책임감을 가지고 다른 사람들을 존중하고 협력하여 공동으로 행위 과제를 성취해내는 존재다. 이렇게 학습은 학습자 개인이 아니라 프로젝트를 맡은 집단 차원에서 자율적으로 이루어지며 모든 학습자들이 프로젝트 내내 즉, 프로젝트 구상에서부터 성찰, 추진, 평가에 이르기까지 참여한다.

오류 문제에 있어서는 문법적인 오류보다는 행위 목표에 이르기 위한 소통에서의 오류가 더 심각하게 여겨진다. 한편, 행위중심접근법에서도 여전히 문화 능력이 중시되지만 이전과는 다른 차원에서 평가되어 문화적인 요소들에 관한 지식이 아니라 이 지식을 적절히 동원하여 실제적인 행위 과제를 성공적으로 수행할 수 있는가의 여부를 따진다.

2.4.5. 행위중심접근법의 한계

언어 학습자와 사용자를 동일시하며 언어를 단순한 소통이 아닌 행위의 수단으로 보는 행위중심접근법은 언어교육 역사에 있어서 획기적인 발상의 전환을 보인 방법론이라 할 수 있다. 이로써 언어 교육은 교실의 틀을 벗어나 사회의 실제 행위와 직접 연계되면서 학습자들이 언어 학습에 대한 즉각적인 필요와 동기를 느끼기 때문에 유의미한 학습이 이루어질 수 있다는 주장은 상당히 설득력이 있다.

그러나 이 접근법은 자칫하면 교육의 도구화라는 덫에 빠질 수 있다. 지나치게 행위적 목표에 매달리는 것은 언어교육을 청소년 학습자가 지녀야 할 기본적인 소양과 덕목 함양을 위한 시민 교양 교육의 차원이 아니라 향후 직업 생활을 성공적으로 영위하게 하기 위한 하나의 수단으로 전락시킬 수 있다.[11)]

또한, 이 접근법에 기초한 교육에서는 사회적인 행위로서의 과제를 수행하는 데 무게가 놓이고 언어학습은 부차적인 위치에 머물러 언어 학습의 질적 저하가 우려된다.

무엇보다도, 행위중심접근법은 다언어 · 다문화 사회를 함께 살아가며 소통하고 행동해야 하는 유럽 연합 시민들을 위해 개발한 교수 · 학습 방법론이기 때문에 사회에서 외국어로 사회적인 행위들을 실행할 가능성이나 필요성이 희박한 단일 언어 · 문화권의 학습자들에게는 동기 부여가 쉽지 않다. 따라서 학습과제와 사회적 과제를 일치시키기가 어려워 행위과제로서의 학습과제의 개발에 한계가 있다.

그러나 이 모든 문제점에도 불구하고 이 접근법은 학습자들이 학습에 의미를 느끼며 능동적으로 학습에 참여하여 실제적인 언어 사용 능력을 배양할 수 있다는 점에서 흥미롭다. 그러므로 각 사회 환경과 학습자의 능력 및 필요에 맞추어 적절히 응용해 볼 가치가 있는 교육방법론으로서 2000년대 중 · 후반 이후 프랑스에서 발간되고 있는 많은 외국어로서의 프랑스어 교재들은 이 접근법에 기초해서 제작되고 있다.

지금까지 우리는 외국어교육 역사에 하나의 획을 그었다고 판단되는 여섯 가지 대표적인 FLE 교수 · 학습 방법론들을 살펴보았다. 그런데 이 방법론들만큼 프랑스어 교육학계와 현장에 큰 반향을 일으키거나 광범위하게 적용되지는 않았지만 독창적이고 실험적인 내용을 담고 있는 몇 가지 방법론들을 살펴보면 다음과 같다.

11) 이 내용은 Verreman, A.(2002) "La perspective actionnelle peut-elle constituer un nouveau modèle didactique en DLE ? Remarques critiques à propos de l'article de C. Puren", *Bulletin APLV*, n° 65, décembre 2002을 참고했음.

3. '비관례적'(non conventionnelles)교수법

3.1. 공동체교수법(la méthode communautaire)

1961년 미국 심리학자 Curran에 의해 시작된 방법으로 심리학의 '상담' 이론과 기술을 외국어 교육에 접목시킨 교수법이다. 이 방법은 외국어를 배우는 성인 학습자들에 대한 관찰을 통해 외국어 학습이 단지 그들의 지적인 면뿐만 아니라 정서적 부분까지, 즉 한 개인의 전 인격이 동원된다는 사실에 착안한 것이다.

이 교수법에서 학생들은 수업 공동체에 대한 소속감을 키우기 위해, 또한 공동체의 다른 구성원들과의 상호작용을 통해 배우기 위해 소집단들(sous-groupes)에 속해서 경쟁이 아니라 협력을 통해 공부한다. 즉, 학습은 개인적인 행위가 아니라 전 공동체의 도움으로 이루어지는 행위로 간주된다.

언어는 사회적인 상호작용의 수단으로 이해되며 수업의 목표는 학습자들이 원어민 화자들처럼 의사소통하는 것과 학습의 자율성을 배양하는 것이다. 또한, 듣기(compréhension orale)와 말하기(production orale)가 가장 중시되는 능력이다.

수업내용은 미리 계획되거나 구성되지 않고 다만 학습자들이 서로에게 전달하고 싶은 메시지로부터 정해진다. 메시지를 전하고 싶어 하는 학습자가 모국어로 이 메시지들을 말하면 그 뒤에 있는 교사가 목표 언어로 번역을 해 주며 학습자는 조금씩 끊어서 따라 말하게 된다. 또한 '인간 컴퓨터'(ordinateur humain) 활동을 통해 학생들은 발음을 배우고 싶은 문장을 골라서 크게 발음하면 교사-컴퓨터(enseignant-ordinateur)가 학습자가 원하는 만큼 반복해서 문장을 들려준다. 수업 중 사용하는 문법이나 어휘는 학생들의 발화에서 추출한 것이다.

교사는 학습자의 언어적 상담자로서 그들을 전인격체로 대우하며 안정감을 주려고 노력하고 그들이 새로운 언어를 배우면서 느끼는 불편함과 실패에 대한 두려움을 극복하여 학습을 성공적으로 수행하도록 격려해야 한다.

학생들은 내담자(client)로 불리는데 처음에는 그의 상담자에 대해 아주 의존적이지만 점차 자율적이 된다.

이 교수법은 학습자의 의지를 학습의 중심에 놓고 그들의 인간적, 감정적인 면을 배려한 것이 참신하지만 학습 내용의 대부분을 학생들이 결정하므로 문법이나 문화

영역에서 심각한 불균형과 결핍을 초래할 수 있다. 아울러 미리 계획된 학습 내용과 과정의 부재가 평가를 어렵게 한다는 단점이 있다.

3.2. 침묵교수법(la méthode par le silence)

이 방법은 1963년부터 Gattegno에 의해 외국어 교육에 도입되었는데 반복과 모방보다 교사의 침묵이 학습자들의 집중과 암기에 도움이 되고 그들의 자율성과 주도성을 키우는데 유리하다는 전제에 기초하고 있다. 따라서 색깔 자(réglette de couleur)나 색깔 막대(bâtonnet de couleur)와 여러 대응 도표(음-색깔 도표, 단어 도표, 음-글자 대응 도표)를 사용하는 것이 특징적이다. 색깔은 기억을 강화시켜주고 다양한 도표들의 사용은 학습자들의 주의를 교사에게서 언어 자체로 향하게 해 준다.

언어는 생각과 인식과 감정의 개인적인 표현 수단으로 이해되며 수업의 목표는 우선, 언어를 사용할 권한을 주는 것이다. 또한, Gattegno는 중요한 다른 목표로 학습자의 독립성, 자율성, 책임감 등을 개발하여 그의 전 인간성(humanité)을 회복하는 것을 들었다. 어휘와 정확한 발음, 운율적인 요소들(억양, 강세, 리듬 등)뿐만 아니라 문법도 중시된다.

수업은 미리 정해진 프로그램이 없고 학습자의 필요에 따라 구성되는데 학습자가 전 시간에 배운 것을 토대로 짜여진다. 그 내용은 외국어의 음, 언어학적 구조와 어휘들이다.

교사는 색깔 자나 색깔 막대와 여러 대응 도표들을 사용하여 발음과 어휘, 문법 등을 가르치는데 이 다양한 크기와 색깔의 자나 막대는 숫자와 색깔 혹은 전치사 등을 가르치는 데 쓰인다. 한편, 여러 대응 도표들 중 보통 수업 초기에 사용되는 음-색깔 도표를 사용한 모음 교육의 일례를 살펴보면 다음과 같다.

우선, 이 도표에는 목표 언어의 음(모음과 자음)이 각각 다른 색의 작은 네모로 표시되어 있다. 아무 말 없이 교사는 막대기로 한 네모를 몇 번이고 가리키다가 그에 해당하는 음을 낸다. 다른 모음들에 대해서도 이 과정을 되풀이 한 후 어떤 색깔의 네모를 가리키며 그에 해당하는 모음을 학생들이 다 같이 반복해서 말하도록 한다. 또한, 학습자들의 모국어에 없는 음을 가르칠 때는 제스처를 사용하여 발성기관의 위치를 보여준다.

교사는 수업 내용의 선택 · 조직 · 구성과 원활한 학습 환경 조성에 힘쓰고 되도록 침묵을 지킨다. 학습자들은 자율적이고 책임감 있게 수업에 참여한다.

오류는 피할 수 없고 학습자의 목표 언어에의 도달 정도를 알려주는 것으로 간주된다. 오류의 교정은 최대한 학생들 스스로의 힘으로 하는 것이 원칙이나 최후의 순간에 교사가 개입할 수 있다.

이 교수법의 독창성은 언어 학습에서 침묵의 가치를 부각시킨 것에 있지만 언어 사용의 사회적인 문맥이 고려되지 않았다는 한계가 있다.

3.3. 전신반응법(la réponse physique totale)

1965년 경 심리학 교수 Asher에 의해 고안된 전신반응법은 듣기에 매우 큰 중요성을 부여하기 때문에 때로 이해접근법(the Comprehension Approach)으로도 불린다. 주요 수업 내용은 명령에 대한 반응에 해당하는 신체적 활동을 하는 것으로 이루어진다. 이 방법은 어린이들이 모국어를 습득하는 방법에 대한 관찰에서 비롯되었다. 또한, 이런 신체 활동은 답변을 직접 외국어로 표현할 때의 스트레스와 심리적 장애를 제거해 주고 기억에도 훨씬 도움이 된다고 본다.

이 교수법은 Asher의 다음 세 가지 가정에 근거하고 있다. 첫째, 각 개인은 모국어이건 외국어이건 언어 학습에 대한 타고난 생체 프로그램이 있어서 말하기 이전에 듣기가 선행되어야 하고 언어와 신체 활동이 동시에 이루어져야 한다. 둘째, 좌뇌는 언어, 우뇌는 신체활동을 각각 관장하지만 언어는 오른쪽 뇌의 활동에 의해 습득되어야 하며 우뇌가 활동 중일 때 좌뇌는 관찰하고 배우게 된다. 우뇌에서 충분한 양의 학습이 진행되었을 때 좌뇌는 활동에 들어갈 수 있다. 셋째, 스트레스가 적을수록 학습 효과가 크다. 따라서 학습자에게 말하기를 강요하지 않고 스스로 준비가 될 때까지 기다려 주어야 한다.

수업의 목표는 원어민 화자들과의 구두 언어 소통에 있으며 모국어를 습득하는 어린이가 가장 많이 접하는 명령형이 중시된다.

엄밀한 의미에서 교재는 없고 동사의 명령 형태가 들어간 어휘와 문법 구조를 중심으로 교사가 수업 내용을 결정하는데 그 선택 기준은 언어학적 형태보다는 의미이다. 수업 활동은 명령형에 해당하는 신체적 반응으로 구성되며 대화는 120시간의 수업 이후에 시도해 볼 수 있다. 실재자료(사물, 그림, 사진 등)의 사용이나 역할 놀이, 촌극 등이 권장된다. 학습자들의 수업에 대한 이해는 지시를 정확히 수행하는지 여부를 확인하면 된다.

교사는 연출가, 학습자는 배우로 여겨지므로 교사는 학생의 긴장을 풀어주도록 편안하고 즐거운 학습 분위기를 조성한 후 학생들이 신체적으로 반응해야 할 명령을 내리고 학생들은 그에 상응하는 행동을 해야 한다.

적어도 학습의 첫 단계에서는 학습자가 심리적으로 위축되지 않도록 소통을 왜곡시킬 중대한 오류 외에는 어떤 오류도 교정하지 않는다. 학습자가 오류를 범하면 교사는 다시 그 명령에 해당하는 몸짓을 하면서 명령을 되풀이할 뿐이다.

이 교수법에서 언어와 신체적 활동을 연결한 점이 학습자의 흥미나 학습 효과를 높이는데 일조한 것은 사실이나 위에서 언급한 Asher의 가정들은 이론적 토대가 약하고 학습자의 필요와 관심이 전적으로 무시되었다는 평가가 있다.

3.4. 암시교수법(la suggestopédie)

이 방법은 1965년 경 Lozanov에 의해 불가리아에서 시행되었는데 인간은 보통 자신의 정신 능력의 약 4%만을 사용할 뿐이며 뇌의 능력을 활성화시킨다면 외국어 학습을 훨씬 가속화할 수 있다는 가정에서 시작한다. 이 교수법의 목표는 교사의 암시를 통해 학습자들이 자신감의 결여나 실패에 대한 두려움 같은 심리적인 장애를 극복하고 외국어 학습을 효과적으로 수행하는 것에 있다.

수업의 목표는 목표언어로 구두 의사소통을 하는데 있고 사전 형태의 어휘 목록 암기가 중시되지만 언어의 4기능 개발도 소홀히 하지 않는다.

교사는 직접적 암시와 간접적 암시를 통해 학습자의 학습 능력을 최대한 향상시키려고 노력한다. 직접적 암시는 교사가 학습자들에게 그들이 성공할 것이고 그런 능력이 있다고 격려하는 것이고, 간접적 암시는 음악이나 쾌적하고 편안한 환경을 통해 학습자의 잠재의식 속에 외국어 학습이 유쾌하고 편안한 활동이 될 수 있음을 암시하는 것인데 후자가 더 강력한 효과를 발휘한다. 따라서 교사는 학습자가 긴장을 풀고 최대한 편안하게 수업에 임할 수 있도록 조명을 부드럽게 하고 고전 음악을 틀

어놓으며 재미있는 벽보나 포스터로 교실을 쾌적하게 장식한다.

암시와 긴장 완화의 단계 다음에 교사는 큰 소리로 강렬한 감정적인 내용으로 구성된 긴 대화 형식의 재미있는 텍스트를 읽는데 학습자의 두뇌를 자극하도록 목소리와 억양을 배경 음악의 리듬에 맞춘다. 학생들은 클래식 음악을 듣는 가운데 텍스트 사본을 보면서 수업을 따라 간다. 두 번째 듣기에서는, 여전히 음악을 배경으로 이번에는 교사가 정상 속도로 텍스트를 다시 읽는 동안 학습자들은 텍스트 없이 편안한 자세로 듣는다.

학생들의 활동 단계에서는 심리적인 장벽을 없애주고 상상력을 자극하며 외국어 습득을 용이하게 하는 극화활동(dramatisation)이 권장된다. 이 활동을 통해 학습자는 자신을 익명화하고 다른 정체성(이름, 국적, 직업 등)으로 재인격화(re-personnalisation)함으로써 자신의 인격과 결부된 모든 심리적 장애에서 벗어나고 마음껏 상상력을 발휘할 수 있다.

평가는 수업 중에 이루어지지만 긴장을 유발할 수 있는 형식의 시험은 아니다.

교사는 교실에서 권위의 전형으로 여겨지므로 학습자는 그를 신뢰하고 존경해야 한다. 교사의 권위에 대한 신뢰와 존경은 정보의 저장을 쉽게 하는 것으로 여겨진다.

학습자의 주의 집중을 방해하지 않도록 실수는 즉시 교정되지 않는다.

프랑스에서는 이 방법이 응용되지 않았지만 불가리아에서는 좋은 성과를 거뒀고 어떤 사람들에게는 인격의 변화와 원어민 화자들과 목표 언어로 소통하고자 하는 의욕을 고취시킴으로써 교육학자들 사이에 큰 관심을 불러 일으켰다. 그러나 이 교수법의 이론적 토대가 되는 뇌에 대한 몇 가지 가정들에 대해서는 과학적 근거가 부족하다는 지적들이 있다.

3.5. 자연적접근법(l'approche naturelle)

이 교수법은 1977년부터 미국에서 Krashen의 이론과 Terrel의 현장 경험이 합쳐져서 구축되었다. 이 방법은 성인들이 자연적인 환경에서 외국어를 성공적으로 습득하는 방법에서 착안하여 구상되었다. 그래서 학교 환경에서도 어린아이들이 그들의 모국어를 습득하는 자연적인 방법을 따라야 한다고 보았다. '자연적'(naturel)이라는 수식어는 문법적인 차원의 모든 교육의 부재와 학생의 모국어 사용 부재를 강조하기 위한 것이다. Krashen은 1975년에 발표한 모니터 가설(hypothèse du moniteur)

을 통해 성인들에 의한 외국어 습득의 두 가지 양태를 습득(acquisition)과 학습(apprentissage)이라는 용어로 구분하여 사용하면서 설명하고 있다. 우선, 습득은 의미 중심의 무의식적이고 암묵적인 과정이고 학습은 문법이나 형태 중심의 의식적이고 명시적인 과정이다. 그런데 효과적인 언어 사용을 위해서는 습득의 과정을 활성화해야 하며 단순한 언어 지식의 축적에 불과한 학습을 통해서는 자연스럽고 정상적인 언어 사용이 힘들고 심지어는 방해가 될 수 있다고 보았다. 이 가설은 또한 다음 다섯 가지 가정에 기초하고 있다.

첫째, 학습과 습득의 대조 가설

학습과 습득은 독립적이고 전혀 서로에 영향을 미치지 않으며 한 과정에서 다른 과정으로의 전이는 없다.

둘째, 습득의 자연적 순서의 가설

경험적 관찰에 의하면 모국어뿐만 아니라 외국어에도 문법 구조의 습득에는 자연스런 순서가 있다.

셋째, 성인에게 있어서 제어 장치(moniteur)의 존재 가설

모든 성인은 발화된 문장의 형태를 바로잡아 주고 고쳐주는 일종의 교정자 역할을 하는 '제어 장치'를 가지고 있다. 이 장치는 문법 규칙들에 대한 지식 등 학습자의 의식적인 능력의 총체로서 특히 문장이 발화되는 순간에 그것이 문법적으로 맞도록 제어한다.

넷째, 문법에 대한 의미의 우선권의 가설

습득의 경우 먼저 새로운 의미를 이해한 후에야 새로운 구조가 습득될 수 있다. 반면, 학습의 경우에는 구조를 먼저 학습하고 의미를 이해하게 된다.

다섯째, 감정적인 여과장치의 존재의 가정

습득의 기제와 의미 사이에는 일종의 감정적 여과장치가 존재하는데 이 장치가 약할수록 습득이 잘 이루어진다. 이 장치는 동기-태도, 자신감, 불안의 부재라는 세 가지 요소로 구성된다.

Krashen은 이 다섯 가지 가정이 모든 개인에게 유효하다고 보았다.

한편, 이 교수법에서 언어는 어휘, 구조, 특히 메시지의 총체로 이해되며, 언어의 중요한 기능은 의미나 메시지의 소통이므로 수업의 목표는 이해와 소통을 증진시키는 것이다. 언어는 반복적인 말하기나 암기한 어휘들이 아니라 듣고 이해함으로써 습득

된다는 가정 하에 듣기와 읽기 활동이 중시된다.

수업 내용은 문법 구조가 아니라 학생의 흥미와 필요에 부응하며 약한 감정적 필터를 만들도록 가능한 가장 흥미롭고, 이해하기 쉽고, 기본적인 의사소통에 있어서 유익한 어휘들을 중심으로 선택한다. 초보자들 대상의 상황과 주제 목록이 제시되며 소통 목표는 상황(예: 공항에서)과 주제(예: 음식점 찾기)라는 용어로 표현된다.

읽기 수업을 위해서는 학생 스스로 그들의 책이나 강독 텍스트를 고르게 하고 조용히 읽게 하지만 발음 교육에는 특별한 시간이 할애되지 않는다. 왜냐하면, 잘못된 발음 습관은 시간이 지남에 따라 개선될 수 있다고 보기 때문이다.

교실에서의 구두 문법 설명은 학생으로 하여금 순전히 언어의 습득에 전념하지 못하게 하므로 지양한다. 꼭 필요한 경우 교실 밖에서 교재나 문법서를 사용할 것이 권장된다.

이 교수법의 중요한 목표가 이해와 소통에 있으므로 다양한 실재자료의 사용이 권장된다.

평가는 언어적 능력을 포함한 학생의 이해와 소통 능력에 대해 이루어진다.

이 수업은 교사 주도로 진행되는데 학생들을 최대한 목표 언어에 노출시키기 위해 교사는 늘 목표 언어를 쓴다. 또한, 교사는 학생들의 흥미와 필요에 부응하는 주제를 중심으로 전체 수업 활동들을 선택하고 조직한다. 그리고 학생이 준비되었다고 느끼기 전에는 말하기를 강요하지 않는다.

학생들이 해야 할 중요한 결정들 중의 하나는 그가 말할 준비가 된 것을 느끼는 순간 무엇에 대해, 누구에게, 어떤 표현들을 사용하여 말할지를 선택하는 것이다.

오류는 학생들의 언어 발달에 있어서 꼭 필요한 과정이며 오류의 교정은 개인적인 소통의 시도를 방해하는 것으로 보기 때문에 교정하지 않는다.

이 교수법은 학습(apprentissage)과 습득(acquisition)이라는 서로 대비되는 중요한 개념을 개발시켰지만 이 두 과정을 전혀 상호 연관이 없다고 규정할 뿐만 아니라 필연적으로 차이가 날 수밖에 없는 외국어 교육과 모국어 교육 습득 과정을 동일시한 데서 상당한 논쟁을 불러 일으켰다.

이상 우리는 학습자의 인간적이고 정의적인 측면을 중시한 비관례적 교수법들을 살펴보았다. 앞서 소개한 여섯 가지 교수법을 위시하여 이렇듯 다양한 교수법의 등장은 외국어 교육에 대한 인간의 줄기찬 관심과 성찰의 반증에 다름 아니다.

한편, 문법 · 번역교수법에서 최근의 행위중심접근법에 이르기까지 인간이 어느 하나의 교육방법에 안주하지 않고 꾸준히 새로운 방법을 연구 · 개발해 온 것을 보면 모든 학습 문맥에 완벽하게 부합하는 교수법은 존재하지 않는다는 결론이 나온다. 사실, 우리가 지금까지 살펴 본 모든 교수법은 특정 개인의 자의적인 창작이나 우연의 소산이 아니라 그것이 유래한 사회의 요구와 시대적 상황에 밀접하게 맞물려 있음을 알 수 있다. 그러므로 실제 현장에서 FLE 교육을 실행하는 관계자들은 기존의 교수법을 수업에 곧바로 도입할 것이 아니라 자신들이 처한 사회적, 교육적 환경과 학습자의 필요와 수준 그리고 흥미를 고려하여 적절히 가공하여 사용할 필요가 있다. 특히, 유럽과 같은 특수한 사회적 맥락에서 나온 의사소통접근법이나 행위중심접근법의 경우 더더욱 그러한데 주지하는 바와 같이 우리 한국과 같은 단일어 사회에서는 프랑스어를 사용한 구어 의사소통이나 행위과제의 실현이 사회적인 요구나 실질적인 학습자들의 필요 혹은 수준에 직결되어 있지 않기 때문이다.

〈학습과제〉

1. 구조 · 총괄시청각교수법의 토대가 되는 언어학 및 심리학 이론을 설명하시오.
2. 의사소통접근법과 행위중심접근법을 비교 · 분석하여 설명하시오.
3. Krashen이 주장한 모니터 가설의 토대가 되는 다섯 가지 가정을 서술하시오.

참고문헌

김종문 외(1998) 『구성주의 교육학』, 서울: 교육과학사.

송정희 외(1999) 『불어 교육론』, 서울: 도서출판 하우.

윤선영(2009) "행위중심접근법의 적용을 위한 모색-의사소통접근법과의 비교를 중심으로-", 『프랑스어문교육』 제30집, 한국프랑스어문교육학회, 53-76쪽.

장한업 역(1996) 『새로운 외국어-불어 교육학 개론』, 서울: 도서출판 하우.

장한업(2003) 『한국의 불어 교육』, 서울: 이대출판부.

최희재(2009) "대학 교양 프랑스어 교육 개선방안 모색", 『프랑스어문교육』 제30집, 한국프랑스어문교육학회, 147-176쪽.

Besse, H.(1985) *Méthodes et pratiques des manuels de langue*, Paris: Didier/Crédif.

Bourguignon, C.(2006) "De l'approche communicative à l'approche communic-actionnelle : une rupture épistémologique en didactique des langues-cultures", in *Synergie Europe* n° 1, pp.58-73.

Bourguignon, C.(2007) *Apprendre et enseigner les langues dans la perspective actionnelle : le scénario d'apprentissage-action*, conférence à l'Assemblée Générale de la Régionale de l'APLV de Grenoble.

Boyer, H. et al.(1990) *Nouvelle introduction à la didactique du français langue étrangère*, Paris: CLE international.

Chiss, J.-L. et al.(1995) *Didactique du français, État d'une discipline*, Paris: Nathan.

Conseil de l'Europe(2001) *Cadre européen commun de référence pour les langues*, Paris: Éditions Didier.

Cuq, J.-P. et Gruca, I.(2003) *Cours de didactique du français langue étrangère et seconde*, Paris: PUG.

Germain, C.(1993) *Évolution de l'enseignement des langues : 5000 ans d'histoir*e, Paris: CLE international.

Grosbois, M.(2007) *Approche actionnelle et travail collectif*, Paris: IUFM de Paris.

Perrichon, É.(2008) *Agir d'usage et agir d'apprentissage en didactique des langues-cultures étrangères, enjeux conceptuels, évolution historique et construction d'une nouvelle perspective actionnelle*, thèse de Doctorat, Université Jean Monnet de Saint-Étienne.

Puren, C.(2002) "Perspectives actionnelles et perspectives culturelles en didactique des langues : vers une perspective co-actionnelle-co-culturelle", *Les Langues modernes,* n° 3/2002, pp.55-71.

Puren, C.(2004) "De l'approche par les tâches à la perspective co-actionnelle", *Les cahiers de l'APLIUT,* Vol. XXIII, n° 1, Février 2004.

Puren, C.(2006) "De l'approche communicative à la perspective actionnelle", *Le Français dans le monde,* n° 347, septembre 2006, pp.37-40.

Puren, C.(2006) "Formes pratiques de combinaison entre perspective actionnelle et approche communicative : Analyse comparative de trois manuels", *Langues Modernes,* sur le site de *l'APLV.*

Puren, C.(2008) "Des approches communicative et interculturelle aux approches co-actionnelle et co-culturelle", in *Interculturas, transliteraturas* coordonné avec Amelia Sanz, Madrid: Arcos Libros.

Verreman, A.(2002) "La perspective actionnelle peut-elle constituer un nouveau modèle didactique en DLE ? Remarques critiques à propos de l'article de C. Puren", *Bulletin APLV*, n° 65, décembre 2002.

05

발음 교육

김 현 주

프랑스어를 가르쳐 본 경험이 있거나 프랑스어를 배워 본 경험이 있는 사람들은 한 번쯤 학습자의 모국어와 프랑스어 간의 발음상의 차이점에 관하여 생각해 보았을 것이다. 프랑스어 학습에 미치는 여러 가지 요인 중에서도 학습자의 모국어는 중요한 요인 중의 하나임에는 틀림없다. 프랑스어를 배울 때에 학습자들의 모국어에 따라 나타나는 문제점이 다르다는 사실이 이를 뒷받침해 준다. 다시 말하면, 프랑스어 학습에 있어서 모국어의 간섭현상은 피할 수 없는 현실인 것이다. 특히, 발음은 외국어 학습에 있어 학습자의 모국어로부터 가장 많은 영향을 받는 분야로 알려져 있다.

발음은 언어 습득의 과정에서 가장 일찍 굳어진다. 어린이의 모국어 습득 과정과 마찬가지로 프랑스어 학습에 있어서도 발음은 학습의 초기 단계에 굳어지게 되므로 처음부터 단계를 정하여 체계적이고 계획적인 발음교육이 이루어지도록 해야 한다. 더욱이 프랑스어 발음은 다른 언어에 비해 독특한 특징을 가진 부분이 많아 한국인들이 배우기 힘들어하는 영역이어서 더욱 그러하다. 또한 발음은 학습하고 있는 외국어의 수준에 관한 첫인상을 좌우한다. 다시 말하면 프랑스어를 구사하는 이의 발음만 듣고도 프랑스어가 유창하다든지 부족하다든지를 판단하게 된다.

1. 프랑스어 교수법에 따른 발음교육

프랑스어교수법은 언어와 언어학습 이론에 따른 교수법 변천 과정에 따라 발음에 대한 견해 및 발음지도 방법이 역사적으로 변화해 왔다. 외국어 학습에서 발음교육의 위상이 교수법의 변천에 따라 달라졌을 뿐만 아니라, 발음 지도 방법 또한 교수법의 시각에 따라 많이 달라져 왔다.

16세기 초부터 문법 · 번역교수법(méthode grammaire-traduction)이라고도 불리는, 전통교수법(méthode traditionnelle)에서 언어교육의 궁극적인 목표는 문법 및 독해에 있었기 때문에 구어보다는 문어가 중요한 비중을 차지하였다. 오늘날에도 꾸준히 이어지고 있는 이 교수법은 구어를 중요하게 다루지 않았으므로 발음이 차지하는 비중은 문법이나 어휘에 비해 훨씬 미약하였다(Wachs 2011:183).

직접교수법(méthode directe)은 19세기 중반에 이용되었다. 이 교수법은 1901년에 프랑스 교육부의 교육 방침에 의해 프랑스 학교 교육에서 강요되었다(Wachs 2011:183). 전통교수법과는 반대로, 구어 능력을 중요하게 생각하면서 원어민과 같은 정확한 발음 습득이 강조되었다. 또한, 학습자들의 모델이 되는 발음을 듣고 반복하고 따라하면서 자연스러운 발음을 습득하게 된다.

이와 같이 듣고 따라하는 방식을 통해 정확한 발음을 습득할 것을 강조한 직접교수법은 이후의 발음지도 방법에 많은 영향을 주어 지금까지도 거의 대부분의 외국어수업에서의 발음지도는 원어민이 녹음한 소리를 듣고 따라하는 방식으로 진행되고 있다.

1940년에서 1970년대의 청화식 교수법(méthode audio-orale)은 구조주의 언어학과 행동주의 심리학에 기초를 두고 있다. 따라서 언어학습을 모방과 반복에 의한 습관 형성으로 보고 있다. 이 교수법에서 발음교육은 언어 교육에서 매우 중요한 요소로 간주되어 각각의 소리나 단어를 정확하게 발음하도록 지도하였다. 직접교수법에서와 마찬가지로 교사는 학습자들에게 듣고 따라할 모델 음과 단어들을 제시하며, 이와 함께 발음기호 또는 조음점과 같은 음성적 정보를 사용한다. 또한 발음학습에는 대조 분석(analyse contrastive) 이론의 영향을 받아 최소대립쌍[1]에 의거한 연습 방법을 사용한다. 청화식 교수법은 발음지도 방법에 큰 영향을 주어 최소대립어를 이용한 발음연습이 지금까지도 많은 발음 교재에서 쓰이고 있다.

1970년대에 프랑스에서는 언어의 구조보다는 기능을, 정확성보다는 유창성을 강조하는 의사소통접근법(approche communicative)이 대두되었다(Wachs 2011:184). 이에 따라 언어 교육의 목적이 의사소통 능력의 신장이라고 여겨지게 되었고 발음교

1) 최소대립쌍이란 'pas-bas', 'tout-doux', 'car-gare'와 같이 단 하나의 음소(phonème)로 인해 뜻이 달라지는 말들이다.

육에도 새로운 변화가 일어나게 되었다. 프랑스어가 모국어가 아닌 프랑스어 학습자의 발음에는 의사소통을 위해 요구되는 최소한의 발음교육 단계가 존재하므로 이 단계를 넘지 못하면 의사소통이 불가능하다. 따라서 의사소통접근법에서는 발음지도의 목표가 종전의 정확한 발음 습득에서 이해 가능한 발음의 습득으로 변화되었다.

다시 말해서 발음교육의 중심 분야가 분절음(segment)에서 의미 전달에 핵심적인 역할을 하는 리듬, 억양, 연음 등과 같은 초분절음(suprasegment)으로 확대되었다. 결과적으로 발음지도의 방향은 분절음 · 초분절음 논쟁에서 보다 균형 있는 입장으로 변해가고 있다. 학습자가 분절음이나 초분절음을 제대로 파악하지 못하는 것은 의사소통에 부정적인 영향을 끼친다. 따라서 어느 한쪽 방향으로 발음을 지도하는 것이 아니라 학습자의 요구에 따라 이 둘을 적절히 통합하여 발음을 지도하는 것이다.

2. 프랑스어 음운체계

다음은 프랑스의 음운체계부터 살펴보기로 하겠다.

2.1. 프랑스어의 모음

모음(voyelle)이란 성대를 울리면서 지나온 공기가 변화하는 성도를 통과하면서 조음되는 소리이다.

아래 도표와 같이 프랑스어는 일반적으로 불안정한 [ə]를 포함 16개의 모음 [i], [e], [ɛ], [a], [ɑ], [ɔ], [o], [u], [y], [ø], [œ], [ə], [ɛ̃], [œ̃], [ɔ̃], [ɑ̃]으로 구별하였다. 그러나 현대 프랑스어 발음에서는 반개모음 [ɛ], [ɔ], [œ]와 반폐모음 [e], [ø], [o]의 구별이 사라지고 있고, 또한 전설모음(voyelle antérieure) [a]와 후설모음(voyelle postérieure) [ɑ]의 구별이나, 비모음(voyelle nasale) [ɛ̃]과 [œ̃]의 구별이 사라지고 있다. 그러므로 모음 대립의 중화로 인한 모음성의 진화 및 프랑스어의 기본적이고 필수적인 모음 체계의 존재를 고려해야 한다(P. & M. Leon 1974). 따라서 모음 대립의 중화를 다음과 같이 표기한다(Wioland 2005).

[ɛ]-[e]	⇒	/E/
[ɔ]-[o]	⇒	/O/
[oe]-[ø]−[ə]	⇒	/OE/
[a]-[ɑ]	⇒	/A/
[ɛ̃]-[œ̃]	⇒	/E*/

위에서 설명한 구강모음과 비모음을 자질별로 분류해서 체계화된 표로 나타내면 다음 [표5-1]과 같다.

〈표 5-1〉 모음 분류표

			혀의 위치				
			전설모음		후설모음		
혀의 높이	고모음		i	y	u	-	비음성
	중모음	반개모음	e	ø ə œ	o	-	
		반폐모음 반폐모음	ɛ		ɔ	-	
			ɛ̃	œ̃	ɔ̃	+	
	저모음		a		ɑ	-	
					ɑ̃	+	
			-	+			
			원순성				

모음에 대한 분석과 연구는 다양한 방법으로 이루어질 수 있다. 즉, 발음과정에 대한 X-ray적 연구, 기구를 이용한 모음의 음향분석, 발음할 때의 구강과 안면의 근육에 대한 세밀한 관찰 등의 방법이 그것이다. 일반적으로 모음을 구분할 때는 혀의 앞·뒤 위치, 고저, 긴장과 이완의 정도, 입술 둥글기의 정도 등 4가지를 기준으로 한다.

이러한 모음들은 자음에 비해 그 소리가 형성되는 과정, 즉 조음이 비교적 단순하지만 좁은 공간 안에서 거의 유일한 조음기관인 혀의 미세한 움직임과 모양, 위치에 의해 만들어지기 때문에 자음처럼 그 모음 상호 간의 차이가 명확하지는 않다.

따라서 이러한 모음의 조음점 차이는 학자들 간에 또는 측정방법에 따라 다소 차이가 있을 수 있는데, 그 구체적인 내용은 학자들의 연구에 맡기기로 하고 여기서는 대략적이며 일반적으로 널리 인정되는 모델을 중심으로 정리한다.

원순모음이란 입술을 둥글게 하여 소리 내는 모음이며, 평순모음은 입술을 양 옆으로 당기며 소리 내는 모음이다. 후설모음은 모두 원순모음이므로 입술을 둥글게 말아서 발음한다는 점에 유의해야 한다.

① 전설모음의 보기
il, île, hair, sycle, etre, mettre, fait, chanté, pied, gai

② 중설모음의 보기
perdu, dû, aiguë, feu, voeu, jeune, heure, accueil, club

③ 후설모음의 보기
route, saoul, goût, beau, côte, donne, forum, chat, femme

또 입안에서 소리가 형성될 때 턱이 열리고 혀가 위치하는 높이에 따라서 혀가 높은 위치에서 조음이 되는 고모음 [i], [y], [u], 혀가 중간 높이에서 조음되는 중고모음 [e], [ø], [o]와 중저모음 [ɛ], [œ], [ə], [ɔ], 혀가 낮은 위치에서 조음되는 저모음 [a], [ɑ]으로 나눈다. 혀의 높이는 입벌림과 대체적으로 일치하는 까닭에 입이 열리는 정도를 나타내는데 고모음은 폐모음(voyelle fermée), 저모음은 개모음(voyelle ouverte)이 된다.

〈표 5-2〉 전설모음(voyelles antérieures)

<table>
<tr><th colspan="2">발음</th><th>철자</th><th colspan="2">예 문</th></tr>
<tr><td colspan="2" rowspan="3">[i]</td><td>i</td><td colspan="2">ici[isi], il[il], si[si]</td></tr>
<tr><td>î</td><td colspan="2">île[il]</td></tr>
<tr><td>y</td><td colspan="2">style[stil]</td></tr>
<tr><td rowspan="6">/E/</td><td rowspan="2">[e]</td><td>e</td><td>les[le], et[e], parler[paʀle]</td><td rowspan="2">'e'는 소리나지 않는 자음 앞에서 [e]로 발음된다.</td></tr>
<tr><td>é</td><td>opéra[ɔpeʀa], été[ete]</td></tr>
<tr><td rowspan="4">[ɛ]</td><td>e</td><td>elle[ɛl], examen[ɛgzamɛ̃]</td><td rowspan="4">'e'는 소리나는 자음 앞에서 [ɛ]로 발음된다.
※ 2음절 이상인 낱말 끝의 'e'는 발음되지 않는다.
('e' muet)
탈락성의 'e'('e' caduc) 또는 무음 'e'</td></tr>
<tr><td>è</td><td>mère[mɛʀ]</td></tr>
<tr><td>ê</td><td>tête[tɛt]</td></tr>
<tr><td>ai</td><td>maison[mɛzɔ̃], aimer[ɛme]</td></tr>
<tr><td rowspan="2">/A/</td><td rowspan="2">[a]</td><td>a</td><td>table[tabl]</td><td rowspan="2">'a'는 [a]로 발음되며 [ɑ]와의 구분은 거의 없어진 상태.</td></tr>
<tr><td>à</td><td>là[la], voilà[vwala]</td></tr>
</table>

〈표 5-3〉 후설모음(voyelles postérieures)

<table>
<tr><th colspan="2">발음</th><th>철자</th><th colspan="2">예 문</th></tr>
<tr><td colspan="2" rowspan="2">[u]</td><td>ou</td><td colspan="2">tout[tu], chou[ʃu]</td></tr>
<tr><td>où</td><td colspan="2">où[u]</td></tr>
<tr><td rowspan="6">/O/</td><td rowspan="4">[o]</td><td>o</td><td>rose[ʀoz], dos[do], photo[fɔto]</td><td rowspan="6">[ɔ]와 [o]의 구분은 점차 없어지고 있다. 대체로 단어의 끝이나 [z]소리 앞에서 [o], 소리나는 자음이 뒤따를 때 [ɔ]로 소리난다.</td></tr>
<tr><td>ô</td><td>hôte[ot], hôtel[hotɛl]</td></tr>
<tr><td>au</td><td>autre[otʀ], pauvre[povʀ]</td></tr>
<tr><td>eau</td><td>beau[bo], tableau[tablo]</td></tr>
<tr><td rowspan="2">[ɔ]</td><td>o</td><td>robe[ʀɔb], tort[tɔʀ]</td></tr>
<tr><td>au</td><td>auto[ɔto]</td></tr>
<tr><td rowspan="2">/A/</td><td rowspan="2">[ɑ]</td><td>a+[s]</td><td>tasse[tɑs]</td><td rowspan="2">'a'는 [a]로 발음되며 [ɑ]와의 구분은 거의 없어진 상태.</td></tr>
<tr><td>â</td><td>âge[ɑʒ]</td></tr>
</table>

〈표 5-4〉 중설모음(voyelles moyennes)

<table>
<tr><th colspan="2">발음</th><th>철자</th><th>예 문</th></tr>
<tr><td colspan="2">[y]</td><td>u</td><td>une[yn], usine[yzin]</td></tr>
<tr><td rowspan="5">/OE/</td><td rowspan="2">[ø]</td><td>eu</td><td>feu[fø], peu[pø]</td></tr>
<tr><td>œu</td><td>vœu[vø], lieue[ljø]</td></tr>
<tr><td rowspan="2">[œ]</td><td>eu</td><td>peur[pœʀ], jeune[ʒœn]</td></tr>
<tr><td>œu</td><td>œuf[œf], sœur[sœʀ]</td></tr>
<tr><td>[ə]</td><td>e</td><td>de[də], le[lə], demande[dəmɑ̃d]</td></tr>
</table>

〈표 5-5〉 비모음(voyelles nasales)

<table>
<tr><th colspan="2">발음</th><th>철자</th><th colspan="2">예 문</th></tr>
<tr><td colspan="2" rowspan="4">[ɑ̃]</td><td>am</td><td>lampe[lɑ̃p]</td><td rowspan="16">[주의] en은 단어의 끝에 놓였을 때는 [ɛ̃]으로 소리난다.
▷ bien[bjɛ̃]

※ [œ̃]의 발음은 점차 [ɛ̃]으로 변해가고 있다.</td></tr>
<tr><td>an</td><td>dans[dɑ̃]</td></tr>
<tr><td>em</td><td>employé[ɑ̃plwaje]</td></tr>
<tr><td>en</td><td>enfant[ɑ̃fɑ̃]</td></tr>
<tr><td rowspan="10">/E*/</td><td rowspan="8">[ɛ̃]</td><td>im</td><td>simple[sɛ̃pl]</td></tr>
<tr><td>in</td><td>vin[vɛ̃]</td></tr>
<tr><td>ym</td><td>sympathie[sɛ̃pati]</td></tr>
<tr><td>yn</td><td>syntaxe[sɛ̃taks]</td></tr>
<tr><td>aim</td><td>faim[fɛ̃]</td></tr>
<tr><td>ain</td><td>pain[pɛ̃]</td></tr>
<tr><td>eim</td><td>Reims[ʀɛ̃s]</td></tr>
<tr><td>ein</td><td>peinture[pɛ̃tyʀ]</td></tr>
<tr><td rowspan="2">[œ̃]</td><td>um</td><td>parfum[paʀfœ̃], humble[œ̃bl]</td></tr>
<tr><td>un</td><td>lundi[lœ̃di]</td></tr>
<tr><td colspan="2" rowspan="2">[ɔ̃]</td><td>om</td><td>nombre[nɔ̃bʀ]</td></tr>
<tr><td>on</td><td>oncle[ɔ̃kl]</td></tr>
</table>

2.2. 프랑스어의 자음

일반적으로 자음은 발음이 형성되는 성대의 진동으로 구별되는 유성성(sonorité)의 여부, 조음위치(lieu d'articulation), 조음방법(mode articulatioire), 조음기관(organe articulatoire) 등을 기준으로 다음 [표 5-6]과 같이 분류한다.

〈표 5-6〉 자음 분류표

			조음위치(lieu d'articulation)										
			abials	labio-dentals	alv.+ dentales	alvéolaires		ost-alv.	palatal	vélaires	uette		
조음방법	폐쇄음	파열음	p		t					k		−	유성성
			b		d					g		+	
		비음	m		n				ɲ	ŋ		+	
	협착음	마찰음		f		s						−	
				v		z			j		ʁ	+	
								ʃ				−	
								ʒ	ɥ	w			
		유음					r			R		+	
							l						

A. 성대의 진동 여부에 따라서 다음과 같이 나눈다.

① **무성자음(consonne sourde)**: 성대가 넓게 열려 있어 통과하는 기류에 의한 성대의 진동이 없이 발생하는 자음으로 /**p, t, k, f, s, ʃ**/ 등이 이에 속한다.

② **유성자음(consonne sonore)**: 성대가 아주 좁게 열려 폐로부터 배출된 기류가 통과할 때 성대를 진동시켜 발생하는 자음으로 /**b, d, g, v, z, ʒ**/ 등이 있다. /**m, n, ʀ, l, j, w, ɥ**/도 유성자음에 해당하며, 이중에서 /**l, ʀ**/를 유음(liquide), /**j, w, ɥ**/을 반자음(semi-consonne) 또는 반모음(semi-voyelle)이라 한다.

B. 구강 내에서 발음이 형성되는 조음점의 위치에 따라서는 다음과 같이 분류할 수 있다.

① **양순음(bilabial)**: 아랫입술과 윗입술을 맞대었다 벌리면서 내는 소리이다. 두 입술이 조음에 관련된 기관이 되는 셈이다. 양순음에는 /**p**/('pont'), /**b**/('bon'), /**m**/('mon')가 있다.

② **순치음(labio-dental)**: 윗니를 아랫입술에 대고 내는 자음으로 /**f**/('faux'), /**v**/('vaut')의

두 소리가 있다.[2)]

③ **치경음(alvéo-dental)** : 혀끝을 윗니 뒤쪽에 대고 내는 자음으로 /t/('ton'), /d/('don'), /n/('non')가 이에 해당한다.

④ **치조음(alvéolaire)** : 혀끝을 아래 앞니 뒤에 대고 누른다. 혀의 안쪽 부분은 경구개와 윗어금니 뒤의 측면 끝을 향해 높아지며 만들어지는 소리로 /s/('assure'), /z/('asur'), /l/('laisse')가 있다.

⑤ **후부치조음(post-alvéolaire)** : 혀의 앞부분을 치경과 경구개 사이 부분에 접근시켜 공기의 마찰이 뒷부분에서 생기면서 만들어지는 소리이다. /ʃ/('choux'), /ʒ/('joue')가 이에 속한다.

⑥ **경구개음(palatale)** : 혀의 앞부분과 경구개에 의해 형성되는 자음으로 /ɲ/('signe'), 반자음(반모음)인 /j/('yoga')와 /ɥ/('cuisine')가 있다.

⑦ **연구개음(vélaire)** : 혀의 뒷부분과 연구개에 의해 형성되는 자음으로 구강음 /k/('cou'), /g/('goût'), /ʀ/('rose'), 반자음(반모음) /w/('oui')와 영어에서 차용된 단어에 있는 'parking'의 '-ing' /ŋ/이 있다.

C. 발음의 방법 즉, 음이 형성되는 형식에 따라서는 다음과 같이 나눌 수 있다.

① **폐쇄음(occlusive)** : 기류의 흐름을 일단 완전히 폐쇄했다가 한꺼번에 터트려 내보낼 때 나는 소리로 파열음이라고도 하는데, /p, b, t, d, k, g/ 등이 이에 해당한다.

② **협착음(constritive)** : 윗니와 조음점이 구강 내에서 거의 맞닿을 정도로 가까이 접근하여 생긴 좁은 틈새 사이로 기류가 통과하면서 마찰할 때 발생하는 음으로 /f, v, s, z, ʃ, ʒ/ 등이 이에 해당한다.

③ **설측음(latérale)** : 허파로부터 나온 기류가 구강 내부를 흐르다가 윗니 잇몸에 닿아 중앙을 가로막고 있는 혀에 부딪쳐 혀의 양측면 또는 어느 한쪽 측면으로 흐를 때 발생하는 소리로 /l/가 이에 속한다.

④ **비음(nasale)** : 목젖을 포함하는 연구개(입천장)가 아래로 내려오고 후설(혀의 뒷부분)면이 올라가 구강 내부를 흐르던 기류의 흐름을 막으면서 기류가 비강을 통해 나가게 될 때 울려나는 소리로 /m, n, ŋ/가 이에 해당한다. /ŋ/은 원래는 프랑스어에는 존재하지 않으나 영어에서 차용된 단어(parking, camping etc.)의 '-ing'의 표기이다.

2) 한국어에는 순치음이 없으므로 프랑스어 학습자들이 순치음을 정확하게 발음하지 못하는 경향이 있다.

⑤ **반자음(반모음)** : 조음위치는 모음과 같으나 모음처럼 음절을 구성하지도 못하며, 하나의 조음점에 머물러 있지 않고 이어지는 다른 모음에 옮겨가는 일종의 경과음인 까닭에 반자음 또는 반모음이라고 하는 것으로 /j, w, ɥ/ 등이 이에 해당한다.

〈표 5-7〉 반자음(semi-consonnes)

<table>
<tr><th>발음</th><th colspan="2">철자</th><th>예 문</th></tr>
<tr><td rowspan="4">[j]</td><td colspan="2">i + 모음</td><td>hier[jɛʀ], vieux[vjø], piano[pjano],
soulier[sulje], fille[fij]</td></tr>
<tr><td colspan="2">y + 모음</td><td>crayon[kʀɛjɔ̃]]
모음과 모음사이의 y는 i + i,
▷ voyage = voi + iage[vwajaʒ]</td></tr>
<tr><td>[jɛ̃]</td><td>-ien</td><td>je viens[ʒəvjɛ̃]], le sien[ləsjɛ̃]]</td></tr>
<tr><td>[jɔ̃]</td><td>-ion</td><td>nation[nasjɔ̃]</td></tr>
<tr><td>[ɥ]</td><td colspan="2">u + 모음</td><td>nuit[nɥi], lui[lɥi], nuage[nɥaʒ]</td></tr>
<tr><td rowspan="4">[w]</td><td colspan="2">ou + 모음</td><td>louer[lwe], oui[wi], ouest[wɛst]</td></tr>
<tr><td rowspan="2">[wa]</td><td>oi</td><td>toit[twa], noir[nwaʀ]</td></tr>
<tr><td>oy</td><td>emploi[ɑ̃plwa], emploiyé[ɑ̃plwaje]</td></tr>
<tr><td>[wɛ̃]</td><td>oin</td><td>coin[kwɛ̃], moins[mwɛ̃], témoin[temwɛ̃]</td></tr>
</table>

〈표 5-8〉 이중모음(diphtongues)

<table>
<tr><th>발음</th><th>철자</th><th>예 문</th></tr>
<tr><td>[aj]</td><td>ail</td><td>travail[tʀavaj], rail[ʀaj]</td></tr>
<tr><td>[ɛj]</td><td>eil</td><td>soleil[sɔlej], conseiller[kɔ̃sɛje]</td></tr>
<tr><td rowspan="3">[œj]</td><td>euil</td><td>seuil[sœj], feuille[fœij]</td></tr>
<tr><td>œil</td><td>œil[œj]</td></tr>
<tr><td>ueil</td><td>accueil[akœj], cueillir[kœjiʀ]</td></tr>
<tr><td>[ij]</td><td>ill</td><td>fille[fij], famille[famij]
[예외] ville[vil], village[vilaʒ], mille[mil], tranquille[tʀɑ̃kil]</td></tr>
<tr><td>[ɲ]</td><td>gn</td><td>signal[siɲal], cognac[koɲak]</td></tr>
</table>

〈표 5-9〉 자음(consonnes)

<table>
<tr><th>발음</th><th>철자</th><th>예 문</th></tr>
<tr><td rowspan="2">[p]</td><td>p, pp</td><td>port[pɔʀ], appel[apɛl]</td></tr>
<tr><td>b + s, t</td><td>absent[apsɑ̃], obtenu[ɔptəny]</td></tr>
<tr><td>[b]</td><td>b, bb</td><td>bébé[bebe], abbé[abe]</td></tr>
<tr><td rowspan="2">[f]</td><td>f</td><td>feu[fø]</td></tr>
<tr><td>ph</td><td>photo[fɔto]</td></tr>
</table>

<table>
<tr><td rowspan="2">[v]</td><td colspan="2">v</td><td colspan="2">vie[vi], service[sɛʀvis]</td></tr>
<tr><td colspan="2">w</td><td colspan="2">wagon[vagɔ̃]</td></tr>
<tr><td rowspan="2">[t]</td><td colspan="2">t</td><td colspan="2">tabac[taba]</td></tr>
<tr><td colspan="2">th</td><td colspan="2">thème[tɛm]</td></tr>
<tr><td>[d]</td><td colspan="2">d, dd</td><td colspan="2">dame[dam], addition[adsjɔ̃]</td></tr>
<tr><td rowspan="6">[k]</td><td colspan="2">k</td><td colspan="2">kilomètre[kilomɛtʀ]</td></tr>
<tr><td colspan="2">qu</td><td colspan="2">qui[ki], quoi[kwa]</td></tr>
<tr><td colspan="2">c+a, o, u</td><td colspan="2">cahier[kaje], collège[kɔlɛʒ], cube[kub]</td></tr>
<tr><td colspan="2">cc+a, o, u</td><td colspan="2">occasion[ɔkazjɔ̃], accord[akɔʀ], occuper[ɔkype]</td></tr>
<tr><td>ex+자음</td><td rowspan="2">[ks]</td><td colspan="2">excuse[ɛkskyz], expert[ɛkspɛʀ]</td></tr>
<tr><td>cc+e, i</td><td colspan="2">accident[aksidɑ̃], accès[aksɛ]</td></tr>
<tr><td rowspan="4">[g]</td><td colspan="2">g+a, o</td><td colspan="2">garçon[gaʀs], gomme[gɔm]</td></tr>
<tr><td colspan="2">g+a, o, u</td><td>gai[ge], gomme[gɔm], guide[gid]</td><td>ga[ga], go[go], gu[gy]</td></tr>
<tr><td colspan="2">gu</td><td colspan="2">guerre[gɛʀ],fatigue[fatig], [예외] aigu[ɛgy]</td></tr>
<tr><td colspan="2">ex+모음[gz]</td><td colspan="2">exact[ɛgzakt], exercice[ɛgzɛʀsis]</td></tr>
<tr><td rowspan="7">[s]</td><td colspan="2">s</td><td colspan="2">si[si], sept[sɛt]</td></tr>
<tr><td colspan="2">x</td><td colspan="2">six[sis], dix[dis]</td></tr>
<tr><td colspan="2">c+e, i, y</td><td colspan="2">ce[sə], ici[isi], cycle[sikl]</td></tr>
<tr><td colspan="2">sc+e, i, y</td><td colspan="2">science[sjɑ̃s], scène[sɛn], scytale[sital]</td></tr>
<tr><td colspan="2">ss</td><td colspan="2">posséder[pɔsede], essayer[esɛje]</td></tr>
<tr><td colspan="2">ç</td><td colspan="2">ça[sa], français[fʀɑ̃sɛ]</td></tr>
<tr><td colspan="2">모음+tion, 모+tie</td><td colspan="2">démocratie[demɔkrasi], essentiel[essjɛl]</td></tr>
<tr><td>[ʃ]</td><td colspan="2">ch, sch</td><td>chocola[ʃɔkɔla], schéma[ʃema]</td><td>[예외] écho[eko], chaos[kao]</td></tr>
<tr><td rowspan="3">[z]</td><td colspan="2">z</td><td colspan="2">zone[zɔn], zoo[zɔo]</td></tr>
<tr><td colspan="2">모음+s+모음</td><td colspan="2">rose[ʀoz], maison[mɛzɔ̃]</td></tr>
<tr><td colspan="2">x</td><td colspan="2">deuxième[døzjɛm]</td></tr>
<tr><td rowspan="2">[ʒ]</td><td colspan="2">j</td><td colspan="2">jour[ʒuʀ], jamais[ʒamɛ]</td></tr>
<tr><td colspan="2">g+e, i, y</td><td>genou[ʒənu], girafe[ʒiʀaf]</td><td>ge[ʒə], gi[ʒi], gue[gə], gui[gi]</td></tr>
<tr><td>[ʀ]</td><td colspan="2">r, rr</td><td colspan="2">riche[ʀiʃ], mer[mɛʀ], terrain[tɛʀɛ̃]</td></tr>
<tr><td>[n]</td><td colspan="2">n, nn</td><td colspan="2">non[nɔ̃], innover[i(n)nɔve]</td></tr>
<tr><td>[l]</td><td colspan="2">l, ll</td><td colspan="2">loi[lwa], mille[mil], aile[ɛl]</td></tr>
<tr><td>[m]</td><td colspan="2">m, mm</td><td colspan="2">mais[mɛ], grammaire[gʀamɛʀ]</td></tr>
</table>

2.3. 프랑스어의 이음

> **음소(phonème)란?** 음운론(phonologie)에서 음운(소리)의 최소단위로 하나 이상의 음소가 모여서 음절을 이룬다. 예를 들면, 'maman'에서 4 개의 음소 /m/+/a/+/m/+/ã/이 모여 [mamã]이란 두음절의 단어를 만들어 내는 것이다.

앞에서 개별적인 프랑스어 음이 어떻게 발음되는지를 살펴보았다. 이어서 단어 내의 환경, 즉 음소의 위치에 따라 소리가 얼마나 다양하게 변하는지에 대하여 알아보아야 한다. 하나의 음소가 환경에 따라 다양한 소리로 변하는 것을 이음(allophone)이라 한다. 이러한 이음의 종류를 예를 통하여 살펴보기로 하겠다.

환경에 따라 뚜렷한 음성적 변화과정을 겪는 이음으로는 무성음화, 유성음화, 비음화, 구개음화 등이 있다.

2.3.1. 무성음화(assourdissement)

각 음소를 하나씩 의식해서 발음하면 유성음(sonore)과 무성음(sourde)의 구별이 분명하나, 실제 구어 문맥에서는 주위 다른 음의 영향을 받아 유성음이 부분적으로 무성음화되는 경우가 있다.

예를 들면, 'un médecin'에서 '-cin'에서 무성음 /s/의 영향으로 유성음 /d/가 무성음화 된다. 'une base solide'에서도 'solide'의 /s/의 영향으로 'base'의 /z/가 무성음화 되는 것을 볼 수 있다.

2.3.2. 유성음화(voisement)

문맥 속에서 주위 다른 음의 영향을 받아 무성음이 부분적으로 유성음화되는 경우가 있다. 예를 들면, 'Dans ce bouquin'에서 'bouquin'의 유성음 /b/의 영향으로 'ce'의 무성음 /s/가 유성음화 된다. 또 다른 예로는 'Ils partent dans trois mois.'에서 'dans'의 유성음 /d/의 영향으로 'partent'의 무성자음 /t/가 유성음화 된다.

2.3.3. 비음화(nasalisation)

프랑스인들의 발음을 들어보면 콧소리가 강하다는 것을 느낄 수 있다. 그 이유는 비음 앞에 오는 모음(V)이 뒤의 비음(N)의 영향으로 비음화 되기 때문이다. 프랑스어에서는 비음 /m, n, ŋ/ 앞에 모음은 뒤따르는 비음의 영향으로 비음화 현상이 나타나고, 발음기호 위에 [˜]를 붙여서 표시한다(Montagu, 2007:1).

V + N ⇒ [˜]

2.3.4. 구개음화(palatalisation)

문맥 속에서 프랑스어의 연구개음(vélaire)인 [k]가 뒤따르는 모음 [i], [u]의 영향으로 혀의 위치가 경구개 쪽을 향하여 소리가 변화하는 것을 말한다. 예를 들면, 'qui[ki]', 'cou[ku]' (Kim, 2000:240) 등이 있다.

3. 발음교육의 방식

발음교육은 일반적으로 접근 방식과 교육 단계에 따라 구분할 수 있다.

3.1. 발음교육 목적

발음교육의 목적은 사람에 따라 제각기 다르다. 예를 들어 프랑스어를 사용하는 전문직에서 종사하는 사람, 프랑스어권 국가의 학교에서 강의를 하는 사람, 또는 발음 학습의 목표가 원어민 수준의 정확한 발음 습득에 있는 사람도 있다. 그러나 일상생활에서 기본적인 의사소통을 위해 프랑스어를 사용하는 사람들의 경우에는 발음 학습의 목표가 이해 가능한 발음 습득에 있다. 따라서 발음교육의 목표는 학습자의 특성, 요구, 수준, 상황 등을 고려하여 설정하는 것이 바람직하다.

그러나 발음교육의 궁극적 목표가 무엇이든지 간에 일반적으로 발음교육이 지향해야 할 최소한의 목적은 다음 몇 가지로 나눌 수 있다.

① 프랑스어로 의사소통하는 데 있어서 청자가 화자의 발음으로 인한 의사소통에 장애가 생기지 않고 불편함 없이 이해할 수 있는 수준의 발음 습득.

② 자신이 상대에게 전달하고자 하는 내용을 효과적으로 표현할 수 있는 수준의 구두 언어 능력 습득.

③ 학습자가 자기 자신에 대해 자신감을 갖거나 긍정적으로 사고함으로써 구어체 프랑스어를 편안하게 사용.

④ 학습자가 자기 주도적으로 자신의 발음을 감시하고 자신의 발음 오류를 스스로 교정할 수 있는 능력과 전략 개발.

3.2. 접근 방식에 따른 발음교육

발음교육에는 상향식 접근 방법과 하향식 접근 방법의 두 가지로 구분한다(김현주, 2011:53). 상향식접근법에서는 형태에 초점을 두고 발음지도를 한다. 다시 말하면 자음과 모음의 개별 소리에 초점을 두고, 개별 분절음에서 시작하여 점차 리듬, 억양과 같은 초분절음을 향하여 지도하는 방식이다. 이러한 상향식 접근 방법에서는 자음과 모음을 명시적으로 지도하면 초분절음은 암시적으로 습득된다고 보고 있다. 한편 하향식접근법은 초분절음 측면에 초점을 두고 개별적인 단어 수준을 넘어선 문장이나 담화 수준에서의 억양, 리듬 등을 명시적으로 먼저 지도하고 필요시에 개별 분절음을 지도하는 방식이다. 이것은 학습자들이 초분절음 특징을 학습하게 되면 개별분절음들에 대한 구별은 저절로 습득된다고 보는 것이다. 따라서 하향식접근법에서는 의미와 상황에 초점을 두고 발음지도를 한다.

그러나 의사소통접근법의 영향으로 인해 개별 소리의 형태에 초점을 두는 상향식 접근법은 실제 언어 사용 상황과 의미가 중요시되는 담화 수준에서의 발음 및 의사소통 능력을 향상시키는 데는 적합하지 않다는 지적을 받게 되었다. 따라서 의사소통 기능에서 중요한 역할을 하는 초분절음에 초점을 두는 하향식접근법이 발음 교육의 새로운 접근 방법으로 활용되었다.

그러나 이 두 가지 접근 방식 중 어느 한 가지 접근법만을 고수하는 것보다는 의사소통접근법에 기반을 두고 전통적인 방법을 절충하는 발음지도접근법이 바람직하다(김현주 2011:54). 따라서 교수자는 학습 목표 및 내용에 적합한 발음 지도 방법을 적절하게 선택하여 사용할 수 있어야 한다.

3.3. 단계별 발음교육

효과적인 발음교육을 위해서 교수자는 학습자들에게 무엇을, 왜 학습하고 있는가를 명확하게 알도록 해야 한다. 또한 원어민의 발음을 듣고 따라하는 연습 단계가 필요하며, 궁극적으로 학습자가 연습과 같은 인위적인 상황에서 벗어나 자신의 생각을 표현하는 자연스러운 상황에서도 학습한 발음을 사용할 수 있도록 하는 활동이 필요하다(김현주 2011:54). 이러한 발음교육 단계를 제시(présentation), 연습(pratique), 생성(production)의 3PPP 단계에 맞게 적용하여 볼 수 있다.

3.3.1. 제시 단계(présentation)

이 단계는 학습자들에게 어떤 소리의 특징과 관련된 사항을 제시함으로써 학습자들로 하여금 그 소리를 알게 하는 단계이다. 일반적으로 설명과 분석, 그리고 듣고 구별하기의 활동으로 구성된다. 교수자는 학습자에게 어떤 특정한 발음과 음운규칙이 언제 어떻게 나타나는지에 관하여 명확한 설명을 제시한다. 또한 듣고 구별하기 활동을 통하여 학습자로 하여금 자연스러운 원어민의 발음에 노출되도록 한다. 학습자가 그동안 인식하지 못했던 발음을 집중적으로 들려주어 학습자가 스스로 규칙을 찾아내고 그 규칙을 이해할 수 있도록 해야 한다. 다양한 게임을 이용하여 교수자와 학습자 또는 학습자끼리 듣고 구별하기나 반응하기 등의 활동을 할 수 있다. 이때 학습자 중심의 제시 활동을 위해서는 교수자가 해당 사항을 명시적으로 설명하는 대신 학습자가 주체가 되어 관련된 사항을 분석하게 할 수도 있다.

3.3.2. 연습 단계(pratique)

이 단계에서는 제시 단계에서 학습한 내용을 학습자로 하여금 실제로 연습해 보도록 한다. 교수자는 학습자가 학습 목표어의 발음을 모방할 수 있을 뿐만 아니라, 새로 습득한 발음을 연습을 통하여 자신의 발음으로 고정시킬 수 있는 수준까지 발전될 수 있도록 지도해야 한다.

따라서 연습 초기에는 특정 소리나 소리 대립과 같은 형태에 초점을 두고, 주로 문맥에 나타난 요소를 이용하여 연습하도록 한다. 대본을 소리 내어 읽거나 문장, 시, 대화문 등을 따라하는 연습도 좋다. 그런 다음에는 형태에만 초점을 두는 단계에서 발전하여 의미, 문법, 의사소통 등에까지 초점을 맞추도록 한다. 역할 놀이를 하거나 미리 준비한 글을 사용하여 발표해 보도록 하는 것도 좋은 방법이다. 이때 학습자들에게 실제와 유사한 의사소통 상황에서 자신이 연습한 발음을 적용해 보도록 하는 것이 중요하다.

3.3.3. 생성 단계(production)

이 단계의 목표는 제시 단계와 연습 단계를 통해 습득한 새로운 발음을 학습자가 자연스러운 상황에서 스스로 발화할 수 있도록 하는 데 있다. 학습자의 언어학적, 담화적, 사회언어학적, 전략적 능력의 신장에 주안점을 두고 고정된 텍스트 없이 형태와 의미 모두를 말하게 하는 조사 활동, 역할 놀이, 인터뷰, 즉흥적인 연설, 패널 토의 등의 활동을 할 수 있다. 이때 교수자는 학습자들에게 목표 발음 외의 다른 요소들까지도 한꺼번에 주의를 기울이게 할 필요는 없다. 자칫 학습 목표를 흐리게 하거나 주의를 분산시킬 수 있기 때문이다. 즉, 학습자들에게 한 번에 한 두개 발음의 특징에만 주목하게 하면서 의사소통 활동을 하도록 하는 것이 중요하다. 예를 들어, 발음 활동의 목표가 동화(assimilation)현상[3]이고, 의사소통 활동 연습으로 역할 놀이를 설정하였다면 학습자들에게 동화현상에 유의하면서 역할놀이를 하도록 해야 한다.

이러한 단계별 모형을 참고하여 발음 연습을 하면서도 발음교육의 효과를 높일 수 있도록 가끔씩 발음을 평가하여 적절한 칭찬 또는 지적을 해 준다. 또한 프랑스어의 복잡한 음운규칙을 자연스럽게 익히도록 받아쓰기를 실시해도 좋을 것이다.

학습자들이 유창하게 발음할 수 있도록 하기 위해서는 처음부터 빠른 속도로 말하기 보다는 천천히 말하게 하여 정확한 발음을 습득하게 한 후 점차 빠른 속도로 말하는 연습을 한다.

3) 동화현상이란 한 음이 단어 또는 문장 내에서 인접해 있는 다른 음의 소리로 변하거나 그와 비슷하게 되는 현상(예: 구개음화, 모음동화, 자음동화 등)을 말한다.

3.4. 발음교육 활동 유형

위에서 언급한 발음교육 단계에 따라서 발음지도 방법을 의사소통 중심접근법에 기반을 두고 제시해 보도록 한다.

3.4.1. 듣고 따라하기

학습자들로 하여금 프랑스원어민의 발음이 녹음된 소리를 듣고 따라하게 한다. 가장 기본이 되는 방법으로 이용하기 쉬워 널리 이용된다.

3.4.2. 음성훈련

프랑스어에서 사용되는 각 소리를 여러 가지 방법을 활용하여 연습한다. 각각의 분절음을 조음위치나 조음방법 등과 함께 설명해 주고, 음성적 환경을 달리하여 발음해 보게 하며, 스스로 그 원리를 발견하도록 한다. 프랑스어에 필요한 모든 분절음들과 각 분절음의 이형태를 학습시킨다. 예를 들어, 프랑스어의 /s/를 학습할 때에 'si[si]', 'sept[sɛt]'에서와 같이 어두에서 쓰일 때와 'maison[mɛzɔ̃]', 'rose[ʀoz]' 등에서와 같이 모음 사이에서 쓰일 때 발음의 변화에 대해 설명하고, 정확하게 발음해 주어 그 차이를 분명히 인식하게 한다.

3.4.3. 문맥화된 최소대립쌍(paire minimale contextualisée)

최소대립쌍을 이용한 발음 연습은 학습자들에게 문제가 되는 개별 음소의 발음의 차이를 구별하는 데 효과적이다. 그러나 단순히 최소대립쌍이 되는 낱말들만을 제시하여 연습하는 것은 문맥이 결여되어 학습자에게 유의미한 학습을 이끌어내기 힘들다. 이런 점에서 낱말 차원의 제시는 프랑스어 수준이 낮은 학습자들에게 적용하고, 프랑스어 수준이 중급 이상인 경우에는 낱말 수준의 최소대립쌍이 아니라 아래의 예와 같이 문맥에 나타난 최소대립쌍을 이용하는 것이 바람직하다.

(a) 동일한 문장 내의 대립을 이용한 연습

Sa mère meurt d'un cancer.

Jojo joue au yoyo.
Ce quai n'est pas gai.

(b) 문장 간의 대립을 이용한 연습

C'est classé. / C'est glacé.
Il a bu. / Il a vu.
Ça bat. / Ça va.
C'est tout. / C'est doux.
Il sent bon. / Ils s'en vont.

3.4.4. 소리내어 읽기 및 역할극 하기

학습자들에게 대본을 나누어 주고 읽게 한다. 이어서 연극 대본을 암기하여 몸동작과 함께 하도록 지도함으로써 감정 표현이나 제스처 등과 같은 비언어적 요소도 함께 연습시킬 수 있다. 이때 학습자의 프랑스어 수준에 따라 대화문의 수준을 결정할 수 있다. 예를 들어, 초급인 경우에는 교과서의 본문, 중급 이상의 경우에는 광고 자료나 재미있는 만화를 이용할 수도 있다. 고급 학습자인 경우에는 인기 있는 드라마나 영화의 실제 대본을 활용해도 좋다.

3.4.5. 만화와 그림

만화와 그림을 통해 문맥 내에서 발음을 가르치거나 전체 이야기 다시보기 또는 특정 문장의 리듬이나 억양을 연습하는데 활용할 수 있다.

3.4.6. 학습자의 발화 녹음하기

학습자의 발음 연습, 자유로운 대화, 즉흥적인 연설 및 역할극을 녹음하여 자기 스스로 평가하도록 하거나, 동료들의 평가나 혹은 교사의 피드백을 얻을 수 있는 자료로 활용한다.

3.5. 듣기 기반 발음지도

외국어의 소리를 듣거나 발음할 때 학습자들은 자신의 모국어의 말소리 체계에 의거하여 인식하고 생성하는 경향이 있다. 언어마다 그 언어의 고유한 소리 체계를 가지고 있다. 따라서 한 언어를 학습하는 것은 특정 소리가 그 언어에서 어떤 의미가 있는가를 인식하는 것이다. 학습자들이 새로 학습하는 목표어의 말소리 체계를 지각하게 하는 가장 전통적이고 효과적인 방법은 새로운 말소리 체계의 모든 구성 요소를 들을 수 있는 충분한 기회를 제공하는 것이다. 따라서 이 절에서는 듣기에 기반을 둔 발음 연습 방법을 살펴보기로 한다.

3.5.1. 식별하기 과제

식별하기 과제는 최소대립쌍의 단어 가운데 하나만을 말하고 주어진 단어 가운데 어느 것인지를 식별하게 하는 것이다. 같은 단어 수준의 최소대립쌍 식별 과제는 초급 수준의 프랑스어학습자에게 적당하다.

1) 대립되는 소리 연습하기

자음에서 대립되는 소리 /ʃ/와 /ʒ/의 예를 들어보면, 다음과 같이 학습할 수 있다.

이 두 소리 중에 어느 소리도 한국어에는 존재하지 않는다, 그러므로 한국인들은 [ʒ]소리 대신에 [z]로 발음하는 경향이 있다. 또한 [ʒ]소리가 흔히 [ʃ]로 동화되는 경향이 있다.

① 소리 식별하기

예	=	≠
chou / joue		x
jeune / jaune	x	
mange / manche		x
chant / gens		x

② 들리는 자음에 표기하기

예	[ʃ]	[ʒ]
rangements		x
arracher	x	
choisir	x	
venger		x

③ 들리는 단어 찾기

예	1er	2e
jatte / chatte		x
bêche / beige	x	
joue / chou		x
char / jar	x	

④ 문장을 듣고 문제되는 자음이 몇 번 들리는지 알아 맞추는 연습이다.

[ʒ] – J'ai le projet de changer de voiture. (3)
– Je me vengerai de ce joueur d'èchec. (3)
– Tu pourrais échanger tous mes bijoux. (2)

⑤ 대립되는 단어를 읽고 연습한다.

cache	cage
manche	mange
bêche	beige
haché	âgé
chant	gens
chaîne	gêne

2) 리듬(gammes)

《J'ai envie...》라는 문구로 시작하는 문장을 의문문과 대답형식으로 만들어 리듬과 억양을 연습한다.

[ʒ]	Ecoutez : Tu vas bouger de là après ce qu'il t'a dit? Répondez : Oh oui, **j'ai** bien envie de bouger de là. Tu vas nager mainteant? Oh oui, **j'ai** bien envie de nager maintenant.
[ʃ]	Ecoutez : Tu **ch**anteras un jour? Répondez : Je compte bien **ch**anter, mais plus tard. Tu **ch**er**ch**eras les photos? Je compte bien les **ch**er**ch**er, mais plus tard.

3) 쓰기(écrit)

녹음된 오디오를 듣고 요구하는 소리로 발음되는 철자에 밑줄을 긋게 한다. 소리를 듣고 찾는 것이므로 문장의 의미를 생각지 않아도 된다.

(1) Ecoutez la phrase suivante et soulignez les lettres qui correspondent au son [ʃ].

– Il sait utiliser son charme quand il veut chaffauder des plans ou marchander quelque chose.

(2) Comment s'crit le son [ʃ] ici? etc.

다음은 두 소리를 제안하고 문장을 들으며 문장의 빈 칸을 채우게 하는 방법이다. 학습자들의 집중력을 키우는 데에도 효과적이다.

① 《ch》와 《g》 중에서 들리는 소리를 문장에 채워 넣으시오.

> Il a__it __aque fois sans réflé__ir et avec beaucoup de sans-__êne. Si on veut l'obli__er à __an__er, il se dé__aîne, ru__it comme un lion en ca__e et __oisit de prendre un air ven__eur.
>
> Réponse : Il agit chaque fois sans réfléchir et avec beaucoup de sans-gêne. Si on veut l'obliger à changer, il se déchaîne, rugit comme un lion en cage et choisit de prendre un air vengeur. etc.

② 학습자들에게 하고 싶은 것이 무엇인지를 질문한다. 학습자들은 B항의 동사를 이용하여 A항의 문장을 완성한다. 더 나아가 목적어를 덧붙여 문장을 길게 만들도록 한다.

《DIRE CE QUE L'ON VEUT FAIRE》

A.		B.	
	Je voudrais...		réfléchir...
	J'aimerais...		chanter...
	J'ai l'intention...		acheter...
	Je pense...		chercher...
	Je compte bien...		choisir...
	J'ai envie de...		échanger...
	J'envisage de...		loger...
	Je songe à...		manger...
	J'espère...		nager...

ex : J'envisage d'acheter un chien.

3.6. 발음 유창성 신장

프랑스어 학습자에게는 몇 가지 특징들이 있다. 예를 들어, 특히 초보 학습자들은 말할 때 머뭇거리거나, 소리 내어 읽을 때 문장 중간의 적절하지 못한 곳에서 끊어 읽기를 하거나, 특정 음의 결합 부분에서 말을 더듬어 자연스러운 리듬을 만들지 못한다. 또 연음하지 못하고 단어들이 하나씩 떨어져서 마치 스타카토 식으로 말하는 느낌을 준다. 따라서 프랑스어 학습자들의 발음 연습 방법으로는 처음에는 천천히 말하게 하여 정확한 발음을 습득하게 한 후 가속화 연습, 뒷말부터 발음하기, 그리고 5행시 등을 활용한 방법을 제시하고 있는데 이것들을 간략하게 살펴보기로 한다.

3.6.1. 발화속도의 조절

교수자는 프랑스어 학습자들이 발음하기 어려운 음들로 결합된 문장을 자연스러운 속도로 말하게 될 때까지 천천히 그리고 정확하게 발음하도록 지도한다. 예를 들어, 'Il faut prendre une voiture et partir immédiatement' 또는 'Elle est toujours aimable avec eux'라는 문장에서 프랑스어 학습자들은 밑줄 친 부분의 발음을 어려워

하여 머뭇거리거나 발음을 유창하게 하지 못하게 된다. 이런 경우 교수자는 이 문장을 가능한한 천천히 정확한 리듬을 유지하면서 단어들을 떼지 않고 억양을 약간 과장하여 말한다. 그리고 학습자들에게 같은 식으로 따라하게 한다. 또한 프랑스어학습자들에게 어려운 말소리의 결합을 말할 때 빠르면서 이해할 수 없는 발음을 하기보다는 각 말소리의 정확한 발음 습득을 위하여 천천히 발음하는 것이 좋다는 것을 인식시킨다.

프랑스어 학습자들이 문장을 천천히 말하면서 정확한 발음을 습득하고 그러한 방법에 숙달되면 교수자는 발음의 유창성을 신장하기 위하여 발화 속도를 점차 빠르게 하여 평상시 대화할 때의 속도로 말할 수 있을 때까지 계속 가속화 연습을 시키도록 한다. 이러한 가속화 방법은 프랑스어학습자들이 모음 축약과 빨리 말할 때 야기되는 소리의 축소(réduction) 현상을 이해하고 습득하는데 좋은 연습이 된다. 예를 들어 'je ne sais pas' 라는 문장을 발음할 때 프랑스어 학습자들은 처음에는 모음 축약이나 말소리의 음운변화가 없는 문장을 발음하는 경향이 있다. 그러나 점점 가속화 훈련을 통하여 보통의 대화 속도로 말하게 되면 위의 문장을 'je sais pas' → 'j'sais pas' 라는 식으로 발음할 수 있게 된다. 교수자는 프랑스어 학습자들이 이러한 숙달단계에 도달하도록 하기 위해서 한 문장을 4~5번 정도 반복하여 연습시키도록 한다.

3.6.2. 뒷말부터 발음하기

긴 문장을 활용해서 유창성을 신장시키고, 연음과 억양을 향상시키는 방법으로 긴 문장을 뒷말부터 발음하기가 있다. 이 방법은 문장의 마지막 단어에서 시작하여 한 번에 하나씩 그 앞에 있는 단어들을 추가하여 발음하는 것이다. 예를 들면, 'Il est seul avec un enfant'이라는 문장을 다음과 같은 방법으로 말하게 하는 것이다.

enfants.
un enfant.
avec un enfant.
seul avec un enfant.
est seul avec un enfant.
Il est seul avec un enfant.

이때 중요한 것은 문장의 억양 패턴을 유지하기 위해 뒤에서부터 문장을 발음해야 한다는 것이다. 만약 앞에서부터 문장을 발음하게 되면 원래의 억양 패턴이 유지되지 못한다.

4. 프랑스어 학습자를 위한 발음교육 방향

프랑스어 교육의 다른 영역과 마찬가지로 의사소통에 있어 정확한 발음은 매우 중요하다. 그러나 정확한 발음을 교육해야 한다고 하여 교수자의 의욕만 앞서서는 안 된다. 또한 음성학이나 음운론 전공 수업과 비슷할 정도로 이에 관한 설명만을 늘어놓아서도 안 된다. 교수자가 음성학이나 음운론에 관한 지식이 있다하더라도 학습자들이 이에 관한 사전 지식이 없으면 아무런 소용이 없다. 다음은 발음을 교육할 때의 주의 사항을 요약해 보고자 한다.

① 프랑스어 화자들도 구별하지 못하는 음의 구별을 지나치게 요구해서는 안 된다. 예를 들어, 모음 /a/~/ɑ/ 〈patte~pate, tache~tache〉, /ɛ̃/~/œ̃/ 〈brin~brun, empreint~emprunt, Alain~alun〉의 대립 현상이 점점 사라지고 있으며, /e/~/ɛ/, /o/~/ɔ/는 〈표준 발음법〉에서는 구별하여 사용하도록 하고 있지만, 실제 생활에서는 거의 구별하지 않고 사용한다. 따라서 학습 초기에 두 모음의 조음방법에 따른 차이점은 구체적으로 설명해야 하지만 지나치게 두 음을 구별하도록 강조해서는 안 된다.

② 철자대로 발음하지 않도록 해야 한다. 프랑스어는 발음상 자음이 2개(plat [pla])내지 3개(splendide [splɑ̃did]), 때로는 4개(construit [cɔ̃stʀɥi])의 자음이 연달아 발음이 될 때가 있다. 그리고 연음을 한다. 그러나 한국인 프랑스어 학습자들은 모국어의 영향으로 인하여 자음 다음에 모음/으/를 발음하거나 음절을 끊어서 읽는 경향이 있다. 발음은 음운체계나 음운현상 등 발음법에 바탕을 두어야지 표기법에 바탕을 두어서는 안 된다.

③ 학습자들에게 가르쳐진 이미 습득한 음은 지속적으로 일관성 있게 유지되어야 한다. 교수자는 학습자들에게 항상 역할 모델이 되므로 수업 시간 이외에도 바르게 발음하고 또 일관성 있게 발음하도록 노력해야 한다.

④ 학습자들이 정확한 발음을 내려고 노력하고 있는가에 늘 관심을 가져야 한다. 의사소통 능력 향상을 지향하는 수업에서는 정확성보다는 유창성을 강조하지만 학업 초기에 굳

어버린 발음은 고치기 어려우므로 초기에 정확한 발음을 할 수 있도록 지도해야 한다.

⑤ 학습할 새로운 음을 결정할 때에 발음하기 어려운 것부터 하지 말고, 전체 음 체계 속에서 상대적 난이도 등을 고려하여 결정한다. 특히 발음하기 어려운 음을 학습할 때는 비슷한 다른 음들로부터 시작하여 점차 목표로 하는 음으로 옮겨가면 훨씬 수월하다. 예를 들어, 프랑스어의 경우에는 /f, s, ʃ, v, z, ʒ/와 같은 협착음(constrictive)보다는 무성 폐쇄음(occlusive sourde) /p, t, k/부터 먼저 학습하고, 성대의 진동을 느끼게 하기 위해서는 무성음(sourde) /p, t, k/, 유성음(sonore) /b, d, g/의 순서로 제시하는 것이 바람직하다.

⑥ 시청각 자료는 글로만 적혀 있는 교재의 단점을 극복하기 위한 좋은 보조자료가 된다. 보조자료로는 혀의 움직임을 보여주는 그림, 구강 구조와 입모양을 찍은 사진, 다른 외국어와의 자모음 비교 도표, 대화 능력을 향상시키기 위한 비디오 등이 될 수 있다. 조음점을 설명하기 위해서는 구강의 측면 그림을 준비하는 것이 좋다.

⑦ 표준이 되는 발음을 충분히 들려주어야 한다. 물론 너무 여러 번 반복하여 지루하지 않도록 한다. 이때 주의 깊게 발음한다고 하여 지나치게 천천히 발음하기보다는 일반적인 속도로 된 발화를 모방하도록 해야 한다.

⑧ 간단한 조음법을 설명해 주기 위하여 교수자는 음성학에 대한 충분한 지식을 갖고 있어야 한다. 특히 직접적인 용어를 사용하여 조음점을 설명하지 않더라도 용어에 친숙해야 쉽게 설명해 줄 수 있다. 교수자가 학습자의 모국어와 목표어인 프랑스어를 대조하여 설명해 줄 수 있으면 학습에 도움이 된다.

프랑스어 교수자는 프랑스어와 한국어의 말소리 체계, 음절 구조, 리듬의 차이에 의해 한국인 프랑스어학습자에게 전형적으로 나타나는 프랑스어발음 오류의 유형, 프랑스어 발음에 부정 전이되는 한국어 음운현상, 그리고 최근의 발음교육 경향에 대한 새로운 지식을 갖추는 것이 필요하다. 또한 프랑스어 발음교육을 통하여 한국인 프랑스어 학습자들의 전형적인 발음 오류에 대한 프랑스어 학습자들의 인식을 고양시키는 것이 필요할 것이다.

효과적인 프랑스어 발음교육을 위하여 프랑스어 발음연습을 유의미하고 학습자 중심의 과제 활동을 할 수 있는 말하기 또는 듣기 활동과 연관시켜 지도한다면 더 큰 효과를 갖게 될 것이다.

대부분의 프랑스어 교육현장에서는 자음 · 모음과 같은 분절음을 중심으로 발음교육이 이루어지고 있을 뿐, 연음, 문장 리듬과 같이 의미를 이해하는 데 중요한 역할을 하는 초분절음에 대한 발음교육은 거의 이루어지지 않고 있는 실정이다. 그러나 의사소통 능력 신장에 도움이 되는 효과적인 발음교육을 위해서 발음교육 시 문장의 리듬, 연음 등도 강조하여 분절음과 초분절음을 균형 있게 지도해야 할 것이다.

〈학습과제〉

1. 자음과 모음의 차이를 서술하시오.
2. 반자음(반모음)에 대해 설명하시오.
3. 프랑스어의 비모음에는 어떤 것이 있는지 나열하시오.
4. 프랑스어의 원순모음에는 어떤 것이 있는지 나열하시오.
5. 모음 4각도를 그려보시오.

참고문헌

김현주(2008) "발음 오류에 대한 원인 분석과 교육 방법 모색 - 한국인 프랑스어 학습자를 대상으로", 『프랑스어문교육』 제28집, 한국프랑스어문교육학회, 71-93쪽.

김현주(2011) "의사소통 중심 프랑스어 발음지도", 『프랑스어문교육』 제38집, 한국프랑스어문교육학회, 35-62쪽.

Abry D.(2009) *Les 500 exercices de phonétique,* Paris: Hachette.

Brown A.(1992) *Approaches to pronunciation teaching,* Londen: MacMillan.

Capelle G.(1971) *La grammaire du français parlé*, Paris: Hachette.

Carton F.(1988) *Introduction à la phonétique du français*, Paris: Bordas.

Charliac L. & Motron A. C.(1998) *Phonétique progressive du français,* Paris: Clé international.

Charliac L., Bougnec J. T., Loreil B. & Motron A. C.(2003) *Phonétique progressive du français,* Paris: Clé international.

Conseil de l'Europe(2001) Division des Politiques Linguistiques, Strasbourg, *Cadre européen commun de référence pour les langues,* Paris: Didier.

Flege J. & Eefting W.(1987) "Cross-language switching in stop consonant production and perception by Dutch speakers of English", *Speech Communication, 6*, pp.185-202.

Celce-Murcia M., Brinton D. M. & Goodwin J. M.(1996) *Teaching pronunciation : A reference for teachers of English to speakers of other languages.* Cambridge: Cambridge University Press.

Donohue-Gaudet M.-L.(1969) *Le vocalisme et le cosonantisme*, Paris: Delagrave.

Duflot C. & Tomé M.(2005) *Cahier de prononciation française*, http://www3.unileon.es/dp/dfm/flenet/phon/cahier.

Kim H.-Z.(2004) "Etude sur les difficultes d'apprentissage du phonetisme du francais par des apprenants coreens en milieu exolingue", *Identification des langues et des varietes dialectales par les humains et par les machines,* France, pp.87-98.

Kim H.-Z.(2004) "Quelques stratégies pour la correction phonétique des apprenants coréens en classe de FLE", 『프랑스어문교육』 n° 18, pp.49-80.

Kim H.-Z.(2007) "Les apprenants coreens confrontes a l'opposition phonologique des consonnes sourdes et sonores du francais: reflexions et propositions", *Revue japonaise de didactique du francais,* n° 2, pp.90-111.

Knoerr H.(2005) "Les TIC comme facteur de motivation en apprentissage des langeus", *Communication présentée au 26ème congrès de l'AQEFLS*, Montréal, pp.26-30.

Lauret B.(2007) *Enseigner la prononciation du français : questions et outils,* Hachette.

Martinie B. & Wachs S.(2006) *Phonétique en dialogues*, Paris: Clé international.

Pedoya-Guimbretière E.(1991) *Plaisir des sons,* AF, Paris: Hatier / Didier.

Straka G.(1965) "Tableau des principales articulations consonnantique", *Album phonétique* (quèbec : P.U.L.).

Straka G.(1950) "Système des voyelles du français moderne", *B.F.S.L.*, n° 5, pp.220-233.

Wachs S.(2012) "Tendances actuelle en enseignement de la prononciation du français, langue étrangère (FLE)", *Revista de Lenguas Modernas,* n° 14, pp.183-196.

Wioland F.(1991) *Prononcer les mots du français,* Paris: Hachette.

Wioland F.(2005) *La vie sociale des sons du français*, Paris: L'Harmattan.

인터넷 사이트

http://www3.unileon.es/dp/dfm/flenet/phon/cahier

06

어휘 교육

김은정

외국어 교육에서 언어 능력을 신장시키기 위해 고려되어야 하는 요소들은 많다. 어휘는 그 중 하나로, 의사소통 의도를 신속하게 전달하는 데 있어 핵심적인 요소라고 할 수 있다. 의사소통 능력의 습득을 목표로 하는 의사소통접근법(approche communicative)[1]이 등장한 이래, 어휘의 중요성이 강조되는 것은 이러한 연유이다.

우리는 언어를 배울 때 처음부터 하나의 완전한 문장으로 말하지 않는다. 외국어이든, 모국어이든 '엄마(maman)', '맘마(miam-miam)'처럼 한 자 혹은 두 자로 구성된 어휘를 가지고 말을 떼고, 의도를 전달하기 시작한다.

이처럼 어휘가 의미 전달에 영향을 미치는 핵심 요인이라는 사실을 고려해 볼 때, 의사소통 능력의 발달을 중요시하는 외국어 교육에서 어휘가 무엇보다 중요하게 다루어져야 할 요소임에는 이론의 여지가 없어 보인다. 하지만 Galisson(1991:3)과 Bogaards(1994:143)에 따르면 어휘는 다른 언어적 구성요소들에 비해 외국어 교수법 역사에서 소홀히 다루어지곤 했다. 어휘 학습은 줄곧 학습자의 몫으로 남겨지곤 하였던 것이 사실이다.

본 장에서는 어휘 교육의 필요성을 인식하고, 어휘의 개념, 프랑스어 교수법의 변천에 따른 어휘 교육의 위상 변화 및 외국어 교육에서 어휘의 역할을 살펴본다. 나아

---

1) 의사소통접근법은 구조주의 언어학과 행동주의 심리학에 기초한 청화식 교수법(méthode audio-orale)의 등장 이후, 언어 구조의 정확성보다는 의미 전달의 성사 여부를 강조하며 1970년대 후반 등장한 교수법이다. 이와 관련하여 M. Rivers(1983:43)는 의사소통접근법에 이르러 형태(forme)보다 의미(sens)를, 정확성(précision)보다 유창성(aisance)을 중시하게 되었음에 주목하며 어휘에 더 주의를 기울일 것을 권고한다.

가 어휘 교육과 관련하여 어휘 선택, 어휘 교육의 목표 및 단계와 어휘 교육 방법에 대해 살펴보고자 한다.

1. 어휘의 개념

프랑스어에서 '어휘'를 지칭하는 용어로는 'lexique'와 'vocabulaire'가 있으며, 이 둘은 종종 혼용된다. 정확한 의미 구분을 위해 'lexique'와 'vocabulaire'의 개념에 대해 살펴보자.

우선 '어휘'의 개념을 분명히 하기 위해 관련성 있는 'mot'에 대한 개념부터 간략히 언급하면 다음과 같다. 'mot'는 Galisson et Coste(1976:360)에 따르면 'lexique'를 구성하는 의미를 갖는 기본 단위이다. '단어'로 해석이 가능하다.

다음으로 'lexique'와 'vocabulaire'가 있다. 이들은 서로 긴밀한 관계에 놓여 있으며, 모두 '어휘'로 해석이 가능하다. 각각은 서로에 대한 동의어로 사용된다. 그러나 언어학자들은 두 개념 사이의 명확한 의미 구분을 강조한다. 'lexique'는 Saussure가 대립시킨 'langue(언어)'와 'parole(말)', Guillaume이 대립시킨 'langue(언어)'와 'discours(담화)' 중 'langue'에 해당하고 'lexèmes(어휘소)'이라는 잠재적 단위로 구성되는 반면, 'vocabulaire'는 'discours'에 해당하고 'lexèmes'이 담화 속에서 실현될 때 형성되는 'vocables'의 총체이다. 또한 'lexique'는 다양한 언어 사용 영역에서 'lexèmes'의 총체인 반면, 'vocabulaire'는 오직 한 개인이나 집단이 의사소통 할 때 사용한 'morphèmes lexicaux(어휘형태소)'만을 가리킨다.[2] 따라서 Proust의 '어휘'나 젊은이들, 교사들 혹은 의사들의 '어휘'라고 할 때, vocabulaire de Proust, vocabulaire des jeunes, des enseignants, des médecins으로 표현할 수 있다. 나아가 'vocabulaire'는 'lexique'의 존재를 전제로 하여 구어이든 문어이든, 짧든 길든 반드시 어떠한 주제와 연결되는 반면, 'lexique'는 주제와 결부되지 않으며 사용 영역에 제한이 없다. 이러한 맥락에서 볼 때, 'lexique'는 양적 수준에서 'vocabulaire' 보다 폭넓은 개념이며, 'vocabulaire'

2) Robert(2002:100)

는 'lexique'의 부분집합이 된다.[3)]

Tréville과 Duquette(1996:12)은 'lexique'와 'vocabulaire'에 대한 연구가 명확하게 세분화되지 않았다고 지적하면서, 'lexique'는 사전의 내용에 해당하는 것이고, 'vocabulaire'는 구어 혹은 문어적 자료에서 실현된 말(parole)의 일부에 해당한다고 설명한다. 그들에 따르면 'lexique'에 대한 연구는 언어 체계 내의 단어들에 관한 것이고, 'vocabulaire'에 대한 연구는 단어의 담화적 기능에 관한 것이다. 따라서 학교나 군대 혹은 수학이나 프랑스어와 같은 특정 영역의 '어휘'의 경우, vocabulaire de l'école, vocabulaire de l'armée, vocabulaire des mathématiques나 vocabulaire français로 표현할 수 있다.

이처럼 'lexique'와 'vocabulaire'에는 분명한 의미 차이가 존재한다. 'lexique'와 'vocabulaire'의 관계를 도식화하여 나타내면 다음과 같다.

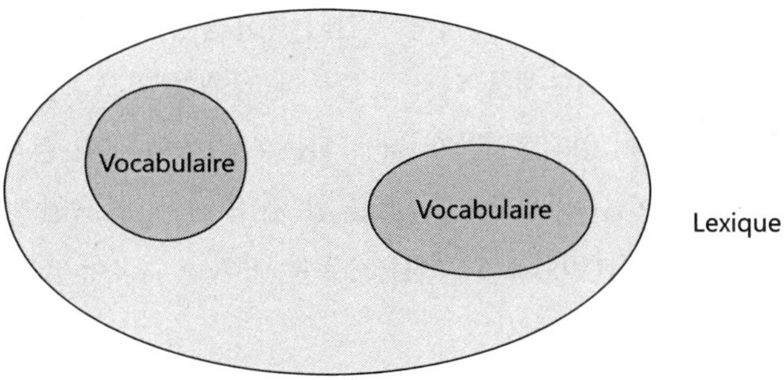

[그림 6-1] 'Lexique'와 'Vocabulaire'의 관계

---

3) Le *lexique* est constitué d'unité virtuelle : les *lexèmes*. Quand les lexèmes s'actualisent dans le discours, ils deviennent des vocables. L'ensemble des *vocables* constitue le *vocabulaire*. Le vocabulaire est nécessairement lié à un texte, écrit ou parlé, court ou long, homogène ou composite, alors que le lexique, transcendant au texte, est lié à un ou plusieurs locuteurs. Le vocabulaire d'un texte suppose l'existence d'un lexique, dont il n'est qu'une actualisation limitée, un *échantillon*(ce mot), c'est-à-dire un sous-ensemble. (Galisson et Coste 1976:317)

2. 어휘 교육의 위상 변화[4)]

본 절에서는 프랑스어 교수법에서 어휘에 대한 인식이 어떻게 변화해 왔는가를 조명하고자 한다.

어휘는 외국어 교육에서 줄곧 문법의 아류로 다루어졌으며, 그 중요성이 주목받기 시작한 것은 그리 오래된 일이 아니다.[5)] 그렇다면 시대적으로 언제부터 어휘의 중요성이 인식되기 시작했을까? 응용 언어학 전공자, 외국어 교육학자와 교수자들이 어휘가 경시되는 것에 반기를 들기 시작한 때는 70년대 말에 이르러서이다. 영어권에서 Judd(1978)의 '어휘 교육의 현주소에 대한 재평가의 필요성(« Vocabulary Teaching and TESOL : A need for reevaluation of existing assumptions »)', Meara(1980)의 '언어 학습에서 무시된 부분 (« Vocabulary acquisition : A neglected aspect of language learning »)'과 같은 어휘 습득 관련 논문이 출현하게 되는 시기도 바로 이때이다. 이어지는 80년대부터 외국어 교육에서 어휘의 중요성이 본격적으로 부각되기 시작하는데, 이는 어휘 지식의 부재를 외국어 습득에 장애 요인으로 인식하기 시작하면서부터이다. 학습자들이 읽기를 할 때 겪게 되는 어려움이 어휘 지식의 부족 때문이라고 본 Crow & Quigley(1985:499), 듣기를 할 때 주된 장애 요인이 어휘에 대한 무지 때문이라고 밝힌 Kelly(1991:135), 이들 모두는 어휘를 외국어 습득에 주된 장애 요인으로 보았다.

한편 유럽어권에서도 80년대에 이르러 어휘의 중요성이 두드러지기 시작하였다. Hausmann(1984)이 자신의 은사가 '외국어 학습은 세 가지의 'M'으로 이루어지며, 그것은 단어(Mots), 단어(Mots), 그리고 단어(Mots)이다[6)]'라고 한 주장에 비추어 외국어 교육의 중추적 요소로써 단어의 중요성을 역설하였다. 또한 Galisson(1983:18)이 텍스트를 완전히 이해하기 위해서는 무엇보다도 어휘의 정확한 의미를 알아야 한다

---

4) 김은정(2013:28-37)의 내용을 본 글의 목적에 맞게 발췌 · 재구성하였음.

5) 외국어 교육에서 어휘를 경시하는 태도가 바뀌야 할 필요성을 주장한 Laufer(1986:69), Carter(1987:145) 등은 특히 기존의 많은 교재들이 문법 습득과 관련된 내용만을 다루었을 뿐, 어휘 습득과 관련해서는 별다른 내용을 싣고 있지 않았음에 주목하였다. 또한 Arnaud(1992:134)는 외국어의 향상 정도가 대부분 문법적 기준을 수단으로 하여 측정되었음을 밝혔다.

6) Bogaards(1994:9) 재인용

고 언급하고, Courtillon(1989:147)이 어휘를 문장을 이루는 기본 요소이자 화자의 의도를 전달할 수 있는 완전한 형태로써 간주하며 외국어 습득을 위한 핵심 요소라고 강조했던 시기도 80년대에 이르러서이다.

이와 같이 어휘의 중요성이 부각되기 시작하는 것은 70년대 후반이며, 외국어 교수법에서는 의사소통접근법이 등장하면서 부터이다. 의사소통접근법은 언어 교육의 주안점이 구조주의에서 기능주의로, 발화의 정확성에서 유창성으로 바뀌는 교수법적 패러다임의 변화 중심에 있는 이론이다. 한편 이러한 패러다임의 변화는 하나의 새로운 교수법이 등장하는 배경에는 새로운 사회적 필요와 기대가 있다고 한 Puren(1988:97-98)의 주장에 근거하여 볼 때 사회의 발전에 따라 발생되는 것으로, 이는 시대별로 다른 교수법 이론이 존재하는 이유가 되며, 그에 따른 언어 구성요소의 상이한 위상에 대한 설명이 된다.

이와 같이 70, 80년대를 중심으로 시대별 어휘의 위상을 살펴보았다. 그렇다면 프랑스어 교수법에서는 언제부터 어휘가 중요하게 다루어지기 시작했을까?

프랑스어 교수법에서 어휘의 위상을 살펴보기 전에, 어느 측면에 기준을 두고 그 위상을 살펴볼 것인가를 결정한다. 어휘의 위상은 어디에 기준을 두고 바라보느냐에 따라 충분히 달라질 수 있기 때문이다. 우리는 교수·학습 대상으로서 어휘, 그리고 의사소통 능력과 어휘라는 기준을 설정하고, 이 두 측면에서 어휘의 위상을 논할 것이다.

2.1. 교수·학습 대상으로서 어휘의 위상

어휘의 위상에 대해 논의한 학자들이 다수 존재하는데, 그 중 Galisson(1991:5-9)은 어휘의 위상을 '살찐 소(vaches grasses)' 시대와 '여윈 소(vaches maigres)' 시대로 구분하여 논한 바 있다.[7] '살찐 소' 시대는 프랑스어 교수법에서 어휘가 큰 비중을 차지했던 시대로, 전통교수법(méthode traditionnelle, 이하 MT)과 직접교수법(méthode directe, 이하 MD)이 이 시대에 속한다. 반면 '여윈 소' 시대는 어휘의 위상이 매우 낮았던 시대로, 시청각교수법(méthode audio-visuelle, 이하 MAV)과 의사소통접근법

7) 이는 Galisson(1991:5)이 성경에서 유래된 표현을 비유적으로 든 것으로 '살찐 소(vaches grasses)'는 '풍요'를, '여윈 소(vaches maigres)'는 '궁핍'을 의미한다.

(approche communicative, 이하 AC)이 이 시대에 속한다.

먼저 '살찐 소' 시대에 해당하는 MT는 문법과 번역을 강조한 교수법으로, 이 시대에는 어휘 학습을 위한 특수교재들이 출판되며, 텍스트 하단의 어휘 노트란이 확장되는 등 문법과 더불어 어휘를 중요하게 여기는 인식이 보편화 돼 있었다.[8] 또한 학습자들에게 높은 수준의 교양을 가르칠 수 있는 대표적인 수단으로써 문어적 담화인 문학 텍스트를 활용했던 사실 역시 어휘의 위상이 높았음을 잘 보여준다. 구어적 담화와 비교해 문어적 담화를 이해하는 데 더 풍부한 어휘 지식이 요구되었기 때문이다.

한편 MT에서 어휘의 입지는 분명했지만, 이것이 곧 어휘가 만족스럽게 다루어 졌음을 의미하지는 않는다. 당시 암기는 교육에서 중요했으며, 이러한 상황에서 어휘는 줄곧 학습자 스스로가 암기를 통해 지녀야 하는 무기와도 같은 것이었다.

다음으로 MD는 MT와 정반대의 입장을 취해 일상 구어를 중시했다. 또한 MD는 학습자의 능력을 고려하여 가공된 텍스트를 사용하였다. 따라서 텍스트를 이해하는 데 풍부한 어휘력이 동원될 필요는 없었으나, 놓친 단어에 대한 학습을 중시하는 등 어휘 학습에 대한 압박이 MT에서 만큼 컸다는 점에서 어휘의 위상은 여전히 높았다고 볼 수 있다.

반면 '여윈 소' 시대에 속하는 MAV에서는 일상 구어를 중시하며 상황에서 자연스럽게 이루어지는 대화 연습을 강조했다. 일상 대화에서 단순한 것을 말하기 위해 복잡한 어휘를 저장해 두는 것에 대한 불필요성을 강조하고, 긴 어휘 목록을 구시대의 전유물로 간주[9]한 것은 바로 이와 관련이 있다. 또한 MAV는 음운론과 문법에 중심을 두고 Français Fondamental 1(기본 프랑스어 1, 이하 FF 1)의 활용을 권장하는 구조주의에 기초한 교수법으로, 사용 어휘를 FF 1의 어휘로 제한하였다. 즉, MAV에서는 소수의 어휘를 가지고 정해진 구문을 학습하는 연습이 주축을 이루는 등 어휘 습득은 학습의 주된 목표가 아니었다. MAV에 기반 한 교재의 매 단원에 문장 구조 연습에 필요한 최소한의 어휘만이 수록되었던 사실[10]은 이를 잘 밝혀준다.

8) Galisson(1991:6)
9) Galisson(1991:8-11)
10) Bogaards(1994:6)

> **Français Fondamental 1(기본 프랑스어 1)** : '언어는 의사소통의 도구이다'라는 명제 하에 언어습득을 위해 기본어휘를 한정할 필요성과 함께 등장하였으며, G. Gougenheim, P. Rivenc, R. Michéa, A. Sauvageot 팀이 빈도수를 조사하여 만들었다. 대표적인 교재: voix et Image de France(1960)와 De vive voix(1972)

한편 '언어는 의사소통의 도구이다'라는 명제 하에 언어 습득을 위해 등장한 FF 1은 그 과정에서 반드시 알아야만 하는 어휘를 기본 어휘로만 한정시키고 집중시키는 현상을 초래함에 따라, 오히려 다양한 어휘에 대한 학습은 중요시 여겨지지 않았다. 이와 관련하여 Galisson은 "역설적이게도 FF 1을 만들기 위해 실행된 모든 작업이 어휘를 사용하지 않도록 하는 데 사용되었고, 교재 내 어휘의 빈곤화를 초래했다"[11]라고 언급한 바 있다. 또한 Bogaards(1994:6)는 "FF 1은 언어 교육에서 어휘의 파괴자라는 기대하지 않은 역할을 했다"[12]라고 한 Galisson의 언급에 주목하며, FF 1이 초기 의도와 달리 어휘의 입지를 약화시키는 데 기여했음을 재확인하였다. 이렇듯 영어의 위세에 대항하여 프랑스어의 영향력을 회복하고 외국인 학습자에게 효율적으로 프랑스어를 가르칠 목적으로 제작된 FF 1은 초기 제작 목적과 달리 어휘의 입지를 낮추는 예기치 않은 요인으로 작용하기도 하였다.[13]

다음으로 '여윈 소' 시대에 속하는 또 다른 교수법인 AC는 의미 전달을 중요시 한 교수법으로, 이 교수법에서 어휘가 차지하는 비중은 그 어느 때보다 크며 중요했다고 볼 수 있지만, 교수·학습 대상으로서 어휘의 위상은 여전히 낮았다. 그 이유는

---

11) Le paradoxe, en l'occurrence, est que tout le travail effectué pour l'élaboration du F.f. ait surtout servi...à desservir le vocabulaire et abouti à sa paupérisation dans les méthodes. (Galisson. 1991:8)

12) Le paradoxe, en l'occurrence, est que tout le travail effectué pour l'élaboration du F.f. ait surtout servi...à desservir le vocabulaire et abouti à sa paupérisation dans les méthodes.(...) le f.f.[a joué] le rôle inattendu de fossoyeur du vocabulaire en pédagogie des langues.

13) 하지만 FF 1은 반드시 습득이 필요한 어휘의 종류와 수를 포함하는 교육자료로써, 외국어 교육에서 어휘 학습의 필요성과 중요성을 일깨웠음을 부인할 수 없을 것이다. 그리고 수록된 어휘들이 과학적인 연구절차를 따라 수집되었다는 사실에 비추어 볼 때, FF 1이 외국어 교육에서 갖는 교육적 의의는 크다고 할 수 있다.
FF 1에 수록된 단어들은 163개의 실제 의사소통 대화 내용에서 수집한 312,136개의 어휘 중에서 수집된 것으로, 대화 내용은 사회·지리적 차이를 고려한 개인이나 그룹에서 이루어진 의사소통 내용으로, 상대방 모르게 녹음되었다.

AC에서는 학습자들이 반드시 알아야만 할 어휘를 화언행위(acte de parole) 목록을 제시하고 있는 프랑스어 목록자료집(un Niveau-Seuil)에 기초하여 선별하였기 때문이다. 이는 어휘가 여전히 어휘 습득을 목표로 한 학습 대상으로써가 아니라, 무언가를 돋보이게 하는 부차적인 요소로써 간주되었음을 시사한다. 또한 AC에서 텍스트의 수용 방법으로 등장한 총괄적 읽기(lecture globale) 혹은 총괄적 듣기(écoute globale)라는 개념은 텍스트의 전반적인 이해를 강조한 것으로, 이는 어휘의 정확한 의미나 다양한 의미, 용법에 대한 학습자들의 주의력과 민감성을 떨어뜨리는 데 한몫을 했기 때문이다.

이와 같이 Galisson의 관점에 따른 '살찐 소', '여윈 소'라는 두 시대에서 어휘의 위상은 MT, MD에서 높고, MAV, AC에서 낮았다.

2.2. 의사소통 능력과 어휘의 위상

의사소통 능력은 구어와 문어, 이 양 측면 모두를 포함하는 것이나, 우리는 구어 의사소통 능력과 어휘의 상관성을 염두에 두고 그 위상을 조명해 볼 것이다.

먼저 MT에서 어휘의 위상은 가장 낮았다. 이미 살펴본 바 있듯이 MT의 교수 목표는 문학 텍스트를 잘 번역하는 데 있었으므로, 학습 대상 어휘는 일상생활과 관련이 없는 문학적이고 문어적인 것이었기 때문이다. 즉, MT에서 어휘는 단지 번역을 잘하기 위한 것으로 머릿속에 사장된 지식 차원의 도구로써 매우 중요했으며, 구어적 의사소통과는 무관한 언어적 요소였기 때문이다.

다음으로 모국어를 거치지 않고 목표어로의 직접 접촉을 통한 학습을 지향하는 MD에서 어휘의 위상은 MT에서 보다 높다고 볼 수 있다. MD에서 어휘는 단지 지식적 차원의 도구가 아니라, 구어 표현에 사용되는 활용적 차원의 도구로써 말하기에 직접적인 영향을 미쳤기 때문이다. 또한 일상에서 구어적으로 자주 쓰이는 어휘일수록 구어 의사소통 능력과 관련성이 크다고 할 때, MD에 기반을 둔 수업은 '우체국에서', '은행에서', '식당에서'와 같은 일상적인 상황이나, '돈', '지리', '기온'과 같은 일상적인 주제에서 빈번히 사용하는 어휘를 학습 대상으로 했기 때문이다. 나아가 구어가 중시되기 시작한 MD에 이르러 종전 외국어 교육에서 주류였던 문법보다 어휘가 중요한 위치를 차지하게 되는데,[14] 이 역시 당시 어휘의 위상이 이전보다 높았음을 잘 보여준다.

상황에 따라 다소 어색하고 피상적인 대화를 양산하는 자극-반응-강화(stimulus-réponse-renforcement)식에 기초한 기본 문장 습득과 회화 연습이 주가 되는 구조주의 언어학에 기초한 교수법인 MAV에서 어휘의 위상은 다음의 두 가지 이유에 근거하여 MD에서 보다 높았다는 해석이 가능하다. 첫째, MAV는 구조주의 언어학에 기반을 두고 있어 다양한 어휘가 동원될 필요는 없었으나, MAV의 대표적인 한계점으로 꼽히는 '학습자가 교실 안에서 학습한 문장은 교실 내에서 밖에 사용할 수 없다'는 것으로 요약되는 전이의 문제(problème du transfert)[15]로 인해, 상황에 맞는 창조적인 발화 생산을 위한 어휘의 중요성이 부각되었기 때문이다. 둘째, 반복적인 구문 연습이 학생들에게 압박과 부담을 주어 흥미 및 동기 유발을 저해할 수 있다는 지적에 따라 동기 및 흥미를 유발시킬 목적으로 등장한 MAV는 시각적 도구의 활용을 통해 어휘 학습에 대한 지루함을 해소하였다.

> **전이의 문제(problème du transfert) :** 'Qu'est-ce que tu as fait hier soir?' 라고 교실에서 물었을 경우, 학습자는 거의 자동적으로 'Hier soir, j'ai regardé la télévision'이라고 대답하고, 교실 밖인 길거리에서 같은 질문을 받았을 때, 만약 그가 텔레비전을 보는 것과 다른 행동을 했을 경우, 쉽게 대답할 수 없는 문제.

마지막으로 의사소통 능력의 향상을 궁극적 목표로 하는 AC에서 어휘의 위상은 다음의 두 가지 이유에 근거하여 이제까지 중 가장 높다고 할 수 있다. 첫째, 전술한 바 있듯이, AC에서 의미 전달에 역점을 둔 유창성을 강조하였기 때문에 의미를 실어 나르는 어휘의 중요성에 대한 인식이 그 어느 때보다 컸다. 이와 관련하여, Bogaards(1994:143)은 종전 외국어 교육에서 교육적 실행과 학문적인 연구를 위해 특히 문법적 측면을 중요시 했었다면, 의사소통 중심 교육의 필요와 함께 어휘가 중

14) Germain(1993:129)

15) Germain (1993:147)에 따르면, 구조주의는 이미 완전한 구문 형태를 통한 외국어 습득을 권장하기 때문에, 다양한 어휘의 창조적 조합으로 상황에 맞는 발화 생산을 어렵게 하며, 이는 전이의 문제의 원인이 된다.

요해졌다고 언급한 바 있다. 둘째, 어휘는 의사소통 능력의 필수 구성요소 중 하나[16)] 로써, 의사소통에 결정적인 영향을 미쳤기 때문이다.

3. 외국어 교육에서 어휘

의사소통 능력의 습득을 목표로 하는 AC에서 어휘의 위상이 가장 높았던 사실은 의사소통 능력과 어휘 간의 긴밀한 연관성을 단적으로 잘 밝혀준다. 또한 Canale et Swain(1980:28-31), Moirand(1982:20), Boyer(1990:46-51) 등은 의사소통 능력의 구성요소[17)]로서 '어휘'를 공통적으로 든 바 있다. 이렇듯 '어휘'가 의사소통에서 매우 중요한 역할을 수행한다는 사실을 부인하기란 어렵다.

그렇다면 어휘는 의사소통에서 구체적으로 어떤 역할을 할까? Bogaards(1994:57-61)가 주장하는 바에 따라 그 역할을 살펴보면 다음과 같다.

먼저 어휘는 대화 상대자에 대한 정보를 준다. 의사소통은 단방향적인 것이 아니

---

16) 〈의사소통 능력 구성요소로서의 '어휘'〉

· M. Canale et M. Swain(1980:28-31)

문법적 능력(grammatical competence), 사회언어적 능력(sociolinguistic competence), 전략적 능력(strategic competence)

: 문법적 능력: 언어 능력에 해당하는 어휘, 음운, 형태 및 통사의 규칙에 관한 능력

· S. Moirand(1982:20)

언어적 구성요소(composante linguistique), 담화적 구성요소(composante discursive), 지시적 구성요소(composante référentielle), 사회문화적 구성요소(composante socioculturelle)

: 언어적 구성요소 : 언어 체계를 이루는 음성학적, 어휘적, 문법적, 텍스트적 모델들의 체화(이것들을 사용할 수 있는 역량) 및 지식을 의미

· H. Boyer(1990:46-51)

기호언어적 능력(compétence sémiolinguistique), 지시적 능력(compétence référentielle), 담화-텍스트적 능력(compétence discursive-textuelle), 사회화용적 능력(compétence sociopragmatique), 민족-사회문화적 능력(compétence ethno-socioculturelle)

: 기호 언어적 능력: 음성과 음운, 어휘, 의미, 문법적 기능에 관련된 지식(savoir)을 알고, 이를 활용(savoir-faire) 할 수 있는 능력을 포함하여, 구어에서 몸짓이나 제스처 같은 비언어적 요소 등을 포함하는 능력

17) 각주 16번 참조.

고 양방향적인 것이어서 발화자 혼자만으로 성립되지 않고 대화 상대자의 존재가 필수적이다. 그러므로 대화 상대자에 대한 정보를 파악하면 의사소통을 원활하게 하는 데 매우 유리하다. 일반적으로 나이, 성별, 사회적 계층, 직업, 문화, 지리적 출신 등에 따라 어휘의 선택과 사용이 다르므로, 어휘는 대화의 장에서 대화 상대자에 대한 비명시적인 정보를 담고 있는 중요한 요소이다.

두 번째로 어휘는 대화의 주제(sujet) 파악을 돕는다. 대화의 주제를 알 수 있게 해 주는 요소로는 대화자들의 신분, 대화의 상황, 사용되는 어휘 등 여러 가지가 있는데, 이 중에서 어휘는 대화의 주제와 밀접한 관계를 맺고 있는 요소라고 할 수 있다.

세 번째로 어휘는 화자의 동기(motivation)를 읽을 수 있게 해 준다. 드러내건 드러내지 않건, 화자의 동기는 대단히 중요하다. 화자의 태도, 더 나아가 화자가 상대방으로부터 얻기를 원하는 것 또는, 언어를 매개로 대화 상대자에게 전달하고자 하는 의도는 화자의 단어 선택에 영향을 미친다. 다시 말해 발화자가 사용하는 어휘를 통해 그의 의사소통 동기를 파악할 수 있다. 이처럼 어휘를 통해 화자의 발화 동기를 알게 되면 그가 전개할 이야기에 대한 예측이 가능해지기 때문에 의사소통이 수월해질 수 있다.

네 번째로 어휘는 의사소통의 상황(situation)을 파악할 수 있게 해 준다. 우리는 상황에 따라 어휘의 사용을 달리하곤 하므로, 사용된 어휘를 분석함으로써 어떤 상황에서 의사소통이 이루어지는지 알 수 있다. 예를 들어 대화에서 사용되는 어휘를 통해 그 상황이 공식적인지 혹은 비공식적인지 등을 분간할 수 있다. 더 나아가 특정 분야에서는 특수한 어휘가 사용되므로 이러한 어휘를 통해 상황을 유추해낼 수 있다. 가령 대화중에 빈번히 '우편환(mandat)'이나 '우표(timbre)'와 같은 어휘가 등장한다면, 대화가 진행되는 상황이 우체국임을 어렵지 않게 알 수 있는 것과 같다. 게다가 이렇게 의사소통 상황이 인지되고 나면, 이어지는 대화 내용을 훨씬 수월하게 이해할 수 있다.

이와 같이 어휘는 의사소통에서 대화 상대자에 대한 정보를 주고, 대화의 주제 및 의사소통 상황을 파악할 수 있도록 도우며, 화자의 동기를 읽을 수 있도록 한다.

4. 어휘 교육의 실제

앞서 언급한 바 있듯이, 의사소통 능력의 함양이 외국어 교육의 중요한 목표로 부상함에 따라 어휘는 전에 없이 중요한 위치를 차지하게 되었다. 효율적인 어휘 교육에 대한 논의가 필요하며 중요한 이유이다.

어휘는 저절로 학습되는 것이 아니라 적절한 교수법적 접근을 통해 교수되어야 하고, 전통교수법에서 다뤄지던 양적 접근(approche quantitative)이 아니라 질적 접근(approche qualitative)을 통해야 한다는 Cornu와 Binon(1983)의 주장은 교수 · 학습 대상으로써의 어휘 선별의 중요성[18]과 효율적인 어휘 교육이 이루어지기 위해 적절한 교수법을 적용해야 함을 의미한다. 본 절에서는 효율적인 어휘 교육을 위한 어휘 선택, 어휘 교육 목표 및 단계 그리고 어휘 교육 방법에 대해 다룰 것이다.

4.1. 어휘 선택

Galisson(1988)은 어휘 학습을 위한 어휘 선별에 각별한 주의가 필요하다고 역설하며 무엇보다 학습 대상 어휘를 선별하는 작업이 선행되어야 함을 주장하였다.

언어 교육의 효율성을 높이기 위한 어휘 선별의 문제를 조명하기 시작한 것은 19세기 초부터이다. Bogaards(1994:103-110)는 어휘 선별의 역사를 경작기(Le labourage des terres, 1900-1920), 파종기(Les semailles, 1920-1840), 성장기(Une certaine croissance, 1940-1970), 수확기(Moisson et nouvelles semailles, 1970년 이후)로 비유적으로 소개[19]하면서, 수확기에 이르러 어휘 학습의 문제가 본격적으로 중요시되고, 그와 더불어

---

18) Cornu와 Binon은 어휘 선별의 중요성을 강조하며, 이를 위해 소위 S.O.S 라 불리는 접근법을 소개한다. S.O.S 접근법은 선별적이고(sélectif), 조직적이고(organisé), 체계적인(systématique) 방법으로 어휘 선별이 이루어지는 것을 의미한다.

19) Bogaards(1994:103-111)은 어휘 목록화의 발전 정도에 따라, 외국어 교육에서 어휘 선별의 역사를 총 네 개의 시기로 구분한다. 그가 구분한 네 개의 시대는 경작기(Le labourage des terres, 1900-1920)와 파종기(Les semailles, 1920-1840), 성장기(Une certaine croissance, 1940-1970)와 수확기(Moisson et nouvelles semailles, 1970이후)이다. 각 시기에 대한 부연 설명을 하면 다음과 같다.
① 경작기(1900-1920) : 씨를 뿌리기 위해 밭을 가는 것과 같은 어휘 목록 준비의 시기.
대표적인 어휘 목록 - H. Keniston에 의한 '스페인의 일상 어휘(Common words in Spanish)',

학습대상이 되는 어휘를 정리하여 제시하는 어휘 목록화에 대한 관심이 커졌음을 밝혔다.

1920년대에 이르러 외국어 교육을 염두에 둔 첫 번째 어휘 목록이 등장했으며, 이후 보다 유용한 어휘 목록을 만들기 위해 다양한 어휘 선별 기준들이 제시된다.

Bogaards(1994:111-121)는 어휘 선별의 기준을 크게 교수법적 기준과 언어적 기준으로 나누고, 교수법적 기준에 시간, 교수법, 단어의 난이도, 다양한 학습자군을, 언어적 기준에 빈도수(fréquence), 대기성(disponibilité), 결합가(valence lexicale)[20], 상황(situations) 등을 포함시킨다. 그리고 이 중 의사소통 능력과 직접적으로 결부되는 언어적 기준에 대해 상세히 논의한다. 요컨대 그에 따르면 의사소통 능력의 향상을 염두에 둔 어휘 선택에 있어 중요한 기준은 빈도수, 대기성, 결합가, 상황 등이다.

최초의 어휘 목록, 일상어를 목록화 하는 데 목적을 둠.

② 파종기(1920-1840) : 어휘 선택의 다양한 원칙을 세우고 수정하며, 여러 실험을 하는 시기(la haute saison de la sélétion de vocabulaire).

대표적인 어휘 목록 - H. Palmer, Ogden « BASIC English », West « Definition Vocabulary »

③ 성장기(1940-1970) : 어휘 목록이 지속적으로 생성되는 시기.

대표적인 어휘 목록 - 1954년의 FF 1과 FF 2

④ 수확기(1970년 이후) : 성장이 계속되어 어휘 목록 완성이라는 수확을 거두는 시기.

대표적인 어휘 목록 - 유럽평의회의 7년에 걸친 연구 끝에 영어, 프랑스어, 스페인어, 독일어, 이태리어의 어휘 및 표현을 실은 어휘 목록

20) 결합가(valence lexicale)에는 다음의 네 가지가 포함된다. (P. Bogaards. 1994:131-137)

① 내포(inclusion) : 예) Le mot《*siège*》peut désigner un fauteuil, une chaise, un divan, un sofa etc.

② 확장(extension) : 한 단어의 의미와 활용의 총체(totalité)

예) Le mot *mouton*

I *1. mammifrère domestique ruminant*

2. bélier châtré, élevé pour la boucherie

3. fourrure de mouton

4. chair, viande de mouton

II *1. personne crédule*

2. compagnon de cellule délateur

3. petite vague crêtée d'écume

4. lourde masse de fer ou de fonte

③ 구성(composition) : 예) *garde-fou*

④ 정의(définition)

Binon, Verlinde, Selva.(2001-1:43-44)는 모든 어휘를 교수할 수 없기 때문에, 교수 대상이 되는 어휘를 잘 선별해야만 한다고 주장하며, 어휘 선별을 위한 척도를 객관적 · 주관적으로 구분하여 제시한다. 주요 객관적 척도로 빈도수, 단어 혹은 어휘 단위의 분포를, 주요 주관적 척도로 커버율(le taux de couverture)[21], 대기성, 단어의 위상, 학습 난이도, 교수법적 기준들[22]을 들었다.

마지막으로 유럽공통참조기준(2001:115)(Cadre Européen Commun de Référence pour les langues, 이하 CECR)에서는 어휘 선별 방법으로 첫째, 의사소통 과제 실행에 유용하고, 목표어 사회 구성원들이 공유하는 문화적 가치와 차이를 잘 보여줄 수 있는 핵심 단어와 표현을 선택하는 것, 둘째, 자료집 혹은 주제별 영역에서 빈도수가 높은 어휘를 선택하는 것, 셋째, 실제 자료에 포함된 단어들을 선택하는 것 등이 포함된다.

이와 같이 Bogaards(1994), Binon, Verlinde, Selva.(2001), CECR(2001)의 어휘 선별 기준에는 다소 차이가 있으나, 빈도수, 대기성, 단어의 난이도는 어휘 선택에 있어 그들 모두에게 공통되는 주요 기준이었다.

4.2. 어휘 교육 목표

Bogaards(1994:163)에 따르면, 어휘를 습득하는 데 학습자의 노력이 중요한 작용을 하는 것은 분명하지만, 이는 어휘 교육 방법이 습득에 미치는 영향과 비교하면 부차적인 요인이다. 어휘는 적절한 교수방법론으로 교육되어야 하며, 어떠한 방법을 적용하여 어휘를 교육하느냐에 따라 학습의 효율성에 큰 차이가 있음을 시사하는 대목이다. 이처럼 어휘 교육의 중요성을 염두에 두고 본 절에서는 어휘 교육 방법에 대해 구체적으로 논의할 것이다.

보다 효율적인 어휘 교육 방법을 구상하기 위해 선행되어야 하는 것은 어휘 교육의 목표를 설정하고 단계를 구분하는 과정이다. 어떠한 과제를 성공적으로 수행하기

---

21) ex) rémunération, salaire

22) 목표(objectifs), 목표 대상의 언어 수준(niveau du public-cible), 제약과 자료(contraintes et ressources)

위해 목표를 설정하고 그에 적합한 수행 단계를 제시하는 것은 무엇보다 중요하기 때문이다.

먼저 어휘 교육 목표를 어떻게 설정할 수 있을까? Graves(1987)는 모국어에서 어휘 습득의 목표를 첫째, 단어를 학습하기, 둘째, 단어 학습하는 법을 학습하기, 셋째, 단어에 대한 사실들을 학습하기라는 세 가지로 제시하였는데, Boggards(1994)는 이 세 가지 목표를 외국어 학습의 경우에 적용할 수 있다고 주장하며 이를 외국어 어휘 학습 목표로 제시한다. 또한 Boggards(1994)는 Graves(1987)가 제시한 세 가지 목표와 그가 각 항목에 포함시킨 관련 과제(tâche)들을 함께 소개한다.

첫 번째 목표 : 단어를 학습하기

a. 이미 알고 있는 단어의 새로운 의미 학습

b. 이미 알고 있는 개념에 대한 새로운 단어 학습

c. 새로운 개념에 대한 새로운 단어 학습(가장 어려운 과제)

d. 수용적 사용에서 생산적 활용으로 전이[23)]

두 번째 목표 : 단어 학습하는 법을 학습하기

e. 다양한 정보 출처들을 사용: 맥락, 단어의 분석 가능한 부분들, 참고서적

f. 모르는 단어들을 다루기 위한 기술 터득

세 번째 목표 : 단어에 대한 사실들을 학습

g. 학습자들은 한 단어를 안다는 것이 의미하는 것을 알아야만 함

h. 의미가 변화한다는 사실과 어떻게 의미가 변화하는지를 깨달아야 함

i. 단어들 간의 의미 관계를 조합하고 재인식할 수 있도록 하는 메카니즘을 이해해야 함

j. 단어의 구상적인 활용을 책임지는 메카니즘을 이해해야 함

이와 같은 Graves(1987)의 주장에 비추어 볼 때, 어휘 학습은 단순히 새로운 단어에 대한 학습 그 이상의 의미를 내포한다는 것을 알 수 있다. 또한 그가 제시한 목표는 배워야 할 어휘의 수에만 집중되어 있지 않고, 어휘 학습과 관련하여 다양하고 세부적인 측면을 고려하고 있다는 점에서 다른 많은 접근법보다 적절하다는 평가를 받는다.

---

23) '수동적 사용에서 능동적 활용으로 전이' 혹은 '인지적 차원에서 생산적 차원으로 전이'로 이해할 수 있다.

4.3. 어휘 교육 단계

어휘 교육 목표가 정해지고 나면, 목표에 부합하는 어휘 교육 단계를 설정하는 것이 수순일 것이다. 그렇다면 어휘 교육 단계를 어떻게 제시할 수 있을까? Celce-Murcia & Rosensweig(1979:247-248)는 새로운 단어를 제시하고 활용하는 과정을 다음의 여섯 가지 단계로 제시한다. 그들은 '단호한'을 의미하는 영어의 '*adamant*'이라는 어휘를 예로 들며 어휘 교육의 여섯 가지 단계를 다음과 같이 소개한다.

① 도입(introduction) : 교사는 단어를 가르치기 위해 맥락을 만든다 :
《 Professor Smith never change his mind. 》
(Smith 선생은 결코 자신의 생각을 바꾸지 않는다.)

② 의미 전이(transfert du sens) :
《 Once Professor Smith makes up his mind about something, he is adamant. 》
(일단 Smith 선생이 무언가에 대해 결심을 하면, 그는 단호하다.)

③ 단어 반복(répétition du mot) : 학생들은 발음을 하는 데 문제가 없을 때까지 그 단어만 계속 반복해야 한다 :
《 adamant, adamant, adamant.... 》(단호한, 단호한, 단호한....)

④ 확인(vérification) : 교사는 학생들이 단어를 잘 이해했는지 확인해야 한다 :
《 When your father gave you orders, was he adamant ? 》
(여러분 아버지가 명령을 내렸을 때, 아버지는 단호했나요?)

⑤ 활용(emploi) : 교사는 학생들에게 열린 질문을 한다 :
《 Do you think it's good for teachers and parents to be adamant ? Who is more adamant, a man or a woman ? 》
(여러분은 선생님이나 아버지가 단호한 것이 좋다고 생각하나요? 누가 더 단호하나요, 남자인가요, 여자인가요?)

⑥ 모범 문장(phrase modèle) :
《 Because of the nature of politics, it is not wise for a politician to be too adamant. 》
(정치의 성격 상, 정치인이 매우 단호한 것은 현명하지 않다.)

학교에서 어휘 교육이 어떻게 이루어 질 수 있는지를 Celce-Murcia & Rosensweig

(1979)가 제시한 어휘 교육 단계를 일례로 들어 살펴보았다. Van Els & al.(1984:264), Taylor(1990), Nation(1990)은 교육 단계에서 선택하고 강조하는 내용은 학자마다 다를 수 있다고 주장한다. 하지만 두 가지 요소는 모든 어휘 교육 모델에 공통적으로 적용된다고 말하며, 그 두 가지 요소로 어휘의 제시(présentation)와 복습(révision)을 든다. 이어지는 절에서 이 두 가지 요소와 관련한 어휘 교육 방법에 대해 논의할 것이다.

4.4. 어휘 교육 방법

4.4.1. 어휘 제시

모든 어휘 교육과정에서 반드시 필요한 과정은 어휘의 제시와 복습이다. 본 절에서는 먼저, 어휘 교육의 첫 번째 단계인 어휘 제시와 관련된 내용을 다룬다.

어휘 제시 방법은 크게 두 가지로 구분될 수 있다. 첫 번째는 교수자가 어휘 단위(unité lexicale)를 제시하는 방법과, 두 번째는 학습자가 단어의 의미와 형태를 관련짓는 의미화(sémantisation) 방법과 연관이 있다. 의미화 과정에서 Bogaards(1994:172)는 맥락을 통한 의미 추론 방법을 제시하는데, 이 또한 함께 살펴볼 것이다.

1) 어휘 제시 방법

교수자가 처음 단어를 제시할 때 동원할 수 있는 방법으로 의미론적 조작(opération sémasiologique)과 명칭론적 조작(opération onomasiologique)이 있다. 의미론적 조작은 형태를 통해 의미를 파악하는 것이다. 우리가 새로운 단어임을 인식하는 것은 그 형태를 통해서 임을 생각할 때, 이는 가장 흔히 접하게 되는 제시 방법이다. 명칭론적 조작은 어떤 의미를 표현하기 위해 목표어 단어를 찾는 것으로, 의미를 통해 형태를 파악하는 방법이다. 이 방식은 학습자가 그들의 모국어를 학습할 때와 같이 특별한 안내 없이 이루어 질 수 있다는 점과, 학습자가 의미 전달에 필요한 단어를 자발적으로 찾아낸다는 점에서 어휘를 습득하는 데 보다 효율적일 수 있다.

2) 어휘 의미 제시 방법

어휘를 제시한 다음에 이루어지는 것은 의미화를 하는 것으로, 다음의 세 가지 상이한 방식이나 혹은 이들 간의 조합을 통해 의미가 제시될 수 있다.

① 모국어 사용
② 외국어 사용
③ 언어외적인 수단 사용[24)]

먼저 텍스트를 읽다가 발견한 모르는 단어의 의미를 이해하기 위해 모국어를 사용하는 것이다. 많은 경우, 이 방법은 단어의 형태를 의미와 잘 연결시킬 수 있는 가장 빠르고 확실한 방법이다. 하지만 모국어에서 적절한 대응어를 항상 찾을 수 없고, 단어를 번역하기 위해 모국어와 외국어를 오가는 것이 불가피한 이 방식은 외국어의 안정적인 어휘망 구축에 장애가 될 수 있다.

다음으로 외국어를 사용하는 방법이다. 교사가 외국어로 설명을 하거나 단어의 형태에 근거하거나 문맥을 이용하는 것이 이에 속한다. 교수자는 어휘의 의미를 외국어로 정의하거나 환언(paraphrase)하는 등의 설명 방식을 택하는데, 이때 설명에 사용하는 어휘의 양이 많은 만큼 학습하는 어휘의 양도 함께 증가할 수 있다는 이점이 있다. 학습자가 외국어로 무언가를 이해할 수 있는 능력이 된다면 이미 학습한 단어를 통해 새로운 단어를 설명하는 것은 좋은 방법일 수 있다. 이로써 학습자는 외국어의 어휘적 요소 간 관계를 강화할 수 있으며, 모국어의 영향을 받지 않고 비교적 안정적인 어휘망을 구축할 수 있기 때문이다. 또한 어휘를 설명하는 데 의사소통적인 방법으로 외국어만을 활용하는 이러한 설명 방식은 학습자를 자연스럽게 외국어 사용 환경에 노출시킴으로써 학습자로 하여금 외국어로 의사소통을 하고자 하는 동기를 유발시킬 수 있다.

Scholfield(1982)는 이 같은 방식을 '*Knife(couteau)*'라는 어휘를 예로 들어 설명했다. 즉, '*Knife(couteau)*'는 다음과 같은 설명 방식을 통해 교육될 수 있다.

– 기능적 혹은 도구적 측면에서 :
《 C'est pour couper des choses. (물건을 자르기 위한 것이다.) 》

---

24) Van Els & al. (1984:251)

– 부분과 전부의 관계 측면에서 :
《 Il y a une lame et un manche. (날과 손잡이가 있다.) 》

– 하위개념어 측면에서 :
《 C'est un objet tranchant. (이것은 날이 선 사물이다.) 》

– 재료 측면에서 :
《 C'est en métal. (이것은 금속으로 만들어졌다.) 》

하지만 외국어를 사용하는 이 같은 방법은 학습자가 초급 수준일 때는 적절치 않다. 초급 수준의 학습자는 외국어로 이루어지는 설명을 이해하지 못하거나 혹은 그것을 잘못 해석할 가능성이 크기 때문이다. 또한 환언 방식은 단어에 대한 정확한 정의를 내리는 데 어려움이 있고, 단어에 대한 설명이 부분적으로 이루어진다는 점에서 한계가 있다.

마지막으로 언어외적인 수단을 사용하는 방법이다. 제스쳐, 무언극, 이미지(그림, 사진, 동영상 등), 영화, 실제 사물 등이 여기에 속한다. 모든 어휘가 시각 혹은 청각적 수단을 통해 설명이 되지 않는 만큼, 이러한 수단은 어휘의 의미를 밝히기에 충분치 않으나, 다른 어휘 제시 방법들과 병용한다면 어휘 습득에 도움이 될 수 있다.

3) 맥락을 통해 의미를 추론하기

외국어 교육과 관련하여 맥락의 교육적 효용성에 대해 언급한 학자들이 많다. 가령 초급 단계에서는 다양한 시각 자료나 상황을 제시하여 지도하고, 초급 이후 단계부터는 맥락의 이해를 통해 어휘의 의미를 유추할 수 있도록 지도하는 것이 바람직하다고 한 신길호(2004:213), 한 단어의 의미를 깨닫는 가장 좋은 방법이 의심할 여지도 없이 맥락[25]이라고 언급한 Bogaards(1994:172), 맥락을 떠나 단어를 학습하는 것은 상상할 수도 없는 일이라고 밝힌 바 있는 Beheydt(1987:57) 등이 있다.

특히 읽기와 관련하여 맥락 내에서 단어 뜻을 유추하는 것이 핵심적이라는 사실에 주목한 Clarke & Nation(1980:211), '어휘 학습은 대부분 맥락을 통해 이루어진다(most vocabulary is learned from context)'는 제목의 논문을 발표한 바 있는

25) La source la plus précieuse pour découvrir le sens d'un mot est sans aucun doute le contexte.

Sternberg(1987), 한 언어의 어휘는 체계적인 총체이기 때문에 이를 이해시키기 위해 한 단어를 단독적으로 교수하는 것이 아니라, 맥락을 통해 교수하는 것이 적합하다고 주장한 Cuq & Gruca(2003:369)도 마찬가지이다. 나아가 심봉섭(1999:57-59)이 어휘 교육과 관련하여 '(...) 단어가 나타날 때마다 학습자는 그것의 의미를 문맥 속에서 끊임없이 구조화시키는 과정을 통해 그 단어를 익히게 되므로(...) 어휘를 적합한 문맥 속에서 적절하게 사용하는 능력은 단순히 그것의 의미와 통사적 형태를 아는 것만으로는 충분하지 않고, 그것의 문화적 의미가 실현되는 상황을 알아서 그에 알맞게 사용하는 능력' 이라고 밝힌 것은 이와 다르지 않다. 요컨대 맥락이 어휘 교육에서 차지하는 중요성은 상당하다고 할 수 있다.

Graves(1987:176)는 읽기에서 모르는 단어를 처리하는 전략을 다음과 같이 기술한다.

① 모르는 단어의 출현을 식별하기
② 단락을 이해하기 위해 모르는 단어의 중요성에 대한 잠정적인 판단을 내리기
③ 앞서의 맥락을 통해 모르는 단어의 의미를 추론하려고 노력하기
④ 계속해서 읽기. 이어지는 맥락을 통해 모르는 단어의 의미를 추론하려고 애쓰기
⑤ 단락을 이해하기 위해 모르는 단어의 중요성에 대한 두 번째 판단을 내리기
⑥ 텍스트를 구성하는 부분들을 검토하면서 단어의 의미를 추론하려고 애쓰기
⑦ 단락 이해를 위해 단어의 중요성에 대한 세 번째 판단을 내리기
⑧ 사전 혹은 다른 참고 자료를 참조하기

이는 맥락을 통한 어휘 학습에 적용할 수 있는 있는 하나의 접근법이지만, Nation &Coady(1988:104ss), Schouten-van Parreren(1985:141)과 같은 많은 학자들이 공감한 바 있는 접근법이다.

한편 맥락을 통한 어휘 교육은 학습자의 수준이 낮을 때와 문법적 기능어를 대상으로 할 때는 효율적이지 않다. 그 이유로 먼저 맥락 속에 학습자가 모르는 어휘가 많을 경우, 맥락은 모르는 단어의 의미를 추론하는 데 도움이 되기보다 오히려 학습자를 좌절시킬 수 있기 때문이다. 또한 모국어에서 읽기 능력이 좋은 학습자들은 외국어 텍스트 읽기 능력도 좋고 맥락을 통해 모르는 단어의 의미를 추론하는 능력도 뛰어나지만, 모국어에서 읽기 능력이 떨어진다면 그 반대의 효과를 보이게 되므로 외국어 텍스트를 활용한 어휘 학습은 좋은 방법이라고 볼 수 없다. 다음으로 문법적 기

능어는 명사, 동사, 형용사, 부사와 같은 실어(mots pleins)[26]와 달리 맥락을 통한 의미 유추가 불가능하기 때문이다.

4.4.2. 어휘 복습

모든 어휘 교육에서 어휘 제시와 함께 고려되는 또 다른 요소는 어휘 복습(révision)이다. 어휘는 한 번에 기억되기 어렵다. 누군가를 만났을 때, 그 만남이 기억되기 위해서 어떠한 상호작용이 필요한 것처럼, 어휘 또한 그러하다(Morgan & Rinvolucri. 1986:4).

Meara(1980:227)은 《새로운 단어는 즉각적으로 습득되는 것이 아니다. 만약 그랬다면, 즉 어휘를 소개하는 것만으로 충분했다면, 단어를 잊어버리지도, 복습할 필요도 없었을 것이다》라고 언급하며, 어휘를 제시하는 것만큼, 어휘를 복습하는 것이 중요하다는 점을 밝힌다. 따라서 본 절에서는 어휘를 복습하는 데 필요한 다양한 연습에 대해 살펴볼 것이다. 여기서의 논의는 언어 표현이나 읽기 등과 같은 통합적인 능력 향상을 목표로 한 연습에 대한 것이 아니라, 어휘의 특정 측면을 강화하기 위한 연습에 초점이 맞춰질 것이다. 일찍이 Bogaards(1994:191-206)는 어휘의 특정 측면 중 어휘의 형태, 의미, 연어(collocation) 그리고 화용론적 측면에 대한 연습을 제시한 바 있다. 이제 각 측면에 대한 연습을 차례로 살펴보자.

1) 형태에 대한 연습

외국어 어휘를 학습하는 첫 단계에서 중요한 것은 학습자가 새로운 어휘의 소리와 철자에 친숙해지도록 하는 것이다. 따라서 새로운 단어의 구어 형태(소리)와 쓰기 형태(철자)를 분명히 인식할 수 있도록 하는 연습들을 계획해야 할 것이다. 가능한 연습을 예로 들면 다음과 같다.

- 학습 초기, 베껴 쓰고 모방하기
- 중요한 음운대립을 인식하도록 하기 위해 *voir/foire, jeune/jaune*와 같은 단어를 제시하고 그것들이 동일한지 혹은 다른지를 묻기

---

26) '실사'라고도 번역이 가능하다. '허어(mots vides)' 혹은 '허사'와 대립되는 개념이다.

– 알맞은 대응어를 찾을 수 있도록 비슷한 단어들을 포함하는 문장들을 이미지로 보여 주기

예) *Oh, regardez tous ces gens / champs!*

Elle attend / entend un bébé.

– 주어지는 몇 개의 철자 혹은 단어를 가지고 가장 많은 단어를 만들어 보기

예) 다음 표에서 단어를 찾으시오. (Retouvez les mots dans la graille.)

Thème : Aliments (9mots)													
t	o	m	a	t	e	v	g	y	h	l	x	w	h
s	i	y	o	y	z	s	f	l	t	r	y	x	r
i	g	i	f	d	g	b	i	s	a	e	z	x	b
p	n	j	g	s	s	n	f	y	e	c	o	f	j
p	o	y	o	m	v	u	w	r	f	v	e	r	n
g	n	i	q	b	n	k	n	x	o	u	k	r	p
m	g	x	s	y	q	e	g	t	j	m	u	c	l
c	d	c	d	s	f	u	j	l	p	v	a	q	p
a	w	s	x	c	o	c	v	n	q	v	w	g	r
r	u	b	k	i	w	n	d	s	a	l	a	d	e
o	o	v	r	b	z	t	c	o	v	x	p	g	y
t	e	m	l	w	p	n	h	u	x	y	h	y	i
t	n	i	z	i	u	r	n	p	t	n	l	z	g
e	w	v	s	k	b	f	g	e	f	q	x	u	c

– 단어를 구성하는 하나 혹은 여러 개의 철자를 공란으로 두고 채우도록 하기

예) 직업 명사 - 다음을 채우시오. (Les professions - Complétez)

Elle est É_ _ D_ _N_ _ à Séoul.

M. Dufour est P_ _ F_ _ _ _ _ R d'anglais à Montréal.

Alice est J_ _ R_ _ L_ _ _E à Paris.

2) 의미에 대한 연습

단어의 의미를 명확히 인식하도록 돕는 연습들은 다양하다. 제시된 단어에 알맞은 설명을 찾는 다지선택식 연습은 흔히 의미를 인식하는 데 활용되는 유형이다. 이미지, 정의 혹은 묘사, 동의어, 번역 등에 일치하는 단어를 찾아보는 연습이 바로 여기에 속한다. 이와 관련하여 Thompson(1987:45)은 단어의 의미에 알맞은 이미지를 찾는 것은 기억하는 데 큰 도움이 된다고 언급한다. 하지만 문맥 없이 제시될 경우 혼

란을 야기하는 단어군이 존재하는 만큼 단어의 의미를 자칫 잘못 이해할 가능성이 있기 때문에 다지선택식의 방식은 과도하게 활용하면 안 된다고 지적한다. 이 외에도 단어의 의미를 파악하는 데 도움이 되는 연습을 제안한 학자들이 많다. 학자별로 그들이 제시한 연습들을 간략히 언급하면 다음과 같다.

- Nation(1990:102-104) : 학생들 각각에게 동일하거나, 미세하게 다른 그림들에 번호를 매겨 나누어 준다. 학생들은 두 명씩 짝을 짓고 돌아가며 이미지를 묘사하고, 상대가 가진 그림과는 어떤 측면에서 동일한지 혹은 다른지를 밝혀야 한다.

- Nation(1990:120-121) : 한 단어에 대한 정보를 세 가지 문장으로 제시한다. 학습자는 제시된 목록에서 그 다음에 올 수 있는 네 번째 문장을 선택해야 한다. 네 번째 문장을 선택하기 위해, 학습자들을 앞선 세 문장을 공부하게 된다.

  예) *A shed is one room.(Une remise comporte une seule pièce.)*
  A shed is usually near a house.
  People keep tools and old things in a shed.
  It is a small building.(C'est un petit bâtiment.)

- Pattison(1986:651) : 학습자의 언어 수준이 높을 때, 한 단어가 갖는 여러 가지 의미를 설명하도록 요구하면서 단어의 다의적인 특징을 강조할 수 있고, 혹은 사전의 정의를 들으면서 해당 단어를 말하도록 할 수 있다.

  예) *I'd give up smoking tomorrow if it wasn't such a fag.*
  (Je m'arrêterais de fumer demain si ce n'était pas une telle corvée.)
  (fag= 《corvée 고역》 혹은 《cigarette/sèche 담배》

- Rohrer(1985) : 백과사전 지식 혹은 연상에 기초한 연습을 제안한다.

  예) *laurier*(월계수), *trophée*(승리기념품), *trompette*(나팔)를 통해 학습자는 제시된 목록에서 *victoire*(승리)라는 단어를 선택해야만 한다.

laurier(월계수), *trophée*(승리기념품), *trompette*(나팔)

⬇

victoire, *instrument, couronne, musique, végétation*

- McCarty(1984:17-18) : 여러 어휘장을 활용할 것을 제안한다.

  예) *Vous aidez un ami à déménager et vous lui demandez dans quelle caisse mettre les objets de différentes natures ; l'ami établit des catégories et décide où il faut ranger les objets: « Put all cutlery in the box marked « kichen » » (Mets tous les couverts dans la caisse marquée «cuisine»).*

– Rohrer(1980:282) : 《개념화 연습》

예) 학생들은 *acier*(강철), *pierre*(돌), *dent*(치아)과 같은 단어 사이에 존재하는 공통된 특징으로 *dur*(단단한)를 말해야 한다.

이처럼 많은 학자들이 각자의 견해에 따라 다양한 의미 학습 활동을 제안하였다. 이 외에도 동일한 어휘망의 어휘 단위(unité lexicale, UL) 간 관계를 강화하기 위한, 《Qu'est-ce qui va avec quoi? 무엇과 무엇이 어울리는가?》와 같은 연습이 있다. 신체, 식료품점, 레스토랑 가기 등과 같은 영역에 포함되는 일련의 어휘 항목을 만들고, 그 항목 중에서 한 가지 항목을 숨기고 스무고개를 통해 답을 찾는다. 이때 문법이나 형태에는 신경 쓰지 말고, 의미만을 고려할 것을 학습자들에게 설명해야 한다.

한편 전체에서 일부분을 유추하거나, 부분들로부터 전체를 맞추는 연습 또한 의미를 학습하는 한 방법이다. 가령, 《un arbre a un ..., des ...et des....》 혹은 《tige, pétales ➡....》가 그 예이다.

예) un arbre a un *cerne*, des *feuilles* et des *branches*.
tige, pétales ➡ *une fleur*

뿐만 아니라 색깔 형용사라는 특정 영역의 단어를 가지고 빈칸을 채우는 연습이 있다. 가령, *Elle a les cheveux*.....나 *Les raisins sont*..... 등이 그것이다.

예) Elle a les cheveux *bruns*.
Les raisins sont *blancs*.

이와 같이 의미 학습을 위한 다양한 연습들이 존재한다. 여러 학자들이 제시한 의미 학습 유형은 새로운 연습 유형을 개발하는 데 혹은 교수·학습 상황에 유의미한 참고 자료가 될 것이다.

3) 연어(collocation)에 대한 연습

연어는 이해에 큰 어려움을 초래하지는 않기 때문에 지나치기 쉽다. 연어를 복습하기 위한 연습 중 용어와 동사를 연결시키는 연습이 대표적이다. 다음의 예를 살펴보자.

적절한 동사를 고르시오. 주의! 여러 개의 답이 가능하다.
(Choisissez le bon verbe. Attention : plusieurs réponses possibles!)

1. *être / passer / réussir / prendre*	*licencié*
2. *manifester / faire / être / avoir*	*grève*
3. *faire / penser / déposer / administrer*	*un préavis de grève*
4. *prendre / passer / verser / percevoir / toucher*	*un salaire*
5. *partir / prendre / déposer / prévoir*	*sa retraite*

각각의 동사와 연어를 이루는 항목을 고르시오.
(Choose the items that collocate most usefully with each verb.)

1. to appeal(faire appel)	*the library catalogue(des catalogues de bibliothèque)*
2. to encourage(encourager)	*that he is a good teacher(qu'il est un bon professeur)*
3. to omit(omettre)	*finish this today(à finir ça aujourd'hui)*
4. to recognize(reconnaître)	*against the judge's decision(d'une décision de juge)*
5. to consult(consulter)	*to sign his name on the letter(de signer son nom sur la lettre) etc.*

연어는 단어를 배열하는 것뿐만이 아니라 구문에 알맞게 활용하는 것이 또한 중요하기 때문에, 학습자의 수준에 따라 연어 연습의 효율성이 달라질 수 있다.

연어에 대한 연습은 때로는 단어 하나를 가지고 이루어진다. Nation(1990:100)은 다음과 같은 연습을 제안하였다.

> *« We can save... money, time, souls, people or animals, energy, face » (Nous pouvons économiser ...de l'argent, gagner du temps et sauver des âmes, des gens ou des animaux, .etc.)*

위의 문장에서 *save*는 '돈을 절약하다, 시간을 벌다, 영혼을 구하다' 등으로 의미가 변한다.

한편 연어를 복습하기에 좋은 연습은 텍스트에 빈칸을 만들고 맥락에 알맞은 연어를 채우는 것이다. 이러한 연습은 연어의 의미를 보다 분명히 인식할 수 있도록 하는 효율적인 방법이다.

4) 화용론적 측면에 대한 연습

화용론적 측면을 강화하기 위한 연습은 많지 않다. McCarty(1984)가 바로 이 측면에 대한 어휘 학습의 중요성을 강조했다. 다음은 그가 제안한 화용론적 측면에 대한 연습 중 하나이다.

Agree, with a synonym (Exprimez votre accord avec un synonyme) :

A : He was very strange. (Il était vraiment anormal.)

B : Yes, very odd. (Oui, vraiment bizarre.)

Agree, with an antonym (Exprimez votre accord avec un antonyme) :

A : Joe didn't stick to the subject.

B : He wandered off too much.

Disagree, with an antonym (Exprimez votre désaccord avec un antonyme) :

A : Un film vraiment passionnant.

B : Je le trouvais plutôt ennuyeux.

이와 같이 그는 일상적인 대화를 설정하고, 그 안에서 학습자가 '*Agree, with a synonym*(동의어를 가지고 동감의 표현을 하시오)'과 같은 구체적인 지시내용에 따라 응답할 수 있도록 하는 연습을 제안하였다.

또 다른 예를 살펴보자.

다음의 표현 및 단어를 사용하여 신문 기사를 완성하시오.
(Complétez les articles de journaux avec les expressions et mots suivants :)

grève - principaux syndidats - licenciements - négocierait - représentants - négociations - reconductible - revalorisation - travail - salaires

1. *Les TGV ont été paralysés hier toute la journée par un arrêt de .... à l'appel des .... Les revendications des grévistes portent sur la revalorisation des .... La direction*

de la SNCF a annoncé aux .... syndicaux qu'elle réunirait les organisations syndicales pour des .... courant octobre.

2. *La Poste est en ...... depuis 15 jours. En effet, il y aurait à la Poste des menaces de .... La CGT et la CFDT appellent les salariés à une grève d'une semaine ....*

다음의 표현 및 단어를 사용하여 신문 기사를 완성하시오.
(Complétez les articles de journaux avec les expressions et mots suivants :)

individu - coupable - criminel - homme - prévenu - femme

1. *« Un rôdeur aurait été arrêté dans les murs de Buckingham Palace. Le... a été attrapé tôt hier matin, alors que la Reine et le Prince Philip dormaient encore. »*

이처럼 화용론적 측면에 대한 연습은 빈칸을 채워야 하는 텍스트를 가지고 이루어질 수 있다.

이제까지 '어휘' 교육의 필요성을 제시하고, 어휘의 개념, 프랑스어 교수법 변천에 따른 어휘 교육의 위상 변화를 조명해 보았다. 나아가 어휘 교육과 관련하여 어휘 선택, 어휘 교육의 목표 및 단계, 그리고 어휘의 형태, 의미, 연어 및 화용론적 측면에 대한 학습 방법까지 살펴보았다. 학습 방법의 경우, 학습자의 언어 수준과 상관없이 어휘의 네 가지 측면에만 초점을 맞춘 학습 활동인 만큼 모든 학습자에게 두루 유용하다고는 말하기 어렵다. 하지만 언어 수준이 낮을수록, 혹은 높을수록 효율적이라고 여겨지는 어휘 학습 측면은 존재한다. 가령 어휘의 형태와 의미에 대한 학습 활동은 초급부터 고급 수준의 학습자에 이르기까지 적용 가능하지만, 연어적 혹은 화용론적 측면에 대한 연습은 섬세한 언어적 주의가 요구되는 만큼 고습 수준의 학습자에게 도움이 될 수 있다. 어휘의 형태와 의미는 단어 그 차제에 대한 단편적인 연습이라면, 연어 및 화용론적 측면은 단어와 맥락, 단어와 단어 사이의 관계를 함께 살펴야 하는 보다 종합적인 연습이라고 볼 수 있기 때문이다. 연어 및 화용론적 측면에 대한 어휘 학습이 보다 어려운 이유이다. 습득이 보다 어려운 만큼 어휘의 형태 및 의미보다 더 다양한 학습 활동이 존재해야 하지만, 연어 및 화용론적 측면에 대한 학습 활동은 많지 않다. 따라서 앞으로 이 측면에 대한 학습 활동이 보다 적극적으로 개발되어야 할 것이다.

어휘 교육은 단순히 단어의 형태와 의미 습득에 국한되는 것이 아님을 우리는 앞서 여러 학자들이 제시한 다양한 어휘 학습 방법을 통해 엿볼 수 있었다. 정확한 의미 파악을 위해서는 맥락이 필요하고, 단어의 형태 및 의미를 오래, 그리고 보다 잘 기억할 수 있도록 돕는 어휘 학습 단계가 존재한다는 사실 또한 확인할 수 있었다. 이렇듯 하나의 어휘를 효율적으로 학습하기 위해 여러 전략적 방법과 체계적인 계획이 동반되어야 하는 것이다. 어휘가 더 이상 학습자의 몫으로 남겨져서는 안 되고, 계획된 절차와 전략을 통해 학습되어야 하는 이유이다.

〈학습과제〉

1. 'lexique'와 'vocabulaire' 개념의 차이점을 설명해 보시오.
2. 의사소통 능력과 어휘의 상관관계에 대해 설명해 보시오.
3. 두 가지 어휘 제시 방법과 그 특징을 설명해 보시오.
4. Bogaards가 제시한 어휘 학습의 네 가지 측면을 제시하고, 각 측면에 적합한 학습 활동에 대해 토론해 보시오

참고문헌

김은정(2013)『프랑스어의 효율적인 교수 · 학습을 위한 문화 어휘 목록 수립 연구』, 서울대학교대학원 박사학위 논문.

심봉섭(1997) "프랑스어 어휘교육의 필요성에 대한 소고", 『불어불문학연구』 제35집, no. 2. 한국불어불문학회. 577-592쪽.

문정옥(2003)『학습 활동을 통한 어휘 교육』, 서울대학교대학원 석사학위 논문.

Binon, J et al.(2001-1) "Lexicographie pédagogique et enseignement/apprentissage du vocabulaire en français langue étrangère ou seconde(FLES)", *Cahiers de lexicologie,* n° 78, L'institut de linguistique française(CNRS). pp.41-63.

Bogaards, P.(1994) *Le vocabulaire dans l'apprentissage des langues étrangères*, Paris: Hatier/Didier.

Carroll, J. B.(1963) "Research on teaching foreign languages, in N.L.Gage(ed.)", *Handbook of research on teaching*, Chicago : Rand MCNally, pp.1060-1100.

Celce-Murcia, M & Rosensweig(1979) "Teaching vocabulary in the ESL classroom, in M. Celce-Murcia, L. McIntosh(eds.)", *Teaching English as a second or foreign language*, Rowley, Mass.

Conseil de l'Europe(2001) *Cadre européen commun de référence pour les langues*, Paris: Didier.

Cornu, A.-M. et Binon, J.(1983) "La place de l'acquisition du vocabulaire dans l' enseignement du français langue étrangère", *Romaneske* n° 4, pp.2-28.

Crow, J. T. & Quigley, J. R.(1985) "A semantic field approach to passive vocabulary acquisition for reading comprehension", *TESOL Quarterly vol. 19,* n° 3. pp.496-513.

Cuq, J.-P. & Gruca, I.(2003) *Cours de didactique du français langue étrangère et seconde*, Paris: Presses Universitaires de Grenoble.

Galisson, R.(1983) *Des mots pour communiquer*, Paris: CLE International.

Galisson, R.(1988) "Culture et lexiculture partagées, Les mots comme lieux d'observation des faits culturels". *ÉLA* n° 69. pp.7 4-90. *KLINCKSIECK*, pp.325-341.

Galisson, R.(1991) *De la langue à la culture par les mots*, Paris: CLE International.

Germain, C.(1993) *Évolution de l'enseignement des langues* : 5000ans d'histoire, Paris: CLE International.

Graves, M. F.(1987) "The roles of instruction in fostering vocabulary development", *in* M. G.

McKeown, M. E. Curtis (eds.), pp.165-184.

Kelly, P.(1991) "Lexical ignorance : the main obstacle to listening comprehension with advanced foreign language learners", *IRAL* Vol. 29 n° 2, pp.135-149.

Laufer, B.(1986) "Possible changes in attitude towards vocabulary acquisition research", *IRAL* 24, pp.69-75.

Nation, I. S. P.(1990) *Teaching and learning vocabulary*, New York : Newbury House.

Puren, C.(1988) *Histoire des méthodologies de l'enseignement des langues*, Paris: CLE International.

Rivers, W. M.(1983) *Communicating naturally in second language.* : Theory and practice in language teaching, New York: Cambridge University Press.

Scholfield, P.(1982) "Learning word meaning through explanation within English", *Interlanguage Studies Bulletin 6/2,* pp.32-63.

Tréville, M.-C. et Duquette, L.(1996) *Enseigner le vocabulaire en classe de langue*, Paris: Hachette.

Van Els, T. & al.(1984) *Applied linguistics and the learning and teaching of foreign language*, London: Edward Arnold.

〈사전〉

Galisson, R. et Coste D.(1976) *Dictionnaire de didactique des langues*, Paris: Hachette.

Robert, J.-P.(2002) *Dictionnaire pratique de didactique du FLE,* Paris: Ophrys.

07

듣기·말하기 교육

한 문 희

1. 구어교육의 역사

역사적 시각에서 보면 구어는 낭독, 웅변, 큰소리로 읽기, 발음 훈련, 등의 아주 다양한 형태로 오래 전부터 실습 강의에서 절대로 빠진 적이 없다. 따라서 구어에 대한 학습은 실제 사용되는 언어 연구에 비춰볼 때 기원이 오래되었다는 것이 확실한데, 예전에는 오늘날 대화에 해당하는 대담의 형식으로 라틴어를 가르치기도 했기 때문이다.

그렇지만 학교교육에서는 문어의 이해를 우선시하므로 구어를 특별한 예외적 연구 대상으로 보려는 경향이 있다. 여러 가지 교수법 이론 가운데 특히 문법/번역식 교수방법에서는 구어를 언제나 우발적이며 유희적인 것으로 제쳐놓고 절제되지 못한 표현으로 무시해왔다. 거슬러 살펴보면, 60년대까지만 해도 "구어"(langue orale)라는 용어가 교과서나 수업계획서에 거의 등장하지 않았다. 문법과 어휘교육을 중시하던 1980년대까지는 특히 우리나라의 외국어 교육에서 음성언어에 속하는 구어부문은 다소 소홀하게 다루어진 것이 사실이다. 구어의 중요성이 부각되지 못한 여러 가지 원인 중에는 성인이 외국어의 조음적·운율적 습관을 완벽하게 습득하기란 불가능하다는 것으로부터 자질 있는 교사의 양성이 어렵다는 것, 학습 프로그램에서 음성학에 거의 관심을 두지 않는 의사소통접근법 이론의 등장까지 모든 부류의 요소들이 포함될 수 있다.

그러나 LeBlanc(1986:20)의 지적처럼 이것은 외국어 교수·학습에서 기초를 다루는데 있어서 중요한 사실을 간과한 것이며, 이러한 상황에 대해 언어학자들의 큰 책임이 있다. LeBlanc이 초보자를 대상으로 한 실험 결과, 외국어 교육에서 발음 실습의 도입이 구어 이해도의 발전과 밀접한 관계가 있다는 것이 판명되었다. 또 Champagne-Muzar(1992)의 연구도 발음 실습이 문장의 분할 능력을 증진시키면서 듣기의 이해도도 높인다는 것을 보여 주었다. 다른 여러 학자들도 역시 운율 분석과 발음 훈련이 학습자들에게 외국어의 의미를 해독하는데 많은 도움을 준다는 사실을 입증했다.

이와 같이 1990년대부터 의사소통 능력에 초점을 맞추면서 구어의 중요성이 다시 부각되기 시작하였다. 우리의 일상생활에서 의사소통 활동은 70% 이상이 말하기와 듣기로 이루어져 있다고(Willbrand & Rieke, 1983)하므로, 언어생활의 2/3 이상을 차지하는 셈이다. 또 학습 시간에서 대부분은 듣기의 과정이 지배적임에 따라 언어학자와 교육학자들은 언어교육에서 듣기에 대한 연구를 위해 과학적인 토대를 구축하고자 노력해왔다. 그 대표적인 예 중의 하나가 캐나다의 학자 Germain(1998:15)으로, 그는 20세기를 외국어 교육의 "과학적 세기"라고 칭하였다. 그는 그동안의 언어교육에 대한 역사적 배경을 통합적 흐름(courant intégré), 언어학적 흐름(courant linguistique), 심리학적 흐름(courant psychologique)의 세 가지 방향으로 설정하여 구분했다. 이제부터 위와 같은 흐름에 따른 교수법에서 구어 교육에 대한 중요성이 어떻게 발전되어 왔는가를 간략하게 살펴보자.

1.1. 통합적 흐름

통합적 흐름에는 언어의 본질과 학습의 개념에 똑같은 중요성을 부여하는 방법이나 접근법으로 청화식 교수법과 구조 · 총괄시청각교수법이 이에 속한다.

1.1.1. 청화식 교수법(la méthode audio-orale)

1965년 미국에서는 이미 10여 년 전부터 Bloomfield의 구조주의 모델과 Skinner의 행동주의 이론을 근거로 한 청화식 교수법이 지배적인 흐름이었다. 이 새로운 교수법은 문법 · 번역교수법을 대체하면서 언어의 일반 교육에 확산되었으며, 특히 미국 군인들의 외국어 의사소통 능력을 기르기 위한 보다 빠르고 효과적인 외국어 학습방법으로 자리 매김하게 되었다.

여기에서 언어학습이란 학습자가 연습문제 훈련을 통하여 언어구조를 습득하는 기계적 과정으로 습관과 자동화 생성에 유리하다. 이렇게 언어습득이 단순한 암기를 통한 습관형성으로 이루어진다고 보았기 때문에 언어 수업이 구두 중심, 특히 듣기 중심으로 이루어졌다. 그러나 아무리 듣기 교육에 우선성을 부여했다고 해도 완전히 상황이 배재된 내용으로 녹음기에 재생되었거나 교사에 의한 모델을 따라 학습자는 문법 구문이나 발음을 훈련하는 것이었으며, 그것도 주로 오류나 실수를 범하지 않도록 모방하는 것에 중점을 두었다.

물론 구문훈련 다음으로 회화 연습이 뒤따르긴 하지만, 이 단계도 이미 습득한 구문을 재사용하려는 목적에서다. 따라서 문법과 어휘의 틀에 맞게 형태를 맞추는 훈련도 듣기 이해에 대한 진정한 학습이 될 수 없다. 모델에서 조금이라도 벗어나게 되면 학습자는 이해를 못하게 되어 제대로 대답할 수 없는 상황이 벌어지기 때문이다. 따라서 구두 언어의 상호작용 기술을 제대로 지도하지 못한 탓에 학습자의 의사소통 능력 개발은 기대할 수 없었다.

1.1.2. 구조 · 총괄시청각교수법 (la méthode structuro-globale audiovisuelle)

Zagreb 대학 음성학 연구소의 Guberina(1965) 교수가 게슈탈트(Gestalt) 이론에 근거하여 주장한 SGAV 방법은 언어를 의사소통의 도구로 생각한다. 따라서 언어 구조의 전체적 의미를 파악하는 것이 언어 학습이며, 이때 시각적, 청각적 요소들을 이용하면 학습이 용이하게 된다는 주장이다. *Voix et images de France*는 이 방법의 원리를 실제로 적용해서 만든 최초의 대표적 프랑스어 학습 교재이다.

교사가 질문을 빈번하게 하고 듣기 훈련을 많이 한다고 해도 모델을 따라하고, 억양과 리듬을 그대로 모방하는 것은 메시지 내용의 이해를 중요하게 생각하기 때문이다. 각 과마다 대화를 중심으로 내용이 구성되어 있지만, 이렇게 정제된 대화만의 학습으로는 학습자들이 진정 원어민들의 자유로운 의사표현에 응대하기가 어려울 것이다.

이 방법이 겨냥하고 있는 일반적 목표는 일상생활에서 항상 일어나는 구어로의 의사소통에 대한 학습이다. 외국어로 의사소통이 가능한 단계에 도달하기 위해서는 특히 언어의 청각적 요소에 대한 이해를 중시한다. 이 방법은 모든 소리를 고립시키지 않고 의미에 따라 언술을 구조적으로 총괄하여 가르치므로 개별적인 소리의 정확한 발음보다는 리듬과 억양을 그대로 모방하는 것을 우선시한다. 그러나 이렇게 학습자가 반복을 통해서 배운 후에도 실제 구체적인 상황에서 의사소통을 하려면 별로 도움이 되지 않는다는 것이 문제다.

1.2. 언어학적 흐름

언어의 본질에 중심을 두는 방법이나 교수법으로 상황교수법 또는 의사소통접근법이 이 흐름에 속한다.

1.2.1. 상황교수법(la méthode situationnelle)

이 방법은 영국의 응용언어학자인 Palmer와 Hornby가 1920년에서 1930년에 이르는 동안 기초를 다진 것으로, 오늘날까지도 일부 학교에서 영어교육에 사용되고 있다. 영국의 구조주의 언어학 범주에 속하는 이 접근법은 구어에 중점을 두고 있으며, 통사적 구조를 그 핵심으로 간주하여 사용될 수 있는 상황과 연결시키거나 연상하도록 한다. 여기에서 "상황(situation)"은 그림, 제스처, 사물 등을 이용하여 구어구문을 실습하는 방법과 관계된다.

학습 초기 학습자들의 역할은 교사가 말한 것을 듣고 반복하는 것이다. 교사는 새로운 요소들을 소개하면서 가르칠 구문의 실습을 위해서 필요한 상황을 만들고 학습자들에게 구문의 모델을 반복하게 한다. 따라서 학습자들이 교사의 말한 것을 잘 알아듣지 못하더라도 듣기는 말하기 전의 꼭 필요한 단계가 된다. 읽기와 쓰기는 기초문법과 충분한 어휘가 일단 소개된 후에야 도입되지만, 듣기, 말하기와 함께 언어의 네 가지 기능을 실용적으로 구사할 수 있는 능력을 습득하는 것이 목표이다. 그러므로 발음과 문법의 정확성을 요구하고, 언어적 기능은 구조를 통해서 획득하도록 한다.

그러나 이 접근법이 문어보다 구어의 우월성을 근거로 하지만, 실제 의사소통 상황에 비추어 보면 오늘날에는 구어와 문어가 평행적이며 보충적인 관계를 형성하는 것으로 보고 있다.

1.2.2. 의사소통접근법(l'approche communicative)

1970년대 중반, 상황식 교수법의 몇 가지 원칙을 문제 삼고 시작된 이 접근법은 언어가 의사소통, 특히 사회적 상호작용의 도구라는 원칙에 입각하여 언어교수법을 생각하자는 취지이다. 이 관점에서 의사소통을 할 줄 안다는 것은 학습자가 원어민과 의사교환을 할 때 상황에 비추어 언술의 의미를 풀이할 수 있는 것을 뜻한다. 이것은 사회언어학자인 D. Hymes (1972)가 N. Chomsky (1965)의 언어 능력(compétence linguistique) 개념만으로는 언어의 사회적, 기능적 규칙을 충분히 설명하지 못한다고 비판하면서 제안한 "의사소통 능력(compétence communicative)"이 기본적인 토대를 이룬다. 그 후 80년대에 Canale과 Swain(1983)은 의사소통 능력 개념을 더욱 확장시켜, 언어체계 그 자체를 사용하는 문법적 능력(compétence grammaticale)과 담화적 능력(compétence discursive), 의사소통의 기능적인 면이 반영된 사회언어학적 능력(compétence sociolinguistique)과 전략적 능력(compétence stratégique)의 네 영역으로 나누었다.

이와 같이 외국어로 의사소통을 하기 위해서는 언어적 측면만을 아는 것으로 충분하지 않고 문화적 측면과 그 사용 규칙까지 알아야 한다. 청자에게 전달된 의미는 화자가 전달하고자 했던 전언과 항상 완전히 똑같지 않기 때문이다. 따라서 의사소통의 의미를 화자가 전달하고자 하는 단순한 내용으로 보기보다는 사회적 상호작용의 산물, 즉 두 대화자 간의 일종의 협상으로 간주한다. 이렇게 학습자는 구어의 이해 측면에서 전언 또는 전달하고자 하는 의미에 대한 협상의 동반자이며 의사전달자가 된다.

또 이 방법에서는 행동주의 심리학의 경우처럼 학습자를 교사로부터 받는 외부의 자극을 수동적으로 수용하기만 하는 존재로 여기지 않는다. 학습이란 학습자 내부에서 이루어지는 능동적 과정이며, 무엇보다 자신에 의해 영향을 받을 수 있는 인지심리학적 행위로 보기 때문이다. 따라서 학습자는 입력에서 출력까지 진행되는 정보를 다룰 수 있는 능동적 존재이며 교사는 교실 활동에서 모델, 조정자, 수업 구성자가 되면서 동시에 학습자의 욕구와 흥미에 대한 분석가, 공동 발화자의 역할도 하게 된다.

의사소통접근법에서 교사는 가능한 한 교수자료로 신문, 잡지, 식당 메뉴판, 라디오 프로그램과 같은 사실자료를 이용하여야 한다. 또 듣기 차원에서는 같은 전언을 전달할 수 있는 여러 가지 표현을 교사가 학습자들에게 소개할 수 있다. 예를 들면 안부를 물을 때 사용하는 "Comment ça va?" "Tu vas comment?" "Comment vas-tu?" "Ça va?"와 같은 표현들을 상황과 결부시켜 이해시키도록 한다.

1.3. 심리학적 흐름

학습의 심리학적 이론에 근거를 둔 교수법과 접근법이 심리학적 흐름에 속하며, 이 흐름은 학습자에 중심을 두는 것이 특징이다.

1.3.1. 자연적접근법(l'approche naturelle)

캘리포니아 대학의 스페인어학 교수 Tracy Terrell과 연구원 Stephen Krashen의 협동 연구로 결실을 맺게 된 이 접근법은 초보자들이 중급 수준에 도달하는 것을 목표로 하며, 언어습득은 표현(production)에 앞서 이해(compréhension)가 선행되어야 한다고 보는 관점이다. 따라서 말하기보다는 우선 듣고 이해하는 것에 비중을 두었다. 또 이해 가능한 입력 자료로서 글이나 그림 등의 여러 가지 자료를 적극적으로 이용한다는 것이 특징이다.

"자연적(naturel)"이라는 수식어는 외국어 문법에 관계되는 사항과 모국어의 도움을 완전히 배제한다는 뜻이다. 따라서 어린아이가 모국어 배우는 방법을 참조하여 성인도 자연스러운 학교 환경에서 외국어를 성공적으로 습득할 수 있도록 하므로, 이 접근법에서는 학생들을 학습자(apprenant)라고 하기보다는 습득자(acquérants)라는 명칭으로 불러야 한다고 주장한다.

또 Krashen(1982)은 언어학습에서 학습은 의식적 과정이며, 습득은 무의식 과정이라고 주장하면서 둘을 분명히 구별하고 있다. 언어는 습득되는 것이고 학습은 습득으로 전이되지 않는다는 것이다. 외국어 학습-습득의 개념을 그는 다음의 다섯 가지 가설에 근거하고 있으며, 이해 가능한 입력을 언어 습득에 큰 영향을 주는 변수로 보아 가장 효과적인 방법은 계속 듣는 것이라고 주장하였다.

1) 이해 가능한 자료 입력(l'intrant compréhensible)

학습자가 현재까지 습득한 능력보다 조금 더 어려운 언어 입력을 이해함으로써 언어를 습득하는 것으로, 학습자에게 이해 가능한 입력을 충분히 제공하면 침묵기를 거쳐 저절로 말하게 된다.

2) 모니터 모델(le modèle du moniteur)

학습자가 교재를 통하여 습득한 외국어 체계에 관한 지식은 외국어 발화를 유창하게 하기보다는 정확하게 수정하는 역할을 한다. 모니터를 하기 위해서는 학습자가 언어 규칙을 알고 있어야 하며, 언어형태에 맞춰 수정해야 하고, 충분한 시간을 가져야 하는 조건이 뒤따른다.

3) 정의적 여과 개념(la notion de filtre affectif)

언어습득이 성공적으로 이루어지기 위해서는 학습동기, 학습자의 자신감, 불안감 등의 태도적 변인에 대한 정의적 여과장치가 낮아야 한다. 이것이 낮다는 것은 상대방과 의사소통 할 때 학습자는 보다 많은 입력을 원하고 받아들이기를 바라며 이를 통해 상대방과 자신감 있게 대화하고자 하는 것을 의미한다.

4) 학습과 습득 사이의 범주적 구분(la distinction catégorique entre apprentissage et acquisition)

학습이란 학습자들에게 언어에 관한 의식적이며 형식적인 지식이라 할 수 있는 올바른 규칙에 대해 알게 하는 과정을 의미한다. 따라서 가르치는 것은 지식의 습득보다는 학습을 지향하는 경향이 있다.

5) 습득과정의 자연스러운 순서(l'existence d'un ordre naturel de l'acquisition)

문법적인 구조의 습득은 예상할 수 있는 순서로 진행된다는 가설이다. 학습자의 오류는 언어 발달 상 자연스럽게 나타나는 과정이며, 모국어와 상관없이 유사한 발달 단계상으로 오류를 범한다는 가설이다.

이와 같은 가설에 대해 너무 섣부른 단순화라는 반박이 있긴 하지만, 그래도 언어 이해에 대한 연구에 활발한 역동성을 부여했다는 점은 Krashen의 업적으로 꼽힌다.

1.3.2. 이해중심적접근법(l'approche axée sur la compréhension)

오타와대학에서 적용하기 시작한 이 접근법은 전신반응교수법(total physical response = TPR, réponse physique totale)이라고도 한다. 모국어의 습득과정을 관찰한 결과로 듣기가 말하기보다 보통 1년 정도 앞선다는 사실에 근거하고 있다. 또 이 접근법이 토대로 삼고 있는 기본적인 가정 중의 하나는 언어의 수용능력이 산출능력과는 독립적인 지적 진행과정으로 이루어진다는 점이다.

이 접근법의 선구자들은 1965년 Asher를 비롯하여 1921년 Palmer의 구화식교수법(oral method)까지 듣기로부터 이해에 이르는 과정을 더 중시했다. 언어교육이 언어의 말하기 능력을 갖추게 하는 것이 최종 목표라 하더라도, 듣기를 통한 이해력에 더 큰 중요성을 부여했다. 이 접근법이 근거로 삼는 또 다른 가정은 언어의 문법, 의미, 음운의 구조를 따로 고립시키지 말고 서로 상호적 관계 속에서 파악해야 한다는 점이다.

게다가 언어를 습관이 아닌 사회적 상호작용의 수단으로 보기 때문에, 언어학습의 중요한 조건은 자동화를 습득시키는 것이 아니라, 학습자의 긴장감을 완화시키고 구어나 문어로 된 텍스트를 이해하도록 준비시키는 것이라는 주장이다. 따라서 추상적으로 학습된 언어형태보다 신체 움직임을 통해서 파악하는 의미에 더 중심을 두며, 학습에서 가장 중요한 역할을 하는 요인으로 학습자 개인과 학습과정을 중시한다.

이 접근법에서는 말하기 전에 듣기를 하고, 명령에 따라 몸을 움직임으로써 이해를 돕도록 하기 위해 교사는 수업이 시작되면, "Levez-vous!", "Asseyez-vous" 등과 같은 간단한 명령을 학습자들에게 하고 학습자들은 말없이 행동으로 그 명령을 따르도록 한다. 차츰 문장이 길어지게 되면 실물이나, 행동으로 수업이 이루어지게 되며, 명령문에 익숙해진 후에는 학습자들의 동기 유발을 위해 교사와 학습자의 역할을 바꿔 볼 수도 있다.

이 접근법이 비교적 최근에 발달되었고, 또 근거로 하고 있는 가설이 다양하므로 이에 대해 진정한 평가를 내리기는 아직 이르다. 이해 능력에 지나치게 집중하면 언어의 네 가지 기능을 골고루 신장시킬 수 없으며, 추상적이거나 상급 수준의 언어는 몸으로 표현하기 어려운 한계가 있긴 하지만, 경험적으로 확인해 보고 아울러 적용방법에 비추어볼 때 이해 중심적접근법의 중요성을 가치 그대로 평가할 수는 있을 것이다.

2. 듣기 교육

2.1. 듣기의 특성

언어란 우선 말해지는 것, 즉 구어이다. 쓰기와 읽기가 문자 언어에 해당되고, 듣기와 말하기는 음성언어, 즉 구어에 속한다. 문자언어는 읽다가 이해가 되지 않으면 다시 되돌아갈 수가 있고, 또 상황에 따라 잠시 쉬었다 볼 수도 있다. 그러나 음성언어인 말은 한 번 지나가면 그뿐, 청자가 마음대로 되돌려 다시 들을 수 없으며, 순간적으로 외부의 방해를 받으면 듣지도 못한다. 또 들을 수 없으면 말할 수 없다는 관계에서 듣기는 말하기와 불가분의 관계에 있다.

그러므로 구어는 Hagège(1985)의 지적처럼 눈으로 따라갈 수 있는 기록이 아니라 순간에 사라져버리는 일시적인 대상이다. 그러나 그러한 제약 때문에 말에는 잉여적인 정보가 많이 포함되어 있다. 즉 그것은 어떤 소리를 듣지 않아도 그 소리가 일어날 가능성을 예측할 수 있어 의미를 이해하는데 어려움이 없는 정보를 말한다. 새로운 언어를 배워 알아듣는다는 것은 이 잉여성을 익혀가며 그 요소를 증가시켜가는 과정이라고 할 수 있다.

듣고 말해야 하는 양면성을 지닌 구어는 동시에 교환이라는 상황에서 사용된다. 서로 얼굴을 마주하고 있는 대화자는 대화를 전개하면서 끊임없이 수정하며 서로 협동하게 된다. 구어는 언어의 또 다른 형태로서 특히 음향적인 특성이 있어 화자의 조음적 능력과 청각적인 인지를 필요로 한다.

오늘날 외국어 교육에서는 구어 의사소통 능력 신장을 강조하므로, 언어의 네 가지 기능 중에서 듣기와 말하기 능력을 우선시한다. 듣기는 언어 활동에서 가장 기본이 되는 활동으로 말하기와 같은 다른 언어 기능을 향상시키는데 도움이 된다. 그런데 듣기는 말하기와 달리 들어오는 입력을 스스로 조절할 수 없다.

Rivers(1973)는 구어 능력에서 이해기능인 듣기 능력이 충분히 개발되면 그것을 발판으로 표현기능인 말하기 능력이 향상될 수 있으며, 문어능력인 읽기와 쓰기 기능으로도 전이될 수 있다고 한다. Morley(1991)에 의하면 사람들은 보통 듣는 활동에 말하기의 2배, 읽기의 4배, 쓰기의 5배가량의 시간을 할애한다고 하여, 듣기활동이 의사소통 능력에서 얼마나 중요한가를 보여주었다. Cornaire(1998)는 모국어의 경우 듣기, 말하기, 읽기, 쓰기의 네 가지 언어 기능 중 듣기 기능이 일상생활에서 45%의 비중을 차지한다고 했다.

구어 교육에서도 외국어 교육은 당연히 모국어 교육과 달라야 한다. 학습, 습득 과정에서 학습자의 환경이 두 언어 교육에서 상이하기 때문이다. 모국어는 주로 집안, 가정에서 가족들과 생활하면서 듣기 말하기가 시작되는 반면에, 외국어는 교실이라는 특수한 상황에서 이루어진다. 또 학습자의 연령에서도 큰 차이가 있다. 모국어는 아주 어릴 때부터 자연스럽게 습득이 되지만, 외국어는 어느 정도 성인이 된 후에 인위적으로 조성된 환경에서 학습하게 된다.

우리가 소리를 듣고 인지해서 기억 속에 남게 되는 데는 보통 세 단계를 거치게 된다고 한다. 첫째 단계는 소리가 청각기관에 들어와 반향 기억(mémoire d'écho) 장치에 남는 단계이다. 이 단계는 매우 짧아 만일 다음 단계로 이어지지 못하면 그 순간에 사라지고 만다. 그러나 반향 기억 장치에 들어온 소리가 지각 과정을 거치면 두 번째 단계인 단기기억(mémoire à courte terme) 장치로 들어가게 된다. 이 지각과정은 단순하게 소리를 입력하는 물리적 과정이 아니라, 기존의 언어지식을 바탕으로 의미를 형성하는 인지적 과정이다. 단기기억 장치 속으로 들어온 정보는 규칙적이며 간헐적으로 반복되지 않으면 사라지며, 선택된 정보만이 장기기억 속으로 들어가게 된다. 셋째 단계는 단기기억 장치에서 선택된 정보가 장기기억(mémoire à long terme) 장치 속에 저장되는 단계이다. 특히 외국어 학습자는 외국어 소리를 인지해서 기억하는 속도가 처음에는 느리기 때문에, 듣기에 익숙해지도록 외국어에 많이 노출되는 것이 필요하다.

듣기란 학습자가 첫째는 듣고 두 번째는 구어 언술을 이해하는 전략을 점진적으로 습득하게 하는 것이 목적인 능력이다. 따라서 Ur(1984)는 듣기능력을 구성하는 요소로 발음 식별력, 강세 및 억양 인지력, 어휘 이해력, 문법 파악력과 이것을 기본으로 하여 세부 내용, 중심 사상, 세계의 지식 등을 파악하는 능력을 꼽았다. 따라서 듣기 교육은 문법적 능력, 사회문화적 능력, 담화적 능력을 갖추도록 이루어져야 한다. 문법적 능력은 발음, 어휘, 문법규칙뿐만 아니라 문장 구조 등을 듣고 이해할 수 있는 능력이며, 사회문화적 능력은 화자와 청자의 관계에 대한 이해, 담화 상황에 대한 이해를 포함한다. 담화적 능력이란 문장 단위를 넘어 전체 담화를 이해할 수 있는 능력이다. 듣기 능력을 향상시키기 위한 학습 활동으로는 듣고 고르기, 듣고 따라 하기, 듣고 문답하기, 듣고 맞는 그림 찾기, 듣고 표나 양식 채우기, 듣고 행동하기, 듣고 받아쓰기, 듣고 요약하기, 듣고 메모하기, 듣고 토론하기, 등을 들 수 있다.

2.2. 듣기의 단계별 지도

듣기 교재는 문장이 짧다든가, 어휘가 단순하고 익숙하다거나 등으로 구어와 유사한 특성을 많이 갖출수록 그만큼 이해가 더 쉽다. 외국어 학습을 용이하게 하기 위하여 구어의 이해교육을 다음과 같이 세 단계로 나누어 지도할 수 있다. Rost(1990), Mendelsohn(1994), Cornaire(1998), McDonough & Shaw(2003)은 그 단계를 보통 다음과 같이 제안하고 있다. 듣기 전 활동, 듣기 활동, 듣기 후 활동이다.

2.2.1. 듣기 전 활동(la préécoute)

듣기활동을 시작하기 전 학습자에게는 앞으로 들려줄 내용이 무엇인가를 예측할 수 있도록, 또 주의해서 들어야 할 것이 무엇인가를 안내해 주는 단계가 필요하다. 만일 학습자가 아무런 준비 없이 듣기활동을 하게 되면 그 활동에 흥미와 동기가 결여되고 자칫 이해도 힘들어지며, 결국 학습의욕을 잃게 되기 때문이다.

따라서 이 단계에서는 학습자들의 주의를 끌기 위해 새 어휘나 용어를 정의하고, 듣게 될 내용에 대한 배경 지식과 그와 관련된 사항을 알려주거나, 부연설명, 번역을 통해서 다음 단계인 듣기활동을 효과적으로 진행시킬 수 있도록 한다. Tayler(1985)는 듣기 전 단계 활동으로 영화나 비디오에서 소리를 제거하고 보여주는 활동을 제안했다. 이것은 학습자로 하여금 텍스트의 사회문화적인 측면을 강조해서 이해시키려는 목적이다. 이 단계의 활동은 학습자의 수준, 학습할 내용, 시간, 이용 가능한 자료 등을 고려해서 선정하여야 할 것이다.

2.2.2. 듣기 활동(l'écoute)

듣기 전 활동은 학습자가 텍스트의 범주를 파악하게 하기 위해서 상황의 이해에 중점을 둔다. 학습자의 능력은 제한되어 있기 때문에, 사건이 전개되는 과정에서 상황을 식별하도록 준비시켜야 하기 때문이다. 예를 들면 내용이 진행되는 곳이 어디인가? 주인공은 몇 명이고 어떤 사람인가? 이 내용으로 전달하고자 하는 대상은 누구인가? 어떤 목적에서인가? 등이다.

이에 반해 이번 듣기 활동은 듣기가 단순히 수동적 활동이 아니라 정신적으로 능동적인 행위가 되도록 하여야 한다. 가령 초보 학습자들에게는 듣기 활동이 질문 받은 내용을 확인하고 답안을 완성시킬 수 있도록 자신감을 불어 넣어주는 것이 중요하다. 이미 학습한 지식을 많이 필요로 하는 활동은 바람직하지 않으며 누구나 할 수 있을 정도로 쉬워야 학습자들이 학습 동기를 잃지 않을 것이다. 그리고 주제나 내용이 학습자의 인지 수준과 맞아야 하고, 학습자와 관련된 주변의 것이라면 더욱 흥미를 끌 수 있어 좋으며, 활동 행위 자체도 다양해야 한다.

고급 수준의 학습자들이라면 더 복잡한 활동을 요구할 수도 있다. 예를 들면, 문장의 구조를 파악하거나 문장들 사이의 논리적 관계를 세우면서 서로 다른 주장을 종합해 보는 것이다.

한편 Lhote(1995: 70-71)는 듣기 활동의 목적을 다음과 같이 열 가지로 명시했다.

① 쉽게 들리도록 하기 위해 듣는다(Ecouter pour entendre).
② 감지하기 위해 듣는다(Ecouter pour détecter).
③ 선별하기 위해 듣는다(Ecouter pour sélectionner).
④ 확인하기 위해 듣는다(Ecouter pour identifier).
⑤ 식별하기 위해 듣는다(Ecouter pour reconnaître).
⑥ 모호함을 없애기 위해 듣는다(Ecouter pour lever l'ambiguïté).
⑦ 다시 작성하기 위해 듣는다(Ecouter pour reformuler).
⑧ 종합하기 위해 듣는다(Ecouter pour synthétiser).
⑨ 행동하기 위해 듣는다(Ecouter pour faire).
⑩ 판단하기 위해 듣는다(Ecouter pour juger).

그 밖에도 재구성하기(reconstituer) 위해, 추측하기(deviner) 위해, 예측하기(anticiper) 위해, 옮기기(transposer) 위해, 추론하기(déduire) 위해, 판단을 수정하기(réviser un jugement) 위해, 분류하기(classer) 위해 , 서열을 매기기(hiérarchiser) 위해 등으로 듣기활동의 목적은 매우 다양하다고 할 수 있다. 따라서 듣기활동을 제안할 때는 그 활동에서 무엇을 기대하는가를 생각해야 한다.

2.2.3. 듣기 후 활동(après l'écoute)

듣기 활동이 끝나고 이루어지는 모든 활동이 바로 듣기 후 활동으로 보통 이 단계에서는 들은 내용의 이해 여부를 점검하기 위해 여러 유형의 질문이 진행된다. 또 듣기 활동에서 수행하여야 하는 과제를 제대로 이해하여 성공적으로 이행하였는지를 점검할 수도 있다. 이때에는 학습자가 수행한 과제가 맞느냐, 틀리느냐를 따지기 보다는 학습자가 잘못 이해했거나 이해하지 못한 부분에 대해 다시 생각해 볼 기회를 주어 격려하는 것이 더 중요하다.

언어의 듣기 학습에서는 이해하는 것만으로는 부족하고, 들은 내용을 생각하고 토의하여 좀 더 심화시키거나, 이해한 것을 실제로 다른 상황에 적용할 수 있도록 지도하는 것이 필요하다. 이 경우에는 듣기 활동을 언어의 다른 기능인 말하기, 쓰기 기능과 접목시켜서 학습을 진행시킬 수 있는데, 활동시간이 많이 걸리게 되므로 양, 시간, 유형 등 여러 요인을 고려해야 할 것이다.

듣기 후 활동은 주로 문장과 짝 맞추기, 내용이 진행된 순서대로 늘어놓기, 요약하기, 대화자들 간의 관계 알아맞히기, 등을 활용하여 진행된다.

2.3. 듣기 전략

우리는 습관적으로 듣고 인식하는 것만을 듣고 인식한다. 그러므로 외국어를 처음으로 들을 때에는 모국어만을 듣던 습관 때문에 잘 알아들을 수 없게 된다. 따라서 새로운 언어를 배울 때는 듣는 방법을 바꿔야 하는데, 그것은 구어로 전달되는 정보를 포착하고 해석하는 방법이 달라져야 한다는 뜻이다. 외국어를 듣고 이해한다는 것은 의미를 구축하는 일이며, 그것은 언어요소 간의 관계를 세우는 일이다. 그런데 각 언어는 이 여러 요소에 의미를 결합시키는 방법이 각각 다르다. 그렇다면 외국어를 들을 때 학습자들은 과연 어떻게 듣고 어떤 과정을 통하여 인식하게 되는가에 대한 의문이 제기된다.

지금까지 여러 학자들이 다른 언어의 듣기 학습에서 학습자들이 사용하는 전략에 대해 연구하면서 듣기 전략과 이해능력, 언어 능력, 텍스트 유형 같은 변수들과의 관계를 세워보려고 노력하였다. 다음은 최근 수 십 년간 중등과정과 대학과정에서 행해진 주요한 실험의 결과 보고 중에서 영어 학습자들을 대상으로 연구한 Murphy의 분석을 인용한 것이다.

Murphy (1987)는 큰 목소리에 대한 반응기술을 사용해서 외국어로 영어를 배우는 중등과정의 학습자들의 전략을 분석했다. 이 실험으로 가장 유능한 학습자들이 빈번하게 사용하는 전략을 다음과 같이 네 단계로 밝혀냈다. ① 환기(rappel) ② 사색(spéculation) ③ 분석(analyse) ④ 성찰(introspection)이다.

먼저 환기단계에서는 텍스트의 일부분을 자신의 말로 재구성하는 것이다. 여러 차례 실수와 실패를 거쳐 학습자는 방금 그가 들은 것에 대한 정보의 윤곽을 그리게 된다. 다음의 사색단계는 이미 알고 있는 지식, 경험, 상상을 동원하여 문맥을 연결하고, 앞으로 전개될 내용을 예견한다. 분석단계에서는 텍스트에 나타난 개념을 주의깊게 검토하는데, 우수한 학습자들은 텍스트 구문에 대한 지식을 활용하고 보통의 학습자들은 어휘나 친족어 구성 관계를 토대로 삼는 경향을 보여 주었다. 성찰은 학습자가 듣기 경험에 대한 평가를 내리는 것으로, 예를 들면 "이 텍스트는 첫 문장부터 쉬워서 무슨 내용이 전개되리라는 것을 알고 있었다" 와 같은 판단을 할 수 있다.

또 텍스트를 듣고 어떻게 이해해 가느냐에 따라 상향적 듣기 전략과 하향적 듣기 전략이 있다. 상향적 듣기 전략은 음을 식별하고 단어, 억양, 문법구조 등의 요소를 중심으로 문장을 듣고 이해하는 전략이며 하향적 듣기 전략은 청자의 사전 지식과 일반적인 기대감으로부터 출발하여 텍스트로 이동하는 방식으로 배경지식을 활용하여 텍스트의 의미를 추론하고 내용을 전체적으로 이해해가는 전략이다.

여러 학자들의 연구 결과를 요약하면 훌륭한 학습자란 자신의 어려움을 파악하면서 여러 가지 전략을 사용하여 그가 수행하여야 하는 과제에 인지기능을 적응시킬 줄 아는 사람으로 정의된다. 이들이 사용하는 듣기 전략으로 가장 많이 언급되는 사항은 다음과 같다.

① 이미 알고 있는 지식의 사용
② 추리하기
③ 문맥의 이용
④ 예측이나 예견하기
⑤ 분석하기와 비판적으로 판단하기
⑥ 객체화하기

앞의 네 가지는 인지적 전략이며, ⑤와 ⑥은 메타 인지적 전략이다. Germain(1998)에 의하면 많은 실험을 통해서 이러한 전략들이 듣기활동에 중요한 도움이 된다는 사실이 밝혀졌다고 한다.

2.4. 듣기 지도 활동의 유형

외국어를 듣고 이해하기 위해서는 외국어 소리의 정확한 인지를 거쳐야 하므로, 외국어 학습자는 모국어에서 습득한 인지습관을 바꾸어야 한다. 그런데 외국어와 모국어의 음운체계가 다르므로 외국어 소리를 인지하기가 쉽지 않다. 예를 들어 프랑스어를 처음 배우는 한국학생들이 프랑스어의 유성자음과 무성자음의 구별을 인지하기가 힘든 이유는 한국어에서는 자음의 유성성이 관여적이지 않기 때문이다. 이와 같은 음운체계의 차이 이외에도 언어마다 독특한 강세, 억양, 리듬이 있어서, 이러한 운율자질들을 잘 알지 못하면 그 언어의 전언을 이해하기 어렵다. Lhote(1995)는 이것을 "언어의 소리감(paysage sonore d'une langue)"이라고 이름하였다.

> **paysage sonore(소리감, 音感)** : 캐나다의 작곡가이며 교육자인 R. Murray Schafer가 저서 *Tuning of the world(=Le Paysage Sonore, 1979)*에서 sound(소리)와 landscape(풍경)를 합성 축약하여 새로 만들어 사용한 단어 "soundscape"의 개념에서 비롯된 표현으로, Lhote가 언어에 적용한 것이다.

외국어 학습자는 모국어와는 다른 일종의 새로운 소리감을 머리 속에 구축해야만 하는데, 특히 성인 학습자의 경우는 모국어로 세월과 함께 무디어진 일종의 청취감각을 다시 찾아내야 할 것이다. 이것은 오래되어 녹이 슨 능력을 다시 발견해내는 것이 아니라, 거의 사용되지 않았거나 잘못 사용된 인지능력을 일깨우고 닦아서 새로운 능력을 기르는 것이다. 교사는 구어의 인지 능력을 풍부하게 하고 더욱 발전시키는데 필요한 활동을 학습자에게 제안하여야 한다.

듣기 활동의 유형은 학습자들의 수준, 학습 환경, 교사의 취향에 따라 다양하게 진행될 수 있지만, 초보자에게는 예를 들어 다음과 같은 네 가지를 제안할 수 있다.

① 듣고 행동하기
② 정보듣기
③ 듣고 따라 하기
④ 짧은 대화나 콩트 듣기

2.4.1. 듣고 행동하기(écouter et agir)

초보 학습자들에게 교실에서 프랑스어를 의사소통의 도구로 인식시켜 학습 진행을 직접 지시하거나 설명한다. 처음에는 시각적인 보조물 또는 행동과 함께 지시어를 사용하다가, 다음 단계에서는 지시어만 사용해서 프랑스어의 의미를 제대로 이해했는지 판단할 수 있다.

예) Ouvrez le livre. / Fermez le livre.
Levez-vous. / Asseyez-vous
Regardez le livre. / Prenez le livre.

학습자의 수준이 높으면 이보다 더 긴 문장을 들려주고 행동하게 한다. 수업에 관계되는 지시어뿐만 아니라, 학습주제나 사항에 따라 다양하게 예를 제시할 수 있다. 예를 들면 신체에 관계되는 지시어, 일상적인 행동 표현, 위치나 조건, 비교를 나타내는 표현, 일반 상식 등을 사용하여 학습에 흥미를 유도할 수 있다. 이러한 활동을 통해서 어휘, 숫자, 주변에서 흔히 보는 물건들에 대한 명칭들을 이해할 수 있다.

또 이밖에도 학습자가 듣고 그림을 그린다든지, 가로나 세로에 나타난 구체적인 그림을 보고 들은 내용에 따라 표시를 하는 활동도 할 수 있다.

2.4.2. 정보듣기(écouter pour s'informer)

이 활동에는 여러 가지 방법이 있는데, 학습자가 대화를 듣고 그림과 연결시키거나, 대화의 내용에 따라 부정확한 의미의 문장, 문장의 진위를 가려내거나, 분리하여 제시된 문장을 연결하게 한다.

① 그림을 대화에 연결하기

image 1

image 2

image 3

Dialogue 1: Il y a une poire.
Dialogue 2: Il y a trois pêches.
Dialogue 3: Il y a deux pommes.

② 아래의 그림을 보고 내용이 맞지 않는 문장 고르기

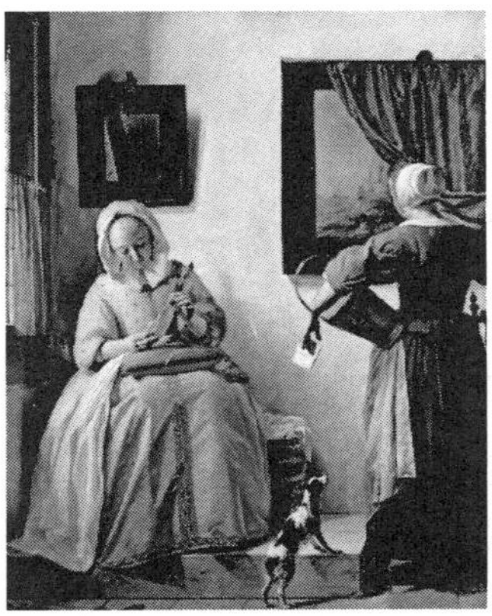

Deux femmes sont assises sur la chaise.
Il y a un chat devant la femme.
Une femme est assise sur la chaise, et une autre debout.

③ 선택한 그림을 보여주고 아래 문장의 내용이 참인지 거짓인지 표시하기

	vrai	faux
예 : Elle n'est pas à la maison.		
Lucie ne sait pas où est son frère.		
Il y a un musée.		
Luc va traverser la rue.		

④ 다음의 두 구절을 발음하는 것을 듣고 한 문장이 되도록 연결하기

(1) Elle n'est pas •	• (a) à la maison.
(2) Sa tante connaît •	• (b) où il est.
(3) Je sais •	• (c) chez elle.
(4) Ton père est •	• (d) tes parents.

2.4.3. 듣고 따라하기 (écouter et répéter)

프랑스어를 듣고 따라하는 활동은 프랑스어의 발음, 리듬, 강세, 억양 등에 익숙해지기 위함이다. 학습자들이 단순히 프랑스어의 소리를 익히기 위해 듣고 따라하면 지루하고 재미없는 수업이 되기 쉽다. 그러므로 게임이나 짧은 노래를 부르면서 하면 즐겁게 분위기도 이끌면서 듣기능력도 신장시킬 수 있게 된다.

1) 리듬 학습(apprentissage du rythme)

프랑스어 학습자들은 소리군에서 단어를 구별해내는 능력이 부족하기 때문에 리듬을 그대로 따라하기 어렵고, 또 리듬군 내에서 단어들을 서로 연결하기도 그리 쉽지 않다. 들리는 프랑스어 소리군에서 그 구성 원칙을 찾아내는 것을 학습하면 바로 프랑스어를 인지하는 법을 알게 되는 것이다.

– document 1 (Abry D. & M.-L. Chalaron, 2010:15-16)

[si]	[vɛʀ]	[plɛ]
[tisi]	[tuvɛʀ]	[vuplɛ]
[sɛtisi]	[sɛtuvɛʀ]	[silvuplɛ]
C'est ici.	C'est ouvert.	S'il vous plaît

마지막 음절을 먼저 들려주고 점점 앞의 음절을 덧붙이면서 전체 음절을 들려준다.

– document 2

mai	midi	soir
12 mai	demain midi	jeudi soir
lundi 12 mai	A demain midi	A jeudi soir

마지막 음절에 강세를 놓으면서 앞에 단어를 덧붙여가며 발음한다.

– document 3 (LHote, 1995:92-94)

qui va très haut
avec le vent
dans le ciel
très loin
viens

et revient
toujours
seul...

(LHote, 1995:93)

첫 번째 단계에서 교사는 팔을 위로, 아래로 움직이는 제스처를 동반하면서 위의 자료를 여러 번 읽는다. 위로 향할 때는 리듬군의 음절수가 증가하는 순서대로, 아래로 향할 때는 감소하는 순서를 따를 때이다. viens에서부터 qui va très haut까지 팔을 올린 채 있다가, et revient으로 오면서 다시 팔을 아래로 내린다. 학습자들도 교사를 따라 같은 제스처를 하며 짧은 시를 낭송한다.

– document 4

Tous

humains,

animaux,

du petit chat

aux vieux grands-parents,

sont de très bons amis.

(Lhote, 1995:95)

– document 5

자주 반복되는 단어나 구가 포함된 아래의 J. Prévert와 A. Daudet의 시도 훌륭한 듣기 훈련에 활용될 수 있다.

Il faut passer le temps

On croit que c'est facile
de ne rien faire du tout
au fond, c'est difficile
c'est difficile comme tout
il faut passer le temps
c'est tout un travail
il faut passer le temps
c'est un travail de titan(...)

Déjeuner du matin

Il a mis le café

Dans la tasse
Il a mis le lait
Dans la tasse de café
Il a mis le sucre
Dans le café au lait
Avec la petite cuiller
Il a tourné
Il a bu le café au lait
Et il a reposé la tasse
Sans me parler

Il a allumé
Une cigarette
Il a fait des ronds
Avec la fumée
Il a mis les cendres
Dans le cendrier
Sans me parler
Sans me regarder

Il s'est levé
Il a mis
Son chapeau sur sa tête
Il a mis son manteau de pluie
Parce qu'il pleuvait
Et il est parti
Sous la pluie
Sans une parole
Sans me regarder

Et moi j'ai pris
Ma tête dans ma main
Et j'ai pleuré

– document 6

L'oiseau bleu

J'ai dans mon cœur un oiseau bleu,
Une charmante créature,
Si mignonne que sa ceinture
N'a pas l'épaisseur d'un cheveu.

Il lui faut du sang pour pâture
Bien longtemps je me fis un jeu
De lui donner sa nourriture :
Les petits oiseaux mangent peu.
Mais sans rien en laisser paraître,
Dans mon cœur il a fait, le traître,
Un trou large comme la main.

Et son bec fin comme une lame,
En continuant son chemin,
M'est entré jusqu'au fond de l'âme!

(Alphonse DAUDET)

2) 리듬에 억양 결합하기

다음 연습은 음절을 길게 늘이면서 같은 군에서 멜로디의 형태를 변화시키는 예이다.

Les gens

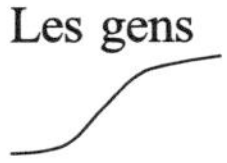

Les gens de ce pays

Les gens de ce pays sont gais.

Les gens de ce pays sont gais de le revoir.

arriver	servir
Ils vont arriver.	vous servir.
Il faut vous lever, ils vont arriver.	Je vais vous servir.

3) 연음과 연독(liaisons et enchaînements)

단어가 단독으로 있을 때 발음되지 않는 끝자음이 모음으로 시작하는 단어 앞에 놓일 때, 이 자음이 그 모음과 한 음절을 형성하며 발음되는 현상을 연음이라 한다. 이에 반해서 단어가 단독으로 있을 때 발음되는 끝자음이 같은 단어군에서 모음으로 시작하는 단어 앞에 놓일 때, 이 자음이 그 모음과 한 음절을 형성할 때는 연독이라고 한다. 예를 들면 les amis가 /le-za-mi/로 발음되는 것은 연음 현상이며, Il a une voiture가 /i-la-yn-vwa-tyʀ/가 되는 현상은 연독이다.

un + consonne	une + consonne	un + voyelle	une + voyelle
un café	une table	un euro	une école
un livre	une pomme	un autobus	une idée
un jour	une vie	un enfant	une année

On avance. / Ils avancent.
Que fait-il? / Que font-ils?
Il explique. / Je vous écoute.

Ce devoir est facile.
Ce fromage est très fort.
Il essaie des chaussures et il les achète.

2.3.4. 짧은 대화나 콩트 듣기(écouter le dialogue court ou le conte)

dialogue 1

A quelle heure te lèves-tu chaque jour ?
Je me lève vers 6 heures.
C'est tôt n'est-ce pas ?
Oui mais j'ai l'habitude et puis je prends une bonne tasse de café.
A quelle heure pars-tu au travail ?
Vers 8 heures, je commence à 8h30.

dialogue 2

Bonjour Madame !
Bonjour, que désirez-vous ?
Une baguette bien cuite et un croissant, s'il vous plaît.
Voilà, ce sera tout ?
Oui, merci. Je vous dois combien ?
Ça fait 2.50€.
Voilà 2.50€. Au revoir madame.

conte 1

la barbe bleue / Charles Perrault

Il était une fois un homme qui avait de belles maisons à la ville et à la campagne, de la vaisselle d'or et d'argent, des meubles en broderie, des carrosses dorés. Mais, par malheur, cet homme avait la barbe bleue. Cela le rendait si laid et si terrible, qu'il n'était ni femme ni fille qui ne s'enfuît de devant lui.
Une de ses voisines, dame de qualité, avait deux filles parfaitement belles. Il lui en demanda une en mariage, en lui laissant le choix de celle qu' elle voudrait lui donner. Mais ni l'une ni l'autre ne voulaient d'un homme qui eût la barbe bleue. Ce qui les dégoûtaient encore plus, c'est qu'il avait épousé plusieurs femmes et qu'on ne savait ce que ces femmes étaient devenues. La Barbe-Bleue, pour faire connaissance, les mena avec leur mère et trois ou quatre de leurs meilleures amies et quelques jeunes gens du voisinage, à une de ses maisons de campagne, où on demeura huit jours entiers. Ce n'était que promenades, parties de chasse et de pêche, que danses et festins. Enfin, tout alla si bien que la cadette commença à trouver que le maître du logis n'avait plus la barbe si bleue et que c'était un fort honnête homme !
Dès qu'on fut de retour à la ville, le mariage se conclut...

conte 2

les Ours / Cathrine Bastère-Rainotti

Tout à fait au début, les Ours étaient roses parce qu'ils n'avaient pas de fourrure. Et c'était bien pratique pour se gratter la peau contre le tronc écailleux des arbres. Ils n'avaient pas de fourrure parce qu'il faisait très chaud, comme il peut faire chaud en Afrique. C'était en Afrique.
- Eh ! Les Ours ne vivent pas en Afrique !
- Plus maintenant, mais au début, oui. Écoute...
La première goutte de la première pluie du premier jour tomba en Afrique sur la première graine de la première plante. Cette plante était un arbre à Ours. Un oursier.

Par parenthèses, l'oursier donne des Oursons et non pas des oursins comme on le croit souvent. Les oursins vivent dans la mer, ils piquent très fort. Pas les Ours.
Tous les Ours vivaient contents parmi les plantes et les animaux que les autres gouttes de la première pluie avaient fait éclore. Ils mangeaient des fruits bien mûrs et se faisaient bronzer au soleil africain. Comme la vie était douce ! Cela aurait pu durer longtemps...
Mais un jour arriva l'Escargot, tout essoufflé d'avoir rampé cinq ou six siècles pour visiter le monde, avec sa maison sur le dos. Il était affamé. Comme il n'était pas assez grand pour cueillir quelque chose à manger, les cornes en bataille, il se jeta sur le fruit qu'un Ours tenait dans sa patte.
- Attention, petite chose, dit l'Ours, j'aurais pu t'écraser !

일반적으로 콩트는 수업에서 문어 능력을 신장시키기 위해 종종 많이 활용하는 보조자료이지만, 본래 콩트의 근원은 구어이므로 듣기 지도에도 충분히 활동 자료로 이용할 수 있다. 물론 읽을 때는 강세, 리듬, 억양을 가능한 한 충실하게 살려서 실감 나는 표현을 하도록 하여야 한다.

내용을 들려주고 학습자에게 주인공의 이름, 특징, 성격, 일어난 일, 이유, 결과 등을 설명하게 한다. 물론 듣기 전 활동으로 콩트의 대강 줄거리, 지은이를 비롯하여 콩트에 관계된 배경 지식, 어휘 등을 설명해서 학습자의 듣기 활동에 대한 흥미를 유발시키고 동기를 부여하여야 한다.

이상과 같은 프랑스어 듣기지도에서는 무엇보다 학습자들이 들어야 할 내용이 정확하게 발음되어야 하고, 강세나 리듬, 억양을 포함한 초분절적 요소들도 자연스럽게 구현되어야 한다. 만일 교사가 아직 그러한 정도에 도달하지 못했다면 원어민의 발음을 녹음하여 사용할 수 있다. 그러나 자칫 녹음자료와 교사의 실제 발음 사이에 괴리가 너무 커지면 학습자들에게 혼란을 가중시킬 수 있을 것이다. 상황이 그렇다 하더라도 원어민의 발음에 더욱 친숙해지도록 지도하여야 할 것이며 교사의 끊임없는 노력이 요구된다.

그러나 프랑스어를 듣는 것만으로 프랑스어로 말하기 능력이 저절로 습득되는 것은 아니다. Krashen(1985)은 언어 습득의 과정에서 이해 가능한 입력이 가장 중요하다는 입력 가설을 주장했다. 즉 학습자가 언어를 습득하기 위해서는 자신의 현 수준보다 한 단계 정도 높은 수준에서 이해 가능한 언어에 지속적으로 접해야 한다는 것이다.

또 Long(1985)과 같이 상호작용론을 주장하는 학자들에 따르면 입력이 이해 가능한 입력이 되기 위해서는 상호작용이 절대적으로 필요하다. 따라서 외국어를 습득하기 위해서는 이해 가능한 발화, 즉 말하기가 필요하다. 따라서 듣기는 언어 습득의 필요조건이며 충분조건은 아니다.

3. 말하기 교육

3.1. 말하기의 특성

말하기는 음성언어로 실제 시간에 자신의 생각이나 느낌, 정보를 전달하기 위한 표현영역으로 듣기와 밀접한 언어의 특성을 반영하며 언어와 비언어적인 수단을 함께 사용할 수 있다. 물론 일방적으로 진행되는 강연, 연설, 독백 같은 말하기 유형도 있지만, 보통 말을 한다고 할 때는 화자와 청자 사이에 양방향으로 진행되는 대화형식을 갖추게 되고 즉석에서 주고받게 되므로 시간적인 제약이 따른다.

말에는 여러 가지 발음이 조합되어 있을 뿐 아니라, 강세, 리듬, 억양이 첨가되어 있다. 따라서 개별적인 발음은 앞뒤에 놓인 다른 소리의 영향으로 약화되거나, 심지어 없어지기도 하며 혹은 변형되는 변화를 겪게 된다. 이로 인해 외국어 학습자는 개별 단어를 정확히 발음하고 인지할 수 있더라도 실제 언어 상황에서는 잘 이해하기가 어려운 경우가 있다. 그러나 의사소통접근법에서는 말할 때의 프랑스어 발음 자체에 대한 지나친 요구보다는 강세, 리듬, 억양에 대한 중요성을 더욱 부각시킨다.

의사소통의 주요 수단인 말하기에는 구어라는 언어내적인 특성과 함께 화자와 청자 간의 상호작용이 일어나는 언어외적인 사항도 반영되므로, 말하기 교육은 상황에 따라 화자와 청자와의 관계 등을 고려하여 적절한 표현의 언어 사용을 교육시켜야 한다.

Brown(2000)에 의하면 의사소통 능력을 향상시키기 위해서는 학습자들로 하여금 문법의 사소한 오류에 신경을 쓰지 않고 유창성을 기르도록 기회를 제공하여야 한다. 프랑스어 단어 순서를 잘못 사용하는 것과 같이 의사소통에 장애가 되는 전면적인 오류는 정확하게 피드백을 주고 수정하게 하지만, 동사의 활용, 형용사의 일치처럼 문장의 한 요소가 틀리는 지엽적인 오류는 그대로 두는 것이 의사소통의 흐름을 막지 않게 된다. 특히 지나친 오류 수정은 학습자들에게 자신감을 잃게 하고 프랑스어로 말하기의 시도 자체를 막을 수도 있기 때문이다.

3.2. 말하기 지도 원칙

말하기 교육은 형태보다는 의미와 기능에 중심을 두고 다음과 같은 지도 원칙으로 이루어져야 한다.

① 듣기와 말하기가 자연스럽게 연계된 활동을 구성해서 구어의 두 기능이 서로 강화될 수 있도록 한다.
② 설명보다는 경험을 통하여 이해하게 한다.
③ 실제성을 느낄 수 있는 상황에서 자연스러운 언어의 사용을 경험할 수 있게 한다.
④ 학습자 중심의 원리를 적용하여 흥미 및 수준을 고려한 다양한 활동을 적극적으로 유도한다.
⑤ 유창성 신장과 함께 정확성의 유지도 균형 있게 추구한다.

따라서 프랑스어의 말하기 교육은 처음에는 의사소통 능력 자체를 향상시키기보다는 그 능력의 기초를 마련하는데 목표를 두어야 할 것이다. 따라서 말하기 내용을 한정하여 제시하다가 학습자의 요구와 환경 등을 고려하여 점차 확대시키는 것이 바람직하다.

Rivers와 Temperley(1978)는 말하기를 의사소통을 위해 기초를 다지는 기능 습득 단계와 실제로 의사소통을 하는 기능 사용 단계로 구별하였다. 기능 습득 단계에서는 교사의 통제 아래 목표 언어의 단위, 범주, 문법 기능 등을 연습을 통해 익히고 이들에 관한 규칙을 내재화시키는 훈련을 한다. 기능 사용 단계는 앞 단계에서 내재화시킨 규칙에 의해 자신의 의견이나 생각을 표현하고 상대방의 말을 이해하는 상호적 의사소통을 하게 되는 단계이다. 말하기 지도는 처음에는 교사에게 전적으로 의존하다가 점차 학습자의 완전 자율단계로 발전시켜 나가도록 돕는 것으로, 교사의 통제

정도에 따라 연습의 단계를 통제연습, 유도연습, 자유활동으로 나눌 수 있다.

따라서 프랑스어 말하기 교육도 초기 단계에서는 음소의 발음으로부터 시작해서 억양, 리듬을 익히고, 일상생활의 기본 개념이 되는 어휘를 지도한 후에 기초적이며 빈도수가 높은 간단한 표현을 사용하는 단계로 나아가도록 하는 단계별 구상이 필요하다.

3.3. 말하기 지도 활동의 유형

말하기 활동은 교사의 통제와 학습자들의 교사 의존도에 따라 다음과 같이 분류해서 유형을 제시할 수 있다.

3.3.1. 통제 연습

프랑스어의 새로운 어휘나 표현을 교사의 통제 아래 정확하게 발화시키는 연습이며, 교사의 의도에 따르게 되므로 학습자들이 오류를 범할 가능성이 적다. 예를 들면 수업시간에 다음과 같은 활동을 할 수 있다.

1) 듣고 따라 말하기

새로운 프랑스어 어휘나 문장 구조를 익히게 할 목적으로 듣기 지도에서처럼 교사가 동물, 음식, 옷 등의 그림을 보여주고 말한 후에 학습자들로 하여금 따라 하게 한다.

예)

P : Regardez! Un chat. Répétez.
E : Un chat.
P : Qu'est-ce que c'est?
E : C'est un chat.

P : Regardez! Des chiens. Répétez.
E : Des chiens.
P : Qu'est-ce que c'est?
E : Ce sont des chiens.

2) 보고 질문하기

교사가 아래와 같은 그림을 보여주고 질문한다.

예)

P : Qu'est-ce que c'est?
E : Ce sont des livres.
P : Combien de livres y a-t-il?
E : Il y a cinq livres.

교사가 한 학생을 지목하여 그 학생이 그림을 가지고 다른 학생에게 묻도록 한다.

Yumi, demandez à Mira.
Yumi : Combien de livres y a-t-il?
Mira : Il y a cinq livres.

이와 같이 사물, 옷 과일 등의 그림을 사용하여 정확한 문법형태와 발음을 연습시킬 수 있다.

3) 시간 맞추기

시계그림을 교사가 보여주고 시간을 맞추게 하거나, 학생들에게 짝을 지어 활동을 시킬 수 있다.

P : Quelle heure est-il?
E : Il est deux heures.

P : Quelle heure est-il?
E : Il est dix heures dix.

P : Quelle heure est-il?
E : Il est huit heures et demie.

3.3.2. 유도 연습

통제 연습 단계를 거치고 나면 교사의 유도에 따라 새로운 문형을 연습시키기 위해 의미 있는 특정한 언어 상황을 만들어주고 학습자들은 대화를 하게 된다. 앞의 통제 연습 때보다 약간은 학습자 자신이 선택할 여지가 있으며 학습자들의 집중력과 듣기 기술도 동시에 향상 시킬 수 있다. 이해를 돕기 위하여 교사는 그림이나, 실물을 활용하고 제스처도 사용하게 된다.

1) 기억놀이

말 더하기나 말 전하기 놀이와 같이 학생들로 하여금 특정 구조나 어휘를 반복하게 한다.

한 예로 마켓에 간 상황을 설정하고 과일을 사는 행위를 표현하도록 유도한다.

Marie est allée au marché.
Elle achète un kilo de pommes, ...

2) 시, 동요, 짧은 노래하기

동작과 함께 외우고 노래하는 시, 동요나 짧은 노래는 학생들에게 프랑스어 표현을 통째로 배우도록 하는데 활용할 수 있다. 내용에 따라 의문문과 명령문, 복합과거 등의 표현을 학습할 때 활용할 수 있다.

<u>Frère Jacques</u>

Frère Jacques, Frère Jacques
Dormez-vous ? Dormez-vous ?
Sonnez les matines,
Sonnez les matines,
Ding ding dong
Ding ding dong

Au clair de la lune

Au clair de la lune mon ami Pierrot,
prête-moi ta plume pour écrire un mot,
ma chandelle est morte, je n'ai plus de feu,
ouvre-moi ta porte pour l'amour de Dieu.
Au clair de la lune, Pierrot répondit:
"je n'ai pas de plume, je suis dans mon lit
va chez la voisine, je crois qu'elle y est
car dans sa cuisine, on bat le briquet"
Au clair de la lune, l'aimable lubin
frappe chez la brune, elle répond soudain
"qui frappe de la sorte?", il dit à son tour
"ouvre-moi la porte pour l'amour de Dieu"
Au clair de la lune, on n'y voit qu'un peu.
on chercha la plume, on chercha le feu,
en cherchant de la sorte, je sais ce qu'on trouva;
oui je sais que la porte sur eux se ferma.

Déjeuner du matin

Il a mis le café
Dans la tasse
Il a mis le lait
Dans la tasse de café
Il a mis le sucre
Dans le café au lait
Et il a reposé la tasse
Sans me parler
Il a allumé
Une cigarette
Il a fait des ronds

Avec la fumée
Il a mis les cendres
Dans le cendrier
Sans me parler
Sans me regarder
Il s'est levé
Il a mis
Son chapeau sur sa tête
Il a mis
Son manteau de pluie
Parce qu'il pleuvait
Et il est parti
Sous la pluie
Sans une parole
Sans me regarder
Et moi j'ai pris
Ma tête dans ma main
Et j'ai pleuré

3) 역할극 놀이

실생활에서 말하기 활동은 특정한 상황에서 상대방과의 대화를 통해 이루어진다. 역할극 놀이는 교수자가 학습자들을 다양한 상황으로 유도하여 미리 접해 보게 하고 그 상황에서 참여자들의 역할을 담당하여 적절한 표현을 말해 보는 연습이다. 역할극을 통해 예를 들면, 소개하기, 장보기, 약속하기, 물건사기 등의 활동을 할 수 있다.

3.3.3. 의사소통 활동

교사의 통제나 유도를 거의 받지 않고 학습자들이 자유롭게 자신의 생각을 자유롭게 표현해 보는 단계이다. 교실에서의 상황은 실제와 거리가 멀고 인위적이지만,

앞으로 교실 밖에서의 실제적인 상황에 대한 준비이기 때문에, 의사소통 활동은 실제적인 언어 상황에 더욱 근접해 있는 활동이다. 학습자들의 수준에 따라 처음 만난 사람과 인사나누기, 물건사기, 우체국에서 편지와 소포 보내기, 은행에서 통장 개설하기, 여행계획 짜기, 충고하기, 신문기사 내용을 전달하기 등이 있다. 또 카드게임, 인터뷰, 토론 등 다양한 활동을 할 수 있으며, 참여하는 학습자들의 인원수에 따라 보통 짝 활동, 소집단 활동, 전체 활동으로 구별한다.

1) 짝 활동

학습자 둘이 짝을 지어 처음 만났을 때를 가정하여 서로 이름을 묻고 인사를 나눈다.

E1 : Comment tu t'appelles?
E2 : Je m'appelle Mira.
E1 : Comment ça va?
E2 : Ça va bien, merci.

둘이 짝이 된 학습자 중에서 하나는 고객, 하나는 상인이 되어 빵집, 식료품점, 등에서 이루어지는 대화를 하게 한다.

E1 : Qu'est-ce que vous voulez?
E2 : Un kilo de pommes et une livre de tomates, s'il vous plaît.
E1 : Voilà c'est tout?
E2 : Oui, merci.

2) 소집단 활동

짝 활동에 비해 소집단 활동은 같은 시간에 많은 학습자들을 참여시킬 수 있으며, 또 서로 간의 협동심을 길러줄 수 있다. 학습자들이 갖는 역할에 대한 부담도 짝 활동에 비해 적다.

예를 들어 남학생 세 명이 모여 책을 읽거나 운동을 하고 있는 그림을 소집단별로 나눠주고 학습자들이 함께 의견을 모아 각각 그림에 대한 설명을 집단별로 발표하게 한다.

3) 전체 활동

그림을 보여주고 추측하기, 기억하기, 이야기 만들기, 문제 해결하기 등의 여러 가지 유형으로 학습 분위기를 조절하며 말하는 기회를 전체 학습자에게 제공할 수 있다.

3.4. 말하기 지도 단계

일반 고등학교에서는 프랑스어를 대부분 제2 외국어 중에서 선택하여 처음 배우기 때문에, 학습자들은 연습을 충분히 하고 나서야 창의적인 표현 사용이 가능하게 된다. 말하기는 이해 영역이 아니라 표현 영역이므로 이해한 후 연습을 거쳐 활용할 수 있도록 해야 한다. 따라서 말하기 교육은 과제 중심으로 도입, 제시, 연습, 활용, 마무리의 다섯 단계로 나누어 지도할 수 있다.

3.4.1. 도입 단계

학습자의 흥미를 유발시키고 동기를 부여하기 위해서 말하기 주제와 관련된 질문을 통해 학습내용으로 자연스럽게 이끌면서 학습을 준비시킨다. 이 단계에서는 학습자를 적극적으로 학습에 참여하도록 만들어 주어야 하므로 교수자는 미리 계획해서 질문을 준비하고 삽화나 사진자료, 실제자료 등을 보조도구로 활용할 수 있다.

3.4.2. 제시 단계

이 단계에서는 새로운 어휘와 표현이 실제 상황에서 어떻게 사용되는가를 보여준다. 따라서 다양한 상황과 맥락 속에서 이루어지는 대화문을 많이 활용한다. 목표한 문법이나 간단한 표현은 교수자의 설명으로 학습자들의 이해를 돕고 간단한 질문을 통하여 이해 정도를 파악한다. 이때 대화문의 내용은 학습자의 관심과 흥미, 나이, 경험 등이 다양하게 반영되도록 만들거나, 이 요소들을 고려하여 선택하여야 한다. 비디오나 DVD 에 녹음된 원어민의 발음을 통해 들려줄 수도 있고, 그림, 역할극을 이용하여 교수자가 직접 제시할 수도 있다.

3.4.3. 연습 단계

앞에서 제시한 다양한 상황과 맥락 속에서 이루어지는 대화 유형을 통해 목표한 문법이나 표현을 내재화하도록 하는 단계이다. 반복연습, 대체연습, 변환 연습, 완성 연습. 질문과 대답 등의 유형별로 말하기 연습을 할 수 있으며, 이때 연습은 단순한 것에서부터 시작하여 복합적인 내용의 순서로 구성하여야 한다.

3.4.4. 활용 단계

연습 단계에서는 단편적인 말하기 연습을 주로 하였기 때문에, 활용 단계에서는 그것을 종합하여 실제 상황에서 의사소통 활동을 하도록 지도하는 것이다. 언어 사용의 단계로 구체적 상황에서 벌어지는 완전한 담화를 구성해 보거나 문제해결 활동을 통해 말하기 능력을 배양시킨다.

3.4.5. 마무리 단계

그날의 학습 내용을 정리하고, 그것을 학습자들의 머리 속에 더욱 공고히 하기 위해 과제를 부여할 수도 있다. 이때는 학습자들에게 말하기에 대한 자신감을 갖도록 격려를 아끼지 말아야 하며, 특히 용기를 주기 위한 칭찬도 필요하다.

말하기는 구어로 의사소통하는 표현 영역이며, 언어뿐만 아니라 비언어적 도구인 몸짓, 손짓, 표정을 사용하여 자신의 생각, 느낌을 표현하고 정보 등을 알리는 기능이다. 구어를 통한 의사소통은 말하기와 듣기를 합하면 75%로 언어 생활의 2/3 이상을 차지한다.

그러나 외국어 구어교육의 통합적접근법에서는 의사소통의 다른 여러 구성 요소 사이에 응집력을 유지하면서 듣기에 우선성을 부여한다. 소리를 잘못 인지하면 말하기와 듣기에서 동시에 오류를 범하게 되며, 따라서 의사소통의 능력을 향상시키기 위해서는 듣기 능력부터 신장시켜야 하기 때문이다.

오늘날에는 구어의 목적이 의사소통에 있다는 것은 당연한 것처럼 여기고 있으나, 외국어 교육 방법을 역사적으로 살펴보면 구어를 항상 우선 순위에 놓지 않은 것이 사실이다. 문법 · 번역교수법에서는 번역과 쓰기를 강조함으로써 문어 교육이 중심이었고 구어인 말하기, 듣기 교육은 완전히 무시되었다. 청화식 교수법에서는 말하기의 기능을 중요하게 생각하긴 했지만, 이 관점에서도 언어를 습관이라 보았기 때문에 엄밀하게 진정한 의사소통 능력의 개념은 아니었다. 1960년대 후반에 Chomsky의 언어이론을 바탕으로 인지 심리학에 근거를 둔 인지적 교수법이 등장해서 비로소 언어 활동의 목표가 의사소통이라고 주장하게 되었다. 그렇지만 여기에서도 연역적접근법을 추구함으로써 언어의 의미보다는 형태에 초점을 맞추었다. 따라서 의사소통 접근법에 와서야 마침내 의사소통에 필요한 다른 요소를 함께 강조하게 되어 진정한 의사소통 능력의 개념이 도입되었다고 할 수 있다.

프랑스어를 외국어로 학습하는 목적은 여러 가지가 있겠지만, 그 중에서도 말하기, 듣기학습을 통하여 프랑스인과 자연스럽게 생각을 주고받을 수 있는 의사소통의 능력을 기르고자 함이 으뜸일 것이다. 학습자들은 자신의 프랑스어 능력에 대해 평가할 때 말하기와 듣기 능력을 위주로 판단하는 경우가 많으므로, 프랑스어 구어 교육은 학습의 동기를 부여하는 중요한 도구가 된다.

〈학습과제〉

1. 구어의 중요성이 강조되어야 하는 이유는 무엇인지 서술하시오.
2. 듣기 지도 활동의 예를 유형별로 구체적으로 제시하시오.
3. 말하기 지도 활동의 예를 유형별로 구체적으로 제시하시오.
4. 두 사람이 있는 상황의 그림을 제시하고, 그림 속의 두 사람이 대화하는 내용을 상상해서 말하시오.

참고문헌

Abry D. & M.-L. Chalaron(2010) *Les 500 exercices de phonétique : niveau A1-A2,* Paris: Hachette.

Asher, James J.(1969) "The total physical response approach to second language learning" in *The Modern Language Journal* 53.

Barfèty M. et P. Beaujouin(2004) *Compréhension orale, Niveau 1, 2*, Paris: Clé international.

Barfèty M. et P. Beaujouin(2005) *Expression orale, Niveau 1, 2*, Paris: Clé international.

Brown, H. D.(2000) *Principles of language learning and teaching,* Chicago: Addison Wesley Longman.

Canale M. & M. Swain(1980) "Theoretical bases of communicative approaches to second language teaching and testing", *Applied Linguistics* 1.

Carett E.(2001)"Mieux apprendre à comprendre l'oral en langue étrangère" in FDLM. Recherches et applications, Paris: Clé international, pp.128-132.

Champagne-Muzar, C.(1992) "Les faits phonétiques et l'enseignement des langues secondes axé sur la compréhension" in *Comprehension-Based Second Language Learning,* Ottawa: Les Presses de l'université d'Ottawa.

Champagne-Muzar, C. et J. S. Bourdages(1993) *Le point sur la phonétique*, Paris: Clé international.

Conseil de l'Europe(2001) *Cadre Européen Commun de Référence pour les Langues,* Paris: Les Editions Didier.

Cornaire, C.(1998) *La compréhension orale,* Paris: Clé International.

Dezutter O.(1996-1997) "Redécouvrir le conte par les oreilles et par la bouche", in *Enjeux,* 39-40, pp.159-168.

Dolz J. et B. Schneuwly(2009) *Pour un enseignement de l'oral*, Paris: esf éditeur.

Flowerdew J. et L. Miller(2010) *Second language listening,* Cambridge: Cambridge University Press.

François F.(1993) *Pratique de l'oral: dialogue, jeu et variation des figures du sens*, Paris: Nathan.

Germain Cl.(1998) *La compréhension orale*, Paris: Clé international.

Guimbretière E.(1994) *Phonétique et enseignement de l'oral*, Paris: Didier/Hatier.

Guberina, P.(1965) "La méthode audiovisuelle structuro-globale" in *Revue de phonétique appliquée.*

Hagège, Cl.(1985) *L'homme de paroles*, Paris: Fayard.

Hymes, D.(1972) "On communicative competence", in J. Pride & J. Homes (eds.) *Sociolinguistics,* Harmondsworth, London: Penguin Books.

Krashen, S.(1982) *Principles and practice in second language acquisition*, Pergamon Press.

Krashen, S.(1985) *The input hypothesis: Issues and implications*, Paris: Longman.

LeBlanc, R.(1986) "Approche communicative et phonétique" in *Propos sur la pédagogie de la communication en langues secondes*, Paris: Centre éducatif et culturel.

Lhote, E.(1995) *Enseigner l'oral en interaction*, Paris: Hachette.

Long, M.(1985) Input and second language acquisition theory, in S. Gass & C. Madden (eds.) *Input in second language acquisition*, Nerwbury House.

McDonough, J. & Shaw, C.(2003) *Materials and Methods in ELT: A Teachers Guide*, Oxford: Blackwell.

Mendelsohn, D.(1994) *Learning to listen: A strategy based approach for the second language learner*, California: Dominie Press Inc.

Morley, J.(1991) "Listening comprehension in second/foreign language instruction", in Cercle-Murica, Marianne(ed.) *Teaching English as a second or foreign language*, Heinle & Heinle publishers.

Palmer, H. E.(1921) *The oral method of teaching languages*, Cambridge: Heffer.

Rivers, W. M.(1972) *Speaking in many tongues,* Newbury house.

Rivers, W. M. & M. S. Temperley(1978) *A practical guide to the teaching of English as a second or foreign language*, Oxford: Oxford University Press.

Rost, M.(2002) *Teaching and researching listening,* Paris: Longman.

Schafer, R. M.(1979) *Le paysage sonore. Toute l'histoire de notre environnement sonore à travers les âges*, traduit par S. Gleize, Paris: éditions J.-C. Lattès.

Tayler, C.(1985) "Listening comprehension materials and procedures: schema theory, prediction strategy, authenticity" in *TESOL* Conference.

Tisset, C. et Léon R.(1992) *Enseigner le français à l'écoute*, Paris: Hachette.

Ur, P.(1984) *Teaching listening comprehension*, Cambridge: Cambridge Press.

Vandergrift L.(2007) "L'enseignement de la compréhension orale:Une approche centrée sur l'apprenant" in *International Journal of Applied Linguistics*, no.154, Peeters, pp.65-79.

Willbrand & Rieke(1993) *Teaching oral communication in elementary schools,* New York: Collier-Maxmillan.

08

읽기 교육

홍승현

글을 읽는 사람은 자신의 관심사에 따라 읽을 텍스트를 선별한다. 한편 글을 쓰는 사람은 자신이 선택한 대화대상자(들)와의 의사소통 목적을 위해 텍스트를 생산한다. 이때 필자는 자신이 살고 있는 시대의 사회가 요구하는 사회·문화적 규범에 따라 텍스트를 생산한다. 이러한 의미에서 글을 읽는 행위는 필자와 독자(들) 사이에 이루어지는 사회·문화적인 의사소통 행위로 인식·정의된다. 그래서 읽기는 독자가 자신과 세계와의 관계를 이루고 타인과의 관계를 이루면서, 한 주체로서 스스로를 성장시키는 이질문화 수용의 한 형태라 할 수 있다. 이러한 관점에서 외국어 읽기는 독자가 자신이 속한 사회 이외의 다른 사회의 문화가 강요하는 규범에 따라 만들어진 텍스트로 들어가 필자와 상호작용을 하여 그 의미를 구축하고 재구축하는 활동으로 이해되고 접근된다. 결국 프랑스어 텍스트를 읽고자 하는 한국인 독자들에게는 프랑스 사회의 의사소통 문화에 들어가 필자와 교류할 수 있는 능력이 필요한 것이다. 게다가 글로벌화와 지식정보화의 시대를 살아가는 오늘날의 독자로서는 이러한 의사소통으로써의 읽기가 매우 중요하다. 따라서 프랑스어를 학습하는 한국인 독자들이 자신의 관심사를 다룬 프랑스어 텍스트를 스스로 찾아 읽고, 그 속에서 원하는 정보를 효율적으로 찾을 수 있는 읽기교육이 절실히 요구된다.

아직도 많은 교수자들에게는 외국어 텍스트의 읽기가 모국어로의 번역과 동일한 활동으로 간주된다. 이것은 아마도 교수자 자신이 경험했던 읽기학습, 즉 교수자가 큰 소리로 텍스트를 읽고 학생들이 따라 읽으며, 이때 학생들의 잘못된 발음을 교정하고, 학생들에게 텍스트의 문장들을 모국어로 번역시키는 활동을 읽기교육으로 오인한 것에서 비롯된 것 같다. 그래서 학생들이 모르는 단어를 설명하고 복잡한 문장을 분석하면서 그들이 오역한 것을 바르게 수정하며, 텍스트의 내용에 대한 배경 설명으로 이해를 돕는 것을 읽기교육으로 여겼다. 그러나 이와는 달리, 외국어 텍스트의 읽기활동은, 구어와 마찬가지로, 문어로 이루어지는 의사소통(communication écrite)으로 인식되어, 이미 많은 학자들에 의해 모국어로의 번역과는 다른 활동이라는 사실이 밝혀졌다. 그래서 과거에는 교수자가 텍스트에 중심을 두는 교육으로서 번역을 주로 했다면, 오늘날에는 독자에게 중심을 두어 학생들이 어떠한 과정을 거쳐 독해하는지, 어떤 읽기 능력을 사용하는지에 관심을 두고 교육한다.

1. 읽기활동과 교육

읽기는 독자가 텍스트에 있는 내용을 그대로 수용하는 활동으로 여겨졌다. 그러나 오늘날에는 독자가 텍스트의 의미를 산출하는 것으로 인식된다(Moirand 1990). 즉, 독자가 자신이 이미 가지고 있는 사전지식을 텍스트에 있는 정보와 상호작용 시킨다는 것이다. 이러한 인식의 변화는 Goodman(1971)과 Smith(1971)의 연구결과에서 큰 영향을 받은 것이다. 이들은 독자가 텍스트를 읽을 때 그 안에 존재하는 모든 언어요소들과 비언어요소들 중에서 자신이 의미가 있다고 판단하는 요소들에 근거를 두고 텍스트의 의미를 구성하고 재구성한다고 주장했다. 이 학설로부터 Cicurel, Lehmann, Moirand, Peytard, Souchon, Vigner 등 외국어로서의 프랑스어 교수법 연구자들도 학습자를 읽기활동의 능동적 주체로 인식하고, 학습자가 텍스트를 읽을 때 사용하는 사전지식과 읽기전략에 중요성을 두면서 프랑스어 텍스트 읽기교육을 해야 한다고 주장한다. 그리고 텍스트를 읽고 독해한 결과 그 자체보다는 학습자의 독해과정에 초점을 맞추는 읽기교육을 제안한다. 또한 이들은 텍스트 읽기를 구어와 독립된 교과목으로 프랑스어 학습 초기부터 교육하기를 권장한다.

1.1. 인지심리학의 관점에서의 읽기활동

Sprenger-Charolles(1982)은 읽는다는 것은 그 무엇보다도 이해한다는 것으로, 텍스트의 의미를 산출하는 활동이라고 말한다.[1] 이것은 독자가 텍스트에 있는 단어가 말하는 정보들을 끌어 모으기만 하는 수동적 활동이 아니라, 자신이 갖고 있는 사전지식을 텍스트에 있는 정보들과 끊임없이 상호작용하게 하면서 의미를 구성하고 재구성하는 능동적 활동인 것을 의미한다. 이러한 관점은 모국어 텍스트의 읽기활동뿐 아니라 외국어 텍스트의 읽기활동에도 동일하게 적용된다. 그래서 Souchon(1992)은 외국어 텍스트의 읽기활동이 독자의 모국어로 텍스트를 번역하는 활동과는 전혀 다르다고 주장한다. 그는 읽기는 텍스트의 의미를 구성하고 재구성하는 활동이며, 번역은 코드를 전환하여 다시 쓰는 것으로서 원본과 동일한 텍스트를 독자의 모국어로 생산하는 활동이라고 설명한다.

1.1.1. 독해활동의 기본 과정

Goodman(1976)의 "읽기는 추론 게임이다"("La lecture est un jeu de devinette")[2]라는 유명한 한 가정이 있다. 다른 지각과정과 마찬가지로, 읽기는 독자가 시각을 통하여 텍스트에 있는 여러 지표들을 탐지하고 식별하여,[3] 이 지표들로부터 텍스트에 대하여 예상하고, 그것을 텍스트를 읽어가면서 검증하는 것을 전제로 한다(Moirand 1990).

---

1) 외국어 읽기교육에서는 읽기활동과 독해활동을 동의어로 혼용하는 경우가 많다.

2) Sprenger-charolles(1986 : 10)에서 재인용.

3) 읽기활동은 시각을 통해 지각함으로 이루어진다. 그래서 독자가 텍스트에서 언어지표들과 비언어지표들을 탐지하고 식별하는 활동은 상당히 중요하다. Vigner(1979)는 탐지활동과 식별활동을 다음과 같이 구별한다. 탐지하는 것은 지표들의 존재를 확인하거나 확인하지 못하는 것으로, 탐지활동에서 착오가 생긴다면, 그것은 독자가 지표들을 놓쳤다는 것을 의미한다. 식별하는 것은 지표들 간의 차이를 알고 대조하는 것으로, 이 활동은 독자가 지표들을 학습하면서 습득한 지식을 참조하면서만 이루어진다. 식별과정에서 착오가 생긴다면, 그것은 독자가 지표들을 혼동했다는 것을 의미한다. 외국어 텍스트를 읽을 때 지표들을 식별하지 못하는 경우가 종종 발생하는 데, 그 이유는 경험이나 지식의 부족 때문이다.

① **식별** : 텍스트에 있는 언어지표들과 비언어지표들을 식별하고, 이 지표들 사이의 관계를 알아내는 활동이다.

② **예상** : 식별한 지표들로부터 텍스트의 내용에 관한 가설을 세우고 텍스트의 구조를 예측한다.

③ **검증** : 식별한 것과 예상한 것을 텍스트를 읽어나가면서 확증하거나 무효화하는 작업이다.

독자는 텍스트를 정독하기 전부터, 식별한 몇몇 지표를 통해 내용에 대한 전반적인 가설을 세우게 된다. 세워진 가설은 독자가 읽은 제목, 삽화, 도표 등에 의해 보강되고 텍스트를 읽어감에 따라 자세해지고 다양해진다. 그러나 독자는 텍스트에 있는 모든 정보를 모두 수용하며 읽지 않는다. 자신의 독해[4]에 유용하다고 판단하는 언어지표들과 비언어지표들을 식별하여 선택하기 때문이다. 그래서 텍스트에서 얻은 정보들을 자신이 판단하는 중요성에 따라 분류하고 유용하지 않은 것은 차치한다. 이렇듯, 독자가 세운 가설들은 텍스트를 읽어나가면서 얻은 정보들에 의해 확인되거나 무효화되면서 수정된다. 이와 같이 읽기는 식별, 예상, 검증의 과정이 끊임없이 이루어지는 인지활동인 것이다. 한편, 텍스트의 구조를 예측하는 활동은 여러 요소들에 의해서 이루어지는 데 그 하나로 언어형태를 통해 예측된다. 예를 들어 'd'une part'는 'd'autre part'의 출현을 예고하고, 'non seulement'은 'mais encore'의 출현을 예고하며, 'Cette hypothèse'는 앞 단락의 내용을 가리킴을 알리기 때문이다(Moirand 1979:21).

독자가 텍스트의 내용에 대한 가설을 세우고 구조에 대해 예측을 하는 것은 의미를 구성하고 재구성하는 데 개입하는 상당히 중요한 활동이다. 그래서 교수자는 학습자들이 텍스트를 읽어나가는 동안 여러 가설들을 세우고 예측을 할 수 있도록 유도해야 한다.

이처럼 읽기는 시각을 통한 지각활동으로 이루어지지만, 독자의 발성이 동반되어 이루어지기도 한다. 특히 외국어 학습자들의 경우, 그 외국어에 익숙하지 않을 때 글을 음소와 같은 아무 의미 없는 소리와 연결하여 읽는 경우가 많다. 이런 형태의 읽기를 음성적 읽기(lecture 'phonogrammatique')라고 하는데, 외국어학습 초기단계에서 불가피하게 거쳐 가는 읽기의 형태이다. 하지만 음성적 읽기는 독자가 텍스트를

4) 독자가 읽을 텍스트를 선택할 때는 자신의 읽기 계획에 부합한 것을 선택하고, 이에 부합한 읽기와 독해를 한다.

효과적으로 독해하는 데 매우 부정적인 현상을 초래한다. 그 이유는 읽고 있는 정보 하나하나 모두가 중요하게 처리되어서, 학습자가 의미면에서 더욱 중요하다고 판단하는 요소를 찾는 것이 어려워지고, 또한 앞으로 읽을 부분의 내용에 대하여 추측하는 것이 어려워지기 때문이다. 더욱이 글과 소리를 연결하여 읽으면 가독성이 낮아져서 읽고 있는 것에 쉽게 싫증을 느끼게 된다.

> 독자의 시지각 활동은 눈동자가 왼쪽에서 오른쪽으로, 즉 활자에서 시작하여 음절로, 단어로 그리고 문장으로 일정하게 움직여 나간다는 것이 통념이었다. 그러나 실제로 눈동자는 텍스트 위에 나열된 모든 문자에 순차적으로 일정 시간동안 멈추지 않는다. 왜냐하면 눈동자는 지문의 어떤 요소들을 건너뛰기도 하고, 앞으로 진행하는 동안 어떤 요소에서는 멈추기도 하며, 잘 파악하지 못한 어떤 요소들을 다시 보기 위하여 후퇴하기도 한다. 이때 눈동자는 급격하고도 불규칙하게 움직이며, 어떤 한 요소에 고정되는 동안에는 그 주변의 단어들을 동시에 여러 개 수용하는 특성을 갖는다(Vigner 1979 : 26-27). 또한 지면에서 움직이는 눈동자의 폭이나 눈동자가 고정되는 요소들의 위치는 독자가 지니고 있는 사전지식에 영향을 받는다. 예를 들어 철자 p의 경우 다음에 몇몇 자음이 오는 경우를 제외하고 모음이 오는 규칙, 또는 명사의 경우 동사 앞에 위치하면 주어로, 동사 뒤에 위치하면 목적어가 되는 문법 그리고 동사 parler의 경우 사람을 주어로 갖는다는 등에 관한 지식이다. 또한 텍스트에 레스토랑에서 일어나는 장면이 서술되면, 누군가가 숲속에서 산책하는 내용이 아닌, 식사, 메뉴, 종업원 등에 관한 내용이 언급될 것이라는 세상에 관한 지식이다 (Sprenger-Charolles 1986 : 116).

1.1.2. 독해활동에서의 정보 처리방식

독자가 텍스트에서 얻은 새로운 정보를 이해하는 데 반드시 필요한 인지시스템이 있다. 그것은 정보를 저장하고 유지하며 또한 저장된 정보를 다시 불러내는 회상의 기능을 하는 기억이다. 기억은 기능에 따라 단기기억과 장기기억으로 구분된다.

- 단기기억(mémoire à court terme, 또는 mémoire transitoire, mémoire de travail) : 독자가 순간적으로 탐지한 새로운 정보를 저장한다. 아주 소량의 정보들이 아주 짧은 시간 동안만 처리된다. 단기기억에서 정보를 저장할 수 있는 시간과 유지할 수 있는 양이 초과되면, 정보는 장기기억으로 넘어간다.
- 장기기억(mémoire à long terme 또는 mémoire permanente) : 독자의 지식을 오랜

기간 동안 저장한다. 단기기억에서 넘어온 새로운 정보들이 독자의 기존 지식과 통합되어 의미를 재구성한다.

단기기억과 장기기억은 독자가 텍스트에서 얻은 새로운 정보를 처리하는 과정에서 동시에 사용된다. 그런데, 이때 정보처리는 다음과 같이 두 가지 방식으로 이루어진다.

- **상향식 모델(modèle 'ascendant', 'bas-haut' 또는 'bottom up')** : 독자가 텍스트에 쓰여 있는 음소, 철자, 단어, 구, 절, 구두점 등을 해독(déchiffrage)하여 얻은 정보를 자신의 사전지식과 대조해 나가면서 처리하는 방식이다. 이 모델은 독해가 텍스트를 분석하면서 이루어진다고 가정한다. 이때 읽기는 해독하는 활동으로 인식된다.
- **하향식 모델(modèle 'descendant', 'haut-bas' 또는 'top down')** : 독자가 텍스트의 내용에 대한 가설을 세우고 그 구조를 예측하여 얻은 정보를 텍스트를 해독하여 얻은 정보와 대조해 나가면서 처리하는 방식이다. 이 모델은 독해란 독자 자신의 경험, 텍스트의 특성, 사회·문화와 관련한 지식 등을 기반으로 추측하면서 이루어진다고 가정한다. 이 경우, 읽기는 텍스트를 분석하는 활동이 아니라 이해하는 활동으로 인식된다.(Sprenger-Charolles 1986)

오늘날에는 텍스트에서 얻은 정보와 독자가 지닌 사전지식이 원활하게 상호작용해야만 읽기가 효율적으로 이루어진다고 가정하는 상호작용모델(modèle interactif)에 중요성을 둔다. 그래서 숙련된 독자(bon lecteur)는 텍스트의 특성에 따라 상향식 모델과 하향식 모델을 끊임없이 교체하여 읽는 사람으로, 반면 그렇지 못한 독자는 한 모델에만 지나치게 의존하는 경향이 있는 사람으로 정의된다. 이와 관련하여 Gaonac'h(1990)은 학습 초기에 있는 외국어 학습자들은 텍스트의 의미를 파악하기보다는 음소, 철자, 어휘, 통사 등을 해독하려는 경향이 크다고 말한다. 이렇게 해독하여 얻은 정보들은 단기기억에서 처리되기 때문에, 너무 많은 정보의 처리가 단기기억에 과부하를 발생시킨다. 이 결과로 정보는 순조롭지 못하게 처리된다. 게다가 학습자가 사용해야 할 사전지식이 제대로 사용되지 못하게 되어서 독해하는 데 효율성이 떨어진다고 Gaonac'h은 주장한다.

1.2. 언어사회학의 관점에서의 읽기활동

읽기는 독자와 필자의 의사소통 행위라고 할 수 있다. 왜냐하면 독자는 자신의 관심사를 다룬 텍스트를 선택하여 자신이 세운 읽기 계획에 부합하도록 읽는 데, 이 텍스트는 필자가 자신이 하고 싶은 이야기를 의사소통하고자 하는 대화대상자에게 쓴 것이기 때문이다. 그런데 필자는 이야기를 담는 텍스트를 자신이 속한 사회가 요구하는 사회문화적 규범에 따라 쓴다. 그래서 외국어 텍스트의 읽기는 독자가 자신이 속한 사회가 아닌 필자가 속한 사회의 문화가 강요하는 규범을 받아들이는 것을 의미한다.

1.2.1. 텍스트 : 기호언어학적 사물

1) 서체의 영역(Ordre scriptural)

Peytard(1970)는 텍스트가 서체의 영역에 위치한다고 주장하고, 이 관점으로 읽기활동을 이해해야 한다고 말한다. 서체의 영역은 활자로 실현된 것으로, 읽기가 가능한 모든 메시지를 의미한다. 따라서 메시지는 언어의 통사나 어휘에서만 나타나는 것이 아니라, 필자가 활자로 실현시키는 여러 조건들에서도 나타난다. 예를 들어, 인쇄상의 차별(활자의 크기나 굵기, 이탤릭체 등)은 고유명사나 인용문, 제목 등을 구별하며, 지면의 분할(장, 콜론, 단락 등)은 내용이 서로 다름을 표시한다. 따라서 신문기사를 읽는 것은 신문에 사용되는 특수한 코드를 읽는 것이라고 할 수 있다.

이처럼, 글꼴, 글씨 크기, 글의 색, 단락, 난, 제목, 그림, 사진, 도표 등의 초문맥적 지표나 도상 지표들은 자신이 지닌 고유한 특성으로 독자들에게 차별화된 읽기를 요구한다. 따라서 그것들은 독자가 텍스트의 의미를 효과적으로 구성하고 재구성하는데 기여하여 가독성을 유도한다. 그러므로 필자가 메시지를 구성할 때 도입하는 특수한 지표들은 읽기활동의 조건으로서 중요하다.

서체의 영역의 개념은 언어뿐 아니라 초문맥적 지표와 도상 지표들도 텍스트의 의미를 구성하고 재구성하는 데 중요한 역할을 하고 있음을 보여준다. 한편 교수자들은 학습자들이 이 지표들을 탐지하는 활동에 만족할 것이 아니라, 그들이 탐지한 요소들로부터 내용에 대한 가설을 세우도록 유도하여 텍스트의 의미를 구성하고 재구성하도록 이끌어야 한다.

2) 텍스트의 장르와 읽기 협약(Pacte de lecture)

텍스트에 나타난 모든 언어요소들과 비언어요소들은 장르에 지배받는다. 필자는 자신이 선택한 장르에 필요하다고 생각하는 언어요소들과 비언어요소들을 사용하여 텍스트를 쓰고, 독자는 이런 요소들을 따라가면서 의미를 구성하고 재구성해나간다. 이것은 장르가 필자에게는 쓰기행위에, 독자에게는 읽기행위에 필요한 준거를 형성함을 의미한다.

이와 같이, 모든 텍스트에는 독자들이 받아들여야만 의사소통이 원활히 이루어지는 다소의 규약을 담고 있다. 이 규약들은 텍스트에 항상 명시되지는 않지만, 주로 텍스트의 첫머리에 나타난다. 독자가 텍스트의 첫머리에서 'Il était une fois (......)'를 탐지한다면, 그는 앞으로 전개되는 텍스트의 이야기는 허구세계가 될 것으로 추측한다. 그리고 독자는 이 텍스트를 어떤 목표를 두고 읽어야 할지, 즉 정보 얻기, 무료함 달래기 등 자신의 읽기 계획을 결정한다. 또한 그는 텍스트를 어떻게 접근해야 할지 적절한 읽기전략을 선택한다. 바로 이것이 읽기 협약의 형성이다(Schmitt & Viala 1998:37). 이처럼, 규약들은 독자에게 읽을 텍스트를 다른 텍스트와 같은 방식으로 받아들여지지 않도록 함과 동시에, 가능한 읽기활동을 예시하고 유도한다. 그러므로 독자가 다양한 텍스트를 접하는 것은 매우 중요하다. 더욱이 Bronckart(1996)에 따르면, 텍스트 읽기의 모든 활동은 독자가 지닌 장르에 대한 지식을 토대로 이루어지며 발달한다. 이런 의미에서 실재자료는 학습자들이 장르에 따른 텍스트적 요소들과 담화적 요소들을 접할 수 있는 좋은 도구가 된다. 교수자는 어휘력과 구문 파악 능력이 부족한 학습자들에게 실재자료의 사용을 기피하는 경향이 있으나, 이와 반대로 학습초기부터 그것을 가능한 자주 사용할 필요가 있다.

1.2.2. 읽기상황

문어는 구어와 마찬가지로 의사소통 상황 밖에서는 존재할 수 없는 언어 활동이다. 필자는 자신의 의사소통의 목적에 따라 텍스트를 쓰고, 독자 또한 자신의 의사소통의 목적에 부합하다고 판단한 그 텍스트를 선택하여 읽는다. 따라서 텍스트에서 이루어지는 활동은 필자와 독자 양방의 의사소통의 목적이 개입하여 이루어지는 의사소통의 행위가 된다. 다만, 이들의 상호작용은 서로 다른 시간과 다른 공간에서 간접적으로 이루어질 뿐이다. 그래서 읽기는 독자가 텍스트의 생산 상황(situation de production)을 아는 것을 전제로 해야 한다. Moirand(1979:10)은 읽기활동을 텍스트의 수용 상황(situation de réception)뿐 아니라 생산 상황의 중요성도 함께 설명한다. 그의 저서 『글의 상황』(*Situations d'écrit*)[5]에서 발췌한 아래의 도식은 문어를 생산하고 수용하는 상황에서 고려해야 할 기본 요소들을 제시하고 있다. 그리고 이 요소들이 맺은 관계들이 독자의 읽기전략에 어떤 방식으로 영향을 미쳐서 의미를 산출하게 하는지 보여준다.

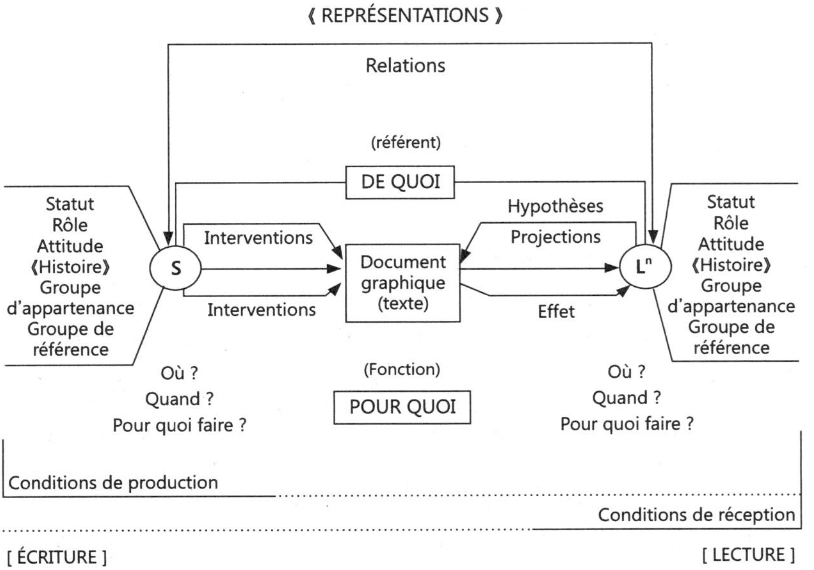

[그림 8-1] 문어 의사소통 상황의 기본 요소

5) 실재텍스트의 읽기교육을 의사소통접근법으로 접근한 최초의 책이다.

- **독자** : 독자의 사회적 지위나 임무, 태도, 인생 경험, 독자가 속한 사회 계층이나 독자가 참조하는 사회 계층의 특성이 텍스트의 의미를 구성하고 재구성하는 데 영향을 미친다.
- **독자와 필자와의 관계** : 독자가 갖는 필자에 대한 표상이 미치는 영향이다. 이 표상은 독자가 텍스트를 읽을 수 있는 방법들을 선택하여 사용하는 데 영향을 미친다.
- **독자/필자와 글과의 관계** : 필자는 자신이 선택한 의사소통의 목적아래 텍스트를 쓴다. 텍스트를 읽는 독자는 그 목적에 영향을 받는다. 물론, 필자가 예상했었고 원했던 것과 항상 일치하지는 않는다. 이는 독자가 가지는 읽기 계획이나 텍스트의 내용에 대해 세울 수 있는 가설 등으로 인해서 텍스트를 읽은 후 받을 수 있는 영향이 달라지기 때문이다.
- **독자/텍스트와 언어 외적 요소와의 관계** : 참조 유형, 특히 독자가 갖고 있는 사전지식이나 인생 경험은 텍스트의 의미를 해석하는 데 영향을 미친다. 독자가 텍스트를 읽는 지역과 시대 역시 영향을 미친다.

위의 도식은 독자가 텍스트를 읽을 때 누가, 누구에게, 언제, 어떤 목적으로 썼는지 알아야만 접근할 수 있음을 보여준다. 외국어 텍스트를 읽는 학습자들은 필자가 대화대상자로 삼은 독자와 일치하지 않는다. 그 결과 그 밖의 생산 상황의 요소들과도 완전하게 일치하지 않게 된다. 그러나 Moirand(1990)은 외국어 텍스트의 읽기수업에서 텍스트의 생산 상황이 상상될 뿐이고 인위적으로 재생산될 뿐이지만, 교수자들은 학습자들이 텍스트를 누가 읽는지, 누구에게 썼는지, 독자에게 어떠한 행위를 요구하는지 등을 우선 이해하도록 지도해야 한다고 말한다.

1.2.3. 읽기 계획(Projets de lecture)

독자가 텍스트를 어떻게 읽을 것인가를 결정하는 것은 '무엇을 위해 읽는 것인가'에 달려 있다. 독자는 정보를 얻기 위해, 무료함을 달래기 위해, 문학을 알기 위해, 학습을 위해, 잠을 청하기 위해, 무엇을 제작하는 등의 다양한 읽기 계획을 가지고 읽는다. 읽기 계획은 독자가 읽을 텍스트를 선택하는 데 중요한 요인으로 작용한다. 읽기 계획에 따라 선택할 수 있는 텍스트는 다음과 같이 분류될 수 있다(Moirand 1990).

- **즐거움을 목표로 공상하기 위한 읽기** : 노래, 만화, 탐정소설, 일반소설 등
- **웃기 위한 읽기** : 만담, 점성운세, (벽, 문 따위의) 낙서 등
- **무엇을 하기 위한 읽기** : 안내서, 라디오-텔레비전 프로그램, 놀이 설명서, 요리법, 사용설명

서 등
- **정보 수집을 목표로 지식을 습득하기 위한 읽기** : 신문의 기사나 사설 등
- **글을 쓰기 위한 읽기** : 설문지, 편지, (라디오, 텔레비전의) 공개 퀴즈 등

독자는 평소에 자신의 읽기 계획에 따라 텍스트를 선택하여 읽는다. 그러나 외국어 학습자는 목표언어를 사용하는 나라에 체류하지 않으면, 그 언어로 실현시킬 수 있는 읽기 계획이 제한될 수밖에 없다. 그 한 예로 하숙방을 찾기 위해 광고지를 읽는 것이다. 한편 학습자가 목표언어를 충분히 구사하지 못하는 경우에도 실현시키기 어려운 읽기 계획이 있다. 만약 학습자가 목표언어를 잘 구사하지 못하여 텍스트를 읽는 동안 언어를 해독하기에 벅차다면, 읽는 즐거움을 느끼기가 어려워서 무료함을 달래려는 읽기 계획은 실현하기 어렵다.

평소의 읽기 상황과 달리, 학교에서 학습자들은 주어진 텍스트를 읽는다. 텍스트는 교수자가 목표언어를 학습시킬 목적으로 선택하기 때문에, 텍스트의 기능이 왜곡되어 사용되는 경우가 많다. 그 예로, 전단지는 순간 읽혀지고 버려지는 텍스트지만, 경우에 따라서 학교에서는 외국문화를 보여주는 자료로 사용되기도 한다. 이때 전단지는 제안하거나 호소하거나, 고발하는 기능은 사라지고 분석해야 할 학습의 대상물로 바뀐다.(Moirand 1990:127) 또한 교실에서 교수자는 구체적인 읽기 계획을 제시하지 않은 채 선택한 텍스트를 읽도록 강요한다. 학습자들은 텍스트를 왜 읽어야 하는지, 어떻게 읽어야 하는지 모르는 상황에 놓이게 된다. 이처럼 평소 때의 읽기 상황과 학교에서의 읽기 상황은 많은 차이점을 보이는데, Cicurel(1982)은 이 차이점을 다음과 같이 비교하였다.

〈표 8-1〉

평소 읽기 상황에서	학교의 읽기 상황에서
독자는 스스로 읽을 텍스트를 선택한다.	학습자는 읽을 텍스트가 강요된다.
독자는 선택한 텍스트를 원하는 시간에 자유롭게 읽는다.	학습자는 주어진 텍스트를 수업시간에 읽거나 수업시간 외에는 예습하기 위해서 읽는다.
독자는 텍스트의 장르(학술적 텍스트, 해학적 텍스트 등)나 읽기 계획에 따라 사용할 읽기 전략을 결정한다.	읽기 계획은 분명하게 표현되지 않고 항상 동일하다. 즉, 배우기 위해서 읽는다.
	읽기전략은 대체로 교수자에 의해서 정해진다. 음독하거나, 특정 지표들을 탐지하거나, 텍스트의 특정 요소에 줄을 치는 등의 활동을 한다.

따라서 학교에서 주로 하는 교육용 읽기에 정보 얻기, 상황 이해하기, 토론하기와 같은 다양한 읽기 계획을 접목한다면 더욱 효과적인 교육이 될 수 있다. 이는 학습자들로 하여금 구체적인 읽기 계획을 갖도록 도움을 줄 수 있고, 읽기 계획에 부합한 읽기전략을 모색하도록 도움을 줄 수 있기 때문이다. 따라서 교수자는 교육목표에 부합한 텍스트를 선택할 때 읽기 계획도 함께 선정해야 한다.

1.2.4. 읽기전략(Stratégies de lecture)

읽기전략은 독자가 텍스트를 읽어나가는 방법을 말한다. 이 용어는 Moirand의『글의 상황』에서 처음으로 사용되었는데, 여기서 그는 선별적 읽기와 통독을 읽기교육으로 제안했다. 이는 그 당시 유일하게 사용되었던 텍스트 전체를 선적으로 읽어나가는 통독을 배제시키기 위해서였다. 선적으로 읽어나가는 통독은 모국어와 외국어 문학 텍스트의 읽기에서는 주요 읽기방법이 됐지만, 고지서나 신문, 편지 등과 같은 비문학 텍스트의 읽기에는 적합한 읽기방법은 아니기 때문이다. 결국, 학습자들의 다양한 학습요구로 인하여 문학 텍스트 이외에 다른 장르의 텍스트의 읽기가 요구되었던 시대적 배경이 읽기전략을 재검토하는 계기가 되었다.

한편 Cicurel(1991)은 읽기전략의 유형을 읽기 계획에 근거하여 아래와 같이 분류하였다.

- **정독(lecture studieuse)** : 최대한 많은 정보를 얻기 위해 주의 깊게 읽어나가는 전략이다.
- **훑어 읽기(lecture balayage)** : 텍스트의 요점만을 파악하기 위한 읽기전략이다. 신문의 한 면을 눈으로 훑는다거나, 길에서 배포된 전단지나 광고를 훑는 경우처럼, 불필요한 부분은 신경 쓰지 않고 원하는 부분만을 가려 읽는다. 독자가 빠른 속도로 원하는 부분을 찾아 읽기 위해서는 충분한 언어 능력과 텍스트에 관한 지식이 요구된다.
- **선별적 독서(stratégie de sélection)** : 구체적인 정보를 알파벳 순서나 분류에 따라 찾아내는 읽기전략이다. 이것은 전화번호부, 사전, 문법책 등을 볼 때 사용한다.
- **수행용 읽기(lecture-action)** : 텍스트에 적힌 지시사항에 따라 실행하는 읽기전략이다. 이 전략은 요리법, 사용설명서 등을 볼 때 사용한다.
- **낭독(lecture oralisée)** : 큰소리로 읽는 것이다.

Cicurel에 의하면, 독자는 텍스트를 읽어나가면서 생기는 관심에 따라 다양한 전략을 혼용하는 것이 일반적이다. 따라서 하나의 텍스트를 읽을 때 단 하나의 읽기전략만을 사용하지 않는다. 그러나 외국어학습자들은 목표언어를 학습할 목적으로 외국어 텍스트를 읽어서 정독하는 경향이 강하다. 이러한 학습자들이 읽기 계획에 따른 적합한 읽기전략을 사용도록 하기 위해, 교수자는 학습자가 모국어 텍스트를 읽을 때 어떤 전략들을 사용하는지 스스로 의식하게 할 필요성이 있다고 주장한다. 또 교수자는 학습자가 자신이 처한 읽기 상황에서와 자신의 읽기 계획에 따라 적절한 읽기전략을 스스로 선택하여 사용할 수 있도록 지도해야 한다.

1.2.5. 읽기 능력(Compétence de lecture)

외국어 교수자들은 학습자가 문자를 해독할 능력만 있으면 읽기 능력이 자연스럽게 습득되는 것으로 간주했다. 그래서 읽기교육을 할 때 의사소통 능력을 오랫동안 다루지 않았다(Moirand 1990). 그러나 말하기, 듣기, 쓰기와 마찬가지로 읽기도 독자의 의사소통 능력이 요구된다. 왜냐하면 Moirand(1979)에 따르면, 독자는 텍스트에서 자신이 찾고자 하는 정보를 얻을 수 있는 능력과 자신이 얻고자 하는 정보의 위치를 탐지할 수 있는 능력, 독자가 자율적으로 텍스트를 이해하고 해석할 수 있는 능력이 있어야 하기 때문이다. 그래서 그는 독자가 읽기 능력을 갖추기 위하여 다음과 같은 능력으로 구성된 의사소통 능력[6]을 습득해야 한다고 주장한다.

- **언어 능력(compétence linguistique)** : 언어의 음성, 어휘, 문법, 텍스트의 모델에 대한 지식과 이 지식을 사용할 능력을 일컫는다.
- **담화 능력(compétence discursive)** : 다양한 담화의 유형과, 담화가 생산되고 해석되는 의사소통 상황에 따른 구성 요소들에 대한 지식과 이 지식을 사용할 능력을 일컫는다.
- **언어외적인 참조지식(connaissance des références extra-linguistiques)** : 독자의 인생 경험, 사회문화 지식, 세계를 보는 수준 있는 사고를 일컫는다.

---

6) Moirand과 같은 맥락에서 Cicurel(1991:40) 역시 의사소통 능력이 언어코드(어휘와 통사)를 해독할 수 있는 언어 능력(compétence linguistique), 요소들의 연결을 식별하고 이 요소들을 병치된 단위로 이해하는 것이 아니라 일관성 안에서 이해하는 구문파악능력인 텍스트(이해 · 구성) 능력(compétence textuelle), 관련영역에 관한 축적된 문화적 또는 백과사전적 능력(compétence culturelle ou encyclopédique)으로 구성된다고 주장했다.

Moirand(1990)은 독자가 텍스트를 읽을 때 의사소통 능력을 구성하는 세부 능력들이 서로 분리되어 각기 다른 순간에 단독으로 개입하는 것이 아니라고 주장한다. 즉, 이 능력들은 모두 동시에 개입하지만 그 정도는 다르다는 것이다. 그리고 이 현상을 독해전략을 통하여 설명한다. 예를 들어, 독자가 텍스트에서 다루는 사회문화적 요소들을 거의 모른다 할지라도 높은 수준의 언어 능력이 있으면, 그는 텍스트에 접근할 수 있다. 또 독자가 보통수준의 언어 능력을 가졌지만 참조영역에 대한 지식이 충분하면, 텍스트가 생산된 상황 중 누가, 누구에게 어떤 목적으로 썼는지에 대한 상황에 익숙하지 않아도 그는 텍스트를 이해할 수 있다. 하지만 언어 능력이 결핍됐다면, 그가 지시적, 담화적 정보를 나타내는 텍스트적 지표를 찾는 데 어려움이 있다. 따라서 독해는 의사소통 능력의 세부 능력들이 서로 간에 균형이 지속적으로 이루지면서 개입할 때 효율적으로 이루어질 수 있다.

지금까지 텍스트의 읽기활동을 살펴본 결과, 읽기활동은 ① 독자가 선택한 읽기 계획과 ② 텍스트가 갖고 있는 기호학적, 담화적, 언어학적, 의사소통적 기능과 더불어 생산 상황에 의한 텍스트의 특성 그리고 독자가 지니고 있는 의사소통 능력, ③ 독자의 인지시스템에 의해 결정되는 것임을 알 수 있다(Moirand 1990).

2. 외국어 텍스트의 읽기 교수전략

앞에서 살펴보았듯이, 문어 의사소통으로서 외국어 읽기를 교육한다는 것은 학습자가 자신의 모국어에서 습득한 읽기 능력에 의지하는 것을 의미한다. 즉, 교수자들이 학습자들의 읽기경험이나 읽기 능력, 읽기전략 등을 고려해야 한다는 것이다. 이미 70년대 후반에 Moirand, Lehmann, Vigner는 학습자들이 목표언어의 철자, 단어, 구, 문장을 파악하도록 교육하는 것만이 아니라, 학습자들이 모국어에서 습득한 읽기 능력을 빨리 되찾도록 훈련시켜야 하는 것을 외국어로서의 프랑스어 텍스트 읽기교육에서 달성해야 할 목표로 제시했다. 우리는 이들이 읽기 교수전략으로 제시한 총괄적교수법을 살펴보기 전에 외국어교수법 안에서 읽기교육이 어떻게 이루어졌는지 간단히 정리하려고 한다.

2.1. 외국어교수법 안에서의 읽기교육의 위상

읽기교육은 시대의 흐름에 의해 요구되는 교육목표에 따라 주요과목으로서 또는 부수적인 과목으로서 학습자들에게 교수되었다. 전통교수법이나 능동적 방법론에서는 텍스트 읽기가 주요과목으로 교수되었던 반면, 청화식 교수법이나 구조·총괄시청각교수법에서는 아주 소홀이 다루어졌다[7]. 그런데 읽기교육은, 특히 70년대부터, 획기적인 변화를 맞게 된다. 그 이유는 문어에 대한 인식이 변화했기 때문이다. 즉, 문어가 구어에 종속된 관계에 있다는 생각에서 구어와 독립된 관계에 있다는 인식으로 그리고 문어가 구어처럼 의사소통 상황 안에서 이루어지는 언어 활동이라는 인식으로의 전환이 이루어진 것이다. 이로부터 읽기는 독자와 필자 사이에 이루어지는 의사소통의 행위로 간주되었다. 한편 외국어교육에서 차지했던 읽기교육의 위상들을 교수방법론에 따라 살펴보면 다음과 같다.

먼저, 전통교수법은 외국 고전문학을 읽을 수 있는 독자양성을 교육목표로 삼았기 때문에, 학습자들에게 문학 텍스트를 읽는 교육을 했다. 이 교수법은 모든 언어가 보편적 구조로 이루어졌고 언어들 간의 근본적 차이는 다른 언어로 된 단어에 있다는 가설을 근거로 세워졌다. 따라서 독자가 외국 문학을 읽는다는 것은 즉각 자신의 모국어로 번역한다는 것을 의미했고, 외국어에 해당하는 모국어를 잘 찾을 수 있는 것을 읽기 능력이라고 인식했다. 그래서 학습자들은 문학 작품에서 어휘를 발췌하여 목록을 만들어 익히고, 문학이라는 고상한 언어로 문법지식을 습득했다. 또한 교수자가 교과서에서 모국어와 외국어로 쓰인 문장들 중 하나를 임의적으로 선택하여 읽으면, 학습자들은 그 문장을 즉시 번역을 하거나 작문을 했다. 그러나 이 교수법에서는 문학 텍스트를 읽기위한 문법학습, 어휘암기, 텍스트 암송, 문법지식과 어휘지식을 확장시키는 연습문제가 문학 텍스트를 읽고 번역하는 것보다 더 중심이 되었다.

한편 학습자가 텍스트를 낭독하고 교수자는 학습자가 한 발음, 억양, 리듬 등을 교정하는 것으로 읽기교육이 이루어졌던 직접교수법 이후, 1920년에서 60년대까지 문학 텍스트 읽기를 교육하기 위한 능동적 방법론(méthodologie active)이 출현했다. 능

7) 학습자들이 특별한 언어적 필요가 있을 경우, 예를 들어 연구자들이 과학이나 기술 분야의 외국어 전공서적을 읽어야 하거나, 이민자들이 행정기관에서 서류작성을 위해 읽을 줄 알아야 하는 경우에는 문어를 학습했다.

동적 방법론에서는 학습자들에게 텍스트에 관해 이야기하게 하는 활동을 통하여 텍스트에 있는 언어형태를 익히게 했고 그들의 문화지식을 동원하여 텍스트에 내재한 문화들을 발견하게 했다. 학습자들이 외국어 학습을 끝낸 이후에도 문학 텍스트, 신문, 잡지, TV., 라디오 등을 접하면서 외국어와 문화를 지속적으로 접하는 사람으로 양성되는 것을 교수목표로 삼는다. 이 방법론은 문학 텍스트 외의 다른 장르의 텍스트들과 다른 형태의 자료들에 확장되어 적용되고 있다.

또한 구어학습을 언어학습의 목표로 삼은 청화식 교수법에서는 학습자가 언어의 음운체계를 다룰 수 있다고 여겨질 때부터 읽기학습이 시작된다. 학습자들은 문어를 구어에 종속된 관계에서 학습했기 때문에, 그들은 수업 중에 구어로 학습된 것만을 읽었다. 1960~70년대에 사용된 교재에는 일상생활을 주제로 다룬 텍스트가 포함되어서, 매 수업의 마지막 시간에 학습자들은 음절과 단어를 정확하게 발음하는 것에 중점을 두고 학습한 텍스트를 음독했다. 이때 교수자는 학습자들의 텍스트 이해정도를 확인하기 위하여 질문을 하고, 학습자들은 구어로 답하는 것으로 학습을 끝맺었다. 이후, 구조 · 총괄시청각교수법의 원리로 제작된 교재 *Voix et Images de France*(1962)에는 듣기, 말하기, 읽기, 쓰기의 언어 기능이 모두 소개되었다. 이 중에서 읽기를 학습하는 텍스트는 22과부터 출현하는 데, 그 학습은 리듬, 억양, 휴지, 연음, 강세 등을 중심으로 이루어졌다. 구조 · 총괄시청각교수법은 외국어의 억양이나 리듬을 정확하게 모방하는 것이 메시지를 이해하는 것보다 우위에 놓았다. 읽기는 구어 능력을 보강하는 방법의 하나로 기능하였고, 의미를 이해하는 것은 발음교육에 희생되었다.

지금까지 소개된 교수법에서 읽기활동은 단순히 문자를 해독하는 활동으로 간주되었다. 이러한 인식은 의사소통접근법이 출현하면서 완전히 바뀌게 된다. 즉, 읽기란 독자가 텍스트의 의미를 구성하고 재구성하는 활동으로 간주된다. 그리고 의사소통접근법은 학습자들이 사회에 진출하여 외국어로 의사소통할 수 있도록 양성하는 것을 교육목표로 삼아서, 제작된 텍스트가 아닌 실재텍스트를 읽는 것에 중요성을 둔다. 따라서 읽기활동이 독자의 읽기 계획에 부합하여 이루어지는 활동으로 정의된다. 그래서 독자는 자신의 읽기 계획에 적합한 읽기전략을 사용할 줄 알아야 하는 데, 읽기전략의 사용이 독자가 지닌 의사소통 능력에 의해 결정된다고 본다. 이러한 관점에 기초하여 학습자가 언어지식이 적어서 독해에 어려움이 있을 때, 텍스트가 다루는 내용에 관한 배경지식이나 텍스트의 원형 구조 등과 같은 지식을 사용함으로써 결핍된 언어지식을 보완하는 읽기전략을 사용하도록 한다. 그래서 의사소통접근법에서는 텍스트의 구조와 텍스트 상황을 고려한 연습문제를 많이 다룬다.

의사소통접근법이후에 출현한 행위중심접근법에서의 읽기교육은 학습자들이 과제를 실행하면서 또는 교수자가 제시한 읽기 지시사항을 이행하면서 이루어진다. Puren(2006)이 제시한 삽화가 들어간 중편소설을 간행하는 과제를 예로 살펴보자. 학습자들은 소설 하나를 선정하고 그 내용에 어울릴 만한 삽화를 다양한 매체를 통해서 찾는다. 이들은 자신들이 선별한 삽화 중에서 소설의 내용에 가장 적합하다고 생각하는 삽화를 선택할 것인데, 이 과정에서 어떤 삽화가 어떤 이유로 내용에 더욱 적합한지를 서로 토론할 것이다. 그리고 그들은 작품을 완성한 후 인터넷에 올리면서 사회에 실제로 참여하게 된다. 읽기 지시사항은 부정법이나 명령문 형태로 제시될 때 사회적 행위를 유도하는 결과를 가져온다. 즉, 학습자들이 집단교육을 받는 상황에서 명령법이나 부정법의 형태로 지시사항을 받으면(예, "Résumer les étapes de cette anecdote"), 요구된 과제를 자립적이지만 다른 학생들과 그룹으로 공동 실행하는 과정을 거치는 의사소통 상황을 조성하고, 반면, 의문문 형태의 지시사항은 학습자의 개인적 생각을 구어로 설명하는 상황을 조성하게 된다.

행위중심접근법의 근간이 되는 유럽공통참조기준(*Cadre Européen commun de référence pour les langues*)에는 읽기학습과 그 교육의 결과로 평가될 기준을 여섯 단계로 나누어 그 각각의 단계에서 달성할 교육수준이 다음과 같이 제시된다.

〈표 8-2〉

A1	나는 예를 들어 광고지, 포스터, 카탈로그에 쓰인 친숙한 상호명과 단어, 아주 간략한 문장을 읽을 수 있다.
A2	나는 길이가 짧고 상당히 간략하게 쓴 텍스트를 읽을 수 있다. 나는 광고, 팸플릿, 메뉴, 시간표와 같은 일상생활에서 접할 수 있는 글에서 예측될 만한 어떤 특유한 정보를 찾을 수 있다. 또한 길이가 짧고 아주 간략하게 쓰인 사적인 편지를 이해할 수 있다.
B1	나는 주로 일상어로 작성된 텍스트나 내 직업과 관련한 텍스트를 이해할 수 있다. 나는 사적인 편지에 쓰인 사건의 묘사나 감정의 표현, 바램의 표현을 이해할 수 있다.
B2	나는 필자가 현시대의 문제들에 대하여 특정 태도를 취하거나 어떤 한 관점을 기반으로 쓴 기사나 보고서를 읽을 수 있다. 나는 현대 산문을 이해할 수 있다.
C1	나는 텍스트가 사실만을 다룬 것이나 문학적인 것을 다룬 것으로 그 길이가 길고 복잡해도 이해할 수 있다. 그 텍스트들이 갖는 문체의 차이를 음미할 수 있다. 나는 내 분야와 관련이 없는 분야까지 전문화된 기사나 길이가 긴 기술적인 설명서를 이해할 수 있다.
C2	나는 예를 들어 개론서, 전문화된 기사, 문학 작품과 같은 내용이나 형식이 추상적이거나 복합적이기도 한 모든 유형의 텍스트를 수월하게 읽을 수 있다.

그리고 편지 읽기, 정보를 찾기 위한 읽기, 정보를 획득하고 검토하는 읽기, 설명서 읽기를 제안하며 각 읽기활동에 요구되는 읽기전략을 위의 여섯 단계에 따라 제시한다. 그 중에서 정보를 찾기 위한 읽기와 정보를 획득하고 검토하는 읽기에 대한 활동과 그 전략을 소개하면 다음과 같다.

〈표 8-3〉

	〈정보를 찾기 위한 읽기〉
C2	B2와 동일하다.
C1	B2와 동일하다.
B2	길이가 길고 복잡한 텍스트를 빠르게 훑어보면서 유용한 내용들을 찾아낼 수 있다. 전문적인 주제를 폭넓게 다룬 정보나 기사, 르포르타주를 더 깊이 있게 검토할 필요가 있는지 알아보기 위해서 그 내용과 정보의 적절성을 빠르게 판별할 수 있다.
B1	찾고자 하는 정보의 위치를 알기 위해서 길이가 제법 긴 텍스트를 훑어 읽을 수 있다. 특별한 과제를 실행하기 위하여 텍스트 안의 여러 부분에서 또는 여러 텍스트에서 획득한 정보들을 연결할 수 있다.
	편지, 광고, 간략한 공문서에서 적절한 정보를 찾고 이해할 수 있다.
A2	광고, 팸플릿, 메뉴, 일람표, 시간표와 같이 일상에서 접할 수 있는 간단한 글에서 예측할 만한 특유한 정보를 찾을 수 있다. 어떤 한 특유한 정보가 목록에서 어느 부분에 위치했는지 알 수 있고 그 찾은 정보를 떼어서 다룰 수 있다.(예를 들어 〈〈업종별 전화번호부〉〉에서 어떤 기관이나 어떤 수공업자를 찾는 것) 길거리, 레스토랑, 역과 같은 공공장소에서 자주 접하는 기호와 표시판을 이해할 수 있고 근무지에서 방향, 지시, 안전과 위험을 표시하는 기호와 표시판을 이해할 수 있다.
A1	일상의 여러 통상적인 상황에서 가장 자주 쓰이는 이름, 단어, 표현을 식별할 수 있다.

〈표8-4〉

	〈정보를 획득하고 검토하는 읽기〉
C2	C1과 동일하다.
C1	사회생활, 직장생활, 대학생활에서 접할 수 있는 넓은 분야의 텍스트를 세세하게 이해할 수 있다. 그리고 세부 내용의 섬세한 부분을 판별할 수 있다. 여기서 견해가 제시되거나 또는 암시되어 나타나는 태도를 포함한다.
B2	자신이 속한 분야를 고도의 전문성으로 다룬 자료에서 여러 정보, 사상, 견해들을 획득할 수 있다. 자신의 이해를 확인하기 위해 가끔씩 사전을 참조한다면 자신의 분야 이외의 전문분야를 다룬 기사를 이해할 수 있다.
	필자가 현시대의 문제들에 대하여 특정 태도를 취하거나 어떤 한 관점을 기반으로 쓴 기사나 보고서를 이해할 수 있다.
B1	명확하게 연결된 논술형 텍스트의 주된 결론들을 알아낼 수 있다. 다루는 문제를 전개하기 위해 따르는 논술형 스키마를 알아볼 수 있다. 이때 세부를 반드시 이해할 필요는 없다.
	친근한 주제를 직접적이고 복잡하지 않게 다룬 신문기사에서 중요한 내용들을 가려낼 수 있다.
A2	편지, 팸플릿, 사건을 서술한 길이가 짧은 신문기사와 같은 간략한 글에서 적절한 정보를 판별할 수 있다.
A1	간략한 정보형 텍스트, 특히 시각적 자료가 동반된 정보형 텍스트의 내용에 대한 견해를 가질 수 있다.

2.2. 총괄적접근법(Approche globale des textes écrits)

총괄적접근법은 언어교육을 위한 교수전략으로, 1970년대 중반 Moirand과 Lehmann에 의해 프랑스어 교수자들에게 널리 알려지기 시작했다. 읽기교육과 관련하여 Moirand(1990:132)에 따르면, 텍스트를 독해하는 활동은 여러 영역, 즉 시각을 통해 인식하는 영역과 어휘, 문법, 의미, 화용적, 담화적 영역 등의 정보들이 동시에 다루어지면서 이루어지기 때문에, 교수자가 영역 하나만을 분리하여 학습시키는 것은 어렵다. 그래서 그는 다양한 영역의 정보를 통합하여 교수하는 총괄적접근법이 모국어나 외국어로써의 프랑스어 읽기교육에 적합하다고 주장한다.

그런데 이 교수전략은 학습자들이 텍스트에 있는 지표들을 우선적으로 탐지하도록 유도한다. 그 이유는 학습자들이 텍스트를 정독하기에 앞서, 탐지하고 식별한 지표들로부터 읽기 계획을 세우고, 텍스트의 구조를 예상하고, 텍스트가 지닌 의미에 대한 가설을 세우기 때문이다. 텍스트에서 찾을 수 있는 지표들은 아래와 같이 분류된다.

- **도상 지표(indices iconiques)**[8] : 활자, 줄 바꿈, 글과 그림의 배치, 그림, 사진 등이다.
- **형태 지표(indices formels)** : 텍스트의 일관성을 나타내는 문법적 요소들과 접속어 등이다.
- **주제 지표(indices sémantiques)** : 일반적 개념, 특수한 개념, 참조영역의 구성을 의미한다.
- **발화 지표(indices énonciatifs)** : 필자와 발화체와의 관계, 필자와 독자들과의 관계를 나타낸다. 발화체와의 관계는 논리적 양태와 평가적 양태를 통하여, 독자들과의 관계는 화용론적 양태를 통하여 나타난다.

이 중에서도 도상 지표를 탐지하는 것이 읽기활동을 시작하는 데 매우 중요한 출발점이 된다. 한편 총괄적접근법의 교육활동은 여러 단계로 구성되는데 다음의 순서를 따른다.

1단계 : 학습자들이 텍스트를 관찰하여 시각적으로 강하게 호소하는 여러 지표를 지각도록

8) 도상 지표들을 탐지하는 활동은 학습자들의 담화 능력과 언어외적인 참조지식과 관계한다. 그리고 형태 지표들을 탐지하는 활동은 언어 능력과 담화 능력과 관계한다.

한다. 이때 사진, 그림, 제목, 조판 효과 등이 호소력 있는 지표이다. 또 교수자는 학습자들이 텍스트와 친숙해지도록 하고, 장르, 필자, 독자를 인식하도록 하는 것을 목표로 한다.

2단계 : 누가, 언제, 어디서, 무엇에 대하여 누구에게 썼는지를 찾도록 유도하며, 반복된 용어, 주요 용어, 접속어, 등을 찾도록 유도한다. 그리고 텍스트의 주요 부분을 탐지하도록 한다.

3단계 : 위에서 찾은 요소들로부터 텍스트의 한 부분과 다른 부분을 연결시키도록 하여 텍스트의 구조를 파악하도록 한다.

4단계 : 학습자들이 사회, 정치, 문화 등 이미 알고 있는 내용을 텍스트에서 찾도록 하면서 독해하기 난해한 부분을 줄여나가도록 한다.

5단계 : 학습자들은 자신이 부여한 텍스트의 의미에 대하여 다른 학습자들과 목표어 또는 모국어로 토론을 하게 한다.

위의 다섯 단계는 총괄적접근법이 제안하는 읽기교육이 읽기 전 활동(la prélecture)과 읽기활동(la lecture), 읽기 후 활동(après la lecture)으로 이루어짐을 볼 수 있다. 1단계는 읽기 전 활동으로 학습자들이 텍스트에 접근하기 쉽도록 하며 그 내용에 대한 가설을 세우도록 유도한다. 2, 3, 4단계는 읽기활동(la lecture)으로 학습자들이 목적을 갖고 텍스트를 읽도록 유도한다. 여러 목적으로 유도된 읽기는 학습자들에게 텍스트를 총괄적으로 이해하도록 한다. 읽기교육은 학습자가 텍스트를 독해한 것으로 끝나지 않는다. 학습자들에게 텍스트를 해석하도록 한다. 경우에 따라서 다른 의미를 부여하도록 한다. 그리고 그들의 견해를 이야기하도록 한다. 이것이 읽기 후 활동으로 총괄적접근법의 5단계가 해당된다.

위에 제시된 총괄적접근법의 교육활동 이후의 절차는 교수자들이 세운 읽기교육의 목표에 의해 달라진다.

이미 살펴본 바와 같이 총괄적접근법은 학습자들로 하여금 텍스트를 첫 문장부터 선적으로 읽어나가는 방식에서 벗어나도록 유도하여, 텍스트를 전체적으로 독해할 수 있는 능력을 향상시키는 데 그 목표를 둔다. 그래서 학습자들로 하여금 텍스트 전체를 해독하도록 유도하지 않는다. 다만 그들로 하여금 텍스트를 전반적으로 이해하게 할 뿐이다. 그러나 그들이 텍스트의 어떤 부분을 세세하게 읽기를 원한다면, 사전을 사용하여 그 부분을 번역하는 방법을 사용하지 않을 이유는 없다. 또한 이 교수전략은 교수자가 학습자들의 불충분한 언어 능력으로 인해 독해의 어려움을 느끼는 부분들을 점차 줄여나가는 방법을 모색한다. Moirand은 학습자들이 구어를 글로 옮겨 적을 수 있을 때부터, 신문기사와 같은 실재자료의 읽기를 제안할 필요가 있다고 주장한다. 그들이 단어나 텍스트의 세세한 요소들을 이해하지 못하더라도, 텍스트를 전체적으로 이해하는 능력을 향상시키는 것이 중요하기 때문이다. 따라서 교수자들이 총괄적접근법을 가능한 빠른 시기에 도입하기를 제안한다.

2.3. 읽기 지시사항(Consignes de lecture)

언어수업에서 텍스트를 사용할 경우, 교수자는 학습자들이 텍스트를 잘 이해했는지를 확인하는 질문을 한다. 그러나 총괄적접근법에서는 교수자가 학습자들에게 특정 읽기활동을 유도하면서 다양한 읽기를 하도록 안내하는 읽기 지시사항을 사용하도록 권장한다. 그래서 읽기 지시사항이 학습자들의 독해를 돕는 목적으로 사용되는 것이지, 독해를 평가하는 목적으로 사용되지 않는다.

Cicurel(1991:57)은 독해를 유도할 수 있는 읽기 지시사항의 유형을 다음과 같이 특정 인지활동에 부합시켜 제시한다.

〈표 8-5〉 읽기 지시사항의 유형과 인지활동

1. 식별하기	2. 추측하기 / 예상하기 / 가설 세우기	3. 위치 탐지하기 / 선별하기 / 정보를 따라가기
ㅁ 이 텍스트를 어디서 보셨습니까? ㅁ 이 텍스트에서 알고 있는 것을 발췌하세요(장소, 이름). ㅁ 이런 어근을 포함하는 단어를 가려낼 수 있습니까?	ㅁ 제목으로 봐서 이 텍스트가 어떤 내용을 다루고 있다고 생각하십니까? ㅁ 텍스트의 지면을 보세요. 이것이 텍스트에 관해서 어떤 정보를 줍니까? ㅁ 당신이 ....의 의미를 이해하도록 도움을 준 것은 무엇입니까? ㅁ 제목이 ....인 두 개의 이야기를 읽을 것입니다. 텍스트의 내용을 상상해 보세요. ㅁ 텍스트를 읽으시고 당신이 상상했었던 것과 비교하세요. ㅁ 놀라셨나요? 왜죠?	ㅁ 주인공이 출현한 부분을 모두 표시하세요. ㅁ 우스운 상황을 표현한 단어 5개를 찾으세요. ㅁ X의 태도가 보이는 표현을 찾으세요. ㅁ 시간을 표현한 단어들을 찾으세요. ㅁ 필자가 동의하지 않고 있음을 표현한 목록을 작성하세요.

4. (정보 중요성에 따라) 등급 정하기 / 분류하기	5. 관계 세우기	6. 자신과 연관시키기 / 해석하기
ㅁ 장면들(séquences)을 순서대로 나열하세요. ㅁ 분노를 연상시키는 단어들을 분류하세요. 그리고 이 단어들이 표현하는 강도에 따라 나열하세요. ㅁ 다음의 단어 중에서 주인공을 가장 잘 표현한 것은 무엇입니까? ㅁ 여기에 형용사 목록이 있습니다. 이들 중에서 이 모델에 속하는 것은 무엇입니까?	ㅁ 여기에 동일한 주제로 쓰인 기사가 두 개 있습니다. 유사한 내용과 상이한 내용을 찾으세요. ㅁ 기사의 첫 문단(chapeau)과 마지막 단락에서 일치하는 요소들을 찾으세요. ㅁ 이름들이 무엇과 연결됐는지 찾으세요. ㅁ 같은 의미를 갖는 단어들을 찾으세요.	ㅁ 이 일이 당신에게도 일어났습니까? ㅁ 이것에 대해 어떻게 생각하십니까? ㅁ 당신이 어렵다고 생각한 것을 적으세요. ㅁ 이 나라로 떠나고 싶은 마음이 있습니까? ㅁ 당신은 이 이야기에 어떤 의미를 부여하십니까?
7. 종합하기	8. 관찰하기	9. 독해 확인하기
ㅁ 주제가 무엇입니까? ㅁ 단락마다 제목을 붙이세요. ㅁ 어떤 언화행위와 관련된 것입니까? ㅁ 몇 마디로 이야기하세요.	ㅁ 처음에 눈에 띈 것이 무엇입니까? ㅁ 상이한 요소들로는 어떤 것이 있습니까?(인용문, 굵은 활자...) ㅁ 텍스트를 읽지 마시고 보십시오. 무엇이 당신의 시선을 사로잡습니까?	ㅁ 두개의 리스트에 있는 단어들 중에서 같은 의미를 지닌 단어들끼리 연결하세요. ㅁ 이 단어가 무엇을 의미합니까? ㅁ 이 텍스트의 기능은 무엇입니까? ㅁ 무엇이 주인공을 두렵게 했습니까?

학습자들이 텍스트의 의미를 점진적으로 발견하는 것을 교수목표로 한다면, 교수자는 그들이 아는 것으로부터 출발하여 독해의 범위를 점차 확장시킬 수 있는 읽기 지시사항을 제안하는 것이 좋다.

3. 총괄적접근법을 적용한 신문기사 읽기교육

학습자들이 텍스트에 있는 여러 지표들을 탐지하도록 하고, 내용에 관한 가설을 세우도록 하며, 텍스트의 구조를 예측하도록 돕고 싶다면, 교수자는 텍스트가 어떻게 기능하는지 알아야 하고, 어떤 지표들이 내용의 가설을 세우고 검증하는 데 용이한지 알아야 한다. 그래서 Moirand(1979:74)은 교수자가 교수활동 하기 전에 텍스트를 분석해야 한다고 주장한다. 그런데 읽기교육을 위한 텍스트의 분석은 두 가지 목적을 갖는다. 하나는 교수자가 텍스트의 기능을 사회언어학적, 화용론적, 의미론적,

논리적, 통사론적, 형태론적, 음성학적, 인쇄상의, 도상적 등 여러 수준에서 이해하도록 돕는 것이다. 그래서 학습자들의 어떠한 학습요구에도 잘 응할 수 있게 된다. 다른 하나는 교수자가 텍스트 이해에 필요한 능력을 향상시키는 교수전략을 구상하도록 돕는 것이다. 결국, 교수자가 텍스트를 교육적으로 분석하는 것은 텍스트에 접근할 수 있는 가능한 여러 방법들을 검토하고, 그 중에서 교육적으로 가장 효과적인 방법들을 찾는 활동이다.

총괄적접근법을 적용한 읽기교육의 사례를 아래의 텍스트로[9] 살펴보자.

À Visan, les touristes vont à la ferme

pas un villageois n'y échappe. « La ferme » de TF1, est aujourd'hui le principal sujet de discussion à Visan(Vaucluse), du salon de coiffure à la boulangerie. C'est dans ce village de 1638 habitants que sont implantés les locaux de la nouvelle émission de téléréalite. Une vingtaine de célébrités sont enfermées dans une ferme pour y travailler.

Au village, il y a les pour et les contre. Mais les enthousiastes sont les plus nombreux. Au café, le patron allume la télé à l'heure de l'émission : « Les clients la regardent, chacun y va de son commentaire. Souvent, des passants nous demandent où est située la ferme. » Des passants parfois envahissants : 400 voitures ont débarqué le lundi de Pâques. « Je n'avais jamais vu autant de monde à Visan », confie Claude, agriculteur.

Certains bénéficient déjà de retombées économiques, comme Géraldine, la boulangère : « On fournit de 30 à 80 baguettes par jour à la production, c'est rentable. » Théo, de la cave de Visan, livre à la ferme entre 50 et 60 bouteilles tous les dix jours : « Nous sommes dans une région viticole. Si seulement 10% des téléspectateurs retiennet que les célébrités boivent du vin de chez nous, on aura réussi. »

D'autres sont plus critiques. Raphaël, aide-soignant, espérait « que "La ferme" donnerait une meilleure image de Visan. Mais les journalistes nous snobent et nous étiquettent "paysans". Vivement que tout soit fini, que le village redevienne ce qu'il était. » Il ne reste done plus qu'à attendre. Attendre de retrouver la tranquillité pour certains, attendre les retombées financières pour d'autres.

20 Minutes, jeudi 29 avril 2004

9) 텍스트는 Alliance française 인터넷사이트에서 발췌했다. DELF의 A2 시험에 출제된 문제 중에서 선택했다. 5장의 내용은 홍승현(2014)「한국인 학습자들의 프랑스어 텍스트 읽기 능력향상을 위한 교수 방안 : 총괄적접근법을 중심으로」의 131-134쪽의 내용을 본 글의 목적에 맞게 발췌하여 재구성하였다.

- **1단계** : 교수자는 학습자들이 지면에서 시각적으로 강하게 호소하는 지표들을 지각하도록 유도한다. 이 활동을 위한 읽기 지시사항으로 "텍스트를 읽지 말고 훑어보세요. 이때 무엇이 여러분의 눈에 먼저 띕니까?"를 제안할 수 있다. 텍스트에는 필자가 지면의 상단 중앙에 크고 굵은 글씨체로 쓴 제목, 하단 오른쪽에 이탤릭체로 쓴 인터넷 신문의 이름 "*20 mimutes*"와 기사가 실린 날짜 등이 있다. 학습자들은 이 지표들이나 또는 다른 지표들을 탐지하면서 텍스트가 허구를 다룬 소설이 아니라 시사를 다룬 기사임을 파악할 것이다. 1단계의 읽기활동은 학습자들이 텍스트의 장르를 파악하도록 유도하면서 자신들이 이미 경험한 읽기전략을 선별하여 사용하도록 돕는 것이다. 그래서 "*20 mimutes*"의 정치적 경향이나 무간지 등과 같은 정보들을 파악하는 데 목적을 두지 않는다. 한편 일반적으로 학습자들은 텍스트의 제목이 갖는 중요성을 잘 알고 있기 때문에 제목을 조금 더 주의 깊게 살펴볼 것이다. 그리고 제목을 통하여 기자가 한 마을("*Visan*")에 찾아온 여행객들에 대한 이야기를 쓴 것으로 내용에 대한 가설을 세울 수 있을 것이다.

- **2단계** : 교수자는 학습자들이 어떤 이유에서 여행자들이 Visan에 찾아오는지 먼저 이해시킬 필요가 있다. 사실 제목에서 언급한 농장("*ferme*")은 여행객들이 특별히 찾을만한 곳은 아니기 때문이다. 그래서 학습자들에게 Visan에서 무슨 일이 있는지 찾도록 유도하는 것이 텍스트를 이해하는 데 우선적으로 필요하다. 이에 관한 정보는 텍스트의 첫 문단에 있다. 교수자는 "제목을 보면 Visan에서는 관광객들이 찾아올만한 아주 특별한 일이 일어나고 있는데, 그들이 그 마을에서 특별히 어디를 찾는지 구체적인 장소를 알아보고, 그 곳에서 무슨 일이 있는지 텍스트에서 찾아보세요. 첫 단락을 중심으로 살펴보세요."를 말하면서 학습자들에게 그 특별한 일("*«La ferme» de TF1*")이 무엇인지 찾도록 한다. 더욱이 첫 단락에 쓰인 농장("*«La ferme»*")은 따옴표나 대문자로 시작한 정관사와 쓰여 이 단어가 일반명사로 쓰일 때 갖는 의미가 아닌 아주 특별한 의미를 갖는다는 것을 (비)언어와 시각적인 측면에서 잘 보여준다. 이후 그 농장이 무엇("*nouvelle émission de téléréalité*")을 가리키며 여기에 참여하는 자들이 누구("*Une vaingtaine de célébrités*")인지 어디("*ferme*")에서 이루어지는지 찾도록 유도한다.

- **3단계** : 필자가 텍스트에서 다루는 주 내용은 다음과 같다. 방송을 위해 마을에 방문한 방송인들과 이들을 보러 마을에 오는 수많은 관광객들이 주민들의 삶에 끼치는 영향을 주민들의 반응으로 전하고자 한다("*Au village, il y a les pour et les contre*"). 필자는 주민들의 상반된 반응들을 단락으로 구별하여 보여준다("*Certains...... D'autres......*"). 그리고 이 반응들을 그들의 증언으로 증명한다. 교수자는 학습자들이 각 단락의 첫 문장을 읽도록 유도하여 각 단락에서 다루어지는 긍정적인 반응과 부정적인 반응을 알도록 하여 텍스트의 구조를 파악하도록 한다. 이에 대한 읽기 지시사항으로 "첫 단락이후에는 몇 단락이 있습니까? 각 단락의 첫 문장을 읽어 보세요. 그리고 각 단락에서 주민들이 취하는 입

장을 나타내는 단어들을 찾아보세요."를 제안해 본다.

- **4단계** : 우리나라에서도 방송인들이 특정 상황에서 체험하는 텔레비전 프로그램이 여럿 있어서 이와 관련한 여러 정보들을 학습자들이 갖고 있을 것이다. 학습자들이 이미 알고 있는 내용을 텍스트에서 찾도록 한다. 우리는 읽기 지시사항으로 다음을 제안한다. "여러분은 이런 특별한 곳을 방문한적 있나요? 우리나라에서 또는 외국에서 방영된 프로그램 중에서 이와 유사한 방송에 대한 이야기를 알고 있습니까? 텍스트에서 언급된 내용 중에서 이미 들어 본 것을 찾아보세요." 이 단계에서 학습자들은 텍스트를 상세히 읽어 그 내용을 자세히 파악할 수 있다.

- **5단계** : 학습자들이 독해한 것을 동료 학습자들과 토론을 하도록 하여 내용을 더 잘 알아갈 수 있도록 한다. 지시사항은 다음을 제안한다. "여러분이 이 마을의 주민이라면 이러한 방송에 대해 어떤 입장을 가질 것 같습니까?"

위의 내용은 총괄적접근법을 적용한 하나의 예이다. 동일한 교수전략이지만 학습자들의 수준에 따라 다른 방식으로 또는 다른 다양한 지표들로 텍스트에 접근할 수 있다. 또한 교수자는 텍스트의 특성에 따른 여러 교육목표를 세울 수 있다. 예를 들어 A2 수준의 학습자들에게 다른 교육목표를 첨가한다면, 직접인용문이 글에서 어떤 형태로 나타나는지 그리고 어떤 효과가 있는지 알아보는 것을 제안할 수 있다. 그 이유는 필자가 주민들의 반응을 전달할 때 그들의 말을 직접인용의 방식을 사용하였기 때문이다. 따라서 필자가 주민의 목소리를 콜론(deux-points)과 따옴표(guillemets)를 사용하여 전하며 문장의 구조가 평서문의 구조와 다름을 학습시킬 수 있다(예를 들어 "*« (......) », confie Claude, agriculteur.*"). 그리고 주민의 목소리를 직접인용의 방식을 사용함으로 독자들에게 그 내용이 필자에 의해 해석되지 않고 내용의 정확도를 높이는 전략을 사용했음을 설명할 수 있다. 위의 텍스트는 따옴표(guillemets)의 사용과 함께 직접인용문이 형태적으로 어떻게 쓰이는지 파악하는 것이 중요한 텍스트이다.

현재 많은 교수들은 읽기활동에 대한 잘못된 인식으로 외국어 읽기교육, 즉 외국어 텍스트를 해독하고 모국어로 번역하는 활동을 읽기활동과 동일시하고 있다. 이러한 사실은 교육과정에서 학습자들이 향상시켜야 할 읽기 능력의 범위를 축소시키고, 텍스트의 의미를 산출하는 방법과 텍스트에 접근하는 방법을 한정시키게 된다. 물론 외국어 텍스트를 해독하고 번역하는 활동이 학습자들을 숙련된 독자로 성장시키는데 어느 정도 기여하는 것은 부인할 수는 없다. 하지만 이제는 교수자들이 번역과 분석을 통해서 텍스트에 접근하기에 앞서 필요한 모든 읽기 능력을 향상시킬 수 있는 진정한 읽기교육을 해야 한다. 왜냐하면 읽기활동에 개입되는 여러 요소들을 고려한 읽기교육만이 그들을 자율적 독자로 성장시킬 수 있기 때문이다.

오늘날 인터넷과 같은 정보통신수단의 발달로 인해 매거진, 잡지, 신문기사 등을 실시간으로 접할 수 있어서 프랑스어를 사용하는 전 세계인들은 동일한 텍스트를 읽으면서 그들이 살고 있는 세계를 동시에 접하게 된다. 그래서 유용한 정보를 담은 텍스트를 찾아 읽는 교육은 글로벌시대에 부응하는 인재를 효과적으로 양성할 수 있는 훌륭한 수단이 된다. 이러한 관점에서 텍스트 읽기 능력 향상은 외국어교육에서 매우 중요하게 다루어져야 할 부분이다. 우리가 잘 알고 있듯이, 읽기 능력의 향상은 말하기, 듣기, 쓰기 능력과 통합적으로 향상될 때 더 큰 효과를 볼 수 있다. 특히 쓰기교육과 통합한 교육은 오래전부터 제안된 읽기 교수방안의 하나이다. 우리 교수자들도 한국인 학습자들의 프랑스어 읽기교육을 쓰기교육과 상호보완 관계 속에서 다룰 때 얼마만큼의 교육효과를 얻을지 관심을 갖고 연구하여 읽기 능력을 향상하는 교수전략을 모색할 필요가 있다.

〈학습과제〉

1. 텍스트를 읽고 독해하는 활동을 인지적 관점을 중심으로 설명하시오.
2. 교수자는 외국어 텍스트를 읽는 학습자를 능동적 주체로 인식해야 할 필요가 있습니다. 그 이유를 언어사회학적 관점을 중심으로 설명하시오.
3. 총괄적접근법을 설명하시오.

참고문헌

김현정(2011) "텍스트 유형학을 활용한 프랑스어 문어 학습", 『불어불문학 연구』 제88집, 635-674쪽.

김현정(2011) "상호작용적 이해 과정을 활용한 구성주의 읽기전략", 『불어불문학 연구』 제86집, 351-372쪽.

이남성(2000) "신문을 이용한 불어의 학습 / 교수에 대한 고찰", 『한국프랑스학논집』 제33집, 123-140쪽.

이남성(2002) "읽기교수에서 텍스트선별의 문제", 『불어불문학연구』 제51집, 289-304쪽.

이남성(2003) "한국 신문 사설의 장르 특성 연구", 『한국프랑스학논집』 제43집, 125-146쪽.

이남성(2004) "Enseignement de la lecture en français langue étrangère à l'université coréenne", 『불어불문학연구』 제 57집, 259-283쪽.

정우향(2010) "Bakhtine의 대화주의와 프랑스어 교육", 『외국어교육』 제17권 제2호, 341-358쪽.

홍승현(2006) "불어 텍스트 읽기 / 독해 전략에서 기호언어학적 접근의 중요성", 『프랑스학연구』 제37집, 377-379쪽.

홍승현(2009) "프랑스어 텍스트 의미 (재)구축 과정에서 한국인 독자들의 읽기 / 독해 전략에 관하여 : 장르 식별을 중심으로", 『프랑스어문교육』 제30집, 177-193쪽.

홍승현(2011) "인지심리학관점에서 외국어 텍스트 읽기와 교수방안 : D. Gaonac "h의 주의전략을 중심으로", 『프랑스어문교육』 제37집, 121-139쪽.

홍승현(2012) "읽기전략을 통해 살펴본 프랑스 문학텍스트 읽기와 교수방안 – 의사소통접근법으로", 『프랑스어문교육』 제39집, 131-153쪽.

홍승현(2013) "DELF B1의 모의 대화에 대한 고찰 – 지식의 도식을 중심으로", 『한국프랑스학논집』 제82집, 253-276쪽.

홍승현(2013) "프랑스어 텍스트 읽기 능력 향상을 위한 교수 방안 - DELF B1의 독해시험을 중심으로", 『외국어교육연구』 제16권, 169-185쪽.

홍승현(2014) "한국인 학습자들의 프랑스어 텍스트 읽기 능력 향상을 위한 교수 방안 : 총괄적접근법을 중심으로", 『프랑스어문교육』 제47집, 121-141쪽.

Adam, J.-M.(2004) *Linguistique textuelle, des genres de discours aux textes*, Paris: Nathan.

Albert, M.-C. et Souchon M.(2000) *Les textes littéraires en classe de langue*, Paris: Hachette.

Authier, J.(1981) "Paroles tenues à distance", Matérialités discursives, Actes du colloque des 24, 25, 26 avril 1980, Université Paris X-Nanterre, PUL, pp.127-142.

Bakhitine, M.(1984) *Esthétique de la création verbal* (trad. du russe par Alfreda Aucouturier; préface de Tzvetan Todorov; éd. original 1979), Paris: Gallimard.

Besse, H.(1980) "Enseigner la compétence de communication ?", Le F.D.M. n° 153, pp.41-47.

Bronckart, J.-P.(1996) *Activité langagière, textes et discours : pour un interactionisme socio-discursif*, Paris: Delachaux et Niestlé.

Cicurel, F.(1982) "Projets pluriels de lecture", Travaux de didactique du F.L.E. n° 7, pp.39-51.

Cicurel, F.(1991) *Lecture interactive*, Paris: Hachette.

Eco, U.(1985) *Lector in fabula ou la coopération interprétative dans les textes narratifs* (trad. de l'italien par Myriem Bouzaher, éd. originale 1979), Paris: Gallimard.

Gaonach, D.(1990) *Les stratégies attentionnelles dans l'utilisation d'une langue étrangère*, Le Français Dans Le Monde, Recherches et Applications, février-mars 90 (numéro spécial).

Gaonach, D.(1991) *Théories d'apprentissage et acquisition d'une langue étrangère*, Paris: Hatier Didier.

Goodman, K.-S.(1971) *Psycholinguistic uiversals in the reading process*. In P. Pimsleur & T. Quinn (Eds.), The psychology of second language learning, Cambridge: Harvard University Press.

Goodman, K.-S.(1976) "Reading : a psycholinguistic guessing game", in H. Singer, R.B. Ruddell : Theorical models and process on reading, Newark: IRA.

Hong S.-H.(2004) *Compétences textuelles de lecteurs coréens et français. Le repérage des traces énonciatives dans la (re)construction de la relation scripteur-lecteur*, Besançon: Univ. Franche-Comté.

Jauss, H.-R.(1978) *Pour une ésthétique de la réception* (trad. de l'allemand par Claude Maillard, préface de Jean Starobinski, éd. original 1972), Paris: Gallimard.

Moirand, S.(1979) *Situations d'écrit*, Paris: Clé international.

Moirand, S.(1990) *Enseigner à communiquer en langue étrangère*, Paris: Hachette.

Moirand, S. & Peytard, J.(1992) *Discours et enseignement du français : les lieux d'une rencontre*, Paris: Hachette.

Peytard, J.(1970) "Oral et scriptural : deux ordres de situations et de descriptions linguistiques", Langue française n°6, pp.35-47.

Peytard, J.(1975) "lecture(s) d'une «aire scripturale» : la page de journal", Langue française, n° 28, pp.39-59.

Puren, C.(2006) "Explication de textes et perspective actionnelle : la littérature entre le dire scolaire et le faire social", http://www.aplv-languesmodernes.org.

Schmitt, M. P. & Viala, A.(1998) *Savoir-lire*, Paris: Didier.

Smith, F.(1971) *Understanding reading : a psycholinguistic analysis of reading and learning to read*, New York: Holt, Rinehart & Winston.

Souchon, M.(1992) "Orientations pour un accompagnement pédagogique des premières lectures en langue étrangère", FIPF 93, pp.74-91.

Souchon, M.(1995) "Pour une approche sémiotique de la lecture-compréhension en langue étrangère", SEMEN n° 10, pp.103-148.

Souchon, M.(1997 a) "La lecture-compréhension de textes : aspects théoriques et didactiques", Revue de la S.A.R.F.E.S.U., numéro hors série novembre, pp.6-55.

Souchon, M.(1997 b) "L'importance de certains concepts bakhtiens pour les recherches en lecture-compréhension de textes en L.E". Langues et cultures n° 3, pp.5-22.

Sprenger-Charolles, L.(1982) "Quand lire c'est comprendre; approche linguistique et psycholinguistique de l'activité de lecture", Pratiques n° 3, pp.7-25.

Sprenger-Charolles, L.(1986) "Rôle du contexte linguistique, des informations visuelles et phonologiques dans la lecture et son apprentissage", Pratiques n° 52, pp.9-27.

Sprenger-Charolles, L.(1986) "La perception visuelle au cours de la lecture ou peut-on entrainer l'oeil à mieux se comporter?", Pratiques n° 52, pp.112-123.

Vygotsky, Les Semenovitch.(1985) *Pensée et langage*. Editions sociales, 2e édition Collection Terrains.

Vigner, G.(1979) *Lire : du texte au sens*, Paris: Clé international.

Conseil de l'Europe(2001) *Cadre européen commun de référence pour les langues : apprendre, enseigner, évaluer*, Paris: Didier.

09

쓰기 교육

박 동 열

최근 외국어로서 프랑스어 교육학(la didactique du FLE)은 다양한 영역에서 상당한 성과를 이루었다. 쓰기 영역에서도 다양한 연구결과로 새로운 약진의 발판을 마련하였다. 하지만 정작 교육적 도구로 사용할 수 있는 쓰기교육자료는 아직도 부족한 편이며, 학습자가 텍스트를 쓰는 능력을 발전시키기 위한 교육방법론 역시 미약하다고 할 수 있다. 더구나 1980년대부터 프랑스어 교수학습의 지배적인 교수법이 의사소통 능력의 향상에 초점을 둔 의사소통접근법으로 자리 잡으면서 프랑스어 교육에서 구어와 문어 간의 불균형이 심화되는 경향을 보이고 있다. 이것은 많은 사람들이 의사소통이 말을 통해서 이루어지는 경우가 일반적이기 때문에, 의사소통접근법은 '말'을 '글'보다 우위에 두는 방법론으로 파악했기 때문이다. 하지만 이 시각은 이 교수방법론에 대한 오해를 반영한 것이라고 볼 수 있다. 즉 의사소통이 종종 '글'에 의하여 이루어지는 것이 더 절실할 때가 있는 한, 의사소통접근법은 결코 '글'을 경시하지 않는다. 더구나 국내 상황에서 학습자가 사회에 나갔을 때, 프랑스어 의사소통은 '말'보다는 '글'로 이루어질 경우가 더 많다고 한다면, 프랑스어 교육에서 필요한 것은 말하기를 약화시키는 것이 아니라, '말'과 '글' 모두를 상호보완적인 의사소통 수단으로 인식하고, 이들을 균형있게 가르치고 배우도록 만드는 것이다.

이러한 맥락에서 본 장에서는 쓰기의 정의와 체계적 교육의 필요성, 외국어 교수방법론에 따른 쓰기활동의 위상, 쓰기과정의 모형 그리고 쓰기 교수·학습방안에 대해 살펴보겠다.

1. 쓰기란 무엇인가

1.1. 글의 상황 요소

쓰기는 그것이 모국어든 외국어든 시공간이 부재하는 곳에서 일어나는 것이 아니라 언제나 일정한 글의 상황 속에서 발생한다. 따라서 효과적인 쓰기가 이루어지려면 글의 상황을 구성하는 여러 요인들을 잘 파악하고 분석해야 한다. Moirand(1979:10)은 쓰기 활동을 포함한 여러 요소들로 구성된 총체적인 글의 상황(situation d'écrit)을 아래 모형으로 제시하였다. 이 모형에 따르면 글의 상황이란, 필자가 글의 상황에 존재하는 여러 구성요소들, 즉 필자의 입장, 예상 독자의 요구, 글을 쓰고 있는 맥락, 글의 목적 등과의 복잡한 상호작용이 작용하는 상황이며, 글의 의미는 이 상황 속에서 지속적으로 생성된다. 따라서 그의 글의 상황에 대한 모형은, 글이란 사회적 맥락 밖에서는 의미를 가질 수 없다는 기본적인 전제를 지니고 있다고 볼 수 있다.

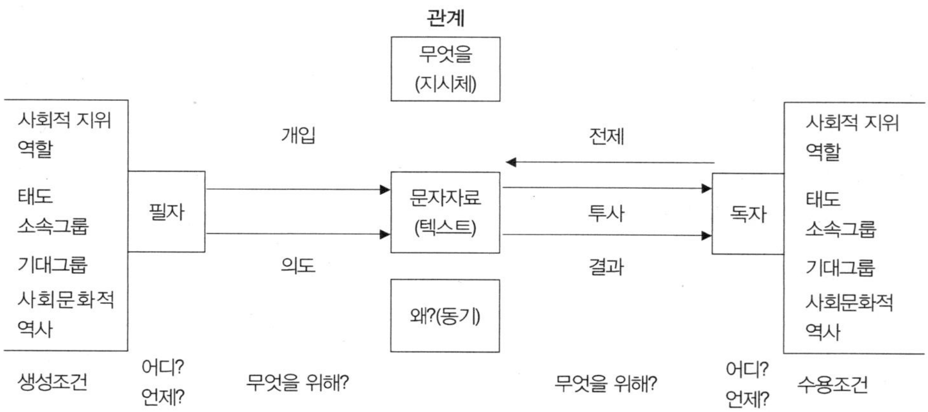

[그림 9-1]

1.1.1. 필자

필자는 자신을 독자에게 객관적으로 드러내야 하기 때문에 자신의 상황을 분석해야만 한다. 그런데 필자는 한 사회 속에서 자신 만의 사회적, 문화적 역사를 가지고 있으며, 가족, 직장, 학교 등 다양한 사회적 집단에 소속하고, 거기서 부모, 회사원, 조합원, 학생 등과 같은 정해진 '사회적 지위'를 갖는다. 또한 그는 각 집단에서 날마다 여러 '역할'로 변화하고, 역할에 따른 각각의 다양한 '태도'를 지닌다. 더구나 필자는 한편으로 자신에게 정해진 '사회적 그룹'에도 소속하지만, 다른 한편으로 자신이 기대하는 다른 그룹에 속하길 갈망한다. 이 모든 요소들은 그가 글을 쓸 때, 자신의 입장을 글 속에 드러내는 데에 영향을 미치게 된다.

1.1.2. 필자 / 독자 관계

필자는 늘 자신이 쓴 글에 반응하는 예상 독자와 어떤 관계를 유지하려고 하기 때문에, 그는 독자가 무엇을 하도록 만들기 위해 글을 쓴다. 이는 필자가 분명히 어떤 의사소통 의도를 가지고 있다는 의미이다. 예를 들어 광고문을 쓴다고 한다면, 필자는 분명히 예상 독자로 하여금 물건을 사게 하려는 '의도'를 가지고 있는 것이다. 또한 필자는 독자에게 글을 쓰는 것과 동시에, 독자에 관한 '표상'을 만들면서 그와 특별한 관계를 유지하려고 한다. 그리고 역으로 이 표상은 필자 자신이 메시지를 형성하는 방식에 크게 영향을 미친다.

한편, 글의 상황에서 숙련된 필자는 자신의 입장을 효과적으로 드러내기 위해 자기중심적 입장에서 벗어나 독자 중심적으로 글을 쓰지만 미숙한 필자의 경우에는 그렇지 않다. 왜냐하면 그는 예상 독자를 자신의 연장선상에서 파악하여 그도 자신이 생각하는 방식과 동일한 방식으로 생각한다고 착각하기 때문이다.

1.1.3. 필자 / 독자 / 문서 관계

필자는 의사소통의 의도를 가지고 있기 때문에, '문자자료'(document graphique)를 매개로 독자에게 어떤 '결과'를 생성하려고 한다. 그는 '무언가를 독자에게 행하기 위해' (pour quoi faire) 글을 쓰는 것이고, 이런 필자의 의도는 문자자료에 담겨있다. 사실 필자와 독자, 그리고 문서와의 관계는 오랫동안 이야기된 요소들이지만, 위의 모형에서 Moirand은 필자와 독자, 그리고 문서 사이의 상호작용을 주목했다. 이 관점에서 좋은 필자란 결국 이러한 상호작용을 잘 이해하는 사람이 된다.

1.1.4. 필자 / 문서 / 언어외적 상황 관계

글의 상황을 구성하는 중요한 요인들 중에서 '무엇에 대해'(De quoi) 쓰려는지, 즉 '지시대상'(référent) 혹은 '글의 주제'가 있다. 그런데 '글의 주제'는 필자의 흥미와 관심에 따라 스스로 결정되기도 하지만, 때로는 학습이나 학문 활동 중의 과제로 주어지기도 한다. 또한 이것은 일기, 수필, 감상문, 신문 기사, 민원, 실험 보고서 등 글의 형태와 밀접한 관련이 있다. 필자가 분노와 좌절감을 표현하는 글을 쓸 것인가, 사건을 체계적으로 분석하는 글을 쓸 것인가는 선택한 글의 '주제'와 밀접히 연관되어 있다. 뿐만 아니라 글을 쓰는 '장소'와 '시간', 글을 쓰는 '이유'가 끼치는 영향력도 무시할 수 없다. 특히 무엇을 위해 글을 쓰는가에 따라 '예상 독자'를 향한 글의 목적도 달라진다. 예를 들어 정보를 전달하기 위한 글은 독자의 이해를 목적으로 하고, 설득적인 글은 독자의 행동의 변화를 가져오는 것을 목적으로 하며, 자기표현 혹은 창작을 위한 글은 독자의 정서 혹은 심미적 즐거움을 주는 것을 목적으로 한다. 결국 쓰기란 단순히 문자로 구성된 글을 쓰는 것만을 뜻하지 않는다. 쓰기는 자기의 의사를 일관적이며 조직적인 글로 표현하는 의사소통 과정이기 때문에, 모두가 공유하고 있는 지식과 문맥을 충분히 고려하여야만 하는 것이다.

쓰기와 읽기 분리 교육의 오류: Moirand의 '글의 상황'은 쓰기와 읽기를 분리할 수 없다는 것을 잘 보여준다. 그러나 1970년대 말까지 언어교육 현장에서는 쓰기와 읽기의 차이점이 강조되어 두 활동은 분리된 영역이라고 보았다. 말하자면 읽기는 수동적인 수용활동(activité de réception)으로서, 글 속의 의미를 필자가 제공하는 실마리를 통해 찾아내는 비창조적인 과정인 반면에, 쓰기는 개인이 창조적으로 적극 참여하는 표현활동(activité de production)으로 생각했다.(Kucer, 1985) 이런 경향은 지금도 여전히 수업현장에 남아 있어서, 국내 대부분 교육기관의 프랑스어 교육과정에서 독해수업과 작문수업은 분리된 형태로 편성되어 있다. 또한 프랑스어 학습을 위한 교재들도 내용편성에 있어서 읽기와 쓰기가 따로 마련되어 있다. 이러한 읽기교육과 쓰기교육의 분리 모델의 문제점에 대해, Giasson(1995:54)은 읽기의 관점에서 다음과 같이 지적하였다.
"고전 읽기모델의 오류 중의 하나는 읽기와 쓰기를 분리된 주제로 여긴 것이었으며, 그들 사이에 어떤 연관성도 없는 것으로 가르친 것이었다. 아동이 자신의 환경 속에서 언어를 듣지 않은 채 말하는 것을 배울 수 있다고 생각할 수는 없을 것이다. 바로 이것이 읽기와 쓰기를 분리할 때, 문어에서 종종 일어나는 일이다"

1.2. 쓰기 개념

쓰기는 대단히 복잡한 사고 행위이다. 이 사고 행위가 가지고 있는 독특성은 다른 사고 행위와 달리, 어떤 특별 상황 속에서 특정 독자들을 대상으로 특정 내용에 대해 사고한다는 점이다. 이러한 사고활동은 글의 내용을 구성하고, 조직하고, 표현하고, 수정하는 것에 지대한 영향을 끼친다. 이렇게 쓰기는 고도의 지적능력을 필요로 하는 복잡한 정신작용을 동반하기 때문에, 말하기 기능이 상당히 진행된 후에야 쓰기 교육이 이루어지는 것이 일반적이다. 그래서 흔히 구조주의 언어학자들은 언어의 네 가지 기능 중에서, 쓰기는 가장 나중에 지도해야 한다고 주장했다. 그런데 이러한 글쓰기에 대해 어떠한 견해를 가지고 있는가에 따라서 쓰기교육의 초점은 다를 수 있다. 따라서 여기서는 쓰기를 세 가지 관점으로 나누어 살펴보려고 한다.[1)]

1.2.1. 결과물로서의 쓰기

글쓰기에 대한 가장 단순한 견해는 쓰기의 최종적 결과물, 예를 들어 이야기, 수필, 편지, 보고서 등에 초점을 두는 관점이다. 이 견해가 전제하고 있는 것은, Lado (1964:143)의 입장처럼, 말소리를 그대로 전사하는 것이 쓰기라는 음성 문자적 관점이다. 이 관점에서 쓰기란 문자적 상징을 사용하는 것이며, 이 문자적 상징은 음성적 상징의 대응물에 해당된다. 이처럼 쓰기를 그 결과물로서 파악한다면, 자연히 쓰기 학습은 모범적인 글을 모방하거나 베껴 쓰거나 변형하여 쓰는 활동에 집중되고, 학습은 주로 문장단위로 이루어진다. 왜냐하면 쓰기의 결과물들이 유사해 보여야 하기 때문이다. 그리고 쓰기의 평가기준은 글의 내용, 조직의 짜임새, 어휘사용, 철자와 구두점, 문법의 정확성 등과 같은 규범적 항목에 치중된다. 또한 쓰기지도 역시 이러한 것들의 오류교정에 상당히 집중되어 있다.

국내 대부분의 프랑스어 교수 · 학습 속에서 쓰기교육이 문장단위의 작문과 위의 항목들에 대한 연습에 집중되고 있는데, 그것은 학습자가 문단 단위의 글을 쓰기 전에 문장 단위의 쓰기를 익혀야 된다고 생각하기 때문이다. 오늘날 비록 쓰기가 단지

---

1) 쓰기에 대한 세 가지 관점 구분은 신길호(2007:295-297)의 쓰기 의미에 대한 세 가지 유형 구분을 받아들인 것이다.

말의 청각신호를 문자 기호로 대신하는 것이라고 파악하는 사람이 극히 드물다고 하더라도, 이와 같이 쓰기의 결과에 관심을 두고 교육하는 것이 본질적으로 잘못된 것으로는 볼 수 없다. 교육현장에서는 이 관점의 쓰기교육은 여전히 교수자들의 관심사라는 점은 부인할 수 없기 때문이다.

1.2.2. 과정으로서의 쓰기

필자의 생각을 글로 옮기는 과정을 쓰기활동으로 파악하는 관점은 당연히 최종적으로 쓰여진 결과물을 만들어 내는 쓰기 과정에 초점을 맞춘다. 이때 쓰기 교육은 글이 생성되는 일정한 절차, 즉 내용 창안, 내용 조직, 내용 표현 단계를 모두 고려한다. 구체적으로 글의 생성절차를 살펴본다면, 내용 창안 단계에서는 글의 주제와 글의 재료를 선정한다. 이때 필자의 장기기억에 저장된 모든 지식들, 특히 글의 주제에 대한 지식들이 동원되고, 글의 주제를 뒷받침하는 데 필요한 글의 재료들을 수집하게 된다. 다음, 내용 조직 단계에서는 창안한 내용을 적절하게 구성하고, 구성된 내용을 바탕으로 세부 내용을 통일성의 원리에 따라 전개한다. 마지막으로 내용 표현 단계에서 필자는 조직한 내용을 완결된 글로 표현하는데, 이때 그는 자신의 장기기억에 저장된 언어학적, 수사학적 지식들, 예를 들어 표기법, 어휘, 문장의 구조, 문장의 연결 관계, 문체 등에 관한 지식을 효과적으로 선택하면서 글을 작성한다. 그런데 과정으로서의 쓰기는 최종 결과물을 향해 단순히 한 번 쓰고 마는 쓰기가 아니라, 최종 결과물을 만들기 위해 쓰기의 전 과정을 반복적으로 되풀이 한다. 이러한 글쓰기를 위해 교수자는 학습자가 스스로 자기 자신의 작문 과정을 이해하도록 돕고, 자신이 글을 쓸 때 말하고 싶어 하는 것을 발견하도록 돕는 역할을 해야 한다. 이것을 위해 교수자는 글을 쓰기 전에 충분한 사전조사와 아이디어 수집과정을 주지시키고, 초안잡기를 위한 다양한 전략을 구성하도록 도와야 한다. 그리고 수정과정의 중요성을 부각시켜 글의 수정을 독려해야 한다. 이와 같은 과정으로서의 쓰기는, 쓰기란 단순한 최종결과물이라는 시각에서 벗어나, 쓰기과정을 강조함으로써 쓰기교육의 균형을 이루었다고 볼 수 있다.

1.2.3. 사회적 행위로서 쓰기

사회적 행위로서 쓰기는 쓰기를 개인의 활동으로만 보는 것이 아니라, 필자와 독자 간의 하나의 의사소통 도구라고 파악하는 것이다. 말하자면, 글을 쓰는 것은 문자라는 수단을 통하여 다른 사람에게 필자의 의사를 전달하는 행위라는 것이다. 따라서 필자가 해야 할 가장 중요한 일은 예상되는 독자의 요구가 무엇인지를 잘 이해하는 일이며, 글의 내용을 필자 중심에서 독자 중심으로 옮기는 것이다. 전달하고자 하는 내용을 독자가 잘 이해할 수 있도록 표현해야 한다는 기능주의적 관점은 특히 글의 상황을 문어 의사소통으로 파악한 Moirand (1979:9)의 입장에 잘 드러나 있다. 그녀는 글의 상황은 독자와의 관계 속에서 다음과 같은 요소들로 구성된 것으로 파악했다.

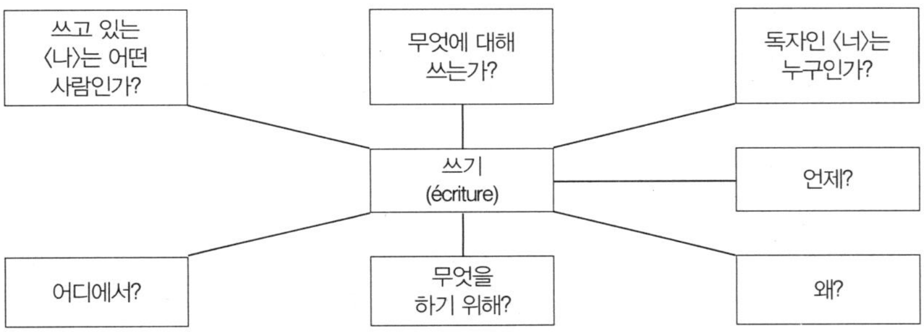

[그림 9-2]

따라서 교수자는 학습자가 예상 독자 중심으로 글을 표현했는지, 쓰기 계획 단계에서 설정한 목적과 작성한 글이 부합되는지, 그리고 글을 통해 독자를 설득할 수 있도록 표현되었는지 확인하도록 해야 한다.

1.3. 쓰기 교육의 실상

쓰기능력 배양이 언어 교육에서 중요한 학습목표라는 사실을 알고 있으나, 국내의 프랑스어 쓰기교육은 교육과정에서뿐만 아니라, 그 연구에서도 소홀히 취급되고 있는 것이 사실이다. 그 이유는 여러 가지가 있을 수 있겠으나, 우선 첫째로, 쓰기를 배운다는 것이 말하기를 배운 후에 자연스럽게 이루어지는 것으로 생각하는 경향을 들 수 있다. 그러나 이 관점은 모국어의 습득을 생각해 본다면 즉시 잘못된 것임을 알 수 있다. 모국어의 경우에도 쓰기는 말하기와는 근본적으로 다르기 때문에 체계적인 교육과 훈련을 통하여 쓰기 능력을 배양해야만 한다. 그렇다면 외국어 쓰기능력의 향상 역시 말하기 교육에 이어서 자동적으로 획득되는 것이 아니라, 구체적인 쓰기전략이 교실에서 교육되고 학습되어야만 하는 것은 자명하다. 이 사실은 이미 오래 전부터 적지 않은 학자들이 쓰기능력은 발전 단계를 거쳐 학습된다고 주장한 바와 일치되는 이야기다. 예를 들어 Rivers(1968:240-260)는 다른 언어 기능과 통합적인 관점에서 쓰기활동을 파악하였는데, 외국어 쓰기를 위해서는 다음과 같이 다섯 단계의 발전과정을 거친다고 주장했다.

① **베껴 쓰기** : 외국어에 낯설어 하는 학습자가 외국어와 친해질 수 있도록 하는 과정이다.

② **다시쓰기** : 학습자가 말하기와 읽기학습을 통해 배운 것을 원문을 참조하지 않으면서 그대로 다시 써보는 활동이며, 이 단계에서는 소리와 철자 간의 관계를 넘어서 단어, 구, 문장을 기억하는 것을 목표로 한다.

③ **조합하기** : 듣기와 읽기를 통해 학습한 문장들을 조합해서 쓰는 단계이다. 이때 학습자는 문법구조를 익히고 기본적인 문형을 바탕으로 문장 혹은 문단을 구성하는 방법을 배운다. 그와 동시에 그는 다양한 쓰기구조 연습을 하게 되는데, 예를 들어 단어와 구문의 대체연습, 문장 변형하기, 학습한 구문을 바탕으로 문장 확장시키기, 명사를 대명사로 대체함으로써 문장 축약하기 등이 이에 해당한다.

④ **유도 작문** : 학습자가 조합하기 단계에서 연습한 것을 토대로 문장과 문단을 직접 써보게 한다.

⑤ **자유 작문** : 학습자는 개인적인 생각을 글로 표현하기 위해 어휘와 구조를 자유롭게 선택하여 글을 쓴다.

이러한 쓰기능력의 발전과정을 고려한다면, 교수자는 학습자가 발음과 철자와의 관계를 인식하면서 철자와 어휘를 습득하도록 하고, 그 후 간단한 문장을 써서 문장의 구조를 익혀나갈 수 있도록 도와야 한다. 그리고 문장 수준의 쓰기가 익숙해지면, 낮은 수준의 짧은 텍스트 쓰기에서 출발하여 좀 더 수준 높은 긴 텍스트 쓰기에 이르기까지 점진적으로 쓰기 능력을 키워나가도록 지도해야만 한다.

둘째, 프랑스어 쓰기교육의 경시는 '쓰기과정' 그 자체에 대한 이해부족에서 기인한다. 어떤 교육이든지 교육을 하기 위해서는 교육과정에 대한 이해가 필요하듯이, 쓰기활동도 쓰기가 어떤 과정을 통해 이루어지는 활동인지, 그리고 이것을 위해 어떠한 전략이 필요한 것인지에 대한 인식이 필요하다. 국외에서는 이미 1970년대 말부터 모국어 쓰기에 대한 연구의 결과들의 영향을 받아서 외국어 쓰기연구가 활발해졌다. 이 연구들에 의하면, 외국어 쓰기과정은 모국어 쓰기과정과 차이가 없다는 것이다(Chelala 1981; Edelsky 1986; Raimes 1985; Whalen, 1992). 말하자면, 학습자는 각자의 쓰기능력 수준에 따라, '개요작성', '텍스트 구성', '수정하기'와 같은 쓰기 전략을 사용하는데, 이 전략이 모국어쓰기와 외국어쓰기에서 동일하다는 것이다. 그런데 이렇게 외국어 쓰기과정이 모국어 쓰기과정과 동일한 인지적 과정으로 구성되었다는 사실은, 모국어 쓰기경험을 프랑스어 쓰기교육에 적극적으로 끌어들일 수 있다는 것을 함의한다. 따라서 효율적인 쓰기활동을 위해서 언어적 한계를 넘어서서 쓰기 과정을 전체적으로 주목하고, 한국어 쓰기 교수·학습에서 유용한 부분을 프랑스어 쓰기교육에 전략적으로 적용할 수 있다. 예를 들어 글의 개요를 작성하는 방법, 글을 조직하고 생각을 전개하는 훈련, 글을 수정하는 방식들을 모국어 쓰기 경험에서 이끌어 내어, 적극적으로 프랑스어 쓰기교육에 이용할 수 있을 것이다.

셋째, 쓰기교육이 경시될 수밖에 없는 가장 큰 이유는 국내 프랑스어 교육이 본질적으로 내포하고 있는 언어외적 제약, 예를 들어 늦은 학습시작 환경 또는 수업시수가 언어를 충분히 습득하기에 불충한 제도와 같은 제약으로 말미암은 것이다. 이런 한 교육환경은 결과적으로 제2외국어로서 프랑스어 쓰기교육의 한계로 이어진다. 그 결과 학습자들은 쓰기수행 시에 다양한 장애를 만나게 되며, 자신의 글 내용을 조직하는 데 막대한 시간을 투자할 수밖에 없다. 그리고 이러한 결과는 자연적으로 교수자와 학습자들이 쓰기보다 상대적으로 좀 더 쉬운 다른 능력을 획득하는 것에 주력하게 만들고, 쓰기 교육은 소홀하게 여기게 만들었다. 이러한 문제점을 극복하려면 의식적으로 일부 작문수업을 제외하고 신경을 쓰지 않는 쓰기활동을 다양한 수업시간에 확대하여 적용할 필요가 있다.

2. 쓰기와 외국어교수법

그동안 시대의 요구에 따라 외국어 교수방법론도 다양하게 발전되어 왔는데, 각 교수방법론이 가지고 있는 고유의 관점에 따라 그 속에서 쓰기교육의 위상도 나름대로 변화를 겪어 왔다. 본 절에서는 대표적인 몇 가지 외국어 교수법을 선택하여 그 속에서의 쓰기활동의 역할에 초점을 맞추어 그 위상을 살펴보겠다.

2.1. 문법·번역교수법(la méthode de la grammaire-traduction)

문법 · 번역식 교육방법론은 '문법 · 번역'이란 명칭이 암시하듯이, 고전문학 텍스트를 활용하여 작문(thème)과 번역(version)활동을 통해 문법교육에 치중한다. 따라서 이러한 교수방법론을 적용한 수업에서 쓰기활동은 다른 것에 비하여 상대적으로 제한되었다. 교수자는 기본적으로 외국어를 모국어로 번역하는 활동을 중심으로 수업을 구성하는데, 쓰기활동은 오직 수업의 일부분에서만 모국어를 외국어로 작문하는 것에 머문다. 또한 대부분의 문법 · 번역교수법을 적용한 교재들에 담겨있는 텍스트는 주로 문학 작품이었고, 그 텍스트의 선택은 문학적 가치와 난이도를 고려하여 이루어졌다. 한편, 문법 · 번역교수법에서 교수자들은 좋은 문학 작품에서 나오는 프랑스어를 자주 접하여 해석하여 읽고 모국어로 번역하는 것이 좋은 글을 쓰는 사람이 되는 데 가장 확실한 방법이라고 생각했다. 그래서 그들은 읽기와 쓰기 활동을 위하여 전통적으로 유명한 문인들의 텍스트들을 집중적으로 선택하였다. 이러한 관점에서 쓰기활동은 실용적인 표현과 어구를 대상으로 한다기보다는, 문학 텍스트로부터 발제된 문장들을 이용하여 인위적이고 조작적인 텍스트를 구성하는 것이었다. 이때 쓰기의 목표는 쓰기능력을 배양하기 위한 것이라기보다는, 어휘와 문법 등 언어형식을 습득하는 데에 있다. 그래서 여기서 쓰기활동은 주로 학습자들이 습득해야만 하는 문법적 측면을 중심으로 이루어졌다. 따라서 문법 · 번역교수법에서 쓰기활동은 좋은 문학 작품 번역가를 양성하는 데 유용하지만, 목표어로 글을 쓰는 능력 있는 필자를 양성하는 데 도움이 된다고 볼 수 없다. 왜냐하면 문학적 텍스트를 가지고 엄격하고 규격화된 문법적 내용을 중심으로 쓰기연습을 하는 것은 외국어의 쓰기를 배우기 위한 바람직한 조건이 아니기 때문이다.

2.2. 청화식 교수법(la méthode audio-orale)

청화식 교수법은 듣기, 읽기, 말하기, 쓰기의 4가지 언어 기능을 지향한다고 하였지만, 말하기가 주된 관심사였다. 구어 능력의 발달을 전제로 한 이 교수법은 듣기, 말하기, 읽기, 쓰기 순으로 수업을 전개하였다. 따라서 여기서 문자언어는 가급적 억제되었고, 쓰기활동은 놀라울 정도로 적었다. 그나마 시행하는 쓰기활동도 종종 언어요소를 변형, 대체, 환언, 확장, 복구시키는 연습문제에 머물고, 구어의 구조를 습득시키려는 목적으로 작문하기를 요구하는 연습문제에 그 활동도 한정되었다. 특히 연습문제는 매우 단순한데, 대부분 이미 학습한 언어구조 속에 있는 한 가지 혹은 몇 가지 요소들을 변형하고 대체하도록 하는 것이다. Germain(1994:6)에 따르면, 초급과 중급 학습자를 위한 프랑스어 교재 *Parole et pensées* (Lenard, 1965)가 청화식 교수법 원리를 적용한 것이며, 이 교재에서 나타난 쓰기활동은 매우 피상적 수준이고, 쓰기과제는 쓰기능력을 배양할 수 없게 되어 있다. 말하자면 이 교재에서 쓰기활동은 학습 초반부터 개입하지만, 그것이 독립된 교수요목으로 자리를 잡은 것이 아니라, 단지 구어를 재생산하여 받아쓰기를 하는 정도로만 다룬다. 그러므로 학습자와 학습자 간의 자율적인 상호작용이 억제된 청화식 교수법은 교수자와 학습자 간의 기계적인 질문과 대답의 형식으로 수업이 진행된다. 이 과정 속에서 받아쓰기(dictée)나 작문연습은 구어표현을 완벽히 습득하기 위한 도구 내지 절차에 해당할 뿐이다.

2.3. 구조·총괄시청각교수법(la méthode structuro-globale audiovisuelle)

구조·총괄시청각교수법은 일상생활에서의 의사소통을 중요하게 생각하기 때문에 구어 표현을 습득하는 것을 중시하였다. 따라서 구조·총괄시청각교수법은 언어교육을 위해 먼저 음성학적 접근을 시도한다. 그 다음 학습자들은 들은 문장을 완전하게 모방하도록 훈련해야 하는데, 이 훈련은 소리, 리듬, 억양을 전체적으로 다시 생성하는 것이다. 그리고 초급 수준의 강의에서는 수업이 60시간이 지난 뒤에야 비로소 받아쓰기를 도입하면서 수업내용이 점차 문어로 확장된다. 그러나 받아쓰기의 경우에도 교수자는 학습자 자신이 쓴 문장을 소리를 내어 읽게 하는데, 이는 학습자들이 자연스럽게 소리와 철자를 결합시키기는 능력을 갖추게 하기 위한 것이다. 결국 구조·총괄시청각교수법에서 받아쓰기 활동의 목적은 구어를 강화시키기 위한 것이지, 쓰기학습에 흥미를 유도하기 위한 것이 아니다. 그러므로 프랑스어의 보급에 역점을 두고 실행되었던 구조·총괄시청각교수법은 음성학적인 연습을 집중적으로 시키고, 교재 제공을 가급적 제한하는 말하기 우위의 교수법이다. 이 교수법에서 쓰기활동이란 단지 구어를 배우는 것의 부산물에 지나지 않고, 그것도 충분한 구어 지식을 겸비한 후에야 쓰기활동이 이루어진다. 더구나 쓰기활동도 전통적 연습활동인 받아쓰기가 대부분이다.

2.4. 인지접근법(l'approche cognitive)

1970년대에 청화식 교수법에 대한 비판으로 제시된 인지교수법은 모방과 기억에 의한 기계적 학습과 자동화주의를 비판하고 학습자가 언어규칙을 이해함으로써 학습 활동을 하는 것이 학습의 지름길이라고 보고 있다. 따라서 인지주의 관점에서 언어를 가르치는 것은 자동화를 습득하게 하는 것으로 제한될 수 없고, 이해가 본질적 위치를 차지해야 하는 것이다. 이러한 관점에서 인지교수법은 수업의 초기에 선험지식을 활성화하고, 언어규칙을 먼저 설명하며, 예문을 그 다음에 제시하는 연역적 방식의 수업을 선택한다. 또 수업 교재는 구조적 형태와 기능에 초점을 맞추어 제작한 것인데, 이는 언어 능력이 언어수행을 선행한다는 입장에서 언어분석을 강조하기 때문이다. 한편, 이러한 수업에서 쓰기교육을 위한 연습문제를 사용하는데, 그것은 대부분 문법학습을 위한 목적이며, 학습자의 쓰기 어려움을 도우려는 것과 관련이 없다. Cornaire & Raymond(1993:10)이 발췌한 인지교수법의 교재 Découverte et création(1974)의 쓰기활동의 예를 보자.

> 1. 토론/작문
>
> 당신의 집의 부활절 저녁식사를 이야기 해 보시오. 당신은 무엇을 먹습니까? 칠면조? 당신은 포도주를 마셨습니까? 백포도주는? (1과 159페이지)
>
> 2. 원하는 시제로 동사를 채우시오(접속법 현재 혹은 과거)
>
> (partir) Je crains que son chien _______ pour toujours hier quand la porte était ouverte.
>
> (recevoir) J'avais déjà parlé avec mon professeur au sujet de ma mauvaise note avant que mon père _______ sa lettre officielle. (13과 481페이지)

위의 교재의 모든 과의 서두에 나오는 텍스트의 문장, 표현, 어휘는 각 과의 핵심적인 수업 내용이 되는데, 이때 위의 예가 보여주는 것처럼 쓰기활동이 개입된다. 그러나 이 쓰기활동은 문법구조를 습득하고 어휘를 공부하는 틀을 벗어나지 못하였다.

2.5. 의사소통접근법(l'approche communicative)

1970년대 중반에 개발된 의사소통접근법은 언어를 의사소통 수단과 사회적 상호작용 수단으로 보고 학습자의 의사소통 능력의 배양을 목표로 한다. 이 교수법에서 가르쳐야할 내용은 이미 설정된 언어학적 요소에 의한 것이 아니라, 학습자들의 의사소통 요구에 의하여 결정된다. 그런데, 의사소통접근법에서 쓰기의 비중은, 보편적 인식과 달리, 자못 중요하다. 왜냐하면, 무엇보다도 이 교수법에서는 기본적으로 언어의 네 기능을 순서 없이 고르게 발달시키는 것이 목적이어서, 문어와 구어의 중요성과 학습 순서를 구태여 문제 삼지 않았기 때문이다. 또한 Moirand(1979:9)이 "글을 가르치는 것은 글을 가지고, 글에 의하여 의사소통하는 것을 가르치는 것이다"라고 단언하는 것처럼, 의사소통접근법은 쓰기를 훌륭한 문어 의사소통으로 간주하여 쓰기능력을 키우는 것을 의사소통 능력을 향상시키는 것으로 이해하기 때문이다. 더구나 의사소통접근법은 학습자 중심 교육을 추구하였는데, 정작 학습자들은 문어 정보를 이해하고 싶은 요구를 강하게 가지고 있을 뿐만 아니라, 언어의 네 기능 중 어떤 기능만을 우선시 하는 태도를 가지고 있지 않기 때문에 쓰기활동이 다른 교수방법론에 비하여 경시되지 않았다.

한편, 의사소통접근법에서는 쓰기교육을 위하여 구문 연습과 같은 기계적인 활동을 수행하는 것이 아니라, 사실자료를 통한 창의적이고 다양한 쓰기활동을 시도하였다. 특히 학습자들이 실제 생활에서 문어 의사소통을 할 경우에 대비하여, 편지, 이력서, 보고서, 상업적 문서 등 생활에 필요한 쓰기활동을 집중하여 수행하도록 하였다. 또한 쓰기활동 중에서 생기는 오류를 학습자들이 스스로 찾아내고 수정하도록 하여 즉각적이고 강압적인 교정을 피하였다. 다시 말해 사소한 오류들을 즉각적으로 수정한 것이 아니라, 오류를 어느 정도 용인하며 받아들인 것이다(Moirand, 1979:157-158). 왜냐하면 오류로 인하여 망친 글은 쓰기 개선에 도움이 될 뿐만 아니라, 학습자가 문법적으로 사고하는 연습을 하기 위한 좋은 자료가 된다고 보았기 때문이다.

2.6. 행위중심접근법(perspective actionnelle)

행위중심접근법은, 2001년 다양한 언어들을 보다 일관성이 있고 투명하게 교수·학습·평가를 할 수 있도록 하기 위하여, 유럽연합이 발간한 유럽공통참조기준(이하 CECR)에서 제시하고 있는 '행위적 관점'에 입각한 언어교수방법론이다. 비록 CECR가 방법론적, 이론적 측면에서 특정한 교수방법론을 내세우지 않고, 오히려 언어교육의 상황에 맞게 상황화(contextualisation)하는 것을 요구하지만, CECR를 잘 살펴본다면 그 속에는 '행위적 관점'이라는 새로운 교수법적 경향이 근간이 되고 있음을 알 수 있다. 이러한 관점에서 외국어교육을 위한 투명하고 일관성 있는 참조도구로서 제안한 CECR는 언어교육과 관련되는 개념을 명시적으로 기술함과 동시에 언어의 기능들에 관하여 각각 여섯 단계의 공통수준 척도를 제안하였다. 특별히 쓰기활동과 관련하여 CECR가 제시한 공통참조수준은 다음과 같다(CECR: 26-27).

〈표 9-1〉 공통 참조수준 : 자가평가표

A1	A2	B1	B2	C1	C2
나는 짧고 간단한 엽서를 쓸 수 있다(안부인사). 나는 서류양식에 이름, 주소, 국적 등을 기입할 수 있다(예를 들어 호텔에서)	나는 짧고 간단한 메모와 메시지를 쓸 수 있다. 나는 예를 들어 감사의 말을 전하는 아주 간단한 개인적인 편지를 쓸 수 있다.	나는 익숙하거나 개인적으로 관심이 있는 주제들에 대해 간단하고 조리있게 텍스트를 쓸 수 있다. 나는 개인적인 편지를 쓸 수 있고 그 편지에서 경험과 인상을 표현할 수 있다.	나는 개인적으로 관심이 있는 다양한 주제들에 대해 분명하고 상세한 텍스트를 쓸 수 있다. 나는 작문이나 보고서에서 정보들을 재구성하거나 특정한 입장에 대해 찬반논거를 제시할 수 있다. 나는 편지를 쓸 수 있고 그 편지에서 사건과 경험이 나에게 주는 의미를 분명하게 표현할 수 있다.	나는 나의 입장을 분명하고 잘 구성된 글로 표현할 수 있고 내 관점을 상세하게 설명할 수 있다. 나는 편지, 작문, 보고서 형식으로 복합적인 주제에 대해 쓸 수 있고 나에게 중요한 관점을 부각시킬 수 있다. 나는 글을 쓸 때 독자들에게 적합한 문체를 선택할 수 있다.	나는 분명하고 유창하게 목적에 적합한 문체로 글을 쓸 수 있다. 나는 어떤 주제에 대해 독자들이 중요한 점을 인식하고 기억하는 데 도움을 줄 수 있도록 잘 구성된 수준 높은 편지와 복합적인 내용의 보고서나 기사를 쓸 수 있다. 나는 전문분야의 텍스트와 문학 작품을 글로 요약할 수 있으며 이에 대해 논할 수 있다.

위 도표는 A 수준에서 C 수준으로의 발전과정과 함께 점차적으로 향상되어가는 쓰기능력의 기준을 제시하고 있다. A1에서 쓰기능력은 간단한 일상용어를 쓰는 수준이며, A2는 간단한 텍스트를 쓰는 수준이다. 또 B1 학습자는 일상적인 쉬운 텍스트

를 쓸 수 있으나, 그 주제는 한계를 지닌다. B2 학습자는 다양한 주제를 상세하게 쓸 수 있는 수준이다. 그리고 C1 수준의 학습자는 복합적인 주제를 쓸 수 있고, 논증적 텍스트를 쓸 수 있으며, 문체의 변화를 줄 수 있다. C2 학습자의 쓰기능력은 전문분야의 논증적 텍스트를 쓰거나, 문학 작품의 글을 요약하는 등 높은 수준의 글을 쓰는 수준이다. 한편, 유럽공통참조기준(CECR: 51-52)은 다음과 같은 구체적인 예를 통해 쓰기활동을 구체적으로 제시하고 있다.

- 공문서와 설문지 작성하기
- 잡지, 신문, 소식지의 기사 쓰기
- 전시를 위한 포스터 만들기
- 보고서나 회람 등을 쓰기
- 나중에 참고하기 위해서 기록하기
- 받아쓰기나 다른 방식으로 메시지 적기
- 창조적이고 상상적인 글쓰기
- 개인적인 편지나 업무상의 편지 등을 쓰기

뿐만 아니라, 유럽공통참조기준은 일반적 글쓰기, 창조적 글쓰기, 에세이와 보고서 쓰기의 경우를 예로 들어, 각 수준별 구체적인 예시척도를 제시하였는데, 일반적 글쓰기와 창조적 글쓰기, 두 경우를 소개하자면 다음과 같다.

〈표 9-2〉

일반적 글쓰기	
C2	독자들에게 주안점 찾기를 도와주는 논리적 구조를 지닌 분명하고 유창하며 복합적인 텍스트를 적절하고 효율적인 문체로 작성할 수 있다.
C1	복합적인 주제에 대해 분명하고 조리 있는 텍스트를 작성할 수 있고, 이때 결정적인 항목을 강조하고, 관점을 자세하게 서술하고, 하위항목이나 적절한 예나 근거를 통해 뒷받침하며 적합한 결론으로 텍스트를 마무리할 수 있다.
B2	자신의 관심분야와 관계된 광범위한 주제에 관해 분명하고 상세한 텍스트를 쓸 수 있고, 이때 여러 가지 출처에서 얻은 정보와 논점들을 종합하고 평가할 수 있다.
B1	자신의 관심분야와 관계된 여러 가지 익숙한 주제에 대해 복잡하지 않고 응결성 있는 텍스트를 쓸 수 있다. 이때 몇 개의 짧고 간단한 개별성분들이 단선적으로 연결되어 있다.
A2	'그리고', '그러나', '왜냐하면' 같은 단순한 접속어로 연결된 일련의 단순한 어구와 문장들을 쓸 수 있다.
A1	단순하고 단절된 어구와 문장들을 쓸 수 있다.

〈표 9-3〉

창조적인 글쓰기	
C2	선택한 장르에 알맞은 문제로 자신의 경험에 대해 분명하고 유창하며 흥미진진한 이야기나 기술문을 작성할 수 있다.
C1	분명하고 세분화된 상세하고 짜임새 있는 기술문이나 자신이 지어낸 글을 독자에게 맞게 설득력 있으며 개성 있고 자연스러운 문체로 쓸 수 있다.
B2	실제적이거나 허구적인 사건과 경험에 대해 분명하고 세분화된 응집성 있는 기술문을 쓰고 이때 여러 생각들 사이의 연관성을 분명하게 하고 해당 장르의 규범을 고려할 수 있다.
	자신의 관심분야에서 나온 여러 가지 주제에 대해 분명하고 자세한 기술문을 쓸 수 있다. 영화, 책, 연극비평을 쓸 수 있다.
B1	자신의 관심분야에서 나온 여러 가지 익숙한 주제들에 관해 단순하고 직접적인 상세한 기술문을 쓸 수 있다. 느낌과 감상을 단순하고 응결성 있는 텍스트로 기술하는 경험담을 쓸 수 있다. 실제적이거나 상상적인 사건 혹은 최근에 한 여행에 대해 기술할 수 있다.
A2	자신 주변의 일상생활의 여러 측면, 예를 들어 사람, 장소, 직장이나 학교의 경험에 대해서, 연결된 문장으로 글을 쓸 수 있다. 사건, 과거의 행위, 개인적인 경험에 대해 아주 짧고 기본적인 글을 쓸 수 있다.
	일련의 단순한 문장으로 가족, 생활환경, 교육적인 배경, 현재나 이전의 직업에 대해 쓸 수 있다. 짧고 단순한 상상의 전기문이나, 사람들에 대한 짧고 쉬운 시를 쓸 수 있다.
A1	자신과 허구의 인물들에 대해 어디에 살고 무슨 일을 하는지를 단순한 구문과 문장으로 표현할 수 있다.

지금까지 우리는 그동안 있었던 주요 교수방법론 속에서의 쓰기활동의 위상을 조망하였다. 이것을 통해 우리가 확인할 수 있는 바는, 대부분의 교수법에서 쓰기능력이란 철자법과 문법교육으로 시작된 위계화된 교육을 하면서 자연적으로 획득하게 되는 한 가지 하위 지식으로 여기고 있다는 점이다. 그리고 대부분 쓰기교육은 짧은 작문과 연습문제를 통해 명시적으로 정해진 조건 하에서 쓰는 활동으로 이루어졌다는 사실이다. 특히 문법·번역식, 구조·총괄시청각교수법에서는 그 정도가 심하다고 볼 수 있지만, 반면에 의사소통접근법과 행위중심접근법에서는 상대적으로 자유롭고 사실적인 글쓰기를 유도한다고 볼 수 있다.

3. 쓰기과정 모형

1970년대 말부터 문어교육을 연구하는 연구자들은 학습자들이 외국어를 쓸 때 사용하는 전략과 쓰기과정에 관하여 연구하였다. 본 장에서는 이러한 연구들을 바탕으로 한 쓰기과정 모형을 살펴보려고 한다. 왜냐하면 이론적 쓰기과정 모형은 쓰기과정에 관한 전체적 시각을 보여줄 수 있기 때문이다. Cornaire & Raymond(1994:25-37)에 따르면, 쓰기과정 모형은 크게 두 가지 유형으로 나눌 수 있는데, 하나는 분명한 단계로 구분되는 선적인 모형이고, 또 다른 하나는 비선적인 모형으로서 재귀적 모형이다. 비록 쓰기과정 모형들을 이해하는 것이 쓰기능력 향상에 기여한다고 단정할 수 없을지라도, 쓰기과정에 대한 관심은 쓰기의 성격과 쓰기교육을 더 잘 이해하는데 도움을 줄 수 있기 때문에 우리는 여기서 간단히 정리하려고 한다.

3.1. 선적 모형(modèle linéaire)

Rohmer(1965)는 성인 학습자를 대상으로 쓰기과정을 조사한 결과, 다음과 같은 세 단계의 쓰기과정을 제시했다. 그에 따르면, 쓰기과정은 예비쓰기(pré-écriture), 쓰기(écriture), 다시쓰기(réécriture) 단계로 명확히 구분된다. 먼저 예비쓰기 단계는 본격적인 텍스트 쓰기에 앞서 '개요작성'이나 아이디어 탐구 등과 같은 활동들로 구성된다. 이 단계에서 가장 중요한 일은 글의 주제를 설정하는 일과 글의 재료를 선정하는 것이 될 것이다. 이렇게 구성한 것을 토대로 그 다음 단계에서 필자는 글의 각 부분들을 긴밀하게 연결하여 통일적인 글이 되도록 해야 한다. 다시 말해 필자는 단어의 선택부터 문장, 문단, 글 전체의 구성에 이르기까지 가장 효과적인 방법으로 맞춤법에 맞게 글을 써야 한다. 마지막으로 다시쓰기 단계에서 필자는 자신이 쓴 글을 언어의 형태적 측면과 내용적 측면에서 고려하여 다시 정비한다. 즉 다시쓰기를 통해 필자는 자신이 쓴 글을 다시 읽고, 불필요한 부분들의 삭제, 글의 내용들의 배열순서 조정, 상투어나 무의미한 언어 삭제, 문장 구조의 정확성 확인, 접속어나 지시어의 첨가 혹은 조정 등 문단 수준이나 문장 수준에서 수정을 한다. 이와 같은 선적 모형은 세 단계의 순서를 명확히 지켜야 하는 일방향적인(unidirectionnel) 모형이며, 쓰기과정이 다시 뒤로 회귀되는 것을 고려하지 않는 모형이다. 이와 같은 선적 모형은 이후 대부분의 쓰기과정을 위한 모형의 기반을 제공한다.

3.2. 비선적 모형(modèle non linéaire)

비선적인 모형들은 선적 모형과는 달리 쓰기활동이 다양한 인지활동 요소들과 작용하면서 복잡한 연속적인 정신과정을 통해 전개된다는 사실을 토대로 구성된다. 다시 말해 이 모형들은 쓰기란 단순히 어떤 지식들을 옮겨 적는 것이 아니라, 필자, 글 그리고 쓰기환경 사이의 상호작용의 결과라는 복잡한 구조를 가진다는 점을 보여주고 있다.

3.2.1. Hayes & Flower 모형

1980년대 연구자들은 심리학의 연구들을 기초로 선적 모형을 비판하면서, 쓰기과정의 회귀적 성격을 조명한 텍스트 형성과정 모형을 제시하기 시작했다. 특히 Hayes & Flower (1980:31-50)는 쓰기과정에 개입되는 다양한 활동들을 기술하려는 의도를 가지고 모형을 제안했다. 쓰기의 인지적 과정에 관한 연구에서 가장 널리 인용되는 그들의 모형은 쓰기 행위를 선적 모형처럼 일련의 계속되는 단계로 보지 않고 필자가 쓰기과정에서 적절히 조정하고 통제해야 하는 몇 가지 하위 과정들의 집합으로 보고 있다. 이 경우 필자는 자연히 다양한 단계에서 나타난 인지활동의 상호관계를 고려할 수밖에 없다. 다음 도표는 이러한 하위 과정들이 어떻게 조직되는지를 구체화한 것이다.

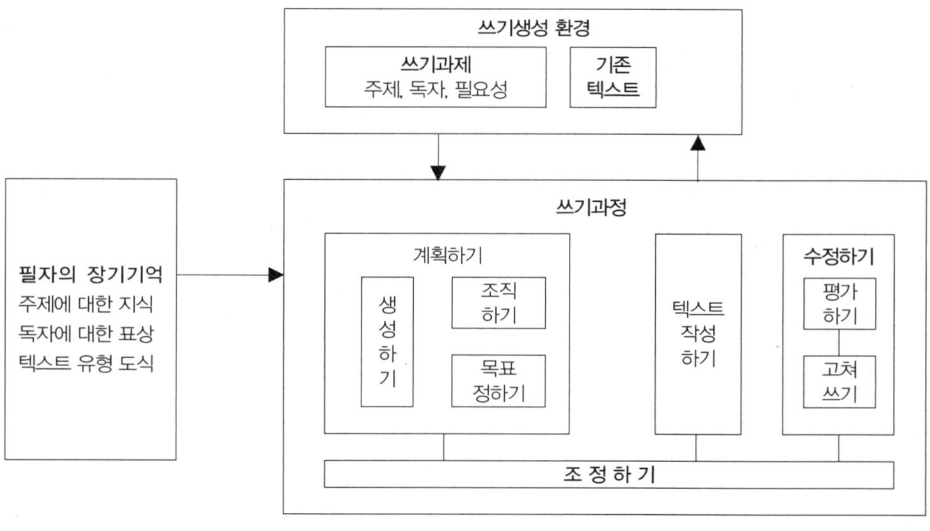

[그림 9-3]

1) 쓰기생성 환경

쓰기생성 환경은 쓰기 과제, 글의 주제, 예상되는 독자, 쓰기 필요성, 주제와 관련된 기존 텍스트 등을 포함하는 것으로서 필자의 인지작용 외부에 존재하는 것들이다. 이러한 환경적 요인들은 쓰기의 본질에 해당하는 것은 아니지만 쓰기활동에 영향을 미친다.

2) 필자의 장기기억

필자의 장기기억은 텍스트 산출에 필요한 모든 지식을 끌어온다. 특히 쓰고자 하는 주제에 대한 필자가 알고 있는 정보는 물론 예상되는 독자에 대한 기존의 표상, 써야 할 텍스트에 대한 유형화된 도식들을 필자의 장기기억으로부터 끌어온다.

3) 쓰기과정

위의 도표에서 가장 핵심이 되는 부분이 쓰기 과정이다. 먼저 필자는 장기기억에서 주제와 관련된 지식을 찾고, 텍스트를 구성하기 위한 계획을 짠다. 그리고 '계획하기'에서는 추구하는 글의 목적과 예상 독자에 의거하여 글의 내용들을 생성하고, 이 내용들을 조직하기 위하여 제시순서, 목차를 구상한다. 이러한 구상은 텍스트의 전체적인 틀을 만들게 되는데, 이것은 차후 글을 수정하거나 평가하기 위한 기준이 되며 장기기억 속에 저장해야 할 요소이다. 그리고 다룰 주제와 관련된 개념, 언어학적 지식, 수사학적 지식 등도 이 단계에서 준비해야 한다.

4) 텍스트 작성하기

'텍스트 작성하기'는 '계획하기' 과정에서 구성된 내용을 문자언어로 표현하는 인지적 과정이다. 그런데 계획된 구성물들은 대부분 언어적 형태로 쉽게 전환되는 명시적 표상물이 아니다. 따라서 문자언어로 기호화하는 단계에서는 글의 의미를 다듬거나, 글의 전체 구조를 조정하거나 보충하는 작업이 다반사이다. 이러한 이유에서 글을 작성하는 과정에서 다시 계획하는 과정으로 되돌아가는 경우가 많다.

5) 수정하기

'수정하기' 단계에서는 지금까지 계획된 내용 혹은 작성한 글을 검토하고 평가한다. 이때 주의 깊은 독서가 요구되는데, 특히 언어형태와 자신이 선택한 글의 유형이 보여주는 전체 그림을 검토한다. 이러한 검토의 결과, 만약 부정적인 평가가 나왔다면 필자는 즉시 '고쳐쓰기'를 한다. 이 과정에서 필자는 자신에게 새롭게 떠오른 생각을 첨가하기도 한다.

6) 조정하기

'조정하기'는 쓰기 과정을 전체적으로 조절하고 통제하는 인지과정이다. 필자는 '조정하기' 기능으로 인하여 어느 순간에 각 과정의 전환이 일어날지 또는 앞 과정으로 되돌아 가야 할지를 결정하게 된다. 따라서 이 인지기능으로 말미암아, 필자의 첫 쓰기가 '계획하기', '텍스트 작성하기', '수정하기' 단계를 거쳐 종결된 생산물로서 파악되는 선적 모형과 다르게, 이 모형은 첫 작업이 종결된 결과물이 아닌 비선적인 회귀 모형이 된다. 사실 Hayes & Flower의 쓰기생성 모형은 숙련된 필자의 경로를 보여준 것이다. 말하자면, 쓰기과정에서 다시 뒤로 회귀하여 언어형태와 텍스트 내용을 생각할 수 있는 숙련된 필자의 쓰기과정의 사례이다.

3.2.2. Bereiter et Scardamalia 모형

Bereiter et Scardamalia(1987:163-188)는 쓰기과정에서 일어나는 아동과 성인의 행동분석을 기초로 한 두 가지 유형의 쓰기를 제시하였다.

1) 지식/표현(connaissance / expression) 쓰기

이 쓰기과정은 초보 필자나 아동 필자 등 쓰기에 어려움을 가지고 있는 학습자가 글을 쓰는 방식이다. 이 유형의 쓰기에서는 글의 내용이 자신의 사고방식과 거리가 있는 것을 볼 수 있고, 또 쓰기 주제에 대한 구체적인 예비정보를 모으는 것을 경시하고 텍스트를 쓰는 경향이 나타난다. 이러한 미숙한 필자는 오직 자신의 경험과 지식만을 의지하며, 예상 독자를 의식하지 않는다. 결국 이러한 쓰기 유형에서는 글의 내적 통일성과 조직성을 찾아보기가 어려우며, 텍스트는 서사유형과 비슷하다. 그리고 글은 단순한 구조로 구성되고, 사용된 어휘는 이미 알고 있거나, 일상적 어휘가 대부분이며, 아이디어의 연결성이 부족한 특성을 보이고 있다.

2) 지식 / 변형(connaissance / transformation) 쓰기

이 쓰기과정은 쓰기과제를 수행하는 동안 인지적 기능을 발휘하는 쓰기활동이다. 따라서 이러한 쓰기 유형은 능숙한 필자가 분명한 목적을 가지고 구사하는 활동이며, 쓰기 활동이 가지고 있는 고유한 어려움에 적절히 대처하여 문제를 해결하는 것이 특징이다. 특히 이런 쓰기유형에서 필자는 장기기억에 저장한 지식을 동원하고, 독자를 의식하여 주제와 부합한 자료들을 탐구하는 것이 메시지를 구성하는데 필수적이라는 사실을 잘 안다. 그리고 필자, 독자, 텍스트 사이에서 만들어지고 있는 상호작용이 고려되고, 새로운 지식의 통합과 습득, 장기기억 내용의 재조직화 혹은 변형이 구체적으로 나타난다.

3.2.3. Deschênes 모형

퀘벡 심리학자 Deschênes(1988:11-14)는 쓰기와 읽기의 인지활동에 내재되어 있는 심리적 과정을 더 잘 이해하기 위한 이론적 모형을 제시하였다. 그는 모든 쓰기활동에 선행되는 조건으로서 읽기활동을 주목하고, 읽기와의 관계를 부각시키면서 쓰기 모형을 설정하였다. 그의 쓰기 모형에는 두 가지 변수, 즉 '대화 상황'(la situation d' interlocution)과 '필자'(scriptuer)라는 변수가 작용한다.

1) 대화 상황

'대화 상황'은 쓰기에 영향을 미칠 수 있는 쓰기 과제, 물리적 환경, 텍스트, 인적 자원, 외적 정보 자원을 포함한다. 여기서, 과제란 성취해야 할 것으로서 필자에게 명백한 지침과 구속의 형태로 주어진다. 물리적 환경이란 쓰기활동이 전개되는 특별한 장소와 주어진 시간을 의미한다. 텍스트는 특정한 문맥 속에서 특별한 양식을 가지고 필자가 궁극적으로 생산하려는 메시지이다. 인적 자원에는 필자와 더불어 예상

독자가 포함된다. 외적 정보자원은 글 구성을 위해 참조하는 문헌들이다. 숙련된 필자는 쓰기과제를 위해 획득한 여러 정보를 특별한 방식으로, 예를 들어 쉽게 정보들을 분류하기 위한 도표, 그래프 등을 사용하여 정리한다.

2) 필자

'필자'는 지식구조(structures de connaissances)와 심리적 과정(processus psychologiques)이라는 두 요소로 구성되어 있다. 첫째, 지식구조는 장기기억 속에 담긴 정보 총체를 의미한다. 필자는 이 장기기억 속에서 선언적 지식(connaissances déclaratives) 혹은 도식(schémas)이란 이름으로 분류될 수 있는 언어학적, 의미적, 수사적, 지시적 정보를 도출한다. 둘째, 심리적 과정은 크게 다음과 같은 5단계로 구분된다.

① 지각-활성화 단계

이 단계는 정보처리과정에 해당한다. 말하자면 필자는 관찰할 수 있는 요소들로부터 이행해야 할 과제를 지각한다. 그리고 지각은 필자에게 그가 소유한 정보와 도식을 활성화시키고, 다룰 주제에 관한 자료를 탐구하게 만들어, 그것들을 더 풍성하게 한다. 그리고 나중에 사용하기 위해, 선택한 정보들을 기억 속에 저장한다.

② 의미구성 단계

필자는 글의 거시구조를 설정한다. 그런데 이 거시구조는 글에 대한 계획이고, 선택한 정보로부터 체계적으로 만든 청사진이다. 이것은 다른 학자들의 '계획하기' 단계에 해당한다. 한편 의미구성은 세 가지 중요한 인지적 활동들, 즉 선택활동, 조직활동, 관리활동으로 구성된다. 첫째, 선택활동은 필자가 자신의 기억에서 찾은 정보들, 예를 들어 글의 주제와 관계된 정보, 텍스트의 종류 등과 같은 정보들로부터 필요한 요소들을 선택하는 것이다. 둘째, 조직활동은 선택한 요소들이 다른 요소들과 관계를 맺게 하고, 이들을 배치하는 것이다. 셋째, 관리활동에 관해서 숙련된 필자는 늘 새로운 기억을 탐구하고, 다시 뒤로 되돌아가서 글의 주제와 관련된 다른 정보를 찾고 글을 재조직한다. 반면에 미숙한 필자는 텍스트를 새로운 아이디어를 가지고 개선하려고 노력하지 않으며, 많은 시간을 철자와 통사 문제에 얽매여 있어, 조직활동에 시간을 투자하지 못한다.

③ 문장 잇기 단계

계획된 글을 구성하기 위하여, 서로 다른 문장들을 새로운 기억을 떠올리면서 연속적으로 이어간다.

④ 작문과 편집 단계

이 단계에서 필자는 통사적으로 문장을 구성하면서 글의 내용을 배열하고 편집한다. 특히 그는 단어를 처리하는데 많은 시간을 투자한다. 그러나 이 과정에서 필자는 때때로 처음 세운 계획 속에 있었던 요소들을 망각할 수도 있다.

⑤ 수정 단계

이 단계는 심리적 과정의 마지막 단계이다. 이 단계에서 필자는 자신이 쓴 글을 수정하는데, 언어형태와 글의 내용을 고려하여 문장과 단어들을 첨가 및 삭제를 함으로써 글을 수정한다. 이때 필자는 자신이 계획했던 최초의 의도와 이 글을 읽을 예상독자의 관점 등을 생각하면서 수정하는 것이 필요하다. 그러나 초급 수준의 필자는 이러한 글의 수정과 개선을 어려워한다. 한편 수정활동은 일련의 심리적 과정에 따라 순서적으로 일어날 수도 있으나, 현실적으로 어느 단계에서든지 개입될 수 있다.

4. 쓰기 교수 · 학습 방안

외국어 쓰기 과정이 모국어 쓰기 과정과 비슷하다는 가정에도 불구하고, 외국어 쓰기는 몇 가지 측면에서 모국어 쓰기와 근본적으로 차이가 있다. 무엇보다 외국어 쓰기는 어휘의 양이 매우 한정적이고 단순한 통사구조를 사용할 수밖에 없는 언어적 제약이 많아, 글을 길게 쓰지 못하고 짧은 텍스트를 쓸 수밖에 없고, 많은 오류가 발견된다. 또한 외국어 쓰기는 모국어의 경우와 달리 매우 긴 작문 시간을 요구하게 되며, 쓰기 전략에 있어서도 모국어 쓰기가 사물, 사건, 존재, 사회에 대해 묻고, 반대하고, 옹호하고, 정보를 요구하고, 증명하고 설명하는 등 모든 쓰기 상황에 필요한 능력을 사용하지만, 외국어 쓰기는 매우 제한된 요구에 해당하는 능력만을 사용할 수밖에 없다. 따라서 쓰기교육은 이러한 외국어 쓰기의 특성을 고려하여 쓰기에 관한 기본적인 지식과 기능을 심화시켜 나가야 할 것이다.

4.1. 언어구조 중심 쓰기

언어구조 중심 쓰기지도는 쓰기의 목적을 어휘와 문장의 구조적 요소들에 두는 지도방안이다. 이러한 접근법은 청화식 교수법, 구조 · 총괄시청각교수법 등에서 적용된 쓰기교육 방안으로서, 언어구조에 대한 통제 연습을 시키고, 단편적인 언어구조 학습을 강조함으로 말미암아 교육현장에서 쉽게 접근할 수 있는 방안이다. 국내 프랑스어 학습 환경을 고려해 볼 때, 쓰기지도는 국내 교육환경과 괴리된 어떤 교수방법론을 고려하기보다는 기본적인 철자, 어휘 쓰기부터 시작해 더 큰 단위로 체계적으로 나아갈 필요가 있다. 따라서 쓰기지도는 언어층위별로 철자 및 단어쓰기에서 출발하여, 단문(phrase simple) 쓰기, 복문(phrase complexe) 쓰기를 거쳐 텍스트 쓰기를 향해 체계적으로 이루어질 필요가 있다. 말하자면 학습자가 먼저 철자와 단어를 쓰는 훈련을 받은 다음, 프랑스어 기본 문장 구조를 익히고 이 구조를 바탕으로 어휘, 어구를 첨가하여 문장차원으로 확장하도록 지도한다. 그리고 학습자가 접속사, 관계사 등을 사용하여 문장과 문장을 결합함으로써 복잡한 문장을 쓸 줄 알게 되고, 궁극적으로 논리적인 텍스트를 쓸 수 있도록, 단계별 학습 방안을 설계한다. 비록 이러한 지도 방안이 표현의 정확성 위주로 정형화된 텍스트를 작성하도록 유도한다는 점에서 다양한 글쓰기를 요구하는 사회적, 문화적 요청에 잘 부응하지 못한다는 측면도 있겠으나, 기초적인 쓰기 능력을 갖추기도 벅찬 국내 프랑스어 교육의 현실에서 학습자의 쓰기 능력 발달 단계에 따른 결코 무시할 수 없는 쓰기 전략이라고 볼 수 있다.

4.1.1. 철자 및 단어 쓰기

글을 쓴다고 한다면 누구든지 필연적으로 철자에 상당한 주의를 기울이게 된다. 왜냐하면 쓰기활동의 가장 기초적인 요소는 무엇보다 철자요소를 조직하여 단어로 사용하는 행위이기 때문이다. 따라서 철자교육이 제대로 이루어지지 않고는 쓰기교육의 성과를 보기가 어렵다. 다시 말해 정확하게 글을 쓰기 위해서는 단어를 읽고 또 그것을 철자로 쓰는 것이 필연적으로 훈련되어야만 한다. 이런 측면에서 철자쓰기, 단어쓰기는 외국어 교육에서 중요한 교수항목이 된다. 한편, 철자쓰기 학습을 위하여 실제적인 여러 교수방안을 생각해 볼 수 있겠으나,[2] 가장 효과적이고 기본적인 철자 및 단어 쓰기 교육은 '베껴 쓰기'와 '받아쓰기'이다. 학습자는 익혀야 할 기본적인 어휘를 베껴 쓰거나 받아쓰면서 자신들이 이미 알고 있는 단어의 철자를 음운·철

2) 박동열(2008:212-217) 참고.

자적 가정을 가지고 찾아낸다. 그러나 만약 학습자가 단어의 철자를 알아내지 못한다면, 교수자는 학습자가 알고 있는 어휘의 내적 규칙성 혹은 형태적 규칙성에 의거하여 자신이 '꾸며낸 철자법'(orthographe inventée)전략을 적용하여 찾아보도록 요구할 수도 있다. 그 외에도 철자학습은 단어의 의미와 철자를 결합시키기 위한 다양한 철자놀이를 통하여 자극될 수도 있다.

4.1.2. 기본문형 쓰기

기본문형 쓰기활동은 프랑스어의 문의 요소들을 고려하여 단순문의 유형을 나누고, 유형별 기본문형을 학습하도록 하는 활동이다. 단문구조 형식의 유형에 관하여 다양한 관점 있을 수 있으나, 쓰기학습을 위한 한 가지 관점을 예로 든다면 다음과 같다(박옥줄1986:9-11).

〈표 9-4〉

문형	단문구조	예시문
1	주어+동사+(상황보어)	La terre tourne (autour du soleil).
2	주어+동사+직접주어속사	Je suis Coréen. Il est malade.
3	주어+동사+간접주어속사	Il passe pour riche.
4	주어+동사+직접목적어	Il aime son oncle.
5	주어+동사+간접목적어	Nous obéissons à nos parents.
6	주어+동사+직접목적어+직접목적어속사	On appelle cet enfant Poil de Carotte.
7	주어+동사+직접목적어+간접목적어속사	Il traite son ami d'ignorant.
8	주어+동사+간접목적어+간접목적어속사	Il use de son canif comme outil.
9	주어+동사+직접목적어+간접목적어	Il enseigne le français à ses élèves.

위의 문장형식 결정에서 가장 영향력 있는 요소는 문장에서 사용하는 동사이다. 이는 동사가 자동사인지 타동사인지, 직접속사자동사인지 간접속사자동사인지 등에 따라 문장의 구조가 결정되기 때문이다. 또한 어떤 동사들의 경우에는 문장의 확대요소인 부사 혹은 상황보어를 필수적으로 요구하기도 하는데, 이러한 것이 문형구조에 영향을 미친다. 교수자는 이러한 문장구조를 반복적으로 훈련시켜 익숙하게 만든 후, 빈칸 채우기, 바꿔 쓰기, 배열하기와 같은 다양한 활동들을 통해 학습자들이 스스로 이 문장구조들을 활용하여 쓰도록 지도할 수 있다.

4.1.3. 문장 확장하기

프랑스어 문장은 명사구와 동사구와 임의요소인 문장의 보어 역할을 하는 전치사구 또는 부사로 구성된다. 기본 문장 구조를 습득한 학습자들은 이제 문장을 확장시키는 단계로 나가야 된다. 이를 위해 이전에 습득한 기본 문형구조에서 명사구, 동사구 등을 확장시키는 연습이 필요하다. 먼저, 명사구는 기본적으로 주어 혹은 직접목적보어의 역할을 하는데, 이 명사구는 다음 5가지 확대요소인 수식어를 통해 확장될 수 있다.[3)]

- 형용사 또는 형용사구 : un crayon *rouge,* des cerises *bonnes à manger*
- 명사보어 : le livre *de Pierre*
- 관계절 : le livre *que j'ai acheté hier*
- 명사에 후치된 동격어 : Pierre, *mon meilleur ami*
- 접속사 et의 매개로 인한 명사 확장 : son fils *et sa fille*

또한, 문장은 동사 혹은 문장 전체를 수식하는 부사, 부사구(전치사구)를 첨가함으로써 확장될 수 있다. 부사적 기능을 하는 이들은 모두 상황보어이기 때문에, 다음과 같이 뒤에서 앞에 있는 문장, 동사, 명사, 형용사의 보어역할을 한다.

- 동사의 상황보어 : Il partira bientôt *pour la France.*
- 문장의 보어 : Il est venu me voir *ce martin.*
- 동작주 보어 : Il se fait respecter *de tout le monde.*
- 명사의 보어 : La circulation *en ville* est difficile.
- 형용사의 보어 : Le professeur est *très* content *de son élève.*

4.1.4. 접속사와 관계사로 문장 결합하기

학습자가 단문쓰기에 익숙해지면 이것을 기반으로 두 개 이상의 절로 이루어진 복문을 쓰는 단계로 나아가야 한다. 그런데 복문은 등위접속사(conjonction de coordination)를 사용하여 만들어지기도 하고, 종속접속사(conjonction de subordination)를 사용하여 구성되기도 한다. 등위접속사가 두 문장을 같은 자격으로

---

3) 박옥줄(1986:21-23)

연결한다고 한다면, 종속접속사는 한 문장을 다른 문장을 보충, 설명해 주는 주절과 종속절의 종속관계를 이루게 된다.[4] 그리고 이렇게 접속사를 통해 복문쓰기를 훈련한 학습자는 관계대명사를 사용하여 관계절이 사용된 복문을 쓰는 것을 학습해야 한다.

4.2. 활동유형 중심 쓰기

외국어 수업현장에서 이루어지는 쓰기학습 활동은 글의 유형에 따라, 학습자의 언어수준에 따라, 그 내용과 형태가 매우 다양하다. Lado(1964:143-148) 이후로 여러 언어교육 학자들이 다양한 쓰기활동 모형을 제시하였다. 예를 들어 Cuq & Gruca(2003:411)는 외국어 쓰기교육과 관련하여 나름대로 '쓰기활동'과 '다시쓰기 활동'을 제시하였다.[5] 또한 Brown (2001:343- 346)은 교실에서의 쓰기활동을 '모방하

---

4) 대표적인 등위접속사와 종속접속사는 다음과 같은 것들이 있다.

① 등위접속사:

- 첨가, 추가: et, ni, non seulement...mais aussi, encore, puis, ensuite, alors, de plus, en outre, comme, ainsi que, aussi bien que, de même que.
- 이유: car, en effet.
- 결과: donc, c'est pourquoi, aussi, partant, alors, ainsi, enfin, par conséquent.
- 대립, 양보: mais, et, au contraire, par contre, en revenche, cependant, toutefois, néanmoins, pourtant.
- 제한: seulement, du moins, au moins, du reste, au reste, d'ailleurs.
- 선택: ou, ou bien, soit...soit, tantôt...tantôt
- 설명: c'est-à-dire, à savoir, soit

② 종속접속사:

- 목적보어절: je pense que vous avez raison.
- 이유: parce que
- 시간: quand
- 조건, 가정: si

5) 이들의 '쓰기활동'은, 텍스트의 앞, 중간, 끝 부분의 일부만을 제시하고 이를 완성하여 쓰게 하는 "텍스트 고쳐 쓰기 연습"과 텍스트 전체의 통사적인 구조 또는 전개 내용의 초안을 제시하여 글을 쓰게 하는 "통제된 글쓰기"을 의미한다. 또한 '다시쓰기 활동'은, 텍스트를 축소 또는 확장하여 쓰게 하는 "텍스트 줄이기/늘이기 연습"과 주어진 텍스트의 장르 또는 관점에 변화를 주어 텍스트를 다시 쓰게 하는 "담화 혹은 텍스트 재구성"등의 쓰기활동을 말한다..

여 쓰기', '통제된 쓰기', '스스로 쓰기', '전시적 쓰기', '실제적 쓰기'를 구분하여 소개하였다.[6] 그런데 여러 전문가들이 제안한 외국어 쓰기 활동들은 언어형태와 쓰기내용에 대해 교수자의 지시 혹은 쓰기지침이 가하는 통제 정도에 따라, 다음 도표가 제시하는 것처럼 크게 베껴 쓰기, 받아쓰기, 통제 작문, 유도 작문, 자유 작문으로 구분될 수 있다. 여기서 화살표 방향이 오른쪽으로 갈수록 유창성을 추구하는 활동이 되며, 반대는 정확성을 추구하는 활동이 된다.

[그림 9-4] 쓰기활동 유형

4.2.1. 베껴 쓰기(copie)

베껴 쓰기는 주어진 문장을 그대로 베껴 쓰는 가장 통제된 쓰기활동이다. 매우 통제된 상태에서 기계적으로 베껴 쓰는 것이 학습자에게 지루함을 가져다주기는 하지만, 이 쓰기활동은 프랑스어를 처음 배우는 학습자에게 악센트 부호, 구두점, 철자법 등을 익히게 하는 중요한 훈련이 된다. 만약 학습자의 지루함을 감소시키고자 한다면, 다음과 같이 쓰기활동의 변화를 줄 수도 있다.

---

6) ① 모방하여 쓰기: 학습 초기에 자주 사용하는 단순한 글쓰기 활동으로서 철자쓰기, 낱말쓰기, 구두점 쓰기, 타자연습, 베껴 쓰기, 듣고 쓰기, 그림 단서가 주어진 쓰기, 양식 및 설문지 쓰기 등이 있다.
② 통제된 쓰기: 주로 문법개념 학습, 강화, 평가를 위한 쓰기 활동으로서, 구와 문장 받아쓰기, 방금들은 이야기 쓰기, 문법적 변환 연습, 그림 묘사하기, 문장 속 어휘 사용하기, 문장 완성하기 등이 여기에 속한다.
③ 스스로 쓰기: 자기 자신을 독자로 하는 글쓰기 활동으로서 주제 및 요지 쓰기, 독서 감상문 및 강의 소감문 쓰기, 일기 쓰기 등이 여기에 속한다.
④ 전시적 쓰기: 보여주기 위한 글쓰기를 의미하는 것으로서 에세이 쓰기, 작문시험, 연구 보고서 등이 있다.
⑤ 실제적 쓰기: 독자와 의사소통을 목적으로 하는 글쓰기이다. 여기에는 학술적 글쓰기, 직업적 글쓰기, 개인적 글쓰기가 있다.

① **윤곽을 제시하고 베껴 쓰기** : 초급 학습자에게 문장을 보여주고 일부만 베껴 쓰도록 하는 활동인데, 예를 들어 문장 ils vont à l'école en voiture을 베껴 쓰도록 하는 경우, 문장의 일부만 남기고 나머지를 학습자가 쓰도록 요구를 할 수 있다 (Ils .... en voiture 혹은 Ils ... à l'école). 이때 교수자는 주어진 문장의 일부분을 그림으로 제시하고 쓰게 할 수도 있다.

② **기억한 것 베끼기** : 교수자가 어떤 문장을 쓰고 학습자가 그것을 읽은 후 기억해서 쓰게 만든다.

③ **지시에 따라 베끼기** : 학습자가 다양한 쓰기지침에 따라 활동한 후에 베껴 쓰는 기법이다. 이때 쓰기지침은 교수자가 다양하게 구성할 수 있다. 예를 들어 학습자가 문장의 세부사항을 수정한 후 베껴 쓸 수 있고, 지시에 따라 주어진 문장 중에서 어떤 문장을 선택한 후 베껴 쓸 수 있으며, 관련된 항목끼리 연결을 한 후에 베껴 쓰기를 할 수도 있고, 해당 항목별로 분류한 후에 베껴 쓸 수도 있다. 이렇게 교수자는 다양한 쓰기지시와 함께 베껴 쓰기를 교육할 수 있다.

4.2.2. 받아쓰기(dictée)

받아쓰기는, 교수자가 어휘, 문장, 텍스트를 적절한 속도로 불러주면 학습자가 받아쓰는 교육 방법으로서, 프랑스어 교육현장에서 널리 사용되고 있다. 그 이유는 받아쓰기가 듣기와 쓰기를 동시에 향상시킬 수 있으며, 학습자로 하여금 교육 내용에 집중하도록 만들 수 있고, 교수자가 수업을 통제하기가 쉽기 때문이다. 이 경우 텍스트를 2-3회 정도 읽어 들려주는 것이 적당하다. 그런데 받아쓰기도 다음과 같이 여러 방식을 사용하여 변형시켜 적용할 수 있다.

① 받아써야 할 내용 중 일부 내용 어휘를 제시한 후 받아쓰기
② 내용을 듣고 빈칸 채우면서 받아쓰기
③ 문장이나 글 전체를 받아쓰는 것이 아니라, 목적에 따라 필요한 부분만 받아쓰기
④ 텍스트를 먼저 읽고 동일한 내용을 듣은 후, 원본에 가까운 받아쓰기.
⑤ 전체 학생이 자기 자리에서 쓰고 있는 동안 한 학생만 칠판에 나와 같은 내용 받아쓰기

4.2.3. 통제 작문(composition contrôlée)

통제 작문은 학습자가 교수자의 지시를 잘 이행한다면 심각한 오류를 범하지 않을 만큼 통제 상태에서 행하는 글쓰기이다. 통제 작문은 이미 배운 내용에 대해 최소한의 응용을 가하여 써 보도록 하는 목적을 가지고 있다. 따라서 이것은 초급 수준의 학습자들이 쓰기를 용이하게 해 주고, 어휘와 구문을 학습시키며, 글 내용을 조직하는 연습을 하는데 유용하다. 그런데 이 활동은 꼭 초기 단계의 학습자에게만 유익한 것은 아니다. 모든 수준의 학습자들에게도 유용한 도구가 될 수 있다. 비록 이 방식의 쓰기가 학습자 개인의 표현의 측면을 무시하여 기계적인 활동이 되기 쉽지만, 문법과 어휘를 배우는 측면에서 큰 장점이 있어 자주 사용된다. 통제 작문에 속한 활동의 예로는 다음과 같은 것들이 있다.

① 텍스트에 의도적으로 남겨 둔 빈칸을 채워 넣기
② 지시사항에 따른 문법구조(주어, 시제, 성, 수) 및 어휘를 바꾸어 쓰기
③ 순서 없이 뒤섞인 단어들을 재배열하여 의미가 통하는 문장으로 만들기
④ 뒤섞인 문장들을 응집성과 일관성을 지닌 문단을 형성하도록 배열하기
⑤ 두 개의 문장을 하나로 결합시키거나, 일부 내용을 다른 내용으로 변경하여 쓰게 하기

4.2.4. 유도 작문(composition guidée)

통제 작문에 비하여 통제가 적은 유도 작문은 간단한 문장이나 문단을 견본으로 제시한 후, 이와 유사하게 글을 쓰도록 하는 방식이다. 또한 교수자가 쓰기내용에 대해 말로 미리 알려주고 작문을 하도록 유도하는 기법도 여기에 속한다. 말하자면 유도 작문은 교수자의 통제를 가능한 줄이고 어느 정도 학습자가 스스로 쓰기를 수행하도록 하는 방법이다. 따라서 이 방법은 통제 작문으로 지루하고 학습동기가 부여되지 않은 학습자들에게 동기를 부여하고 자유 작문으로 나아가기 위한 언어구조를 익히는 기회를 제공한다. 그러나 교수자의 통제가 강하면 통제 작문과 매우 비슷하게 된다. 이러한 유도 작문에 속한 활동은 다음과 같은 활동들이 있다.

① 뒤섞인 단어들을 재배열하고 자신만의 단어를 덧붙여서 의미 있는 문장 만들기
② 뒤섞인 문장들을 재배열하고 연결사를 첨가하여 응집력 있고 논리적으로 일관성 있는

문단 만들기
③ 특정 지침에 따르기 위해 무엇을 바꾸어야 할지 결정한 후에 문장 바꿔 쓰기
④ 문단 완성하기
⑤ 이야기, 지시문, 묘사문, 대화문 등을 완성하기
⑥ 내용에 관해 주어진 전략과 제안에 따라 쓰기
⑦ 일련의 그림들을 보고 그룹토론을 한 후 글쓰기
⑧ 제시된 시작부분을 보고 학급전체가 각각 한 문장씩 덧붙여 연결하여 쓰기

4.2.5. 자유 작문(composition libre)

자유 작문은 한 주제에 대한 자신의 생각과 의견을 구체적으로 표현하는 데 있어서 어휘와 언어구조를 자유롭게 선택하여 써 나가는 글쓰기이며, 이것이 외국어교육의 최종 목적이다. 그런데 이 자유 작문은 언어 능력뿐만 아니라 글을 논리적으로 구성할 수 있는 능력이 필요하다. 따라서 이 능력은 오랜 연습과 훈련을 통해 습득되는 것으로서, 짧은 문장쓰기부터 점차 자유 작문으로 연습을 확대해 나가야만 한다. 자유 작문은 통제 작문, 유도 작문에 비하여 학습자의 창의성과 개성을 반영할 수 있으므로 학습 동기를 향상시킬 수 있는 장점을 가지고 있다. 이러한 자유 작문의 예는 다음과 같다.

① 배웠던 교재 속에 있던 소재를 중심으로 이야기를 꾸미거나 설명해 보기
② 일기, 메일, 블로그, 페이스 북 등을 통한 쓰기
③ 신화, 동화, 전설 등의 일부를 들려주고 완성하게 하기
④ 프랑스 신문의 뉴스 기사 혹은 읽은 책의 내용을 요약하기
⑤ 외국 문화와 관련된 지리, 역사, 예술, 교육, 정체 등에 관한 간단한 보고서 쓰기

4.3. 과정중심 쓰기

쓰기를 보는 시각을 기준으로, 우리는 앞에서 결과중심 모형과 과정중심 모형을 제시하였다. 선적인 특성을 가진 결과중심 모형에서 교사는 쓰기 전에 필요한 지식을 전달해 주고 학생들에게 쓰게 한 후 쓴 결과를 평가하는 방식을 취하게 될 것이다. 반면에 과정중심 쓰기 모형은 과제 환경, 필자의 장기기억과 쓰기과정 등 다양한

요인들을 고려한 것이고, 쓰기과정을 순환적인 형태로 보며, 일종의 문제 해결 과정으로 파악한 것이다. 즉 각 쓰기 단계는 '조정하기' 과정에 의하여 통제를 받으면서 순환되는 역동성을 보인다. 이 역동성은 필자의 계속적인 문제해결 과정을 통해 발생하는 것이다. 따라서 과정중심 쓰기활동은 쓰기과정, 쓰기와 읽기의 상호작용, 필자의 창조적 아이디어를 중요시 하며, 특히 정확한 쓰기지침을 중요하게 고려한다. 이러한 쓰기지도는 다음과 같이 크게 4단계로 구성된다.

4.3.1. 계획하기(planification)

'계획하기'는 쓰기활동에서 가장 중요하다. 필자는 쓰기지침에 주의하면서 다음 몇 가지 활동을 통하여 글쓰기 개요를 짜게 된다.

1) 의사소통 상황 분석하기

글을 쓴다는 것은 의사소통을 하려는 것이다. 그래서 글을 쓰기 전에 메시지가 만들어지는 상황에 관하여 분석해 봐야만 한다. 교수자가 제시하는 실제 상황의 글들, 예를 들면 몇 가지 편지들을 통해 학습자는 글의 목적, 발신인과 수신인 간의 관계, 사용된 어법 등을 구별하도록 훈련할 수 있다. 우리는 의사소통 상황 분석을 위하여 Marquillo(1993:86)의 다음과 같은 질문들이 유용하다고 본다.

- 누가 말을 하는가? (발신인의 지위)
- 누구에게 쓰는가? (수신자의 지위)
- 무엇에 대해 쓰는가? (주제)
- 어떻게 쓰는가? (수단)
- 어떤 목적으로 쓰는가? (쟁점)
- 어떤 지지를 받고 쓰는가? (사회화)

한편, 의사소통 내용을 정하는 것 외에도 쓰고자 하는 글의 종류를 확정하는 것이 필요하다. 사전에 확정되지 않았다면 여러 종류의 글을 쓰도록 조별로 요구해도 좋다.

2) 주제 분석하기

쓰기 과제의 주제 분석을 위해 아래와 같은 단계를 따라 분석하는 것이 유용할 것이다.

① 제시된 주제를 먼저 심도 있게 읽어 본다

〈제시 주제〉
"선거연령을 낮추는 것은 민주주의를 확장하는 것이다"라는 평가에 대해 어떻게 생각하는가?

② 글의 내용(무엇에 대해 말하는가)과 글쓰기 방법(어떻게 말하는가, 어떻게 주제를 다루어야 하는가, 무엇에 의거해야 하는가)을 구상한다.

글의 내용	글쓰기 방법
선거연령 하향과 민주주의 확대	글의 장르 선택, 찬반입장, 통계사용, 관련사건 나열

③ 사용된 표현 혹은 관련 어휘를 설명한다.

선거연령 : 선거권은 선거에 참여하여 투표할 수 있는 권리이며 선거연령을 선거권을 행사하는 나이이다. 우리나라의 선거연령은 2005년 6월 선거법 개정으로 만19세로 하향 조정되었다.
민주주의: 귀족제나 군주제 또는 독재체제에 대응하는 의미로 그리스어의 'demokratia'에 근원을 두고 있는데, 이는 'demo(국민)'와 'kratos(지배)'의 두 낱말이 합친 것으로서 '국민의 지배'를 의미한다. 그런데 '국민의 지배'라는 민주주의는 여러 갈래로 해석되어 왔다.

대의 민주주의: 국민들이 개별 정책에 대해 직접적으로 투표권을 행사하지 않고 대표자를 선출해 정부나 의회를 구성하여 정책문제를 처리하도록 하는 민주주의를 말한다.

④ 중심 주제를 결정 한다.

민주주의 확장의 위험성

⑤ 자신의 말로 주제를 재구성해본다.

민주주의 교육이 제대로 이루어지지 않은 상태에서 민주주의 확장시도는 여러 위험성이 뒤따른다.

3) 주제와 관련된 자료연구와 아이디어 연상하기

이 단계에서는 자신이 소개할 주제에 대한 정보를 수집한다. 정보는 대화, 면접, 듣기자료나 각종문헌에서 구할 수 있다. 그리고 자신이 쓸 텍스트에 관한 아이디어와 예들을 선정하고 주제에 해당하는 어휘를 확장하고 세분화한다. 교수자가 이 작업을 학습자들과 게임을 통해 할 수도 있고, 브레인스토밍 및 마인드 맵 방식을 통해 할 수 있다.

4) 적절한 계획을 짜기

필자는 해당주제에 대해 쓰기의 성격에 따라 적절한 계획을 세워야한다. 객관적 쓰기라면 설명적 계획(plan explicatif)을 세워야 하는데, 이때 필자는 설명하고자 하는 사실을 요약하거나, 인과관계를 설명할 준비를 해야 한다. 주관적 쓰기는 논증적 계획이 적합한데, 이 경우 찬성의 논거 혹은 반대의 논거를 준비해야 한다. 마지막으로 객관적이고 논증적 성격의 혼합적 계획이 있다. 이 경우는 사실에 대한 설명 혹은 정의를 준비해야 하고, 더불어 찬성과 반대의 논거를 찾아야만 한다.

계획단계에서 글의 구성요소들이 결정되었다면, 이것을 확대하여 글의 초고도 완성할 수 있다. 그리고 이 초고는 개인적으로 혹은 조별로 교수자에 의하여 교정을 받을 수도 있을 것이다. 하지만 교정은 진지한 수정보다는 글을 실제로 쓰는 데 도움을 주는 예문, 새로운 생각, 문장구조 등을 조언하는 차원이 되어야 한다. 왜냐하면 앞으로 재교정 및 재작성이라는 과정을 필연적으로 거쳐야 하기 때문이다.

4.3.2. 텍스트 작성하기(mise en texte)

'텍스트 작성하기'는 통상적으로 서론, 전개, 결론으로 구성된다. 먼저 서론은 통상적으로 3가지 요소, 즉 서두(accroche), 문제제기(problèmatique), 글의 개요로 구성된다. 서두 부분에서는 글의 주제를 향해 독자의 주의를 이끌도록 구성되어야 한다. 그리고 서두는 일반적인 개념을 사용하거나 확인된 사실에서 출발해야 한다. 문제제기 부분에서는 글의 주제에 대한 문제의식을 고취시키거나 제기하는 질문을 정확히 알려주어야 한다. 그리고 서론의 마지막 부분에서는 앞으로의 글의 구성을 밝히는 것이 좋다.

한편 글의 전개 단계는 학습자의 창조성과 논리적 사고력을 가장 많이 요구하는 단계이다. 그런데 이 단계의 활동은 학습자의 수준에 따라 매우 다양한 차이를 보인다. 즉 글은 학습자의 수준이 높아짐에 따라 그 완성도 역시 높아질 것이다. 또한 학습자의 전개활동에 있어서도 학습자의 창조력, 논리력, 사고력의 수준에 따라 다양한 글쓰기를 시도할 수 있다. 예를 들어 학습자의 쓰기능력 향상에 맞추어 '모방 글쓰기'부터 시작하여 '묘사 및 설명하기', '이야기 완성하기', '이야기 만들기', '주제 중심 글쓰기' 등으로 점차적으로 진화할 수 있다.

4.3.3. 수정하기(révision)

'수정하기'는 문법, 철자 등에 대한 단순한 수정뿐만 아니라 주제, 주장, 글의 조직, 추가적인 정보 등을 순환적으로 수정하는 단계이다. 외국어 쓰기에서 교수자의 수정이 학습자의 작문 능력을 얼마나 향상시킬 수 있는가는 지난 30년 동안 논의되어 온 주제였다. 즉 교수자의 수정이 학습자의 화석화(fossilisation)를 피하는 데 도움을 주기 때문에 작문의 모든 오류에 대한 수정이 필요하다는 주장에서부터, 중요 구문에 대한 오류 수정만이 효과적이라는 주장, 그리고 오류 수정은 어떤 긍정적 효과도 없다는 주장까지 다양하다(Ferris, 2006). 사실 오류 수정이 교수자와 학습자의 시간과 에너지를 더 중요한 곳에 집중하지 못하도록 하는 측면도 있다. 그러나 외국어 학습자들은 절대적으로 교수자의 오류 수정을 필요로 한다. 이 수정은 간단한 어휘 및 철자부터 시작하여 문법, 글의 구조의 수정까지 다양하다. 그런데 글의 수정의 경우 교수자가 학습자의 글을 직접적이고 명시적으로 수정할 때 학습자의 오류를 줄이는 긍정적 효과를 가지고 올 수 있다. 한편 글의 수정 방식은 교수자가 학습자의 쓰기과제에 대해 서면 피드백을 제공해 주는 것으로만 이루어지는 것이 아니다. 그 방식은 다양하여 교수자와 학습자 간의 일대일 면담을 통해 이루어질 수도 있고, 동료들에 의하여 수정이 이루어질 수도 있다. 그러나 어떤 방법을 취하든지 수정과정에서 중요한 것은 학습자가 교수자의 피드백을 단순히 확인하고 이해하는 것에 그쳐서 실질적인 쓰기 향상에 도움을 받지 못하는 것을 피해야만 한다는 사실이다. 이것을 위해서 교수자는 학습자가 피드백을 받은 직후에 그가 직접 수정본을 작성하거나, 자주 발견되는 문법 오류를 수업시간에 설명하거나, 오류 일지를 기입하도록 유도하는 것이 바람직하다.

쓰기와 읽기 통합 교육 : 1980년대 들어서면서 읽기와 쓰기 간의 관계에 있어서 차이점을 강조하는 대신 두 기능 간의 유사점을 주장하는 연구가 많이 나왔다. 즉 과정으로서 읽기와 쓰기를 살펴본다면 두 언어 기능은 동일한 인지전략을 사용하는 같은 과정이며, 철자, 어휘, 구문 등 수행능력을 비교한다면 일정한 상관관계가 있다는 것을 밝혔다 (Giguère, Giasson et Simard 1996, Shanahan 1988, Tierney et Leys 1986). 이러한 연구결과들로 인하여 많은 연구자들은 읽기와 쓰기에는 공통적인 요소들이 있으며 서로가 서로를 강화시킬 수 있다는 점을 인정하게 되었다. 따라서 프랑스어 쓰기학습을 효과적으로 하려면 수업시간에 쓰기와 읽기를 분리하여 가르치는 것보다 통합하여 가르치는 것이 매우 중요하다고 전문가들은 지적하고 있다.

다양한 교수방법론에서는 상대적으로 덜 중요한 교육활동으로 취급받은 쓰기는 그나마 의사소통 교수법에 와서야 쓰기의 중요성이 인정받는 정도이다. 그러나 의사소통 교수법에서의 쓰기 기능은 교육의 현장에서는 어려운 국내 프랑스어 교육상황과 맞물려 아직도 그 자리를 찾지 못하고 있다. 하지만 쓰기활동은 학습자의 내재적인 언어 능력을 강화시키는 통합적인 언어 기능이기 때문에 소홀히 취급되어서는 안된다. 쓰기는 듣기, 말하기 학습에서 습득한 문법구조, 어휘, 숙어를 강화시켜주는 역할을 할 뿐만 아니라, 언어적인 차원을 넘어서서 다양한 주제를 다룸으로써 학습자의 지식의 폭을 넓혀주고 창조적인 능력을 계발할 수도 있다. 또한 오늘날 쓰기 교수·학습도 상당히 발달하여, 전통적 지도 방법을 벗어나 새롭게 시도되는 지도방법들이 많이 개발되었다. 다시 말해, 쓰기지도가 과거처럼 의사소통 상황과 단절된 상태에서 문장 연습, 대체 및 전환 위주의 문법 중심지도 방식 혹은 결과 중심 접근에 머물지 않는다. 오히려 쓰기지도는 과정 지향적으로 이루어지고 있으며, 교수자는 학습자의 주변 세계에 관한 느낌과 이해를 자신의 글로 표현하는 것을 독려하고 있다. 더 나아가 오늘날 쓰기지도는 예상 독자와 쓰기 목적에 부합하는 실재적인 글쓰기를 지향하고, 이에 필요한 사고 과정과 쓰기기술을 향상하는 것에 중점을 두고 있다. 더욱이 행위중심접근법이 강조되기 시작한 오늘날 쓰기교육은 종래 교사 중심 쓰기 지도에서 학습자 중심으로 전환되고 있는데, 쓰기과제를 위하여 개별적 연습보다는 소그룹 단위로 동료 학습자와 함께 협력과 토의 절차를 통해 어려움을 극복하거나, 스스로 발견한 문제점을 함께 해결할 수 있도록 유도하고 있다.

21세기 과학기술과 사회의 변화는 의사소통과 사고 활동을 위한 언어 사용 방식을 변화시키고 있고 이 변화는 가속화될 전망이다. 이와 같은 환경 속에서 현대 사회와 미래 사회에서 요구되는 쓰기 능력에 대한 기대는 더욱 높아지고 있다. 오늘날 쓰기 능력은 문자 언어만이 아니라 인터넷, 영화, 텔레비전, 광고, 사진 등과 같은 디지털 매체 언어와 시각 언어를 동원하여 텍스트를 생산할 수 있는 능력이며, 의사소통을 위한 강력한 도구이다. 따라서 현재 부득불 단문 중심으로 작문하는 것에 초점을 두고 있는 프랑스어 쓰기 지도 역시 앞으로 실제적인 사회·문화적 상황에 기초한 쓰기 지도, 문제 해결을 위한 협력을 중시하는 쓰기 지도, 새로운 정보 기술을 활용한 쓰기 지도 등 쓰기 지도의 새로운 방향을 지속적으로 모색해 나가야 할 것이다.

〈학습과제〉

1. 사회적 행위로서 쓰기의 개념에 대해 논의하시오.
2. 쓰기과정 모형으로서 비선적 모형의 장점을 나열하시오.
3. 특정한 주제를 선택하여 과정중심 쓰기 지도안을 만들어 보시오.

참고문헌

남재은 (2006), 『프랑스어 쓰기 능력 향상을 위한 단계별 학습 방안』, 서울대학교 석사논문.

박동열 (2008), "FLE 철자법 교육과 교수방안", 『프랑스어문교육』 제29집.

박옥줄 (1986), 『불문의 구조』, 서울 : 서울대출판부.

신길호 (2007), 『영어과 교과 교육학』, 서울 : 북스힐.

최희재 (2009), 『유럽연합의 언어 · 문화정책 고찰을 통한 프랑스 언어-문화 통합교육 방안 연구-행위중심접근법의 한국 프랑스어 교육에의 적용- 』, 서울대학교 박사학위논문.

Bereiter, C., Scardamalia, M.(1987), *The Psychology of Written Composition*, Hillsdale, N.J.: Lawrence Erlbaum Associates.

Brown, H.D.(2001), *Teaching by Principles : An Interactive Approach to Language Pedagogy*, second edition, New York: Longman.

Chelala, S.I.(1981), *The Composing Process of Two Spanish-speakers and The Coherence of Their Texts*, A case study. Doctoral dissertation, New York: New York University.

Cornaire, C., Raymond, P. M.(1994), *La production écrite*, Paris: CLE international.

Conseil de l'Europ(2001), *Cadre européen commun de référence pour les langues*.

Cuq, J.P., Gruca, I.(2003), *Cours de didactique du français langue étrangère et seconde*, Grenoble : Presses Universitaires de Grenoble.

Deschênes, A. J.(1988), *La compréhension et la production de textes*, Sillery, Québec: Presses de l'Université du Québec.

Edelsky, C.(1986), *Writing in a bilingual program: Habìa una vez*, New Jersey: Ablex Publishing Corporation.

Ferris, D.R.(2006), "Does error feedback help student writers? New evidence on the short and long term effects of written error correction" in *Feedback in second language writing*, K.Hyland & F.Hyland(eds), Cambridge: Cambridge University Press. pp. 81-104.

Giasson, J.(1995) *La lecture. De la théorie à la pratique*, Boucherville: Gaëtan Morin Éditeur.

Giguère, J., Giasson, J., Simard, C.(1996) "Relations entre la lecture et l'écriture chez des élèves de troisième année" *Revue de l'ACLA*, 18(1). pp.49-65.

Hayes, J.R., Flower, L.S.(1980), "Identifying the organization of writing processes", in *Cognitive Processes in Writing*, L.W.Gregg & E.R.Steinberg(eds), Hillsdale, N.J.: Lawrence Erlbaum. pp.31-50.

Jian, G., Hester, R.M.(1974), *Découverte et création*, Chicago: Rand McNally, College Publishing Co.

Kucer, S.L.(1985) "The making of meaning: Reading and writing as parallel processes", *Written communication*, 2. pp.219-267.

Marquillo, M.(1993), "Analyse de consigne et évaluation", *Le Français dans le Monde*, Des pratiques de l'écrit, Numéro spécial. pp.83-95.

Lado, R.(1964), *Language Teaching: A scientific approach*, New York: McGrow-Hill, Inc.

Lenard, Y.(1965), *Parole et pensées*, New York: Harper and Row.

Moirand, S.(1979), *Situations d'écrit*, Paris: Clé International.

Rivers, W.M.(1968), *Teaching Foreign-Language Skills* (2nd edition), Singapore: The university of Chicago Press.

Raimes, A.(1985) "What unskilled ESL students do as they write: A classroom study of composing", *TESOL Quaterly*, 19(2), pp.229-258.

Rohmer, G.(1965), "Pre-writing: The stage of discourse in the writing process", *College Composition and Communication 16*. pp.106-112.

Shanaban, T.(1988) "The reading-writing relationship: Seven instructional principles", *The Reading Teacher*, 41. pp.636-647.

Tierney, R. J. et Leys, M.(1986) "What is the value of connecting reading and writing?" In B. T. Peterson(Éd.), *Convergences: Transactions in reading and writing*, Urban, IL: National Council of Teachers of English. pp.15-29.

Whalen, K.L.(1992) *Approche cognitive et expérimentale de la production écrite:Comparaison des preocessus d'écriture entre l'anglais langue maternelle et le français langue seconde*. Thèse de doctorat, Université de Montréal.

10

문법 교육

최 윤 희

외국어 문법교육은 '규칙'의 암기를 어느 정도 요구하기 때문에 종종 따분하고 어려운 것으로 여겨지곤 한다. 특히 1900년대부터 주류를 이루고 있는 직접교수법(la méthode directe), 청화식 교수법(la méthode audio-orale) 그리고 구조 · 총괄시청각 교수법(la méthode structuro-globale audiovisuelle)에서는 듣기 · 말하기의 구어 능력을 강조하고 있어, 문법 · 번역에 초점을 둔 교수법은 구시대적이며 지양해야 할 교수법인 것처럼 여겨져 왔다. 또한 1980년대 후반부터 나타난 언어교육의 움직임인 의사소통접근법(l'approche commnunicative)에서는 문법교육을 배제하지는 않으나 언어의 구조보다는 '의사소통' 즉 언어사용에 필요한 문법만을 간단히 다루도록 하고 있다. 그러나 우리는 '언어 능력과 문법을 따로 생각할 수 있는가'의 문제를 재고해 보아야 한다. 여기서 중시해야 할 점은 지금까지의 문법교육이 '문법을 위한 문법교육'을 강조하여 외국어 교육에 문제점을 낳았다하여 '문법교육' 자체를 등한시해서는 안 된다는 것이다. 외국어로 '의사소통 한다'는 것은 전달하고자 하는 내용을 정확하게 표현한다는 것을 의미한다. 즉 정확한 문장을 구성해야 하는데 이는 문법에 맞는 문장을 구성해야 한다는 것과 일맥상통한다. 따라서 정확한 의사소통을 하기 위해서는 문법교육이 필수불가결하다고 볼 수 있다.

일반적으로 한국인 성인학습자들은 모국어인 한국어와 제2언어인 영어의 간섭현상으로 인해 프랑스어 문법을 학습하는데 어려움과 혼란을 느낄 것이다. 그러나 이러한 부정적인 측면 이외에 논리적 사고가 가능한 성인학습자들은 오히려 문법교육을 통해 외국어를 빨리 학습할 수 있다는 유리한 점도 갖고 있다. 이러한 점을 고려해 볼 때, 한국인 성인학습자에게 '프랑스어 문법을 어떻게 가르칠 것인가'의 문제가 대두된다. 효과적인 문법교육 방안을 찾기 위해서는 지금까지의 행해진 문법교육을 고찰해서 장 · 단점을 찾아냄과 동시에 한국인 학습자라는 특수한 상황을 충분히 고려하여야 할 것이다.

이를 위해 본 장은 다음과 같이 구성된다. 먼저 1장에서는 문법에 대해 정의하고 종류에 대해 알아본다. 2장에서는 언어유창성과 문법교육의 목표에 대해 다룬다. 3장에서는 문법교육에 대한 구체적인 방안을 예를 통해 제시한다.

1. 문법이란 무엇인가?

1.1. 문법의 정의

'문법'이란 단어를 들었을 때 학습자들은 대체적으로 단어의 형태 또는 통사구조에 관한 규칙을 떠올리게 된다. 그 이유는 전통적인 관점에서 문법이 형태 · 통사규칙을 중심으로 정의되어 왔기 때문이다. 국립국어원의 표준국어대사전에서는 문법을 "말의 구성 및 운용상의 규칙 또는 그것을 연구하는 학문"이라고 소개하고 있다. 여기서 말의 구성이란 것이 단어인지 문장인지 정확히 표시되어 있지는 않지만 형태와 통사를 중시하고 있음을 알 수 있다. 마찬가지로 프랑스어 온라인 사전인 *dictionnaires de français Larousse*[1]에서도 언어의 구조에 초점을 맞추어 정의하고 있다.

(1) 문법의 정의

- "구어와 문어의 정확성과 표준을 지배하는 규칙들의 총체"[2]
- "주어진 언어에 적합한 구조들의 총체 : 이 언어의 이런 구조와 기능에 대한 묘사"[3]

---

1) http://www.larousse.fr/dictionnaires/francais/grammaire/37802?q=grammaire#37745

2) "Ensemble des règles qui président à la correction, à la norme de la langue écrite ou parlée."

3) "Ensemble des structures propres à telle ou telle langue : description de ces structures et du foncionnement de cette langue."

그러나 사실 문법은 관점에 따라 다양하게 정의될 수 있다. 예를 들어 Le nouveau petit robert(1993) 사전에 기술한 문법 중 일부를 소개하면 다음과 같다.

(2) Le nouveau petit robert 사전에서의 정의

i. "한 언어를 정확하게 말하고 쓰기 위해 따라야 하는 규칙의 총체[4)]
e.g. règle, faute de grammaire, orthographe et grammaire"

ii. "한 언어에 속하는 모든 발화체들을 생산하도록 하는 구조와 규칙의 총체[5)]
e.g. la grammaire du français, la grammaire du chinois"

iii. "한 언어의 구성요소들에 대한 체계적인 연구[6)]
e.g. phonétique, phonologie, sémantique, morphologie, syntaxe"

(2i)은 전통문법에서 다루는 문법을 기술하고 있으며 (2ii)는 언어학적 관점에서 형태론과 통사론에 중심을 둔 규칙을 기술하고 있다. 또한 (2iii)은 더 넓은 언어학적 관점에서 음성학, 음운론, 의미론, 형태론, 통사론 전반에 나타나는 규칙을 의미하고 있다. (2i)과 (2ii)는 형태와 통사를 중심으로 문법을 기술하고 있으나 (2i)은 '따라야 하는' 규범을 강조하고 있다는 점에서 전통적 관점을 취하고 있으며 (2ii)는 '생산하도록 하는' 규칙을 강조하고 있다는 점에서 언어학적 관점을 취하고 있다고 볼 수 있다. 한편 (2ii)와 (2iii)에서와 같이 같은 언어학적 관점이라도 연구대상의 범위에 따라서 문법은 다르게 정의될 수 있다.

그렇다면 전통문법, 언어학적 문법은 어떤 특징을 갖는지 좀 더 자세히 살펴보고 학교문법과 교육문법이란 무엇인지에 대해 알아보기로 한다.

---

4) "Ensemble des règles à suivre pour parler et écrire correctement une langu." (Le nouveau petit robert 1993:1038)

5) "Ensemble des structures et règles qui permettent de produire tous les énoncés appartenant à une langue et seulement eux." (Le nouveau petit robert 1993:1038)

6) "Étude systématique des éléments constitutifs d'une langue." (Le nouveau petit robert 1993:1038)

1.1.1. 전통문법 (Les grammaires traditionnelles)

전통문법의 역사는 기원전 5세기로 거슬러 올라간다. Petiot(2000:18)에 따르면 "인도-유럽어에 관한 문법은 철학자들을 중심으로 기원전 5세기부터 연구되었다. 이때 Aristote는 로마어에서 9개의 품사 (le nom, le verbe, l'article, l'adjectif, le pronom, l'adverbe, la préposition, la conjonction et l'interjection)를 소개하였는데, 이것은 현재에도 프랑스어 문법교재에서 사용되고 있다." 전통문법은 다음의 특징을 갖는다.

(1) 전통문법의 특징[7]

- "전통문법의 기술대상은 문어(la langue écrite)이다. 예를 들면 전통문법에서는 철자법(orthographe) 동사변화(conjugaison)등을 중요하게 다룬다."
- "문법이 묘사하는 언어는 표준언어 즉 문학언어이며 실제 사용하는 언어가 아니다."
- "전통문법의 목적은 언어의 단순한 기술이 아니라 처방적인(prescriptive)면을 지닌다. 즉 일종의 규범(norme)이다."
- "전통문법에서는 '완전한 문법목록'을 작성하여 보여주지만 설명되지 않는 사항들은 예외로 취급한다."

위에서 기술한 바와 같이 전통문법은 문어를 연구대상으로 하며, 자료체를 관찰한 후 기술하는 귀납적 방법론(la manière inductive)을 택하고 있음을 알 수 있다. 또한 처방적인 성격이 있기 때문에 실제로 흔히 사용되는 구어일지라도 규범에 맞지 않으면 비문법적이라고 기술한다. 예를 들어 의문문의 경우 comment tu t'appelles?은 구어에서는 흔히 사용되나 전통문법에서는 틀린 문장 또는 "매우 저속한 표현"으로 간주된다.[8] 이처럼 전통문법서에 소개되는 문법내용과 실제 사용되는 언어 간에는 괴리감이 있을 수 있다. 이와 같은 문제점은 전통문법이 문법 자체만을 강조하고 화자의 의도나 문체를 고려하지 않기 때문에 발생한다.[9]

전통문법의 또 다른 문제점은 전통문법학자들이 기술하는 문법이 관점에 따라 다

7) Moeschler et Auchlin(1997:13)

8) "Certes certains tours sont à proscrire (comment tu vas? quelle heure il est?), car ils sont « très vulgaires »." (R.-L. Wagner, p.531, 재인용 Dubois 1972:27).

9) R.-L. Wagner, p.531, 재인용 Dubois 1972:27.

르고 현상의 일부만을 묘사한다는 점이다. 이러한 이유로 Moeschler et Auchlin(1997)에서는 전통문법을 복수형(les grammaires)으로 지칭하고 있다. 예를 들어, 프랑스어의 *voilà* / *voici*의 품사에 대해 전통문법학자들은 다음과 같이 다양하게 기술하고 있다.

(2) a. un verbe défectif, cf. Le Trésor
b. une préposition, cf. L'Académie
c. une locution prépositive, cf. Littré
d. proche des démonstratifs, cf. Grevisse
e. un adverbe démonstratif (pour d'autres)
(예문 (2a-e) 출처: http://mamiehiou.over-blog.com/voil%C3%A0-voici)

물론 *voilà* / *voici*의 용법은 초급 수준에서 다루어지므로 문법에 대한 설명 없이 교수할 수도 있다. 그러나 논리적 사고가 가능한 성인 학습자들이라면 'voici un livre'의 구조가 한국어에서는 '여기에 책이 있다'와 같은 문장으로 해석되는 데에 의문점을 가질 수 있다.[10] 따라서 학생들에게 문법 설명이 필요 없다고 여겨지는 표현이라도 교사는 문법학자의 관점에 따라 문법이 다르게 기술될 수 있음을 인지하고 있어야 한다. 또한 한국인 학습자를 대상으로 하는 문법교육에서 어떻게 다룰 것인지에 대해 자신만의 교수법을 구상해 놓아야 한다.

전통문법은 오랜 역사를 통해 만들어진 산물이며, 언어사용법에 대해 명확한 지침을 준다는 점에서 분명히 장점이 있다. 그러나 교사는 전통문법의 문제점을 인식하고 문법교육이 실제로 구어에서 사용되는 언어와 사용자의 의도를 반영할 수 있도록 지속적으로 문법정보를 갱신해야 한다.

1.1.2. 언어학적 문법 (La grammaire linguistique)

언어학적 문법은 전통문법이 지닌 문제점을 개선하고자 언어학적 지식을 바탕으로 문법원칙을 설명하자는 새로운 방법으로서 20세기에 등장한 문법이다. 언어학적 문법이 갖는 특징을 살펴보면 다음과 같다.

10) 실제로 초급수준의 한국인 성인 학습자들은 이 표현의 품사를 궁금해 했다.

(1) 언어학적 문법의 특징(Petiot 2000:19)

- "실제 언어를 대상으로 관찰하고 이를 객관적인(또는 과학적인) 방법으로 분석한다."
- "각각의 언어요소를 연구함과 동시에 각 요소들 간의 관계에 대해서도 연구한다."

전통문법이 문어, 즉 문학언어를 연구대상으로 삼으며 처방적이고 규범적인 것과는 대조적으로, 언어학적 문법은 실제 사용되는 언어를 연구대상으로 하여 이를 있는 그대로 기술하고 더 나아가 과학적으로 분석한다는 점에서 차이를 갖는다. Germain et Seguin(1998:54)에서는 언어학적 문법은 "실용적 목적을 배제하고, 언어의 용법에 관한 문법능력을 가능한 모두 총 망라한 과학적인 설명을 제안할 것을 목적으로, 이 문법능력을 기술하고 고무한다"고 언급하고 있다.[11)]

현대 언어학의 큰 흐름을 Saussure의 구조주의(le structuralisme)와 Chomsky의 생성문법(la grammaire générative)이라 할 때, 각 흐름은 문법연구의 방법론에 있어서 차이를 지닌다. 소쉬르는 언어를 기호로 이루어진 하나의 체계(système), 즉 구조로 본다. 즉 언어 기호의 의미는 개별로서가 아니라 전체 '구조' 안에서 다른 기호들과의 관계에 따라 규정된다는 인식을 전제로 한다. 예를 들어 우리말의 'ㅂ'의 가치는 'ㅍ', 'ㅃ'과 대립될 때 의미가 있다(*아바 vs 아파 vs 아빠). 소쉬르의 구조주의는 유럽에서 프라하 학파, 코펜하겐 학파, 런던학파 등으로 나뉘어 발전했다.

한편 미국에서는 블룸필드(Bloomfield)에 의해 미국의 구조주의 또는 분포주의(le distributionnalisme)란 이름으로 독자적으로 발전하게 된다. 분포주의 문법(la grammaire distributionnelle)에서는 문법을 "특정 환경에 나타나는 요소들의 분포적 범주를 확립하는 것"이라 보고 있다.[12)] 분포주의 언어학의 방법론은 '자료(corpus)수집 → 자료의 분포 분석 → 문법의 확립'으로 이루어지기 때문에 귀납적 방법을 사용한다.[13)] 여기서 자료의 분포를 분석한다는 것은 언어표현을 직접 구성하는 단어 및 단

---

11) "La différence essentielle entre une grammaire pédagogique et une grammaire linguistique tient à leurs buts respectifs : alors que la première décrit, le plus souvent de manière sélective, la compétence grammaticale d'un certain usage de la langue en vue d'en faciliter l'apprentissage, la seconde décrit ou simule cette compétence en vue d'en proposer une explication scientifique, la plus exhaustive qui soit, sans visée pratique."

12) Moeschler et Auchlin(1997:75)

13) Moeschler et Auchlin(1997:75)

어의 연결체의 분포를 분석한다는 것인데, 이를 직접구성성분이라고 한다. 한국어로 예를 들면, '배고픈 강아지가 고기를 먹었다'에서 직접구성성분은 '배고픈 강아지가', '고기를 먹었다', 다시 '배고픈 강아지가'의 직접구성성분은 '배고픈', '강아지가'이고 '고기를 먹었다'의 직접구성성분은 '고기를', '먹었다'이다. 위의 예에서 '강아지'는 '그' 또는 '철수' 등으로 바뀔 수 있는데, 패턴 드릴 연습과 같이 문장구조에서 동일한 위치에 올 수 있는 문장요소들을 연습시키는 방법은 분포주의의 영향이라 할 수 있다. 분포주의에 영향을 받은 교수법으로는 청화식 교수법(la méthode audio-orale)과 구조 · 총괄 시청각교수법(la méthode structuro-globale audiovisuelle)이 있다.

구조주의: 1900년대 초반 스위스 언어학자인 Ferdinand de Sassure에 의해 언어학에서 발전되었다. 구조주의 언어학에서는 언어를 기표(signifiant, image acoustique)와 기의(signifé, concept)로 이루어진 기호(signe)로 본다. 구조주의는 피스(Peirce)의 3항 구조모델과는 차이가 있는데, 퍼스는 언어기호가 기표(sign vehicle), 기의(sense)뿐 아니라 세상의 지시체(referent)와 관련된다고 본다. 직관적으로 퍼스의 3항 구조모델이 이해하기 쉬울 수 있으나, Lyons(1977:99)가 비판했듯이 '고양이'라는 기표가 지시하는 대상(objet)이 특정한 고양이인지, 고양이 전체를 말하는지 알 수 없다. 마찬가지로 부정표지인 'ne'와 같은 개념적·요소가 지시하는 대상을 어떻게 설명할 것인지에 대해서도 설명하지 못한다. 따라서 구조주의 언어학에서는 언어외적 요소인 지시체는 다루지 않으며, 체계(système) 내에서 각각의 요소들이 다른 요소들과 어떤 관계를 갖는가에 대해 연구한다.

한편 촘스키는 문법이 사실을 기술하는 것에서 더 나아가 '설명을 통해 새로운 사실에 대해 예측'할 수 있어야 한다고 주장하고 있다. 또한 문법적으로 무한한 문장을 '생성'할 수 있는 유한한 문법규칙이 존재한다고 가정하고 있는데 이 문법이 바로 생성문법이다.[14] 생성문법은 문법적으로 맞는 모든 문장을 생성해 낼 수 있는 언어규칙을 명시적이고 과학적으로 형식화하는 것을 목표로 한다. 따라서 촘스키는 자료체를 통해 문법을 기술하는 귀납적 방법을 비판하는데, 그 이유는 문장의 일부만을 다루는 귀납적 방법론이 가변적이며 불완전하다고 보기 때문이다.[15] 따라서 문법

14) Chomsky의 변형문법은 그의 저서 Syntactic Structure(1957)란 제목에서 볼 수 있듯이 통사문법에 초점을 맞추고 있다.

15) 남기심 외(1998:32)도 귀납적 방법론에 대해 "엄밀한 절차만을 고집할 때 우리는 자료의 피상적인 정리만 할 수 있고 기저의 원리를 잡지 못하는 어리석음을 저지르게 된다"고 지적하고 있다.

사항을 설명함에 있어서 가설을 세우고 이 가설을 일반화시키는 가설-연역적방법론(La méthode hypothético-déductive)을 사용한다. 촘스키가 가설을 증명하는 방법은 과학에서 사용하는 '관찰과 경험의 부정적 일반화(généralisations negatives des observation ou des experiences)'이다.[16] 부정적 일반화란 "어떤 가설이 사실이라는 것을 증명할 수 없지만 거짓이라는 것은 증명할 수 있다는 방법론이다."[17] 예를 들어 촘스키는 인간의 언어 능력은 선천적이라고 주장하는데, 이에 대한 근거로 행동주의에서 주장하는 '자극-반응-강화'의 언어습득 이론은 어린아이들이 한 번도 들어보지 못한 문장을 구사할 수 있다는 사실을 설명하지 못한다는 점을 들고 있다.[18] 촘스키의 생성문법은 문법을 설명하는 방법론에 있어서 패러다임의 전환을 보여주었다. 물론 촘스키의 이론은 어렵기도 하고 지속적으로 갱신되는 상황이므로 학생들에게 변형생성문법 자체를 전부 교육시킬 수는 없다. 그러나 생성문법을 문법교육에 적절히 적용시키는 방안에 대해서는 고려해 볼 수 있을 것이다. 생성문법을 응용한 교수법 모델에 대해서는 3.2.1절에서 다룬다.

언어학적 문법(La grammaire) : 언어학의 대상이며 추상적인 규칙의 총체이다. 화자의 언어 능력에 대한 문법을 의미하며, 완전하며 유일하다는 의미로 정관사 단수형을 붙여 'la grammaire'로 표현한다. 여기서 화자의 언어 능력이란 예를 들어 한국인 화자는 '*나는 친구가 한 명밖에 있어'와 같은 문장이 비문법적임을 직관적으로 알고 있다는 것을 의미한다.

---

16) Moeschler et Auchlin(1997:76-7).

17) Moeschler et Auchlin(1997:76-7).

18) 분포주의는 행동주의의 영향을 받았다.

1.1.3. 학교문법 (La grammaire scolaire)과 교육문법(La grammaire pédagogique)

학교문법은 다음과 같이 정의될 수 있다.

(1) 학교문법의 정의

- "여러가지 언어의 기능들을 학습할 수 있도록 짜여진 문법이다." (Petiot 2000:20)
- "학교 프랑스어 교육에서 학습자들에게 제시하는 문법적 지식의 총체이다." (Chervel 1977:20, 재인용 Gailliard 2013:36)

따라서 학교문법은 다음과 같은 목표를 갖는다.

(2) 학교문법의 목표(Petiot 2000:20)

- "학습자들로 하여금 일반적이고 활용 가능한 언어학적 지식을 습득하도록 한다."
- "텍스트 쓰기, 읽기와 문학 텍스트 이해하기 등과 같은 문어뿐만 아니라 구어에서도 올바른 하나의 프랑스어(un français, une langue unifiée)를 습득하도록 한다."

위에서 제시한 바와 같이 학교문법은 언어학적 문법과 비교했을 때 좀 더 "단순하고 다소 시대에 역행적인 특성이 있다"(Petiot 2000:20). 또한 학습자들의 올바른 프랑스어 습득을 목표로 하는 만큼 전통문법과 마찬가지로 기술적이고 규범적인 특징이 있다. 학교문법의 역사는 철자법 교육에서 시작되었으므로 학교문법이 전통문법의 특징을 더 많이 갖고 있는 것은 당연하다 할 수 있다.

한편 학교문법과 비슷한 개념으로 교육문법이 있다. Germain et Seguin(1998)에서는 교육문법을 다음과 같이 설명한다.

(3) 교육문법(Germain et Seguin 1998:54)

- "교육문법은 학습을 용이하게 하기 위해 언어용법에 대한 문법능력을 선택적인 방법으로 기술하는 것이다."

(3)에서 선택적 방법이란 모든 것을 총망라해서 기술하는 언어학적 문법과 달리 학

습자들에게 필요한 문법만 선택하면 된다는 것을 의미한다. 더불어 이경수(2009:88)는 교육문법에 대해 다음과 같이 다음과 같이 언급하고 있다.

> "교육문법은 학습자와 학습자, 교사와 학습자 간의 상호작용을 고려하면서 언어의 실제 사용 맥락을 중요한 고려대상으로 삼는다. 따라서 특히 교육문법은 학습자의 모국어, 즉 언어적 측면뿐만 아니라 학습자의 교육 환경, 여러 상호작용 등의 언어외적 측면까지도 충분히 고려하면서 이 지식을 전파하는 데 관심을 두기 때문에 처방적·규범적 성격들에 주로 의존한다."

학교문법과 교육문법 모두 규범적인 성격을 지니며 학교교육에서 학습자들을 학습시키는 데 목적이 있다는 점에서 동일하다. 그러나 교육문법은 교사의 역량에 따라 수업시간에 다루어야 할 문법사항이 선별될 수 있고, 학습자를 위한 맞춤교육이 가능하다는 점에서 학교문법과 차이를 갖는다. 즉 교육문법은 '선별적'이며 '언어외적 측면'을 고려한다는 특징이 있다.

이처럼 관점에 따라 문법이 갖는 의미나 문법교육이 지향하는 목표는 달라질 수 있다. 그러나 효과적인 문법교육을 위해서는 효과적인 '교육문법'을 구상해야 할 것이다. 교육문법이 교사의 역량과 학습자들의 상황을 고려하는 문법인 만큼, 한국인 성인 학습자들이 문법내용을 인지적으로 쉽게 이해할 수 있는 문법교수법이 제안되어야 할 것이다. 그러기 위해서는 교사는 전통문법에 대한 지식뿐 아니라 언어학적 문법에 대한 지식에 대해서도 충분히 인지하고 있어야 하며, 여기에 덧붙여 학습자에 대한 이해도 필요할 것이다.

교육문법 : 교육을 목적으로 하며, 학습자의 상황을 고려한 선별적인 문법사항이다. 규범적인 성격을 갖는다.

1.2. 문법교육과 외국어교수법

교육적 관점에서 볼 때 문법은 학습목표와 교육방법에 따라 크게 다음과 같이 나뉠 수 있다.

(1) 능동적 문법과 수동적 문법(la grammaire active/la grammaire passive)[19)]

- "능동적 문법은 학습자들이 문법규칙을 학습하고 완전히 자기 것으로 만들어서 재사용할 수 있는 단계의 문법 즉 생산의 문법(la grammaire de production)을 의미한다."
- "수동적 문법은 문법규칙에 대해 식별하는 단계의 문법, 즉 식별의 문법(la grammaire de reconnaissance)을 의미한다."

(2) 상황화된 문법과 비상황화된 문법(la grammaire contextualisée / la grammaire décontextualisée)[20)]

- "상황화된 문법은 의사소통 상황에 맞게 만들어진 문맥 내에서 학습되는 문법이다."
- "비상황화된 문법은 의사소통 상황을 고려하지 않고 학습되는 문법이다. 예를 들면 문장구조를 따로 연습하는 것 등이 있을 수 있다."

(3) 암시적 문법과 명시적 문법(la grammaire implicite / la grammaire explicite)[21)]

- "암시적 문법은 예문을 관찰한 후 문법을 찾아내는 문법교육 방법으로 귀납적 문법은 (la grammaire inductive)라 불리기도 한다."
- "명시적 문법은 교실에서 문법사항에 대해 일반적인 문법규칙을 설명한 후 예문으로 넘어가는 문법교육 방법으로 연역적 문법(la grammaire déductive)이라 불리기도 한다."[22)]

---

19) Puren, Bertocchini, Constanzo(1998:193, 재인용 Özçelik이 (2012:5))

20) Özçelik(2012:5), '상황화된 문법'이란 한국어 번역은 박동열(2013)을 참고하였다. 그러나 박동열(2013)에서 사용하는 '상황화된 문법'이란 본 장에서보다 넓은 의미를 갖는다. 본 장에서는 전후 상황을 고려하지 않고 문법요소 또는 문장만을 따로 분류하여 문법을 기술하는 문법기술과 대비되는 의미로써 '실제 의사소통 상황을 반영한 문법'을 의미하나 박동열(2013)에서는 한국인 학습자들의 상황까지도 고려한 문법을 의미하고 있다.

21) Besse et Porquier (1991:86, 재인용 Özçelik 2012:6).

22) 본 장에서 '명시적 문법'이란 한국어 해석은 이경수(2009)를 받아들인 것이다.

그렇다면 지금까지 외국어교수법에서 문법교육의 위상은 어떠했는지 살펴보기로 한다. 전통교수법(la méthode traditionnelle)에서는 문법규칙을 명시적으로 먼저 설명하고 예문을 제시하는 연역적 방법론(la manière déductive)을 취한다. 즉 명시적 문법이 제시된다. 따라서 학습자가 문법규칙을 암기하면 빠르게 언어를 습득할 수 있다는 장점이 있다. 그러나 전통교수법은 문맥이나 상황은 고려하지 않고 문법 분류기준에 따라 문법적 지식만을 가르치므로 비상황화된 문법을 교수한다. 따라서 전통교수법은 문법을 위한 문법, 즉 수동적인 문법만을 가르치고 실제 생활에 적용할 수 있는 문법을 가르치지 못한다는 점에서 비판을 받아왔다. 그러나 전통교수법이 문법을 강조하였음에도 의사소통 능력향상에 실패한 원인은 '문법교육' 그 자체 때문이 아니라 '문법교육 교수법의 문제'로 볼 수 있다.

직접교수법(la méthode directe), 청화식 교수법(la méthode audio-orale) 그리고 구조·총괄시청각교수법(la méthode structuro-globale audiovisuelle)에서는 학습자가 문법 형태들을 접한 후, 반복, 연습을 통해 스스로 문법을 터득할 수 있는 귀납적 방식의 문법교육을 채택하고 있다. 따라서 암시적 문법이 사용된다. 이 교수법들에서는 상황에서 나타나는 담화를 대상으로 하므로 상황화된 문법을 가르친다고 볼 수 있다. 그러나 위의 세 가지 교수법은 모국어에 대한 이해가 굳어져 있는 성인학습자들에게 많은 시간과 연습을 필요로 한다는 점에서 우리나라의 학습상황과 맞지 않는다는 비판을 받고 있다. 예를 들어 2차 세계 대전 당시 각 나라 간의 정보 수집을 위해 20세 이상의 군인들에게 사용된 청화식 교수법은 꽤 효과적이긴 했으나, 이들은 6개월 동안 하루에 20시간 이상을 모국어 선생님 2명이 던지는 질문에 끊임없이 대답하는 연습을 했었다. 또한 직접교수법을 채택하고 있는 교재들은 "학습자들이 문법을 스스로 깨닫게 될 정도로 방대한 양의 단어를 제공해야 하며" (Özçelik 2012:7), 단어의 의미는 목표언어나 그림 또는 제스쳐를 통해서만 설명될 수 있으므로 많은 시간이 요구된다고 볼 수 있다. 그러나 위의 교수법들은 전통적인 문법설명에서 벗어나 실제 사용가능한 문법을 가르쳤다는 점에서 능동적 문법을 목표로 했음을 알 수 있다.

한편 의사소통접근법(l'approche communicative)과 행위중심적 관점(la perspective actionnelle)에서는 귀납적 방식의 암시적 문법(la grammaire implicite)을 교육할 것을 제시하지만 의사소통 능력향상에 필요하다면 명시적 문법을 사용하기도 한다.

예를 들어 의사소통접근법의 관점에서 쓰인 초기 교재 *Archipel 1*(1982)에서는 소유 형용사(les adjectifs possessifs)와 인칭 대명사(les pronoms personnels)의 형태가 성(genre)과 관련이 있다는 문법을 암시적으로 제시하고 있다.

(4) Souvenez-vous (*Archipel 1* 1982:24)

Qui est-ce? — C'est mon voisin, il est employé.
Qui est-ce? — C'est ma voisine, elle est employée.
Qui est-ce? — C'est son voisin, il est étudiant.
Qui est-ce? — C'est sa voisine, elle est étudiante.

이 부분에서는 학생들이 주어진 예문을 보고 mon-il/son-il이 남성형이며, ma-elle/sa-elle은 여성형이라는 문법규칙을 스스로 찾아내야 한다. 그러나 인칭에 따른 3군 불규칙 동사 être, avoir와 1군 규칙 동사 travailler의 동사변화(conjugaison)에 대해서는 명시적으로 제시하고 있다.[23)]

의사소통접근법에서는 학습자들이 오류를 범하더라도 의사소통 흐름에 방해가 된다면 교사는 오류를 지적하지 말도록 권장하고 있다. 문법적 오류를 통해 학습자들은 잘못된 문법을 스스로 수정하고 재정립한다고 보기 때문이다. Tagliante(1999)는 의사소통접근법에서 문법학습은 다음과 같이 진행된다고 기술하고 있다.

(5) 의사소통접근법에서 문법학습(Tagliante 1999:150)

- "실수를 통해 배우기"
- "발견한 문법의 요점을 개념화하고 체계화하기"
- "발견한 문법을 자기 것으로 만들고 고정시키기"
- "실제 의사소통 능력습득을 목표로 하며, 상황 속에서 다시 사용해 보기"

여기서 개념화(conceptualisation)란 "여러 단계를 거쳐 (문법 요소의) 언어학적 기능을 의식하게 되는 것"을 의미한다[24)]. 따라서 의사소통접근법은 학생들의 문법적 오

23) 한편 connaître, savoir동사와 habiter, parler동사에 대해서는 인칭대명사 je, on에서만 동사변화와 부정형만을 제시하고 있어 암시적 문법을 제시하고 있다고 볼 수 있다.

24) "une prise de conscience d'un fonctionnement linguistique qui passe par plusieurs phases", Besse

류에 가장 관대한 교수법이면서 암시적이며 귀납적인 문법교육 방식이 주가 된다고 할 수 있다. 또한 문법은 항상 상황 속에서 제시되므로 상황화된 문법을 교수 대상으로 한다.

행위중심 관점은 학습자들이 의사소통을 통해 '주어진 과제를 완수하는 것'에 초점을 둔다는 점에서 '의사소통 기능향상'을 목표로 하고 있는 의사소통접근법과 차이를 갖는다. 그러나 주어진 상황 속에서 의사소통 기능을 중요하게 다룬다는 점에서는 의사소통접근법의 연장선으로서 볼 수 있으며 따라서 상황화된 문법을 다루고 있다고 볼 수 있다. 또한 암시적이고 귀납적인 문법교육이 주가 되지만, 명시적인 문법설명을 완전히 배제하지는 않는다. 행위중심 관점에서 제시하는 문법학습 방법을 보자.

(6) 유럽공통참조기준(CECR)에서 제시하는 문법학습 방법[25)]

- "실제 자료에 나타난 새로운 문법 자료들을 통해 귀납적인 방법으로 학습하도록 한다."
- "새로운 문법요소, 범주, 구조, 규칙을 학습시키기 위해, 이것들의 형태, 기능, 의미를 보여주도록 특별히 제작된 텍스트를 접하게 하고 학습자들이 귀납적인 방법으로 규칙을 터득하도록 한다."
- "그러나 문법에 대해 설명하거나 연습문제를 통해 연습시킬 수 있다."
- "형태적 관계나 구조를 설명하는 표, 연습문제를 사용하여 문법교육을 시킬 수 있으며, 문법설명은 모국어 또는 목표어 두 가지를 모두 사용하여 할 수 있다."
- "학생들이 세운 문법적 가설에 대해 명확하게 해 주거나 확인해 줄 수 있다."

---

et Remy(1984:197). ( )는 본고에서 첨가.

25) CECR(2001:116) "On peut attendre ou exiger des apprenants qu'ils développent leur compétence grammaticale

a. de manière inductive par l'exposition à de nouvelles données grammaticales telles qu'elles apparaissent dans des documents authentiques

b. de manière inductive en faisant entrer de nouveaux éléments grammaticaux, des catégories, des structures, des règles, etc. dans des textes produits spécialement pour montrer leur forme, leur fonction et leur sens

c. comme dans b. mais suivis d'explications et d'exercices formels

d. par la présentation de paradigmes formels, de tableaux structuraux, etc. suivis d'explications métalinguistiques appropriées en L2 ou en L1 et d'exercices formels

e. par la clarification et, le cas échéant, la reformulation des hypothèses des apprenants, etc."

실제로 의사소통접근법에서 행위주의 관점의 과도기에 나타난 교재인 *Taxi 2* (2003:10)의 서문에서는 문법교육 방법에 대해 다음과 같이 언급하고 있다[26].

> "(문법을 설명하는 데는) 연역적 방법 (즉 바로 적용할 수 있도록 문법표를 만들어 규칙을 설명하는 전통적인 방법) 또는 귀납적 방법 (즉 학습자들이 형태와 구조를 관찰함으로서 규칙을 발견하는 방법)이 사용될 수 있다. (이 책에서) 주가 되는 방법은 두 번째 방법인 귀납적 방법이나 연역적 방법이 적합한 경우가 있기 때문에 배제하지는 않는다."

요약하면 의사소통접근법과 행위중심 관점에서는 암시적이고 귀납적인 방법을 통해 상황화된 문법을 교육할 것을 제안하고 있지만 명시적 문법에 대해서도 어느 정도는 허용하고 있다. 또한 학습자들이 학습한 문법을 통해 의사소통이 가능하도록 문장을 직접 생산할 수 있어야 하므로 능동적 문법을 교육 목표로 하고 있다.

2. 언어유창성과 문법교육의 목표

효과적인 문법교육에 대해 고찰하고 제안하기에 앞서 언어유창성과 문법교육의 목표 대해 간략히 살펴보려 한다. 지금까지 한국에서의 프랑스어 교육은 학교문법 중심으로 행해져 왔으며, 결과적으로 문법교육은 언어의 유창성에 도움이 되지 못하는 것처럼 여겨져 왔다. 실제로 1987년에 개정된 5차 교육과정에서는 "현장에 넓게 확산되어 있는 문법 위주의 수업을 억제하기 위한 선언적이면서 도구체적인 지침의 역할"을 하는 "제한 문법 사항"에 대해 제시하고 있으며 의사소통 교수법을 지향하는 7차 교육과정에서도 제한 문법 사항이 제시되고 있다.[27]

---

26) "Plusieurs approches de la grammaire sont possibles, dont celle traditionnelle, utilisant la méthode de raisonnement déductif (on explique la règle à l'aide des tableaux pour la faire appliquer ensuite) ou bien celle utilisant la méthode inductive de la conceptualisation (on fait découvrirles règles par l'observation des formes et des structures). C'est cette seconde approche que nous avons choisi de privilégier, sans pour autant exclure les autres, qui peuvent être tout à fait pertinentes."

27) 이근님 외(2003:35). 제한 문법 사항이란 고등학교에서 다루지 말아야 할 문법사항으로 100명의 전공자에게 설문을 한 결과 직설법 대과거, 단수관거, 전과거, 전미래, 명령법과거, 공손한 표현의 용법을 제외한 조건법, 접속법, 제롱디프를 제외한 분사구문 등이 있다.(*ibid*,198)에서 참고.

그렇다면 '언어를 유창하게 구사한다'는 것은 무엇인가? 2011년에 EBS에서 방영된 '언어발달의 수수께끼'란 다큐멘터리에서 영어유창성에 관해 모국인과 한국인의 평가에 대해 실험한 적이 있다. 실험내용은 한 남자가 영어로 연설하는 것을 들려주고 유창성에 대해 평가하라는 것이었다. 한국인 실험자들은 대부분 "촌스럽다", "발음이 끊어진다", "TV에 나올 정도는 아니다", "100점 만점에 40점이다"등의 반응을 보였다. 반면 영어 원어민들은 "높은 수준의 단어를 사용했다", "문장 구조도 좋았고, 의사도 잘 전달했으며 내용이 분명했다", "100점 만점에 90점 후반이다"라고 하여 평가 내용이 나뉘었다. 연설의 내용은 UN 반기문 사무총장의 총장직 수락연설이었다.

이처럼 한국인의 경우 '외국어의 유창성'을 평가할 때 구어 특히 '발음'에 많은 비중을 두고 있다. 그러나 실제로 '외국어를 잘한다'고 할 때 기준이 되는 항목은 '문장구성력', '의사전달력', '내용의 명확성'이 되어야 한다. 즉 발음이 원어민과 달리 유창하지 않더라도 문법에 맞게 문장을 구성해서 핵심내용을 조리 있게 그리고 정확히 전달하는 능력을 키워야 한다. 이것은 발음교육을 소홀히 하라는 이야기가 아니다. 정확한 발음은 중요하다. 그러나 유창한 구어 능력만을 강조하여 학습자들의 문법학습의 의욕을 꺾어서는 안 된다는 뜻이다. 이와 같은 점을 종합해 볼 때 문법교육의 목표는 다음과 같이 정리될 수 있다.

(1) 문법교육의 목표

- 정확한 문장구성을 할 수 있도록 한다.
- 정확한 어휘사용을 통해 내용을 명확하게 표현할 수 있도록 한다.

이처럼 문법교육은 문장구성력, 어휘력, 표현력 향상을 목표로 한다. 여기서 정확한 어휘를 사용하도록 한다는 것은 많은 어휘를 알고 있는 '양'의 문제이기도 하지만 그 보다 한 문장에서 그 어휘가 취할 수 있는 위치 또는 다른 요소와의 관계를 정확히 이해해야 한다는 것을 의미한다. 즉 정확한 어휘의 사용은 정확한 문장 구성력과 직접적으로 관련된다. 더욱이 프랑스어의 어휘, 문장, 표현방법 등은 한국어와 항상 일대일로 부합되는 것이 아니므로 프랑스어에만 있는 특수한 문법사항들도 존재한다. 따라서 한국어의 특성을 고려한 교육문법을 구상할 필요가 있다.

3. 문법교육의 방향

한국인 학습자를 대상으로 하는 효과적인 프랑스어 문법교육을 위해서는 다음의 사항들을 특히 고려해야 한다.

(1) 문법교육에서 고려할 사항

- 모국어 또는 제 2외국어의 간섭현상(interférence linguistique)에 의해 한국인 학습자가 쉽게 범하는 오류를 분석하고 정확한 문법지식을 습득해서 활용하도록 한다.
- 모국어 또는 제 2외국어에서 습득한 문법지식을 활용하도록 한다.
- 프랑스어에만 나타나는 고유한 문법사항을 정확히 습득하도록 한다.

(1)에서 제시한 바에 따르면 학생들이 문법을 통해 프랑스어를 이해하고 생산할 수 있어야 한다는 점에서 '능동적 문법'이 교수대상이 되어야 한다. 그러나 문법교육 방법에 있어서는 학습자의 상황을 고려하여 명시적으로 또는 암시적으로 제시되거나 또는 학생들이 문법규칙을 스스로 정립할 수 있게 교사가 도와주는 절충적 방법으로 제시될 수 있다. 3.1.절과 3.2.절에서는 명시적 또는 암시적 문법교육 방안을 필요성과 효율성에 대해 구체적 예를 통해 차례로 살펴보게 될 것이다.

3.1. 명시적 문법교육

3.1.1. 기초 프랑스어와 문법교육

명시적 문법교육의 필요성은 특히 기초 프랑스어 수업에서 나타난다. 박만규(2007:477-8)에서 기술하고 있듯이 기초 프랑스어는 프랑스어에 대한 지식이 전무한 학습자를 대상으로 하므로 프랑스어 예문만을 통해 학습자 스스로 문법을 정립하기란 쉽지 않다. 박만규(2007:477-8)는 기초 프랑스어 집필의 원칙에서 문법사항에 대해 다음과 같이 기술하고 있다.

(1) 문법사항 집필원칙

- "프랑스어의 기본적 문법사항들을 모두 다룬다."
- "기초 프랑스어에서는 문법을 명시적으로 가르친다."

명시적 문법교육이 효과적일 수 있는 예는 다음과 같다.

(2) 명시적 문법교육이 효과적일 수 있는 문법사항

a) 불규칙 동사(e.g. être, avoir, aller etc.)의 인칭변화(conjugaison)
b) 명사·형용사의 불규칙 여성 변화
c) 명사의 불규칙 복수 변화
d) 소유한정사

(2a-d)는 모두 불규칙한 문법사항들이므로, 불규칙변화형을 리스트로 만들어 명시적으로 제시해 주는 것이 효과적이다. (2b-d)는 유한한 수의 문법규칙을 갖고 있으며, 특히 (2d)는 유한한 수의 목록을 갖고 있다. 따라서 (2b-d)는 명시적으로 문법규칙을 먼저 제시한 후, 충분한 예를 통해 학습자들이 문법에 익숙해지도록 하는 교수법이 효과적이다. (2a)의 경우 새로운 불규칙 동사가 나올 때마다 인칭에 따란 동사 변화리스트를 제시하고 매번 명시적으로 지도해 주어야 한다.

3.1.2. 오류분석과 문법교육

기초 프랑스어 교육 이외에 명시적 문법교육이 필요한 경우는 한국인 학습자가 쉽게 범하는 오류를 가르칠 때이다. Jeanmaire(2006)는 한국인 학생들이 쉽게 범하는 오류를 관사, 동사변화, 성, 수, 어휘, 통사구조로 나누어 자세히 소개하고 있다. 이러한 오류들은 한국어 또는 영어와의 간섭현상에 의해 나타나며 문화적인 요인에서 기인하기도 한다. 여러 가지 오류 중 한국어의 표현과 프랑스어의 표현이 일대일로 대응되지 않음에서 기인하는 오류 중 일부를 소개하면 다음과 같다.

(1) 한국어 표현에 의한 오류(Jeanmaire 2006:113-6)

■ "명사 : '너 전공이 뭐니?' (*Quelle est la spécialité? → Qu'étudies-tu?/Tu es dans quel département?), 쌍꺼풀 (*double paupière → une paupière avec un pli)

■ 동사 :

i) 한국어에서 사용하는 '물 먹다', '약을 먹다', '신문을 보다', '놀다' 등의 표현을 프랑스어에 그대로 번역하기 (e.g. *manger → boire de l'eau, prendre des médicaments, *voir le journal → lire le journal, jouer/s'amuser → passer du bon temps)

ii) 한국어의 '듣다'와 '보다'는 프랑스어에서 각각 'entendre/écouter', 'voir/regarder'로 표현된다. 전자는 화자의 의도가 없을 때 사용되고 후자는 화자의 의도가 있을 때 사용된다. (e.g. *Tous les jours, j'ai regardé Jean à l'université → j'ai vu, *j'ai entendu que vous êtes marié → j'ai entendu dire que vous êtes marié, *j'ai entendu de toi → j'ai entendu parler de toi). 특히 *j'ai entendu que vous êtes marié의 문장은 영어표현인 'I heard that'과도 간섭현상이 일어난다고도 볼 수 있다."

따라서 Jeanmaire(2006:151)는 다음과 같이 제안하고 있다.

"대부분의 오류는 어휘, 문법, 통사, 문화적인 단계에서 한국어 또는 영어에 의한 간섭현상에서 기인한다. 한국인 학습자들은 프랑스어로 말하거나 쓸 때 한국어나 영어를 잊거나 적어도 덜 의존해야 한다."

그렇다면 어떠한 문법교육이 제안되어야 할 것인가? 한국인 학습자들이 간섭현상에 의해 쉽게 범하는 오류에 대한 문법설명의 한 가지 방법으로 비교문법을 제안해 볼 수 있다.

(2) 비교문법(La grammaire comparée ou comparatisme)[28)]

■ "비교문법은 언어들 간의 유사성을 찾아내는 방법으로, 언어들 간에 서로 부합하는 요소를 찾고 비교한 후 한 언어의 어떤 요소 x가 다른 언어에서는 어떤 위치를 차지하고 있는지 찾아보는 문법연구 방법이다."

---

28) O. Ducrot et T. Todorov(1972) *Dictionnaire encyclopédique des sciences du langage,* Editions du Seuil, pp. 23-24.

비교문법은 원래 산스크리트어와 인도-유럽어 간의 비교와 친족어를 찾기 위해 제안된 연구법이지만 한국인 학습자를 대상으로 하는 문법교육에도 충분히 활용할 수 있다. 기존의 비교문법을 통한 명시적 문법교육 방안 중 Cuet(2013), 이경수(2009), 박만규(1998)의 구체적 예를 살펴보면 다음과 같다.

Cuet(2013:212)는 중국어를 모국어로 하는 학생들이 자주 범하는 오류 중에서 관계대명사와 관계부사에 대해 설명하고 있다. Cuet에 따르면 중국어에는 관계대명사, 관계부사가 없을 뿐만 아니라 영어와의 간섭현상에 의해 (3), (4)와 같은 오류가 발생한다는 것이다.

(3) "관계대명사 dont과 관련된 오류

- C'est le livre dont j'ai besoin.
- *C'est le livre que j'ai besoin.[29]
- *C'est le livre de que j'ai besoin."

(4) "강조구문에서 관계부사가 잘못 사용되는 경우

- C'était hier que j'ai fini un roman.
- *C'était hier où j'ai fini un roman.
- *C'était hier où je suis arrivé à la fin d'un roman."

Cuet에 따르면 (3)의 두 번째 예의 경우 영어로 바꾸면 'This is the book which I need'가 되어 목적격 관계대명사를 취하므로 que만을 사용하는 오류를 범하였을 것이라 추측한다. (3)의 세 번째 예의 경우 전치사와 관계대명사 목적격을 함께 쓰기 때문에 간섭현상에 의해 오류를 범한 것으로 보인다. 한편 (4)의 예에서와 같이 프랑스어의 상황보어의 강조구문은 'c'est~que'로 되어야 함에도 영어에서 시간과 장소의 관계부사 *when, where*의 영향으로 학생들은 부사 *où*를 잘못 사용되는 오류를 범하고 있다. 이 점은 한국인 학습자들도 혼란을 느끼는 부분이라 생각된다. 이러한 오류에 대해 Guet(2013:213)은 "반복과 재생산만을 강조하고 명시적인 설명을 하지 않

29) *는 비문법성을 의미한다.

는 문법수업 모델 때문에 중국인 학습자들은 언어마다 다르게 표현되는 몇 가지 개념을 이해하는데 어려움을 겪고 있다"고 지적하고 있다. 따라서 초기에 "비교와 교육적 관점"을 통해 두 언어 간에 발생할 수 있는 간섭현상을 다루어야 한다고 주장한다. 즉 모국어에 존재하지 않는 문법사항에 대해서는 명시적으로 설명해야 한다는 것이다.

마찬가지로 이경수(2009)도 한국인 학생들이 프랑스어 대명사를 사용할 때 자주 범하는 오류에 대해 분석하고 좀 더 명시적인 대명사 문법교육이 필요하다고 주장하고 있다. 즉 성인 학습자들은 모국어와 제 2외국어와의 간섭현상에 의해 문법에서 오류를 범할 수 있는데 이때는 교사가 정확히 설명해 주는 것이 중요하다는 것이다. 그의 제안모델을 살펴보자. 한국인 학생들이 "그 사람이 내 생명을 구했다"는 문장을 프랑스어로 표현할 때 자주 범하는 오류는 다음과 같다.

(5) 그 사람이 내 생명을 구했다(이경수 2009:90).

a) Il a sauvé ma vie.
b) Il m'a sauvé la vie.
c) *Il a sauvé la vie de moi.
d) *Il a sauvé sa vie.

(5a), (5d)의 용법은 분명 영어 문장 'He saved my life'와 'He saved his life'의 영향을 받은 것으로 본다. 또한 (5b)의 문장에서는 간접목적보어 me가 사용되고 있다. 그런데 대부분의 문법책에서는 간접목적보어는 à+qqn의 형태로 나타난다고 기술하고 있으므로, 정문인 (5b)를 한국어로 번역하면 '그는 나에게 생명을 구했다'와 같이 어색한 의미가 만들어진다. 그러나 실제 프랑스어로 가장 자연스러운 문장은 (5b)이다. 따라서 이경수(2009)는 대명사의 '여격'과 관련해서 새로운 관점의 처방적이고 규범적인 교육문법을 제시하는 것이 필요하다고 제안하고 있다.

(6) 대명사 여격과 관련된 문법교육 제안(이경수 2009:97)

"신체부위(partie du corps) 명사와 관련해서는 그 소유주(possesseur)에 해당하는 "de qqn"의 형태 또한 간접목적보어대명사로 대체될 수 있다 (예: ①, ②, ③). 특히 주어가 3인칭이고 신체부위 명사의 소유주 또한 3인칭일 경우(예: ①, ②에는 간접목적보어 대명사의 사용이 필수적이다:

예) ① Il(Paul) a sauvé la vie du Préident.
→ Il lui a sauvé la vie. / ?*Il a sauvé sa vie.

예) ② Elle(Marie) a sauté au cou de Paul. → Elle lui a sauté au cou.

예) ③ Qui a coupé les cheveux de Marie? → Qui lui a coupé les cheveux?"

마지막으로 박만규(1998)는 한국어와 프랑스어 간의 대응문법(la grammaire de correspondance)에 대해 소개하고 있다. 대응문법은 비교문법과 같은 맥락으로 이해할 수 있다. 박만규는 대응문법을 통해 한국어 표현과 프랑스어 표현을 일대일로 대응시킨 문법학습을 제안한다. 예를 들면 한국어의 경우 '2중주어문'이 빈번히 나타나는데 프랑스어의 경우는 그렇지 못하므로 한국인 학습자들의 경우 이를 프랑스어로 표현하는데 어려움을 느낄 수 있다. 박만규는 이러한 구문을 (7)에서와 같이 명시적 공식으로 제시해서 가르쳐야 한다고 제안하고 있다. (7)의 예에서 N*0*, N*1*는 한국어에 나타나는 2중주어를 순서대로 나타낸 것이며, Adj는 형용사, Dét는 관사와 같은 한정사를 의미한다.

(7) "이중주어 구문: N*0*-는 N*1*-이 Adj ↔ N*0* a Dét N*1* Adj/N*0* est de Dét N*1* Adj

- 이 오페라는 형식이 현대적이다.
  ↔ Cet opéra a un style moderne. / Cet opéra est d'un style moderne.
- 이 사람은 성격이 낙천적이에요.
  ↔ Il a un caractère optimiste. / Il est d'un caractère optimiste.
- 이 차는 시동이 완벽합니다.
  ↔ Cette voiture a un démmarage impeccable. / Cette voiture est d'un démmarage impeccable."

(박만규 1998:657)

그러나 박만규가 제안하고 있는 대응문법의 경우 한국어-프랑스어에 많이 활용되지 못하고 있는 실정이다. 따라서 교사가 대응문법을 활용한 번역동치문의 체계를 구축하여 제시하는 것도 명시적 문법교육의 한 방향이 될 수 있다.

위에서 제시하고 있는 문법교육이 대상으로 하고 있는 것은 명시적 문법, 비상황화된 문법이다. 즉 한국인 학습자들이 모국어와 제2외국어의 간섭현상에 의해 쉽게 오류를 범하는 사항이거나 스스로 찾아내기 어려운 문법의 경우, 각 언어의 문법사항의 비교를 통해 교사가 규범적이고 명시적으로 문법을 제시해 주는 것이 효과적일 수 있다. 그러나 명시적 문법은 학습자 스스로 규칙을 찾아낸 것이 아니고 교사에 의해 제시된 문법이므로 학습자의 관점에서 봤을 때 다소 수동적이며 암기해야 한다는 단점이 있다.

3.2. 암시적 문법교육

3.2.1. 기존의 문법지식 활용

모국어와 제 2외국어에서 습득한 문법지식은 간섭현상에 의해 프랑스어를 습득하는데 방해가 되기도 하지만 도움이 되기도 한다. 유말희(2006:29)는 영어와 프랑스어의 유사성이 프랑스어교육에 긍정적인 영향을 끼칠 수 있다고 하면서 다음과 같이 기술하고 있다.

> "이미 알고 있는 영어지식을 프랑스어 교육/학습 상황에 이용하고자 할 때 언어적 유사성은 프랑스어에 대한 친근감을 유발하고 그 결과 프랑스어학습을 용이하게 해 줄 수 있을 것이다."

유말희(2006:31-2)가 제시하고 있는 영어를 바탕으로 하는 프랑스어 문법사항은 다음과 같다.

(1) "영어와 프랑스어에는 형용사에 일정한 어미[(-ly)-ment]를 더하여 부사를 만든다.

- rapide -(rapidly) rapidement
- admirable -(admirably) admirablement
- rare -(rarely) rarement

(2) pouvoir(can), devoir(must), vouloir(want) 조동사 기능이 유사하다.

- pouvoir : Je peux faire les courses maitenant.

I can do the shopping now.

- devoir: Vous devez envoyer une carte postale à Marie.
  You must send a postcard to Mary.
- vouloir: Je veux changer 100 dollars américains en euro.
  I want to change 100 American dollars into euro.

(3) 영어와 프랑스어는 어순이 비슷하다.

- Le garçon mange le croissant
  The boy eats the croissant.
- Je suis divorcé.
  I am divorced.

(4) 복합과거를 만드는 방법: avoir(have) + 과거분사 구문으로 영어와 프랑스어에서 동일하다.

- J'ai habité en France.
  I have lived in France.
- Il a choisi le fromage.
  He has chosen the cheese.

(5) 수동구문을 만드는 방법: être(be) + 과거분사 + par, de(by)로 동일하다.

- Le traité a été signé par deux gouvernements.
  The treat has been signed by two governments.
- The Reign est respectée de tout le monde.
  The queen is respected by everyone."

이처럼 학습자들이 기존에 알고 있는 영어 문법지식을 활용함으로써 경제적이고 암시적인 문법교육이 가능할 수 있다. 그러나 영어와 프랑스어는 다른 언어이므로 이러한 대응문법은 일부 문법에만 적용될 수 있다. 예를 들어 (1)의 경우 프랑스어의 모든 부사를 접미사 –ment과 결합해서 만들 수 있는 것은 아니다. Kakoyianni-Doa(2013:380)의 연구에 따르면 784개의 부사 자료 중 형용사에서 –ment으로 파생된 부사어는 84개, 즉 전체 부사들 중에 9%에 지나지 않았다. 또한 (3)에서 제시한 영-불 대응어순의 경우는 특히 주의가 필요한데 인칭대명사가 직접목적보어, 간접목적보어로 사용되는 경우 그 위치는 영어와 다르기 때문이다. (4)의 경우에도 프랑스어는 복합과거를 만들 때 être동사를 취하는 동사들도 있으며, 영어의 복합과거와 프랑스어의 복합과거 용법이 꼭 일대일로 부합하는 것은 아니다. 이처럼 타언어와의 대응문법을 통해 암시적으로 프랑스어를 교수하는 경우는 주의가 필요하다.

3.2.2. 암시적 문법 유도하기

프랑스어는 한국어, 영어와 공통점을 갖지만 차이점도 갖고 있다. 장승일(2005)에서는 각 언어 간의 유사성과 차이점을 인정하며 촘스키의 생성문법을 바탕으로 하는 문법교육을 제안하고 있다. 생성문법의 초기단계를 보편문법(la grammaire universelle)이라 하는데, 보편문법은 모든 인간이 태어나면서 공통적으로 갖고 있는 언어 능력이다. 그러나 보편문법은 화자가 경험하는 모국어에 따라 차이를 갖게 되는데 이를 매개변인(paramètre)의 차이로 본다. 따라서 교사는 각 언어의 보편적인 특성을 외국어 학습에 활용하되, 각 언어마다 갖는 특징적인 매개변인을 학생들이 찾아내도록 도와야 한다. 장승일(2005:157-8)에서 제시하는 프랑스어 부사의 어순교육은 다음과 같이 진행될 수 있다. 먼저 부사란 것은 '문장 내에서 동사(구), 형용사(구), 또 다른 부사(구) 또는 문장 전체를 수식한다'란 지식은 보편적인데 이것을 보편문법이라 볼 수 있다. 그 후 매개변인의 차이에 따른 부사교육은 다음과 같이 진행될 수 있다.

(1) 프랑스어 부사의 어순교육 (장승일 2005:157-8)

"a) 학습자들에게 부사를 포함하지 않는 평서문을 제시한다.
→ Olivier prépare l'examen.

b) 부사를 제시한다. sérieusement 그리고 학생들에게 '진지하게'란 뜻의 부사를 어디에 넣어야 좋을지 묻는다.

c) 학생들의 반응이 있을 수도 있으나 전혀 대답을 하지 않을 경우도 있을 것이다. 이때 다음과 같은 질문을 던져 본다. 진지하게 무엇을 합니까? 칠판에 이렇게 적을 수도 있다.

→ (진지하게) (무엇을) 그리고 (sérieusement) (무엇을).

제시한 문장과 부사의 뜻을 교사의 설명을 통해 이해한 학생이라면 반응을 보일 것이다.

d) 학생들의 반응을 교사는 적절히 정리하거나 통제한다. '진지하게 시험 준비를 한다'로 반응이 모아지면 '진지하게'는 '시험 준비를 하고 있다'라는 사건을 꾸미는 말임을 알려준다. 부사는 동사구를 수식한다는 문법적 표현을 하더라도 무방하다. 동시에 부사 'sérieusement'을 원래의 제시문 속에 써넣는다.

→ Olivier sérieusement prépare l'examen.

e) 여기에서 이 문장은 적형의 프랑스어 문장이 아니라고 말해 준다. 동사 'prépare'가 부사 앞으로 이동하여야 다음과 같은 적형의 문장이 나온다고 말해 준다.

→ Olivier prépare sérieusement l'examen.

이동을 시각적으로 인식시키기 위해 화살표로 이동을 표시한다. 왜 이동하는가? 여기에 서 적당한 메타포를 사용한다. 예를 들어, 프랑스어의 동사는 주어와 자신 사이에 다른 말이 끼어드는 것을 싫어한다거나, 강성이어서 주어를 붙잡아두려는 경향이라고 말할 수 있을 것이다."

생성문법을 문법교육에 적용할 때 제시되는 교육문법은 암시적 문법교육을 유도하되 마지막에 명시적으로 설명해 주는 통합적인 방식을 제안하고 있음을 알 수 있다. 장승일(2005:162)은 "모국어인 한국어 문법의 매개변인 값을 목표어인 프랑스어 문법의 그것과 비교 분석하는 작업이 중요하다"고 기술하고 있다. 따라서 생성문법을 기반으로 하는 문법교육에서는 교사가 한국인 학습자를 위한 프랑스어 교육문법에 적합한 모델을 개발해야 할 것이다.

4. 전망

앞서 말했듯이 지금까지의 프랑스어 교육에서 문법교육은 '의사소통 능력 향상'에 도움이 되지 못한다고 여겨져 왔고 이로 인해 다소 천대를 받아온 것도 사실이다. 최근 외국어 교수법의 추세는 2001년 유럽공통참조기준에서 제안한 행위중심적 관점을 지향하는 것이다. 행위중심적 관점에서는 학교 밖에서 의사소통을 통한 행위완수를 목표로 삼고 있다. 의사소통을 통한 목표행위 완수는 문법과 관련이 적을 것 같지만, 단편적이고 단순한 수준의 행위뿐 아니라, 고차원적이고 어려운 행위를 정확히 완수하기 위해서는 문장구성력의 기반이 되는 문법지식이 필요하다. 여기서 더 나아가 추상적인 개념에 대해 표현하고 토론할 때도 의미와 뉘앙스를 정확히 전달하기 위해서는 문법지식이 필수불가결하다 할 수 있다. 만약 반기문 총장이 UN 사무총장 수락직 연설을 수행함에 있어서 비문법적인 문장을 사용했다면 의미도 전달되지 않을 뿐 아니라 신뢰도에도 타격을 입었을 것이다. 이러한 점을 볼 때, 문법은 외국어 학습에 있어서 중요한 위치를 차지한다.

교사는 효과적인 문법교육을 위해 교육문법에서 제시하고 있는 명시적 문법과 암시적 문법의 교수방식의 장단점을 정확히 인지하고 있어야 한다. 명시적 문법은 교사가 문법규칙을 명확하게 제시해 주는 방법으로 모국어와 제 2언어의 간섭현상으로 발생할 수 있는 오류를 교정하고 프랑스어를 빠르고 정확하게 학습시킬 수 있다는 장점이 있었다. 그러나 교사에 의해 제시된다는 점에서 학생들이 수동적으로 암기해야 한다는 단점이 있었다. 한편 암시적 문법은 언어보편성과 학습자들의 추리능력에 의거해서 제시된 자료를 보고 학습자가 스스로 문법규칙을 찾아낼 수 있다는 점에서 주도적인 학습이 가능하다는 장점이 있다. 그러나 한국인 성인학습자와 학교 수업이라는 상황을 고려했을 때 효율성이 떨어진다는 단점과 '잘못된 일반화'의 오류를 범할 가능성이 있다. 따라서 교사는 각 방식의 장점을 최대한 활용하여 효율적이고 효과적인 절충적 문법교수법을 구상해야 한다. 그러나 가장 중요한 점은 문법교육이 '문법 자체를 위한 문법'이 되어서는 안되며 학습자들이 문법규칙을 학습하고 완전히 자기 것으로 만들어서 재사용할 수 있는 단계의 문법 즉 능동적 문법이 학습되어야 한다는 점이다.

〈학습과제〉

1. 프랑스어 문장 'Tous1 regardent le professeur'와 'Ils sont tous2 partis'에세 밑줄 친 tous의 품사는 전통문법에서 대명사라 설명하고 있다. 문장에서 주어로 쓰인 tous1과는 다른 tous2의 역할이 무엇인지 생각해 보고 한국인 학습자를 대상으로 하는 문법교육에서 tous2를 어떻게 다룰 것인지에 대해 논하시오.
2. 본 장에서 참고한 박만규(2007)에서는 거초 프랑스어에서 명시적 문법설명이 중요하다고 기술하고 있다. 이 주장에 대해 찬성 또는 반대의 입장을 취해 본인의 의견을 피력해 보시오.
3. 한국인 학생들이 자주 범하는 프랑스어 오류를 찾고 효과적인 교육문법 모델을 만들어 보시오.

참고문헌

남기심 · 이정민 · 이홍배(1998)『언어학 개론』, 서울 : 탑출판.

박동열(2013) "프랑스어 교육에서 문법과 상황화-한국어 문법 비교를 통한 문법교육",『프랑스어문교육』19집, 59-85쪽.

박만규(1998) "한 · 불 대응문법 구성을 위한 연구: '있다'구문 / 2중주어문 ↔ avoir구문의 경우",『불어불문학연구』44집, 653-683쪽.

박만규(2007) "프랑스어 강의 모형 개발을 위하여 -"기초 프랑스어의 경우"-",『프랑스어문교육』26집, 473-500쪽.

유말희(2006) "프랑스어교육을 위한 영어 활용방안에 관한 연구",『프랑스어문교육』22집, 97-153쪽.

이근님 외(2003) "제2외국어과 교육 목표 및 내용체계 연구(I)", 연구보고서, 한국교육과정평가원.

이경수(2009) "한국인을 위한 프랑스어 교육문법",『프랑스어문교육』제32집, 83-103쪽.

장승일(2005) "L2 프랑스어 학습을 위한 생성문법적 접근",『프랑스어문교육』19집, 135-165쪽.

Besse, H. et Remy, P.(1984) *Grammaires et didactique des langues*, Paris: Hatier-Didier.

Chomsky, N.(1957) *Syntactic Structure*, Berlin: Mouton.

Conseil de l'Europe.(2001) *Cadre Européen Commun de Référence Pour Les Langues*, Paris: Les Éditions Didier.

Cuet, C.(2013) "Influence de l'enseignement traditionnel sur l'accusition du français après l'anglais par les Choinois", *Enseigner la grammaire*, sous la direction d'Olivier Bertrand et Isabelle Schaffner, Éditions de l'École polythechnique, pp.203-214.

Dubois, J.(1972) "Grammaire scientifique et grammaire pédagogique", *Langue française*. N° 14, pp.6-31.

Gailliard, M.(2013) "Linguistique et enseignement de la langue: l'apport possible de la macrosyntaxe à la grammaire scolaire", *Enseigner la grammaire*, sous la direction d' Olivier Bertrand et Isabelle Schaffner, Éditions de l'École polythechnique, pp.35-52.

Germain, C. et Séguin, H.(1998) *Le point sur la grammaire*, Paris: CLE International.

Jeanmaire, G.(2006) "Analyse des fautes typique des apprenants coréaphones lors de l' apprentissage du FLE",『프랑스어문교육』제22집, pp.97-153.

Kakoyianni-Doa, F.(2013) "Enseigner la grammaire des adverbes en FLE : nouvelles perspectives", *Enseigner la grammaire*, sous la direction d'Olivier Bertrand et Isabelle Schaffner, Éditions de l'École polythechnique, pp. 377-390.

Lyons, J.(1977) *Semantics,* Cambridge: Cambridge university press.

Moeschler, J. et Auchlin, A.(1997) *Introduction à la linguistique contemporaine*, Paris: Armand Colin.

Özçelik, N.(2012) "L'ensegnement et l'apprentissage de la grammarie en classe du FLE", *Ondokuz Mayıs Üniversitesi Eğitim Fakültesi Dergisi* N° 31(1), pp.175-186.

Petiot, G.(2000) *Grammaire et linguistique*, Paris: Armand Colin.

Taglianete, C.(1999) *La classe de langue*, Paris: CLE International.

〈사전〉

국립국어원 표준국어대사전(www.korean.go.kr).

Robert, P. et Rey-Debove, J. et Rey, A.(1993) *Le nouveau petit robert Dictionnaire de la langue française*, Paris: Le Robert.

Dictionnaires de français Larousse – Larousse.fr (version électronique), (www.larousse.fr/dictionnaires/francais)

Ducrot, O. et Todorov, T.(1972) *Dictionnaire encyclopédique des sciences du langage*, Paris: Éditions du Seuil.

〈FLE 교재〉

Courtillon, J. et Raillard, S.(1982) *Archipel Fraçais Langue Érangère Livre 1*, 1 A 7, AUnitéFLE, Paris: Didier.

Menand, R. et Guédon, P.(2003) *Taxi 2, Guide de Pédagogique*, Paris: Hachette.

11

문화 교육

최 희 재

오늘날 외국어 교육에 있어 문화교육의 필요성은 그 어느 때보다도 강조되고 있다. 한 사회에서 사용되는 언어에는 그 언어를 사용하는 사람들의 문화가 녹아있으므로, 목표어가 사용되는 국가와 그 나라 사람들에 대한 이해 없이 단순히 언어 능력의 숙달만으로는 성공적인 의사소통을 할 수 없기 때문이다. 오늘날 FLE 교육에서 학습자가 목표어에 대한 언어적 지식뿐만 아니라 일상생활에서 대면하는 다양한 상황에 적합하게 언어를 사용하는 능력을 강조하는 것은 이러한 문화교육의 중요성에 대한 인식에서 비롯된 결과이다(Byram *et al*. 2002:7).

본 장에서는 먼저 교수 · 학습의 대상으로서의 문화의 정의 및 언어와 문화의 관계를 살펴봄으로써 FLE교육에서 문화교육의 당위성 문제를 논의한다. 다음으로는 전통교수법에서 행위중심접근법에 이르기까지 FLE 교수법에서 문화 요소를 어떻게 다루어 왔는가를 검토해봄으로써 FLE교육에 있어 문화의 위상 및 문화교육 관점의 변화를 간략하게 살펴본다. 이어서 선행연구들을 바탕으로 어떤 문화를 어떻게 가르칠 것인가의 문제에 대해 고찰해 본 뒤, 마지막으로 현재 한국 프랑스어 교육에서 문화교육의 현황을 검토해 본다.

1. 교수·학습 대상으로서의 문화

1.1. 용어의 선택 : 'culture' ou 'civilisation'

일반적으로 '문화'를 칭하는 프랑스어 표현은 'culture'와 'civilisation' 두 가지이다. Reboullet(1973:18)에 따르면, 이 두 용어는 오래전부터 여러 국가에서 역사학자, 철학자, 인류학자들에 의해 때로는 분리된 개념으로, 때로는 상호관련성을 갖는 개념으로, 때로는 대립되는 개념으로 다양하게 해석되었다.

프랑스어 사전 *Le Nouveau Petit Robert*[1]와 교수법 사전 *Dictionnaire de didactique des langues*[2]에서는 모두 'culture'와 'civilisation'의 개념을 구분하고 있는데, 'culture'는 정신적인 측면과 물질적인 측면을 모두 포함하는 개념으로, 'civilisation'은 물질적인 측면으로만 그 의미를 국한시켜 정의하고 있다. 영어 교수법 학자인 Rivers(1981:35)

---

1) Rey-Devobe & Rey(2004:447,611)

• Civilisation:

1. Le fait de se civiliser,
2. Ensemble des caractères communs aux vastes sociétés les plus évoluées: ensemble des acquisitions des sociétés humaines(opposé à nature, barbarie),
3. Ensemble de phénomènes sociaux(religieux, moraux, esthétiques, scientifiques, techniques) commun à une grande société ou à un groupe de sociétés.(p.447)

• Culture:

1. Développement de certaines facultés de l'esprit par des exercices intellectuels appropriés,
2. Ensemble des aspects intellectuels d'une civilisation,
3. Ensemble des formes acquises de comportement, dans les sociétés humaines,
4. Développement méthodique du corps par dese exercices appropri'és et gradués. (p.611)

2) Galisson & Coste(1976:88-89,136-137)

• Civilisation:

1. Le fait de civiliser ou de se civiliser,
2. Ensemble de caractères communs aux sociétés évoluées,
3. Ensemble de caractères propres à une société quelconque.(p.88-89)

• Culture:

1. État d'un esprit enrichi par des connaissances variées et étendues,
2. Ensemble des aspects intellectuels d'une civilisation,
3. Synonyme de civilisation.(p. 136-137)

도 'civilisation'과 'culture'는 동의어로 여겨져서는 안된다고 주장하면서, 'civilisation'은 전통적으로 역사, 지리, 예술, 문학, 정치, 교육, 종교 등의 영역을 포함하는 개념으로, 'culture'는 사회 구성원들의 가치나 신념과 같은 일상생활 문화에 초점을 두는 개념으로 설명한다.

한편 Chastain(1976:388)는 두 용어를 구분하지 않고 'culture'란 단어를 쓰되 기존의 'civilisation'의 의미로 문화를 정의할 때는 대문자 'C'를 사용한 'Culture'로, 인류학적 의미로 문화를 정의할 때는 소문자 'c'를 사용한 'culture'로 구분할 것을 제안했다. 그에 따르면 'Culture'는 경제, 사회, 정치, 역사, 음악, 미술과 같은 소위 '상류 문화' 혹은 '선진국 문화'라 불리는 문화이고, 반면에 'culture'는 행동양식, 태도, 가치관, 믿음 등이 포함되는 일상생활과 관련된 문화이다. 또한 Galisson(1995:86)도 'civilisation'이라는 용어를 사용하지 않고 문화를 식자 문화(culture savante)와 일상 문화(culture courante)로 구분하여 제시함으로써 'culture'를 기존의 'civilisation'의 의미까지도 포괄하는 용어로 정의하고 있다.

한편 Benadava(1982:33)는 "두 용어 사이에는 본질적으로 차이가 없다"고 주장한다. 즉 'culture'와 'civilisation'은 용어 자체에 절대적인 의미가 담겨있는 것이 아니라 단지 연구자에 따라 문화를 정의하는 데 있어서 용어의 선택을 달리할 뿐이라는 것이다.

이처럼 문화교육에서 문화를 지칭하기 위한 용어의 선택에 있어 많은 논의가 있어왔지만, 의사소통접근법의 등장이후 FLE 교육 영역에서 문화교육을 이야기할 때, 일반적으로 'civilisation'이란 단어 보다는 'culture'란 단어가 쓰이고 있다. 그 이유에 대해 De Carlo & Acquistapace(1997:22-23)와 De Carlo(1998:33)는 'civilisation'은 일반적으로 가치의 등급, 문명국가의 우월성, 선진성, 식민지화의 정당성 등의 가치개념이 내포된 용어이기 때문에 일상적인 의사소통을 위한 문화를 대상으로 하는 오늘날의 FLE교육에서는 사용되지 않는다고 설명한다.

1.2. 문화의 개념

그 정의에서 살펴보았듯이 문화는 구체적이고 명시적인 영역뿐만 아니라 추상적이고 함축적인 영역도 포함한다. 70년대 의사소통접근법의 등장으로 문화교육의 중요성이 강조되면서 외국어 교육의 대상이 되는 문화의 개념을 정의하고자 하는 연구가 활발하게 이루어졌는데, 지금까지 FLE 교육에서 가장 많이 논의된 문화의 개념은 다음과 같다.

(1) Reboullet (1973:18-19)

a. 기층(substrat) : 사회현실, 인구, 경제, 시공간의 분할 등의 객관적인 사실을 내포하는 기층
b. 표출(manifestations) : 사회구성원들의 일상생활에서의 태도, 습관, 행동, 담론 등으로 나타나는 표출
c. 체제(système) : 한 사회공동체 특유의 표상, 정신적, 도덕적 가치, 함축적 의미 등을 뜻하는 체제

(2) Courtillons (1984:56)

a. 사회적 실체(faits sociaux) : 사회에서 타인과 함께 사는 방식과 관련된 실체
b. 관념적 실체(faits idéologiques) : 사상이나 신념과 관련된 실체
c. 심미적 실체(faits esthétiques) : 예술 작품, 창작행위 등과 관련된 실체

(3) Porcher (1995:65-67)

a. 교양 문화(culture cultivée) : 문학이나 예술 작품 등
b. 인류학적 문화(culture anthropologique) : 일상생활, 사회현실 등
c. 미디어 문화(culture médiatique) : 대중매체에서 다루어지는 사회문제, 유행, 사고방식 등
d. 역사 문화(culture historique) : 여러 분야의 사회 · 문화현상의 변화과정 등

이처럼 각 연구자들은 각기 다른 용어와 범주로 문화의 개념을 정의하고 있지만, 모두 교수 · 학습 대상으로서의 문화를 일반적인 사회, 정치, 경제 분야의 지표나 문학 작품, 예술 작품뿐만 아니라 목표어 국가의 사람들의 일상생활, 가치관, 태도, 사고방식, 행태 등도 포함하는 개념으로 정의하고 있다.

1.3. 언어와 문화의 관계 : 문화교육의 당위성[3)]

주지하다시피 문화는 언어와 불가분의 관계에 있다. 이에 대해 FLE 교육 분야에서도 많은 연구가 이루어 졌는데, 먼저 Porcher(1982:40-41)는 언어가 사회 · 역사적 산물임과 동시에 사회적 실천이라는 점을 강조하면서 언어는 문화의 표지라고 설명한다. 반대로 어떤 문화적 특징도 언어와 무관하게 존재할 수 없으며, 문화의 기본적인 대상 중 하나가 바로 언어 그 자체라는 점에서 언어는 확실히 문화의 보고(trésor culturel)라고 설명한다. 그는 언어와 문화의 이러한 상호 보완적 관계에 주목하면서 외국어 교육에 있어서 언어와 문화 교육은 반드시 함께 이루어져야 함을 강조한다. Abdallah-Pretceille(1983:40)도 언어와 문화의 상호연관성은 외국어 교육의 출발점으로서 외국어 교수 · 학습에 있어서 별개로 존재하는 것이 아니라 상보적인 관계에 있다고 설명한다. 또한 언어학자 이지만 언어교육에 있어서 문화의 의미와 위상에 관해 연구한 Mounin(1984:35)도 문화를 가장 잘 이해하기 위해서는 언어를 잘 알아야 하고, 한 언어를 완벽하게 구사하기 위해서는 항상 그 문화와 친숙해져야 한다고 주장한다. Galisson(1987:127-128)은 어떤 문화이건 간에 문화를 접하기 위해서 가장 훌륭한 중개물은 언어라고 주장한다. 왜냐하면 언어는 문학, 예술, 과학, 신화, 풍습 등과 관련된 모든 것을 전달해 줄 수 있다는 점에서 문화의 전달수단이고, 의미, 가치 등 시간의 흐름에 따라 변화하는 문화적 양상이 언어에 반영되어 나타난다는 점에서 문화의 산물이며, 사회 구성원들의 집단적 **표상(représentation)**이나 태도 형성이 구성원들 간의 언어교환, 즉 의사소통을 통해 이루어진다는 점을 고려하면 문화의 생산자이기 때문이다. 이와 같이 그는 언어와 문화는 상호 영향을 주는 함축적 '공생관계(symbiose)'에 있기 때문에, 언어 연구에서 문화 연구를 분리해서는 안되며 언어교육과 문화교육도 인위적으로 분리하지 말고 함께 이루어져야 함을 강조한다.

> ▫ **표상(représentation)** : 지각 또는 기억에 근거하여 의식할 수 있게 된 관념 또는 심상(心像)으로, 물리적 표상과 정신적 표상으로 분류 된다. 물리적 표상이란 특정 사물을 보면 그 당시의 상황이나 사건을 떠올릴 수 있는 것처럼, 마음 밖의 물리적 매개물을 통해 대상을 떠올리는 것이다. 정신적 표상은 개인이 사물이나 사람에 대한 심리적 관계를 맺는 기본 방식을 결정하는 심리 내적 구조로 이들에 대한 행동과 태도로 정의된다.

3) 최희재(2009:157-158)의 내용을 본 글의 목적에 맞게 발췌 · 재구성하였음.

이상에서 살펴본 바와 같이 언어는 문화의 일부이고 반대로 문화는 언어의 일부로서 의사소통하는 데 있어서 서로 복잡하게 얽힌 역동적인 관계에 있으므로 언어가 문화를 결정한다는 주장이나, 문화가 언어를 결정한다는 주장은 언어와 문화 각각이 가지고 있는 본래의 가치와 역할을 축소시키는 것이다. 따라서 FLE 교육에서 언어와 문화는 각각의 영역으로 분리되어 포함관계나 종속관계 하에 다루어지는 것이 아니라 대등한 위상을 지니는 요소로서 함께 다루어져야 한다.

2. FLE 교수법과 문화교육[4)]

언어와 문화의 이러한 불가분의 관계를 고려해 볼 때, FLE 교육에서 문화적 요소를 어떻게 다룰 것인가의 문제를 논의한 것은 비단 최근의 일만은 아니다. 그 내용과 접근방법, 그리고 비중을 달리 하긴 했지만 전통교수법에서 행위중심접근법에 이르기까지 FLE 교수법에서 문화는 항상 고려되어 왔다.

2.1. 전통교수법

먼저 전통교수법에서 문화는 프랑스 언어와 문화의 정수로 여겨진 문학 작품에 종속되어 있었다(De Carlo,1998:25). 당대 외국어 교육은 학습자가 교양을 쌓고 정신을 도야 하도록 하는 것을 궁극적인 목표로 했었고, 이러한 목적을 달성하기 위해 가장 좋은 방법은 고전문학 작품을 통해 상류문화(civilisations « supérieuses »)를 이해하고 습득하는 것이었다(Reboullet,1973:4). 따라서 전통교수법에서는 목표어 국가의 저명한 예술 · 문학 작품들과 역사적으로 중요한 사건들을 소개하는 것이 곧 문화교육이었다(Neuner,2003:19).

4) 최희재(2009:153-155)의 내용을 본 글의 목적에 맞게 발췌 · 재구성하였음.

2.2. 직접교수법

그러나 전통교수법과 반대로 직접교수법에서 문화는 문학의 동의어가 아니었으며, 지리와 역사는 물론이고 원어민들의 일상생활 문화까지도 포함하는 개념이었다. 이 교수법에서는 언어적 문법이나 구조보다는 우체국, 은행, 식당 등의 상황이나 지리, 돈, 기질 등과 같은 대화주제에 따른 어휘목록을 중심으로 교수 · 학습이 이루어졌기 때문이다(Germain,1993:29-30). 그러나 모국어 사용을 배재시킨 채 목표어만을 사용하는 교수 · 학습 활동을 지나치게 강조함으로써, 실제로는 이러한 어휘에 함의된 문화적 내용이 소홀히 다루어졌다.

2.3. 청화식 교수법과 구조 · 총괄시청각교수법

한편, 청화식 교수법에서는 외국어 사용에 있어 무의식적 자동화에 이르도록 하기 위한 구문 반복 연습활동이 교수 · 학습 활동의 주를 이룸으로써 문화적인 요소는 소홀히 다루어 졌다. 즉, 사회적이고 문화적인 요소가 배제된 비현실적이고 자연스럽지 못한 상황에서 정확한 표준어만을 사용하고 주저함이나 중간개입 혹은 감정표현 없는 비현실적인 등장인물들 간의 대화만을 교수 · 학습의 대상으로 했으므로 상대적으로 문화적 요소를 소홀히 다루었다고 평가된다.

이와는 달리 구조 · 총괄시청각교수법에서는 일상 언어를 구사할 뿐만 아니라 지금까지 무시되어오던 의사소통의 사회 · 문화적이고 심리적인 요소들까지도 고려하는 현실적인 등장인물들 간의 대화를 교수 · 학습의 대상으로 하여 문화적인 측면을 보다 더 고려하고자 했다. 하지만 청화식 교수법에서와 마찬가지로 실제 수업이나 교재에서는 사회적이고 심리적인 현실이 배제된 채 인위적인 대화상황에서 전형적인 인물들 간의 대화를 통해 관례적이고 표준적인 표현만이 다루어졌다는 점에서 여전히 한계가 있었다(De Carlo 1998:29-31).

Neuner(2003:21)에 따르면, 청화식 교수법과 구조 · 총괄시청각교수법에서는 기본적인 구어 구조와 표현을 암기시키는 것에 집중한 나머지, 당시 교재의 단골 등장인물인 관광객, 여행자, 고객, 환자 등이 나누게 되는 전형적인 대화만을 중심으로 학습이 이루어졌기 때문에, 사회 · 문화적 요소 또한 해당 언어형태 학습에 도움이 되는 기본적이고 표준적인 것에만 한정됨으로써 진정한 의미에서의 사회·문화 교육이 이루어지지 못했다.

2.4. 의사소통접근법

그러나 70년대 의사소통접근법의 등장으로 학습자의 문화적 능력이 의사소통 능력의 핵심적인 구성요소로 인식되기 시작하면서 모든 언어적 발화의 기반이 되는 사회문화적 현실을 발견하는 것이 언어 학습만큼이나 중요하다는 인식이 새롭게 대두되었다.[5)]

Chastain(1976:383-388)에 따르면 외국어 교육에 있어서 문화적 요소의 이해가 중요한 이유는 정보교환이 주가 되는 다른 언어권 사람들과의 대화에 있어서 단지 그 언어에 대한 지식뿐만 아니라 문화적 습관이나 태도가 큰 영향을 미치기 때문이다. 또한 해당 언어 지식을 습득했다고 해서 반드시 대화 상대자의 말을 완전히 이해할 수 있는 것은 아니기 때문에 성공적인 의사소통을 위해서는 언어적 지식 이상의 것이 요구된다. 이에 대해 Debyser(1973:63-64)도 외국어를 배운다는 것은 그 문화를 배우는 것이며, 반대로 그 문화를 배우지 않고서는 해당 외국어 구사능력을 습득하는 것이 어렵다고 설명한다. 목표어가 사용되는 국가와 그 나라 사람들에 대한 이해없이 단순한 언어 능력(compétence linguistique)의 숙달만으로는 성공적인 의사소통이 불가능하다는 것이다.

따라서 의사소통접근법에서는 교수·학습 내용 및 교재를 구성하는데 있어서 언화행위 및 실재자료를 기반으로 일상생활의 경험과 관련된 사회·문화적 주제를 선택하기 시작했다(Neuner 2003:22). 이는 다양한 부류의 원어민 화자들을 대화에 등장시키고 그들의 사회적 관계나 의사소통 목표를 세분화함으로써 학습자들이 가능한

---

5) Saussure와 Bloomfield와 같은 구조주의 언어학자들은 문화를 연구 대상에서 철저히 제외시켰다. 하지만, 60년대 들어 이러한 구조주의적 언어관에 문제를 제기 한 Hymes, Bright, Gumperz, Fishman 등의 사회언어학자들은 언어행위 그 자체가 이미 사회적 행위이기 때문에 언어를 연구할 때 그 사회적 맥락을 고려하지 않고 연구한다는 것은 불가능함을 강조하였다. 물론 사회언어학자들 사이에서도 연구방법이나 연구대상을 둘러싸고 이견이 있긴 하지만, 언어사용의 사회적 맥락을 고려해야 한다는 점에 대해서는 모두가 동의한다. 바로 이러한 사회적 맥락에 대한 고려는 언어교육에 있어 문화문제를 다루기 시작하는 계기가 되었다.

프랑스인들의 다양한 일상 문화를 접할 수 있도록 했다. 하지만 의사소통접근법의 궁극적 목표가 목표언어를 사용하여 학습자가 필요한 정보를 수집하거나 교환하고 대화 상대자에게 자신의 의도를 전달하기 위한 언어적 의사소통 능력을 습득하는 데에 한정되어 있었으므로, 문화는 여전히 언어적 의사소통을 돕기 위한 부차적인 요소로 간주되었다.

2.5. 행위중심접근법

반면에 2001년 유럽공통참조기준(*Cadre européen commun de référence pour les langues*)의 발간으로 등장한 행위중심접근법은 유의미한 행위를 수행하기 위해 필요한 자율적 언어 사용능력의 습득을 궁극적인 목표로 한다. 실제 일상적인 삶 속에서 언어를 사용한다는 것은 단순히 목표어를 사용하여 객관적인 정보를 수집하고 교환하기 위한 의사소통에 그치는 것이 아니라, 타인과 서로의 생각이나 의견을 교환하고 공유하며 구체적인 목표 행위를 완수하기 위한 과정이 되기 때문이다. 따라서 외국어 교육에서 의사소통 혹은 언어사용은 그 자체가 목표가 아니라 언어를 사용하여 목표한 행위를 완수하는 과정으로 보다 확장되어 정의되며, 문화교육은 학습자의 선행지식과 경험을 바탕으로 자문화와의 연계성을 찾고 자신의 의견을 적극적으로 표명하며 타인과 함께 협력하는 행동능력으로서의 문화 능력의 습득을 목표로 한다(최희재 2012:193).

이러한 관점에서 학습자가 습득하고 발전시켜야할 문화 능력은 총괄적 문화지식을 쌓거나 단순히 상대방의 문화를 인식하고 관찰하고 비교·대조하는 단편적인 이해능력에 그치지 않는다. 그것은 학습자가 의사소통을 하는 과정에서 새로운 경험을 습득하고 이를 사전 지식이나 기존의 경험과 결합시켜 재구성하고 활용하며 타인과 공유할 수 있는 역동적인 행동능력의 개념으로 확대된다. 결국, 행위중심접근법에서 문화는 언어적 의사소통을 돕기 위한 부차적인 요소가 아니라 목표행위 수행에 필연적으로 동원되는 요소로, 언어에 종속된 것이 아니라 그것과 대등한 위상을 지니며 언어와 통합된 영역을 구성함으로써 목표행위 수행의 성패를 결정짓는 핵심적인 요소 가운데 하나로서 기능한다.

3. 문화교육 대상[6)]

앞서 살펴보았듯이 오늘날 FLE교육에 있어 문화교육이 필요하다는 것에 대해서는 더 이상 이견이 없다. 그러나 어떤 문화를 교수·학습 내용으로 선정할 것인가의 문제에 있어서는 여전히 학자들마다 상이한 의견을 제시하고 있는데, 이는 교수·학습 대상으로서 문화내용을 선정하는데 있어 문화의 본질을 어떻게 규정하는가와 관련된다.

3.1. 지식으로서의 문화

먼저 문화를 지식(savoirs)으로 규정하는 연구들은 문화교육 내용을 선정하는 데 있어 단순히 목표어 사용국가나 사람들과 관련된 객관적 지식에 초점을 맞춘다. 이러한 연구들은 무엇을 객관적 지식으로 규정하는가에 따라 문화를 다시 '식자 문화(culture savante)'와 '일상 문화(culture courante)' 두 유형으로 구분한다.

첫 번째 유형은 주로 전통교수법에서 다루던 문화내용으로, 고전 문학 작품을 통해 일반적인 언어·문화적 지식을 쌓거나 목표어 국가와 관련된 다양한 정보를 수집함으로써 교양을 쌓고 지적능력을 발달시키기 위한 것이다. 그러나 교통과 통신 그리고 미디어의 발달로 점차 세계가 일일 생활권으로 변화되고 원어민 화자들과의 교류가 일상화되면서 실생활에 유용한 언어·문화적 지식을 교수·학습 내용으로 선정하게 되었다. 학습자가 주어진 상황에 적합하게 의사소통하는 능력을 습득하도록 하는 것을 목표로 하는 현대적인 교수법들의 등장으로 문화내용의 중심은 점차 식자 문화로부터 일상 문화로 옮겨지기 시작하였고, 의사소통접근법에 이르러서는 일상 문화로 문화내용의 범위가 특정화되는 경향을 보였다.

이에 대해 Galisson(1987:123-125)은 문화교육 대상의 범위를 최대주의(maximalisme)와 최소주의(minimalisme) 두 가지 입장으로 대별한다. 그에 따르면 최대주의 입장에 서는 사람들은 문화를 문학, 예술, 역사와 같은 것과 동일시하는데 이러한 문화는 학교 교육이나 가정교육을 통해 선택받은 소수 특정 계층의 사람들에게만 전수되는

---

6) 최희재(2009:158-169)의 내용을 본 글의 목적에 맞게 발췌·재구성하였음.

것으로 소위 '식자 문화'라 불리는 것이다. 외국어 교육에 있어서 문화교육을 하는 것에 대해 최대주의자들은 외국인들도 모국어 사용자와 동일하게 고급문화를 습득해야 한다고 주장한다. 반면에 최소주의 입장에 서는 사람들은 학습자들이 원하는 것은 모국어 화자와 같은 능력을 지니는 것이 아니라 그들과 원활히 의사소통하는 것이라는 사실을 전제로 하기 때문에, 교수 · 학습의 대상이 되어야 할 문화는 차곡차곡 쌓아 두어야 할 지식의 총체로서의 문화가 아닌 모국어 사용자를 이해하고 또 이들로부터 이해받을 수 있도록 하는데 있어 핵심이 되는 일상 문화라고 주장한다. 또 다른 연구에서 Galisson(1995:86)은 문법을 명시적 문법과 암시적 문법으로 구분하듯이 문화 역시 명시적 문화(culture explicite)와 암시적 문화(culture implicite)로 구분할 수 있다고 주장 하면서, 전자를 정치, 경제, 철학, 예술, 과학 등이 포함되는 '식자 문화'로 후자를 생활양식, 가치관, 태도, 가치, 행태, 예절 등이 포함되는 '일상 문화'로 규정하고 의사소통 능력 신장을 목표로 하는 외국어 교육에서의 문화교육의 대상은 후자이어야 함을 강조하였다.

하지만 교수 · 학습 대상으로서 문화내용을 식자 문화로 규정하건 일상 문화로 규정하건 간에 문화를 일종의 지식으로 간주하는 것은 몇 가지 문제점을 내포한다. 먼저 지식으로서 문화를 교육하는 것은 교사가 그것을 학습자에게 일방적으로 전달하는 교사 중심의 수업 형태가 되므로, 학습자는 주어지는 정보를 무비판적으로 받아들이는 수동적 존재가 될 위험이 있다. 게다가 학습자들이 목표 문화 학습을 교사로부터 전달받은 문화적 지식을 단순히 암기하는 것으로만 인식하여 문화적 민감성이나 개방적이고 관용적인 태도를 기를 수 없게 되고, 나아가 자문화적 정체성 형성이나 자문화에 대한 객관적 성찰로 이어갈 수도 없게 된다. 이에 대해 Kramsch(1993:182-184)도 지식위주의 문화교육은 학습자들이 목표 문화의 가치, 태도, 사고방식 등을 이해하는데 도움이 되지 않으며 동시에 자문화에 대한 성찰의 기회를 제공하지 못한다고 우려한바 있다. 마지막으로 제기되는 문제는 지식위주의 문화교육은 언어와 문화가 통합된 교수 · 학습을 구현하는 것을 어렵게 한다는데 있다. 언어위주의 수업에서 탈피하여 언어와 문화 간 균형을 맞추려는 의도하에 문화적 지식의 습득을 지나치게 강조하다 보면, 오히려 언어와 문화를 분리시키고 언어교육과 문화교육을 별개로 인식하게 될 위험이 있기 때문이다. Fenner & Newby(2002a;2002b)는 목표 문화 교육에 있어 지식위주의 접근은 언어와 문화를 분리시키게 되어 교수자들이 언어가 배제된 상황에서 여러 문화적 지식가운데 학습자들에게 무엇을 교수해야 하는지 혼란스러워 하도록 만든다는 점을 강조한다.

3.2. 인식하고 이해하는 대상으로서의 문화

FLE 교육에 있어 문화교육은 단순히 객관적인 문화지식과 정보만을 다루어서는 안되며 타문화를 인식하고 이해하는 능력의 습득을 지향해야 한다는 주장이 일기 시작한 것은 80년대부터였다. 교수법 연구자들은 단순히 선행연구에서 제시된 정형화된 문화내용을 주제별로 혹은 목표로 하는 언어내용과 유관한 것만을 중심으로 재범주화하고 재구성하여 그것을 교육 내용으로 선정하는 것은 한계가 있음을 지적하였다. 이들은 학습자들이 실생활에서 성공적으로 목표어로 의사소통할 수 있기 위해서는 무엇보다도 타언어와 타문화를 인식하고 이해하며 수용하는 능력과 개방적 태도를 길러주어야 한다는 점을 강조했다. 따라서 FLE 교실에서의 문화교육은 지식의 전달 및 수용 활동에 한정되어서는 안되며 목표 문화를 인식하고 이해하는 과정으로까지 확대되어 습득한 지식을 유의미하게 만들 수 있어야 한다는 주장이 힘을 얻게 되었다.

3.2.1. 상호문화적 절차의 도입

FLE교육에서 문화를 인식하고 이해하는 대상으로 접근하기 시작한 것은 80년대 상호문화적 절차(démarche interculturelle)가 문화교육에 도입되면서 부터이다. 상호문화적 절차는 유럽, 특히 프랑스에서 이민자 자녀들을 초등학교에 취학시키고 사회에 통합시키기 위한 정책의 일환으로서 모국어로서의 프랑스어(français langue maternelle)영역에서 처음으로 개발되었다.

하지만 당시 FLE교육에 도입된 교수방법론이었던 의사소통접근법과 80년대 문화교육에 있어 강조되기 시작한 상호문화적 절차에서 문화에 접근하는 방식은 동일하지 않았다. 의사소통접근법은 자유주의적(libéraliste) 이데올로기를 기반으로 실천적이고 기능적인 측면을 부각시키면서 일상 문화만을 문화교육의 대상으로 하였고, 상호문화적 절차는 인본주의적(humaniste) 이데올로기를 기반으로 교육적 측면을 강조하면서 식자 문화에 접근하기 위한 발판으로서 일상 문화를 고려했다(Galisson 1995:90). 이와 같이 의사소통접근법과 상호문화적 절차는 교육대상을 해석하는 방법과 궁극적인 교육목표가 달랐기 때문에 의사소통접근법에 의거한 FLE 교육 영역에서 상호문화적 절차를 차용하는 데에는 다소 시간이 필요했다.

때문에 CREDIF의 FLE 영역 전문가들은 CEFISEM(Centres de Formation et d'Information pour la Scolarisation des Enfants de Migrants)의 교수자들과의 협력 하에, 의사소통접근법에서 정의된 의사소통 능력의 구성요소들 가운데 사회·문화적 요소와 관련지어 상호문화적 절차를 도입하기 시작했다(Galisson 1995:84).[7] 또한 유럽평의회의 문화협력이사회에서도 상호문화주의(interculturalisme)을 보급하기 위한 노력을 기울였는데, 바로 1977년부터 1983년까지 이루어진 '상호문화 교육을 위한 교사연수(Former les enseignants à l'éducation interculturelle)' 프로젝트가 대표적이다(Beacco 2000:121). 이 프로젝트는 교사들이 자문화에 존재하는 다양한 문화적 양상을 인식하되 자민족 중심적인 태도와 고정관념으로부터 벗어나 그들 역시 다양한 문화 교류 활동에 참여해야 한다는 것을 이해시키기 위한 연수의 시행을 각 회원국들에게 권장했던 프로젝트이다.

Galisson(1995:91)에 따르면 70년대 등장한 의사소통접근법은 의사소통 능력을 정의하는 데 있어서 사회언어학에서 차용된 의사소통과 관련된 기본 이론들과 민족지학을 참조하면서 사회문화적 차원을 고려하려고 했으나, 당시 언어-문화 교육 실천에 있어서 내용을 선정하고 구성하기위한 기본 지침서 역할을 했던 *Un Niveau-seuil*(1976)에는 이러한 차원이 명시적으로 언급되어있지 않았다. 이전의 행동주의 철학과 구조주의 언어학에 기반한 형태중심의 무미건조했던 언어-문화 학습에서 완전히 벗어나기 위해 의사소통접근법에서 필요했던 것은 바로 언어-문화 학습 이론과 그 실천방법 간의 거리를 좁히는 것이었고, 상호문화적 절차의 도입이 바로 이러한 방법을 찾도록 하는 데에 큰 역할을 했다.

이처럼 의사소통접근법과 상호문화적 절차의 만남은 외국어 교육, 적어도 FLE 교육에 있어서 새로운 시각으로 문화적 요소에 접근하는 계기가 되었고, 문화적 지식

---

7) 의사소통접근법은 이론적 기반에 있어서도 다양한 학문을 참조 했다는 점에서 절충주의적 특징을 지닌다. 의사소통접근법의 이러한 절충주의적 특징에서 비롯된 개방성 및 융통성은 상호문화적 절차의 도입을 가능하게 하였다.

(savoir)뿐만 아니라 지식활용 능력(savoir-faire)까지도 교수 · 학습 대상으로 선정하도록 했다. 또한 외국어교육에서 흔히 사용되어오던 중간언어(interlangue)란 용어의 'inter-'란 접두어를 문화적 차원에 접목시킴으로써 '상호문화(interculturel)'라는 표현이 생겨나게 되었고, 목표 문화(culture-cible)를 접하고 원천 문화(culture-source)를 해체하고 재구성하는 과정에서 오랫동안 논의되지 않았던 문화 간 접촉영역에 대한 토론을 활성화시킴으로써 FLE 영역에서 상호문화 교육(éducation interculturelle)에 대한 활발한 연구가 이루어지기 시작했다(Galisson 1995:84).

3.2.2. 상호문화 교육

초기 상호문화 교육은 타언어 및 타문화 체계에 비추어 모국어와 자문화 체계의 위상을 상대화하는 능력을 기르는 동시에 타언어와 타문화에 대한 개방적, 관용적 태도를 함양하는 것을 궁극적인 목표로 삼았다. Coste(1994:127)에 따르면 언어 교실에서 상호문화 교육은 원어민에게서 드러나는 목표 문화의 특수성보다는 자신의 고유한 행동 및 해석 규범과, 목표어 사용 상황과 해당 공동체에서 중시되는 (경우에 따라서는 다양하고 이질적인) 행동 및 해석 규범 간 차이를 조율하기 위해 동원하는 전략들을 대상으로 했다. 이는 교육의 대상이 목표어 국가의 보편적인 특수성이 아니라 학습자들이 발견하고 이해한 목표 문화를 자문화와 비교 · 대조하고 해석하는 전략 및 능력을 중심으로 결정됨을 뜻한다.

그러나 이후 상호문화 교육에 대한 연구가 활발히 진행되면서, 상호문화 교육이란 것이 단순히 목표 문화를 인식하고 이해하며 자문화와 비교 · 대조하는 차원에 그쳐서는 안되며 자문화를 객관적인 시각에서 인식하고 재평가함으로써 자문화적 정체성을 형성해가는 과정으로까지 확대해야 한다는 주장이 제기되었다. 이러한 과정을 Zarate(1986:37-39)는 '상대성의 학습(apprentissage de la relativité)'으로, Byram(1997:63-64)은 '비판적 문화 의식(conscience culturelle critique)'으로, Parmenter(2003)는 '탈중심화 과정(processus de décentrage)'으로 명명한다. 이들은 모두 단순히 타문화와 자문화의 다름(différence)을 발견하고 이해하는 것이 아닌 타문화를 통해 자문화 및 기존의 사회문화적 경험을 객관적 시각에서 재검토함으로써 지금까지 지녔던 표상이나 고정관념에 대해서 재고할 수 있는 기회를 제공하는 것이 문화교육에서 궁극적으로 추구해야 하는 목표라는 점을 강조한다.

따라서 상호문화 교육은 학습자가 자신의 고유한 사회적 실천, 확신, 신념을 상대화하고 고정된 관점에서 벗어나는 기회가 될 수 있다(Cain & Briane 1996). 이 교육에서는 학습자가 접하게 되는 목표 문화를 모국어 참조체계에 비추어 비판적으로 고찰해 볼 수 있도록 함으로써, 정형화된 틀 안에서 주어지는 지식을 무비판적이고 수동적으로 수용하는 것이 아니라 스스로 생각하고 판단하는 능력을 기르도록 할 수 있다. 학습자 스스로 생각함으로써 새로운 문화를 비판적으로 받아들이는 이 과정이 항상 처음에 지녔던 고정관념을 반드시 크게 변화시킬 수 있다고는 말할 수 없지만, 적어도 학습자 자신 혹은 자문화를 객관적으로 통찰하는 기회를 제공할 수 있다는 점은 이전의 교수·학습 방법과는 확연히 다른 점이다. Zarate(1993)와 Byram & Zarate(1997)도 명시적으로 이러한 절차에 대해 이야기한다. 이들은 타인과 대면했던 경험이나 무의식적인 사회화로 인해 나타나는 다양한 반응을 목표어를 사용하여 표현하게 함으로써 생각하고 말하는 공간을 구성하는 것의 중요성을 강조한다. 이때 중요한 것은 규범화된 모델에 따른 교육 시나리오가 아니라, 교실에서 이루어지는 실제 의사소통의 구체적인 형태와 이러한 의사소통에 참여한 사람들의 반응이다.

결국 상호문화 교육에서는 학습자 스스로 두 문화를 비교·대조하고 해석하며 표현하는 절차가 중시된다. 따라서 학습자가 자문화적 정체성을 형성해 간다는 것은 타문화에 대한 배타주의나 자민족 중심주의를 고수한다는 것을 의미하는 것이 아니라, 타문화를 접하고 **문화 변용(acculturation)**과 **탈문화화(déculturation)** 과정을 경험함으로써 학습자 스스로 자문화와 타문화의 관계를 형성하게 되고 이를 바탕으로 자문화의 정체성을 재구축하게 된다는 것을 의미한다(Zarate,1986:37-40).

- **문화 변용(acculturation)** : 개인이나 집단이 직접적인 접촉과 상호작용을 통하여 이질문화를 흡수하는 과정에서 한 쪽, 혹은 쌍방이 원래의 문화 형태에 변화를 일으키는 현상
- **탈문화화(déculturation)** : 개인이나 집단이 새로운 문화를 발견해내고 적응하기 위해 노력하는 과정에서 자문화의 일부를 버리는 현상

이러한 관점에서 이정민(2007:160)은 상호문화적 절차의 도입 이후 FLE 영역에서 문화교육은 일종의 사회화 과정으로 인식되어 학습자로 하여금 원어민이 지니고 있는 문화 능력을 습득하도록 애쓰기보다는 자신과는 다른 세계에 살고 있는 타인의

존재를 인정하고 그와 관계를 맺고 서로 영향을 미칠 수 있는 능력을 습득하도록 하는 것에 초점이 맞춰지고 있다고 이야기한다. Byram *et al.*(2002:12-15)도 학습자가 의사소통을 하는 과정에서 새로운 경험을 습득하고 이를 기존의 경험과 결합시켜 재구성하고 활용하며 타인과 공유할 수 있는 역동적인 행동능력의 개념으로 외국어 교육에 있어 대상이 되는 문화 능력을 확대해야 한다고 주장하면서 이러한 문화 능력의 구성요소를 다음과 같이 다섯 가지 요소로 재정의하였다.

〈표 11-1〉

구분	구성 요소	내 용
1	지식 (savoirs)	ㅁ 객관적 사실에 근거한 역사, 지리, 사회 등 영역에서의 백과사전식 정보 ㅁ 일상생활 문화에 대한 지식, 목표 문화 및 자문화에 대한 보편적 지식 ㅁ 개인 간, 개인과 사회 간 상호작용에 동원되는 보편적 지식
2	지식 활용 및 학습 능력 (savoir faire/apprendre)	ㅁ 새로운 요소들을 발견하여 선행 지식이나 경험과 통합하는 능력 ㅁ 자문화와 목표 문화 간 문화적 오해와 충돌 상황을 효율적으로 제어하는 능력 ㅁ 고정관념으로 인한 한계를 극복하는 능력 ㅁ 목표 문화 사람들과 교류하기 위한 다양한 전략을 알고 활용하는 능력
3	상호문화적 관점 및 성향 (savoir être)	ㅁ 목표 언어와 문화에 개방적이고 호기심을 보이는 태도 ㅁ 자신의 가치관, 신념, 행태를 상대화하는 능력, ㅁ 언어·문화적 상대성을 수용하고 제3자의 관점에서 문화적 다름을 인식하고 이해하려는 태도
4	이해능력 (savoir comprendre)	ㅁ 목표 문화와 관련된 문서나 사건, 그리고 그 문화권 사람들의 행위를 통해 표출되거나 행위에 내포된 문화적 요소를 분석하고 해석하는 능력 ㅁ 나아가 이것을 비판적이고 체계적으로 자문화와 비교·대조하여 관련성을 찾아내고 이해하는 능력
5	참여능력 (savoir s'engager)	ㅁ 상호 문화적 관점 및 성향과 이해능력을 바탕으로 자신의 의견을 적극적으로 표현하는 능력 ㅁ 자문화와 자신의 행위를 객관적이고 비판적인 시각으로 분석·해석하여 자신의 의견을 적극적으로 표명하고 조율하는 능력

물론 이 다섯 가지 요소는 단지 외국어 수업에 한정되는 능력은 아니다. 일반적으로 학습자는 학교 교육을 받으면서 다른 교과목의 수업에서도 상식 수준의 지식(savoir)을 쌓고, 자신이 습득한 지식을 상황에 적합하게 활용할 줄 알며(savoir-faire), 새로운 지식이나 정보를 구할 수 있는 능력(savoir-apprendre)을 발달시킨다. 나아가 새로운 영역이나 세계에 대해 관심을 갖고 개방적이고 긍정적으로 접근하며(savoir-être),

기존의 지식과 경험을 기반으로 분석하고 비교 · 대조하여 대상을 올바로 이해하려 노력하고(savoir comprendre), 그것에 대해 자신의 의견을 적극적으로 표명하며 타인과 조율하는 능력(savoir s'engager)도 습득한다. 그럼에도 불구하고 그가 외국어 수업에서 다루어야 할 문화 능력을 이 다섯 가지 요소를 기준으로 정의한 이유는 실생활에서 목표어를 사용하게 될 때 타 언어권 문화를 이해하고 수용하며 그 문화권 사람과 교류하는 데 있어 이 요소들이 필수적으로 동원되기 때문이다.[8]

이상에서 살펴본 바와 같이 문화교육 대상은 지식으로서의 문화에서 이해하고 인식하며 공유하는 대상으로서의 문화로 확대되어 왔다. 이는 의사소통접근법 이후 FLE 교육에 상호문화적 절차를 적극 도입함으로써 당시 언어교육에서 강조되던 기능적이고 실용성 위주의 교육 방침의 단점을 보완하고자 했던 노력과 무관하지 않다. 즉, 의사소통접근법에 상호문화적 절차를 도입함으로써 개방적이고 관용적인 태도를 기반으로 각 사회의 가치체계와 문화의 이질성으로 인해 나타나는 차이를 긍정적으로 수용하고 공유하는 능력으로까지 문화교육 대상의 범주가 확대된 것이다.

4. 문화교육 방법[9]

FLE 교실에서 어떤 문화를 대상으로 해야 하는가의 문제와 함께 고민해야 하는 중요한 문제는 바로 문화를 어떻게 가르칠 것인가의 문제이다. 하지만 Porcher(1982:39)가 지적했던 것처럼, 문화교육이 언어교육의 중요한 일부를 이룬다는 데에는 모두가 동의하지만 정작 문화교육 방법에 대한 체계적인 연구가 이루어지고 있지 않다는 점에서 문화교육은 이상한 역설(étrange paradoxe)에 빠져 있다. 실제로 많은 연구들이 언어교육에 있어서 문화교육의 중요성을 강조하면서도 언어 혹은 문화를 한 축으로 하여 단순히 전반적인 큰 틀이나 방향성만을 제안할 뿐 실제 현장에 적용 가능한 실천모델을 체계적으로 제안하고 있는 연구는 매우 드물다.

---

8) 유럽공통참조기준에서는 이러한 능력을 언어 사용자-학습자가 목표로 해야 할 '일반능력(compétences générales)'으로 정의한다. Conseil de l'Europe(2001:82-86) 참조.

9) 최희재(2009:170-178)의 내용을 본 글의 목적에 맞게 발췌 · 재구성하였음.

지금까지 FLE 영역의 국외 연구들 가운데 가장 체계적으로 문화교육 방법을 유형화했다고 평가되는 연구는 Besse(1993:44-47)의 연구로, 그는 외국어 교육에서 문화에 접근하는 방식을 다음과 같이 네 가지로 설명한다.

4.1. 문화 없이 언어를 가르치는 방식

먼저 문화 없이 언어를 가르치는 방식(enseigner la langue sans sa culture)이다. 이 방식은 문화의 보편성을 인정하면서 외국어를 학습하면 문화는 자문화에 의거하여 자연스럽게 습득된다는 관점에 입각한다. 이 경우 외국어는 단지 '목록집(nomenclature)'에 지나지 않는다. 학습자는 외국어의 형태와 자문화의 표상을 혼합하여 외국어를 학습하기 때문에 목표 언어와 문화에 대해 진정한 이해단계에는 이를 수 없다. 이 방식은 주로 공산주의 국가나 이슬람 국가와 같이 정치적인 이유나 종교적인 이유로 학습자들이 외국문화에 영향을 받는 것을 원치 않을 경우나, 과거 통치국가의 언어가 공용어화 됨으로써 식민통치 하에 소멸된 자국의 고유문화를 부활시키고자 할 때 사용하는 교육방식이다.

4.2. 언어 없이 문화를 가르치는 방식

다음은 언어 없이 문화를 가르치는 방식(enseigner la culture sans sa langue)으로, 일종의 지식으로 간주되는 외국 문화를 모국어로 설명하고 소개하는 방식이다. 이 방식이 지향하는 목표는 두 가지라 할 수 있는데, 관념적 혹은 정치적 목표와 교육적 목표이다. 예를 들어 전자는 이민 노동자 자녀들에게 자신들의 문화에 대한 정체성을 보존하려는 경우 추구하는 목표이고, 후자는 학습자가 자문화와 타문화를 대조함으로써 지식을 습득하게 하려는 경우 추구하는 목표이다. 하지만, 이 방식은 학습자들이 살아있는 문화적 지식을 습득하기 어려우며, 외국인과의 의사소통에 있어서 언어 속에 용해되어 있는 문화적 변인을 파악하지 못해 오해와 대화실패를 경험하도록 할 수 있다는 단점이 있다. 이 방식은 두 문화 간 비교를 통해 학습자들의 흥미유발에는 성공할 수 있으나 언어가 제외된 이상 학생들의 의사소통 능력 신장을 목표로 하는 외국어 교육과는 거리가 멀다.

4.3. 언어와 문화를 함께 가르치는 방식

목표 언어와 문화를 함께 가르치는 방식(enseigner une langue/culture étrangère)은 언어교육을 문화교육과 분리하지 않고, 목표로 하는 외국어와 더불어 그 외국어의 사용조건이 되는 문화요소들을 동시에 가르치는 방식이다. 이 방식은 구조 · 총괄시청각교수법에서 처음으로 사용되었는데, 중 · 하급 계층의 프랑스인들의 삶, 사회적으로 아무런 문제없는 이상적인 나라, 가장 표준적인 남녀 관계와 가족 관계만을 다룸으로써 프랑스 문화를 규범화하고 무표적인 양상만을 부각시켜 프랑스 문화의 다양성과 독창성을 표상할 수 없다는 비판을 받았다.

4.4. 상호문화적 인식을 가르치는 방식

마지막으로 상호문화적 인식을 길러주는 방식(enseigner la perception interculturelle)이 있다. 이 방식은 언어교육과 문화교육의 상관관계가 중시되는 상호문화적 의사소통(communication interculturelle)의 개념, 그리고 문화 변용과 탈문화화 과정의 반복을 통한 학습자의 문화 이해 및 적응 과정이라는 두 가지 기본 원칙을 전제로 한다. 이 방식에 따르면 외국 문화를 접하는 학습자는 문화 변용과 탈문화화의 교차작용(jeu alterné) 혹은 병합작용(jeu cumulé)이라는 과정을 통해 해당 문화를 이해하게 된다. 단, 이때 일어나는 외국문화에 대한 문화 변용은 일시적이기 때문에 학습자는 외국문화의 완전한 이해와 동화에 이르지 못하고 자국 문화의 정체성을 확인하는 정도에 그치게 된다. 결국 이러한 상호문화적 인식 과정이 반복되면서 학습자는 타문화를 이해하고 인식하는 능력, 타언어와 타문화에 대한 개방성과 관용적 태도, 나아가 자문화를 객관적 시각에서 상대화 하는 능력을 기를 수 있다.

이상에서 살펴본 Besse의 네 가지 문화교육 방식 가운데 첫 번째와 두 번째 방식은 언어와 문화를 분리된 영역으로 전제했다는 점에서 오늘날 강조되는 언어-문화 통합교육과는 거리가 멀다. 게다가 이 두 가지 방식은 문화를 지식으로 간주하여 단순히 학습자들에게 전달해야 할 대상으로 여기므로 학습자의 지식 활용 능력을 고려하지 않고 있다는 점에서 한계가 있다. 한편 세 번째 방식의 경우는 언어와 문화를 동시에 교수 · 학습 대상으로 삼아야 한다는 전제조건은 매우 논리적이고 설득력 있지만, 프랑스 문화를 규범화하여 그것의 다양성과 독창성을 다루지 못했다는 점에서 한계가 있다. 따라서 지금까지 FLE 영역에서 가장 이상적으로 여겨지고 있는 문화교육 방식은 의사소통접근법과 함께 등장한 바로 네 번째 방식이다. Neuner(2003), Parmenter(2003), 그리고 Starkey(2003)가 강조한 것처럼, 이 방식은 실제 효율적인 언어사용에 필수적인 타인이나 타문화에 대한 개방적이고 관용적인 태도의 습득을 목표로 하기 때문이다.

그렇다면 오늘날 대표적인 문화교육의 방식으로 채택되고 있는 이 네 번째 방식에 입각한 문화교육은 어떻게 구현 될 수 있을까? Besse(1984:49, 1993:47-48)는 초급수준의 학습자들일지라도 자문화와 목표 문화 간 차이가 큰 요소나 자료를 제시함으로써 문화적 충격을 자극하여 학습자의 생생하고 호기심 넘치는 반응을 유도할 수 있다고 주장한다. 그러나 강성영(2000:270-271)은 문화교육에 있어서 상호문화적 교육 방침이 타당성을 갖추고 있다는 점과 초급수준의 학습자부터 문화교육이 이루어져야 한다는 점에 있어서는 동의하지만, Besse가 이 관점에 따라 피력하고 있는 문화자료 제시 방법에 대해서는 완전히 견해를 달리한다. 그는 문화적 이질감이 너무 큰 자료를 접하게 되면 학습자가 의욕을 잃게 된다는 점을 지적하면서 학습자들에게 친밀하고 문화적 이질감이 덜한 것, 즉 정형화된 프랑스의 표준문화 자료로부터 출발하는 것이 오히려 학습자들의 의욕과 흥미를 고취시킬 수 있다고 주장한다. 이러한 견해는 Moirand(1977)과 Circurel(1987)의 연구에서도 이미 피력된 바 있다. Moirand(1977:54)은 세계적 관심을 불러일으킨 일상사, 국제적 사건, 천재지변 등 학습자 주변에서 쉽게 접할 수 있는 시사적 내용을 다룬 자료로부터 출발하는 것이 좋다고 주장하고, Circurel(1987:41)도 초급수준 학습자의 흥미를 고취시키기 위해서는 모국어로도 접할 수 있는 내용을 자료로 선택하는 것이 좋다고 이야기 한다.

또한 상호문화 능력의 발달을 위해서는 학습자의 표상이나 고정관념을 타언어와 타문화를 경험하는 데에 있어서 바탕이 되는 선행문화로 간주함으로써 문화교육을 위한 수단이자 중요한 자료로 삼아야 한다는 주장도 제기되었다.[10] Neuner(2003:18,44-47)

10) 80년대 의사소통접근법에 상호문화적 절차가 도입된 이후, 교수·학습의 중심은 대상 및 방법론이 아닌 학습자에게 맞춰지게 되었다. 여기에 일반 교육학 분야의 인지적 구성주의적 관점이 결합되면서 학습자 개인의 인식체계 내에서 두 세계 간 교차점을 어떻게 인식하고 이해하고 처리하는 가의 문제에 대해 학자들의 관심이 높아지기 시작했다.

는 사회문화적 내용을 일방적으로 소개하는 교육방식이건 학습자가 낯선 세계를 스스로 인식하도록 하는 교육방식이건 학습자의 타문화에 대한 표상은 유동적이고 불안정한 것이라고 설명하면서, 이러한 표상을 학습자의 자문화 세계와 목표 문화의 세계를 연결해 주는 과도기적 세계(mondes intermédiaires)로 규정한다. 그에 따르면, 학습자는 백지(page blanche)상태에서 타문화를 접하는 것이 아니라, 사회화 요소(가족, 사회환경, 직업, 미디어 등)와 개인적 요소(나이, 성, 세계에 대한 일반 지식, 흥미, 동기 등)에 의해 형성된 사회문화적 프리즘(prisme socioculturel)을 통해서 타문화를 파악하고 이해하며, 동시에 자신의 사회문화적 경험을 다시 개념화하고 일반화한다.

이처럼 상호문화적 인식을 길러주는 문화교육 방식은 언어 학습자의 타문화에 대한 자각 및 이해 능력과 사회문화적 경험을 재구성하는 능력을 길러 줄 수 있다는 점에서 높게 평가되고 있다. 하지만 이론상으로 피력하는 바와는 달리 실천의 장인 언어교실에서 상호문화적 관점에 입각한 문화교육은 여전히 타문화적 지식을 자문화와 일대일 대응시키고 비교하고 대조하는 차원에 머무르고 있다는 한계점이 있다. 게다가 이러한 실천방법에서 제기되는 심각한 문제점 중 하나는 같은 주제나 기준하에 타문화와 자문화를 비교하려고 하다 보니 해당 문화의 일부나 일시적인 현상을 대표적 문화현상으로 인식하게 될 수 있다는 점이다. 이는 자칫 잘못된 정보로 인해 문화왜곡을 야기시키거나 학습자에게 부정적 표상이나 잘못된 고정관념을 심어줄 위험이 있다.

이러한 문제는 근본적으로 언어와 문화를 분리된 영역으로 설정하고 언어영역에 견주어 문화영역도 일련의 지식을 주제별 혹은 영역별로 목록화하여 학습자들에게 제시하고자 한 데에서 그 원인을 찾을 수 있다. 따라서 앞서 살펴본 Besse(1993)의 네 가지 문화교육 방식들 가운데 학습자에게 타문화에 대한 자각능력 및 사회문화적 경험의 재구성 능력을 길러주고자 하는 네 번째 상호문화적 방식의 기본취지는 수용하되, 교실에서의 구체적인 실천방안을 고안하는 데 있어서는 언어교육을 문화교육과 분리하지 않음으로써 목표어와 더불어 목표어 사용 조건이 되는 문화요소들을 동시에 가르치는 세 번째 방식을 접목시키는 방향으로 개선책이 마련되어야 할 것이다. 즉, 문화의 특성상 언어-문화교육에 있어서 다루어야 할 문화내용을 명확하게 확정 짓는 일이 쉽지 않으므로, 인식하고 이해하는 대상으로서 문화를 규정하는 상호

문화적 관점에 의거하여 문화교육을 구상하되, 외국어 교실에서 활용 가능한 구체적인 실천방안은 언어적 요소와 문화적 요소가 통합될 수 있도록 연구·개발 되어야 할 것이다.

5. 한국 프랑스어 교육에서의 문화교육[11)]

그렇다면 한국 프랑스어 교육에서는 문화교육이 어떻게 이루어지고 있을까? 현재 공교육에서 이루어지는 프랑스어 교육에서의 문화교육 목표와 기본방향을 알아보기 위해 '프랑스어 Ⅰ' 2009 개정 교육과정의 '성격'과 '목표'에서 기술하고 있는 내용을 검토해 보면, 우리 문화교육의 특징은 다음과 같이 두 가지로 요약된다.[12)]

첫째, 우리 프랑스어 교육은 단순히 프랑스어로 의사소통하는 능력의 습득이 아니라 지구촌의 시민으로 살아가게 될 우리 청소년들에게 '다원적인 가치를 수용하는 세계시민으로서의 태도를 길러주는 것'을 궁극적인 목표로 한다. 따라서 교육과정에서는 학교에서 이루어지는 프랑스어 교육이 목표어를 사용하여 의사소통을 한다는 언어적 목표뿐만 아니라 다른 언어 공동체를 이해하기 위해 필요한 문화적 목표도 추구해야 함을 강조하고 있다.

둘째, 2009년 개정 교육과정은 문화 능력 함양의 중요성을 강조하면서 문화교육을 강화했다. 이는 2009년 개정 교육과정에서 문화적 내용이 언어재료의 하위항목이 아닌 언어적 내용과 같은 수준에서 기술되고 있다는 사실에서도 잘 드러난다. 또한 '프랑스인과 프랑스 문화'에 한정된 것이 아니라 '프랑스어권과 프랑스어권 사람들의 문화'로 교육 내용의 범위가 확대 되었다. 이에 대해 몇몇 연구자들은 교육과정에서 너무 광범위하고 방대한 양의 문화내용을 제시하고 있다고 우려를 표명한다.[13)] 게다

11) 최희재(2012:196-198)의 내용을 본 글의 목적에 맞게 발췌·재구성하였음.

12) 교육과학기술부(2011) 참고.

13) 한민주(2010:120)는 "7차 개정에 언급된 내용영역을 합하면 다루어야할 문화내용의 범위가 일상생활 문화와 지식문화의 거의 전 영역이라 할 만큼 매우 넓다"고 지적하면서 "프랑스문화가 아니라 이를 포함한 프랑스어권 문화"로 학습 대상이 확대된 점을 생각하면 매우 큰 문제라고 이야기한다. 또한 김형래(2006:414)는 실제 교육 현장의 수업시수를 감안한다면 개정된 교육과정에서 제시하고 있는 내용은 이상에 그치고 말 우려가 있음을 표명하고 있다.

가 교육과정에 제시된 내용에 의거하여 대학수학능력시험이 출제되는 우리 교육문화의 특성상, 교과서 집필이나 수업 계획 시 교육과정에 제시된 모든 내용을 다루어야 한다는 이유로 많은 사람들이 이러한 우려에 동조하기도 한다.

그러나 교육과정을 좀 더 자세히 검토해 보면, 제시된 문화적 내용을 상황과 목적에 적합하게 선택적으로 다룰 수 있음을 명시하고 있으므로, 교과서 개발이나 수업 계획 시 의무적으로 교육과정에 제시된 문화내용을 모두 포함시킬 필요는 없다. 이러한 관점에서 본다면 프랑스어 수업에서 다룰 수 있는 문화적 내용을 다양한 주제별로 광범위하게 기술하고 있는 현행 교육과정은 오히려 교과서 집필자나 수업 계획자, 혹은 교수자들에게 선택의 폭을 넓혀주었다고 말할 수 있을 것이다. 다만, 지금과 같이 주제별로 기술하면서 '아래에 제시한 내용은 선택적으로 다룰 수 있다'라는 한 문장만으로 교육과정 내용의 선택적 활용 가능성을 제시할 것이 아니라, 사용자 입장에서 보다 쉽게 이해하고 활용할 수 있도록 그것의 제시 및 기술 방식을 보다 상세화, 구체화할 필요는 있다.

우리 프랑스어 교육에서 문화교육의 현황은 이러한 교육과정을 바탕으로 제작된 교과서를 통해 우회적으로 알아 볼 수 있을 것이다. 최희재(2012)가 2종의 교과서를 분석한 결과를 간단히 살펴보면, 교육과정의 집필 의도와는 달리 두 교과서는 교육과정에서 제시하고 있는 모든 문화내용을 담고 있으며 언어적 내용과 연계된 프랑스어권의 일상 문화보다는 사회문화적 현실과 문화유산에 더 큰 비중을 두고 있다. 게다가 교육과정에서 제시하고 있는 광범위한 문화내용을 제한된 교과서에 모두 담아내려고 하면서 두 교과서는 상대적으로 다루기 쉬운 지식 차원으로 문화에 접근하는 경향을 보이고 있다.[14] 결국 두 교과서 모두 지식 활용 및 학습 능력과 이해능력은 최소한으로 다루고 있고 상호 문화적 관점 및 성향과 참여능력은 전혀 다루어지고 있지 않다. 따라서 보다 나은 문화교육을 위해서는 향후 교과서 제작에 있어 이를 보완해야 할 필요가 있다.

지금까지 살펴본 연구들을 통해 알 수 있었듯이, 언어교육에서 문화교육의 문제는

---

14) 여기서 분명히 해야 할 것은 그렇다고 해서 지식위주의 문화교육이 잘못 되었다는 것이 아니다. 다만 학습자가 처한 상황과 환경에서 설정된 교수·학습 목표에 맞게 문화 능력을 구성하는 요소들의 비중을 달리 하면서 다섯 가지 요소를 모두 고려해야 함을 강조하는 것이다.

언어교육이 존재했던 만큼이나 오래된 문제이다. 전통교수법부터 행위중심접근법에 이르기까지 모든 외국어 교육의 궁극적인 목표는 학습자가 목표어를 잘 사용할 줄 알게 만드는 것이었다. 목표어를 잘 사용할 줄 안다는 것의 의미는 사회적 요구나 그 시대의 사회적 이데올로기에 따라 다르게 해석되어왔고 교수법 역사상 혁신적이라 불릴만한 방법론적 변화를 동반했던 교수법들 간의 차이는 이러한 해석의 차이에서 기인한 것이었다(최희재,2009:145). 따라서 외국어 교육에서 문화에 접근하는 방식도 적용되는 교수법에 따라 변화되어 온 것이다.

그러나 지금까지 문화교육을 주제로 한 많은 연구들이 특정 교수법에 입각하여 언어와 문화를 어떻게 통합시킬 수 있는가와 관련된 실질적이고 구체적인 교육 방법의 문제 보다는 문화 자체와 관련된 이론적 문제(문화 개념의 정의, 언어와 문화의 관계, 문화내용 선정 및 분류 등)에 더 관심이 많았다. 이로 인해 대부분의 연구들은 외국어 교육에서 문화교육의 중요성은 강조하면서도 변화되는 외국어 교수방법론에 입각하여 그것의 교육방법을 체계적으로 구상하지 못하고 단순히 모국어로 전달되는 지역학적 지식이나 학습자의 흥미유발을 위한 소재거리로 다루는데 그쳤다(최희재, 2012:191-192).

이는 어휘, 문법 등과 같이 학습자가 알아야 하는 명시적인 규칙이 존재하는 언어와는 달리 이데올로기나 가치 등이 내포되어 있는 문화에는 엄밀한 준거가 존재하지 않기 때문에 문화교육이 언어교육에 비해 더 어렵다는 사실과 무관하지 않다. 이러한 이유로 Porcher(1982: 41-44)는 문화교육은 가르칠 문화내용 선정, 문화에 대한 학습자의 요구 조사, 진도의 구성, 평가에 있어 언어교육에 비해 더 어렵다고 설명한다. Zarate(2003:105-106)도 언어적 요소는 언어학적 차원에서 제시된 보편적인 요소들을 기준으로 각 국의 언어에 적합하게 활용하여 기술하는 것이 가능하지만, 각 언어마다 문화범주를 분할하는 기준이 역사적, 지리적, 사회적 배경에 따라 상이하다는 점에서 문화교육이 쉽지 않다고 설명한다.

이와 같이 FLE교육에 있어 효용성 있고 구체적인 문화교육 방안을 고안하는 것이 쉬운 일은 아니지만, 문화요소는 언어사용이 이루어지는 모든 행위의 장에 항상 존재할 뿐만 아니라, 때로는 언어사용 상황을 규정하고 일상행위 과정 중에 사용하게 되는 언어의 내 · 외적 요소로 작용하므로 FLE 교육에서 효과적인 문화교육 방법을 연구하기 위한 국내 · 외 교수법 학자들의 적극적이고 지속적인 노력이 필수적이다.

〈학습과제〉

1. 'culture'와 'civilisation' 각 용어의 개념을 설명해 보시오.
2. 오늘날 FLE 교육에 있어 문화교육이 필요한 이유가 무엇인지 설명해 보시오.
3. 전통교수법부터 행위중심접근법에 이르기까지 각 FLE 교수법에서 문화적 요소가 어떻게 고려되었는지 서술해 보시오.
4. Besse의 네 가지 문화교육 방식을 나열하고 각 방식의 특징을 서술해 보시오

참고문헌

강성영(2000) "우리나라 프랑스 언어 · 문화 교육에 있어서 문화 상호적 접근법 적용 실태", 『불어불문학연구』, 제41집, N° 1, 263-283쪽.

교육과학기술부(2011) 『제2외국어과 교육과정』, 교육과학기술부 고시 제2011-361호 별책 16, http://cutis.mest.go.kr.

김형래(2006) "고등학교 프랑스어과 교육과정 개정 시안에 관한 고찰", 『중등교육연구』, 401-418쪽, 경북대학교 사범대학부속 중등교육연구소.

이정민(2007) "프랑스 교실수업에 대한 이해: 의사소통적 관점 vs 문화교육적 관점", 『프랑스어문교육』, 제24집, 149-181쪽.

최희재(2009) 『유럽연합의 언어 · 문화정책 고찰을 통한 프랑스 언어-문화 통합교육 방안 연구』, 서울대학교 대학원 외국어교육과 불어전공 박사학위 논문.

최희재(2012) "행위중심접근법에 입각한 문화교육 방안 연구 - '프랑스어 Ⅰ' 2007년 개정 교육과정 및 교과서 분석을 중심으로 -", 『한국프랑스학논집』, 제79집, 191-218쪽.

한민주(2010) "프랑스어과 문화교육 내용의 재구성", 『프랑스어과 교과 지식의 재구성 방향 모색을 위한 세미나』, 115-137쪽, 연구자료 ORM 2010- 31. 한국교육과정 평가원.

Abdallah-Pretceille, M.(1983) "La perception de l'Autre: point d'appui de l'approche interculturelle", *Le Français dans le monde, 181*, pp.40-44.

Beacco, J.-C.(2000) *Les dimensions culturelles des enseignements de langue*, Paris: Hachette.

Bedanava, S.(1982) "De la civilisation à l'éthno-communication", *Le Français Dans le Monde, 170*, pp.33-38.

Besse, H.(1984) "Eduquer la perception interculturelle", *Le Français dans le monde, 188*, pp.46-50.

Besse, H.(1993) "Cultiver une identité plurielle", *Le Français Dans le Monde, 254*, pp.42-48.

Byram, M. & Zarate, G.(1997) "Defining and Assessing Intercultural Competence: some principles and proposals for the European context", *Language teaching, 29*, pp.14-18.

Byram, M.(1997) "Teaching and Assessing Intercultural Communicative Competence, Multilingual Matters", dans Chastain. K. (1976), *Developing Second language Skills; Theory and practice.* Chicago: Rand Mcnally College publishing Co.

Byram, M. *et al.*(2002) *Développer la dimension interculturelle de l'enseignement des langues. Une introduction pratique à l'usage des enseignants*, Strasbourg: Editions du Conseil de l'Europe.

Cain, A. & Briane, C.(1996) *Culture, civilisation, propositions pour un enseignement en classe d'anglais, lycée*, Paris: Ophrys-INRP.

Chastain, K.(1976) *Developing of Second Language Skills: Theory to practice*, Chicago: Rand Mcnally College Publishing Co.

Cicurel, F.(1987) "Splendeurs et misères du document authentique", *Le français aujourd'hui, 78*, pp.38-43.

Conseil de l'Europe(2001), *Cadre européen commun de référence pour les langues*, Paris: Didier.

Coste, D.(1994) "Dépendant de la culture et non-dépendant de la culture. Stéréotypes et prototypes", dans Coste, D. (dir.) (1994: 117-135), *Vingt ans dans l'évolution de la didactique des langues(1968-1988)*, Paris: Hatier/Didier.

Courtillons, J.(1984) "La notion de progression appliquée à l'enseignement de la civilisation", *Le Français Dans le Monde, 188*, pp.51-56.

De Carlo, M. & Acquistapace, S.(1997) "Civilisation/culture: histoire et développement de concepts", *Etudes de Linguistique Appliquée*, avril-juin 1997, *105*, pp.9-32.

De Carlo, M.(1998) *L'interculturel*, Paris: CLE International.

Debyser, F. (1973) "Le rapport langue/civilisation et l'enseignement de la civilisation aux débutabts", dans Reboullet, A. (*dir.*) (1973), *L'enseignement de la civilisation française*, pp. 58-75, Paris: Hachette.

Fenner, A.-B. & Newby, D.(2002a) *Sensibilisation aux cultures et aux langues dans l'apprentissage des langues vivantes sur la base de l'interaction dialogique avec des texts*, Strasbourg: Editions du Conseil de l'Europe.

Fenner, A.-B. & Newby, D.(2002b) *Réflexion sur la conception de supports dans les manuels en Europe : la mise en œuvre des principes d'authenticité, d'autonomie de l'apprenant et de sensibilisation à la culture*, Strasbourg: Editions du Conseil de l'Europe.

Galisson, R. & Coste, D.(1976) *Dictionnaire de didactique des langues*, Paris: Hachette.

Galisson, R.(1987) "Accéder à la culture partagée par l'entremise des mots à C.C.P.", *Etudes de Linguistique Appliquée, 67*, pp.119-140.

Galisson, R.(1995) "En matière de culture le ticket AC-DI a-t-il un avenir?", *Etudes de Linguistique Appliquée, 100*, pp.79-97.

Germain, C.(1993) *Évolution de l'enseignement des langues: 5000 ans d'histoire*, Paris: CLE International.

Kramsch, C.(1993) *Context and Culture in Language Teaching*, Oxford: Oxford University Press.

Moirand, S.(1977) "Communication écrite et apprentissage initial", *Le Français Dans le Monde, 133*, pp.43-57.

Mounin, G.(1984) "Sens et place de la civilisation dans l'enseignement des langues", *Le Français dans le monde, 188*, pp.34-36.

Neuner, G.(2003) "Les mondes socioculturels intermédiaires dans l'enseignement et l'apprentissage des langues vivantes", dans Byram, M. *et al.*(2003), *La compétence interculturelle*, pp. 15-66, Strasbourg: Éditions du Conseil de l'Europe.

Parmenter, L.(2003) "Description et définition de la compétence communicative interculturelle: perspective internationales", dans Byram, M. *et al.*(2003), *La compétence interculturelle*, pp.125-156, Strasbourg : Éditions du Conseil de l'Europe.

Porcher, L.(1982) "L'enseignement de la civilisation en questions", *Etudes de Linguistique Appliquée, 47*, pp.39-49.

Porcher, L.(1995) *Le français langue étrangère*, Paris: Hachette.

Reboullet, A. (*dir.*)(1973) *L'enseignement de la civilisation française*, Paris: Hachette.

Rey-Devobe, J. & Rey, A.(2004) *Le Nouveau Petit Robert, Dictionnaire de la langue française*. Paris: Dictionnaires Le Robert.

Rivers, W. M.(1981) *Teaching Foreign Language Skills*, Chicago: The University of Chicago Press.

Starkey, H.(2003) "Compétence interculturelle et éducation à la citoyenneté démocratique: incidences sur la méthodologie d'enseignement des langues", dans Byram, M. *et al.*(2003), *La compétence interculturelle*, pp.67-88, Strasbourg: Éditions du Conseil de l' Europe.

Zarate, G.(1986) *Enseigner une culture étrangère*, Paris: Hachette.

Zarate, G.(1993) *Représentations de l'étranger et didactique des langues*, Paris: Didier.

12

문학 교육

김 진 하

1. 교육학에서 교수학으로

문학은 인격 도야를 위한 고급 교양이자 인문학의 기초로 규정되어 왔다. 하지만 오늘날에는 인문학과 문학 공부의 전제들에 대한 반성을 피할 수 없게 되었다. 그것은 근본적으로 문학에 대한 인식론적 반성이라고 볼 수 있는데, Sartre의 '문학이란 무엇인가?'라는 질문, Blanchot의 '문학은 어디로 가는가?'라는 질문 등이 이를 잘 보여준다. 게다가 문학 교육에 대해서는, "문학, 그것은 무엇보다도 우선 가르쳐지는 그것"[1]이라는 Barthes의 명제 이후, 이념적으로나 제도적으로 문학은 구성되는 것이라는 인식이 명백해졌다. 특히 문학 연구 방식을 두고 Roland Barthes와 Raymond Picard 사이에서 벌어진 신구 논쟁은 문학 교육 논쟁이기도 했다.[2] 그래서 오늘날 문학 교사와 교수들은 문학의 위기 혹은 종언이라는 경고 앞에서 문학 교육의 위상에 대해 제기되는 여러 가지 의문들에 대답해야 하는 과제를 안고 있다. 다시 말해, 문학 공부나 문학 교육은 기존에 가치 부여된 고전이나 문화유산의 학습이라는 과제와는 별개로 '문학이란 무엇인가?' 혹은 '문학 공부란 무엇인가?'라는 물음을 피할 수 없게 되었다. 물론 이런 유의 질문들이나 그에 대한 다양한 응답들은 비평과 이론의 영역에서 19세기 이래 줄곧 제기되었고, 그를 통해 문학에 대한 지식이 확대되어 왔

1) R. Barthes(1984) Réflexions sur un manuel(1969), in *Le bruissement de la langue*, Paris: Seuil.

2) 김진하(2010) "프랑스 문학사 교육의 변화에 대하여", 『프랑스어문교육』 제33집, 12-17쪽. 이하 본고는 기존에 발표된 필자의 글들을 가지고 재구성되었음.

다. 그런데 적어도 20세기까지는 이런 질문들이 비평가나 이론가들의 탐구로 제한되었으므로 문학 교육에서 직접적인 논의 대상이 되지는 못하였다. 하지만 20세기 후반부터는 이러한 인식론적 반성들이 문학과 문학 교육의 본질적인 문제가 되었다.

오늘날에는 문학을 문화유산의 수용의 견지에서만 논의할 수는 없게 되었다. 한편으로는 문학, 역사, 철학이라는 고전적 인문학의 분과들을 넘어 영화나 만화, 미술 등의 다양한 예술 매체들이 문학과의 연관 속에 제작되거나 실행되면서 표현 방법들이 확장되었고, 또 다른 한편으로는 언어학, 심리학, 사회학 등의 새로운 학문 분과들이 문학과 예술 현상을 설명하고자 함으로써 논의의 장이 확대되었기 때문이다. 그래서 프랑스의 학문 체제와 유사하게 우리의 학문에서도 애매한 문학 연구(혹은 문학 공부, les études littéraires)의 개념에 대한 반성과 검토가 요청되고 있다. 실상 그것은 좁게는 언어 예술 작품, 즉 문예(les belles-lettres)에 대한 공부이지만 넓게는 문(文, lettres)으로 이루어진 문학, 역사, 철학 전체에 대한 공부를 일컫는다.[3]

문학은 근대 대학의 교과 개혁이 이루어진 19세기 말부터 수사학을 대체하고 독자적인 문학 교육으로 20세기 전반기까지 유지되었다. 하지만 문학사를 중심으로 인문 교양의 중심적인 영역을 차지해온 문학 교육은 20세기 후반기에 이르러 비판적 검토의 대상이 되었다. 특히 구조주의자들의 비판은 문학사 교육이 근거하고 있는 작가와 작품 중심의 낭만적이고, 역사적인, 전기적 비평의 맹점을 드러냄으로써 문학 교육의 근간을 내적으로 붕괴시켰다. 다른 한편으로 구조주의 언어학의 발달은 전통적인 문법·번역교수법에 근거한 언어-문학 통합적 언어 교육을 비판하고 기능적이거나 경험적인 언어 교육 방법을 제시함으로써 문학 교육을 언어 교육에서 분리하거나 언어 교육에 종속시키는 흐름으로 전개되었다. 이런 경향은 결국 전통적인 교육학에 대한 반발로부터 나온 분석적이고 기능적인 언어 교수법, 혹은 교수학의 수립과 더불어 문학 교육에 대해서도 정의와 대상, 방법 등 모든 면에서 전면적인 검토를 요구하기에 이르렀다.

---

3) 근대 문학의 초기에 이광수는 문예와 문학의 개념적 구분을 다음과 같이 제시하였다 : "문예란 말로 시문·소설 등 예술적 작품을 가리킨다 하면, 문학이라면 학자적 태도로 이 모든 문예적 작품을 연구함을 가리킬 수가 있다. 곧 문학사·문학론·시론·문학 비평 같은 것을 문학이라고 할 수 있을 것이다"(『문학강화(文學講話)』(1924).

프랑스에서 분과 학문으로서의 교수학(didactique)의 개념[4]은 1980년대 이후로 서서히 정착되었고, 오늘날에는 그 원리와 적용 분야, 방법에서 확고한 위상을 확보하고 있다. 그것은 가르치는 방법에 대한 탐구 정도로 이해되어 '교수법'으로 번역되던 단계를 넘어 교육 내용에 대한 인식론을 포함하는 하나의 학문으로 규정되었고 교육학(pédagogie)과는 대비되면서 상보적인 개념으로 정착되었다. 특히 지식 대상과 교수자의 분리가 분명한 과학 교수법[학]은 초기부터 인식론을 수용함으로써 뚜렷하게 자리를 잡았고, 언어 교수학이나 외국어 교수학의 분야도 이와 같은 과학적 방법론을 수용하면서 부인할 수 없는 기능을 수행하고 있다.[5] 그러나 문학 교육에서 교수학의 개념은 그다지 명확하지 않다. 그 이유는 무엇보다도 고전적인 교육을 담당했던 수사학이나 문학사 교육 등이 문학 교육에서 차지했던 비중이 크고, 시학이나 비평 등의 논의들이 고유한 방법론을 만들어왔기 때문인 것으로 보인다. 그래서 교수학이 함의하는 방법론적이고 이론적인 접근법이 문학과 문학 교육이 간직해온 고유성과 조화될 수 있는지에 대한 의구심과, 심지어 거부감이 존재해 왔다. 특히 문학의 창조적 성격이나 감수성, 직관 등의 미학적 특징들은 분석이나 설명보다도 모방과 수용을 우선시했고, 근대 교육에 도입된 문헌 설명이나 논평이라는 것도 실상은 문학사에 내재하는 고전적 기준이나 제도 교육의 이념에 대한 답습을 근간으로 한 것이었으므로 그 전제와 원리를 탐색하는 것은 늘 경계의 대상이 되었다. 하지만 19세기에 여러 과학의 발흥 속에서 Taine처럼 과학적 개념을 문학에 도입한 비평가도 있었고, Lanson의 문학사도 과학적 방법을 자처했던 점에 비추어보면 근대의 문학 교육은 항상 과학이나 합리적 분석과 일정한 관계를 맺어왔음을 알 수 있다. 특히 문학 비평에서 이념 비판과 인식론적 상대주의가 대두한 1960년대 이후로는 문학 교육의 개념에서도 문학의 일반적인 원리와 근본적인 질문들에 대한 탐색을 피할 수 없게 되었다. 그래서 오늘날의 문학 교육은 더 이상 국민정신의 함양이나 민족문화유

---

4) 교수학(didactique)의 정의와 관련하여 학문적 성격을 부각시키기 위해 didactologie라는 용어가 제시되기도 했지만(R. Galisson의 용어), 널리 받아들여지지는 않았다. 우리말에서 didactique의 번역어로는 그간 '교수법'이 통용되었지만 그 의미를 확장한 '교수학'도 수용되어야 할 것이다. 프랑어의 학문 명칭에서 '-tique'는 보편적이므로 다만 논의의 맥락에 맞게 사용하면 된다. 그것은 rhétorique의 역어를 문맥에 따라 수사법이나 혹은 수사학으로 쓸 수 있는 것과 같다.

5) J.-P. Astolfi & M. Develay(1989) *La didactique des sciences,* Paris: PUF.와 J.-F. Halté(1992), *La didactique du français,* Paris: PUF.라는 개론서의 간행이 한 지표가 될 수 있다.

산의 전승이라는 이념적 목표나 감수성과 상상력의 계발 등의 교육학적 개념에만 기초를 둘 수는 없게 되었다. 더욱이 대학교육을 위시한 고등교육에서 문학 공부는 고전의 모방이나 교양의 습득보다는 문학적 원리와 근본개념 자체를 탐색하도록 하는 문학의 학문을 요구하기에 이르렀다.[6]

교수학의 개념이 가르치는 방법에서 더 나아가 가르치는 지식의 기반에 대한 반성으로 확대되어 왔음에 비추어볼 때, 문학 교수학도 문학 텍스트를 가르치는 방법뿐만 아니라 그것의 제도적 틀이나 문학 자체에 대한 인식론을 규정함으로써 여타의 교수학과 동등한 분과 학문으로서의 위상을 갖게 될 것으로 보인다. 사실 1980년대부터 등장한 문학 교수학의 개념은 근본적으로 언어 교수학의 영역 안에서 수립된 것으로서 문학 교육 자체가 아니라 언어 교육의 일환으로서의 문학 교수학을 상정한 것이었다. 그리고 문학 교육에 대한 인식론적 반성을 통해 문학 교수학의 개념이 모색된 것은 세기 전환기를 전후로 문학 교육에 대한 위기의식이 대두되면서부터다.

그런데 문학 교육에서 인식론적 성찰의 필요성이 제기되고 있지만 그것이 명백히 교수학이란 명명을 얻고 있는 것은 아니다. 이 점에 있어서는 교육 연구가와 문학 연구가 사이에서 미묘한 차이가 있다. 문학 교육의 한 분야로서의 문학 교수학은 문학 텍스트 교수학으로는 인정되지만, 문학에 대한 인식론은 아직 교수학이란 용어에 대해 유보적이다. 그 이유는 무엇보다도 문학 교육의 전통을 고수하려는 보수주의적 견해가 여전히 강력하기 때문이다. 문학을 교양의 기초로 설정해온 근대적 문학 교육의 견지에서 보면 문학 교육은 문학사 교육이고, 그것은 근본적으로 교사의 학식의 전수를 통해서 이루어지기 때문이다. 또 다른 반발은 문학 교수학의 개념이란 것이 구조주의적 문학 연구 방법이 유행하면서 설정된 텍스트 분석 개념이 교육의 영역에 정착된 것이어서 근본적으로 언어학적 접근 방법에 상당 부분 경도되어 있기 때문이다. 그러므로 문학 교육에서 교육학과 교수학의 대립은 문학에 대한 개념과 문학 연구에 대한 방법 등에서 이론적 논쟁을 안고 있다. 더욱이 그것은 전통적인 언어 교육 방법과도 긴밀히 연관된 미묘한 문제이다. 전통적인 언어 교수법인 문법 · 번역교수법은 문학 작품을 주된 대상으로 하였으나 직접교수법이나 시청각교수법, 혹은 의사소통교수법이 등장하면서 언어 교육과 문학 사이에 분리가 발생하였고, 사실

6) 김진하(2011) "대학의 문학 교육에서 교수학의 위상 – 프랑스의 이론을 중심으로", 『프랑스어문교육』 제37집, 35-37쪽.

상 문학이 언어 교육에서 배제되었기 때문이다. 이런 상황에서 제기된 문학 교수법/교수학은 문학사에서 벗어나 텍스트의 내재적 원리를 중심으로 형식적 요소와 기능들을 파악하는 것으로 상정되고 있어서 여전히 전통적인 문학 교육과 긴장 관계를 이루고 있다. 그러나 이런 논의들을 통해서 분명해진 것은 문학의 역사에 대한 지식의 학습과는 별개로 문학의 원리나 구성요소, 현상 등에 대한 비판적 검토와 이론적 성찰의 문제도 중요하다는 점이다. 즉 문학 교육은 문학사와 문학 이론, 문학의 요소들에 대한 근본적 성찰을 요구한다.

Jean-Pierre Astolfi & Michel Develay(1989)의 『과학 교수학』(*La didactique des sciences,* Paris: PUF.)에 따르면 중세기에 교술 장르로서의 시(詩)를 가리키던 didactique가 가르치는 기술(art d'enseigner)로 사전에 등재된 것은 1955년에 나온 『로베르(Le Robert)』 사전과 1960년에 나온 『리트레(Le Littré)』가 최초이다. 그리고 1980년에서 1985년 사이에 교육학(pédagogie)과 거리를 두고 교육적 실천의 근거가 되는 인식론과 심리학의 성격을 지닌 성찰이라는 형태로 확립된다(pp.3-9). Jean-François Halté(1992)의 『프랑스어 교수학』(*La didactique du français*, Paris: PUF.)이나 Jean-Maurice Rosier(2002)의 『프랑스어 교수학』(*La didactique du français*, Paris: PUF.)도 같은 언급을 하고 있다. 특히 Jean-Maurice Rosier는 교육의 요소를 교사-학생-지식으로 구분하고 교사와 관련된 것은 방법론, 학생과 관련된 것은 교육학, 지식과 관련된 것은 교수학으로 구분하면서 학문의 영역에서 교수학의 정당성은 지식에 초점을 두는 데 있다고 지적하고 있다(p.9). 한편 Jacqueline Biard & Frédérique Denis(1993)는 『문학 텍스트 교수학』(*Didactique du texte littéraire,* Paris: Nathan.)에서 일반 교수학(didactique générale)을 구성하는 요소를 크게 인식론, 제도, 학생, 교사의 실천으로 나누고 있다(pp.10-11).

2. 문학사 교육

2.1. 문학사 교육의 성립

문학의 역사에서 비평은 19세기에 들어 본격적으로 실행되기 시작했고 언론과 출판 산업의 발달에 따라 19세기 중엽에는 전문적인 직업의 영역이 되었다.[7] 더불어 비평 자체에 대한 논의들도 사회역사적 발전과 병행하여 활발하게 이루어졌다. 19세기는 자연과학을 근간으로 하여 여러 분과 학문들이 고유의 방법론을 확립하던 시기였던 만큼 문학도 과학적 검토의 대상이 되어야 했다. 19세기 중반의 문학 비평에서 두드러진 특징은 과학적 모범의 지배적인 영향이었다. 이때 이른바 문학의 과학을 수립하고자 시도한 이로는 먼저 Taine와 Renan을 꼽을 수 있는데, Taine는 생물학의 영향을 받았고, Renan은 독일 철학의 영향으로 문헌학(즉 역사언어학)에서 과학의 가능성을 보았다. 그렇게 해서 윤곽이 잡힌 과학적 비평은 역사적이고 실증적인 비평이었다.[8] 오늘날에 와서는 문학에 대한 몰이해의 전형처럼 제시되기도 하는 Taine의 비평 방법론이나 Renan, Brunetière의 비평의 바탕에는 문학 연구가 자연과학처럼 객관적인 근거를 제시할 수 있어야 한다는 시대의 요구가 있었다.[9]

한편, 이런 비평가들에 대항하여 문학사(histoire littéraire)를 새로운 문학 연구 방법론으로 제시한 Lanson 역시 문학 연구를 하나의 과학으로 확립하고자 하였다. 당대의 흐름을 주도하던 비평에 대항하여 Lanson이 문학사의 방법론을 주창한 까닭은 무엇보다도 문학이 교육의 대상이므로 과학적 방법론을 바탕으로 이루어져야 한다고 생각했기 때문이다. 문학은 과학이 아니지만 문학 교육은 과학(학문)이어야 한다는 것이 Lanson의 주장이었다. 「문학사의 방법론」이나 「과학 정신과 문학사의 방법」 같이 잘 알려진 그의 논문들은 이전 시대의 비평에 대한 대안으로 문학사를 구상함으로써 기존의 논의를 과학적으로 극복하려는 노력의 산물이었다.[10] Lanson은 문학

---

7) J.-Th. Nordmann(2001) *La critique littéraire française au XIXe siècle(1800-1914)*, Paris: Livre de poche, p.93.

8) *Ibid.*, p.95.

9) 김진하(2010) "프랑스 문학사 교육의 변화에 대하여", 『프랑스어문교육』 제33집, 9-17쪽.

10) G. Lanson(1965) *Essais de méthode, de critique et d'histoire littéraire,* rassemblés et présentés par

과 관련된 박학다식과 감성적 심미안을 종합하려는 시도 속에서 이전 시대의 독단주의 비평과 자연과학적 결정론을 넘어서려고 노력하였다. Lanson은 문학을 연구하는 학문은 자연과학적 방법론으로 제대로 성립될 수 없다고 보고 역사학적 방법에 근거한 방법론을 모색하였다.

근대 비평의 확립에 자연과학이 막대한 영향을 끼친 것처럼 Lanson이 비평에 대항하는 문학사를 주장하면서 제기한 방법론 역시 과학적 개념에 근거했음은 문학 연구의 전개에서 매우 의의가 깊다. 그것은 한 시대의 연구 방법은 다음 세대의 과학적 발전에 의해서 극복됨을 보여주기 때문이다. 즉 비평으로부터 문학사의 분리는 문예운동이나 유파, 혹은 어떤 시대의 징후라기보다는 과학적 발달의 한 단계로 이해되어야 한다. 따라서 20세기에 개화한 언어학과 그 주변 학문의 발달에서 영향을 받아 새로운 문학 연구 방법들이 제기되는 1960년대까지 Lanson의 문학사가 문학 연구 방법으로서나 교육 내용으로서 당당한 권위를 유지한 것은 어쩌면 당연한 일이었다. 그것은 무엇보다도 한 시대의 과학적 패러다임이었다.

문학사의 등장은 문학 교육과 밀접한 관계가 있다. 19세기 후반, 좀 더 명확히 말해 1880년에서 1896년 사이에 프랑스의 대학은 급격히 팽창하여 대학생 수가 여섯 배나 증가하였다.[11] 그리고 대학 졸업생수의 증가는 대학 공부의 가치하락을 야기하여 인문학 졸업장이 어떤 전문적 연구의 증거도 되지 못하게 되었다. 사실 프랑스 교육의 역사에서 1880년은 획기적인 해였다. 당시의 교육부 장관이던 쥘 페리의 주도로 그해 8월에 공표된 새로운 학교법은 공공 · 의무 · 무상 교육이라는 개혁 조치를 담았다.[12] 문학 교육 분야에서는 문학사와 문헌 설명이라는 두 가지 방식이 도입되었다. 그것은 고전학문의 주류를 이루고 있던 라틴어나 수사학의 비중을 축소시키는 것이었다. 문학사는 소위 '국민정신의 통일성'을 수립하는 주요한 방법으로 받아들여져서 당시의 최고학급인 수사학반에서도 문학사 수업을 도입하도록 했다. 한편 1894년에 문학사를 간행한 Lanson은 문학 교육의 여러 문제와 관련하여, 정부의 공식지침에 적극적으로 부응했다. 그가 국민정신을 언급하는 대목은 그의 글의 작은 부분이지만 그것은 국가교육개혁의 방향에 호응한 것이었다.

Henri Peyre, Paris: Hachette.

11) J.-Th. Nordmann, *op. cit.*, p.180.

12) P. Aron & A. Viala(2005) *L'enseignement littéraire*, Paris: PUF, p.54.

Lanson이 1909년에 쓴 글에서 잘 나타나듯이 대학생 정원의 급격한 팽창은 다양한 출신 배경을 가진 학생들이 모이게 됨을 의미하였고,[13] 결국 교육 개혁의 필요성을 증대시켰다. 그래서 1902년부터 시행된 중등교육 정책은 수백 년 동안 이어온 고전 교육 방식의 폐기를 골자로 하였다. 바칼로레아에서는 라틴어가 폐지되었고, 프랑스어 교육(국어교육)에서는 수사학이 제외되는 대신 문헌 설명과 논술이 강화되었다.[14] 그것은 격식문구를 암기하고 기계적으로 반복하는 대신 경험과 관찰에 더 우위를 두도록 하는 방법이었다. 현재까지 프랑스 문학 교육의 근간을 이루는 문헌 설명의 방법은 이때부터 확립된 것이다. 그러니까 실상 수사학이 폐지되고 그 자리에 들어선 것이 문학사였다. 수사학 교육은 고전의 격식에 따라 글을 짓거나 말을 하는 것이 목표였으나 문학사 교육에서는 문헌을 근거로 설명하고 논평하는 것에 주안점이 주어졌다. 그래서 문학사와 문헌 설명은 밀접한 관계를 맺고 있었다. 문헌에 대해 문법적 설명을 초과하는 문맥을 설명하려면 자연스럽게 문학사와 이어졌다.

문학 교육에서 문학사의 위상 강화는 사회와 교육의 변화, 근대적 과학성의 확장에 따라 이루어졌다. 그래서 19세기 말엽부터 과학적 문학사에 대한 많은 연구와 저술들이 발표되었다.[15] 그리고 Lanson의 문학사와 문학사 방법론에 대한 이론은 교육 개혁과 맞물려 제도 교육의 기준으로 정착되었는데, 1960년대까지 프랑스의 문학 교육에서 확고한 지위를 유지하였다. 그나마 주목할 만한 변화가 있다면 1947년에 나온 Lagarde & Michard의 문학사 교과서가 거둔 성공 정도였다.[16] 문학 교육에 막대한 영향을 끼친 Lanson의 문학사는 프랑스의 천재 작가와 걸작을 이해하기 위해 작가의 전기와 사회-문화적 요소들에 초점을 두었다. 그런데 Lagarde & Michard는 문학의 역사를 이해함에 있어 시대와 유파라는 집단적 움직임을 우선시하고자 하였다. 각 시대의 양식을 규정하고, 문학운동을 조명하며, 그 안에서 작가의 특징과 작품의

---

13) G. Lanson, “Nous donnons à des élèves, de moins en moins aptes à le recevoir, un enseignement de moins en moins propre à leur être communiqué. Nous avons aujourd’hui des élèves dont le plus grand nombre nous arrivent de leurs familles mal préparés à étudier d’une manière littéraire la langue et littérature françaises.” J. Biard & F. Denis(1993), *Didactique du texte littéraire*, Paris: Nathan, p.15.에서 다시 인용.

14) J.-Th. Nordmann, *op. cit.*, p.181.

15) *Ibid.*, pp.181–182.

16) P. Aron & A. Viala, *op. cit.*, p.68.

양상을 드러내는 이 작업은 큰 반향을 불러일으켰다. 이 문학사 교과서(이것은 무엇보다도 교과서다)는 개별 작가의 재능을 보다 넓은 시각에서 조망함으로써 이른바 '랑송주의(lansonisme)'의 여백을 보충하였다.

2.2. 신비평과 문학사 논쟁

문학 교육에서 문학사나 문학의 역사(histoire de la littérature)를 중심으로 하는 문학 교육[17]은 새로운 비평들에 의해 비판이 제기된 1960년대까지 반세기 넘게 안정적인 교육 방법으로 인정받았다. 문학사에 대한 비판과 해체의 가장 뚜렷한 성과는 Roland Barthes의 『라신에 대하여』이다. 라신에 대한 기존의 연구와는 전혀 다른 방식의 연구를 치밀하게 실행해 보인 다음에 Barthes는 문학사적 연구의 한계를 예리하게 지적한다. 특히 그 책에 실린 「역사인가 아니면 문학인가?」에서, 그리고 그 뒤에 나온 『비평과 진실』에서 Barthes는 문학사의 전제와 공리를 해체하며 모방론에 입각한 문학사적 연구의 맹점을 부각시킨다. 요점은 비평적 성격을 갖지 않는 문학사는 작품의 연대기 이상의 것이 될 수 없다는 것이다. 모든 문학사는 폐쇄된 비평으로서 역사와 비평 사이에는 실질적으로 어떤 구별도 없으며, 문학사는 기껏 해봐야 작품들의 역사일 뿐이라고 그는 주장하였다.[18] Barthes는 그동안 이루어진 문학사가들의 혼동을 지적하면서 문학 속에 있는 두 가지 공리를 구분한다.

> "요컨대, 문학 속에는 두 가지 공리 설정이 있다. 하나는 역사적인 것인데, 문학이 제도라는 한에서 그렇다. 또 하나는 심리적인 것인데, 문학이 창조인 한에서 그렇다. 따라서 문학을 연구하려면 대상과 방법이 상이한 두 가지 학과목이 필요하다. 첫 번째 경우에는 대상이 문학 제도이고, 방법은 최근의 연구 성과 안에서의 역사적인 방법이다. 두 번째 경우에는 대상이 문학적 창조이고, 방법은 심리적 조사이다. 바로 이어서 말해야 할 것은, 이 두 개의 학과목은 동일한 객관성의 기준을 전혀 갖고 있지 않다는 것이다."[19]

17) 문학사와 문학의 역사를 구태여 구분하자면, 문학사에서는 서술자의 일정한 관점이 중요하고 문학의 역사에서는 연대기적 질서가 중요하다.

18) R. Barthes(1963) Histoire ou littérature?, in *Sur Racine*, Paris: Seuil, p.148.

19) *Ibid.*, p.149.

문학사는 사회학적 차원 즉, Barthes의 용어로는 문학적 기능(생산, 유통, 소비)의 차원에 필요한 것이지 개인의 차원, 즉 창조의 차원에는 맞지 않는다. 그래서 Barthes는 기존의 틀을 파괴하는 근원적 전향을 문학사에 요구한다. 그것은 달리 말하면 문학 연구 방법과 교육의 개혁이다. 즉 문학 연구는 작품과 개인 간의 관계를 해석하는 심리학 없이는 불가능하며, 그것이 바로 비평적 선택이라는 것이다. "요컨대, 문학적 창조에 대한 모든 비평은, 아무리 객관적이라고 해도, 아무리 부분적이라고 주장해도, 체계적일 수밖에 없다"[20]라고 Barthes는 주장하였다. Barthes에게서 '체계적'이라는 용어는 '주관적'이라는 말인데, 이런 전제 아래 Barthes는 기호 작용의 풀이로서의 비평론을 전개한다. 특히 그는 기존의 문학사 연구에서의 모방 이론과 유추적 사고에 대한 지적을 통해 문학적 변형의 과정에 대한 탐구의 적절성을 드러내고자 하였다.

사회사적으로 보면 1960년대 들어 산업구조가 고도화되면서 문과 교육과정의 가치가 하락하였다. 또한 1968년의 사태가 잘 보여주듯이 사회 전반적으로 전통적 사유와 인문주의가 몰락하였다.[21] 그것은 인문학 전통의 위기를 가져왔고 더불어 문학의 위기를 야기하였다. 그런데 주목할 것은 새로운 문학 연구 방법을 주창하던 Barthes를 중심으로 한 신진 비평가 집단이 1969년에 스리지라살(Cerisy-la-Salle) 학술회에서 문학 교육을 주제로 삼았다는 것이다.[22] 언어 과학의 연구 성과에 기반을 둔 문학 과학의 기틀을 모색하던 시기에 이루어진 이 학술회가 문학 교육을 주제로 삼은 이유는 기존의 문학 연구 방법인 문학사가 바로 문학 교육의 문제와 직결되어 있었기 때문이다.

신비평이 문학 교육에 대한 반성에서 표적으로 삼은 것은 문학사 연구 방법인데, 문학사에 필연적으로 동반되는 연구자의 취향이나 가치판단 등의 주관성의 문제는 바로 문학 교육의 문제이기도 했기 때문이다. 그런데 보수적인 문학사가들, Barthes의 표현으로 대학 비평가들은 그 점을 부인하고 객관적 연구가 가능하다고 주장했다. 하지만 문학에 대한 역사적 연구의 전개와는 별개로 Lanson의 문학사 방법론은 엄밀한 의미에서 주관성을 포기한 것은 아니었다. Lanson은 당시의 문학 비평에서 독단주의는 배격했지만 인상주의, 즉 주관적 느낌의 영역은 포함시켰다.

---

20) R. Barthes(1963), *op. cit.*, p.157.

21) A. Séoud(1997) *Pour une didactique de la littérature*, Paris: Didier, p.22.

22) S. Doubrovsky & T. Todorov, éd.(1971) *L'enseignement de la littérature*, Paris: Plon.

> "문학 텍스트라는 것이 우리 내면에 미적, 감정적 반응들을 촉발시키는 특성에 의하여 역사 자료와 구별되는 것이라면, 이 차이점을 문학의 정의로는 제시하면서 그 방법론에서는 고려하지 않으려는 것은 이상하고 모순된 일일 것이다. 자기 스스로 술맛을 보지 않은 채, 화학적 분석이나 전문가의 말을 통해서는 결코 술을 알지 못할 것이다. 문학에서도 마찬가지로, '맛보기'를 대신할 수 있는 것은 아무것도 없다."[23)]

이 대목에서 객관적인 문학사의 규범은 보이지 않는데, 그 까닭은 근본적으로 Lanson이 문학사의 핵심으로 규정한 지식과 느낌의 결합이라는 개념의 모순성에서 기인한다.[24)] 물론 Lanson은 이 난점을 명백히 의식하고 있었다. 그래서 문체를 중심으로 한 문학어의 중요성을 지적하기도 했지만, 결국 심미안이란 주관성을 포기할 수는 없었다. 과학적 방법을 주장하면서도 역설적이게도 Lanson은 모순되는 난점을 결코 포기하지 않으므로써, 객관적인 문학의 역사가 아닌 주체적 구성물로서의 문학사를 만들려고 했다. 그리고 바로 그런 이유로 그의 문학사는 오랫동안 생명력을 유지하였다. 그것은 인상주의의 선용이야말로 과학이라는 역설을 주장함으로써[25)] 가능했던 것이다. 따라서 문학사도 비평이라는 Barthes의 주장은 사실 매우 당연한 지적이기도 했다.

언어 과학의 발달과, 그로부터 영감과 영향을 받은 많은 문학 이론의 전개는 문학 연구의 분야에서 일대 변혁을 일으켰다. 특히 1960년대 이후의 구조주의적 흐름은 프랑스 인문학의 모습을 전면적으로 쇄신시켰다. 정치, 사회적으로 보면 알제리 전쟁이 끝난 1963년부터 제1차 석유파동이 일어난 1973년까지 이르는 십 년 동안, 이 시기는 '위대한 시대'로 혁신적인 이론들이 연이어 나왔다. 이후 1970년대는 온전히 새로운 이론의 시대였다.[26)] 그리고 1980년대에 이르면 그 이론들이 제도 속으로 완전히 편입된다. 특히 그것이 대학교육뿐만 아니라 중등교육에까지 확고하게 자리 잡았음을 명백히 보여준 것은 1987년에 발표된 「국가교육공보-고등학교 2급학년(고1) 프랑

---

23) G. Lanson(1965) La méthode de l'histoire littéraire, in *Essais de méthode, de critique et d'histoire littéraire,* Paris: Hachette, p.37.

24) G. Lanson(1925) L'esprit scientifique et la méthode de l'histoire littéraire, in *Méthodes de l'histoire littéraire, « Études Françaises »*, p.30.

25) G. Lanson(1965) La méthode de l'histoire littéraire, in *op. cit.*, p.39.

26) A. Compagnon(1998) *Le démon de la théorie*, Paris: Seuil, pp.9-10, p.15.

스어 수업을 위한 공식 문헌」(1988년에는 1급학년(고2) 지침이 나온다. 둘은 하나의 짝을 이룬다)을 통해서였다.[27] 이것은 중등교육을 위한 공식 지침인데, 그 특징은 한 마디로 수사학의 복권과 문학사의 퇴조라고 말할 수 있다.[28] 1960년대 이후의 새로운 문학 이론은 시학이나 수사학의 갱신을 가능케 하였고 그 덕분에 오래된 학문 방법들이 정당성을 획득하여 다시 교육의 공식지침으로 복귀한 것이다.

그런데 문학사의 축소가 반드시 문학사의 폐기를 예고하는 것은 아니다. 그렇다고 물론 여전히 많은 문학사가들과 전기 작가들이 프랑스 문학사와 문학가의 전기를 쓰고 있다는 현상으로만 문학사의 필요성이 옹호되는 것도 아니다. 관건은 문학사와 문학 비평 사이에 있는 어떤 역설적 관계에 있다. 역사적 사실이나 자료를 대하는 태도에 따라 쉽게 지각할 수 있는 것이기도 하지만, 이것은 이미 세기 초에 언어학에서 지적되었던 바와 같이 시간을 보는 두 관점의 차이에서 기인한다. Antoine Compagnon의 말에 따르자면, 한쪽은 공시적이고 보편주의적인 관점에서 문학을 보는 것이고, 또 다른 한편에서는 통시적이고 상대주의적인 관점에서 보는 것이다. 공시적 관점에서는 모든 작품들이 동시간대에 있는 것으로 지각되어 역사와 역사적 거리를 지워버린다. 반면 통시적 관점에서는 작품들이 어떤 역사적 과정에 통합된 연대기적 연쇄로 간주된다. 이런 조건에서는 선택이 불가피하지만 어느 한쪽만으로는 문학 작품을 이해하는 충분조건이 되지는 않는다.

> "그런데 예술 작품은 영속적이면서 역사적이다. 역설적인 본성 탓에, 그런 두 측면 중 어느 하나로 축소될 수 없는 역사적 자료는 계속해서 미학적 감동을 만들어낸다."[29]

문학 이론의 유행이 가라앉은 1980년대 이후의 문학 현상 전반을 다시 원점에서 검토하면서 Compagnon이 내놓은 이런 지적은 시각의 균형을 보여준다. 그에 따르면, 비평 이론이 문학 비평과 문학사 사이의 빈틈없는 분리를 주장한다면 그것은 속임수이다.[30] 그것은 물론 Barthes를 겨냥한 비판이다. 흥미로운 것은 Barthes가 문학사와

---

27) *Textes officiels pour l'enseignement du français en classe de Seconde, Bulletin officiel de l'Education Nationale*, n° spécial 15 février 1987, & n°22-9 juin 88.

28) J. Biard & F. Denis(1993) *Didactique du texte littéraire*, Paris: Nathan, p.16.

29) A. Compagnon, *op. cit.*, p.239.

30) *Ibid.*, p.242.

관련해서 '역설'이라는 용어를 사용한 문맥인데, Barthes에 따르면 문학사라는 것은 개인을 삭제해 버림으로써만 가능하며 그게 역설이라고 지적했던 것이다.[31] 하지만 위에서 인용한 Lanson의 관점에서처럼, 문학적 진실은 문학사에서든 비평에서든 주관과 객관 사이의 '모순'을 극복하려는 도전을 통해 개인적 체험과 역사적 이해 사이에서 구성된다. 그것은 사실 Barthes가 언급한 역설, '주관성을 제도화시키는' 문학의 역설이다.[32]

3. 문학 교수학

3.1. 문학 교수학의 위상[33]

문학 연구와 교육에서 새로운 개념이 정착되기 어려운 까닭은 문학 자체가 교육의 역사에서 차지해온 비중이 크고, 이론에서는 시학이나 비평이 풍부한 개념들을 축적해 왔기 때문이다. 특히 문학 교수법의 경우, 교수법이라는 용어가 언어 교육의 분야에서 먼저 수용되어 정착됨으로써 언어 교육을 위한 수단으로 문학을 이용하는 경우나 독서 교육과 관련된 학습 기술을 문학 교수법이라고 하는 등 그 용어의 의미장이 명료하지 못한 측면이 있다. 그래서 그것은 중등교육에서는 공식 지침이 수립된 조건에서의 교수 방법에 대한 논의로 이해된다. 게다가 읽기 방법론을 중심으로 하는 경우에는 이론에 대한 배제를 바탕으로 하는 경우도 있다. Jacqueline Biard & Frédérique Denis의 『문학 텍스트 교수학』[34]이 전자의 경우라면, Amor Séoud의 『문학 교수학을 위하여』[35]가 후자의 예라고 하겠다. 하지만 이런 경우 문학 교수학은 문학 이론에 의한 문제 제기가 아니라 한정된 제도 교육의 틀 안에서만 적용되는 전달의

---

31) R. Barthes(1963) Histoire ou littérature?, in *Sur Racine*, Paris: Seuil, p.156.

32) *Ibid.*, p.166.

33) 김진하(2011) "대학의 문학 교육에서 교수학의 위상–프랑스의 이론을 중심으로", 『프랑스어문교육』 제37집, 54-56쪽.

34) J. Biard & F. Denis(1993) *Didactique du texte littéraire*, Paris: Nathan.

35) A. Séoud(1997) *Pour une didactique de la littérature*, Paris: Didier.

문제가 되거나 문학의 내용이 아니라 형식에만 주안점을 두는 문학 외곽의 문제처럼 왜소화된다. 물론 학교 교육에서는 언어 교육과 문학 교육이 불가분의 관계를 가지고 있고,[36] 교수학은 이들의 영역을 교섭한다. 그런데 고등교육에서는 문학 교육이라는 용어마저 기피하여 문학 공부라고 함으로써 문학은 중등교육에서와 같은 교육학의 대상도 아니고, 교수 · 학습의 근거가 명료한 교수학의 대상도 아닌 모호한 지대에 놓이게 된다.

사실 문학 공부라는 말은 고등교육에서의 문학적 연구를 뜻하는데, 그 말에는 문학이 가르침의 대상이 되기 어렵다는 전제가 있다. 왜냐면 문학은 단지 역사적 유산의 전수에 의해서뿐만 아니라 주관적인 해석을 통해서도 수용되기 때문이다. 이러한 사정은 외국문학 교육에서도 마찬가지로 복잡한 문제를 제기한다. 외국어나 외국 문화의 학습을 위한 수단으로서 문학 텍스트가 문제라고 하면 어쩌면 '문학 교수학'을 쉽게 설정할 수 있을 것이다. 그 경우에는 결국 문학 자체가 문제가 아니라 언어나 문화를 위한 도구로 문학이 제시되는 만큼, 그것을 다루는 방법론도 어느 정도 확정적으로 일반화시킬 수 있기 때문이다. 하지만, 문학이 그 자체로 교육의 목적이 될 때에는, 문학 공부에 대한 학문적 위상을 확립해야 할 필요성이 제기된다.

문학을 문학 자체로 교육의 대상으로 삼고자 하면 수많은 이론과 주장들이 제시된다. 문학은 그 자체로 문제적인 것이며, 이론이나 비평은 논쟁적이다. 그런데 이러한 1차적 논쟁의 단계에서는 배타적 선택이 불가피하다. 기존의 문학사 논쟁이나 문학 교육 논쟁은 이러한 1차적 단계에서 이루어졌다.[37] 하지만 문학 교육에 대한 반성에서는 이런 1차적 논쟁에 대한 전반적 반성을 통해 배타성을 넘어 상대적 관점에서 이런 주장들의 이론적 전제와 기반을 비교하는 것이 중요하다. 이를 도식화하면 다음과 같을 것이다.

<table>
<tr><td rowspan="4">문학
교육</td><td rowspan="3">교
육
학</td><td colspan="3">문학</td></tr>
<tr><td>문학사</td><td>시학</td><td>비평</td></tr>
<tr><td>문학사의
이론 - 역사성</td><td>시학의 이론 - 문학성</td><td>비평의 이론 - 미학성</td></tr>
<tr><td></td><td colspan="3">교수학(문학 이론, 비평의 비평, 인식론 …)</td></tr>
</table>

36) P. Aron & A. Viala(2005) *L'enseignement littéraire*, Paris: PUF, p.13.

37) 김진하(2009) "프랑스 문학 교육의 방법론에 대한 고찰", 『프랑스어문교육』 제31집, 22쪽.

문학 인식론을 포함하는 교수학의 위상은 교육의 영역에서 특권적인 위상을 가진다. 문학 교육에서 필요한 것 중 하나는 문학 현상을 설명하는 여러 가지 방법들의 이론적 기반을 상대적으로 비교하고 관찰하는 것이다. 교수학은 따라서 특정의 이론을 심화하거나 비평적으로 활용하는 데에 있지 않다. 물론 시학의 일반 이론만을 구성하는 것을 목표로 두지도 않는다. 그것은 Compagnon의 『이론의 유령』에서와 같이 문학의 근본 문제들을 이론의 관점에서 살펴보거나, Emmanuel Fraisse & Bernard Mouralis의 『문학의 일반 문제』에서처럼 문학의 '일반적 문제들'을 검토하는 데서 한 단초를 볼 수 있다.

문학의 일반 이론에 대한 탐구로서의 교수학은 문학적 지식의 구조와 계보를 그 원리에서부터 규명한다. 그래서 얼핏 보기에는 교육적 목적을 위한 문학 개론과 비슷해 보일 수도 있다. 그러나 그것은 단순한 설명을 제시하는 문학 개론이 아니라 문학과 비평의 개념들을 그 전제에서 검토하는 이론적 반성이다. 그렇다고 해서 이론의 역사나 비평의 역사를 겨냥하는 것은 아니다. 중요한 차이는 지식의 전달을 목표로 하는 교육학적 관점에 서느냐 아니면 지식을 구성하는 이론적 기반에 대한 성찰을 모색하느냐 하는 것이다. 다르게 보면 학습을 위한 지식의 구성이 목표가 아니라 지식의 전제와 가설에 대한 반성적 사유가 목적이다. 그것은 지식의 추구가 아니라 오히려 지식에 대한 회의를 통해 이론의 한계를 살핀다. 그러므로 문학 교육은 상상력과 감수성의 함양을 모색할 수도 있지만, 문학의 기능 자체에 대한 이론적 탐색을 시도하기도 해야 한다. 그래야만 주관적 체험과 직관을 강조한 나머지 문학적 감상과 분석을 선천적 적성이나 재능의 문제로 환원시키는 문학 교육의 오류를 피하게 해 줄 것이다. Alain Viala의 지적처럼 문학 교육은 몽상에 대해서도 생각할 줄 알아야 한다.[38] 결국 문학 교육에서는 교육학과 교수학이 모순적으로 공존하게 된다. 교육학은 문학 자체의 내용의 전달에 밀착되어 있고 교수학은 내용의 전제를 검토하며 상대적이고 비평적인 사유로 이끈다.[39] 그리고 이러한 교수학의 틀 안에서 다양한 교수법적 접근들이 실행되는 것이다.

---

38) A. Viala(2009) *La culture littéraire*, Paris: PUF, pp.27-28.

39) 문학 교수학의 개념은 독일어권의 문예학(Literaturwissenschaft) 개념과 비교해 볼 수 있다. 허창운 편저(1989) 『현대문예학의 이해』, 서울: 창작과비평사, 참고.

3.2. 문학 교육의 상황과 교수학적 맥락

문학 교수학의 개념은 문학 교육과의 대립 속에서 수립되었다고 볼 수 있다. 전통적인 의미에서의 문학 교육이 문학사 교육을 중심으로 수립되었다면 문학 교수학은 구조주의의 영향 속에서 텍스트 중심 교육으로 이행하면서 수립된 것이다. 전래의 문학 교육은 교사의 지식과 권위에 대한 존중을 바탕으로 지식의 전달과 인격 형성을 목표로 하였다. 그것은 스승과 제자라는 인격적 관계를 바탕으로 인문학적 소양을 갖춘 교양인의 양성을 근본 목적으로 하는 것이다. 하지만 교수학적 접근은 교사와 학생 사이에서 평등한 소통을 중시하는 관점에 입각해 있다. 교수학은 어디까지나 분석적이고 기능적인 관점에 근거하고 있다. 그러니까 작품에 대한 해석과 논평을 중심으로 하던 문학사 교육은 텍스트에 대한 분석과 이해를 중심으로 하는 방법으로 전환된다.

그런데 문학 교육의 이런 전환에 대해서는 논란이 크다. 1970년대에 크게 유행한 구조주의적 문학 분석 방법들이 1980년대 이후로는 문학 교육의 방법으로도 수용되었는데, 그것을 가장 잘 보여주는 예가 바로 텍스트 유형론(typologie de textes)이다. 그리고 문학의 역사나 작가의 전기에 대한 이해가 아니라 텍스트 자체의 분석에서 출발하는 문학 교수학은 대체로 수사학이나 문체론적 분석으로 회귀한다. 이와 같은 내재적 분석의 한계는 문학의 문제에 대해 역사적이거나 미학적인 질문을 제기하지 못한다는 것이다. 그리고 결국 문학적 독서의 체험이나 역사적 배경에 대한 이해가 없는 텍스트 분석은 기능적인 메타언어들을 남용하는 독서 방법으로 환원되고 만다.

한편 외국어 교육과의 관련에서 문학 텍스트 교수법이 가지는 맹점은 학습자의 언어 수준에 맞추어 문학 텍스트를 제시한다는 점이다. 그런데 외국어 능력의 수준이 문학 작품의 이해 수준과 대응되지 않는 경우가 허다하다. 예를 들어 대학생과 같은 성인 학습자의 문학적 이해와 수용 능력은 외국어 수준과 커다란 괴리가 있는데, 언어 수준에 맞추어 문학 텍스트를 제시하는 것은 언어 교육의 효율성도 문학 교육의 효과도 창출하지 못하는 결과를 낳기도 한다. 문학 텍스트 교육을 언어 교육의 일환으로 삼는 경우에 의사소통이나 문화 능력을 함양하는 수단이 될 수는 있지만 주인공의 내면이나 작가의 사상에 대한 논의는 간과될 수밖에 없다. 하지만 언어 수준만을 기준으로 문학 텍스트 교육을 실행할 수는 없다. 언어 수준에 맞추는 문학 교육은 보통 C1 이상의 수준에서나 가능하지만 실상은 중간 단계에서 여러 가지 타협이 가능하다. 예를 들어 프랑스어 교육에서 Albert Camus의 『이방인(*L'Étranger*)』을 교재로 삼는 것은 B2 수준에서 가능할 것이다. 즉 외국어 교육에서는 언어 능력에 기초한 텍스트 독해 능력과 언어 능력을 상회하는 일반적 문학 능력 사이에서 괴리를 인식하고 조정하는 작업들이 필요하다.

외국어 능력과 모국어에 기반을 둔 문학 능력 사이의 괴리는 문학을 통한 언어 교육이라는 전통적인 방법에서부터 언어를 통한 문학 읽기로 언어와 문학 사이의 주도권이 이동하면서 부각되었다. 문학사 교육의 퇴조와 언어학적 분석의 발흥은 문학 교육에서 일어난 주도권의 이동을 잘 보여준다. 언어적이고 형식적인 접근법에 근거한 문학 텍스트 교수학은 문체론과 수사학의 복권을 동반하였다. 또한 읽기에서도 독자의 기능을 복권시킨 다양한 접근법들이 시도되고 있다. 그런데 문학을 텍스트로 환원하는 것은 달리 말하면 문학 현상을 이루는 맥락을 배제하는 것이다. 하지만 Roland Barthes가 말하듯이 텍스트는 복수적이다.[40] 그리고 이때 해석의 다의성이라는 것을 오로지 의미론적 다의성만으로 제한할 수 없다. 어떤 독자도 텍스트 자체만을 읽기 위해서 문학을 읽지는 않는다. 문학은 문화라는 더 넓은 맥락에서 실행되고 있는 사회적, 이념적 실천이면서 주체의 취향과 선택을 통한 이념의 해석이며 동시에 주체 형성의 매개 장치이기 때문이다. 결국 문학 교수학은 전통적 장르론을 텍스트론으로 치환하고 교사의 권위보다 학습자의 독서 방식을 우선시하는 관점에서 수립되고 있으나 관건은 교양으로서의 문학적 지식의 습득과 더불어 주체적인 사유와 비평 능력을 함양하는 것이다. 그래서 문학 비평의 다양한 방법과 이론들에 대한 공부뿐만 아니라 교수학의 개별 접근법들과 교수학의 요소 사이에도 자기 성찰성에 의한 메타비평의 관계가 성립된다.

---

40) R. Barthes(1984) De l'oeuvre au texte, in *Le bruissement de la langue*, Paris: Seuil, p.73.

3.3. 문학 교수학의 요소들[41)]

문학 공부는 우선 '문학이란 무엇인가?' 하는 질문에서부터 제기된다. 이 물음에 대한 답은 문학적 사태를 구성하는 요소들에 대해 포괄적인 접근법을 취하느냐 아니면 각 요소의 성격을 분석하느냐 하는 문제와 긴밀히 연관되어 있다. 문학이란 무엇인가? 하는 물음은 문학을 문학으로 만드는 특징이나 본질에 대한 질문이다. 그것은 좁게는 러시아 형식주의의 개념인 문학성(littérarité)의 성격으로 볼 수도 있고, 넓게는 하나의 문명 속에서 이루어지는 다양한 담화 중에서 문학이라는 이름으로 이루어지는 담화의 성격을 규명하는 문학 언어에 대한 탐구로 제기될 수도 있다. 사실 문학의 본질이나 근원에 대한 물음은 Sartre의 동명의 저술이기도 한 "문학이란 무엇인가?"를 비롯하여, Blanchot의 "예술은 지금 어디에 와 있는가? 문학은 지금 어디에 와 있는가?(『문학의 공간』)", 그리고 "문학은 어디로 가는가?(『미래의 책』)"와 같은 물음으로 이어지며, 근래의 것으로는 Todorov의 "문학은 무엇을 할 수 있는가?(『위험에 빠진 문학』)"로 나타나고 있다. 요컨대 문학에 대한 물음은 '문학이란 무엇인가?'라는 질문 아래, '작품과 작가의 관계', '문학과 현실의 관계', '문학과 독자의 관계', 그리고 '문학과 언어의 관계'[42)] 등을 포괄한다. 거기에 문학을 특징짓는 또 다른 요소인 역사와 비평의 문제가 추가된다. 결국, 이런 문제들을 핵심적인 요소로 다시 나열하면 '문학, 작가, 세계, 독자, 문체 양식, 역사, 가치'이다. 그리고 각 요소의 특징은 '문학-문학성, 작가-의도, 세계-표상, 독자-수용'과 연결되며, 문체와 역사, 가치가 추가되면 다음과 같은 질문들이 된다.

> 문학적 의도란 무엇인가?
> 문학적 현실이란 무엇인가?
> 문학적 수용이란 무엇인가?
> 문학적 언어란 무엇인가?
> 문학사란 무엇인가?
> 문학적 가치란 무엇인가?[43)]

---

41) 김진하(2011) "문학 교수학의 대상과 근본 문제", 『프랑스어문교육』 제38집, 14-23쪽.

42) A. Compagnon, *op. cit.*, p.25.

43) *Ibid.*, p.29.

그런데 이렇게 제기된 문제들을 문학적 소통의 구조에 대응시켜 볼 수도 있다. 언어적 의사소통 과정에 대한 Roman Jakobson의 해석은 그 도식의 명확성 때문에 다른 분야에까지 광범위하게 적용되는데, 언어적 의사소통의 한 형태인 문학의 경우에도 그와 같은 도식에 대입해 볼 수 있다. 특히 Jakobson 자신이 그 도식을 가지고 문학 분석 방법으로서의 시학의 위상을 규명하려 했음에 비추어보면 그것은 더욱 적절해 보인다. 실제로 그 도식에는 문학에 대한 논의에서 쟁점이 되는 여러 요소들이 들어있다. 물론 일반적인 의사소통과 문학적 소통이라는 차이가 있으므로 그 대응 관계는 형식적 유사성에 그칠 수도 있다. 야콥슨의 일반적 의사소통의 기능 분류에서 보면 문학적 기능은 시적인 기능인 전언-텍스트의 문제로 제한되기 때문이다. 하지만 넓게 보면 언어적 의사소통과 문학적 의사소통은 유사하다. 이미 Blanchot도 1950년대에 문학적 요소들 간의 문제를 의사소통의 관계 속에서 검토하였다. 물론 Blanchot에게서 의사소통의 형식은 작가－작품－독자의 관계 속에서 각각의 위치와 의미를 재규정하는 것인데, 주목할 점은 그가 문학의 공간을 의사소통의 개념으로 파악하고 있다는 점이다.[44] Sartre가 『문학이란 무엇인가?』에서 문학에 대한 근본 질문을 상황 속에서의 글쓰기의 문제로 제한했던 것에 비하여 Blanchot의 시야는 훨씬 확대되었음을 볼 수 있다.

한편, Emmanuel Fraisse & Bernard Mouralis는 『문학의 일반 문제』에서 명시적으로 야콥슨의 언어적 의사소통의 도식을 차용하여 문학적 의사소통의 문제들을 검토하고 있다. 문학적 의사소통도 언어적 의사소통의 일반적 틀 안에 들어간다고 보기 때문이다.[45] 그들에 따르면, 문학과 관련된 기능들도 언어 기능과 유사하다. 그래서 발신자-작가, 수신자-독자, 전언-텍스트, 문맥-지시 대상, 접촉-물리적 경로와 심리적 연결, 부호-기호 체계와 사용 방식 등의 기능이 대응된다. 특히 문학적 소통의 관점에서는 문학을 사회적 사실로서 간주하게 되는데, 그래서 작가, 작품, 독자로 삼원화된 문학의 행위자들 외에 편집인이나 인쇄 기술, 나아가 상업화나 유통, 검열 등의 문제까지도 검토된다. 또 다른 한편으로, 더 입문적이고 실용적인 작품 분석이나 문헌 설

---

44) M. Blanchot(1995) L'oeuvre et la communication, in *L'espace littéraire,* Paris: Gallimard, pp.197-216.

45) E. Fraisse & B. Mouralis(2001) La communication littéraire, in *Questions générales de littérature*, Paris: Seuil, pp.17-77.

명, 논술 연습을 목표로 하는 경우에도 유사한 도식이 채택되고 있다. Daniel Bergez의 『문학 텍스트 설명』뿐만 아니라, Jean Rohou의 『문학 공부 - 방법과 관점』[46] 혹은 Éric Bordas 외 공저의 『문학 분석』[47]의 경우에도 근본적인 출발점은 모두 작가, 작품, 독자의 관계에 있다. 특히 Daniel Bergez는 야콥슨의 도식을 원용하면서 제시하는데 그것은 다음과 같이 단순화된다.[48]

발신자 ———— 현실 ———— 수신자

전언 (=텍스트 자체)

그리고 이렇게 네 가지 요소로 단순화되어 있는 도식도 결국에는 Jakobson의 도식을 거론하며 의사소통의 여섯 가지 기능의 서술을 환기한다. 문학 공부는 의사소통의 요소들에 대한 선택과 가치평가에서부터 시작되기 때문에 Jakobson의 도식[49]에 대응되는 것이다.

문맥(CONTEXTE)

발신자(DESTINATEUR) ——— 전언(MESSAGE) ——— 수신자(DESTINATAIRE)

접촉(CONTACT)

부호(CODE)

일반적인 의사소통의 틀에 비추어보면, 문학적 소통에서는 사회 현상으로서의 문학의 특징이 쉽게 드러난다. 문학적 소통이란 발신자-작가와 수신자-독자 사이에서 이루어지는 작품을 둘러싼 의사소통이다. 그래서 사회 현상으로서의 문학에 대한 이해는 사람들이 보통 문학에 대해 생각하는 것보다 훨씬 광범위한 이해를 가능케 해 준다. 특히 문학사회학은 문학 내적 해석에 매몰되기 쉬운 문학 교육을 사회적 사실로 바라보게 해 준다. 그것은 문학에 대한 역사적 이해를 가정하는 문학사와 마찬가지로

46) J. Rohou(1993) *Les études littéraires*, Paris: Nathan.

47) É. Bordas et al.(2009) *L'analyse littéraire,* Paris: Armand Colin.

48) D. Bergez(2005) *L'explication de texte littéraire*, Paris: Armand Colin, pp.20-21.

49) R. Jakobson(1963) Linguistique et poétique (1), in *Essais de linguistique générale*, traduit de l'anglais et préfacé par Nicolas Ruwet, Paris: Minuit, p.214.

오늘날에는 문학 교육의 한 축으로 자리를 잡은 것으로 보인다. 하지만 이런 검토들이 가지는 도식화의 위험과 더불어 불명료성도 고려해야 한다. 문학적 의사소통의 고전적인 방식은 작가-작품-독자의 관계인데, Jakobson의 도식에 비추어보면 작품 개념이 기능별로 세분된다. 적어도 작품은 전언-텍스트뿐만 아니라 그것을 둘러싼 상황이나 문맥, 접촉, 부호의 기능으로 분산된다. 더 나아가 저자에 의해 만들어진 완결된 총체를 가정하는 작품 개념보다는 오히려 텍스트라는 개념이 이런 양상에 더욱 부합한다. Barthes의 지적처럼 언어의 기능에 대한 지식의 증대와 더불어 작품은 텍스트로 대체된다. "작품은 실체의 단편으로서, 책들의 공간의 한 부분(예를 들면 도서관에서)을 차지한다. 반면에 텍스트는 방법론적인 영역이다."[50] 그러므로 문학의 전언, 접촉, 부호의 기능에 대해서는 작품과 텍스트라는 두 개의 개념을 대비적으로 살피는 것이 더 적절하다. 그 두 개의 용어는 이미 해석학적이고 방법론적인 함축을 가지고 있기 때문이다.

언어적 의사소통의 요소들은 대체로 문학적 의사소통 구조와 유사한 구조를 형성하는데, 문학에 대한 다양한 이론이나 견해들은 이런 요소들을 근거로 하여 수립된다.

① **작가 - 의도** : 작가의 의도는 문학사 교육의 근본 문제이다. 독자는 작품의 내용의 해석을 작가의 의도와 연결시키는 경향이 있다. 게다가 근대 비평은 작가의 사상을 해명하거나 의식의 향방을 조명하는 것으로 이루어졌다. 공감의 비평, 의식의 비평 등은 모두 넓게 보면 작가의 의식 혹은 의도를 찾는 독법이다. 게다가 정신 분석의 방법이 적용되어 무의식까지 문제가 되면 의도의 배반이 노출되기도 한다. 실상 의도가 무엇이고, 그것이 어떻게 표출되는지 문제를 삼게 되면 오히려 그 전제된 명확성은 소멸한다. 왜냐하면 작가의 의도는 자명한 것이 아니라 해석된 것이기 때문이다.

② **독자 - 관심** : 독자에 대한 주목은 수용미학을 통해서 가장 활발해졌지만 문학적 이해라는 것이 단순하고 일방적인 수용의 과정이 아니라는 점은 그 이전부터 지적되었다. 독서라는 것이 있음으로써만 비로소 문학이 존재하게 됨은 새삼 강조할 것도 없다. 특히 읽는 사람의 독자적 이해에 대해서는 오래 전의 몽테뉴에서부터 깊이 있는 통찰이 제시되었으며 20세기 초에 Émile Faguet 역시 독서의 중요성을 환기하였다. 문학적 독서는 근본적으로 관심이나 기대가 없으면 이루어지기 어렵다. 독자 나름의 기대지평(horizon d'attente)이 있으며, 또한 독서에서 즐거움을 얻지 못하면 문학 독서는 이어지기 힘들다.

---

50) R. Barthes(1984) De l'oeuvre au texte, in *Le bruissement de la langue*, Paris: Seuil, p.70.

③ **문맥 - 상황** : 언어는 어떤 지시 대상이나 현실을 지향한다. 그것은 상황 속에서 의미를 가지며, 책이나 문헌을 둘러싼 상황은 사회적이면서 역사적이다. 일찍이 Lanson은 "문학 현상은 본질적으로 사회적 사실"[51]이라고 말했다. 문학 교육은 당대 문학을 기피하는 특징이 있어서 주로 문학사를 위주로 이루어지는데, 그것은 언제나 사회사나 문화사로 확장 가능하다. 문학사에서는 작가의 전기를 위주로 하지만 Lanson은 문학사를 궁극적으로는 사회과학으로 보고자 했다. 20세기 후반기에 본격화된 문학사회학 역시 문학을 둘러싼 문맥(contexte)에 대한 탐구이다.

④ **전언 - 텍스트** : Roman Jakobson은 전언 자체에 초점을 맞추는 것을 시적 기능이라고 했다. 다시 말해 시적 기능은 전언을 전달하는 언어의 형식적 기능을 말한다. 언어 예술에서는 문학의 내용을 전달하는 언어의 성질 자체가 지배적이고 결정적인 역할을 한다. 구조주의적 방법에 따른 문학 텍스트 분석은 근본적으로 언어의 시적 기능에 대한 탐색이다. 언어학적 문학 연구로서의 시학은 언어 자체에 주목해서 언어의 다의성과 해석 가능성을 분석한다.

⑤ **접촉 - 주장** : 문학에서 접촉은 발화자가 상대자에게 직접적으로 보내는 내용의 전달이 아니다. 그것은 작품이라는 언어 구성물을 두고 겪는 '물리적 경로의 경험'이자 '심리적 연관'이다.[52] 따라서 그것은 언어적 소통에서와 같은 친교적 기능을 가지지만 문학적 소통은 불완전하고 불연속적이며 종종 차단되기도 한다. 일상 언어가 즉시적으로 소멸하는 구술성에 지배되는 반면, 문학은 독자 자신에게 반향되는 문자성으로 회귀한다. 따라서 이 접촉은 상대에게 전해지는 것이 아니라 상대에게 투사된다는 환상을 스스로 만들어 내며 발화자에게 되돌아간다.

⑥ **부호 - 메타언어** : 언어는 대상에 대해 언급하는 대상언어와 언어 자체에 대해 언급하는 메타언어로 나누어진다. 메타언어는 특별한 언어적 상황만이 아니라 일상적인 상황에서도 종종 사용된다. 문학에 대한 논의도 근본적으로 수많은 메타언어로 이루어진다. 문학적 설명이나 평가, 비평에 개입되는 메타언어들은 전통적인 장르론에서부터 텍스트 분석이나 서사학, 기호학까지 아우른다. 현대 언어학의 메타언어들은 인접 학문과의 학제적 융합을 통해 비평과 이론을 발전시켰다.

문학적 소통의 요소들은 서로 긴장 관계에 놓여있다. 무엇보다도 문학적 의미와

51) G. Lanson(1965) L'histoire littéraire et la sociologie, in *op. cit.*, p.68.

52) R. Jakobson(1963) Linguistique et poétique (1), in *Essais de linguistique générale*, traduit de l'anglais et préfacé par Nicolas Ruwet, Paris: Minuit, pp.213-214.

효과의 이해, 해석, 수용의 과정에서 보면, 각각의 요소의 의미론적 지향성, 다시 말해 해석의 방향에서 차이가 있다. 문학적 소통은 일상적 소통과는 전혀 다른 과정을 겪는다. 작품을 사이에 두고 작가와 독자 사이에 이루어지는 관계는 결코 대화라고 하기 어렵다. Blanchot의 말을 따르자면, "이렇게 작품이 (쓰기와 읽기라는) 안정된 두 개의 요구 사항들이 구현된 두 사람 사이의 대화가 된 것 같이 여겨지는 곳에서, 이 '대화'란 우선은 더욱 불분명한 요구들의 더욱 본원적인 투쟁, 화해할 수도 없으며, 따로 떼어 분리시킬 수도 없는 순간들의 찢겨진 내밀성"[53]이다. 문학적 대화는 사이비 대화이다. 그것은 대화에 대한 환상과 환멸, 기대와 배반이 교차되는 가운데 의미의 결정을 유보시키며 자기 이해의 공간을 확장하는 성찰의 언어 활동으로 환원된다. 이 요소들 사이의 해석의 기제에 대해서는 별도의 논의가 필요하겠지만, 적어도 문학 교수학에서 보면 문학 이론의 근본 질문들이 이루는 길항을 다시 확인하게 된다.

그런데 문학적 의사소통과 관련하여 주목할 것은 그것이 반드시 사회적 현상으로서만 문제가 되는 것이 아니라 시학이나 비평의 문제와도 직결되어 있다는 것이다. 다시 말해 의사소통의 도식을 문학적 사실에 대한 물리적이고 외인적인 작동 방식으로 보느냐 내면적이고 의미론적인 방식으로 보느냐에 따라 그 의미가 달라진다. 즉 의사소통의 도식에 주어진 구성 요소들은 Blanchot의 탐구에서 보다시피 이미 일찍부터 개별적으로 문학적 논의에서 본질적인 문제들을 구성하고 있다. 그러므로 문학 교육에서 문학적 소통을 다루려면 사회학적 설명만이 아니라 문학 내적인 의미의 소통과 해석의 과정으로도 환치해 볼 수 있는 것이다. 다만 한 가지 차이는 사회학적 설명은 포괄적 현상을 전제로 하고 각각의 요인들 사이의 관계를 해명하고자 하려는데 반하여, 문학 내적 소통과 해석의 과정은 특정 요소의 가치를 중심으로 설정함으로써 해석의 갈등이 상존한다는 것이다. 사회학이 상대적 객관성을 지향한다면 문학적 해석은 주관적 가치 평가를 배제하지 않기 때문이다. 문학 교육의 진정한 기능은 문학을 오로지 사회 현상으로만 보는 데에 있지 않고, 궁극적으로는 문학적 해석의 과정에 참여하는 데에 있으므로 문학적 소통의 외부적 특징뿐만 아니라 내면적인 면을 이해하는 것이 중요하다.

---

53) M. Blanchot(1955) *L'espace littéraire*, Paris: Gallimard, p.208.

문학 교수학의 요소는 결국 문학 수업에서 누가 무엇을 누구에게 어떻게 왜 가르치는가 하는 문제와 직결된다. 그때 문학 교수학은 문학 교사가 문학 텍스트를 가지고 학습자들에게 일정한 방식을 통해 가르치는 체제에 대한 연구가 된다. 그리고 교수법은 크게 문학 텍스트의 내적 조직과 분석 도구, 그리고 독서 방법에 대한 탐구가 주를 이룬다. 문학 텍스트의 분석에 대해서는 Genette의 시학, 특히 그의 서술학 이론들과 Greimas의 기호학, Riffaterre의 구조문체론 등이 큰 영향을 끼쳤다. 거기에다 언어학적 성격들을 더욱 명시적으로 내세운 Jean-Michel Adam의 작업들은 텍스트 유형론을 교육적 맥락에 적용하는 데에 크게 기여하였다. 근래의 텍스트 읽기 이론에 대한 연구들은 이를 잘 보여주고 있다. 그리고 이러한 원리들에 대한 이해를 바탕으로 하여 다양한 교수법의 모형들을 구상할 수 있다. 하지만 문학 교육에서는 형식적 모형들이 문학 자체를 사상시킬 위험이 상존하므로 관건은 문학에 대한 근본적인 질문들이 읽기와 쓰기를 아우르는 문학 체험과 맺는 관계를 통해 주체적인 성찰로 이어지도록 하는 데에 있다.

> Roman Jakobson이 의사소통의 요소로 제시한 것은 크게 여섯 가지인데, 발신자와 수신자 그리고 그 사이에 있는 상황맥락(혹은 지시대상 référent)과 전언(혹은 텍스트 texte), 접촉(혹은 경로canal)과 부호 등이다. 그 요소들 각각에 기본적인 언어 기능이 배당된다. 발신자에게는 감정표시 기능(fonction expressive), 수신자에게는 명령 기능(fonction conative), 상황에는 지시 기능(fonction référentielle), 전언에는 시적 기능(fonction poétique), 접촉에는 친교 기능(fonction phatique), 부호에는 메타언어 기능(fonction métalinguistique)등이 그것이다. (Roman Jakobson, Linguistique et poétique (1), in *Essais de linguistique générale,* traduit de l'anglais et préfacé par Nicolas Ruwet, Minuit, 1963.)

4. 문학 교육의 실제

4.1. 비판 정신과 비평 능력

19세기 말에 문학사 교육이 수사학을 대체하여 등장했을 때 그 주된 목표 중의 하나가 국민정신의 통일이었듯이, 제도교육의 틀 안에서 문학은 언제나 공동체의 교양이나 이념과 관련되어 있다.[54] 그리고 21세기에도 문학 공부의 중요성은 크게 변함이 없이 유지되고 있다. 그것의 목적은 '시민 정신과 비판 정신'의 함양이나 '이성적 사유의 숙달'[55]이다. 그러고 보면 근대의 문학 교육은 민족국가의 구성원으로서의 시민 양성이라는 목표를 가지고 있다. 제도 교육의 목적을 비판적으로 본다고 하더라도 문학 교육의 목표는 대체로 다음과 같을 것이다. 첫째는 언어의 감시자가 되어 그 역사적 성격과 다의성, 함축의 작동 등을 눈여겨보는 것, 둘째는 사상과 가치의 감시자, 셋째는 인격의 형성, 넷째는 건전한 판단력을 갖춘 시민, 다섯째는 비판 정신의 형성과 민주주의의 함양이다.[56] 사실 이와 같은 목표는 근대적 문학 교육에서 거의 변함없이 제시되어 온 것들이다. 그리고 문학 연구나 비평이라는 것도 넓게 보면 이러한 영역 안에서 이루어져 왔다. 문학을 둘러싼 논쟁이라는 것은 언어적 표현이나 미적 가치 판단, 혹은 정서적이거나 심리적인 차원을 넘어 사회역사적 차원으로 확대된다. 그래서 위와 같은 목적들이 문학 교육의 내용으로 포함되는 것은 당연하다. 특히 여기서 주목할 것은 판단 능력이나 사고 능력, 비판 정신이 문학 교육의 본질적 목표라는 점이다. 다만 문학 공부의 독특함은 상대적이고 주관적인 지식을 대상으로 주체적인 판단 능력과 사고 능력을 배양한다는 것이다.[57]

그 목적에 비추어보면 문학 교육의 핵심은 어쩌면 비평(비판)에 있는 것처럼 보인다. 판단과 사고, 비판은 문학 작품에서보다도 비평적 작업에서 더 잘 드러나기 때문이다. 물론 문학 교육의 목표는 문학을 교리문답서로 변형시키기 위한 것은 아니며, 그 목표가 직접적인 도그마로 성취될 수 있는 성질의 것도 아니다. 문학이 자명한 것

54) R. Barthes(1984) Réflexions sur un manuel(1969), in *Le bruissement de la langue*, Paris: Seuil, p.49.

55) E. Fraisse & B. Mouralis(2001) *Questions générales de littérature*, Paris: Seuil, p.11.

56) A. Viala(2009) *La culture littéraire*, Paris: PUF, pp.63–70.

57) 김진하(2010) "프랑스 문학 교육에서 비평의 역할", 『프랑스어문교육』 제34집, 314-315쪽.

이 아니듯 그것의 교육도 규범적일 수 없다. 다만 '비평' 개념을 비판적 기능으로만 볼 것인지, 하나의 형식으로 다룰 것인지의 문제가 제기된다. 문학 교육의 목표에 적시된 비판적 기능은 반드시 비평문의 학습을 가리키지는 않지만 결코 그것과 무관할 수는 없으며 더 나아가 둘의 관련은 필연적이다. 따라서 문학 교육에서 비평의 문제는 방법론적이거나 전략적인 것이다. 교수학적 전략에 따라 비평을 적절히 활용하는 것이 문학 교육의 본질적 목표에 부합한다.

그런데 더욱 근본적인 문제는 비평이나 해석의 문제가 항상 문학 수업 안에서 제기된다는 점이다. 비평사의 강의뿐만 아니라 실제의 수업 상황에서도 문헌에 대한 이해 방법에 따라 다양한 비평적 논의와 연습이 가능하다. 즉 문학사를 다루든 장르별로 작품을 다루든 비평적 해석 연습은 필연적으로 동반된다. 특히 20세기 후반기의 여러 비평 이론들은 1980년대를 지나면서 제도 교육 속으로 편입되었다.[58] 그것은 이미 교육의 대상이거나 교육적 실천의 방법론을 구성하고 있다. 그런데 문학 교육의 목표를 그 실질적 능력의 평가와 관련지어 보면 가장 명시적으로 드러나는 것은 학생의 비평 능력을 바탕으로 한 논평이나 논술 능력이다.

4.2. 설명, 논평, 논술

문학 교육에서 비평 수업의 문제는 직접적으로 비평문을 읽거나 비평사를 공부하기 이전부터 제기되어 있다. 사실 프랑스의 교육에서 문학 수업의 실질적인 과제는 논평과 논술 능력의 함양이라고 볼 수 있는데, 비평은 문학 수업에서 실행되는 발표(exposé), 설명(explication), 논평(commentaire), 논술(dissertation) 등과 직접적으로 관련되어 있다. 그래서 수사학 교육의 변화를 조망하면서 Genette는 문학 교육을 논술의 수사학이라고 규정한 바 있다.[59] 수많은 논술 참고서들을 새삼 거론할 것도 없지만, 대부분의 문학 입문서나 개론서들은 말미에 실행 방법을 두고 설명, 논평, 논술을 다루고 있다. 프랑스 문학 교육에서 설명, 논평, 논술이 실행되어온 방법에 대한

58) A. Compagnon, *op. cit.*, p.10.

59) G. Genette(1969) Rhétorique et enseignement, in *Figures II*, Paris: Seuil, p.31.

논의는 별개로 두더라도,[60] 주목할 것은 문학 수업의 실제적인 목표가 바로 비평과 논술 능력의 함양이라는 점이다. 문학 교육의 결과로 학생들이 보여주어야 할 능력은 문학 텍스트에 대한 설명(말하기)이나 논평(글쓰기)으로 나타난다.[61]

프랑스 문학 교육에서 문헌 설명(explication de texte)은 19세기말에 문학사가 정착된 뒤로 오랫동안 실행되어온 것이지만, 그 방법은 신비평의 여러 방법들이 등장한 뒤로 현격히 달라졌다. 즉 그것은 문학사적 지식의 개진에 그치는 것이 아니라 현대 비평의 여러 이론들을 원용하는 문헌 해석 방법이 된다.

> "우리는 또한 문학 비평의 새로운 방도들의 체계적인 활용으로부터 어떤 방책을 이끌어낼 수 있는지도 알고 있다. 언어학, 사회학, 정신분석은 텍스트로부터 시작해서 여러 유형의 동질적인 담론을 만들어내는데, 그것은 문헌 설명이 종종 귀착하고 마는 비형식적 절충주의와는 아주 거리가 멀다."[62]

절충주의와 종합을 종종 혼동하는 문학 교육의 양상에 비추어보면 이런 지적은 깊이 음미되어야 한다. 그렇다고 문헌 설명이 바로 비평 방법의 실천을 뜻하지는 않는다. 문헌 설명은 짧게 주어진 문학 작품의 한 두 대목을 단선적으로 따라가며 구어를 통해 설명하는 것이다. 그래서 글의 흐름을 벗어나는 지식을 첨가할 여지는 적다. 설명은 어디까지나 문헌에 한정되어 있어야 하므로 해석적 기능은 제한적일 수밖에 없다. 가치평가를 내려야 하는 논평과 달리 설명은 문헌을 풀어내는 데에 그쳐야 한다. 설명은 텍스트를 외재적 관점에서 단선적으로 풀어내는 반면, 논평은 내재적 일관성을 중요시 하면서 비평적 형식을 띤다. 하지만 텍스트에 외재적인 관점 없이 텍스트를 의미 있는 대상으로 바라보는 것은 거의 불가능하며 가능하더라도 매우 편협해진다.[63] 또한 궁극적으로 의미와 가치에 대한 관점 없이 설명이 충실해지기도 어렵다.

논평은 보통 짧은 발췌문에 대한 논평을 요구하는 '복합 논평'과 좀 더 일반적인 문학적 문제에 대한 논증을 요구하는 '논술'로 구분된다. 문제가 주어지는 형식에 있

---

60) 김진하 "프랑스 교육에서 논술의 위상에 대한 고찰", (『프랑스어문교육』 제26집, 2007)과 "프랑스와 한국의 논술 개념 비교", (『프랑스어문교육』 제28집, 2008) 참고.

61) 김진하(2010) "프랑스 문학 교육에서 비평의 역할", 『프랑스어문교육』 제34집, 320-325쪽.

62) D. Bergez, *op. cit.*, p.1.

63) *Ibid.*, p.19.

어서 '복합 논평'과 '논술' 사이에는 뚜렷한 차이가 있는 것이다. 그리고 논평이 주관적 견해의 정당화에 초점이 있다면 논술은 근본적으로 논증의 형식을 요구한다는 점에서 다르다. 하지만 논평과 논술에서는 비평 개념의 도입이 불가피하다.[64] 논평에서는 설명을 위한 언어적 해석에 더하여 미학적 효과의 문제가 결정적이기 때문이다.[65] 문헌 설명에 대한 개설서에서 Daniel Bergez는 비평의 문제를 "비평의 필요성, 그리고 비평의 취약성. 모든 논평은 이런 진퇴양난 속에서 발버둥친다"[66]고 요약한다. 다시 말해 비평이야말로 가장 어려운 문학적 실천이라고 할 수 있다. 어떤 문헌을 정확히 이해하고 적절한 용어로 설명하기는 쉽지 않다. 또한 더 나아가 비평적 설명이 없는 개인적 경험이나 감정, 인상의 술회를 문학적 논평이라고 할 수도 없다. 따라서 논평에서 비평은 불가결한 것이고, 특히 교육과 연습이 필요한 실행 방법이다.

설명과 논평, 논술의 차이를 보자면, 앞의 두 가지는 어쨌든 주어진 텍스트에 한정해서 논의를 이끌어가는 반면 논술에서는 문헌과 문맥을 모두 고려해야 하고 그 사이의 균형이 중요하다. 그것은 개인의 인상이나 주관적 견해의 발표가 아니고 다른 누군가의 견해의 되풀이도 아니다. 그것은 논제에 대한 논증(argumentation) 능력을 요구한다. 문학적 실행 방법으로 보면 설명, 논평, 논술의 단계로 점차 심화된다. 그리고 프랑스의 문학 교육에서는 "논술이라는 명칭 자체가 문학 비평의 세속적 장르"[67]로 통한다.

논술에서는 제시되는 질문들이 이미 비평적 쟁점들이기 때문에 비평 방법론에 대한 지식이 불가결하다. 그래서 대학생은 텍스트에 대한 지식과 근대적인 비평 방법론에 대한 기초지식을 결합시켜야 한다.[68] 하지만 논술은 비평 지식을 드러내기 위한 자리가 아니므로 생경한 용어를 구사하거나 과도하게 비평 용어를 써서는 안 되며

64) A. Viala(2009) *La culture littéraire*, Paris: PUF, p.249. 논평의 특징을 Alain Viala는 다음과 같이 요약한다. : "나는 어떻게 이 텍스트를 이해했는가, 내게 본질적으로 보이는 것은 어떤 특징들인가, 그것을 어떻게 해석할 수 있는가, 그것은 우리에게 어떤 주요한 질문들을 제기하는가 하는 것은 위와 같다. 그리고 나는 이런 독법이 당신에게도 도움을 줄 수 있다는 확신을 가지고 제시한다."

65) *Ibid.*, p.250.

66) D. Bergez, *op. cit.,* Avant-propos, VII.

67) A. Viala, *op. cit.*, p.255.

68) F. Adam(2005) *Réussir la dissertation littéraire*, Paris: Armand Colin, p.5.

권위 있는 저서를 거론함으로써 자신을 정당화하는 것도 피해야 한다. 그것은 비평적 감각을 요구하되 직접적으로 비평 지식을 요구하지는 않는 글쓰기다. 더욱이 그것은 문제를 제기하는 게 아니라 주어진 문제에 대해 논증하는 것이다.

비평은 한편으로는 작품의 의미를, 다른 한편으로는 존재나 삶, 혹은 세계의 의미를 해석하고 평가하는 작업이다. 그래서 비평문은 비평가-독자의 미학적 가치 판단과 텍스트의 구조적 짜임새, 작가의 의도 등이 엇갈리고, 부딪치고, 겹쳐지며 주관과 객관이 공감과 합의를 모색하는 긴장과 갈등과 대화의 마당이라고 할 수 있다. 요컨대 의미의 탐색 없이 텍스트를 읽을 수 없으며, 가치에 대한 관점 없이 분석하거나 설명할 수도 없다. 문학 텍스트는 해석의 문맥 속에 언제나 던져져 있다고 말할 수 있다. 그러므로 문학 공부, 혹은 문학 교육은 근본적으로 문학에 대한 비평을 전제한다. 주관성의 폭을 상황에 따라 제한한다고 하더라도 여전히 그 시작과 끝은 의미 있는 비평적 탐색 작업과 연결되는 것이 문학 교육이라고 말할 수 있다.

> 프랑스에서 문학 교육을 둘러싼 논쟁은 1990년대 이후 신교육 정책이 도입되면서 격화되었다. 그것은 크게 학생을 중심에 두고 개개인에 맞춘 학습지도와 생활지도의 개선 등에 중심을 두는 '교육론자들'과, 지식의 전수가 가장 중요한 교육의 임무라고 보는 '공화주의자들' 사이의 대립으로 규정된다. 공화주의자들은 선생이 어려운 것을 전수(transmission)하는 것이야말로 참된 교육이요, 그것이 사회적 평등에 기여한다고 주장한다. 그러니까 중등교육에서 문학의 위상을 지켜나가는 것이 중요하다. 반면에 '교육론자들'은 교사가 학생의 수준에 맞추어 쉬운 내용을 가지고 소통(communication)해야 한다고 주장한다. (Antoine Léon & Pierre Roche(2008), *Histoire de l'enseignement en France,* Paris: PUF, p.115.)

〈학습과제〉

1. 프랑스 문학 교육에서 지식의 전수를 통한 교양의 형성을 옹호하는 공화주의자들과 학생의 수준에 맞춘 소통을 주장하는 교육론자들 사이의 논쟁에 대해 설명하시오.
2. 문학을 통한 언어 교육과 언어 능력에 맞춘 문학 교육을 비교하고 문학 텍스트의 특성에 대해 설명하시오.
3. 문학 텍스트의 유형과 읽기 방법에 대해 고찰하시오.
4. 문학 독서의 체험과 텍스트 분석 사이의 관계에 대해 고찰하시오.

참고문헌

김진하(2007) "프랑스 교육에서 논술의 위상에 대한 고찰", 『프랑스어문교육』 제26집.

김진하(2008) "프랑스와 한국의 논술 개념 비교", 『프랑스어문교육』 제28집.

김진하(2009) "프랑스 문학 교육의 방법론에 대한 고찰", 『프랑스어문교육』 제31집.

김진하(2010) "프랑스 문학사 교육의 변화에 대하여", 『프랑스어문교육』 제33집.

김진하(2010) "프랑스 문학 교육에서 비평의 역할", 『프랑스어문교육』 제34집.

김진하(2011) "대학의 문학 교육에서 교수학의 위상 – 프랑스의 이론을 중심으로", 『프랑스어문교육』 제37집.

김진하(2011) "문학 교수학의 대상과 근본 문제", 『프랑스어문교육』 제38집.

허창운(1989) 『현대 문예학의 이해』(편저), 서울: 창작과비평사.

Adam, F.(2005) *Réussir la dissertation littéraire*, Paris: Armand Colin.

Aron, P. & Viala, A.(2005) *L'enseignement littéraire*, Paris: PUF.

Astolfi, J.-P. & Develay, M.(1989) *La didactique des sciences*, Paris: PUF.

Barthes, R.(1963) *Sur Racine*, Paris: Seuil.

Barthes, R.(1966) *Critique et vérité*, Paris: Seuil.

Barthes, R.(1984) *Le bruissement de la langue*, Paris: Seuil.

Bergez, D.(2005) *L'explication de texte littéraire*, Paris: Armand Colin.

Biard, J. & Denis, F.(1993) *Didactique du texte littéraire*, Paris: Nathan.

Blanchot, M.(1955) *L'espace littéraire*, Paris: Gallimard.

Blanchot, M.(1959) *Le livre à venir*, Paris: Gallimard.

Bordas, É. et al.(2009) *L'analyse littéraire*, Paris: Armand Colin.

Chevallard, Y.(1984) *La transposition didactique*, Paris: La Pensée Sauvage.

Compagnon, A.(1998) *Le démon de la théorie*, Paris: Seuil.

Doubrovsky, S. & Todorov, T., éd.(1971) *L'enseignement de la littérature*, Paris: Plon.

Fraisse, E. & Mouralis, B.(2001) *Questions générales de littérature*, Paris: Seuil.

Genette, G.(1969) *Figures II*, Paris: Seuil.

Halté, J.-F.(1992) *La didactique du français*, Paris: PUF.

Jakobson, R.(1963) *Essais de linguistique générale*, Paris: Minuit.

Lanson, G.(1925) *Méthodes de l'histoire littéraire, « Études Françaises ».*

Lanson, G.(1965) *Essais de méthode, de critique et d'histoire littéraire*, rassemblés et présentés par Henri Peyre, Paris: Hachette.

Nordmann, J.-T.(2001) *La critique littéraire française au XIXe siècle(1800-1914)*, Paris: Livre de poche.

Rosier, J.-M.(2002) *La didactique du français,* Paris: PUF.

Rohou, J.(1993) *Les études littéraires*, Paris: Nathan.

Sartre, J.-P.(1948) *Qu'est-ce que la littérature?*, Paris: Gallimard.

Séoud, A.(1997) *Pour une didactique de la littérature*, Paris: Didier.

Todorov, T.(2007) *La littérature en péril*, Paris: Flammarion.

Viala, A.(2009) *La culture littéraire*, Paris: PUF.

Textes officiels pour l'enseignement du français en classe de Seconde, Bulletin officiel de l'Education Nationale, n° spécial 15 février 1987, & n°22 - 9 juin 88.

13

컴퓨터 활용 프랑스어 교육

장 니 나

컴퓨터 활용교육(EAO:Enseignement assisté par ordinateur, 이하 EAO)이란 1920년대에 처음으로 교육용 기계를 사용한 이후 컴퓨터의 발명으로 인해 다양한 학습 유형으로 활용된 것을 모두 포함한다. 프랑스에서 컴퓨터 활용 언어교육(ALAO:Apprentissage des langues assisté par ordinateur, 이하 ALAO)은 정보기술력의 발전과 응집력으로 탄생한 여러 미디어 매체 특성이 컴퓨터를 기반으로 한 언어학습에 적용된 것으로 정의될 수 있다. 현대정보화사회는 이렇듯 다양한 미디어의 발전으로 디지털 노마드족[1]과 스마트 세대[2]를 창조해냈다. 사회에서 개발된 새로운 기술들은 미래의 인재를 양성하는 교육현장에 빠른 속도로 적용되어왔으며 기계를 활용한 교육방법이 개발되어 왔다. 오늘날 시디롬(CD-Rom)과 인터넷(Internet)의 도구를 중심으로 소프트웨어, 포럼, 이메일, 화상회의, 블로그, MP3, 스마트폰 등을 활용하여 자기주도 학습 및 협동학습이 이루어지고 있다. 이러한 학습 유형의 배경이 되는 교육학적 이론은 행동주의, 구성주의, 인지주의, 상호활동주의, TAL(N), 교육공학, 인공지능((IA:Intelligence artificielle, 이하 IA), 가상현실(réalité virtuelle), 인간과 기계 간 상호활동 이론 등이다.

본 장에서는 먼저 멀티미디어(Multimédia)의 개념과 특성을 소개하고 멀티미디어

1) 첨단 IT기술을 의미하는 디지털에 유목민을 뜻하는 노마드를 합성한 말로 장소에 구애 받지 않은 채 첨단기기를 활용하는 사람을 의미함.

2) 1990년대 멀티미디어 PC의 등장이후 스마트폰, 스마트 텔레비전, 체험형 3D 텔레비전 등을 포괄하는 스마트 전자 기기를 사용하는 세대를 말함.

의 오프라인 체제에서 구현되는 시디롬과 온라인을 기반으로 하는 인터넷으로 구분하여 설명할 것이다. 다음으로 컴퓨터 활용 협동학습(ACAO:Apprentissage coopératif assisté par ordinateur, 이하 ACAO), 컴퓨터 매개 커뮤니케이션(CMO:Communication médiatisée par ordinateur, 이하 CMO)과 (자연)언어자동처리(TAL(N):Traitement automatique du langage(naturel), 이하 TAL) 순으로 알아볼 것이다.

1. 컴퓨터 활용 언어교육(ALAO)[3]

1.1. ALAO의 개념

학습용 기계에 관심을 가진 학자는 Thorndike, Pressey, Skinner이다. 1912년에 기계 활용 매뉴얼을 고안한 Thorndike에 이어 Pressey는 1927년에 다지선다형(QCM:Questions à Choix Multiples, 이하 QCM) 자동 기계를 제작했다.[4] "이 교육용 기계는 제시된 질문에 4개의 가능한 해답 버튼을 장착하여 학습자는 정답을 누른 후 다음 문제로 넘어갈 수 있는 시스템이었다. 이후 Skinner는 Pressey의 기계가 학습현상에 도움을 주지는 않는다고 비판하며 프로그램화된 교육(enseignement programmé)을 제안하였다. 이른바 1953년에 컴퓨터 보조학습(CAI:Computer Aided Instruction)을 제시하며 코스웨어(courseware)라고도 부르는 이 학습법이 탄생되었다. 그 목표는 학습자의 활동 중심이었으며 방법은 주어진 설명을 듣고 정해진 답을 선택하는 방식으로 기존에 있던 연습문제를 반복적으로 푸는 방식에서 다소 발전된 것이었다."

프랑스에서는 1960년대부터 컴퓨터를 프로그램화된 언어교육의 도구로 활용하기

3) 프랑스에서는 EAO 제 분야는 여러 용어로 알려져 있고 영어에서는 유사한 용어로 CALL (Computer Assisted Language Learning), CBI(Computer Based Instruction), CAI(Computer Assisted Instruction), ITS(Intelligent Tutoring System), NBLT(Network based language teaching) 등이 있음.

4) G. Antoniadis, C. Fairon, S. Granger, J. Medori, V. Zampa(2006) "Quelles machines pour enseigner la langue?." *TALN*, p.796.

시작하였다. De Montmollin(1971)[5]은 "프로그램화된 교육을 교사나 모니터의 직접적인 개입 없이 지식을 전달할 수 있는 교육방법으로 정의하였으며 학습자의 개별 특성을 강조했다. 프로그램화된 교육이 되기 위한 4개의 원칙을 제시하였는데 첫째, 교육 과목의 구조화로 이해와 기억을 용이하게 하기 위해서는 가르칠 내용을 잘라서 제시해야 한다. 둘째, 적응의 원칙으로 교육의 본질은 학생들에게 맞추는 데 있다. 셋째, 자극의 원칙과 넷째, 조절의 원칙이 있다."

1970년대에 컴퓨터를 기반으로 프로그램화된 교육으로 발전된 EAO는 기계를 활용하는 교육의 기존 한계점을 극복하고자 다음을 제안하였다. "학습자와 자연언어[6]로 소통할 것, 교육이 단절되지 않고 연속선상에서 선택될 것, 학습자의 오류를 이해하고 처방하며 예측하여 대비할 것, 교육적 전략을 개선하고 학습자의 기능을 변화시킬 것에 대해 보완하였다. 이후 컴퓨터는 1980년대의 지능 튜터 역할에서 1990년대에는 협력 시스템과 상호 작용 환경으로 발전되었다."[7]

프랑스에서는 컴퓨터 활용 프랑스어 교육과 관련한 용어를 EAO, ALAO, 지능 컴퓨터 활용교육(EIAO:Enseignement intelligemment assisté par ordinateur, 이하 EIAO), 정보통신기술의 교육적 활용(TICE:Technologies de l'information et de la communication pour l'éducation, 이하 TICE), 컴퓨터와 비디오 활용교육(EAVO:Enseignement assisté par vidéodisque et ordinateur, 이하 EAVO), 컴퓨터 활용 언어습득(ALAO:Acquisition des langues assistée par ordinateur, 이하 ALAO2) 등으로 언급되고 있으나 크게 세 가지, EAO, ALAO, TICE를 보편적으로 사용하고 있다.

---

5) M. De Montmollin(1971) *L'enseignement programmé*, Paris: PUF. G. Antoniadis, C. Fairon, S. Granger, J. Medori, V. Zampa(2006) pp.796-797. 재인용.

6) 자연언어(langage naturel)는 컴퓨터상의 기계언어(프로그래밍 언어)와 상치되는 말로서 인간이 일상생활에서 자연스럽게 사용하는 말을 지칭함.

7) G. Antoniadis, C. Fairon, S. Granger, J. Medori, V. Zampa(2006) "Quelles machines pour enseigner la langue?." *TALN*, pp.797-798.

1.2. ALAO의 특성

ALAO의 특성으로는 일방적인 학습이 아닌 교사와 학생 간 혹은 학생과 학생 간의 상호성(interactivité), 상호작용(interaction)에 있으며 컴퓨터의 IA와 기술적 진보를 바탕으로 한 자기주도성에 있다.

이러한 특성을 바탕으로 제작되는 소프트웨어의 발전은 교육학의 세 이론과 그 맥을 같이 해왔다.[8] "행동주의접근법(approche béhavioriste)에서 컴퓨터는 기계적인 반복학습을 통해 지식을 확인하고 학습자에게 내용을 알려주는 수단이었다. 반면 의사소통접근법(approche communicative)에서 컴퓨터는 실제자료를 활용한 과제학습을 가능하게하고 학습자에게 의사소통 능력을 활용할 수 있게 하였다. 문법은 주된 목표가 아니므로 암묵적으로 가르치고 학습자는 상호작용과 학습의 단계를 스스로 조절할 수 있게 되었다. 한편, 통합적접근법(approche intégrative)에서는 멀티미디어와 인터넷의 영향으로 쓰기, 읽기, 이해, 작문의 활동이 구성될 수 있었다. 학습자는 의사소통 과제를 수행하고 용어, 문법적인 도움 등 학습에 필요한 부분을 참조할 수 있다. 결국 자기주도 학습이 이루어지고 원어민 화자와 인터넷상에서 교류할 수 있게 된 것이다."

특히 멀티미디어, 하이퍼텍스트(hypertexte), 인터넷의 발전은 ALAO에 획기적인 전기를 마련해 주었는데 이로써 시디롬과 인터넷을 기반으로 한 멀티미디어 학습이 가능하게 되었다. 평가방법으로는 QCM의 유형을 근간으로 어휘, 이해, 형태 연습이 주를 이루었고 특히 TAL(N)을 통해 오류분석과 피드백이 가능하게 되었다.

hypertexte : 컴퓨터상에서 멀티미디어(텍스트, 화상, 음성, 영상)가 서로 연결되어 정보를 손쉽게 검색가능하게 하는 텍스트로 1990년에는 프랑스 베르사유에서 제1회 하이퍼텍스트 유럽회의가 개최되었다.[9]

8) M. Warschauer(1996) "Computer-Assisted LAnguage Learning:An Introduction." Fotos, S. (Ed.). *Multimedia Language Teaching*, Tokyo: Logos International, pp.3-20. L'haire, S.(2011) *Traitement automatique des langues et apprentissage des langues assisté par ordinateur:bilan, résultats et perspectives*, Genève: Université de Genève, pp.3-4. 재인용.

9) R. Laufer et D. Scavetta(1992) *Texte, hypertexte, hypermédia*, Paris: PUF, p.43.

1.3. ALAO의 유형

ALAO의 유형은 크게 기술적인 측면에서 볼 때 컴퓨터를 기반으로 한 오프라인과 온라인상에서 이루어지는 학습으로 구분할 수 있는데 최근에는 두 개를 통합하는 온/오프라인 혼합학습(apprentissage mixte)[10]도 있다.

네르본은[11] ALAO의 내용적인 측면에서 세 가지 활용 유형을 제시하고 있는데 학술과 교수적 활용, 산업적 활용, 자기주도적 활용이 있다. 한편 마르케는 학습 유형으로 "첫째, 인지주의 이론을 바탕으로 한 프로그램 형으로 지식은 안내되고 학습자는 그것을 읽는 형태를 말한다. 둘째, 행동주의에 따라 연습문제를 푸는 연습 형 셋째, 동일한 규칙아래 놀이 형태로 이루어지는 유형으로 학습자의 흥미를 집중시키는 교육적 놀이 형이 있다. 넷째, 지식은 표현되는 것이며 학습자는 자료에 동화되는 스마트 튜터 형 다섯째, 인지주의와 구성주의 이론을 바탕으로 한 유형으로 지식은 누구나 접근이 용이하고 학습자는 그것을 탐색하는 하이퍼미디어 형이 있다. 여섯째, 구성주의 이론에 따라 지식은 모델과 자료를 기반으로 이루어져 있고 학습자는 이를 구성하고 조정하며 관찰하는 유형으로 미시적 세계(그래픽 환경)와 시뮬리에션 형 일곱 번째, 지식은 학습자들 간에 구성되는 것이며 협동학습이 가능한 소프트웨어 형"으로 구분하고 있다.[12]

이 분야에서 많이 알려진 ALAO 학습 소프트웨어 사례 몇 가지를 소개하고자 한다.

---

10) 영미권에서는 블렌디드 수업(Blended Learning)으로 지칭함. 본 글에서는 두 용어를 병행해서 사용함.

11) J. Nerbonne(2003) Natural Language Processing in Computer-Assisted Languages Learning. Mitkov, Ruslan (Ed.). *The Oxford handbook of computational linguistics*, pp. 670-698. Oxford: Oxford Univ. Press. S. L'haire(2011) *Traitement automatique des langues et apprentissage des langues assisté par ordinateur:bilan, résultats et perspectives*, Genève: Université de Genève, pp.11-12. 재인용.

12) P. Marquet(2004) *Informatique et enseignement:progrès ou évolution?*, Sprimont: Mardaga. S. L'haire(2011), *Traitement automatique des langues et apprentissage des langues assisté par ordinateur:bilan, résultats et perspectives*, Genève: Université de Genève, p.26. 재인용.

〈표 13-1〉 ALAO의 소프트웨어 사례[13)]

유 형		유형별 특징
1	AlexiA	제2언어로서의 프랑스어 학습을 위한 컴퓨터 환경 시험용. 일반사전, 개인사전, 어휘 활동, 학습자 모델, 표준형, 400개의 텍스트로 된 코퍼스
2	Camille (Computer-Aided Multimedia Interactive Langage Learning)	영국, 프랑스, 스페인, 네덜란드 공동 콘소시움 프로젝트. 스페인어와 네덜란드어 초보 학습자용과 실무 프랑스어 고급 학습자용 자료 구성이 목적임. France InterActive 소프트웨어에서 출발함. 일상의 과제를 돕고 의사소통 능력을 향상시키기 위함. CD-ROM(활동지, 문법, 음성사전, 오디오-비디오 녹음, 문화책)
3	Didalect	중급과 고급 학습자용 프랑스어 강독. 텍스트 코퍼스로 구성.
4	Easy Writer	문법 오류 교정용 학습 소프트웨어
5	Mirto	TAL의 도구 기반 언어학습용. 교육적 시나리오를 교사에게 제공할 목적. 철자, 형태, 의미 영역 평가
6	Belloc	문제해결상황 기반 프랑스어 학습 시스템

위의 표에서 보듯이 학습자의 의사소통과 문법적 오류를 분석하고 해결해 주는 유형 등 다양한 목적으로 소프트웨어는 구성되고 있으며 기술의 발전에 따라 여러 유형이 시도되고 그 결과가 연구되고 있다.

2. 멀티미디어(Multimédia)

2.1. 멀티미디어의 개념

매체(media)는 대중매체(mass media)와 다중매체(multimedia), 교수매체(instructional media) 등으로 구분되며 매체의 역할은 커뮤니케이션 모형을 통해서 설명이 될 수 있다.[14)]

멀티미디어란 텍스트(texte), 화상(image), 음성(son), 영상(vidéo)의 네 가지 매체가

13) 저자에 의해 선별됨. S. L'haire(2011) *Traitement automatique des langues et apprentissage des langues assisté par ordinateur:bilan, résultats et perspectives*, Genève: Université de Genève, pp.363-419.

14) 백영균 외 7인(2006) 『유비쿼터스 시대의 교육방법 및 교육공학』, 서울: 학지사, 227-229쪽.

IT기술하에서 통합되어 구현된 것을 말한다. 이 네 개의 각각의 매체는 교수법의 역사에서 볼 때 결코 새롭게 등장한 것은 아니다. 이미 지면교재를 사용한 전통교수법에서는 텍스트와 화상이 글과 그림의 형태로 사용되었으며 시청각통합 교수법에서는 녹음기와 비디오를 통해 음성과 영상을 볼 수 있었다. 이렇듯 멀티미디어 활용 학습은 기존의 매체들을 통합하여 컴퓨 상에서 IT기술을 응용한 학습법이라 할 수 있다.

프랑스 사회에서는 1980년대 후반에 컴퓨터의 미래 발전 방향을 제시하는 용어로 멀티미디어가 크게 대두되었다. Lancien(1998)[15)]은 멀티미디어를 두 가지로 구분하였는데 텍스트와 화상을 의미하는 고정 미디어(média fixe), 음성과 영상을 지칭하는 동적 미디어(média mobile)가 그것이다. 결국 멀티미디어 학습이 이루어지기 위한 개념적 정의는 다음 세 가지를 충족해야 한다. 첫째, 멀티미디어 중 최소 하나의 동적 미디어를 포함해야 하고 둘째, 두 가지 이상의 미디어가 결합되어야 하며 셋째, 특히 상호작용성인 대화 기능 개념이 포함되어야 한다.

기존 매체인 텔레비전은 텍스트, 화상, 음성, 영상으로 구현되는 것은 맞지만 동일한 채널에서 사용자가 알고 싶어 하는 추가적인 정보를 실시간에서 요구할 수 없기 때문에 멀티미디어와는 다르다. 반면 멀티미디어인 시디롬이나 인터넷의 웹 기반 자료는 사용자가 화면의 어느 부분이든지 마우스 버튼을 누르면 여러 다른 정보를 연속적으로 무제한으로 보여준다. 이는 사용자의 주도적인 의사가 반영된 결과이므로 멀티미디어의 주된 특성인 대화 기능이 충족된 것이다. 결국 멀티미디어의 정의는 컴퓨터를 기반으로 모든 데이터를 디지털형태로 변환하고 컴퓨터의 처리 기능을 이용하여 대화 기능을 제공하는 커뮤니케이션인 것이다.

2.2. 멀티미디어의 특성

멀티미디어는 학습자 중심의 자기주도 학습의 주요 도구이자 창의적이고 협동적인 학습을 위한 주요 교육 매체로 활용된다.

멀티미디어의 특성은 상호작용성, 여러 매체를 지원하는 기능인 멀티채널특성(multicanalité), 멀티미디어 매체 간 이동으로 정보를 손쉽게 얻을 수 있는 기능인 하

15) Th. Lancien(1998) *Le multimédia*, Paris: CLE international, p.7.

이퍼텍스트, 여러 자료를 참조할 수 있는 기능인 멀티참조특성(multiréférentialité)이 있다. 이러한 특성은 학습 자료의 전시(exposition)효과를 가져 오고 학습자에게 흥미를 주어 내적 동기를 자극할 수 있다. 전시의 교육적인 효과를 위해서는 실제자료와 가공자료의 선택 및 제작에 있어 교사의 세심하고 올바른 역할이 요구된다. 멀티미디어는 대화기능을 통해 상호작용이 가능하므로 학습자가 정해진 흐름대로 학습하는 것이 아니라 스스로 더 알고 싶은 부분을 찾아가며 배울 수 있는 장점이 있다. 반면 정보기술상의 상호작용이란 텔레비전을 통해 제시되는 일방적인 메시지와는 달리 반응, 개입, 대답이 가능한 시스템을 말한다. 그러나 최근 스마트 텔레비전과 체험형 3D 텔레비전은 부분적으로 상호작용성이 있다고 말할 수 있다. 인터넷 웹상에서의 검색과 링크 기능으로 상호작용이 가능하며 학습자는 멀티미디어 학습자료 구축을 위해 시나리오 작성과 자료은행에 필요한 정보를 선택할 수 있다. 프랑스에서는 특성을 설명할 때 '하이퍼'와 '멀티'의 개념을 동일한 개념으로 사용하기도 한다. 주로 커뮤니케이션을 위한 멀티채널 특성은 하이퍼채널 특성이라고 말하기도 하고 시청각, 음성과 텍스트로 제작되는 영화, 텔레비전, 비디오에서 그 기능을 수행한다. 멀티 링크(multi link)는 하이퍼텍스트와 멀티채널의 기반에서 수많은 정보의 이동을 자유롭게 해 주는 특성이 있다. 상호 텍스트를 동시에 비교할 수도 있고 정보를 수집하여 멀티미디어 자료로 만들 수 있기 때문이다.

우리가 멀티미디어 자료를 제작할 시 유념해야 하는 멀티미디어를 구성하는 요소의 특성은 다음과 같다. 첫째, 텍스트는 가장 기본적인 매체로 글자의 모양, 크기, 문장을 모두 포함한다. 장점으로는 적은 정보량으로도 많은 내용을 보여주는 효율적인 매체라는 점이다. 둘째, 화상은 글자로 표현할 수 없는 정보를 제공해 준다. 셋째, 음성은 사람의 음성, 자연의 소리 등을 모두 포괄한다. 넷째, 영상은 비디오카메라를 사용하여 실제 촬영한 영상과 연속된 동작을 보여주는 애니메이션을 포함한다.

기술적인 측면에서 멀티미디어의 기능은 디지털로 변환된 데이터이므로 영구 보존할 수도 있고 매체의 종류와 상관없이 모든 데이터에 활용될 수 있다는 점이다. 또한 복잡한 처리기능을 구현할 수도 있으며 일방적이지 않고 대화기능을 갖출 수도 있다. 이러한 대화기능은 텍스트 간의 연결이 가능한 하이퍼텍스트라는 개념에서 처음 사용되었다. 이는 모든 매체를 연결할 수 있는 하이퍼미디어로 발전하였다.

2.3. 멀티미디어의 유형

멀티미디어의 교육적 활용 유형에 대해 다음의 표를 참조할 수 있다.

〈표 13-2〉 멀티미디어의 교육적 활용 유형[16]

박성익 외(2001)	백영균(1999)	Bitter & Pierson(2002)	Heinich 외(2002)	Alessi & Trollip(2001)
ㅁ 교수적 활용 - 연습 및 훈련형 - 개인 교수형 - 모의실험형 - 문제해결형 - 게임형 ㅁ 도구적 활용 ㅁ 피교수적 활용	ㅁ 정보제공원 ㅁ 교수-학습 보조도구 ㅁ 탐구학습 촉진자 ㅁ 정의적 특성 형성자 ㅁ 사회적 상호작용, 협동학습도구 ㅁ 학습평가도구	ㅁ 반복학습 ㅁ 통합학습시스템 ㅁ 문제해결 ㅁ 정보자료제공 ㅁ 시뮬레이션 ㅁ 도구형(Tool) ㅁ 교수형(Tutorial) ㅁ 웹기반형	ㅁ 멀티미디어모음 ㅁ 하이퍼미디어 ㅁ 상호작용매체 ㅁ 가상현실 ㅁ 전문가시스템	ㅁ 교수형 ㅁ 하이퍼미디어 ㅁ 반복 ㅁ 시뮬레이션 ㅁ 교육용 게임 ㅁ 도구형 ㅁ 평가 ㅁ 웹기반 학습

위의 도표에서 보듯이 멀티미디어의 교육적 활용 유형은 학습자의 요구에 따라 설계될 수 있는 유동적인 교수 방법이다.

멀티미디어 학습 유형이란 시디롬을 활용하여 교과서에서 제공하는 내용보다 더 구체적이고 실제적인 자료를 접할 수 있고, 인터넷과 연계하여 웹의 무한한 정보를 통해 학습자 스스로 탐구하는 창의적인 학습을 말한다.

컴퓨터상에서의 기계적인 학습을 피하기 위해 교사는 학생을 위한 학습이론을 적용해야 하며 피드백을 통한 신중한 접근과 통제가 이루어져야 한다[17]. 기존의 학습은 학생이 교사가 제시하는 정보를 수용하였으나 최근에는 학생의 자기주도 학습이 이루어지므로 학생은 정보의 사용자임과 동시에 생산자가 될 수도 있다. 이는 구성주의 교육의 틀 안에서 학생은 교사의 안내(guidé)를 받아 과제를 해결함에 있어 그룹 간 상호작용을 하고 정보에 접근하며 멀티미디어 저작도구를 활용하여 학습 자료를 만들 수 있게 된 것을 의미한다. 결국 교사와 학생 간의 전통적인 역할의 변화는 멀티미디어를 활용하는 교육에서 상호작용성과 협동학습을 통한 자기주도 학습을 가능하게 했다.

다음은 멀티미디어의 오프라인(시디롬)과 온라인(인터넷)에 대해 살펴볼 것이다.

---

16) 백영균 외 7인(2006)『유비쿼터스 시대의 교육방법 및 교육공학』, 서울: 학지사, 273쪽. 재인용.

17) *ÉLA*(1998), (1999) 참조할 것.

3. 시디롬(CD-Rom)

3.1. 시디롬의 개념

시디롬이 등장하게 된 배경을 살펴보면 1980년대 초에 학습의 마지막 단계에서 행해져야 하는 평가를 위한 적절한 평가도구가 컴퓨터상에서 마련되지 않아 명확하게 이루어지지는 않았다. 그 결과 실제 교실에서의 상호작용에 대한 문제가 제기되었다. 프랑스는 이러한 교육적 시도가 공학 시스템의 발전으로 이루어졌다. 다양한 매체인 비디오, 녹음기, 정화상 프로젝터 혹은 정보화된 제작자료들 간의 결합으로 이루어졌으며 결과는 성공적이었다고 평가받기도 했다. 이에 부분적인 상호작용을 시디롬에 사용하게 되었다.

1990년대의 컴퓨터 기반 교육은 멀티미디어를 활용하는 경향으로 발전되었다. 그 방법은 오프라인에서 멀티미디어로 제작된 학습용 시디롬과 온라인 멀티미디어 환경인 웹을 기반으로 한 것이다. 특히 프랑스는 1990년대 초부터 교육용 시디롬 타이틀을 학습 보조자료로 이용하거나 교육의 도구로 보편화되어 백과사전 및 다채로운 교육자료로서 제작되고 일선 교육현장에 보급되었다.

> **CD-Rom** : 영어로 CD-Rom(compact disc read only memory)의 약자로 광디스크상에서 이미 기억된 메모리 매체 혹은 컴퓨터 장치를 의미하며 이는 컴퓨터상에서 기억된 정보뿐만 아니라 기억시킬 수도 있는 메모리인 Ram과는 다르다. 또한 컴퓨터상에서 텍스트, 음성, 화상을 제공하는 디지털 매체이다.[18]

3.2. 시디롬의 특성

1960년대 의사소통접근법에서는 시청각도구(moyens audio-visuels)를 활용하여 여러 자료를 제작하였고 교수법의 이론 · 실용적 모델로서 멀티미디어 중 음성과 영상을 활용한 전단계로 볼 수 있다. 프랑스어 교육에서 녹음기 사용은 시청각의 주요

18) Th. Lancien(1998) *Le Multimédia,* Paris: CLE international, p.115.

방법론으로 발전되었고 학습 자료로 활용된 사진, 그림과 같은 정화상(image fixe)은 영사기를 활용한 영화 매체로 전환되었다. 이러한 교육 매체들은 새로운 교수법이 등장할 때마다 사라지는 것이 아니라 수정 · 보완되었는데 언어학습용이나 백과사전과 같은 방대한 자료의 시디롬으로 발전되었다. 반면 멀티미디어 동화상(image mobile)의 활용은 외국어학습에 있어 시각적 효과를 극대화한 것이다. 이는 이미 1980년대 초에 자료로 제작된 비디오 이미지를 컴퓨터상에서 구현한 것이다. 랑시엥[19]은 시디롬의 특성이 위에서 언급한 의사소통접근법 이외에도 "U-Matic 녹음기와 인터렉티브 비디오를 바탕으로 한 구조 · 총괄시청각교수법(SGAV: méthodologie structuro-globale audiovisuelle)에 기인했다"고 주장한다.

시디롬의 주요특성으로 학생에게 흥미를 주고 지적자극(stimulus intellectuel)을 주어 동기가 향상된다고 본다. 학습자의 동기 유발을 위해 개인의 흥미는 환경 · 사회적 영향과도 연관되어 있을 것이다. 이는 컴퓨터를 기반으로 하는 사회와 학습 환경이 개인의 학습 흥미와도 상관성이 있기 때문이다.

그러나 동기 유발을 위한 수업 설계 시 고려되어야 하는 사항은 동기 유발 자체가 목적이 되어서는 안 되며 좋은 수업을 위한 수단으로서 자발적인 동기를 일으킬 수 있는 체계적인 교수 설계가 이루어져야 할 것이다. 교사는 동기의 결과를 고려하여 학습 자료를 준비하되 학습 목표와 학생의 요구분석을 통해 학생의 학습목표에 접근해야 한다.

한편 평가요소에 대해 Mangenot(1997)[20]는 ALAO에서 제시하는 연습문항을 여섯 범주로 나누었다. "그것은 이해과제, 추론적 인식, 발화 녹음, 발화 변형 말하기, 시뮬레이션, 쓰기이다. 첫째, 이해과제에서는 오디오와 비디오 요소를 컴퓨터에 도입한 것으로 학습목표는 내용 이해이다. 구체적인 문항의 유형으로는 QCM 혹은 오디오/비디오 요소를 활용한 유형과 어휘 문항을 클릭하면 vrai/faux로 결과가 나타나고 뒤이어 'bravo', 'c'est bien' 등과 같은 코멘트가 뒤따른다. 둘째, 추론적 인식을 묻는 항목에서는 퍼즐, 연결 짓기, 연속되는 장면 맞추기 유형으로 vrai/faux로 결과를 묻는다. 셋째, 발화 녹음은 넷째, 발화 변형 말하기와 동일한 유형으로 발화된 내용을 반

---

19) Th. Lancien(1998) *Le Multimédia*, Paris: CLE international, p.16. 재인용.

20) F. Mangenot(1997) "Synthèse de trois cours de FLE sur CD-Rom." *Les Cahiers de l'asidifle*, multimédia et langue étrangère, Actes des 19e et 20e rencontres, pp.82-84.

복하거나 문법적인 변형을 연습하는 것이다. 학생은 내용을 녹음·재생할 수 있고 음향분석도표를 통해 오류 부분을 스스로 분석하여 교정할 수 있다. 다섯째, 시뮬레이션은 다시 세 유형으로 구분했는데 첫째, 사용자가 선택할 수 있는 항목으로 식당가기 혹은 기념물 방문을 예로 들었고 둘째, 이력서와 같은 개인 서류 작성하기 셋째, 의견을 넣을 수 있는 유형이 그것이다. 마지막으로 쓰기에서는 프로그램 상에서 수정이 힘들기 때문에 단문형태의 답변을 적는 시뮬레이션은 가능하다".

위의 내용을 표로 만들면 다음과 같다.

〈표 13-3〉 ALAO의 연습문항 범주

범주	주된 유형
이해 과제	오디오 시퀀스, 비디오 시퀀스
추론적 인식	퍼즐, 참/거짓
발화 녹음	반복, 녹음
발화 변형 말하기 연습문제	녹음, 듣기
시뮬레이션	일상의 과제 실현
쓰기	단답형, 괄호

ALAO에서 멀티미디어를 기반으로 한 두 유형인 시디롬과 인터넷 모두 활용이 가능한 연습문항 범주라고 이해할 수 있다.

3.3. 시디롬의 유형

시디롬 활용교육은 ALAO의 초기 학습 모델로서 앞에서 언급했듯이 다양한 자료를 풍부하게 보여주고 학생에게 동기부여를 제공한다는 면에서 큰 성과를 보였다. 프랑스를 가보지 않고도 관광, 역사, 예술 등 문화를 간접적으로 체험할 수 있는 실제 자료이기 때문이다. 또한 언어 학습용 자료로 개발된 시디롬은 학습자가 발음을 듣고 스스로 오류를 파악하여 해결할 수 있는 자기주도 학습을 가능하게 한다. 시디롬에 활용되는 멀티미디어의 기능들은 하나의 요소에 국한되는 것이 아니라 어휘, 발음, 문화 등 각 분야를 고려하여 효과적으로 사용할 수 있다.

시디롬의 단점으로는 여러 분야의 시디롬 타이틀이 비디오, 3D 애니메이션, 가상현실 등 멀티미디어 기법을 충분히 활용한 반면 용량의 제한으로 인해 멀티미디어 자료를 풍부하게 넣기에는 부족하고 이후 DVD가 출현했으나 이 또한 용량이 유한하다는 한계는 존재했다. 또한 저자가 내용의 수정 · 보완을 위해 개정판을 빠른 시일 내에 내는 것이 어렵고 충분한 제작시간을 확보하는 것과 사용자입장에서 내용을 수동적으로 받아들인다는 단점이 지적되었다. 이는 멀티미디어의 특성인 상호작용 기능에 위배되는 것으로 저자와 사용자 간의 대화가 어려워 대화 형식을 넣어야 할 필요성이 제기 되어 보완되기도 했다.

시디롬의 활용 유형으로 전자교재를 들 수 있는데 두 가지 유형으로 구분된다. 첫째, 기본적인 전자교재는 멀티미디어 자료들을 활용하여 교수자가 만든 학습자료 혹은 웹상에서 간단한 링크 기능을 활용한 학습 도구로 사용하는 것이다. 시디롬에서의 전자교재는 제한적인 전자교재로서 완전한 능동성을 갖추었다고 평가받기는 어려우나 학습자 중심의 전자교재 개발의 첫 시도로 새로운 교육 환경을 조성했다는 점은 평가받을만 하다. 둘째, 대화기능이 가미된 전자교재도 있는데 이는 튜터의 역할이 포함된 것을 말한다. 교수자가 원격으로 프로그래밍을 지원하는 체계이므로 4장에서 다룰 인터넷 환경에서 이루어지는 내용이다. 이러한 전자교재는 하이퍼(멀티)미디어, 하이퍼(멀티)텍스트에 기반을 두고 있으며 하이퍼텍스트 기술은 첫 텍스트에서 다른 텍스트를 불러올 수 있고, 단어를 클릭하면 다른 화면으로의 이동이 자유로워 무궁무진한 자료를 참조할 수 있다는 장점이 있다.

4. 인터넷(Internet)

4.1. 인터넷의 개념

인터넷의 개념은 "1945년 V. Bush에 의해 대화기능을 예측한 메멕스라는 가상의 기계가 제안되면서 시작되었다. 이후 D. Engelbart는 컴퓨터의 대화 기능에 대해 연구하였고 1986년 워드 프로세서의 기능, 윈도우, 컴퓨터상 회의, 그룹웨어 개념이 발표되면서 개인용 컴퓨터와 차세대 컴퓨터의 응용이 전망되었다. T. Nelson은 메멕스에서 제시된 기능을 실제 컴퓨터에 구현하여 이를 하이퍼텍스트라 명명했고 컴퓨터 활용 외국어교육의 핵심적인 특성이 된다.

이듬해 1987년 애플사는 하이퍼카드 프로그램을 발표하면서 연구실에서만 사용되던 개념이 대중적으로 알려지게 되었다. 하이퍼카드는 하이퍼텍스트 개념을 한 단계 높여 텍스트와 텍스트 간의 연결에서 그래픽과 음성을 결합한 최초의 대중화된 멀티미디어 저작도구인 하이퍼미디어(hypermédia)로 발전되었다.[21] 하이퍼텍스트는 실시간으로 무한한 정보를 습득할 수 있게 하고 인터넷상에서 원격 교수·학습법으로 통합될 수도 있어 다양한 자료들을 공유할 수 있게 되었다.

인터넷상 웹 기반 학습법은 인지 심리학에서의 기억, 반복과 연습, 추론을 포함한 다양한 학습전략에 바탕을 두고 있다.

4.2. 인터넷의 특성

표준 포맷의 문서를 연결하는 프로그램인 HTML의 개발 이후 서로 연결된 정보 시스템인 월드 와이드 웹(www)으로 발전하였다. 문서 단위로 구성된 웹 페이지는 인터넷에서 손쉽게 정보를 검색할 수 있고 멀티미디어의 새로운 표현방법으로 각광받게 되었으며 전 세계를 하나로 묶어 더 빠르고 유용한 정보 전달체계인 연결망(réseau)으로 확장되었다.

인터넷을 활용하기까지 프랑스에서 본격적으로 컴퓨터를 활용한 교육은 1980년대에 실시된 EAO와 EAVO를 통해 이루어졌다. "교육현장에서 협력학습 활동을 위해 만들어진 EAO는 저자의 언어(langage d'auteur), 상호작용성, 과학적 평가(évaluation scientifique)라는 세 가지 특성을 가지고 시도되었다. 각 특성을 살펴보면 첫째, 저자의 언어는 컴퓨터의 프로그래밍 언어와 대립되는 용어로 EAO에서는 컴퓨터 이론을 배제시킨 채 컴퓨터공학자가 아닌 교육자에 의한 교육임을 강조하는 의미로 사용되었다. 둘째, 상호작용성은 두 요소 간 상호 활동이 가능하고 이 요소들 중 하나의 행동은 다른 요소에 지적자극을 주어야 한다. 교사와 학생 간 진정한 상호작용이 되기 위한 세 요소는 첫째, 프로그램이 학생의 호기심을 불러일으켜야 하고 둘째, 학생은

21) 하이퍼텍스트는 1982년 콤팩트디스크 매체의 등장으로 멀티미디어 데이터를 수 백 MB이상 저장할 수 있는 공간과 저렴한 가격으로 대량 공급할 수 있는 물리적 기록 매체의 성장을 가져옴. R. Laufer et D. Scavetta(1992) *Texte, hypertexte, hypermédia*, Paris: PUF, p.43.

이러한 자극에 응답해야 하며 셋째, 이러한 응답(질문, 도움 요청, 이전으로 돌아가기와 같은 유형) 혹은 '들어가기'는 학생이 주도적으로 학습에 참여할 수 있는 컴퓨터 활동을 유발해야 한다는 것이다. 셋째, 과학적 평가가 있다."[22)]

한편, 인터넷의 활용은 시디롬의 자료 수정이 어려운 한계점을 극복할 수 있다. 시디롬은 프로그램의 개념 구성 및 기획단계에서부터 학습 목적이 분명한 경우가 많았기 때문이다. 반면 인터넷은 사용자의 의도대로 자료를 선별할 수 있으므로 더 유연한 매체 활용이 가능한 특성이 있다. 시디롬에서 멀티미디어 타이틀을 제작하는 것은 책을 출판하는 것과 유사하므로 인터넷에서는 전자도서(e-book)의 형태로 진행될 수 있다. 전자책은 인쇄물을 디지털 분야로 확대한 것이다. 기존의 인쇄매체에 음성, 비디오, 애니메이션을 제공하여 각기 다른 매체를 결합시키는 기술과 다른 콘텐츠 항목으로 즉시 연결할 수 있는 하이퍼링크 기능덕분이다. 기존의 인쇄된 교육자료를 전자화하여 보급할 수도 있게 된 것 역시 인터넷의 특성이다. 멀티미디어 데이터베이스는 전통적인 데이터를 저장하는 것에서 출발하였고 다양한 매체들을 디지털화하고 분류하여 검색하기 쉽도록 하는 기술의 응용은 대화형식을 넣게 되어 학습자에게 더욱 유용한 방향으로 진행되었다. 그러나 시시각각으로 변하는 새로운 정보를 얻기 위해서는 온라인 방식으로 멀티미디어를 전달할 필요성이 제기되어 인터넷을 통한 웹기반 교육으로 보완된 것이다.

4.3. 인터넷의 유형

인터넷의 학습유형은 사용자의 필요에 따라 다양한 유형이 있을 수 있다. 개인 학습과 협동학습이 모두 가능한데 이후에 기술될 5장과 6장에서 상세하게 다룰 것이다.

많이 활용하는 유형은 프랑스에서 제작된 학습 사이트로 정도의 차이는 있으나 전자 교과서의 경우 상호작용성을 갖추고 있다. 학생에게 예시를 통한 학습과 웹기반 공백 메우기 형태의 과제를 제시하고 있다. 학생은 웹에서 필요한 자료의 탐색과 지식수준에 맞추어 문제를 상호대화로 해결할 수도 있다. 이는 학습자에게 적절한 동기부여를 줄 수 있고 과제를 스스로 계획하고 실현해 볼 수 있다. 학습자 중심의 교

---

22) G. Otman(1988) *Aujourd'hui l'E.A.O. Demain l'E.I.A.O.*, Paris: CREDIF. 참조할 것.

육, 자기주도 학습, 구성주의에 입각한 과제학습이 컴퓨터상에서 이루어지는 유형이다. 한편 오늘날 대학에서 강의의 보조 수단으로 사용하는 e-class 상의 교수와 학생 간 상호작용 패턴은 수업 이전에 미리 학생에게 흥미를 주는 자료를 제시할 수 있고 수업 이후에 과제를 토론하게 함으로써 주도적이고 능동적인 과제 수행에 도움을 주는 학습 모형이 된다.

인터넷 기반 프랑스어 교육은 웹을 통해 실시간으로 직접 듣고 볼 수 있다는 점에서 획기적인 도구이다. 웹은 인터넷을 통해 검색할 수 있는 모든 파일의 집합개념으로, 하이퍼텍스트 포맷언어에 의해 서로 연결되어 있으므로 프랑스어 학습 자료를 자신의 컴퓨터 화면에서 볼 수 있고 이는 멀티미디어를 실시간 네트워크 환경으로 옮긴 것이다.

다음은 인터넷을 기반으로 한 협동 학습의 형태를 살펴 볼 것이다.

5. 컴퓨터 활용 협동학습(ACAO)

5.1. ACAO의 개념

인터넷 환경이 일반화되면서 ACAO는 학습자중심 교육, 자기주도 학습의 패턴 변화에 능동적으로 대처하고자 하나의 매체가 아닌 여러 매체를 활용하여 실현된다. 이에 커뮤니케이션이론과 체제이론은 교육공학을 형성하게 되어 컴퓨터를 기반으로 이루어지는 협동학습에 주요 이론적 배경을 이루게 되었다.

〈표 13-4〉 교육공학의 역사적 발전과정[23)]

발전과정	주요 내용	시기
시각교육	ㅁ 시각교육운동 ㅁ 호반에 의한 시각 자료와 교과과정의 통합 ㅁ DVI 조직	1920년대 1930년대

23) 유승우 외 5인(2010) 『교육방법 및 교육공학』, 서울: 양서원, 206쪽.

시청각 교육	ㅁ 시청각교육운동 ㅁ 데일의 경험의 원추 ㅁ 올센의 시청각 교육 이론 ㅁ DAVI로 변경	1940년대
시청각 교육통신	ㅁ 커뮤니케이션 이론 ㅁ 초기의 체제 개념 ㅁ 시청각 교육통신 ㅁ 핀의 교육공학 용어 최초 사용	1950년대 1960년대
교수공학	ㅁ 행동주의 심리학 ㅁ 체제 접근과 교수개발 ㅁ AECT로 변경 ㅁ 프로그램 학습과 교수기계 ㅁ 다양한 교수 체제 모형 등장	1970년대
교육공학	ㅁ 컴퓨터의 교육적 활용 ㅁ 인지심리학의 영향 ㅁ 교수공학의 정의와 영역 ㅁ 인터넷의 확산, 가상교육 ㅁ 테크놀로지의 눈부신 발전 ㅁ 구성주의의 영향	1980년대 1990년대 2000년대

위의 표와 같이 1920년대에 이루어진 시각교육에서 출발하여 시청각 교육, 시청각 통신교육, 교수공학을 거쳐 시도된 교육공학의 제 이론들은 컴퓨터 기반 학습에 교육학 이론의 응용에 도움을 주었다. 컴퓨터 기반 교육은 행동주의와 인지 심리학 이론을 근거로 하고 있다는 주장이 있다.[24] 행동주의 심리학에서는 상호 작용적 학습 체계로 수업에서의 반응, 피드백, 강화를 조절할 수 있다.

프랑스에서는 1970년대부터 교육공학의 발달로 새로운 미디어를 교육현장에 도입하고자 하는 열망이 강했으며 그 결과로 교육용 소프트웨어의 개발에 앞장서게 되었다. 특히 1970년대 중반에 매체를 활용한 프랑스어 교육은 텔레비전, 컴퓨터, 전화기를 교육 매체로 활용하면서 시작되었다. 이후 학습이론을 토대로 한 실용적 학습 방안을 목표로 다양한 교육적 시도를 했으며 여러 학자들의 학술적 분석이 뒤를 이었다. 당시 L. Porcher는 이러한 프랑스의 사회현상이 기술의 진보와 더불어 발전될 것이며 교사 양성을 포함한 능동적이고 진보적인 교육에 기여하는 바가 클 것이라고 주장하였다.[25]

---

24) 김정렬(2001)『웹기반 영어교육』, 서울: 한국문화사. 참조할 것.

25) *Les Cahiers du C.R.E.L.E.F.*(1980) 참조할 것.

ACAO는 교육적 목적으로 제안된 컴퓨터 환경에서 정보통신기술을 활용하여 협동학습에 대한 교육적 요구와 기대에 부응한 것이다. 제5세대 컴퓨터와 인공지능개념의 등장으로 새로운 컴퓨터 활용교육법이 출현하게 되었다.

프랑스는 1990년대에 들어서자 EAO를 보완하여 컴퓨터에 인공지능을 접목시킨 EIAO를 다양한 교과목에 시도했다. 이는 1990년대 이전에 이루어졌던 20년의 교육적 시도에 비해 테크놀로지의 급속한 성장을 의미했다. L. Porcher와 D. Coste를 주축으로 FLE에서의 매체 활용에 관한 논의는 1988년에 신기술과 언어 학습(Nouvelles technologies et apprentissage des langues)[26]이라는 주제로 학술대회를 시작했고 1997년에는 멀티미디어와 FLE(Multimédia et français langue étrangère),[27] "멀티미디어, 연결망 그리고 양성(Multimédia, réseaux et formation)[28]이라는 주제로 같은 해에 두 번이나 학계관심의 중심에 서게 되었다. 1999년 *ÉLA* 지[29]에서는 "교육과 원격 연수"(Enseignement et formation à distance)를 주제로 원격 교육에 대해 여러 연구가 발표되었다. 새로운 용어들도 생겨나게 되는데, 기존의 컴퓨터와 통신기술의 접목으로 정보 통신 기술(TIC: Technologies de l'information et de la communication)과 신(新)정보 통신 기술(NTIC: Nouvelle technoligies de l'information et de la communication), TICE개념으로 발전하였다. 컴퓨터 활용 학습이 개인적인 차원이 아니라 교육 네트워크 환경으로 거듭나게 되었던 것이다. 결국 각 언어교실에 컴퓨터가 보급이 되면서 ALAO분야가 외국어교육의 중요 주제로 성장하게 되었다.

1970년대에 시작된 일련의 노력은 30년 간의 교육 현장 실험을 통해 도전, 교육적인 결과 분석, 문제점 제기, 언어 교육 환경 변화의 촉구를 거듭한 끝에 프랑스어교육에서의 새로운 매체 효과에 대한 연구 성과를 이어가게 되었다. 나아가 1990년대 후반에는 멀티미디어 PC의 등장으로 다양한 멀티미디어 자료의 활용이 가능해졌고 시디롬 제작과 웹을 통한 무한한 지식 제공으로 교육과 학습에 있어 온라인 교육으로 확대될 수 있었다. 이러한 웹의 교육적 활용은 인터넷의 네트워크 환경에 힘입어 전 세계 어디에서나 프랑스어 교수·학습을 위해 프랑스 및 프랑스어권에서 제작된

---

26) *Le français dans le monde*(1988), n° spécial, 참조할 것.

27) *Les cahiers de l'asdifle*(1997), n° 9, Association de didactique du français langue étrangère, 참조할 것.

28) *Le français dans le monde*(1997), n° spécial, 참조할 것.

29) *ÉLA*(1999) n°113 "enseignement et formation à distance" coordonné par D. Coste, 참조할 것.

자료를 공유할 수 있고 가상 교육, 원격 교육을 통해 협동 교수·학습의 새로운 환경을 제공함과 동시에 평가에 있어서도 활용되고 있다.

5.2. ACAO의 특성

ACAO의 특성은 실시간에 혹은 원거리에서 여러 매체를 활용한다는 점이다. 교수법에서의 각 매체 활용은 최근 정보통신기술의 발달로 계속 성장하고 있고 매체 요소도 보완되었다. 앞서 언급했듯이 전통교수법에서는 텍스트 혹은 그림(삽화) 매체가 그려진 책을 통해 언어와 문화 정보 학습이 가능했다. 시청각통합 교수법에서는 음성과 비디오라는 매체를 획기적으로 활용했다. 영상은 시청각과 결합되어 활용되었는데 정화상(사진 등)은 멀티미디어를 활용한 동화상에 대화 기능을 갖춘 교육매체로 발전하였다. 화상, 음성, 영상을 보여주는 텔레비전과 오디오의 특성이 강조된 라디오는 대화 기능이 없는 매체 활용 교수법이라 일컫는다. 이 모든 매체의 결합은 컴퓨터 기반 커뮤니케이션이 가능한 멀티미디어 활용 교수법으로 진화하였고 협동학습을 용이하게 하였다.

오늘날 ACAO에서 멀티미디어 자료는 가장 폭넓게 활용되는데 실제 멀티미디어 데이터 가운데 가장 많이 사용되는 것은 오히려 텍스트 데이터이다. 이는 전통교수법에서 활용한 텍스트와 무관하지 않다. 단지 컴퓨터 활용교육에서는 키보드로 입력하거나 스캐너로 입력된 글의 영상을 텍스트인식 프로그램을 이용하여 텍스트 데이터로 생성한 후 텍스트 자료의 효과적인 표현을 전달할 수 있다는 차이뿐이다. 화상과 이미지 데이터는 그림이나 그래프와 같은 많은 정보를 함축하고 있는 영상 매체로 학생에 직관적인 느낌을 주기 때문에 사진, 그래픽 영상의 시각적 효과를 그 특성으로 본다. 한편 비디오와 애니메이션은 연속적으로 움직이는 장면을 보여주는 일반적인 기능이외에 비디오카메라로 촬영한 결과를 재생시키면 영상을 활용한 제작 데이터가 되는데 이를 비디오 활용자료라 한다. 요즘 많이 활용하고 있는 만화 영화처럼 어떤 움직임의 특성이나 모양을 강조하여 제작한 데이터를 애니메이션 자료 활용으로 구분하고 있다. 두 데이터는 제작상의 구별은 가능하지만 컴퓨터 내부에서는 동일한 개념으로 이해되기도 한다.

5.3. ACAO의 유형

정보통신기술의 발달로 컴퓨터를 교수-학습에 결합하여 활용한 협동학습유형으로 e-러닝 원격교육과 e-tandem 교육을 들 수 있다.

e-러닝 학습은 웹을 기반으로 온라인 내에서 이루어지는 컴퓨터 네트워크 활용이다. 원격 학습, 가상 교육, 온라인 학습, 웹기반 학습, 인터넷 기반 학습 등으로 설명될 수 있다. 특징은 시간과 장소에 구애받지 않고 스스로 학습을 계획하는 자기주도적 자가 학습(auto-apprentissage)이 가능하여 교수자와 학습자 간 혹은 학습자 간 의견을 주고받는 상호학습이 가능하다는 점이다. 이는 교실에서만 이루어지는 것은 아니다. e-러닝은 가상교육의 틀로 논의되기도 하는데 유비쿼터스 환경과 개인 모바일 디지털 기기(PDA, 스마트폰, 태블PC)의 대중화에 힘입어 무선 인터넷을 활용하여 이루어지는 m-러닝 혹은 u-러닝으로 발전해가고 있다.

프랑스에서의 ACAO의 유형으로 1997년에 실행된 VIFAX 프로그램을 들 수 있다. 이는 멀티미디어 활용 원격 언어교육(enseignement/formation à distance) 시스템으로 프랑스의 보르도와 스트라스부르, 스위스 베른 연구팀과의 공동 작업이었다. 프랑스 국립원격교육센터(CNED:Centre National d'Enseignement à distance)의 역할이 증대되면서 세계에서 동일한 프로그램으로 언어를 학습하고 평가받을 수 있는 공동의 시스템이 생성된 것이다.[30] 언어 학습용 멀티미디어 협동학습 시스템인 VIFAX는 프랑스어 교육의 효과적인 활용을 위해 학습 내용 측면에서 언어의 실재성(authenticité)과 전체성(globalité)을 전시하고 안내(guidé)하며 연습 문제형 평가 방식을 도입하였는데 주 1회부터 주 5회까지 학습자 스스로 정하여 팩스, 이메일, 인터넷 사이트상에서 이루어질 수 있었다. 프랑스어로 의사소통을 원활하게 하기 위하여 프랑스어 환경을 전 세계 어디에서나 조성한다는 계획에서 설계되었으며 평가는 정답지와 본문 텍스트를 제공한 자가 학습의 형태이다. 이는 6장의 CMO의 유형과도 일치하는 부분이다.

주로 원격 교육은 한 가지 매체를 사용하는 것이 아니라 다매체를 활용한다. 특히 멀티미디어를 주요 학습 자료로 설계해왔다. 프랑스에서는 원격교육에 대해 원격교육(enseignement à distance), 원격양성(formation à distance), 원격학습(apprentissage

30) 필자는 2000년 상반기에 멕시코시티의 Alliance Française de San-Ángel에서 VIFAX 프로그램을 경험한 바 있음.

à distance), 원격업무(travail à distance) 원격협동(collaboration à distance) 등의 다양한 형태로 구분하고 학교교육에서부터 기업연수에까지 확대 응용해왔다. 이는 1840년 런던의 통신 학습(cours par correspondance)에서 유래되었는데 당시 유럽에서 각광을 받았고 1856년에 베를린에서 첫 교육기관(institut Toussaint et Langenseherdt)을 통해 외국어 교육이 시작되었다. 반면 프랑스에서는 이러한 교육을 대학이 아니라 사설 기관에서 일반적인 교양 학습, 예능, 외국어, 수험 준비를 주로 담당하였는데 1877년에 E. Pigier에 의해 첫 기관이 세워졌다. 이후 세계대전을 겪으면서 접경지역인 알자스, 로렌 및 플랑드르 지역에서 두 개 언어 사용의 필요성에 의해 라디오 방송을 통한 통신 교육이 많이 이루어졌다. 이후 급증하는 수강생으로 인해 국가 주도 교육으로 전환되었으며 국립통신교육센터(CNTE:Centre national de télé-enseignement), 국립우편교육센터(CNEC:Centre national d'enseignement par correspondance), 국립원격교육센터(CNED:Centre national d'enseignement à distance)로 발전하였다.

원격협동학습에 활용된 매체의 변천을 살펴보면 우편에서 라디오 방송을 거쳐 1939년에는 전화를 도입하였고 레코드와 녹음테이프를 이용한 외국어 학습에 이어 1960년대에는 텔레비전을 전면에 활용함으로써 문자 · 음성 자료들을 우편으로 발송하던 방법은 중단하였다. 이후 미니 카세트, 비디오 카세트, 미니텔을 교육도구로 활용하였고 1990년대부터는 멀티미디어 자료를 도입하였다. 위성 텔레비전, 케이블 텔레비전, 화상 회의, 시디롬, 인터넷, 이메일을 활용한 원격교육으로 발전하였다. ACAO와 CMO 모두에 적용될 수 있는 부분이다.

ACAO의 두 번째 유형으로 탄뎀학습법(Tandem)은 e-Tandem의 형태로 진화하고 있다. 이는 학습 비용 측면에서도 도움이 되는 것으로 세계에서 인터넷 환경이 구현된 곳이라면 어디서나 교육의 기회가 평등하다는 점이다. 학습자의 자기 주도적 학습과 자가평가에 대한 필요성이 점점 대두되는 환경에서 e-Tandem은 주목받고 있다.

e-tandem 교육은 온라인에서 이루어지고 있는 탄뎀을 컴퓨터 네트워크상에서 실행하는 교육으로서 독일, 프랑스 등 유럽에서는 활발하게 시행되어 왔다. 탄뎀의 개념 정의는 다음과 같다. "탄뎀 방식은 외국어를 배울 때 서로 다른 모국어를 사용하는 두 사람이 협동하여 서로에게서 배우려는 목적으로 의사소통을 하는 것이다. 탄뎀

학습은 협동학습으로 상호성과 자기주도적 원칙을 지켜야한다."[31] 하수권에 따르면[32] 탄뎀의 유형으로는 면대면 탄뎀 혹은 출석 탄뎀과 온라인 탄뎀 혹은 e-tandem이 있고 면대면 탄뎀이 서로 상대를 직접 대하고 의사소통을 하는 방식인 반면 e-tandem은 인터넷상에서 이루어지는 것으로 가장 많이 보급된 형태는 이메일 탄뎀이다. 다음은 독일 보흠대학교의 탄뎀연구소 내 e-tandem을 신청한 사례로 신청 후 확인 메일과 학습자의 요구에 따라 탄뎀 파트너를 찾고 있다는 내용이다.

〈표 13-5〉 e-tandem 신청 사례1[33]

eTandem - confirmez la demande s.v.p. 받은날짜 : 10-09-11 (토) 04:39 받는사람 / Tandem Agency 〈tandem@rub.de〉 받는사람 : 〈jazzinred@naver.com〉 International Tandem Network (Réseau Tandem International) Tandem Agency(Agence Tandem) **Demande de partenaire eTandem** **Ce service est gratuit** Nous avons reçu une demande pour vous trouver un partenaire eTandem. Vous trouvez le détail du contenu de cette demande ci-dessous.Avant de commencer à vous rechercher un partenaire, nous voulons vérifier que la demande émane bien de vous-même (et non d'un mauvais plaisant qui utilise votre nom). Nous attendons donc une confirmation de votre part. Si vous n'avez pas envoyé la demande ou si elle contient de graves erreurs, NE FAITES RIEN. Elle ne sera pas prise en compte et sera supprimée automatiquement dans quelques jours.Au contraire, si vous voulez confirmer la demande (ou l'effacer tout suite pour en faire une nouvelle), cliquez sur le lien suivant (une page web) : http://ta.slf.rub.de/pa/pr/conf.php?k=e44cac1d300be98098206ea9df110fa2

31) 하수권 번역, Brammerts, H., Kleppin, K. 편저(2012) 『탄뎀학습법』, 부산: 부산외국어대학교 출판부, 21쪽.

32) 하수권 번역, Brammerts, H., Kleppin, K. 편저(2012) 『탄뎀학습법』, 부산: 부산외국어대학교 출판부, 52-57쪽.

33) 필자의 사례로서 신청은 쉽게 받아들여지나 학습자에게 맞는 파트너를 찾는 것은 쉽지 않았음.

Les détails de votre demande :

Votre prénom: nina Votre nom: chang Votre adresse email : jazzinred@naver.com

Votre groupe de travail: universite Votre langue maternelle : coréen Votre langue étrangère: français

Votre niveau dans la langue étrangère : je comprends un texte facile ET lorsqu'on me parle lentement

Vos objectifs d'apprentissage : mieux comprendre les textes écrits

Vos moyens de communication : e-mail, courriel

Les moyens de communication du partenaire : e-mail, courriel

Fréquence de contact : une fois par semaine

Informations facultatives sur vous-même et vos attentes du partenaire

Age: Votre âge : 30-39. L'âge de votre partenaire : 20-40 [si possible]

Sexe: Vous êtes : féminin. Votre partenaire doit être : féminin. [si possible]

Pays d'origine : Vous êtes natif de Corée.

Vous recherchez un partenaire natif de France. [si possible]

Activités : Vos activité : formation professionnelle

Domaine d'activité ou matière étudiée : éducation

Informations optionnelles pour élèves et étudiants (pour nos statistiques)

Type d'institution: université Dans quel pays ? : Corée

Dans quelle ville? Nom de la ville: Busan, Code postal : 608-738

Nom de l'institution : Pusan University of Foreign Studies (PUFS)

International Tandem Network (Réseau Tandem International) Tandem Agency (Agence Tandem)

Partenaires eTandem disponibles :

http://ta.slf.rub.de/pa/pr/wait-indiv.php?lang=ko

E-Mail : tandem@rub.de Formulaire d'inscription: http://ta.slf.rub.de/pa/pr/anm.php?lang=fr

Tandem-Server : http://www.slf.rub.de/

〈표 13-6〉 e-tandem 신청 사례2

eTandem - Merci d'avoir confirmé votre demande.

받은날짜 : 10-09-11 (토) 05:09

받는사람 / Tandem Agency 〈tandem@rub.de〉

받는사람 : 〈jazzinred@naver.com〉 nina chang : coréen - français

Merci d'avoir confirmé votre demande.

Nous allons immédiatement commencer à vous rechercher un partenaire. Vous recevrez un message email lorsque notre recherche aura abouti.Mais nous vous demandons d'être patient : s'il n'y a pas assez de partenaires pour la langue que vous demandez ou si il y a beaucoup de monde qui cherche un partenaire avec les mêmes critères que les votres, la recherche peut durer un certain temps.Sur la page web suivante vous pouvez regarder de temps en temps combien de partenaires eTandem sont disponibles pour votre langue : http://ta.slf.rub.de/pa/pr/wait-indiv.php?lang=ko

Your eTandem partner request

받은날짜 : 11-01-13 (목) 21:12

받는사람 / Tandem Agency 〈tandem@rub.de〉

받는사람 : 〈jazzinred@naver.com〉

———— ENGLISH ————

Dear nina chang,

You have asked us more than 4 months ago to find you an eTandem

learning partner but we haven't been successful by now.Your e-mail address : jazzinred@naver.comYour native language : KoreanYour target language : FrenchIf you want us to continue our search, you have to complete againour request form : http://ta.slf.rub.de/pa/pr/anm.php?lang=enYour new request will then replace the old one (maintaining youroriginal request date). Best wishes,The Tandem Agency Team

———— FRANÇAIS ————

Bonjour nina chang !

Vous nous avez demandé il y a plus de 4 mois de vous trouver

un ou une partenaire eTandem - sans résultat jusqu'à maintenant.

> Votre adresse email : jazzinred@naver.com
> Votre langue maternelle : coréen
> Votre langue étrangère : français
> Si vous voulez que nous continuons notre recherche, nous vous prions de bien vouloir remplir de nouveau notre formulaire d'inscription:
> http://ta.slf.rub.de/pa/pr/anm.php?lang=fr
> Dans ce cas la nouvelle demande remplacerait l'ancienne (mais nous garderons la date d'inscription originale).
> Amicalement,
> L'équipe de l'Agence Tandem

6. 컴퓨터 매개 커뮤니케이션(CMO)

6.1. CMO의 개념

CMO는 인터넷에서 정보를 탐색하여 자료를 저장하고 온라인에서 코스웨어를 사용하여 학습을 하는 컴퓨터 기반 학습에서 상호 커뮤니케이션을 목표로 이메일, e-토론, 포럼 등 의사소통을 주로 하는 매체의 활용을 의미한다. 앞서 설명한 ACAO의 방법론의 하나로 커뮤니케이션 유형을 살펴볼 수 있었다. 주로 e-토론의 경우 컴퓨터 매개 통신을 활용한 학습으로 문자 중심의 커뮤니케이션과 컴퓨터 매개 커뮤니케이션으로 구분하기도 한다.

발생 배경은 시청각 매체를 활용한 시청각 교육의 한계점에서 교수-학습의 과정에 초점을 맞춘 커뮤니케이션 이론에서 시작되었다. 이후 교수자료를 교수 체제의 구성요소로 보는 체제이론과 더불어 교육공학의 상호작용개념과 프로그램 학습으로 발전하였다. 상대방에 대한 행동, 반응, 상호작용의 단계를 의미하는 커뮤니케이션은 컴퓨터를 매개로 하는 다양한 형태의 교수-학습 커뮤니케이션으로 소개되고 있다.

초기 멀티미디어 활용 프랑스어 교육이 시디롬을 통해 다양한 자료를 보여주고자 하는 전시의 효과가 강했다면 최근엔 여러 매체를 활용하되 4대 언어 능력 향상을 고려한 수준·영역별 맞춤형 학습 자료와 사이트가 제작되고 구현되는 추세다.

인터넷은 수업 자료로서뿐만 아니라 프랑스어 평가 도구로서 활용된다. 웹을 통한 언어 평가는 교육 내용의 습득 정도를 알아보는 평가에서 과제수행이나 성취 결과의 피드백을 통해 학습자가 스스로 다음 단계의 학습을 정할 수 있는 역할도 포함하고 있다. 이러한 웹 기반 프랑스어 평가의 형태는 컴퓨터 활용교육의 초기에 시도되었던 객관식 문항 구성에서 멀티미디어의 여러 요소를 놀이형태로 만든 유형 등으로 성장했다. 그 지향점은 열린 학습의 환경에서 학습자가 능동적으로 내용을 선택하고 문제를 해결하며 배워나가는 과정이다. 이 모든 바탕에 커뮤니케이션의 역할이 대두되고 있는 것이다.

6.2. CMO의 특성

CMO의 특성으로 가상현실 속 대화기능을 들 수 있다.

프랑스는 원격교육에서 가상현실로 3차원 입체를 표현하고 PDA에서는 화상 회의, 스마트폰 등의 멀티미디어 환경을 기반으로 한 커뮤니케이션을 실행하고 있다. 이렇듯 인터넷 웹 페이지가 문자에서 출발하여 그래픽, 음성, 애니메이션, 비디오와 같은 표현방법을 추가하면서 이동하는 개인 멀티미디어의 환경으로 발전해 온 것이다.

오늘날은 외국어의 궁극적 목적인 의사소통을 하는데 있어 오프라인과 온라인 모두에서 수업을 설계하고 학습할 수 있는 환경인 온/오프라인 혼합학습이 소개되고 있다. 남정권은 그 정의에 있어 "학습 목표나 내용에 따라 두 가지 이상의 다양한 학습방법과 도구, 기술, 학습전략을 활용하는 것으로 특성은 다양한 웹 기술 간의 결합, 웹기반 학습과 오프라인 학습의 결합, 다양한 교육학적 접근 방법론 간의 결합 등을 말한다. 블렌디드 수업이란 컴퓨터를 기반으로 하는 컴퓨터 매개 학습(CMI:Computer Mediated Instruction)과 면대면 수업의 결합을 포함하여 수업 방법과 지식 전달을 위한 매체 간의 결합을 의미한다."[34] 또한 그레헴은 활동단계, 코스단계, 프로그램단계, 제도적단계로 4단계 블렌디드 수업 모형을 제시하였다.[35]

---

34) 남정권(2011)『블렌디드 수업 설계 전략』, 서울: 한국학술정보(주), 17-18쪽.

35) 남정권(2011)『블렌디드 수업 설계 전략』, 서울: 한국학술정보(주), 23-25쪽.

〈표 13-7〉 온/오프라인 혼합학습을 위한 활동단계[36]

활동단계	블렌디드 수업
실세계와 관련성 맺기	교실이 아닌 실생활과 사례를 통해 ICT매체를 사용하여 온라인 의사소통하기
비정형화된 과제를 명확하게 하기	과제 해결에 필요한 전략적 사고와 계획의 사전 제공
학습자들에게 복잡한 과제 제시	과제를 실행하는 방법을 뛰어넘는 재설계 가능한 과제 방법의 훈련
다양한 자원을 사용하여 과제 해결하기	온라인과 면대면 의사소통을 통해 외부 전문가와 함께 과제 해결하기
협력 기회의 제공	온라인 의사소통과 면대면 활동을 통해 집단 활동과 팀워크 촉진
성찰 기회의 제공	면대면 활동 및 개인일지, 웹 로그 등 온라인 의사소통을 위한 성찰 활동 지원
서로 다른 영역과의 통합	온라인 의사소통과 정보 연결을 통해 지원 가능한 활동들의 통합
평가를 포함하는 통합	실행보다는 설계 방식의 기능 향상
가치를 지닌 완성된 산출물 출력	실행보다는 설계 방식의 기능 향상
해결책 제안 및 산출물의 다양성 인정	실행보다는 설계 방식의 기능 향상

〈표 13-8〉 온/오프라인 혼합학습을 위한 코스단계[37]

활동단계	블렌디드 수업
소개	코스를 위한 규칙이나 학습자들의 개인 경험과 배경 소개하기
정보 수집	코스에 관련된 문제 파악을 위해 참가자들의 학습장 및 주제 관련 정보 수집
개발 및 산출	학습장에 직접 사용될 산출물 개발
공유와 성찰	성찰 보고서에 주어진 경험을 서로 나누고 웹 환경에서 집단 토론을 실시함. 이때 교수자가 모니터하여 필요시 피드백이나 조언을 수행함
비교와 대조	참가자들이 학습장이나 자신의 경험을 통해 서로 제안한 것을 비교하고 대조함
자기분석	참가자들이 자신의 지식 및 기술의 차이를 확인하기 위한 자기분석
성찰	마지막 활동 단계로서 참가자들이 스스로 무엇을 배웠는지를 점검하고 성찰함

이외에도 면대면과 온라인 코스를 혼합하는 방법과 두 요소를 결합하는 프로그램 단계와 조직적으로 제공하는 제도적단계로 나누고 있다.

---

36) 남정권(2011) 『블렌디드 수업 설계 전략』, 서울: 한국학술정보(주), 24쪽.

37) 남정권(2011) 『블렌디드 수업 설계 전략』, 서울: 한국학술정보(주), 24쪽.

6.3. CMO의 유형

CMO의 가장 흔한 유형은 메일을 쓰거나 포럼에서 특정 주제를 보고 자신의 의견을 적는 활동이다. 프랑스에서는 온라인 가상현실인 MOO를 통해 인터넷상에서 동시에 다수가 글로 의견을 주고받는 방법이 알려져 있다.

한국교육학술정보원에서는 구체적인 e-러닝과 블렌디드 러닝의 16가지 유형으로 e-러닝 활용 강의, e-PBL(Problem-Based Learning), 창의적 문제해결 블렌디드 학습 모형, 게임형 시뮬레이션, 사례중심학습, 온라인 연구, WebQuest, 가상현장견학, 프로젝트학습, 온라인 역할극, e-토론, e-Goal-Based Scenario, e-Jigsaw, Guided Blended Inquiry, Blended Action Learning, 블렌디드 지식창조 유형을 제시하고 있다[38]. 위의 내용을 표로 만들어 설명하면 다음과 같다.

〈표 13-9〉 e-러닝과 블렌디드 러닝의 16가지 유형

유 형		유형별 특징	
1	e-러닝 활용강의	이점	효율성, 튜터 활용학생들과의 상호작용, 직접적 수업모델에 기초
	e-강의식 수업	지원환경	VOD, 콘텐츠, 애니메이션, 단순 동영상, 사운드, 텍스트
2	e-PBL	이점	학습자 중심 학습, 대화, 토론의 장 확대, 구성주의에 바탕을 둔 학습법
	자료제시, 협동학습, 자율적 학습	지원환경	의사소통 도구(인스턴트 메신저, 자료방, 토론방, 이메일, 블로그), LMS(Learning Management System)
3	창의적 문제해결(CPS) 블렌디드 학습모형	이점	발산적 사고(온라인 환경), 수렴적 사고(면대면 환경), 의견 공유 상호작용
	사고 활용-문제발견-창의적 해결(사고과정)	지원환경	온라인 창의적 사고기법 도구(어골도, e-brainstorming), 채팅, 전자칠판 공유, 음성 및 화상 채팅 시스템
4	게임형 시뮬레이션	이점	학습과제로 사용, 실제 세계에서 일어나는 상황이나 사건을 모의 화하여 현장감이 높은 학습 유도
	게임이나 시뮬레이션(퀴즈쇼 게임, 단어 퍼즐, 어드벤처 게임, 소프트웨어 시뮬레이션)	지원환경	게임이나 시뮬레이션 프로그램, PC, 조이스틱, 게임장치, 시뮬레이터

38) 김희수 외 5인(2007)『e-러닝 및 블렌디드 러닝 가이드북』, 서울: 한국교육학술정보원, 49-149쪽 (IV. e-러닝과 블렌디드 러닝 모델의 종류. 참조할 것).

<table>
<tr><td rowspan="2">5</td><td>사례중심학습</td><td>이점</td><td>과제에 정답이 없고 다양한 사례를 토대로 과제 해결하는 영역에 좋음, 구성주의</td></tr>
<tr><td>유사한 사례 제시 학습 유도(판례중심, 환자 사례 중심 학습)</td><td>지원환경</td><td>PC, 인터넷, 웹페이지, LMS</td></tr>
<tr><td rowspan="2">6</td><td>온라인 연구</td><td>이점</td><td>이론적인 연구, 선행연구가 요구되는 주제에 적합</td></tr>
<tr><td>전자게시판, 전자우편, 채팅</td><td>지원환경</td><td>온라인 정보처리 도구, 온라인 실시간 상호작용 도구</td></tr>
<tr><td rowspan="2">7</td><td>WebQuest</td><td>이점</td><td>웹 환경 활용 탐구지향적 접근방식, 초중등 및 대학의 교육과정과 통합 교수 모델</td></tr>
<tr><td>교사교육, 실무능력 향상 교육</td><td>지원환경</td><td>온라인 정보처리 도구, 온라인 실시간 상호작용 도구</td></tr>
<tr><td rowspan="2">8</td><td>가상현장견학</td><td>이점</td><td>실제 체험, 현장 경험 요구되는 학습영역에 활용</td></tr>
<tr><td>가상현실과 가상 공간의 대리적 체험</td><td>지원환경</td><td>온라인 견학 사이트, 온라인 정보처리 도구, 온라인 실시간 상호작용 도구, 협동 학습 및 토의 공간 제공</td></tr>
<tr><td rowspan="2">9</td><td>프로젝트학습</td><td>이점</td><td>창의적 활동이 포함된 학습영역에 적합</td></tr>
<tr><td>프로젝트 방법</td><td>지원환경</td><td>협동학습 공간제공, 온라인 정보처리 도구, 온라인 상호작용 도구</td></tr>
<tr><td rowspan="2">10</td><td>온라인 역할극</td><td>이점</td><td>정의적 영역 학습 지원, 복잡한 기능이나 기술 익히는 데 활용</td></tr>
<tr><td>역할놀이</td><td>지원환경</td><td>온라인 정보처리 도구, 온라인 상호작용 도구</td></tr>
<tr><td rowspan="2">11</td><td>e-토론</td><td>이점</td><td>논쟁적인 학습내용에 적합, 상호작용</td></tr>
<tr><td>그룹토론, 가상토론, 전자토론, 컴퓨터토론</td><td>지원환경</td><td>온라인 상호작용 도구, 공용문서 작성도구, 협동학습 및 토의공간 제공, 온라인 정보 처리 도구, 온라인 실시간 상호작용 도구</td></tr>
<tr><td rowspan="2">12</td><td>e-Goal-Based Scenario</td><td>이점</td><td>필요한 실제 기술과 관련 지식 익히고 활용, CBR(Case-Based Reasoning)이론</td></tr>
<tr><td>목적 성취 시뮬레이션</td><td>지원환경</td><td>온라인 정보처리 도구, 온라인 상호작용 도구</td></tr>
<tr><td rowspan="2">13</td><td>e-Jigsaw</td><td>이점</td><td>복잡한 개념, 원리, 법칙의 이해와 암기에 효과적 활용</td></tr>
<tr><td>협동학습</td><td>지원환경</td><td>온라인 정보처리 도구, 온라인 실시간 상호작용 도구</td></tr>
<tr><td rowspan="2">14</td><td>Guided Blended Inquiry</td><td>이점</td><td>불분명한 사실에 대한 탐구, 논쟁적 주제에 대한 근거의 확보, 새로운 지식 창조, 문제해결 학습</td></tr>
<tr><td>교수자의 적극적인 안내 받아 학습자가 탐구하는 교수학습모형</td><td>지원환경</td><td>협동학습 및 토의공간 제공, 온라인 정보처리 도구, 온라인 실시간 상호작용 도구</td></tr>
<tr><td rowspan="2">15</td><td>Blended Action Learning</td><td>이점</td><td>실무능력 배양, 기업 중심 경영 혁신 수단</td></tr>
<tr><td>액션러닝</td><td>지원환경</td><td>웹페이지, 자료방, 토론방, 의사결정 시스템 제공, 온라인 브레인스토밍 전문프로그램, 채팅, 화상회의 시스템, 의사소통도구, 활동과정 접근용이 시스템, 성찰결과 공유</td></tr>
<tr><td rowspan="2">16</td><td>블렌디드 지식창조 모형</td><td>이점</td><td>공동체적인 지식창출활동</td></tr>
<tr><td>온라인 실천공동체</td><td>지원환경</td><td>온라인 커뮤니티 가입 및 연계시스템, 전자메일 발송 시스템, 파일 공유 자료방, 토론방, 온라인 투표시스템, 지식구축시스템, DB시스템</td></tr>
</table>

이제는 하나의 방식으로 컴퓨터를 활용하는 것이 아니라 블렌디드 전략으로 상호 보완하는 측면이 많음을 알 수 있다. 이렇듯 글쓰기 커뮤니케이션은 컴퓨터상에서 자동으로 처리하여 오류를 분석해 주고 해결점을 찾아주는 TAL로 나아가고 있다.

7. 언어 자동 처리(TAL(N))

7.1. TAL의 개념

TAL은 인공지능에서 언어와 담론의 다양한 양상을 어휘론, 형태론, 통사론, 의미론, 화용론의 영역에서 다루는 것을 말한다. 컴퓨터상에서 언어를 자동으로 처리하기 위한 과정이 완벽하지 않은 것이 현실이므로 다각도에서 연구되어지고 있는 분야이다.

7.2. TAL의 특성

TAL은 언어 자동 처리를 기반으로 제작된 학습 자료들을 활용하는 특성이 있다. 1970년대부터 언어 학습에 SIC(Systèmes d'Information et de Communication)을 활용하기 시작하였다. 이는 상호작용적 멀티미디어 정보의 장점을 더하여 TAL로 발전되었다.

TAL의 주된 특성은 멀티미디어의 하이퍼텍스트기능과 멀티참조특성을 들 수 있다. 첫째, 하이퍼텍스트 기능은 인터넷상의 풍부한 자료와 잘 가공된 자료를 실시간으로 무한정 사용할 수 있다는 장점이 있다. 이는 컴퓨터에 능숙한 학습자 세대의 흥미를 끌어 올려 동기부여가 되고 과제를 개인 혹은 협동으로 학습할 수도 있으며 스스로 학습과 평가에 주도적으로 참여할 수 있다. 둘째, 멀티참조특성은 학습자 중심 교수 설계에서는 열린 교육을 지향할 수 있고 컴퓨터 화면상일지라도 생생한 프랑스어에 보다 더 접근성이 있다. 또한 프랑스어 학습 사이트를 활용하고 뉴스 등 일반 대중적인 사이트에서 능력과 관심 영역별로 자료를 멀티참조특성으로 활용할 수 있다.

TAL의 발생배경은 교수자가 제시하는 교재의 내용을 이해하는 내용 중심의 수동적 학습 유형에서 웹기반 교육 환경에서 자료를 검색하고 비교하여 문제를 제기한 후 과제 해결에 참여함으로써 과제 중심의 교육적 패러다임에서 출발했다.

7.3. TAL의 유형

TAL의 유형에서는 학습자의 말과 글에서 어휘, 형태, 통사, 의미, 화용론의 오류를 분석하고 처방을 제안하여 교정과 언어전략을 수립하는 것을 포함하고 있다. 레러[39]는 ALAO에 적용한 TAL의 유형으로 기반 도구, 분류, 발화 인식, 음성 합성, 통사 단계, 자동번역, 코퍼스 처리 도구, 자동 평가와 요약 도구, 인간-기계 간 대화 시스템으로 설명하고 있다.

〈표 13-10〉 레러의 TAL유형[40]

유 형		유형별 특징
1	기반도구	TAL의 다른 기술과 통사분석에 용이한 처리 전단계인 기반 도구. 유형인식; 어휘 분석; 언어 탐지; 형태, 표준형, 교정, 변화 분석; 음성 분석; 대화 분석
2	분류	분류 문제제기, 분류의 기술, 응용 사례 검토, 각 어휘의 범주 분석(성,수,사례,시간, 등). 분류의 3단계(낱말 분류-범주내에서 낱말 연구-애매성 제거)
3	발화 인식	음성 인식의 사용이 목적, 학습자의 발화 분석
4	음성 합성	음성 합성의 문제제기와 기술, 음성 전사
5	통사 단계	자동 단계의 기술과 원칙 , 통사 단계의 사용
6	자동번역	자동 번역과 그 응용. 다양한 번역 기술
7	코퍼스 처리 도구	코퍼스의 개념 정의, 언어학습용 코퍼스 용이성, 소프트웨어 분석
8	자동 평가와 요약 도구	자동 평가와 다양한 요약 기술 훑어보기, 기술 응용, 소프트웨어 기술
9	인간-기계 간 대화 시스템	인간과 기계 간 대화 기술, 응용의 사례 제시

TAL에서는 철자와 유형 오류 처리단계를 갖는다. 철자에 대한 문제제기가 이루어지고 철자 오류 처리를 위한 다양한 기술이 언급되며 철자 교정 소프트웨어를 사용한다. 또한 통사 분석과 오류 탐지도 이루어지는데 문법적 오류를 탐지하면서 철자

39) S. L'haire(2011) *Traitement automatique des langues et apprentissage des langues assisté par ordinateur:bilan, résultats et perspectives*, Genève: Université de Genève, pp.41-68.

40) 레러의 TAL 유형을 읽고 도표로 요약함.

의 정확성과 언어 처리의 다양한 기술을 점검한다.

TAL은 의미의 형식주의측면에서도 연구되고 있는데 이는 문법과 철자를 살펴본 뒤 의미론적으로 형식을 갖추었는지를 점검하게 되는 것을 말한다. 어휘의 형식주의는 내용을 분석하는데 어휘가 중요한 도구이므로 낱말과 연관 있는 생각과 개념을 형식화할 수 있다는 점에서 TAL에서 다루고 있다.

〈학습과제〉

1. 프랑스에서 통용되는 컴퓨터 활용 프랑스어 교육관 관련한 약자들을 말하고 그 개념을 설명하시오.
2. 멀티미디어의 개념과 범위를 말하고 활용교육의 장단점을 토론해 보시오.
3. 컴퓨터 활용 협동학습을 e-러닝과 블렌디드 러닝으로 구분하여 특성을 발표해보시오.
4. 컴퓨터 매개 커뮤니케이션의 학습 유형을 토론해보시오.
5. ALAO에서의 언어자동처리는 어떤 의미이며 역할은 무엇인지 토론해보시오.

참고문헌[41)]

김연숙 · 최연희 · 차경애 · 남지영 · 문영인 · 김신혜 · 김성연(2006) 『영어과 교육론2:교과지도법』, 서울: 한국문화사.

김정렬(2001) 『웹기반 영어교육』, 서울: 한국문화사.

김회수 · 임병노 · 이상수 · 허희옥 · 반문섭 · 장미진(2007) 『e-러닝 및 블렌디드 러닝 가이드북』, 서울: 한국교육학술정보원.

남정권(2011) 『블렌디드 수업 설계 전략』, 서울: 한국학술정보(주).

백영균 · 박주성 · 한승록 · 김정겸 · 최명숙 · 변호승 · 박정환 · 강신천(2006) 『유비쿼터스 시대의 교육방법 및 교육공학』, 서울: 학지사.

유승우 · 임형택 · 권충훈 · 이성주 · 이순덕 · 전희정(2010) 『교육방법 및 교육공학』, 서울: 양서원.

장니나(1999) *La place et le rôle du multimédia dans l'enseignement/apprentissage des langues-cultures étrangères en milieu institutionnel exolingue*, Mémoire de D.E.A., Universié de Paris 3.

장니나(2005) *La didactisation des documents multimédias authentiques: outils médiateurs et facilitateurs des stratégies de communication en Français Langue Étrangère*, Thèse en vue du doctorat, Universié de Paris 8.

하수권 번역 · Brammerts H. et Kleppin K. 편저(2012) 『탄뎀학습법』, 부산: 부산외국어대학교 출판부.

Abrate, J.(1998) "Une pédagogie de l'Internet". *Sèvres,* n°18, pp.81-86.

Adam, J.-P.(1997) "EuRom4, un outil pour la compréhension multilingue". *LFDLM Recherches et applications* n° spécial, Clé international.

Agnès, J. et Martin, J.-P. et Poulain, M.-F. et Costaki, A. et Harvet, A.(1994) "Une expérience en contexte européen". *LFDM Recherches et applications,* n°spécial, pp.164-171.

Agnola, M.(1996) *Passeport pour le multimédia*, Paris: CFPJ.

Alberganti, M.(1996) *Le multimédia: la révolution au bout des doigts*, Paris: Le Monde Editions.

41) 본 참고문헌은 자료의 공유를 위하여 본문의 주석에 사용된 저서 이외에도 필자의 연구와 맥을 같이 하는 DEA학위논문(1999)과 Doctorat학위논문(2005)의 집필 시 참조했던 유용한 저서들을 선별하여 포함했음.

Albero, B.(1998) "Les Centres de Ressources Langues;interface entre matérialité et virtualité". *Éla,* n°112, pp.469-482.

Anderson, J.(1988) "Apprentissage des langues et ordinateur". *LFDLM,* n° spécial, pp.6-19.

Antoniadis, G. et Fairon, C. et Granger, S. et Medori J. et Zampa, V.(2006) "Quelles machines pour enseigner la langue?". *TALN* 2006, Leuven.

Armando, Valente J.(1997) "Le rôle des ordinateurs dans l'éducation:savoir-faire et compréhension". *Perspectives,* vol.XXVII n°2, pp.431-442.

Babou, I.(1998) "Des discours d'accompagement aux langages:les nouveaux médias". *Éla,* n° 112, pp.407-420.

Balle, F. et Eymert, G.(1984) *Les nouveaux médias*, Paris: PUF.

Barbot, M.-J.(1997) "Cap sur l'autoformation:multimédias, des outils à s'approprier". *LFDLM Recherches et applications,* n° spécial, pp.54-63.

Barbot, M.-J.(1998) "Présentation:Évolutions didactiques et diversification des ressources". *Éla* n°112, pp.389-396.

Barbot, M.-J.(1998) "Stratégies des auto-apprenants et multimédia". *Les cahiers de l'asdifle,* n° 9, pp.48-60.

Barbot, M.-J.(1998) "L'opération Teddy Bear, apprendre une langue étrangère avec une BD sur CD-Rom". *Les cahiers de l'asdifle,* n° 9, pp.88-91.

Barbot, M.-J.(1999) "Nécessité d'une formation spécifique. Hyperspécialisation ou rôle-pivot?". *ÉLA* n°113, pp.113-128.

Barbot, M.-J. et Chachaty, E.(2002) "Décalages entre offres et attentes". *LFDLM Recherches et applications,* n° spécial, pp.122-133.

Barna, J.(2002) "Un dispositif médiatisé: le laboratoire multimédia". *LFDLM Recherches et applications,* n° spécial, pp.165-169.

Baumann, I. et Bricaud, B. et Chollet, I. et Dupuis, V. et Falk et Petra et Herfurth, H.-E., Kerndter, F. et Sanssené, F.(2007) *La méthode Tandem:guide pédagogique pour les stages linguistiques binationaux*, Paris: OFAJ/DFJW.

Baumgartner, L. et Cali, Ch. et Roux, M. et Zabardi, A.(1994) "Les médias dans un centre d' auto-apprentissage". *LFDM Recherches et applications,* n°spécial, pp.178-181.

Bayer, V. et Farah, J.(1999) "Apprentissage des langues en Tandem sur Internet". *ÉLA,* n° 113, pp.73-78.

Beacco, J.-Cl. et Luzzati, D.(1999) "Apprendre les langues à distance? Formes actuelles et à venir des environnements d'enseignement/apprentissage sur support numérique". *ÉLA,* n°113, pp.31-42.

Bélisle, Cl.(1998) "Enjeux et limites du multimédia en formation et en éducation". *Les cahiers de l'asdifle,* n° 9, pp.7-24.

Bernillon, J. et Bourgain, D. et Descamps, J.-L. et Margerie, de Ch. et Mounier, E., Pelfraëne A. et Peyrache, M.-H. et Valentin, D.(1983) *Pédagogie, informatique, linguistique, ÉLa,* n°50, Paris: Didier Érudition.

Blamire, R.(1997) "Lingu@net, un centre de langues virtuel". *LFDLM Recherches et applications,* n° spécial, pp.162-164.

Blin, F.(1998) "Les enjeux d'une formation autonomisante de la'pprenant en environnement multimédia". *Éla,* n°110, pp.215-226.

Breton, Ph.(1995) *À l'image de l'Homme:du Golem aux créatures virtuelles*, Paris: Seuil.

Bucher-Poteaux, N.(1998) "Des ressources...oui mais...pourquoi?". *Éla,* n°112, pp.483-494.

Bush, M. D.(1988) "de l'E.A.O. à l'E.A.V.O. des langues étrangères à l'école de l'air américaine". *LFDLM,* n° spécial, pp.167-173.

Cadoz, Cl.(1994) *Les réalités virtuelles*, Paris: Flammarion.

Chanier, Th.(1998) "Hypertexte, hypermédia et apprentissage dans des systèmes d'information et de communication". *Éla,* n°110, pp.137-146.

Charaudeau, P.(1994) "Le contrat de communication de l'information médiatique". *LFDM Recherches et applications,* n°spécial, pp.8-19.

Chevalier, Y.(1994) "Télévision: Modèles d'intelligibilité et apprentissage". *LFDM Recherches et applications,* n°spécial, pp.39-48.

Chevalier, Y.(1997) "Multimédia, hypermédia:attentes et objectifs". *LFDLM Recherches et applications,* n° spécial, pp.52-53.

Chevalier, Y. et Derville, B. et Perrin, D.(1997) "Vers une conceptualisation des apprentissage assistés?". *LFDLM Recherches et applications,* n° spécial, pp.132-137.

Coste, D.(1998) "Avoir accès à l'excès des ressources:Note sur de nouveaux rôles pour l'école". *Éla,* n°112, pp.505-511.

Coste, D.(1999) "Une distance si proche". *ÉLA,* n°113, pp.5-12.

De Montmollin, M.(1971) *L'enseignement programmé*, Paris: PUF

Déchérat, J.-L. et Tauzer-Sabatelli, F. et Delaunay, F.(1999) "L'expérience du CNED(Centre National d'Enseignement à Distance)". *ÉLA,* n°113, pp.49-56.

Demaizière, F. et Foucher, A.-L.(1998) "Individualisation et initiative de l'apprenant dans des environnements d'apprentissage ouverts: une expérience d'autoformation guidée". *Éla,* n°110, pp.227-236.

Depecker, L.(1997) "L'internet, un médium qui bouleverse les contenus linguistiques".

LFDLM Recherches et applications, n° spécial, pp.165-182.

Derville, B. et Perrin, D.(1998) "Je vous ai compris: un outil multimédia pour l'autonomie". *Les cahiers de l'asdifle,* n° 9, pp.

Desmarais, L. et Bisaillon, J.(1998) "Apprentissage de l'écrit et ALAO". *Éla,* n°110, pp.193-204.

Develotte, Ch.(1997), "Lecture et cyberlecture". *LFDLM Recherches et applications,* n° spécial, pp.94-104.

Develotte Ch.(1998) "Nouvelles technologies/nouveaux discours dans l'enseignement / apprentissage des langues". *Éla,* n°112, pp.421-434.

Develotte, Ch.(1998) "Écritures multimédia et nouvelle construction du savoir". *Les cahiers de l'asdifle,* n° 9, pp.36-47.

Dieuzeide, H.(1994) *Les nouvelles technologies*, Paris: Nathan pédagogie.

Dufour, A.(1998) *Internet*, Paris: PUF.

Duquette, L. et Renié, D.(1998) "Stratégies d'apprentissage dans un contexte d'autonomie et environnement hypermédia". *Éla,* n°110, pp.237-246.

El Andaloussi, J.(1988) "Intelligence artificielle et vidéotex". *LFDLM,* n° spécial, pp.202-208.

Espinasse, Cl.(1997) "D'une pédagogie en réseau à l'utilisation des réseaux électroniques". *LFDLM Recherches et applications,* n° spécial, pp.159-161.

Furstenberg, G.(1988) "Quand une pédagogie rencontre une technologie". *LFDLM,* n° spécial, pp.158-166.

Furstenberg, G.(1997) "Scénarios d'exploitation pédagogique". *LFDLM Recherches et applications,* n° spécial, pp.64-75.

Furstenberg, G.(1998) "Nouveaux outils, nouvelle pédagogie". *Sèvres,* n°18, pp.87-92.

Gardner, H.(1997) "Encourager la diversité en personnalisant l'éducation:les conséquences d'une nouvelle appréhension de l'intelligence humaine". *Perspectives,* vol.XXVII n°2, pp.369-390.

Garrigues, M.(1988) "Le vidéodisque, outil de manipulation de la langue". *LFDLM,* n° spécial, pp.174-180.

Gavelle, G. et De Pembroke, E.(1999) "Formation à distance: de quelle(s) distance(s) s'agit-il?". *ÉLA,* n°113, pp.105-112.

Gonnet, J.(1997) *Education et médias*, Paris: PUF.

Holtzer, G.(1997) "Conduites et stratégies dans l'apprentissage d'une langue étrangère à distance". *LFDLM Recherches et applications,* n° spécial, pp.105-115.

Hovstad, U.(1988) "Production d'écrits assistés par ordinateur". *LFDLM,* n° spécial, pp.73-81.

Jannot, M.(1988) "Vers une didactique informatique". *LFDLM,* n° spécial, pp.90-97.

Labelle, F.(1988) "Micro-ordinateur: pour un enseignement interactif". *LFDLM,* n° spécial, pp.110-115.

Lambert, F.(1994) "Images langues étrangères". *LFDM Recherches et applications,* n° spécial, pp.35-38.

Lancien, Th.(1986) *Le document video dans la classe de langues*, Paris: Clé international.

Lancien, Th.(1997) "Internet et l'enseignant: de l'information à la formation partagée". *LFDLM Recherches et applications,* n° spécial, pp.116-123.

Lancien, Th.(1998) *Le multimédia*, Paris: CLE international.

Lancien, Th.(1998) "Images mobiles et multimédia". *Éla,* n°110, pp.171-182.

Lancien, Th.(1998) "La question des usages des NTIC". *Éla,* n°112, pp.397-406.

Lancien, Th.(1998) "Les supports multimédia dans l'apprentissage des langues étrangères:attributs et potentialités". *Les cahiers de l'asdifle,* n° 9, pp.25-35.

Lancien, Th.(2006) *De la vidéo à Internet*, Paris: Hachette FLE.

Laufer, R. et Scavetta D.(1992) *Texte, hypertexte, hypermédia*, Paris: PUF.

Laurier, M.(1998) "Méthodologie d'évaluation dans des contextes d'apprentissage des langues assistés par des environnements informatiques multimédias". *Éla,* n°110, pp247-255.

L'haire, S.(2011) *Traitement automatique des langues et apprentissage des langues assisté par ordinateur:bilan, résultats et perspectives*, Genève: Université de Genève.

Le Bray, J.-E.(2002) "Description de l'usage des nouvelles technplogies dans l'apprentissage des langues". *LFDLM Recherches et applications,* n° spécial, pp.37-44.

Lehmann, D. et de Margerie, Cl. et Pelfrêne,, A.(1988) "LECTICEL: l'autonomie?". *LFDLM* n° spécial, pp.116-121.

Lesle, F. et Macarez, N.(1998) *Le multimédia*, Paris: PUF.

Levy, P.(1987) *La machine univers:création, cognition et culture informatique*, Paris: La Découverte.

Levy, P.(1990) *Les technologies de l'intelligence*, Paris: Éditions La Découverte.

Levy, P.(1992) *de la programmation considérée comme un des beaux-arts*, Paris: Éditions La Découverte.

Levy, P.(1997) *L'intelligence collective:pour une anthropologie du cyberspace*, Paris: La Découverte.

Levy, P.(1997) "Éducation et formation:nouvelles technologies et intelligence collective". *Perspectives,* vol.XXVII n°2, pp.267-284.

Levy, P.(1998) *Qu'est-ce que le virtuel?*, Paris: La Découverte.

Lhote, E. et Abecassis, L. et Amrani, A.(1998) "Apprentissage de l'oral et environnements informatiques". *Éla,* n°110, pp.183-192.

Lopez, D.(1999) "Distance et présence dans l'enseignement du français:la méthode multimédia Vifax". *ÉLA,* n°113, pp.57-72.

Louis F.(1997) "Le travail en réseau et l'utilisation des technologies de l'information dans le système éducatif français". *Perspectives,* vol.XXVII n°2, pp.305-316.

Macré, P.(1999) "L'enseignement à distance en question". *ÉLA,* n°113, 79-94.

Mairesse, P.(1988) "Approche communicative, linguistique et ordinateur". *LFDLM,* n° spécial, pp.98-109.

Maître de Pembroke, Legros, D.(2002), "Les TICE et l'aide à la compréhension de textes en langue étragère: quelles perspectives?". *LFDLM Recherches et applications,* n° spécial, pp.76-83.

Mangenot, F.(1997) "Synthèse de trois cours de FLE sur CD-ROM". *Les Cahiers de l'asidifle,* multimédia et langue étrangère, Actes des 19e et 20e rencontres, pp.79-88.

Mangenot, F.(1997) "Multimédia et activités langagières". *LFDLM Recherches et applications,* n° spécial, pp.76-84.

Mangenot, F.(1998) "Réseau Internet et apprentissage du français". *Éla,* n°110, pp.205-214.

Mangenot, F.(1998) "Synthèse de trois cours de FLE sur CD-Rom". *Les cahiers de l'asdifle,* n° 9, pp.79-87.

Marquet, P.(2004) *Informatique et enseignement:progrès ou évolution?*, Sprimont: Mardaga.

Mariet, F.(1996) "Médias des sociétés, sociétés de médias". *LFDM Recherches et applications,* n°spécial, pp.92-99.

Martinez, P.(1996) *La didactique des langues étrangères*, Paris: PUF.

Massiti-Folléna, F.(2002) "Usages des TIC". *LFDLM Recherches et applications,* n° spécial, pp.8-14.

Mendelsohn, P.(1998) "L'apprentissage en situation. Un nouveau paradigme de recherche pour lEIO". *Sèvres,* n°18, pp.109-116.

Modard, D.(1997) "Enseignement à distance: stratégies et outils". *LFDLM Recherches et applications,* n° spécial, pp.150-158.

Modard, D.(1999), "La formation à distance, un enjeu stratégique pour la coopération universitaire en français langue étrangère". *ÉLA,* n°113, pp.95-104.

Moirand, S. et Brasquet-Loubeyre, M.(1994) "Des traces de didacticité dans les discours des médias". *LFDM Recherches et applications,* n°spécial, pp.20-34.

Monet, D.(1998) *Le multimédia*, Paris: Dominos Flammarion.

Montredon, J. et Marcelli, A.(2002) "Le présentiel prolongé par l'Internet". *LFDLM Recherches et applications,* n° spécial, pp.84-94.

Moreau, B. et Quéré, M.(1997) "Enseignement à distance Champs d'expérimentation et perspectives". *LFDLM Recherches et applications,* n° spécial, 144-149.

Muhistein-Joliette, Cl. et Guyot-Clément, Ch.(1998) "Présentation du CD-Rom « LTV Français » version grand public". *Les cahiers de l'asdifle,* n° 9, pp.69-78.

Nerbonne, J.(2003), Natural Language Processing in Computer-Assisted Languages Learning. Mitkov, Ruslan (Ed.). *The Oxford handbook of computational linguistics,* pp.670-698.

Oillo, D.(1997) "La francophonie numérique en devenir". *LFDLM Recherches et applications,* n° spécial, 188-192.

Orme, G.(1996) *Les ressources multimédias en éducation*, Paris: CNDP.

Otman, G.(1988) *Aujourd'hui l'E.A.O. Demain l'E.I.A.O.*, Paris: CREDIF.

Picard, M. et Braun, G.(1987) *Les logiciels éducatifs*, Paris: PUF.

Platel, B.(1994) "Satellite en direct:TV5 Europe sur campus 2000". *LFDM Recherches et applications,* n°spécial, pp.172-177.

Plomp, T. et Brummelhuis, A. et J. Pelgrum, W.(1997) "Nouvelles approches de l' enseignement, de l'apprentissage et de l'utilisation des technologies de l'information et de la communication dans l'éducation". *Perspectives,* vol.XXVII n°2, pp.457-478.

Porcher, L.(1994) "L'instant et l'histoire". *LFDM Recherches et applications,* n°spécial, pp.188-192.

Porcher, L.(1998) "Regards croisés sur le multimédia". *Les cahiers de l'asdifle,* n° 9, pp.103-113.

Pothier, M.(1997) "Hypermédia et autonomie". *LFDLM Recherches et applications,* n° spécial, pp.85-93.

Pothier, M.(1998) "Didactique des langues et environnements hypermédias: quelles tâches pour optimiser l'apprentissage autonome?". *Éla,* n°110, pp.147-158.

Pothier, M.(1998) "Camille:un CD-Rom interactif de français des affaires". *Les cahiers de l'asdifle,* n° 9, pp.61-63.

Potolia, A. et Mochet, A.-A.(2002) "Mutations des supports, mutations des pratiques". *LFDLM Recherches et applications,* n° spécial, pp.26-36.

Pouzard, G.(1998) "École, multimédia et internet". *Sèvres,* n°18, pp.25-36.

Pugibet, V. et Viselther, B.(2002) "De l'image à l'écriture: appropriation d'un dictionnaire sur cédérom en cours préparatoire". *LFDLM Recherches et applications,* n° spécial, pp.110-121.

Rapp, L.(1998) *Le courrier électronique(E-Mail)*, Paris: PUF.

Raasch, A. et Kettner, B.(1998) "Et si l'on utilisait HTLM? Réflexion et premières expériences d'un projet en initiation à la linguistique". *Sèvres,* n°18, pp.93-100.

Renaud, P.(1997) "Faire naitre un savoir-faire internet:le projet CITI". *LFDLM Recherches et applications,* n° spécial, pp.183-187.

Rézeau, J.(1988) "De l'utilisation d'un progiciel professionnel en E.A.O. des langues". *LFDLM,* n° spécial, pp.44-52.

Rossi, M.(2002) "Enseignement à distance et enjeux professionnels". *LFDLM Recherches et applications,* n° spécial, pp.95-101.

Rüschoff, B.(1988) "Didacticiels multi-média de langues étrangères". *LFDLM,* n° spécial, pp.149-157.

Salsa, P.(1989) *Le vidéodisque*, Paris: Dixit.

Sani, J.-M.(1998) "Du côté de la cité des sciences et de l'industrie. Nouvelles technologies et action éducative". *Sèvres,* n°18, pp.55-58.

Scheffel-Dunand, D.(1998) "Médiathèque Virtuelle au service de l'enseignement et de la recherche". *Éla,* n°112, pp.495-504.

Sendov, B.(1997) "Vers une sagesse universelle à l'ère de la numérisation et de la communication". *Perspectives,* vol.XXVII n°2, pp.443-456.

Suter, B.(1994) "Médias grand public et médiathèques". *LFDM Recherches et applications,* n° spécial, pp.182-187.

Tardif, J.(2002) "La contribution des technologies à l'apprentissage: mythe ou réalité conditionnelle?". *LFDLM Recherches et applications,* n° spécial, pp.15-25.

Tauzer-Sabatelli, F.(1998) "Programmes de FLE, diffusion sur sites Internet". *Les cahiers de l'asdifle,* n° 9, pp.98-102.

Tea, E. et Deiean, Ch.(2002) "Types d'auto-apprentissage, modes d'accompagnement et usages de TICE". *LFDLM Recherches et applications,* n° spécial, pp.144-152.

Vasseur, F.(1992) *Les médias du futur*, Paris: PUF.

Villanueva, M.-L. et Sanz, M.(2002) "Projet SMAIL:les enjeux de l'hypertexte pour l' autoformation". *LFDLM Recherches et applications,* n° spécial, pp.66-75.

Vitalis, A.(1994) *Médias et nouvelles technologies: pour une socio-politique des usages,*

Paris: Editions APOGEE.

Warschauer, M.(1996) "Computer-Assisted LAnguage Learning:An Introduction". Fotos, S. (Ed.). *Multimedia Language Teaching*, pp.3-20.

Wolton, D.(1999) *Internet et après:une théorie critique des nouveaux médias*, Paris: Flammarion.

14

교재론

서 은 영

외국어로서의 프랑스어(이하 FLE) 교육의 역사를 살펴볼 때, 각 시대별로 제작된 프랑스어 교재는 당시 주류를 이루던 외국어 교육 방법론과 그 궤적을 같이함을 알 수 있다. 따라서 프랑스어 교재 분석은 각 교재가 표방하는 교수·학습 방법론이 어떤 방식과 형태로 구체화되었는지 살펴볼 수 있게 하며, 또한 실제로 교육 현장에서 교사에 의해 이루어지는 수업 방식을 알아볼 수도 있게 한다. 그러나, 교육 방법론적인 지침이 구체화되는 단계에서 생겨나는 간극으로 이론과 실제의 괴리는 피할 수 없는 사실이다. 교수법과 그에 바탕을 둔 교재 사이에도 교재 편찬자의 주관적 시각이 개입되고 대상 학습자에 대한 고려 등이 참작되기 때문이다. 그리고 같은 교재를 가지고도 교실에서 교수자와 학습자의 상황에 따라서 아주 다양한 방식의 수업이 전개될 수 있다.

그런 관점에서 본 장에서는 외국어 교수법의 변화에 맞춰 시대별로 제작된 대표적 프랑스어 학습 교재들을 선택하여, 각각의 교수법이론이 실천적 과정인 교재 제작을 통해 어떤 구체적인 학습 모델로 만들어졌는지 제시해 보고자 한다. 교수법의 변천은 시대적 상황과 사회적 요구에 부응하여, 언어 자체에 대한 시각의 변화와 함께 달라진 교육 내용을 가장 효율적으로 전달하기 위해 모색되어온 외국어 교육론의 변천이라고 할 수 있다. 따라서 FLE 교육을 위해 프랑스에서 제작된 학습 교재를 중심으로 언어에 대한 개념과 교육 목표 및 내용, 학습 활동 등의 방법론적인 원칙들이 각각의 교재 속에서 어떻게 변화되어 왔는지 살펴보고자 한다.

1. 교육자료와 교재

교수 · 학습을 위해 사용되는 도구는 무수히 많고 교육 공학의 발전에 힘입어 점점 그 유형도 다양해지고 있다. 따라서 자료를 지칭하는 다양한 용어를 먼저 살펴보자.

1.1. 교재의 정의

교육자료(matériels didactiques)는 교육적 목적을 위해 사용되는 도구로서의 모든 종류의 자료를 의미한다. 외국어 교육에서는 기술 공학의 발달로 생겨난 새로운 매체의 활용을 통해 학습 자료의 종류가 더욱 다양해지고 있다. 가장 전통적인 방식인 서적 자료를 비롯하여 그림이나 슬라이드, 만화 등의 시각자료, 녹음이 담긴 청각자료, 동영상과 같은 시청각 통합 자료, 인터넷의 온라인 자료까지 사용된다. 교실에서 교과서만으로 수업하던 방식에서 벗어나 주변 환경 등 실생활에서 쉽게 구할 수 있는 사물이나, TV 방송과 라디오 뉴스, 신문 기사 및 광고, 인터넷 콘텐츠 등 기존에 있는 다양한 자료들을 외국어 교육에 점점 더 많이 활용하는 경향이다.

교육자료는 이처럼 기존에 있는 자료들을 교육에 활용하는 실재자료(documents authentiques)와 교과서 및 학습 교재처럼 교육적 목적으로 만들어진 제작자료(documents fabriqués)의 두 유형으로 나뉜다. 또한, 자료 사용 목적과 방식에 따라, 기본 자료로 사용되기 위해 만들어진 '교재(manuels)'와 보충적으로 사용되기 위한 '보조교재(matériels complémentaires)'로 구분된다. 보조교재로는 발음이나 읽기, 쓰기 등 언어 기능별로 편찬된 연습 학습서가 포함된다.

외국어-프랑스어 교육에서 'cours', 'méthode'라고 지칭되는 언어학습교재는 제작자료로서 주 교재와 보조자료를 모두 포괄하는 명칭이다.

> ㅁ **교재(manuel)** : 교수 · 학습 자료로 통용되는 교육용 책을 지칭하는 것으로 한 교과목의 기본 개념들을 학습 수준에 맞추어 진술한 수업자료[1]

---

1) A. Choppin(1992), *Les manuels scolaires: histoire et actualité*, Paris: Hachette Education. p.14.

- **교재(méthode)** : FLE 교재를 지칭하여 manuel과 같은 의미로 사용되기도 하나, 일반적으로 학습자용 교재와 교수자용 지침서, 연습서, CD나 mp3 녹음 자료, 비디오 등의 시청각 자료를 모두 포괄하는 교재 종합셋트(ensemble pédagogique)를 의미
- **교재(cours)** : *'De Vive Voix, cours audio-visuel de français'*, *'Archipel, cours de français'*의 예에서 cours는 méthode와 같은 의미로 모든 자료를 포괄하는 언어 학습 교재 종합셋트를 의미[2)]

1.2. 교재의 유형

프랑스에서 제작된 FLF 교재는 다양한 학습자들에게 보편적으로 사용되기 위한 일반교재(manuels universalistes)와 특수 상황이나 특정 학습자의 필요에 맞추어 제작한 특수교재(manuels spécifiques)로 구분된다. 일반교재는 대체로 연령대별(어린이용, 청소년용, 청년용, 성인용), 학습 수준별(초, 중, 고급), 학습시간별(60시간, 100시간) 등의 구분에 따라 만들어지며, 특수교재는 DELF/DALF와 같은 인증 시험 대비용으로 유럽공통참조기준(CECR)에 의거한 등급별 구분이나 듣기, 쓰기 등 언어 기능별로 만들어진 학습서나 전문용어 학습서들이다. 일반교재는 상황에 따라 개편되는 경우가 있는데, 가령 문화가 다른 이슬람 국가에 사용될 경우 프랑스의 자유로운 풍속이 드러나는 내용이나 사진 등을 대체하거나 교재 사용 국가의 모국어를 일부 삽입하는 등 해당 국가 학습자의 필요나 학습 상황에 맞게 개편되어 사용되는 예도 있다.

1.3. 교재의 역할

교재는 교육과정이 명시하는 교수 · 학습 방법론이 구체화된 형태로서, 교육에서 아주 의미 있는 중추적 역할을 담당한다. 수립된 교육 계획안이 교육 현장에 적용될 수 있도록 매개체가 되는 '다리' 역할을 하는 구체적인 교육 도구이다. 또한 실제 수

2) R. Galisson, D. Coste(1976), *Dictionnaire de didactique des langues*. Paris: Hachette, p.134, p.342.

업의 길잡이로서 교수자에게는 가르칠 내용의 기준을, 학습자에게는 습득할 학습 내용과 학습 절차를 제시한다. 따라서 어떤 교육의 결과를 논할 때, 교재는 교수자와 학습자가 수행한 교육에 대한 정보를 얻을 수 있는 출처가 된다.

교실에서 교수자와 학습자 간에 이루어지는 교수 · 학습 활동 전체를 포착하기란 사실상 어렵다. 따라서, 외국어 교육의 역사에서 언어 교재는 교실에서 실제로 이루어지는 수업 방식을 가늠할 수 있게 하는 도구의 역할도 해왔다.[3] 그러나 교재는 그 자체가 도구이므로, 그 도구의 사용자, 즉 교수자와 학습자가 어떻게 사용하는가에 따라 같은 교재를 가지고도 여러 가지 다른 양상의 수업이 이루어 질 수 있다. 또한 수업의 효율성이라는 측면에서 양질의 교재는 효율적인 수업 진행에 중요한 요소가 된다는 견해에 따라 더 나은 교재 제작을 위한 끊임없는 개선의 노력이 이루어져 왔다.

그러나 1970년대 이후 학습자 중심의 교육 방법론이 대두되면서 각 학습자의 언어적 필요와 요구가 다르고 또한 교육 환경 및 조건이 다르므로 학습자 상황에 맞추어 적용, 조율된 언어교육이 강조되었다. 이런 관점에서 똑같은 교육 방법론과 그에 의거해 제작된 동일한 교재를 모든 학습자에게 부과한다는 것에 대한 회의론이 대두되었고, 심지어 언어 교재가 외국어 교육의 효과를 저해한다는 주장도 나오게 되었다. 이런 상황 속에서, Debyser[4]는 《교재의 죽음과 방법론의 환상》이라는 논문을 통해 가장 효율적인 교육은 교재의 개선을 통해서 이루어진다고 보는 당시 주류를 형성하던 외국어 교육 이론을 비판했다. 그리고 교재 개발보다는 더 근본적인 접근법으로 교사 양성의 수준에서 학생, 교사, 교육 기관, 사회적 변화 등을 모두 고려할 수 있는 더 폭 넓고 혁신적인 교육 개선이 이루어져야 한다고 주장했다. 이러한 외국어 교육의 새로운 흐름과 함께 FLE 교육학에서는 교재에 전적으로 의지하는 수업 보다는 유연한 교재 운용 방식을 통해 교수자가 학습자 상황에 맞추어 여러 교재를 발췌하여 사용하거나 실재자료를 자급하여 사용하는 경향이 강해지면서 교재의 역할이 약

3) Besse(1988:14) "Parler des *pratiques* de l'enseignement du FLE peut se référer soit à celles qui sont recommandées dans ce que nous appelons les *manuels* (qu'il s'agisse de simples livres ou d'ensembles audio-visuels complexes) et dont peut disposer le maitre pour enseigner, soit à celles qu'il met effectivement en œuvre, avec ou sans manuel, dans la classe."

4) Debyser(1973), "La mort du manuel ou le déclin de l'illusion méthodologique", *Le Français dans le monde* n°100.

화되기도 했다. 그러나 외국의 교실 상황에서는 교수자가 목표 외국어로 된 다양한 자료를 준비하고 개발하는 것은 현실적으로 어려운 문제이므로 교재 중심의 수업이 지속되고 있다. 오늘날 프랑스어 교재는 언어 기능별로 세분화되는 등 그 어느 때 보다도 다양한 형태로 개발되고 있고, 출판 부수도 이전보다 훨씬 증가되는 추세를 보여준다는 점에서, 외국어 학습에서 교재의 역할을 부인할 수 없다.

2. 교재 개발

교재 개발은 전체 학습 내용의 배열이라는 큰 틀의 조직과 그 틀을 세부적으로 구성하는 실제 수업 단위로서의 단원 조직으로 이루어지므로, 이 두 가지 측면을 살펴본다.

2.1. 교재 개발 시 참고 사항

외국어 학습 교재란 한권의 책 속에 설정된 교수방법론에 따라 교수 · 학습에 필요, 적합하다고 여겨지는 요소들을 정해진 구성 틀에 맞추어 조직한 것이다. 따라서 교재 개발은 교육 방법론 수립에 전통적으로 참고 되는 7가지 사항, 즉, qui, quoi, où, par quels moyens, pourquoi, comment, quand enseigner/apprendre[5] 등의 사항을 고려하여 이루어지지만, 그 중에서도 특히 무엇을 가르치고 배우는가 하는 교수 · 학습 내용(le quoi)에 관한 것과 어떤 방식을 사용하는가 하는 교수 · 학습 방식(par quels moyens)에 관한 것을 구체화한 것이다.

모든 외국어 교재는 교재 개발 시 다음과 같은 개발 절차를 따른다.

① **내용의 선정** : 학습 내용의 선정 기준으로 사회적, 언어적, 교육적 변수 등에 관한 것.

② **진도** : 교재에서 실린 내용의 점진적인 배열 기준과 각 단원 구성 체제 및 전체 단원의 배열 구성.

③ **내용 제시** : 내용이 제시되는 담화의 유형 - 서술문, 대화문, 예문, 이야기 등.

---

5) R. Galisson(1990), "Didactologie et idéologie", *ELA* n°79, p.114.

④ **활용** : 학생들이 외국어 기호를 접할 때 소리와 문자 및 문법 규칙을 점진적으로 익히고, 자신들의 필요와 상황에 맞추어 적절한 활용을 가능케 하기 위해 사용되는 교수 기술.

⑤ **점검** : 학생들의 학습 진도 상황을 점검하기 위한 시험 방식들.

Besse(1995:101-102)

또한, 결과론적인 관점에서 교재 개발 시 외국어 교육 방법론적인 원칙이 실제적으로 어떻게 구현되었는지를 알 수 있도록 제시 된 교재 분석 요소는 다음과 같다.

① **학습자들의 요구 참고** : 언어적 요구는 언어와 문법에 대한 것인가, 의사소통 기능에 대한 것인가, 문화적 요구는 상투적인 내용인가, 아주 다양한 내용인가?

② **진도** : 진도는 언어중심인가 의사소통 기능 중심인가, 그리고 내용 배열이 나선형인가 중복형인가?

③ **의사소통 목표** : 전통적인 방식의 말하기 습득 방식인가, 혹은 의사소통 능력 기르기 중심의 방식인가?

④ **내용 제시** : 종합적인 접근법인가, 계열별 접근법인가?

⑤ **연습문제 유형** : 문법적 개념 습득을 위한 것인가, 문법 습득을 강화하기위한 방법인가?

⑥ **의미 포착과 이해** : 의미 지표를 이해하고 구분할 수 있도록 도와주는 교수 방법이나 기법으로, 즉 교사의 설명을 통해 이해될 수 있는 암시적인 방식인가 주제별 상황이나 단초적 요소를 통한 이해 방식인가?

⑦ **암기** : 학습 방식에서 엄격한 지도 학습인가 상호적 학습인가?

⑧ **적용** : 상호 활동적인 연습문제를 통한 활용 단계에서, 그 유형이 교사와 학생 간의 상호 활동인가, 학생들 간의 상호활동인가. 또한 오류의 처리는 어떤 원칙을 따르는가?

⑨ **습득지식의 점검** : 평가 방법은 교수법의 원칙을 따르는가?

Courtillon(1987:71-75)

상술한 바와 같이, 교재 개발 시 표방하는 교수법의 기준에 따라 학습 내용 선정, 배열, 제시방식, 내용 조직이 모두 달라질 수 있으며, 위의 제시 요소들은 교재를 통해 실제 구체화된 교수법 원칙들이 어떤 것인지 유추하게 하는 분석 요소도 될 수 있다. 따라서 위의 제시 항목들 가운데 모든 외국어 교재 개발 시 참고해야 할 공통적 지침 항목이자, 동시에 교재를 분석, 평가할 수 있는 요소들을 다음과 같이 정리할 수 있다.

*** 교재 분석 요소**

① 내용 선정 : 언어 내용, 의사소통기능 내용, 문화 내용 등의 선정 기준
② 학습 진도 : 전체 단원을 통한 학습 내용의 분할 및 내용 배열
③ 내용 제시 : 대화문이나, 문어텍스트, 그림 자료, 녹음 자료, 연습문제 등의 제시 방식
④ 단원 구성 : 각 단원의 구성 체제 및 교수법적인 전개 방식
⑤ 연습활동 : 전통적, 상호적 학습 활동을 통해 제시되는 학습 테크닉 및 습득 지식을 점검, 평가하는 방법

2.2. 학습단원과 학습과정

교재 개발은 결정된 학습 진도 방식에 따라 전체적으로 학습 내용을 배열하는 큰 틀의 구성과 작은 틀의 내용 조직 단위인 학습단원 구성으로 수렴된다. 언어 교재를 구성하는 '학습단원'이란 각 교수법의 특징에 따라 문법 요목 중심, 어휘 중심, 상황 중심, 화언행위 중심 등의 각기 다른 구성 틀을 갖추고 그 틀에 맞추어 배열, 조직된 학습내용의 구성단위 체제를 의미한다.

교육 방법론의 발전과 함께 단원구성 체제도 변화하고 그 명칭도 달라지고 있는데, 단원구성 단위는 'leçon', 'unité', 'dossier', 'module' 등 그 명칭이 다양해진 만큼이나 그 의미와 활용 방식도 달라지고 있다.

- 'leçon'은 전통적으로 "1, 2...과" 식으로 분류하던 외국어 교재의 최소 단원구성 단위이다.
- 'unité'는 시청각 교수법에 의거해 제작된 외국어 교재들에서 사용되기 시작했으며, 체계적 구성의 학습단원을 의미하면서 과거에 사용되던 'leçon'을 대신하여 보편적으로 사용되는 명칭이다.[6]

이 밖에도 학습단원을 지칭하지만 좀 더 확장된 새로운 개념의 용어 사용도 여러 FLE교재에서 관찰할 수 있다.

6) SGAV에서 의사소통접근법으로의 전환기에 제작된 교재 *Archipel* I(1982)이 처음으로 하나의 unité 구성에 여러 쪽수를 포함하는 단원 구성방식을 소개했으며, 의사소통접근법 활성기로 오면서 unité라는 주제별 대단원 안에 여러 개의 소 학습단위 leçon이 포함되는 더욱 조직적인 단원 구성 표현방식이 많이 나타난다.

– 'dossier', 'séquence'는 하나의 단원 구성단위를 지칭하는 'leçon'이나 'unité'와 같은 개념으로 사용되는데, 경우에 따라서 'unité'나 'dossier', 그리고 'module'이라는 명칭은 주제별 또는 언어 기능별 진도 방식에 따라 체계적으로 구성된 일련의 학습 단원들을 하나로 묶는 상위개념의 구성단위를 지칭하기도 한다.[7)]

'module'은 교육 공학의 발달과 함께 생겨난 개념으로 학습과정(parcours de l'apprentissage)과 연관된다. 한 모듈 안에 여러 단원이 포함되어 복수적 진도구성 체제(cohérences multiples) 방식을 제시한다. 즉, 교수자와 학습자가 자신들의 기대와 필요에 따라, 또한 학습자에게 알맞는 적절한 수준의 학습자료들을 취사선택, 조합, 활용할 수 있는 유연한 학습 진도 방식을 허용하는 최대 단원 구성 체제를 의미한다.

이처럼 학습 내용의 배열 및 조직 단위를 지칭하는 명칭이 '과leçon'에서 교수-학습 방법의 발달과 함께 '단위unité'로 변화된 셈인데, 전통적으로 '단원' 구성은 언어의 기본 모형과 구조를 배우는 습득 단계와 연습활동인 활용 단계의 단순한 구분이었으나, '단위' 구성은 더욱 세분화된 체계적인 학습단계를 보여준다.

교수단위(unité didactique)의 구성항목은 대체로 구어 이해, 문어 이해, 말하기, 쓰기, 발음 및 철자, 어휘, 문법 등으로, 이러한 항목들은 언어 수업단계(moments de la classe de langue)에 따라 기능화된 학습 활동으로 구성된다. '수업단계'란 학습단위를 구성하는 단계적인 수업 절차를 의미하는 구조·총괄시청각교수법(이하 SGAV교수법)의 이론으로, 일련의 학습 활동을 단계별 학습목표에 따라 분할, 구성하는 새로운 학습내용의 효과적 습득을 위한 수업전개 방식이다.

SGAV 교수법[8)]의 경우, 모든 학습 활동은 대화문 중심으로 구성되어, 대체로 학습 내용의 '제시단계'와 '습득단계'라는 두 개의 큰 틀 속에서 수업이 진행된다.

---

7) 몇몇 FLE교재에서 그 사례를 찾아보면, *Espaces*(1990)와 *Reflets*(1998)는 'dossier'를, *Studio 60*(2001)와 *Studio 100*(2001)은 'séquence'를, *Forum*(2000), *Belleville*(2004), Alors?(2007)에서는 'module'이라는 용어를 사용한다.

8) SGAV 교수법 교재들은 niveau 1과 niveau 2의 학습수준 별로 사용 용어는 약간의 차이와 변화가 있지만 공통적으로 다음과 같은 기본 단계에 따라 학습 단위를 구성하고 있음을 볼 수 있다.

1. présentation / explication 제시 / 설명
2. répétition / mémorisation 반복 / 암기
3. exploitation / fixation 활용 / 고정화
4. transposition / appropriation 전이 / 내재화

〈제시단계〉

- 제시(Présentation) : 상황이해를 돕는 그림 자료와 함께 녹음된 대화문 듣기를 통한 총괄적 방식의 언어 내용에 대한 접근 단계
- 설명(Explication) : 상황의 의미와 대화문 이해, 새로이 학습할 언어 내용과 단원의 문장 구조적 특성 파악을 돕는 설명단계
- 반복(Répétition) : 발음이나 대화 내용 이해 등의 확인단계

〈습득단계〉

- 활용(Exploitation) : 학습한 내용을 조금 다른 상황 속에서 활용하고 응용, 재사용하여 자기 것으로 만드는 단계
- 고정화(Fixation) : 대화문 암기, 문형연습을 통한 자동화단계
- 전이(Transposition)단계 : 역할극 등의 적극적인 참여활동을 통한 더욱 자유로운 표현의 열린 단계

반면, 의사소통접근법은 SGAV 교수법의 획일화된 수업절차는 학습자를 틀에 박힌 외국어 문장에 갇히게 하는 학습장애가 된다고 보고 학습과정의 도식화나 정형화된 수업 절차의 개념을 거부한다. 따라서 의사소통접근법을 표방하는 많은 교재들에서는 절충주의적 방식의 학습 활동 구성 체제를 볼 수 있다. 의사소통접근법 교재마다 제각기 다양한 명칭으로 학습 단계를 구분하고 있지만, 대체로 새로운 언어 내용을 접하는 단계인 노출(exposition)－분석(analyse)－통합(synthèse)이라는 삼단계 구성 방식을 채택하고 있는 경우가 많다.

이처럼, 단원 구성에서 관찰되는 일련의 학습과정(parcours de l'apprentissage)은 각 교수법 교재의 방법론적인 특징을 나타낸다.

3. 교수법의 변천과 교재의 변화

문법 · 번역교수법, 직접교수법, 청화식 교수법, 구조 · 총괄시청각교수법, 의사소통접근법, 그리고 가장 최근에 생겨난 행위중심접근법의 순서로 교수법의 변천과 함께 FLE 교재도 각기 다른 면모를 보이며 변화해 왔다. 먼저 교수법의 변천과 함께 각 교수법에 준거해 만들어진 대표적 교재들의 교수 · 학습 방법론적인 특징과 변화를 간략히 살펴보자.

3.1. 문법·번역교수법과 문학 작품

문법·번역교수법의 명시적인 학습목표는 외국어 문학 작품을 읽는 것이었지만 궁극적으로는 외국어 학습을 통해 암기력을 계발하고, 나아가 학습자의 지적 능력을 발전시키면서 동시에 외국 문학 작품을 통한 정신적 함양을 지향하고자 하였다. 교수자가 문학적 가치가 있다고 판단되는 작품을 외국어 학습을 위한 교재로 선정하였으므로, 교재의 어휘와 문법의 난이도면에서 학습자의 언어 수준에 대한 고려는 전혀 없었다.

교재인 문학 작품 속에 나타난 어휘 중심의 번역 연습과 번역에 필요한 문법 중심의 학습이었다. 문법교육은 문학 작품에 사용된 문법 사항 중심으로 먼저 문법규칙을 제시한 뒤 문장 단위로 규칙을 적용시키는 연역적 학습방식을 따랐다.

그러므로, 문법·번역교수법 시대에는 별도의 교재 없이 당대의 문학 작품들이 기본교재로 사용되었다.

3.2. 직접교수법과 교재 : 〈*Le premier livre de français ou la famille Dupont*〉과 〈*Cours de langue et de civilisation française*〉

직접교수법은 학습자가 모국어로 번역하지 않고 목표 외국어로 '직접(directe)' 접촉하면서 모국어처럼 외국어를 습득한다는 전제하에 직접 구어를 듣고 말하게 하는 방법으로 구어가 우선시 된다. 구어 중심의 음성 훈련을 중시하여 실생활의 구체적 상황-우체국, 은행, 식당 등- 중심의 학습 내용을 다루며 몸짓, 표정, 주변 환경에 있는 사물 등을 사용하여 직관에 의거하거나 설명 방식으로 외국어의 의미를 전달한다.

1920년에 출간된 최초의 FLE 교재, Louis Marchand의 *Le premier livre de français ou la famille Dupont*[9]이 직접교수법의 특징을 잘 보여준다. 집, 가족, 학교, 시골, 대도시, 소도시 등 일상생활과 관련된 주제별로 단원 제시가 되어있고, 새로운 어휘를 번역하지 않고 이해할 수 있도록 삽화가 사용되고 있다. 각 단원은 본문 텍스트와 일련의 질문 문항의 연습문제로 구성되어 있고, 오른편 끝단에 새로운 어휘가 발음기

---

9) L. Marchand(1920), *Le premier livre de français ou la famille Dupont*, Paris: FELF

호와 함께 소개되어있다.

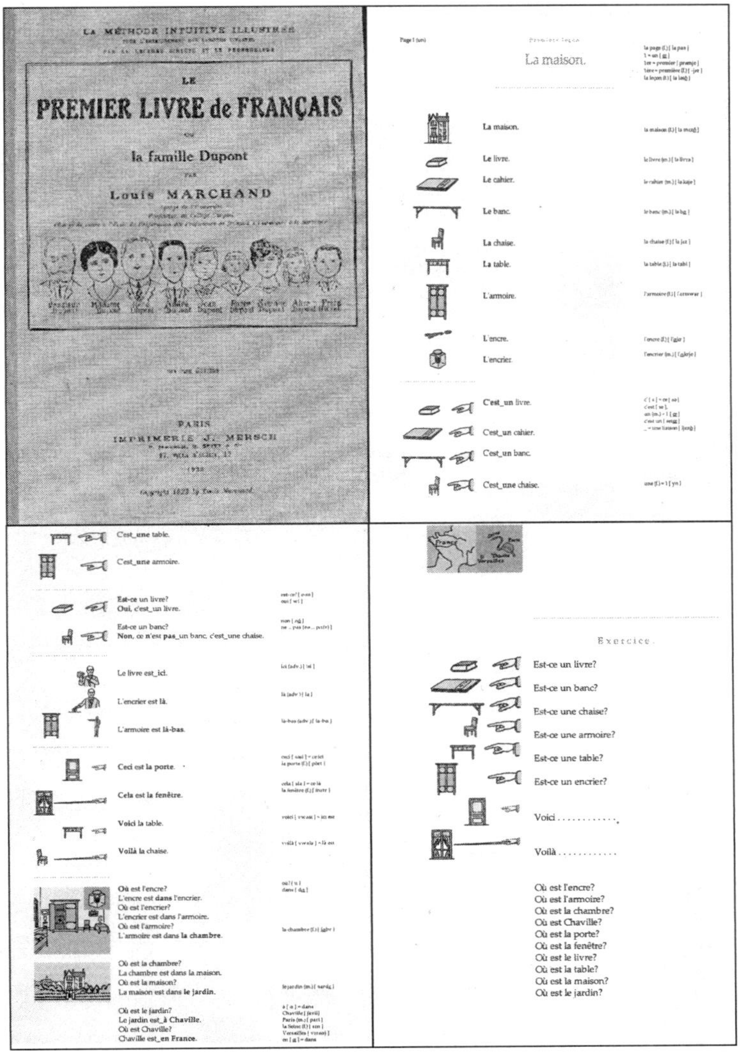

[그림 14-1] *Le premier livre de français ou la famille Dupont(1920)*[10]

10) 본 교재의 판본을 구할 수 없어 BIBLIOTHECA AUGUSTANA 소장 전자책을 다운로드하여 발췌 게재. 출처 : www.hs-augsburg.de/.../Marchand/mar_intr.html

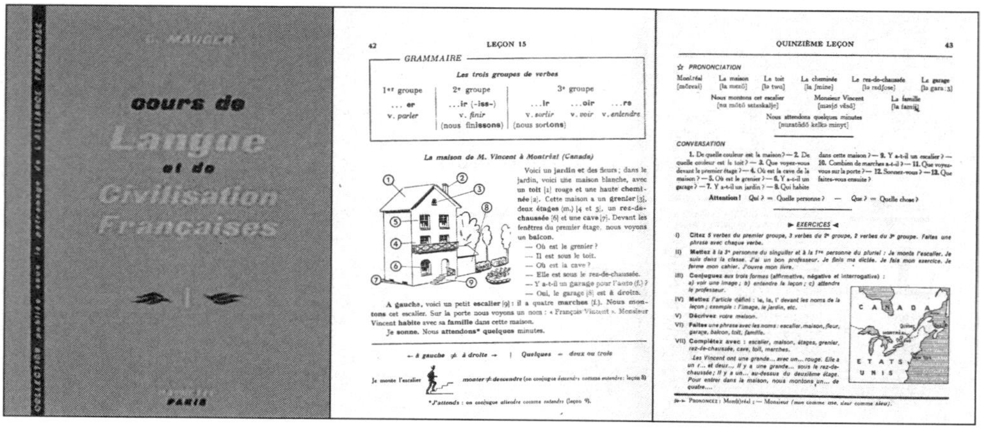

[그림 14-2] *Cours de langue et de civilisation française 1(1953)*

그 다음에 1953년 출간된 Mauger의 *Cours de langue et de civilisation française*[11]는 일명 '*Mauger bleu*'라 불리며 수십 년 동안 사용된 널리 알려진 프랑스어 대표적 교재이다. 이 교재는 문법 · 번역식 교수 · 학습 방법론을 위해 오랫동안 사용되어 왔지만, 구어를 강조하던 직접교수법 시기에 출판이 이루어진 만큼, 1, 2권에 직접교수법적인 특징들이 많이 나타난다.

외국어에 처음 노출되는 학습 초보자들을 위해 1과에서부터 학습 어휘의 직관적 의미 파악을 돕는 그림이 제시된다. 또한 1-14과까지는 어휘와 문법 내용 습득을 위한 묻고 대답하기 형태의 단순한 대화 형식의 텍스트이며, 15과 부터는 캐나다에 살고 있는 Vincent씨 가족이 프랑스로 건너와 생활하는 이야기 중심의 서술적 텍스트로 바뀐다. 집, 식사, 상점 등 프랑스 생활을 주제로 다루는 텍스트이다.

단원 구성은 문법, 본문, 발음, 연습문제로, '문법'란에서 먼저 학습한 문법사항이 적용된 본문 텍스트를 읽고 해석한 후에 연습문제를 통해 학습 내용을 확실히 정리하는 수업 방식을 보여준다. 연습문제 전에 〈Conversation〉란은 본문 텍스트 내용 이해를 점검하기 위한 일련의 질문들로 이루어져 있다.

머리말에 나타난 교재가 지향하는 학습 목표는 '일상 회화체(la langue familière de

11) G. Mauger(1953), *Cours de langue et de civilisation française*, Paris: Hachette. 총 4권으로 구성된 이 교재는 1권부터 3권까지는 어휘와 문법 학습에 프랑스의 문화적인 면모를 덧입히고 있고, 제 4권은 근·현대 중심의 문학 텍스트 모음이다.

la vie quotidienne)'를 익혀 빠른 기간 내에 파리와 같은 대도시에서 길을 물을 수 있을 정도의 능력도 기르면서, 궁극적으로는 프랑스 작가의 문학 작품을 읽을 수 있는 능력 기르기이다. 또한, 프랑스어 학습 이유가 단편적인 대화 나눔이나 여행길의 편리함 추구가 아니라 '세계에서 가장 풍요로운 문화와의 만남을 위함이며, 찬란한 문학 연구로 정신을 가꾸고 고양시키고 진정으로 교양 있는 사람이 되기 위함'이라고 명시하고 있다. 이처럼, 정신을 가꾸는 언어의 심미성과 도구적 측면의 유용성을 동시에 추구하는 이 교재의 특성은 '실제 현용되는 구어(langue véritablement vivante et parlée)'를 표방하면서도 문학 작품을 읽게 하기 위한 의도 때문에 교재 자체의 내용 구성과 수업 방식에 문법 · 번역교수법의 특징을 띄고 있음을 볼 수 있다.

또한 *Mauger*에서 문법 · 번역교수법과 직접교수법의 특징을 모두 볼 수 있다는 점은 프랑스에서 이 두 교수법이 20세기 중반까지 공존했다는 역사적 사실의 증명이기도 하다.[12)]

3.3. 청화식 교수법과 교재 : 〈*Le Français et la vie* (일명 *Mauger Rouge*)〉

청화식 교수법은 모국어 습득 방식을 따라 듣기, 말하기, 읽기, 쓰기의 순차적 학습을 강조하여 구어를 우선시한다.

이 교수법은 1940년대부터 70년대까지 미국에서 활발하게 사용되었으나 프랑스에선 직접교수법에서 SGAV교수법으로 곧장 이어져 실제로 사용되지는 않았다.

이 교수법의 특징은 '자동화' 목적의 문형연습(exercices structuraux)이다. 학습자가 기본 문형 모델을 바탕으로 간단한 어휘의 대체나 대명사를 사용하는 변형연습을 통해 새로운 문장을 만들도록 유도되고, 이때 반복연습을 통한 암기가 병행된다.

Mauger가 *Cours de langue et de civilisation française*를 출간하고, 20여 년이 흐른 후에 시대적 변화와 함께 새로워진 외국어 교육의 경향에 따라 외국어 교수방법론을 쇄신하기 원하는 교수자들의 필요에 부응하여 만든 것이 *Le Français et la vie*[13)]이다. 이

---

12) Puren은 문법 · 번역교수법의 특징과 직접교수법의 특징이 모두 나타난다는 점에서 *Mauger Bleu*를 절충적인 방식의 능동적교수법(méthodologie active)의 범주에 속하는 교재로 분류하기도 한다.

13) G. Mauger, M. Bruézière(1971), *Le français et la vie*, Paris: Hachette. 이때부터 동일 저자의 출판

미 시청각 교수법이 자리 잡은 시대적 배경 속에서 1971년 세상에 나온 이 교재는 시청각 교수법을 표방하지만, 저자가 서문에서도 명백히 밝히듯 학습자가 "언어의 구조를 습득하고 습관적 자동화에 이르는 것"[14]을 목적으로 제작된 교재로 기본적으로는 청화식 교수법에 기초를 두고 있으므로 청화식 교수법 교재로 소개할 수 있다.[15]

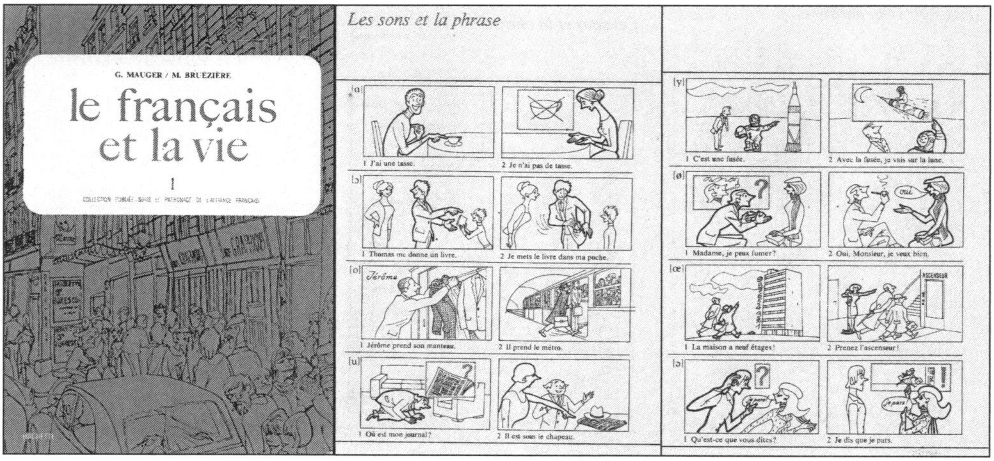

[그림 14-3] *Le Français et la vie(1971)*

순전히 발음 연습을 위한 도입부 〈Les sons et le mot / les sons et la phrase〉에서 프랑스어 단어의 정확한 소리 분절 연습과 38개의 간단한 문장 소개를 통해 프랑스어 모음과 반모음 발음 연습, 간단한 문형 구조 습득을 겸한 발음과 연독 연습을 제시한다. 이 도입부는 각각의 어휘를 그림으로 표시하여 즉각적으로 단어의 의미를 파악하게 하는 직접교수법적인 특징을 나타내는 것으로 이전에 출간된 *Mauger Bleu*와 흡사함을 볼 수 있다.

총 28개 단원으로 구성되어 있고, 각 단원은 대화문(dialogue:총 20개의 문장), 구

물을 겉표지 색깔로 구분하여 이 책을 'Mauger rouge'라고 지칭한다.

14) *Ibid.*, p.5, "(...) elle tend essentiellement à l'acquisition des structures linguistiques et à leur fixation dans les automatismes de l'élève."

15) J-P Cuq, I. Gruca(2005), *Cours de didactique du français langue étrangère et seconde*, Grenoble: PUG, p.286. 1920-2005년 사이 출판된 프랑스어 교재 목록에서도 청화식 교수법으로 분류.

조표와 문법(tableaux strcutraux et tableau de grammaire), 연습문제(exercices), 대화문활용(variétes)으로 구성되어 있다. 특히 구조표에는 통사적으로 각 문장이 분할, 도표화되어 문장 위에 억양표시가 되어 있다.

대화문은 왼쪽 면엔 만화 그림자료만이 소개되고, 오른편엔 각각의 만화 컷에 해당하는 대화문장들이 번호 순으로 나열되어 있는데, 한 문장에 필름 한 장면씩 대응시키는 SGAV교재의 그림자료와 유사함을 볼 수 있다. 도입부의 구조표에 제시된 문장은 물론, 대화문의 문장 위에도 각각 억양의 높낮이가 표시되어있다.

저자는 대화문 학습절차[16]를 1. 소개: 학습자에게 대화문 텍스트를 감추고 그림자료만 제시한 채 두 번 듣기, 2. 설명: 각각의 삽화 내용에 대한 질의-응답, 3. 반복과 암기: 발음 연습, 4. 그림자료를 바탕으로 대화문 활용: 기본문형을 사용한 대체연습, 5. 대화의 재구성, 6.독해 순서로 제시하고 있다.

수업방식에서 중시되는 발음과 반복, 기본 문형연습을 통한 대체연습 등, 전체적으로 청화식 교수법의 특징들을 살펴볼 수 있는 교재이다.

3.4. SGAV교수법과 교재 : 〈*Voix et Images de France*〉와 〈*De vive voix*〉

구조·총괄시청각교수법은 유럽의 구조주의 언어학과 독일의 형태 심리학 이론을 차용한 과학적 이론의 토대를 갖춘 프랑스가 자랑하는 교수법이다.

프랑스인들의 일상생활 언어를 채집한 후, 통계를 통해 사용 빈도수를 조사하고, 이에 가용성이 높은 어휘를 추가하여 작성한 목록인 『기본 프랑스어(*Français Fondamental)* 1, 2』(1954)의 출간은 SGAV 교수법에 기반을 둔 교재의 문법과 어휘 학습 진도의 토대가 된다.

최초의 SGAV 교재인 *Voix et Images de France* (이하 *VIF*)[17]는 『기본 프랑스어』의 어휘문법 목록을 토대로 1961년에 출판된다. *VIF*에서는 녹음기로 대화문을 들으면서

---

16) G. Mauger, M. Bruézière(1971:14), "Plan proposé pour l'étude des dialogues: I. Présentation par le film ou le livre seul, texte caché (2 fois); II. Explication:question et réponses sur chaque image; III. Répétition et mémorisation: dificultés phonétiques: IV. Exercices de réemploi sur les images; V. reconstitution du dialogue; VI. Lecture."

17) Crédif(1961), *Voix et Images de France*, Paris: Didier. 1958년 초판이 출판되고 1961년 수정재판 출간.

동시에 환등기로 투사되는 그림 장면을 보는 것이 프랑스어 교수·학습을 구성하는 요체라고 할 수 있을 만큼, 대화의 의미를 나타내는 그림 자료의 역할은 중요하다.

총 32단원의 *VIF*는 각 단원이 세 개의 대화문으로 구성되며, 대화문은 일상생활과 관련된 주제를 다룬다. 즉, 일명 스케치(Sketch)라고 불리는 새로이 학습할 본문 대화문과 문법 학습을 위한 소 대화문들로 구성된 기제연습(mécanisme), 그리고 이 두 대화문에서 소개되었던 내용을 반복시키는 발음 연습용 대화문으로 그 구성되어 있다. 이 대화문들은 정해진 수업 전개방식으로 학습된다.

- 대화문과 그림 장면의 동시적 제시
- 어휘와 구문에 대한 설명
- 암기를 위한 대화문의 반복
- 다른 소대화문들을 통한 어휘와 구문의 활용
- 문형연습을 통한 어휘와 대화문의 고착화
- 지시에 따라 어휘와 대화문의 재활용

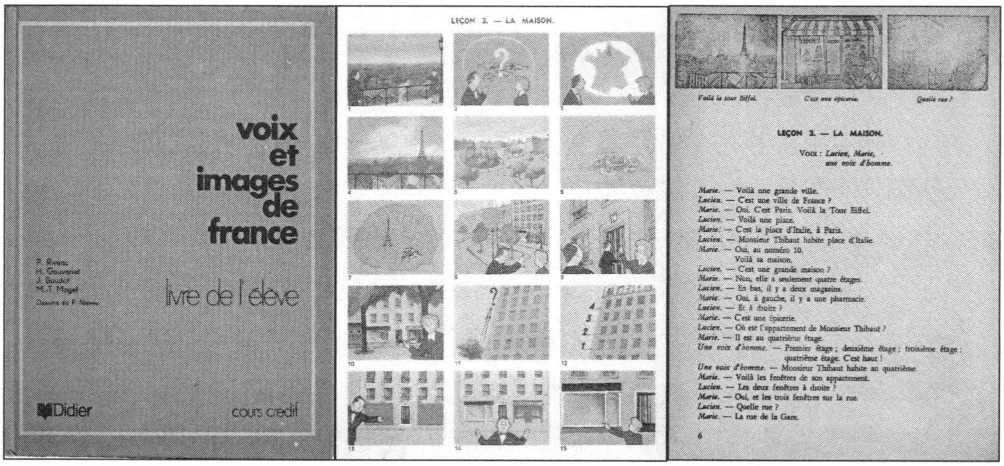

[그림 14-4] *Voix et Image de France(1961)*: Livre de l'élève et Livre du maitre

학습자용 교재는 텍스트없이 그림으로만 구성되어 있고, 교수자용 지침서는 대화 텍스트와 일련의 연습활동 등이 소개되어 있다.

1단계 수업(cours premier degré)이 끝나는 32과 이후부터 읽기 텍스트가 도입되는 만큼 학습자에게 문어 노출이 상대적으로 늦다.

SGAV 교수법 1기에 해당하는 *VIF*의 뒤를 이어 10여 년 후 제작된 *De Vive Voix*[18]는 SGAV 2기로 분류된다. *De Vive Voix* 초판 당시에는 학습자용 교재에는 텍스트가 전혀 제시되지 않고 일련의 그림 장면만 소개되어 있고, 교수 지침서에는 수업 계획과 수업진행에 대한 상세한 지침 및 대화문 텍스트가 포함되어 있다. *VIF*에 비해 개선된 점은 별도 제작된 어학실습실용 활용연습집이다. 녹음자료를 갖춘 이 활용연습집은 집중적인 문형연습 자료로 학생들의 구문학습을 위한 것이다.

*De Vive Voix*는 총 21단원을 두 권의 책에 담고 있다. 별도의 연습집에 모든 연습활동이 담겨있어 각 단원은 두 개의 대화문과 그림 자료로만 구성되어 있다. 학습 내용은 언어적 요소뿐만 아니라 문화적 요소나 사회문화적 행동 양태 등의 비언어적 요소까지 포괄하며, 학습 진도는 문법 중심의 구성 방식이다. 전체적인 대화 상황은 Pierre와 Mireille의 만남이라는 줄거리가 있지만, 단원마다 상황 설정에 일관성이 없고 어휘 선정은 흥미를 주는 주제 중심이 아니라 여전히 어휘 빈도수 중심의『기본 프랑스어 1』을 토대로 한다. 또한 대화문도 가족과 친구라는 아주 제한된 상황 설정 속에서 이루어지는 두 사람 간의 일상적 언어교환으로 지극히 제한된 의미의 표현이지만, 이전 교재 *VIF*와 비교해 볼 때 대화에 사용된 언어는 실제 언어에 더 가깝다.

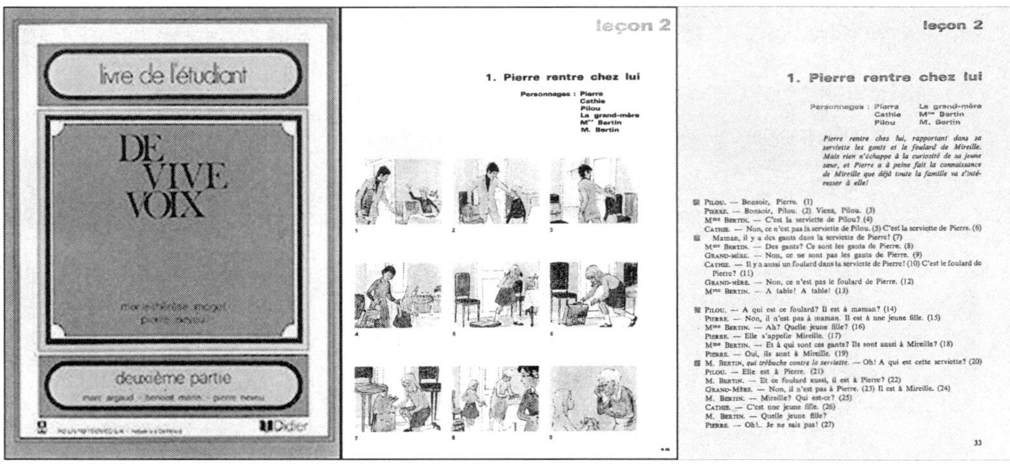

[그림 14-5] *De Vive Voix(1972)*: Livre de l'étudiant et Livre du professeur

18) Crédif(1972), *De vive voix*, Paris: Didier.

각 단원의 전개 방식은 이해－고정－재활용 순으로 구성되는데, *VIF*에 비해 훨씬 유연성을 보여준다. 학습 첫 단계에서 소리 없이 그림장면만 보여주고 학생들이 상상하는 것을 표현하게 하는 수업 방식은 표현 능력 기르기에 큰 효과를 얻기도 했다.[19] 문어학습은 구어연습을 통해 이미 습득한 단어 중심의 받아쓰기가 전부이다.

1970년대 중반부터 의사소통 능력에 대한 새로운 정의가 시작되면서, 구조·총괄 시청각교수법과 이 교수법에 의거해 제작된 교재의 한계와 문제점에 대한 비판이 가해진다.

ㅁ 『기본 프랑스어』 사용에 대한 비판

1950년대에 만들어진 기본 프랑스어는 시대적 변화에 따라 달라지는 언어 사용과 많은 차이가 있고 고정된 어휘 목록에 의존하는 것은 학생들의 언어적 요구와 필요에 의거하여 학습 목표와 내용을 설정하고자 하는 새로운 교수법의 흐름에 배치된다.

ㅁ 대화문 재평가와 발화(énonciation)의 문제

명사가 많고 동사의 비율이 낮은 기본 프랑스어 목록을 가지고 만든 대화문은 문법적으로는 맞지만 실제 사용되지 않는 언어, 가르치기 위해 인위적으로 만든 교육적 대화문이 많다.

외국어 교육은 어휘, 문법, 문장의 형태만이 아니라 언어를 상황에 맞게 적절히 사용할 수 있는 활용능력, 즉 의사소통 능력을 가르쳐야 한다. 일상생활에서 대화할 때 상대방의 연령, 지위, 대화 장소, 의도에 따라 같은 의미 단위라도 언어 표현이 달라진다. 문법에 맞는 언어가 아니라 사회문화적 맥락에 맞는 언어 사용(emploi) 능력을 가르쳐야 한다.

ㅁ 번역과 그림에 대한 재고

번역을 피하고 외국어로 직접 말할 수 있도록 가르친다는 시청각 교수법의 주장과는 달리 현대 심리학의 발달은 성인이 외국어 학습시 반사적으로 번역을 한다는 사실을 보여준다. 뿐만 아니라 *De Vive Voix*의 그림자료를 보면서 모두가 동일한 의미로 해석하지 않는다는 것이다.

19) Ch. Tagliante(2006), La Classe de Langue, Paris: CLE int, Nouvelle édition, p.54.

3.5. 의사소통접근법과 교재 : 〈*Archipel*〉[20)]

유럽의 정치, 사회적 변화와 함께 유럽 내 구성원들의 자유로운 이주가 허용되자, 언어학습을 통해 빠른 사회 적응을 돕는 등, 성인들의 사회적·직업적 필요에 부응하는 언어준거체제로 유럽평의회(Conseil de l'Europe)는 1975년 영어교육을 위한 *Threshold Level English*를 발표한다. 외국생활에서 필요한 최소한의 의사소통 능력에 필요한 언어자료집이다. 이후, 영어자료집에 입각해서 프랑스어 목록자료집인 *Niveau-Seuil*[21)]가 1976년 제작된다. 이 자료집의 특징은 각각의 화언행위(acte de parole)별로 각기 다른 의사소통 상황에서 사용될 수 있는 다양한 표현의 발화체(énoncés) 목록을 제시하고, 학습자의 필요(besoin)에 따라 적절한 표현들로 학습 내용을 구성할 수 있다는 새로운 개념을 제시한 것이다.

*Niveau-Seuil*에서 언어의 의미와 기능을 중시하는 '화언행위'와 '학습자의 언어적(필요)'의 개념을 도입하여, SGAV 교수법의 연장선에서 의사소통접근법이 생겨난다.

1982년에 출판된 *Archipel* I[22)]은 의사소통접근법 초기에 나온 교재로 SGAV 교수법의 연장선 속에서 의사소통접근법의 방법론들을 적용하고 있다. 저자가 교수자 지침서 서문에서 밝히듯, 또한 SGAV 교수법에서도 일부 이론을 빌리고 있다. 학습자가 관찰자가 되어 대화 내용의 의미를 총괄적으로 파악할 수 있도록 제시되는 상황 그림 자료나 상황 문법 접근법 같은 방법론들이다. 의사소통접근법적인 특징은 언어 기능 또는 화언행위 중심으로 학습 내용을 구성하고, 수많은 실재자료들을 통해 프랑스인들의 일상 문화적 요소들을 교재 전체에서 다양하게 소개하는 점이다.

---

20) 의사소통접근법에 의거한 FLE 교재는 *C'est le printemps*(1975)을 기점으로 시작되었으나 본격적으로 의사소통접근법 이론을 적용한 교재들은 1980년대 초 부터 2000년까지 출판된 교재들을 총망라한다. 1980년대를 대표하는 교재들은 *Cartes sur table*(1981), *Archipel*(1982), *Sans frontières*(1982), *Le nouveau sans frontières*(1988) 등이며, 1990년대엔 *Espaces*(1990), *Libre-échange*(1991), *Fréquences jeunes*(1994), *Panorama*(1996), *Reflets*(1999) 같은 교재들이 출판되었다.

21) D. Coste, J. Courtillon, V. Ferencwi, M. Martin-Baltar, E. Papo, E. Roulet(1976) *Un niveau-seuil*, Conseil de l'Europe, Paris: Didier.

22) J. Courtillon, S. Raillard(1982) *Archipel* 1, Cours Crédif, Paris: Didier.

[그림 14-6] *Archipel 1(1982)*

교재는 총 7단위(unité)로, 각 단위 구성은 다양한 의사소통 상황을 보여주는 6~10개의 소 대화문과 수많은 실재자료들(신문기사, 광고, 만화, 사진, 문학텍스트, 시), 그리고 역할극 구성틀(canevas de jeux de rôles)[23] 등이 20쪽에 걸쳐 펼쳐져 있다. 이 교재의 큰 특징은 바로 학습 초기부터 실재자료를 많이 도입한 점이다. 학습 초반부터 시각적 효과를 위한 실재자료와 읽기 자료용 실재자료들을 많이 소개한다. 실재자료들은 대화문에서 제시된 각 화언행위가 내재된 의미는 같아도 각기 다른 의사소통 상황에서 어떻게 다른 형태로 발화되는지 언어의 실제적 사용을 학습자들이 발견할 수 있게 한다.

이 교재에 실린 수많은 자료들과 다양한 의사소통 상황 제시는 정해진 수업 시간에 학습하기엔 과도한 양으로 보이는데 여기엔 저자의 의도가 있다. 학습자의 흥미와 관심사에 따라 자료를 취사선택하여 수업을 구성할 수 있도록 '모듈식 진도방식(progression modulable)'을 전제로 교재를 제작한 것이다. 또한 교수자의 지시를 따르는 것이 아니라 학습자가 능동적으로 학습을 구축하도록 한다는 점에서 의사소통 접근법의 또 다른 핵심 개념인 '학습자 중심'과 '학습자의 자율성'을 구체화한 예라고 할 수 있다.

23) 역할극의 밑그림을 제시하는 시나리오

Cuq & Gruca(2005:269)에 따르면, 1980년대 이후 출판된 프랑스어 교재들 중 의사소통접근법을 표방하지만 실제로는 그 주장에 걸맞지 않는 사례도 종종 있는데, 그 이유는 의사소통접근법 이론 자체가 너무나 다양하고 이론마다 상이한 교수 방식과 수업 방식을 제시하고 있기 때문이다.

3.6. 행위중심접근법과 교재 : 〈*ICI*〉[24)]

유럽공통참조기준(*CECR*)은 유럽 연합 내의 서로 다른 국가 구성원 간의 상호 문화 존중과 상호적 의사소통 교육의 필요성을 위해 행위중심적 관점을 제시한다. 행위중심접근법은 학습자가 목표 외국어가 사용되는 사회에서 능동적인 사회적 행위자(acteur social)로서 살아가기 위해, 무엇보다도 일상생활의 여러 영역에서 요구되는 각종 과제(tache)들을 성공적으로 수행해낼 수 있는 행위능력을 중시한다. 즉, 학습자는 일상의 언어적 과제 해결을 위해 구어와 문어 이해능력, 수용능력, 표현능력 등을 모두 포괄하는 통합적 언어 능력을 기르는 학습을 해야 한다.

이러한 행위중심적 개념을 반영한 프로젝트 학습이나 시나리오 학습은 수업의 결과물(produit)이 아니라 프로젝트를 정하고 자료를 수집, 선택하는 과제 수행 과정(processus) 중심[25)]이 특징이다. 또한 학습자의 언어 능력을 A1, A2, B1, B2, C1, C2의 6단계 기준으로 정의하여, 이 언어 능력별 구분에 따라 프랑스어 교재가 제작되고, 학습 진도가 설정된다.

외국어 교육에 새로운 발전을 가져온 행위중심접근법을 반영한 교재로 2008년 출판된 ICI[26)]를 살펴보고자 한다. ICI는 프랑스어 환경에서 프랑스어를 배우는 학습자들을 대상으로 만들어진 교재로 기존의 프랑스어 교재와 구분된다는 점에서 살펴볼 의의가 있다.

저자의 소개글에 따르면, 이 교재는 교실 안에서의 언어 학습뿐만 아니라 직접 프랑스인이나 프랑스어 화자를 접촉하는 교실 밖 상황에서의 언어 학습을 병행하는

24) 2001년 발행된 CECR에서 제시하는 행동주의 관점을 적용하여 출판된 교재들로는 *Studio*(2001), *Festival*(2004), *Métro Saint-Michel*(2006), *Alors?*(2007), *Ici*(2007), *Echo*(2010) 등이 있다.

25) 앞의 〈교수·학습 방법론:김정숙〉 2,4.4. 장 참조.

26) D. Abry, et alii(2008) *Ici*, Méthode de français 1, Paris: CLE int.

것을 전제로 제작된 것이다.

교재 구성에서부터 새로운 교수법의 특징을 반영하여, 주 교재 외에 별도의 활동 과제물집 (Fichier《Découverte》)을 통해 학습자가 교실을 벗어나 프랑스나 프랑스어권 국가의 길거리로 나가 직접 사람들의 인사방식과 같은 행동방식이나 거리 상황, 교통수단 등을 관찰하고 프랑스어 화자와 직접 접촉을 해야만 수행할 수 있는 수행 과제들을 제시하고 있다.

학습단계는 세 단계로, 주 교재와 연습집을 통한 교실에서의 준비 학습단계와 교실 밖으로 나가 과제물을 직접 수행하는 문화적 발견 학습단계, 그리고 발견단계를 마친 후 다시 교실로 돌아와 경험과 수집한 정보를 공유하는 단계로 이루어진다. 교실 밖 수행과제 학습이 과외 학습이 아니라 주요 학습과정임을 알 수 있다.

[그림 14-7] *Ici 1(2008)*

교재는 총 12개의 단원이고, 각 단원은 〈발견하기 découvrir〉, 〈분석과 실습 analyser et pratiquer〉, 〈의사소통하기 communiquer〉, 〈프랑스에 살기 vivre en France〉, 〈읽기, 말하기 à lire à dire〉 의 5단계로 구성된다. 구어뿐만 아니라 학습 초기부터 문어의 중시, 문법을 먼저 익힌 후 의사소통 단계로 넘어가는 방식 등은 실생활에서 구어 못지않게 문어가 필요함을 보여주는 것이라 할 수 있다. 또한 〈프랑스에 살기〉란에서는 프랑스인들이나 프랑스어권 사람들의 문화적 요소 및 생활 방식, 문화적 성향 등의 학습을 통해 점차 자국의 문화와의 차이점을 인식해가는 상호 문화적 비교 능력을 습득할 수 있도록 한다는 점은 행위중심접근법이 지향하는 상호문화 존중적 관점의 반영으로 볼 수 있다.

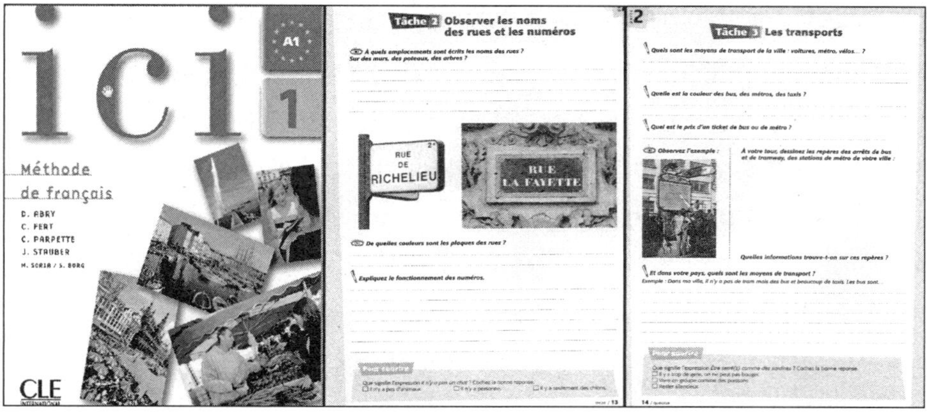

[그림 14-8] *Ici 1(2008); Fichier « Découvertes »*

4. 교재분석

교수법의 변천사를 통하여 큰 획을 긋는 교수법의 대표 교재로 여겨지거나 해당 교수법을 표방하며 제작된 FLE 교재들에 대한 개괄적 관찰을 통해서 각 교재가 그러한 방법론들을 어떻게 구현하고 있는지 앞장에서 살펴 보았다. 본 장에서는 모든 외국어 교재 개발 시 참고해야 할 공통적 지침 항목이자, 동시에 교재를 분석, 평가할 수 있는 요소들 중에서 모든 외국어 교재에서 빼놓을 수 없는 요소인 연습활동과 그림자료에 대한 분석[27]을 통해 각 교수법에 의거하여 제작 된 교재들에서 그 유형이 어떻게 변화하고 발전해 왔는지를 살펴보고자 한다. 연습활동 분석은 습득 지식을 점검, 평가하는 방법의 변화를 보여주고, 그림 자료에 대한 세부적 분석은 교수법의 변화뿐만 아니라 과학기술의 발전과 같은 사회적 변화까지도 알 수 있게 한다.

27) 본 장의 〈2.1. 교재 개발 시 참고요소〉 참조.

4.1. 연습활동

모든 FLE 교재는 학습자가 수행해야 할 각가지 '학습 활동(activités d'apprentissage)'으로 이루어져있다. 이때, 교육목표가 무엇인가에 따라 학습자가 실제 행해야 할 활동이 규정되며, 또한 교육목표가 듣기, 읽기처럼 영역별 언어 능력 습득인가 총체적인 언어 능력 습득인가에 따라 각기 다른 방식의 학습 활동들의 배열, 조합이 이루어진다. 이러한 활동 속에는 '발음하기'나 '듣기', '읽기', '말하기', '쓰기'처럼 학습자가 새로운 언어 내용을 배우는 학습단계에서 행하는 '언어 활동(activités langagières)'뿐만 아니라 학습한 내용의 적용단계, 또한 학습자가 제대로 학습 내용을 습득했는지를 점검하는 단계에서 사용되는 '연습활동 exercice'이 모두 포함된다. 즉, 모든 학습 활동은 언어 활동과 연습활동으로 구성된다고 할 수 있다. 이때, 연습활동은 학습자의 언어 능력 향상을 위한 목적으로, 그 자체가 학습자가 해야 할 "과제 tâche"인 것이다. 연습활동은 습득 지식의 심화단계, 연습활동과 학습자 간의 친숙화, 습득 지식에 대한 점검단계라는 교육적 기능을 지닌다.

프랑스어 교육에서 연습활동은 교수 · 학습 방법론에 따라 그 형태가 변화되어 왔다. Vigner(1984:14)에 따르면, 외국어 연습활동은 청화식 교수법과 시청각 교수법에서 사용된 '문형연습(exercices structuraux)'과 함께 체계적인 형태로 발전되었다. 따라서 문형연습을 중심으로 연습활동의 유형은 그 이전과 그 이후로 확연히 구분된다.

본 장에서는 문법 · 번역교수법에서 사용된 전통식 연습활동, 청화식 교수법의 문형연습, 그 이후 구조 · 총괄시청각교수법과 의사소통접근법 시대에 소개된 의사소통을 위한 연습활동, 마지막으로 행위중심접근법을 통해 제시된 새로운 유형의 연습활동이라고 할 수 있는 '과제(tâche)' 수행활동으로 크게 구분하여 그 유형의 변화와 발전을 살펴보자.

4.1.1. 문법 · 번역교수법과 전통식 연습활동

문법 · 번역교수법 교재에 실린 연습활동은 대략 다음과 같은 특징을 보인다.

- 언어적 형식 습득에 치중된, '형태-구문(morpho-syntaxe)' 중심의 연습 유형
- 학습 내용이 문장 단위 중심이므로, 문장 중심으로 전개되는 학습 활동
- 언어 현상이나 문법 설명을 위한 메타언어로 인한 빈번한 모국어 설명
- 문법 규칙의 암기 후, 규칙을 적용하는 연역적 학습방식

Vigner(1982:65)

이러한 전통식 연습활동의 특징들이 가장 잘 나타난 구체적 예를 *Mauger Bleu* I에서 볼 수 있다.

Cours de langue et de civilisation françaises(1953, révisé 1967), p.67.

IV) Mettez les verbes suivants au passé composé : a) 1ère personne du singulier; b) 3e personne du pluriel féminin.

Le matin je me lève. Je fais ma totilette; je me savonne, je me lave, je m'essuie, je me peigne. Ensuite, je me chausse et je m'habille. Je vais dans la salle à manger. Je dis bonjour à mes parents. Je prends mon petit déjeuner : je mange su pain et du beurre, je bois du café au lait. Puis je pars de la maison. J'entre dans la classe à 9 heures et je reste là jusqu'à midi. Je lis, j'écris, je fais des exercices. Je reviens à la maison pour le déjeuner. Après le déjeuner, j'étudie mes leçons.

V) Mettez les phrases suivantes : a) à la forme négative; b) à la forme interrogative.

Je pars pour Paris. Vous écrivez une lettre. Les étudiants font la dictée. Il bois de la bière. Tu parles français. Elle connaît la France.

VI) Complétez avec : ancre, passagers, sireène, pont, paquebot, mouchoirs :

Quand le départ est proche, les . . . . montent sur . . . . Ils restent debout sur le . . . . Ils entendent la . . . . Puis le bateau lève l'. . . . Les passagers agitent leurs . . . .

연습 문제 IV)는 1인칭 화자가 하루 일과를 서술하는 짧은 텍스트를 현재형에서 복합과거로 먼저 변형시키고, 그 다음에 3인칭 여성복수형의 화자 서술체로 또 다시 바꾸라는 변형연습(exercice de transformation)이다. 문제 V)는 주어진 문장들을 먼저 부정형으로, 다시 의문형으로 각각 변화시키는 재구성연습(exercice de reformulation)이다. 문제 VI)은 제시된 어휘 중 적합한 단어로 빈칸 채우기(exercice à trous)이다.

이러한 연습 문제의 유형은 교재 전체에 공통적으로 제시되며, 이러한 동사변화, 시제변화, 문장 구문 변화 등의 언어적 형태 및 구문 변형을 위한 상투적인 연습 문제는 유형 자체의 단순성 때문에 학습자들의 학습 동기 유발에 도움이 안 된다. 또한 여러 가지 지시사항으로 연습문제 자체가 과도한 학습량을 드러내며, 지시문에 메타언어를 사용함으로써 초보 학습자는 문항이 요구하는 바가 무엇인지 이해하지 못할 수도 있다.

문법·번역교수법의 연습활동은 대부분 습득한 문법 지식 점검을 위한 것들로 학습자의 적절한 언어적 행동 계발과 언어적 소양 발전을 위한 것과는 거리가 멀다고 할 수 있다.

4.1.2. 청화식 교수법 및 구조·총괄시청각교수법과 문형연습활동

외국어 교수법의 역사에서, 문형연습(exercices structuraux)은 청화식 교수법과 함께 시작되었고, 그 후에 나온 구조·총괄시청각교수법에서도 보편적으로 사용되었다. 문형연습활동의 특징들을 살펴보자.

- '형태-구문(morpho-syntaxe)' 중심으로 문장 구문 배열을 집중적으로 연습. 그러나 구문 배열 연습에서 어휘 대체연습에만 치중하고 통사적 문제를 무시.[28]
- 당시에 유행하던 행동주의 이론의 영향으로 언어를 기계적으로 반복하여 습관화하는 '자극 stimulus → 반응 réponse → 강화 renforcement' 순서의 자동화 학습방식.

28) 예를 들어 'la crainte des parents'과 같은 구문의 경우 '부모의 두려움'과 '부모에 대한 두려움'이라는 다의성을 나타내지만, 구조문형연습에서는 구문 분석없이 〈 la crainte de ~ 〉 라는 통사 자체에만 비중을 두고 어휘 대체연습을 하는 문제점이 있다.

- 학습자가 언어적 형태의 오류에 노출될 위험을 피하기 위해 전통적인 언어 분석적 연습 문제보다는 직접적인 표현 활동 중시.
- 외국어 습득에 장애라고 여겨지는 모국어 사용을 피하기 위해 언어적 기능이나 언어 규칙에 대한 문법적 설명이 불가피함에도 설명을 거부.
- 문법·번역교수법에서의 인칭별 주어의 성, 수에 따라 문장을 모두 변형시키는 비체계적이고 분산적인 연습문제들과는 대조적으로, 각각의 연습 항목들을 언어의 형태적 유사성에 따라 구성.[29]

(Vigner 1982:66)

문형연습활동은 대략 다음과 같은 유형으로 구분된다.[30]

* 문형연습의 유형

① 반복연습(exercices de répétition) : 녹음자료나 교수자를 따라 일련의 문장을 반복함으로써 문법 설명 없이 규칙을 유추하게 하는 연습.

예) Tu aime le cinéma?	Tu aime la mer?	Tu aime les fruits?
Tu aime le théâtre?	Tu aime la montagne?	Tu aime les légumes?
Tu aime le musée?	Tu aime la campagne?	Tu aime les céréales?

② 대체연습(exercices de substitution) : 문장구성 요소에 대한 인식과 함께 제시된 문장에서 지시에 따라 다른 단어로 바꾸는 연습.

예) Vous allez à la banque? / Oui, j'y vais.
Vous allez à la poste? / Oui, j'y vais.
Vous allez à la caféteria? / Oui, j'y vais.

J'habite à Séoul.	J'habite à Paris.	J'habite à New York.
Je rentre à Séoul.	Je rentre à Paris.	Je rentre à New York.

29) 부정형 구문이나 부분관사를 필요로 하는 동사 사용, 또는 〈 aller à ~ 〉 처럼 형태적으로 유사한 구문들을 같은 항목으로 묶어 연습문제를 구성하는 경우이다.

30) J-P Cuq(2003), *Dictionnaire de Didactique du Français*, Asdifle, Paris: CLE int., p.96.

③ 변형연습(exercices de transformation) : 부정문이나 의문문으로의 변환이나 시제와 화법 변화, 관계대명사 사용으로 두 문장을 한 문장으로 조합하기 등 문법적 변화를 이끄는 어형변화 연습.

예) Demandez à Pierre s'il aime Beethoven.
– Pierre, est-ce que vous aimez Beethoven?

Demandez à Mireille si elle aime la musique classique.
– Mireille, est-ce que vous aimez la musique classique?

Demandez à Mireille si elle aime mieux le jazz.
– Mireille, est-ce que vous aimez mieux le jazz?

다음 두 연습문제는 위에서 상술한 문형연습의 유형들을 재확인시켜준다. 문장의 기본 통사 자체의 변형 없이 대명사로 바꾸는 연습이나, 동일한 구문 틀 안에 들어갈 수 있는 어휘 바꾸기 연습과 같은 대체연습을 주목할 수 있고, 동시에 의문문에 부정형으로 대답하는 문법적 표현을 연습하는 변형연습도 함께 반복적으로 시도되고 있음을 볼 수 있다.

이러한 연습활동을 통한 집중 훈련은 단시간에 정확한 외국어 문장을 습득, 습관화할 수 있고, 문형연습을 통해 문법적 설명 없이 관련 규칙을 유추해서 언어 규칙을 습득할 수 있다는 장점이 있다.

그러나 대화문 패턴에 근거하여 만들어진 연습활동이지만, 구문 익히기를 위한 최소한의 어휘 제시나 단문 위주의 기계적 반복연습은 다양한 언어 습득과 창의적 언어 활용에는 장애가 될 수 있다. 청화식 교수법에서는 외국어 능력 습득이 대화자 간의 상호작용이 아니라 반복연습과 암기(mémorisation)를 통한 개별적 문장의 축적을 통해서 이루어진다고 본 것이다. 여전히 이전의 문법 중심의 전통적 연습문제와 유사한 틀을 보여 주는 이러한 문형연습은 문법이 외국어 능력 습득에 필수불가결한 요소라는 전제하에 문법 연습을 대신하여 만들어졌기 때문이다.

De vive voix, Exercices de réemploi (1972), p.44

Le verbe *aller* au présent de l'indicatif, forme négative.

Modèle

Écoutez : *Mireille, vous allez au bal?*
Répondez : Non, je ne vais pas au bal.
Répétez : Non, je ne vais pas au bal.

Écoutez et répondez : « Non, ... »

1. *Mireille, vous allez chez Pierre?*
2. *Pierre, vous allez au bal?*
3. *Pierre, Mireille vous allez au bal?*
4. *Madame Ratier, Monsieur Ratier, vous allez au cinéma?*
5. *Mireille sort. Elle va chez Pierre?*
6. *Et Pierre, il va chez Mireille?*
7. *Pierre va danser?*
8. *Pierre téléphone à Mireille. Monsieur Ratier va répondre au téléphone?*
9. *Pierre et Mireille vont au bal?*
10. *Ils ne vont pas danser, ce soir?*

De vive voix, Exercices de réemploi (1972), p.71

Le pronom *en* (substitution de *en* à un complément introduit par les partitifs *du, de la*).

Modèle

Écoutez : *Pierre, vous voulez du sucre?*
Répondez : Oui, j'en veux.
Répétez : Oui, j'en veux.

Maintenant, écoutez et répondez : « Qui, ... »

1. *Vous voulez de la farine?*
2. *Vous mettez de la farine?*
3. *Pour son gâteau, Pierre veut de la farine?*
4. *Pierre, vous prenez du beurre?*
5. *Mireille, vous prenez du café?*
6. *Vous mettez du sucre?*
7. *Dans son café, Pierre met du Sucre?*
8. *Dans un gâteau, on met du sucre?*
9. *Dans un gâteau, on met de la farine?*

외국어 교육학에서 무엇보다 새로운 발전은 '습득 단계'와 '연습 단계'라는 이분법 구조로 행해지던 외국어 수업의 전통적 방식에서 벗어나게 된 것이다. 이러한 문형연습을 통해서 연습활동은 단순한 점검단계가 아니라 본문 대화문에서 제시되는 새로운 언어 형태 학습과 연계된 학습 활동의 연장단계가 된다. 또한, 수많은 외국어 교육자들이 청화식 교수법에서 보이는 초기 문형연습의 극도로 기계적인 연습활동의 문제점을 직시하여, 구조·총괄시청각교수법에서는 대화 나눔이나, 묻고 대답하기, 혹은 소 대화문과 재활용 연습(exercice de réemploi)이라는 다양한 활동으로 변모시킨 점도 새로운 변화이다.

그러나 당시에는 의사소통 능력이라는 용어도 생소한 시기였지만, 도식적 구문의 나열로는 의사소통 능력을 계발할 수 없다는 인식과 함께 구조 구문 중심의 문형연습활동의 한계가 드러나고 새로운 연습활동이 모색된다.

4.1.3. 구조·총괄시청각교수법 및 의사소통교수법과 새로운 연습활동

의사소통 능력 신장이 외국어 학습 목표가 되면서, 의사소통을 위해선 의사소통 상황에 적합한 언어적 표현을 '발화한다(énoncer)'는 것이 중요해졌다. 따라서 연습활동에서도 그 이전의 것들과는 완전히 다른 새로운 연습활동이 나온다. 그 특징들을 보자.

- 그 이전의 연습활동들이 순전히 언어 형태 중심이라면, 새로운 연습활동은 의사소통 화자의 태도나 행동, 상황에 적합한 언어 형태를 '사용'하기 위한 것으로, 다시 말하면 의사소통에 적합한 언어 형태의 활용 중심으로 변화한 것이다.
- 따라서, 학습할 내용단위가 '문장'보다 상위 단위인 대화문이나 서술문 같은 텍스트가 된다. 연습활동은 '발화주체자(sujet énonciateur)'의 체계적인 언어활용 실습을 의미하며, 그런 실습은 담화의 구성까지 포함한다.
  이전의 언어 형식에 치중된 연습활동과는 다른 차이점을 볼 수 있다.
- 새로운 연습활동에서는 문형연습의 전형적 유형인 '자극-반응'의 틀에 맞추어 질문에 'oui'나 'non'으로 기계적으로 대답하던 질의-응답 방식이 언어적 교환 형태로 변화된다.
- 그 이전의 연습활동에서 고려되지 않았던 음성적 요소인 '억양(intonation)'이라는 화자의 발화적 특성을 강조하여, 같은 언어 형태라도 의사소통 상황과 언어적 반응에 따라 전혀 다른 의미 표현이 될 수 있다는 사실을 연습활동을 통해서 보여주기도 한다.

이러한 차이점의 구체적 예를 다음의 연습문제에서 볼 수 있다.

Lintonation expressive-Exercices systématiques de perfectionnement(1973), p.89[31)]

EXERCICE 2

1. Situation
   Une amie vous parait découragée. Votre réponse est une réprobation catégorique qui a pour but de la secouer.
2. Mémorisation de la structure de la réponse.
   Écoutez et répétez une première fois immédiatemenr après la rèplique.
   S : Finalement, je vais rester au même endroit.
   R : Rester au même endroit ... mais c'est ridicule!

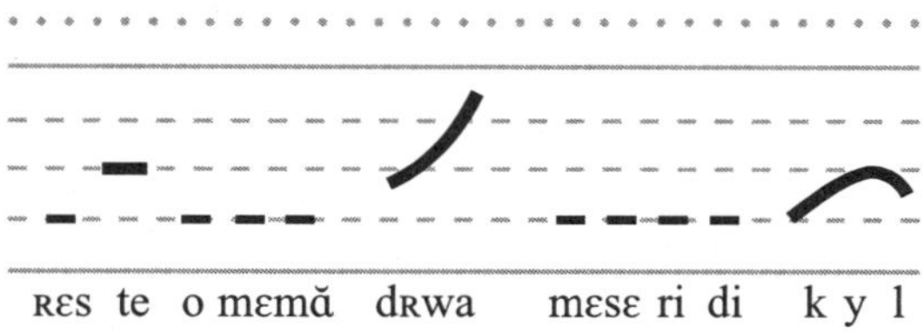

Répétez : Rester au même endroit ... mais c'est ridicule!

Commencez l'exercice :

1. S : Finalement, je vais rester au même endroit.
   R : Rester au même endroit ... mais c'est ridicule!
2. S : Tu comprends, tous les soirs, je travaille jusqu'à minuit.
   R : Travailler jusqu'à minuit ... mais c'est ridicule!
3. S : Moi, tu sais, je m'inquiète tout le temps.
   R : S'inquiéter tout le temps ... mais c'est ridicule!
4. S : Je crois que je vais emprunter de l'argent.
   R : Emprunter de l'argent ... mais c'est ridicule!
5. S : Finalement, je vais vendre ma voiture.
   R : Vendre la voiture ... mais c'est ridicule!
6. S : Finalement, je suivrai tous les cours.
   R : Suivre tous les cours ... mais c'est ridicule!
7. S : Il fallait bien essayer à tout prix.
   R : Essayer à tout prix ... mais c'est ridicule!

이런 새로운 연습활동의 기능은 언어 교환을 통해 대화자의 심리적 요소 등 주변 조건에 대한 정보 습득도 가능케 하여, 언어 형태뿐만 아니라 그 활용 가치까지 동시적으로 학습시키는 것이다.

31) G. Vigner(1982), "L'exercice en français langue étrangère", *ELA* n°48, p.68의 인용자료 재인용.

전통적 연습활동과 문형연습활동에서는 'exercice'의 개념이 문법 연습과 동일시되어, 문장 배열의 체계적 학습을 위한 것이었다. 그런데 구조·총괄시청각교수법과 함께 음성학적 교정을 위한 연습활동이 생기면서 학습 활동에 일종의 혁신이 일어난 셈이지만, 여전히 발음에만 치중했다.

그러나 이후 의사소통접근법과 함께, 연습활동의 목표가 학습자의 언어 행동을 구조화하는 것으로 변화하면서 구어 중심에서 벗어나 읽기 학습에서 문어 텍스트 이해를 위한 연습활동도 새롭게 제시된다. 무엇보다 의사소통접근법은 그 목표가 의사소통하면서 의사소통 능력 기르기이므로 상호작용적 의사소통 활동(activité communicative)을 연습하는 언어 활동들이 다양하게 나타난다. 대부분 구어 표현 능력, 즉 말하기 능력을 위해서 일련의 의사소통 기능에 초점을 맞추어 설계된 연습활동들로, 주어진 상황 속에서 '나를 가장하여(je simulé)' 일종의 놀이와 연극을 하는 모의활동(simulation)과 역할극(jeu de rôles) 등이 있다. 이런 유형의 연습활동들은 학습자의 자율적인 참여와 외국어 표현 욕구를 불러일으키려는 목적을 지닌다.

아래의 예는 제시된 상황에 따라 학습자가 자유롭게 창작하고 표현할 수 있는 기회를 제공하는 역할극이다.

Archipel 1 (1982), p.75

CANEVAS DE JEUX DE RÔLES

CANEVAS 1

Recherche d'un bureau de poste.
- Un passant demande le bureau de poste le plus proche.
- Le passant 2 ne peut pas le renseigner.
- Cette personne lui demande ce qu'il veut faire à la postr.
- Le passant 1 veut téléphoner.
- Le passant 3 lui répond qu'il y a un téléphone à l'arrêt d'autobus.
- Le passant remercie.

CANEVAS 3

Une personne entre dans un café pour téléphoner.
- Le patron lui demande s'il est consommateur.
- Le client s'étonne.
- Le patron refuse de le laisser téléphoner.
- Le client va dans un autre café.
- Le patron lui dit que le téléphone ne marche pas.
- Commentaire du client.

대화문 구성틀(canevas)에 따라 학습자들은 사전 토의를 통해 역할 설정 및 분담, 내용 전개 등에 관한 사항들을 결정한 후에 직접 역할극 연출에 들어가게 된다. 이런 유형의 활동은 학습자들에게 즉흥연기를 통해 canevas 1과 3의 〈위치 묻기와 정보 구하기〉, 〈요청하기와 거절하기〉 등의 화언행위를 일상의 흔한 의사소통 상황에 적합한 발화체(énoncé)로 표출하는 기회를 제공한다.

4.1.4. 행위중심접근법과 과제(tâche)

행위중심접근법은 의사소통접근법의 연장선상에 있는 만큼, 연습활동의 유형이 거의 유사하다. 그러나 행위중심접근법에서는 새로운 개념의 연습활동이라고 할 수 있는 '과제(tâche)'가 추가된다.

행위중심접근법을 적용한 최근의 FLE 교재는 학습자용 교과서와는 별도의 과제집에 수행할 과제를 담고 있거나, 학습자 교재 속에 기존의 연습활동과 함께 'projet' 또는 'tache'라는 명칭아래 학습자의 통합적 언어 능력을 요구하는 활동을 제시한다. 무엇보다 이 학습 활동들은 학습자의 일상생활과 관련된 구체적인 과제(tâche) 수행에 초점을 맞추어 만들어진 것이다. 일상생활의 영역에 속하는 다양한 과제들은 세부적으로 개인적 영역(domaine personnel), 공공 영역(domaine public), 직업 영역(domaine professionnel), 교육 영역(domaine éducationnel) 등으로 분류된다.

학습자가 프랑스나 프랑스어권 국가의 거리로 직접 나가서 거리 표지판 관찰이나 거리 번지수 매김 등 주변 환경적 특징을 실제로 관찰해야만 할 수 있는 과제들이다. 상거래에 사용되는 실제 언어 사용을 직접 관찰, 상인과 고객 사이에 구사되는 말들을 채집하여 글로 작성하거나 하나의 주제를 설정하여 이에 대해 사전에 설문지를 작성하고 거리에서 직접 설문조사를 하는 등 과제의 유형이 다양하다. 초기에는 언어적 지식을 비교적 덜 필요로 하는 관찰부터 시작하여 점점 더 프랑스어 화자와의 직접 접촉 및 상호작용(interaction)을 통해서 달성해 가는 수행과제들이다.

다음 자료들을 살펴보자.

[그림 14-9]는 '빵집에서' 학습자의 관찰을 요하는 과제로 빵집 외부 관찰을 통한 상점 이름과 영업시간 알아보기, 빵집에 들어가 진열된 빵 종류와 빵의 명칭을 익혀 글로 적기, 직접 빵집 주인을 인터뷰하여 빵 종류나 성분에 대한 정보 얻기이며, 또한

과제 '인사 관찰하기'는 거리에 나가 프랑스인들의 '만남'과 '작별'이라는 각기 다른 상황을 관찰하여 인사 예절과 제스츄어, 인사말 등을 알아보는 것이다. 이러한 과제는 개인 활동으로 할 수도 있고 소그룹으로도 수행할 수 있는 활동과제이다.

[그림 14-10]은 4단 관광안내 브로셔를 직접 만들어보는 '프로젝트' 과제이다. 소그룹에서 작업 분담을 통해 개별적으로 인터넷 프랑스 관광지 소개 사이트 검색을 통해 지역 소개 방식이나, 가볼 곳과 기념물이 표시된 지역 약도, 지역 축제 등에 대해서 조사 작업을 한다. 이러한 사전 조사 후에는 소그룹이 함께 모여 탐색한 정보들을 적용하여 자신들의 거주지역에 대한 조사 작업을 하여, 약도 및 추천 장소 등을 지역 전설과 연계하여 스토리텔링으로 엮어 관광안내도 모형을 만드는 창의적 활동 과제이다.

이 밖에도 프로젝트 과제로 사진소설이나 영상편지 제작, 설문조사, 인터뷰, 통계조사, 학교신문 만들기 등 그룹 구성원들의 협업을 필요로 하는 공동작업 활동들이 있다.

행위중심접근법의 과제들은 학습량이 아직 많지 않은 초보 학습 수준 단계에서도 배운 것을 즉시 행동에 옮겨 사용하도록 유도하고 있다는 점에서, 일정 수준에 도달한 후에야 학습자가 습득한 외국어 지식을 활용을 할 수 있었던 이전 교수법들과는 다른 차이점을 보여준다. 행위중심 과제들은 또한 구어와 문어 이해 능력, 표현 능력 등을 모두 사용해서 해결할 수 있는 활동들로 학습자의 통합적 언어 능력뿐만 아니라 관찰력, 사고력, 창의성 등 모든 소양을 요구하는 종합 활동이라고 할 수 있다.

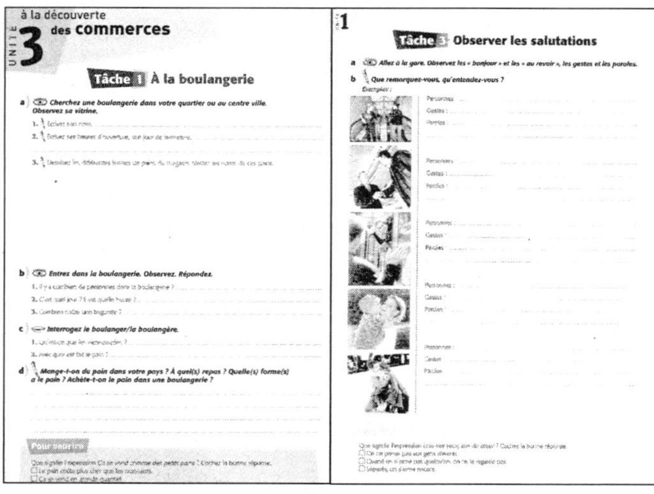

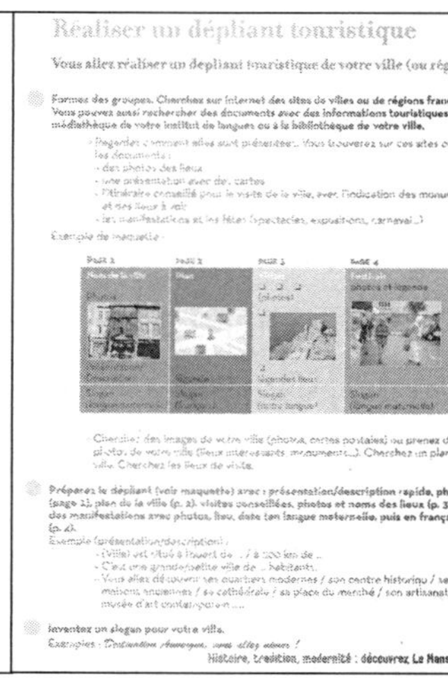

[그림 14-9]. *ICI* (2008), Fichier《Découvertes》 pp.8, 19　　[그림 14-10] *Alors ?* (2007), p.126

4.2. 그림 / 영상 자료(Images)

직접교수법에서는 실생활에서의 구체적 상황 중심의 학습내용 설명을 위해 교실 안에 비치된 사물이나, 주변에서 흔히 보는 사물들을 나타내는 그림자료를 몸짓, 표정과 함께 교육적 목적으로 사용하였다. 여기서 그림은 모국어 번역을 허용치 않던 직접교수법에서 외국어 어휘의 의미 전달을 위해 주로 사용되지만, '지우개' '연필' '책' 등 구체적인 사물을 보여주는 정도였다.

그림자료는 SGAV교수법의 출현과 함께 그 성격에 근본적인 변화가 온다. SGAV 교수법 제 1기에서는 대화자의 말을 '번역' 없이도 이해가 가능하도록 고안된 그림 자료를 사용한다. 대화자의 말과 일대일 대응이 되는 그림이 하나의 의미 코드역할을 한다. SGAV 제 2기와 의사소통접근법에서 사용된 그림 자료는 대화문 이해를 위해 고안된 것이지만, 코드그림처럼 번역 역할을 하는 설명적 기능을 벗어나 상황 제시의 역할로 바뀐다. 의사소통접근법에서는 학습용 제작자료에서 벗어나 실재자료가 많이 사용되면서, 사진과 같은 영상자료가 빈번히 등장한다.

교수법 시대별로 변화된 그림 자료의 유형은 네 종류로 분류된다.

- 코드그림(Image codée)
- 대화장면그림(Image illustration)
- 상황그림(Image situation)
- 실재그림 / 영상(Image authentique)

(Tagliante 2006:183)

4.2.1. 코드그림

SGAV 교수법 1기에 속하는 교재 *Voix et Images de France* 와 청화식 교수법의 특징을 보이는 교재 *Le Français et la vie*에서 코드그림들을 볼 수 있다.

이 교재들에서 그림자료의 기능은 녹음자료의 소리를 환등기를 사용해 한 장면 한 장면씩 시각화하여 학습자로 하여금 대화문에 등장하는 물체나 등장인물의 손동작, 몸동작을 분별하면서 내용도 이해하고 새로운 언어 구조도 파악하게 하는 것이다.

그림에는 배경 상황이나 사회문화적 맥락 등이 완전히 배제되고 언어적 의도나 내재된 생각, 추상 개념 등의 표현은 모두 제외되었다. 대신에 얼굴 표정, 손짓, 몸동작 등 대부분 표현들이 만화적, 과장적이다. 코드는 학생 모두가 이해하고 수용할 수 있는 보편적인 것들로 극도로 단순화된 데생 표현이다. 즉, 부정 표현엔 십자표시, 질문을 위해선 의문부호, 움직임 표시엔 화살표, 누가 화자인지 보여주기 위해 윤곽을 진하게 강조하는 등의 코드이다. 만화에서 따온 말주머니에 대화 내용을 담고 있다.

이처럼, 의미 파악을 위해 여러 코드들이 사용되었지만, 대화문 이해를 위해선 충분치 않았고 해석의 오류가 빈번했다.

[그림 14-11] *Voix et Image de France*(1961), leçon 4 〈L'appartement〉, p.19

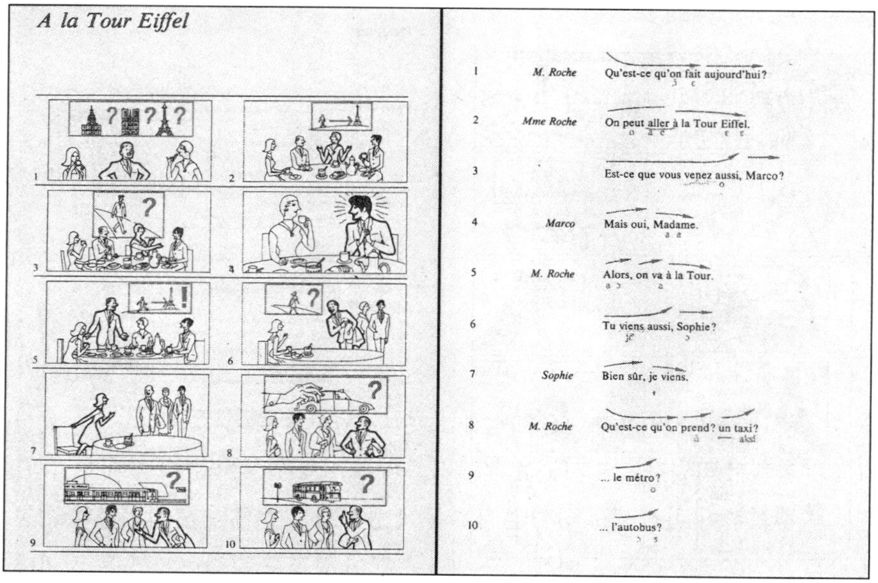

[그림 14-12] *Le Français et la vie* (1971), leçon 〈A la Tour Eiffel〉, pp.36-37

4.2.2. 대화장면그림

SGAV 2기에 속하는 *De vive voix* 는 제 1기의 교재 *Voix et Image de France*의 대화문과 그림의 동시적 일대일 대응 소개 방식과는 근본적으로 다른 그림의 사용으로 풍부한 표현력이 더해진 그림 자료의 새로운 지평을 열었다고 할 수 있다. 대화문 문장도 더 길어지고 더 사실적으로 표현된다.

*De vive voix*의 학생용 교재는 대화 장면을 나타내는 삽화로만 구성되어 있고 대화문은 교사용 지침서에 실려 있다. 등장인물과 상황을 표현하는 그림 장면으로 의사소통 상황의 정의적, 심리적, 상호작용적, 시공간적 면모까지 시각화하여 보여주는 괄목할 만한 발전을 보여준다. 그림 속에 사회문화적인 맥락이 들어날 만큼 풍부한 배경 표현을 보여준다.

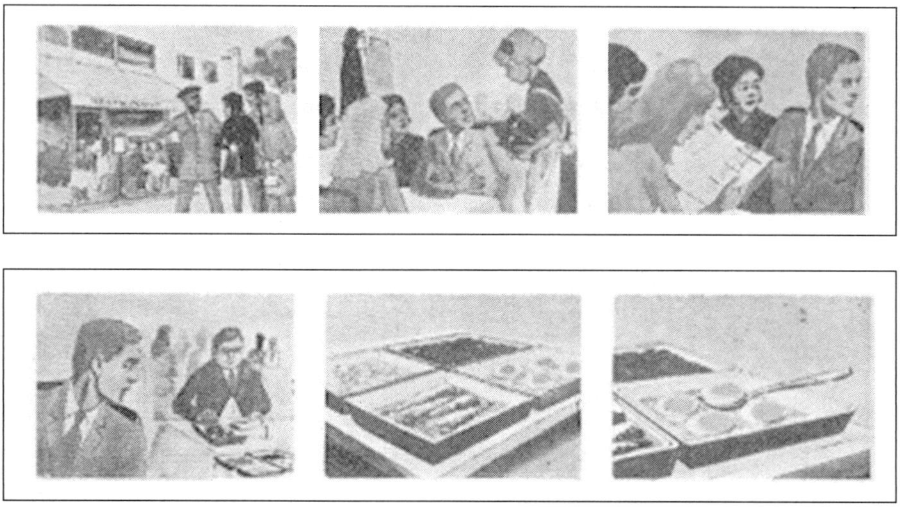

[그림 14-13] *De vive voix*(1972), leçon 22 〈un diner au restaurant〉, p.64

위의 예에서 보듯, 삽화가는 등장인물에 인간적인 깊이와 자연스러움을 부여하기 위해 초점의 다각화나 시퀀스별 장면처리와 같은 영화적 기법을 사용하고 있다.

*De vive voix*는 학습자들에게 녹음자료를 들려주지 않고 먼저 그림만을 보면서 의미를 유추하도록 하는, '번역' 없이 대화문의 의미 파악을 하도록 하는 귀납법적 방식에 따라 고안된 최초의 교재이다. 다시 말하면, 학습자들이 그림을 보면서 의사소통

상황, 발화 상황에 대한 정의를 내리고, 그 다음엔 그림에 나타난 대화자들의 사회적 위상이나 역할을 존중하면서 수긍이 갈만한 대화문을 직접 표현해 보도록 하는 학습방법을 사용한다.

4.2.3. 상황그림

1970년대 중반 SGAV 2기와 의사소통접근법의 교차기에 출판된 교재들은 그 이전의 교재에서 그림들이 대화문의 보조적 역할로 담당하던 설명적 기능을 버리고, 대화문의 상황만을 제시하는 자유로운 양식으로 변화한다. 특히 본격적으로 의사소통접근법을 표방하여 만들어진 *C'est le printemps!*[32]에 실린 그림자료들은 시사 전문 유머삽화가들이 그린 것으로 인물 행동의 주요 부분을 차지하는 몸짓과 제스츄어 등을 강조하거나, 풍자해서 표현한 것들이다. 교사 지침서에도 밝히고 있듯이, 이러한 유머삽화가의 과장적, 희화적 그림들은 학생들에게 학습의 동기 부여 및 프랑스어 세계 속으로 들어가도록 돕는 역할을 하며, 또한 그림의 풍부한 표현성과 함축성은 학생들에게 토론의 기회도 제공하는 다기능적인 것이다.

Archipel 1에서도 그림은 전체적인 상황 제시를 할 뿐, 이전의 교재처럼 각각의 그림이 소리에 대응되던 방식과는 달라진 모습을 보인다. 그림은 상황 설명을 위한 출발점일 뿐, 의사소통의 내용을 나타내는 주요 자료는 아니라는 점을 역시 교재 서문에서 강조한다.

두 교재의 저자들은 교실 내에서 학생들이 외국어 실습을 하려면 의사소통에 대한 필요성을 느낄 수 있도록 동기유발 되어야 하는데, 학생들의 동기 유발을 자극할 수 있는 것이 상황 그림이라고 여긴 것이다. 여기서 그림 자료들은 내용을 나타내는 지시적 정보보다는 상황적, 문화적 정보를 전달해 주는 역할이다.

---

32) J. Montredon, G. Calbris et alii(1976), *C'est le printemps*, Paris: CLE Int.

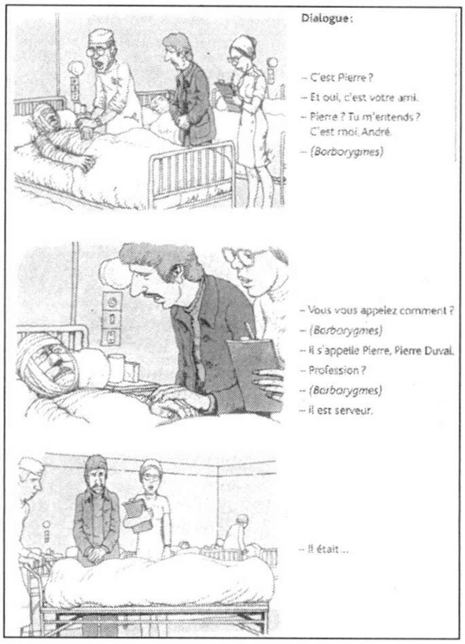

[그림 14-14]*C'est le printemps*(1976), Leçon 2 [33]

[그림 14-15]*Archipel*(1982), unité 1, p.17

위의 *C'est le printemps* 자료의 삽화 옆에 제시된 소 대화문은 단순한 문장들로 구성되어 있지만 교재의 변천사에서 새로운 변화를 보여주는 중요한 대목이다. Leçon 2의 마지막 상황그림에서 환자의 이력을 이야기하기 위해서 반과거가 사용되는데, 외국어 학습 교재에서 초반부부터 과거시제를 사용하는 것은 교수법의 역사에서 거의 혁명적인 시도라고 볼 수 있다. *Le français et la vie* 같은 교재에서는 학습기간 1년이 지나야 복합과거, 반과거 같은 과거시제가 도입되었던 예에 비하면 파격적인 시도로 의사소통접근법에 와서는 실제 의사소통 상황을 재현하기 위해 시제의 제시순서 면에서도 훨씬 유연해졌음을 보여주는 증거이기도 하다.

그림자료의 기능면에서도, 환자가 누워있는 병실 상황그림과 과거로 시작되는 대화문 사이에 내용 지시적인 관계가 없기 때문에 학습자들이 상황과 관련해서 다양한 이야기를 상상하며 계속 이어갈 수 있게 하는 단초적 역할을 한다.

---

33) Tagliante(2006) p.188의 인용 자료 재인용

4.2.4. 실재그림/영상

의사소통접근법에서 교수법의 주요 특징 중 하나가 실재자료의 사용인데, 그 이전의 교수법에서 사용되던 제작자료와 달리 실생활에서 흔히 접하는 자료들을 학습용으로 사용하기 시작한 것이다. 따라서 만화나 영화포스터, 영화 장면, 신문 기사, 기차시간표, 식당 메뉴, 유명화가들의 그림, 프랑스의 알려진 명소나 유명인들의 사진 등이 자료로 등장한다.

그림자료는 점차 다양화되면서 연습활동의 다양화를 가져오고 유동적인 학습 활동을 가능케 하는 촉매제 역할로 그 기능이 더욱 발전된다.

90년대 이후에 출판된 FLE 교재들에서는 본문 대화문을 동반하는 그림자료에 만화식 삽화나 실제상황 사진이 많이 등장한다. 특히 90년대를 대표할 수 있는 두 교재 *Panorama*와 *Reflets*에서 그 예를 볼 수 있다.

[그림 14-16] *Panorama* 1 (1996), p.14

[그림 14-17] *Reflets* 1 (1999), p.15

또한 SGAV 교재에서 볼 수 있는 역할극을 위한 시나리오를 제시하는 대화 구성틀[34]도 상황그림이나 사진장면으로 대체되는 등 텍스트를 대신하여 그림/영상 자료의 활

34) 4.1.3. 시청각 교수법-의사소통 교수법과 새로운 연습활동에서 [그림 14-10] 참조.

용이 점차 증가되고 다양해지는 면모를 보인다.

[그림 14-18] *Le Nouveau Sans Frontière* (1988), p.70

[그림 14-18]의 경우는 학생들이 그룹을 지어 텍스트 없이 제시된 각 그림 내용에 적합한 상황 연출을 위해 이미 습득한 언어 내용을 재활용하여 직접 대화문을 만들면서 자유롭게 말하는 표현 활동이다.

[그림 14-19] *Panorama* (1996), p.88

[그림 14-20] *Le Métro St. Michel* (2006), p.43

[그림 14-19]는 여행 일지를 작성하고 직접 이야기해 보는 활동으로 명시적인 그림 한 장면 한 장면에 맞게 서술문을 작성하는 쓰기 활동이다.

[그림 14-20]은 프랑스 실생활에서 사용되는 지하철 표, 영화관 입장표, 기차표라

는 실재자료를 통해서 프랑스의 생활 문화를 소개한다, 프랑스어 사용에서, 표라는 개념의 'ticket' (de métro et de cinéma)과 'billet' (de train)의 차이를 식별케 하고 실제 상거래 상황을 대화로 만들어보는 다중 목적의 역할극 활동이다.

교재에 나타난 이러한 실례들을 살펴본 결과, 너무도 다양해지는 그림자료의 역할과 기능을 다음과 같이 정리할 수 있다.

- 그림자료는 모국어 번역을 대신하는 의미체의 역할을 한다.
- 그림 하나로 여러 상황 연출이 가능한 상상력을 부여하는 창의적 요소이다.
- 실재자료를 통해 막힌 공간인 교실과 외부 사회를 연계시키면서 외국어 학습에 대한 필요성을 심어주고 동기를 부여하는 역할을 한다.

이처럼, 단순히 말하기 상황 연출을 위해 사용되던 그림 자료가 이제는 읽기, 쓰기 상황 속에서의 문법 학습 등 다양한 학습 활동을 위한 자료로 그 기능이 더더욱 다채로워진 것을 알 수 있다.

각 교수법의 대표되는 교재들을 개괄적으로 살펴보면서 어떠한 교재도 준거가 되는 교수법의 이론과 원리를 그대로 적용한 예도 없고, 대부분 그 이전의 교수법적 기법 위에 새로운 교수법의 몇 가지 특징적인 이론들을 적용하는 절충주의적인 방식이 채택되고 있음을 확인할 수 있었다. 실제 교실에서의 외국어 수업도 표방하는 큰 틀의 교수법 토대 안에서 기존의 다양한 교수기법을 사용해 이루어짐을 가늠해 볼 수 있다. 그리고 항상 혁신적인 이론으로 무장한 새로운 교수법일지라도 시간의 흐름과 함께 변화하는 사회에서 그 한계를 드러낼 수밖에 없음을 보았다. 언어 사용도 살아 있는 유기체처럼 변화하고, 외국어 학습자들의 필요와 성격도 달라지기 때문이다.

한편, 과학과 기술의 발전과 함께 다양한 학습 보조자료가 개발되고, 교수법 이론의 발전에 따라 교재의 구성 체제에도 다양한 변화가 있었다는 것을 알 수 있었다.

결론적으로, 외국어 교육의 효율성은 잘 구축된 교수방법론에 달린 것도 아니며, 또한 완벽을 기해 잘 만들어진 교재에 달린 것도 아니므로, 교수자와 학습자, 교육적 상황과 조건 등을 고려하여 교육 현장의 현실적 상황에 적합하게 설계된 교수·학습 모델을 모색하고 그것을 제대로 구체화한 교재 개발이 가장 중요하리라 여겨진다.

〈학습과제〉

1. 교육과정이나 교수법이론과 교재의 관계에 대해 토론해 보시오.
2. 교재개발 시 참고할 요소들을 나열하고 교재개발 과정에 대해 설명해 보시오.
3. 교재분석을 위해 우선 프랑스어 학습교재의 서문을 읽고 교재가 표방하는 외국어 교육 목표와 지침이 되는 교수법적 특징을 구별하시오.
4. 프랑스어 교재의 한 단원을 선별하여 단원구성 체제 분석을 통해 교수법적 특징을 설명하시오. 그리고 3번 문항에서 교재의 지침이 되는 교수법과 실제적으로 구체화된 교수법적 특징들을 비교하시오.

참고문헌

권용해(2003) "초급 프랑스어 교재, "모제"의 세대교체", 『프랑스어문교육』, 15집, 한국프랑스어문교육학회, 1-28쪽.

윤소영(2008) "외국인을 위한 프랑스어(FLE)교재에 나타나는 최근 동향 분석", 『프랑스어문교육』 28집, 한국프랑스어문교육학회, 7-33쪽.

Besse, H.(1985) *Méthodes et pratiques des manuels de langue*, Paris: Didier-Crédif,coll. Essais. Réédité en 1992.

Besse, H.(1988), "Tendances actuelles des prqtiaues de l'enseignement du FLE", *L'enseignement du français aux Etats-Unis*, Colloque international, Louisiana State Univ., 23-26 avril 1987, Paris: Didier Erudition.

Besse, H.(1995) "Méthodes, méthodologie, pédagogie", *Le Français dans le monde* n° spécial, Recherches et applications, pp.96-107.

Choppin, A.(1992) *Les manuels scolaires: histoire et actualité*, Paris: Hachette Education.

Conseil de l'Europe(2001) Cadre européen commun de référence pour les langues, Paris: Éditions Didier.

Courtillon, J.(1987) "A propos de grilles d'analyse des méthodes", *Travaux de didactique du FLE* n°17, CFP Université Montpellier III.

Courtillon, J.(1995) "L'Unité didactique", *Le Français dans le monde* n°spécial, Recherches et applications, pp.109-120.

Cuq, J.-P.,(2003) *Dictionnaire de Didactique du Français*, Asdifle, Paris: CLE int.

Cuq, J.-P. et Gruca, I.(2005) *Cours de didactique du français langue étrangère et seconde*, Grenoble: PUG.

Galisson, R. et Coste, D.(1976) *Dictionnaire de didactique des langues*, Paris: Hachette.

Galisson, R.(1990) "Didactologie et idéologie", *ELA* n° 79, pp.111-122.n°

Germain, C.(1993) *Évolution de l'enseignement des langues : 5000 ans d'histoire*, Paris: CLE int, coll.DLE.

Hammar, E.(1989) "Projets - Outils - Pratiques", *Documents pour l'histoire du français langue étrangère ou seconde* n°4 - Manuels de langue et recherche historique, SiHFLES, pp.43-45.

Puren, Ch.(1988) *Histoire des méthodologies de l'enseignement des langues,* Paris: CLE international, coll.DLE.

Puren, Ch.(1989) "Méthodologies, analyse de manuels et pratiques de classe en recherche historique", *Documents pour l'histoire du français langue étrangère ou seconde* n°4, SiHFLES, pp.39-42.

Tagliante, Ch.(2006) *La Classe de Langue*, Paris: CLE int. Nouvelle édition.

Vigner, G.(1982) "L'exercice en français langue étrangère", *ELA* n°48, pp. 62-79

Vigner, G.(1984) *L'Exercice en classe de français*, Paris: Hachette, « F »

Vigner, G.(1995) "Présentation et organisation des activités dans les méthodes", *Le Français dans le monde* n°spécial, Recherches et applications, pp.121-129.

〈FLE교재〉

Abry, D. et alii(2008) *Ici* 1, Paris: CLE int.

Baglieto, D. et alii(2011) *Agenda* 1, Paris: Hachette.

Beacco, J.-C. et alii(2007) *Alors?* A1, Paris: Didier.

Callamand, M.(1973) *L'intonation expressive*, coll. Français dans le monde, Paris: Hachette-Larousse.

Capelle, G., et Gidon, N.(1999) *Reflets* 1, Paris: Hachette.

Courtillon, J. et Raillard, S.(1982) *Archipel* 1, Cours-Crédif, Paris: Didier.

Crédif(1961) *Voix et Images de France*, Paris: Didier.

Crédif(1972) *De Vive Voix*, Paris: Didier.

Crédif(1972) *De Vive Voix* Exercices de réemploi, Paris: Didier.

Girardet, J., et Cridlig, J.-M.(1996) *Panorama* 1, Paris: CLE int.

Girardet J. et alii(1988) *Le Nouveau Sans Frontières* 1, Paris: CLE int.

Marchand, L.(1920) *Le premier livre de français ou la famille Dupont*, Paris: FELF.

Mauger, G.(1953) *Cours de langue et de civilisation française*, Paris: Hachette.

Mauger, G. et Bruézière, M.(1971) *Le français et la vie*, Paris: Hachette.

Monnerie-Goarin, A. et alii(2006) *Métro Saint-Michel* 1, Paris: CLE int.

Montredon, J., Calbris, G. et alii.(1976) *C'est le printemps*, Paris: CLE Int.

15

평가

이 근 님

교수·학습과정에서 평가(évaluation)는 교수·학습이 진행되는 순서로 볼 때 마지막 단계이면서 동시에 새로운 교수·학습 목표 설정에 영향을 주는 순환적인 과정의 한 단계라 할 수 있다. 또한 평가의 결과에 따라서 교수·학습 활동의 성패가 판가름 나기 때문에 교육에서 평가가 갖는 의미는 매우 크다고 할 수 있다. 특히 최근에는 교과 교육과정의 질 관리 측면에서 평가의 중요성이 더욱 강조되고 있다. 따라서 현대 교과 교육학에서 평가 이론 및 실제에 대한 정확한 이해와 적용은 질 높은 교육을 수행하기 위해 매우 중요한 조건이라 할 수 있다.

외국어 교육에 있어서도 평가는 중요한 의미를 갖는다. 상급 학교로의 진학을 위해서뿐만 아니라 세계화 시대에 원활한 외국어 의사소통 능력을 기르고 이를 인증받는 것은 현대인에게 필수적인 요소로 간주되고 있기 때문에 더욱 그러하다. 외국어 교육의 목표가 의사소통 능력을 기르는 것이라면 의사소통 능력 성취 수준을 측정하는 것은 다음 단계·학습 목표를 설정하기 위한 필수적인 단계이다. 의사소통접근법이 발전하기 시작한 1980년대 중후반부터 외국어 의사소통 능력 평가와 관련된 다양한 이론과 평가 도구들이 연구·개발되었고, 최근에는 유럽공통참조기준(Cadre européen commun de référence pour les langues:CECR)에서 보편적으로 사용(혹은 적용) 가능한 외국어 교육 평가 틀과 기준을 제시한 바 있다.

상술한 바와 같은 평가의 중요성을 전제로, 우리나라의 중등학교와 대학교에서 프랑스어를 가르치고 배우는 교수자와 학습자들이 기본적으로 알아야 할 평가와 관련된 개념, 평가의 유형, 외국어 평가 방법의 역사적 변천, 평가 문항 제작의 원리, 언어 기능별 평가 및 수행평가, 프랑스어 능력 평가 시험 등에 대해 살펴보고자 한다.

1. 평가의 개념과 기능

1.1. 평가 관련 용어와 개념

평가란 교육 목표를 얼마나 달성했는지 혹은 교육과정이 얼마나 효율적으로 운영되었는지를 판단하기 위해서 학습자의 행동 변화 및 학습과정에 대한 정보를 수집하고 이를 활용하여 교육적으로 의사 결정을 하는 행위 또는 과정을 의미한다. 여기서 의사 결정이란 교육적인 가치 판단을 의미하는 것으로 '교육 평가'가 단순히 '시험'을 보고 성적을 매기는 행위가 아님을 의미한다. 다시 말해 교육 평가는 일정한 준거를 잣대로 교육의 입력, 과정, 성과에 대한 가치를 조사하고 판단하는 행위라고 할 수 있다.

평가라는 용어는 교육 현장에서 사용되는 매우 익숙한 용어인데 평가의 의미로 쓰이는 대표적인 용어로 검사(test), 측정(mesure), 평가(évaluation), 총평(assessement)이 있다. 이들 용어는 사용 맥락에 따라 혼용되거나 같은 의미로 사용되는데 이 용어들에 대한 여러 학자들의 정의를 정리하면 다음과 같다.[1]

검사는 개인차를 밝힐 목적으로 표준화된 조건하에서 개인의 심리적 특성을 재기 위한 객관적이고 조직적인 절차, 혹은 그 도구라고 할 수 있다. 다시 말하면 인간의 내재된 속성을 간접적으로 측정하기 위해 사용되는 도구를 검사라고 한다.

측정은 수험자의 수행을 체계적으로 계량화하는 과정으로 수험자들의 지식이나 능력의 차이를 구별하기 위한 목적으로 시험의 과정과 그 결과물을 척도로 사용한다. 측정의 최대 장점은 주어진 어떤 준거를 확인할 때 손쉽고 간편하게 이용할 수 있다는 것이다.

평가는 측정보다 더 폭넓은 개념으로 공식적인 특성을 갖고 있고 양적 기술의 측정뿐만 아니라 질적 기술을 포함하며, 더 나아가 이러한 양적, 질적 기술에 대한 가치 판단까지 포함한다. 특히 교육학이나 심리학 분야에서 측정의 개념은 평가 단계까지

---

1) 평가 관련 용어 정리를 위해 참고한 책들은 다음과 같다. 김대현, 김석우(2005)『교육과정 및 교육평가』, 서울: 학지사. 성태제(2002)『현대교육평가』, 서울: 학지사. 정종진(1999)『학교 학습의 극대화를 위한 교육평가의 이해』, 서울: 양서원. 황정규(1998)『학교 학습과 교육평가』, 서울: 교육과학사.

이르는 경우가 많으므로 두 용어는 상호 교환적으로 혹은 '측정 및 평가'의 형태로 쓰이는 경향이 있다.

총평이란 개인의 행동 특성을 특별한 환경, 과업, 상황 등과 관련시켜 의사 결정을 하려는 목적의 전인적 평가라 할 수 있다. 인간의 특성을 하나의 검사나 도구로 측정하여 평가하는 것이 아니라 여러 다양한 방법을 동원하여 종합적으로 평가하는 방법으로 인간의 행동 변화를 이해하는데 중요한 역할을 한다. 총평은 지필 검사와 같은 단일한 방법으로 자료를 수집하는 것이 아니고 관찰, 구술, 면접 등의 다양한 방법을 동원하여 얻어진 자료를 가지고 종합적으로 평가하는 방법이다. 또한 학습자에 대한 사정, 교육과정, 방법, 자료, 계획, 교수진을 포함한 교수 전체 운영에 대한 사정에 기여할 수 있다.

위에 살펴본 검사, 측정, 평가, 총평의 관계에 대해 성태제(2002:101)는 "측정, 검사, 평가, 총평은 정의가 상의하나 때로는 동의어로 사용된다. 검사는 측정을 위한 하나의 도구이고 다양한 측정 방법을 동원하여 종합적으로 평가하는 것이 총평이고, 가치 판단이 부여된 것이 평가이다."라고 요약 정리하고 있다.

이 이외에 평가와 관련된 프랑스어 용어들과 각각의 개념은 다음과 같이 정리될 수 있다.[2)]

épreuve는 examen이나 경쟁시험(concours)의 작문, 질문 등 구체적 지시(consigne)를 갖는 실제 시험을 의미하며 쓰기 시험(les épreuves écrites), 구두 시험(les épreuves orales), 바칼로레아 시험(les épreuves du baccalauréat) 등에 쓰인다.

examen은 한 과목이나 여러 과목의 시험이나 시험 전체를 의미하며, 정해진 기관에서 수험자의 수준을 평가하기 위해서 치르는 시험으로 선발이나 자격 부여의 목적을 갖는다. 또한 평균 이하 혹은 이상, 시험 통과 또는 실패 등으로 결과를 통보한다.

수시시험(contrôle)은 교실에서 행해지는 학습과 직접 관련되는 시험으로 학습자의 학습 진도, 수준 등을 점검 · 확인하는 데 그 목적이 있다. 지속적으로 지식을 점검 · 확인하고, 질문이나 매년 수행되는 과제를 통해 학생들의 지식 수준을 확인하는

---

2) 평가 관련 용어의 설명을 위해 다음의 사전들을 참조하였음. R. Galisson, D. Coste(1976) *Dictionnaire de didactique des langues*, Paris:Hachette. P. Robert(1994) *Nouveau petit LE ROBERT* Paris: Dictionnaires Le Robert. *Larousse du collège*(2006) Paris: Larousse. *Le petit Larousse*(1995) Paris: Larousse.

행위이다.

경쟁시험은 필요한 선발자의 수를 미리 정해 놓고 수험생들 간에 경쟁을 하도록 하는 시험으로 그랑제콜(Grandes Écoles) 입학 시험이나 초·중등학교 교사 선발 시험 등이 이에 해당한다.

시험학(docimologie)은 시험과 경쟁시험에 대한 객관적인 연구를 목적으로 하는 학문으로 근본적으로 채점자와 면접관의 주관적 판단, 즉 채점에 있어서 중요한 격차 문제에 대해 주관성을 배제하는데 그 목표를 두고 있다.

1.2. 외국어 평가의 개념과 기능

최근 들어 외국어 평가는 종전에 단순히 목표 외국어를 대상으로 언어 지식을 측정하는 협의의 의미에서 한층 확장된 의미를 갖게 되었다. 즉, 두 사람 이상이 언어적, 비언어적 수단을 사용하여 얼마나 적절하고 효과적으로 정보, 지식, 의미, 생각, 느낌 등을 교환하고 교섭하는 지를 측정하는 것으로 의미가 확장되었다. Scallon(2004:11)은 쓰기 평가의 예를 들면서, "쓰기 평가가 단지 쓰기 능력을 평가하는 것으로 만족해서는 안 되고 학습자의 인식, 동기, 자신감의 정도, 적극성, 자신이 극복해야 할 문제에 대한 인식 등을 고려하여 쓰기 능력과의 관계를 설정해야 한다"고 주장함으로써 외국어 평가가 단순히 언어 기능만을 평가하는 것이 아님을 강조하였다. 따라서 자연스러운 의사소통 상황에서 언어를 목적에 맞게 효과적으로 사용할 수 있는 능력과 기능을 수행 기준으로 정해 놓거나 인위적으로 제한된 조건에서 수험자가 자신의 능력을 발현한 정도를 측정하여야 한다. 결과적으로 외국어 평가란 평가를 통해 실제 외국어 사용 상황에서의 능력과 기능, 즉 앞서 언급한 요소들을 고려하여 학습자가 잠재적으로 가지고 있는 언어 능력을 추정하여 측정하는 행위라 할 수 있다.

외국어 평가의 기능은 보는 시각에 따라 다양하게 나타날 수 있는데 Tagliante는 예측(pronostic), 진단(diagnostic), 점검(inventaire)을 평가의 기능으로 보았다. 이들 각각의 특성을 상세히 살펴보면 다음과 같다.[3]

---

3) Ch. Tagliante(2005) *L'évaluation et le cadre européen commun*, Paris: CLE international, pp.16-19의 내용을 참조하여 작성하였음.

예측은 학습자에게 교수·학습 활동을 투입하기 전에 학습자의 특성과 사전 준비도를 파악하여 교수 활동이 시작되는 초기 단계에 수업 전략을 위한 기초 자료를 얻고 적절한 교수·학습 방법을 채택하기 위해서 학습자의 기초 능력을 미리 알아보는 기능이다. 교수·학습의 효율을 높이기 위해서는 학습자의 학습 정도, 준비도, 학습 동기, 흥미 등 학습자의 특성을 학습 전에 예측하는 일이 중요하다. 예측을 위한 평가 방법의 예로는 준비도 검사, 적성 검사, 지능 검사, 자기보고서 등 다양한 검사와 본격적으로 수업이 시작되기 전에 실시하는 쪽지 시험, 퀴즈, 질문 등을 들 수 있다.

진단은 교수·학습 활동 도중에 계획한 대로 교육이 진행되고 있는지를 확인하는 행위로 학습자에게 피드백을 주고 교육과정 및 수업 방법을 개선하기 위한 기능을 의미한다. 즉 교수·학습과정 중에 가르치고 배우는 내용을 학습자들이 얼마나 잘 이해하고 있는지를 점검하고 학습자들의 수업 능력, 태도, 학습 방법 등을 확인함으로써 교육과정과 교재의 적절성을 평가하고 개선할 수 있도록 하는 기능이다. 진단을 위한 평가 문제는 주로 교사가 제작하지만 전문 기관에서 제작한 문제를 이용할 수도 있다. 진단 평가를 통해 학습자에게 피드백(feedback)을 줄 수 있으며 학습자의 개인별 학습 능력에 맞추어 개인 학습을 도와줄 수 있다.

점검은 교수·학습이 끝난 후에 교육 목표의 달성 정도와 학습자의 성취도를 종합적으로 판정하는 것으로 성취 수준에 따른 서열 매김, 자격증 부여, 집단간 비교, 프로그램 시행 여부 결정, 교수자와 학습자에게 책무성 부여 등의 기능을 갖는다. 점검은 일반적으로 한 학기 또는 1년 동안 교육 프로그램이 끝나는 시점에서 실시되며, 학업의 성취도 또는 숙달도, 그리고 교육 목표의 달성 여부를 종합적으로 판정하거나 자격증 등을 부여한다. 점검을 위한 평가 유형으로는 교사가 직접 제작한 문제 또는 표준화 검사지, 작품에 대한 평가 등이 있다.

2. 평가의 유형[4)]

평가의 유형은 교수 · 학습 진행 과정, 평가 시기, 참조 준거, 평가자의 관점 등 여러 요소에 따라 다음과 같이 다양한 유형으로 구별된다.

유 형		유형별 특징
1	달성도 평가(évaluation du savoir)	특정한 학습 목표의 달성 여부를 점검하는 것으로 이미 배운 내용을 평가하며, 한 주, 한 학기의 학습 내용, 교재나 프로그램 등과 연계되어 수업에 중심이 주어지며 내적 평가의 관점을 가짐
	적용력 평가(évaluation du capacité)	학습자가 학습한 내용을 '실제 생활'에 적용할 때 무엇을 할 수 있고 무엇을 알고 있는가를 점검하는 것으로 외적 평가의 관점을 가짐
2	규준지향 평가(évalution normative) *규준(norme)이란 원점수의 상대적인 위치를 나타내기 위해 쓰이는 척도로 모집단을 대표하는 표본에서 산출한 평균과 표준편차로 만들어짐	상대 비교 평가 혹은 상대 평가라고도 불리며 학습자의 평가 결과를 집단에 비추어 상대적인 서열에 의하여 판단하는 평가 방법 **평균과 표준편차** : 평균은 다수의 자료를 대표하는 하나의 수치로 표현한 중심 경향 값으로 모든 점수를 더하여 사례수로 나누면 평균값이 된다. 이처럼 평균이 자료의 중심성을 나타내는 수치라면 표준편차는 자료가 중심으로부터 얼마나 흩어져 있는지를 나타내는 값이다. 흩어져 있는 정도를 산포도라 하는데 표준편차가 그 대표적이며 평균과 마찬가지로 하나의 수치로 표기한다. 평균과 각 자료값들과의 차이로서 각 편차를 구하고 이들을 제곱하여 평균낸 값을 분산이라고 하는데 분산의 제곱근인 표준편차를 구하여 자료가 평균과 얼마나 떨어져 있는지를 볼 수 있다. 표준편차가 클수록 학생들의 점수 분포대가 평균에서 멀리 떨어져 있고 표준편차가 작을수록 학생들의 점수 분포대가 평균에 집중적으로 분포된다.

4) Conseil de l'Éurope(2001) *Cadre européen commun de référence pour les langues: apprendre, enseigner, évaluer*, Paris: Didier, pp.283-298에서 주요 내용을 발췌 · 요약 및 재구성하여 제시하였음.

	준거지향평가(évaluation critériée) *준거(critère)란 교육 목표 설정 시 학습자가 도달하여야 하는 최저 기준으로 수험자가 목표한 과제를 수행할 수 있는 지식 혹은 기술 수준을 의미함	절대 평가라고도 불리며 준거에 비추어 학습자들이 무엇(학습자가 성취해야 할 과제의 영역 혹은 분야)을 얼마만큼 알고 있느냐에 관심을 두는 평가로 일반적으로 자격증 부여에 사용
3	습득된(maîtrise) 능력 평가	목표 도달 방식의 질을 고려하기 보다는 학습자들이 최소 능력 기준에 도달했는지 아닌지를 판정하기 위한 평가 방법
	습득 도중(continuum ou suivie) 능력 평가	준거에 의거해 문제가 되는 영역에서 가능한 모든 수준의 능력을 지속적으로 평가하는 방법
4	수시평가(évaluation continue)	학습 내에서의 학업 성과, 수업 진행 기간 동안에 수행된 과제나 프로젝트 등을 바탕으로 이루어지는 평가로 교사나 학습자가 평가 주체가 될 수 있음
	정기평가(évaluation ponctuelle)	정해진 시점에 시행되는 시험이나 여러 형태의 평가를 의미하는데, 평가 결과를 토대로 점수가 부여되고 특별한 결정이 이루어짐
5	형성평가(évaluation formative)	교수·학습 활동 도중에 계획한 대로 교육이 진행되고 있는지를 확인하는 행위로 학생에게 피드백을 주고 교육과정 및 수업 방법을 개선하기 위한 평가
	종합평가(évaluation sommative)	한 학기 또는 1년 동안 교육 프로그램이 끝나는 시점에서 실시되는 평가로 학업의 성취 또는 숙달도 및 교육 목표의 달성 여부를 종합적으로 판정하는 평가
6	직접평가(évaluation directe)	수험자가 실제로 수행하는 것을 평가하는 방식으로, 예를 들어 한 소그룹이 토론을 하면 평가자는 수험자들이 토론하는 것을 관찰하고 평가 기준에 따라 수행 정도를 평가함
	간접평가(évaluation indirecte)	일반적으로 지필검사를 이용하여 과제 수행의 전제가 되는 능력과 기능을 점검하는 평가
7	수행평가(évaluation de la performance)	학생 스스로가 자신의 지식이나 기능을 나타낼 수 있도록 답을 작성(서술 혹은 구성)하거나, 발표하거나, 산출물을 만드는 등의 행동을 보이도록 요구하는 평가
	지식평가(évaluation des connaissances)	학습자가 광범위한 과제수행을 위해 학습자의 언어적 지식과 언어 수단을 정확하게 사용하고 있는지를 유추해내는 평가

8	주관적평가(évaluation subjective)	평가자가 주관적으로 판단하는 것으로 산출물의 질에 대한 판단을 할 때 주관성이 개입되는 평가
	객관적평가(évaluation objective)	주관성이 배제된 판단으로 다지선다형 과제와 같이 정해진 정답만 유효한 답으로 간주하는 평가
9	척도평가(évaluation sur une echelle)	학습자가 여러 개의 수준으로 구분된 단계나 등급으로 구성된 척도 상에 어느 수준, 혹은 어느 등급에 해당되는지를 판단하는 평가
	체크리스트평가 (évalution sur une liste de contrôle)	특정한 수준이나 모듈에 적합한 사항 목록을 토대로 하는 평가
10	인상평가 (jugement fondé sur l'impression)	시험에 대한 특별한 준거들을 참조하지 않고 단순히 수업 중에 학습자의 과제 수행평가를 통해 교사가 얻은 경험을 바탕으로 주관적으로 판단하는 평가
	지침에 근거한 평가(jugement guidé)	채점의 주관성을 배제하기 위해서 채점자가 인상에 근거한 평가를 통해 얻은 경험을 토대로 특별한 지침을 작성해 이 지침에 따라 주관성을 최소화하는 객관적 평가
11	종합적평가(évaluation holistique)	포괄적이고 종합적으로 판단하는 것을 목표로 하는 평가로 다양한 관점들 간의 비중은 평가자가 직관적으로 정함
	분석적평가(évalution analytique)	여러 다양한 관점들을 개별적으로 다루는 평가로 개별적 평가 요소에 근거해 수행을 여러 관점에서 평가
12	시리즈평가(évaluation par série)	일련의 개별 과제들을 독립적으로 채점하여 총점을 매긴 후 일정 척도(0-3점, 1-4점 등)에 따라 평가
	범주평가(évaluation par catégorie)	하나의 평가 과제를 여러 부분으로 나누어 채점 기준을 범주화하여 각 범주에 따라 평가
13	평가자평가(évaluation mutuelle)	평가를 실시하는 주체인 교사나 시험출제자가 하는 평가
	자가평가(auto-évalution)	학생 스스로가 자신의 능력을 판정함

3. 외국어 평가 방법의 변천

Spolsky(1968)는 언어 능력 평가의 발전 단계를 전과학기(prescientific period), 심리측정-구조주의기(psychometric-structuralist period), 통합적-사회언어기(integrative-sociolinguistic period)의 세 단계로 구분하고 있다. 1980년대 이후부터는 의사소통접근법이 교수법의 주류를 이루게 됨으로써 학습자의 의사소통 능력을 측정하는 의사소통접근법 시기가 대두된다. 이어서 2000년대 들어서는 학습자의 사회적 행위를 중시하는 행위중심접근법이 대두되면서 새로운 형태의 평가 방법이 연구 · 개발되고 있다. Spolsky의 발전 단계를 포함하여 시기별 평가 방법의 변화를 일별해 보면 다음과 같다.

3.1. 전과학기

1950년대 초까지는 외국어 평가라는 개념이 존재하지 않았던 시기로 평가 이론이나 문항 제작 기법 등에 관한 개념이 성립되지 않았으며, 가르치는 것을 그대로 평가하거나 다른 과목에서 하는 평가의 관례를 따르는 것이 고작이었다. 이 당시에 많이 활용했던 평가의 유형은 문법 · 번역교수법이나 독해중심교수법의 주요 학습 활동과 동일한 작문, 번역, 받아쓰기 등이었다. 이 시기 평가 방법의 특성을 살펴보면 다음과 같다.

첫째, 평가와 관련한 이론이 전무한 상태였고 평가자는 전문적인 훈련이나 교육을 받지 않아도 되었다.

둘째, 교사 임의에 의한 평가가 주류를 이루었기 때문에 가르치는 사람의 주관적 판단이 중요시되었다. 그러므로 평가의 객관성이나 신뢰성을 기대하기 어려웠다.

셋째, 문어체 중심의 지적인 면을 중시하는 외국어 교육을 강조하는 시기로 작문, 번역, 받아쓰기, 문법 분석, 평론, 에세이 쓰기 등의 시험 유형이 주류를 이루었고 드물게 문학이나 문화적 편견을 다루기도 하였다.

넷째, 언어 지식을 평가하는 관행으로 언어가 실제적으로 사용되는 맥락에서 평가되지 못했다.

3.2. 심리측정-구조주의기

1950년 초에서 1960년 후반에 걸친 시기로 심리측정-구조주의 시기로 불리운다. 심리측정학(psychométrie)이란 수험자의 수행을 수학 · 통계적 원리를 바탕으로 평가 자료를 분석하는 것으로 평가의 신뢰도와 객관성을 검증하는 것을 주요 목표로 삼는다. 이 시기에는 구조주의 언어학과 행동주의 심리학이 언어 교수 이론의 주류를 형성하여 체계적이고 실증적인 방향의 평가가 선호되었으며, 언어 교육에 대한 관심이 고조되었다. 구조주의 언어학과 행동주의 심리학의 영향으로 언어 학습을 일련의 언어 습관을 형성하는 과정으로 보고 언어의 하위 요소를 아는 것이 언어를 아는 것으로 보았다. 목표 언어의 요소들, 예컨대 발음, 어휘, 문법을 아는 것이 언어를 아는 것으로 보고 모국어와 목표어의 대조 분석을 바탕으로 학습과 평가 요소를 결정하였다. 또한 듣기, 말하기, 읽기, 쓰기 기능을 각기 독립적으로 평가할 수 있다고 보았다. 이시기 평가의 특징들을 살펴보면 다음과 같다.

첫째, 평가에 있어서 과학적인 면을 중요시 하여 평가의 신뢰도와 타당도를 강조하였다. 그러나 이 접근법에 의한 평가는 수험자의 언어 숙달도를 수량화하여 통계적으로 처리하는 심리측정학적 방법을 채택하였으므로 타당도보다는 신뢰도와 객관도가 높은 평가가 되었다.

둘째, 평가 방식이 지나치게 분석적이어서 언어 구사 능력이나 언어 운용 능력을 측정하는 데는 한계가 있었다.

셋째, 의사소통을 위한 언어 사용의 실제 상황을 왜곡시킴으로써 그릇된 언어 사용을 가르치고 평가한다는 비판의 소리가 높았다.[5]

넷째, 과학적 평가에 대한 기초를 제공하였으며 심리측정학적 방식은 바람직한 문항 형식을 개발하고 정교한 통계 절차를 체계화 하는 등 평가 도구를 제작하고 발전시키는데 기여하였다.

---

5) Bolton의 다음의 지적이 이같은 주장을 뒷받침해 준다. Ainsi... l'intérêt se porte surtout sur l'évaluation de la langue comme système et non sur l'évaluation de l'aptitude de l'apprenant à agir de façon appropriée en langue étrangère dans certaines situations de communication. S. Bolton(1987) *Evaluation de la compétence communicative en langue étrangère*, traduit de l'allemend par Yves Bertrand, Paris: Hatier, p.18.

3.3. 통합적-사회언어기

통합적-사회언어기는 60, 70년대에 걸친 시기로 사회언어학적(sociolinguistique) 시기로도 불리운다. 이 시기는 구조주의 언어학과 행동주의 심리학에 기반을 둔 평가가 신뢰도와 객관도는 높으나 타당도 면에서는 문제가 있다는 데 대한 비판이 일기 시작하면서 시작되었다. 이 당시 언어학 연구는 사회언어학, 기능주의 언어학, 화용론 등이 그 주류를 이루었으며 이들 언어학에서는 언어 자체보다는 그 언어가 쓰이는 상황과 맥락을 중시하는 경향을 보였다. 즉 언어가 사용되는 맥락에서의 발화 기능과 의미를 중시하는 기능 · 개념접근법(approche fonctionnelle-notionnelle)이 중요시되면서 자연스럽게 언어의 형태를 중시하는 구조주의접근법의 추세가 약화되었다. 이 시기의 Oller(1976, 1979), Carroll(1968) 등은 실제 언어가 소통되는 상황에서는 듣기, 말하기, 읽기, 쓰기가 분리되지 않고 통합적으로 실현이 됨을 강조하였다. 예컨대 실제 의사소통 상황에서 말하기는 대부분의 경우 듣기를 수반하게 되며, 듣고 쓰기, 듣고 말하고 쓰기, 읽고 쓰기 등 언어 기능들이 통합적으로 연계된다. 그러므로 평가도 이러한 실제 의사소통 상황과 같이 언어 기능들을 통합적으로 평가해야 한다고 주장하였다. 따라서 평가의 객관도와 신뢰도를 중시하는 구조주의식 분리 평가와는 달리 실제 언어 생활을 반영하여 평가하는 통합적 평가 방식에서는 자연적으로 타당도를 중시하게 되었다. 통합 평가의 방식으로는 듣기, 읽기, 쓰기 능력을 동시에 평가할 수 있는 받아쓰기(dictée), 읽기와 쓰기 능력을 평가하는 빈칸메우기시험(test de closure), 듣기와 말하기가 결합된 구술 면접, 읽기와 쓰기 평가를 동시에 할 수 있는 작문하기 등이 있다.

이 시기 평가의 특징을 살펴보면 다음과 같다.

첫째, 통합 평가의 목표는 학습자의 잠재된 언어 지식을 가능한 한 실제 언어 사용과 유사한 상황에서 평가하는 것으로서, 언어적 요소와 언어 외적 상황 간의 관계를 중시하는 언어 학습의 실용적 접근에 기초하고 있다.

둘째, 받아쓰기나 규칙빈칸메우기[6] 등 통합적 평가의 방식이 실제 의사소통 상황에서 수행되는 언어 행위인가에 대해서는 회의적인 견해가 많이 있다.

---

6) 긴 독해지문에 n번째 칸에 규칙적으로 빈칸을 두어 채우도록 하는 문항 형태로 빈칸메우기(혹은 괄호형)와 유사한 형태이다.

셋째, 여러 능력을 복합적으로 측정하기 때문에, 통합 평가 결과 무엇이 측정된 것인지 정확히 알 수 없고 학습자가 학습하지 못한 부분이 무엇인지 명확히 보여주지 못한다는 문제점도 있다.

3.4. 의사소통적 접근기

의사소통접근법에서의 교육 목표는 학습자의 의사소통 능력을 길러주는 것이므로 평가에 있어서도 의사소통 능력을 측정하는 것이 주된 평가 목표이다. 이 시기 평가에서 중요시 되는 것은 언어의 형식적인 정확성보다는 의사소통의 유창성이다. 실제로 듣고, 말하고, 읽고, 쓰는 활동을 통하여 의사소통을 하는 것과 마찬가지로 맥락이 있는 상황에서 언어 기능들을 연결하거나 통합하여 외국어로 의사소통을 얼마나 잘 하느냐를 측정하게 된다. 다시 말해 언어에 대한 지식과 그 지식을 주어진 상황에서 적절히 사용하는 능력, 그리고 의사소통 상황에서 실제로 보여줄 수 있는 통합적인 언어 사용 능력을 측정하는 것이 이 시기 평가의 특징이라 할 수 있다.

의사소통 능력 평가는 통합 평가와 유사하나 통합 평가가 언어의 기능을 가능하면 통합하여 측정하는데 중점을 두었다면, 의사소통 능력 평가는 언어 사용 능력을 하위 기능으로 나누어 측정하고자 하였다. 다시 말해 언어 수행 능력을 듣기, 읽기, 듣기와 말하기, 쓰기별로 학습자의 수행 능력 수준이나 학습 목적, 평가 유형에 따라 다양하게 측정한다. 의사소통적 평가 문항의 유형으로는 강의 들으며 노트하기, 지시에 따라 편지쓰기, 역할놀이하기, 과제 수행하기 등의 수행평가 등이 있다.

이시기 평가의 특징을 살펴보면 다음과 같다.

첫째, 의사소통 능력의 평가는 발화자의 발화(응답)를 예측하기 힘든 특징을 갖고 있어 정형화된 응답을 요구하기 힘들다.

둘째, 의사소통은 상황 내에서 이루어지기 때문에 모든 평가 문항에는 학습 상황과 유사한 평가 상황(situation d'évaluation)[7]이 주어져야 한다.

---

7) 평가 상황에 대해 D. Lussier(1992)는 학습 상황과 유리될 수 없음을 다음과 같이 강조하고 있다. "...que les situations d'évaluation deviennent le prolongement des situations d'apprentissage. C'est dire que les tâches évaluatives proposées aux élèves doivent être en tout point semblables aux types de situations d'apprentissage que ceux-ci auront vécus en pratique de classe." D. Lussier(1992) *Évaluer*

셋째, 평가에 사용되는 언어(어휘, 표현 등)는 실재적(authentique)이어야 한다. 학습자들이 배우고 사용하는 언어는 실제 생활에서 사용되는 언어이어야 하므로 평가 시에도 같은 언어를 평가해야 한다.

넷째, 평가의 객관성이나 신뢰성보다는 평가의 타당성이 중시된다.

3.5. 행위중심적 접근기

행위중심접근법에서는 다양성 속에서 통일을 추구하는 통합 유럽 정신에 따라 일터와 학교에서 타인과 더불어 살아가야 하는 사회적 행위자(acteur social)를 전제로 한다. 사회적 행위자란 언어를 매개로 일정한 상황 또는 특수한 환경에서 의사소통적 과제뿐 아니라 다른 과제까지 해결해 나가는 사회 구성원을 의미한다. 또한 이 접근법에서는 사회적 행위를 수행하면서 삶의 현장에서 부딪히는 문제를 해결해 나가는 과정을 강조한다. 교실과 사회를 별개로 보지 않고 교실에서 배우는 언어 학습과 사회에서의 언어 사용을 구분하지 않는다. 외국어 사용 자체보다는 외국어를 사용하여 실제 과제(tâche)나 프로젝트(projet)의 성공적인 수행을 목표로 하고 있다. 따라서 언어를 듣기, 말하기, 읽기, 쓰기로 나누는 기능적 관점을 다루지 않고 수용, 생산, 상호작용, 중개라는 행위 단위로 파악하고 있다.

교실에서의 의사소통 활동은 '글로 쓰인 텍스트를 낭독하기', '준비없이 말하기', '노래하기', '공식적인 공지, 안내 방송하기'(이상 구어 생산 활동), '공문서와 설문지 작성하기', '잡지, 신문, 소식지의 기사쓰기', '전시를 위한 포스터 만들기'(이상 문어 생산 활동) 등 사회 생활과 유사한(혹은 동일한) 활동을 수행한다. 그리고 이 수행의 정도는 6단계[8] 척도로 수준을 구분하여 국가 간 공통 기준으로 활용할 것을 권장하고 있다. 이 척도는 유럽 국가 간에 필요한 인력을 선발하거나 채용할 때 지원자의 언어 수

---

les apprentissages dans une approche communicative, Paris: Hachette, p.50.

8) 6단계 척도는 평가 기준으로 사용될 뿐 아니라 교수·학습에 있어서 참조 기준으로 활용된다. 유럽공통참조기준에서는 4장에서 생산적 활동(말하기, 쓰기), 수용적 활동(듣기, 읽기), 상호행위적 활동, 언어중개적 활동(번역, 통역)에 대한 6단계 참조 기준을 제시하였고, 5장에서는 언어적 능력, 어휘능력, 문법능력, 음운론적 능력, 화용적 능력 등에 대한 6단계 참조 기준을 제시하였다. 또한 이 6단계는 고정된 것이 아니고 상황에 따라서 6단계를 기본으로 척도간 중간 단계를 두어 9단계, 12단계 등 유연성 있게 확장하여 사용할 수 있다.

준을 평가할 수 있는 기준으로도 활용되고 있다. 6단계 척도란 A1, A2, B1, B2, C1, C2를 말하는데 이들 각각의 수준을 기술해 보면 다음과 같다(CECR, 66-71).

A1(Intoductif/de découverte, Breakthrough) 수준은 일반적으로 가장 낮은 언어 사용 단계로 학습자가 매우 간단한 방식으로 의사소통할 수 있는 수준을 의미하며 학습자가 거주지, 아는 사람, 가지고 있는 물건 등과 같은 개인 신상에 대한 간단한 질문과 답을 할 수 있는 단계이다.

A2(Intermédiaire/de survie, Waystage) 수준은 사회적 기능을 수행하는데 필요한 능력을 갖추는 수준으로 인사를 하거나 말을 걸 때 공손한 표현을 사용하기, 짧은 사교적 대화 나누기, 초대하거나 초대에 반응하기 등을 할 수 있는 수준이다.

B1(Niveau seuil, Threshold) 수준은 외국으로 여행하는 사람을 위한 단계로 상호 행위를 하며 일정한 상황에서 구두로 표현하는 능력을 비롯하여 일상생활에서 흔히 발생하는 소소한 언어적 문제를 처리할 수 있는 수준이다.

B2(Niveau intermédiaire, Vantage) 수준은 토론과 관련된 설명, 논거, 비평을 통해 자신의 견해에 대한 근거를 제시하고 방어할 수 있고 어떤 문제에 대한 자신의 입장을 설명하고 여러 선택의 장단점을 진술할 수 있는 수준이다.

C1(Niveau autonome, Effective Operational Proficiency) 수준은 유창하고 자발적인 의사소통이 가능한 단계로, 예를 들면 준비 없이 유창하게 자신의 의사를 표현할 수 있고 많은 어휘를 알고 있어 적절한 어휘로 대치해 설명할 수 있는 수준이다.

C2(Maîtrise, Mastery) 수준은 원어민과 같은 수준은 아니지만 언어 사용에 있어서 정확성, 적절성, 수월성이 나타나는 단계이다. 예를 들면 다양한 양태사를 사용해 정확하고 명백하게 미묘한 의미를 전달하는 수준이다.

상술한 기준을 근거로 프랑스, 독일, 영국, 스페인 등 유럽 각국은 공통 기준을 사용한 언어 능력 인증 시험을 개발하여 인력을 선발하거나 채용하는데 평가도구로 사용하고 있다.

4. 평가 문항 제작의 원리

4.1. 문항 제작 절차와 유형

4.1.1. 문항 제작 절차

프랑스어 평가 문항 제작 시에는 교육 목표와 교육 내용이 무엇인가를 정확히 알아야 하고, 피험자의 독해력과 어휘력 수준을 고려하여야 한다. 또한 문항 유형에 따른 특징, 장단점, 복잡성, 피험자에게 미칠 수 있는 부정적 영향을 고려하여야 한다.

프랑스어 평가 문항의 제작 절차는 몇 단계로 나누어 볼 수 있는데 각 단계별 절차는 다음과 같다.

제1단계는 '평가의 기획 단계'로 평가 목표의 설정과 세분화 및 평가의 형태를 결정하고 평가 목표 이원 분류표를 작성한다. 문항을 제작하기 위하여 검사의 목적을 규명하고 검사 내용, 검사 시간, 문항 유형, 문항 수 등을 결정한 후, 어떤 내용을 어느 인지적 능력 수준까지 측정할 것인가를 결정해야 하는데 이를 위하여 이원분류표가 필요하다. 〈표 15-1〉은 대학수학능력시험 제2외국어 영역 평가 목표 이원분류표이다(2015년 기준).

〈표 15-1〉 평가목표 이원분류표

내용 \ 행동	언어 이해			언어 표현			언어 이해와 표현			문항수	비율 (%)
	지식	이해	적용	지식	이해	적용	지식	이해	적용		
발음, 철자, 어휘										5	16.7
문법										5	16.7
의사소통기능										16	53.3
문화										4	13.3
문항수	3	4	2	2	4	4	4	3	4	30	
비율(%)	10.0	13.3	6.7	6.7	13.3	13.3	13.3	10.0	13.3		100

이원분류표 : 이원분류표는 검사 제작 전에 문항 제작자들이 작성하는 표로서 각 문항이 어떤 내용을 측정하는 지를 밝히는 내용 영역과 그 내용을 어느 정신 능력 수준까지 측정할 것인지를 밝히는 행동 영역으로 구성된다. 일반적으로 B. S. Bloom(1956)의 인지적 영역(행동 영역) 교육 목표 분류학에 근거하여 작성된다. 인지능력의 위계는 지식, 이해, 적용, 분석, 종합, 평가의 여섯 단계로 구분된다.

제2단계는 '평가 목표의 선별 단계'로 교수 · 학습 목표 가운데 평가 대상을 선별하여 평가 목표를 설정하고 평가 목표별로 문항 유형을 정한다. 이때는 평가 항목별 문항 유형에 대한 지식이 요구된다.

제3단계는 '문항 제작 단계'로 평가 목표에 가장 잘 도달할 수 있도록 문항 제작 지침에 따라 문항을 제작하는데 프랑스어 원어민과 공동으로 문항을 제작하는 것이 바람직하다. 이 단계에서는 문항의 형식적 유형에 대한 지식이 요구된다.

제4단계는 '검토 및 수정 보완 단계'로 제작된 문항을 검토 지침에 따라 검토하고 수정 보완을 한다. 이때 프랑스어 원어민의 검토는 필수적이다. 수정 보완을 마친 후 사전 평가를 실시한다. 사전 평가 결과를 분석하고 문항을 수정 및 보완한다.

제5단계는 '최종 문항(문제지) 제작 단계'로 문제지의 형식에 맞추어서 제작을 하는데 이때 배점, 글자의 선명도, 크기, 그림이나 도표의 오류가 없는지 등을 확인한다. 문제지와 별도로 답안지도 제작한다.

제6단계는 '채점 및 결과 해석 단계'로 채점을 하고, 그 결과를 해석하고 검증하는 단계로 평가의 결과를 교육 목표 설정 및 교수 · 학습 활동에 피드백 한다.

4.1.2. 문항의 유형

문항의 유형은 크게 선택형과 서답형이 있다. 선택형은 다시 진위형, 선다형, 연결형, 배열형으로 나뉜다. 서답형은 괄호형 및 완성형, 단답형, 논술형으로 나뉜다. 이들 문항 유형과 유형별 문항의 예를 제시하면 다음과 같다.

1) 선택형

선택형은 문항 내에 주어진 답지 가운데 하나를 고르는 문항 형태로 진위형, 선다형, 연결형, 배열형이 있다.

(1) 진위형

진위형은 물음에 vrai / faux, oui / non, o / x 등으로 답하는 형태의 문항으로 듣기 및 읽기 능력 평가에 많이 사용된다.

예1) 다음 두 쌍의 소리를 듣고 소리가 같으면 ○, 다르면 × 표 하시오.[9]

① poids, bois ( ) ② certain, certain ( ) ③ font, vont ( )
④ blond, blanc ( ) ⑤ douce, douce ( ) ⑥ vie, vue ( )

예2) 다음 표지판을 읽고 아래의 물음이 vrai 인지 faux인지 답하시오.

ALBI MUSEE TOULOUSE-LAUTREC Ouvert du 2 mai au 31 octobre de 9 h à 19h. Fermé le lundi

VISITE DU CHATEAU DE VERSAILLES □ Grands appartments, Galerie des Glaces Visite libre de 14 h à 17 h. □ Musée Visite tous les jours sauf le mardi de 14 h à 17 h. □ Trianon Visite libre de 14 h à 17 h 30, tous les jours sauf mardi. Visites guidées de 10 h à 12 h.

Le musée Toulouse-Lautrec à Albi est ouvert en mars. ( )
On ne peut pas visiter ce musée le lundi. ( )
Il est ouvert jusqu'à 6 h de l'après-midi. ( )
On peut visiter le musée du château de Versailles tous les après-midi. ( )
On peut faire une visite guidée du Trianon le mardi après-midi. ( )
Les grands appartements sont ouverts toute l'année. ( )

(2) 선다형

두 개 이상의 답지가 부여되어 그중 맞는 답지나 혹은 가장 알맞은 답지를 선택하는 문항이다. 여러 개의 답지 중에 정답이 아닌 틀린 답지를 어떻게 제작하느냐에 따라 문항 난이도가 변화되는 특징을 갖는다. 대체로 요행으로 답을 맞추는 확률을 최소화하기 위해서 4지 선다형이나 5지 선다형 문항이 많다.

---

9) 단어는 녹음하여 들려주고 답지에는 답지 번호와 ( )만 제시한다.

예) 빈칸에 들어갈 말이 나머지 넷과 다른 것은?

① Elle joue _____ golf.

② On parle français _____ Québec.

③ Ils regardent un film _____ télévision.

④ Nous allons manger _____ restaurant.

⑤ Demain, je vais _____ musée avec ma soeur.

(3) 연결형

일련의 문제군과 답지군을 배열하여 문제군의 질문에 대한 정답을 답지군에서 찾아 연결하는 문항 형태로서 배합형이라고도 한다.

예) 뜻이 통하도록 왼쪽과 오른쪽 문장을 연결하시오.

J'aime.....	Parce que......
1) les promenades en forêt	a) je m'intéresse à tous les pays d'Europe
2) regarder la télévision	b) ça me permet de découvrir le coupable
3) faire de la photo	c) je déteste les piscines
4) la lecture de romans policiers	d) j'aime faire la cuisine
5) jouer aux échecs	e) il y a des émissions intéressantes
6) la musique rock	f) j'adore la nature
7) inviter des amis chez moi	g) les robots me fascinent
8) collectionner les timbres	h) ça fait appel à la réflexion
9) les films de science-fiction	I) je suis fou de rythme
10) nager en mer	j) j'ai envie de garder des souvenirs

(4) 배열형

무선적으로 주어진 간단한 단어나 문장들을 배열하여 의미가 통하는 문단을 구성하거나, 열거된 단어나 문장들을 논리적 순서에 따라 배열하는 형태의 문항이다.

예) 다음은 Crème de noisettes 조리법이다. 조리 순서대로 번호를 쓰시오.

① Mélanger cette poudre à la crème lorsqu'elle est encore tiède.

② Faites une crème anglaise avec le lait, les jaunes d'oeufs, le sucre, la vanille.

③ Placer dans le réfrigérateur 2 heures environ avant de servir.

④ Hacher les noisettes, faites-les dorer à l'entrée du four.

2) 서답형

서답형은 글로 답을 작성하는 형태로 괄호형 및 완성형, 단답형, 논술형이 있다.

(1) 괄호형 및 완성형

괄호형 문항은 질문을 위한 문장에 여백(괄호나 밑줄 사용)을 두어 응답을 유도하는 문항 형태이고, 완성형 문항은 질문을 위한 문장의 답에 응답을 하게 하는 문항 형태로 문장의 여백에 답을 함으로써 문장을 완결한다는 의미에서 완성형 문항으로 불린다.

〈괄호형〉

예) 글을 읽고 괄호 안에 들어갈 말을 쓰시오.

Jean Pascal est médecin à Marseille (　　) dix ans. Chaque (　　) au mois d'août, sa salle d'attente est pleine. Jour et (　　) le téléphone sonne. (　　) été beaucoup de personnes viennent (　　) leurs vacances dans le Midi. Voilà (　　) se passe tous les ans: les (　　) qui arrivent du Nord sont fatigués par le voyage mais ils se (　　) sur les plages où ils restent (　　) soleil sans bouger. Tout cela pourrait être éviter si les gens étaient plus (　　).

〈완성형〉

예1) 다음 대화를 듣고 어디에서 하는 대화인지 빈칸에 써 넣으시오.

A : Par ici, Mademoiselle!

B : Mais, je n'ai rien à déclarer!

A : Hé oui, mais c'est un contrôle. Ouvrez votre valise, s'il vous plaît.

Les jeune fille est ________________.

예2) 다음 문장을 완성하시오.

Quand j'aurai de l'argent, ________________.

Lorsqu'il pleut, ______________.
Si elle travaillait tous les jours, ______________.
Elle aurait pu partir en France si ______________.
Elle a acheté un livre en français pourtant ______________.

(2) 단답형

단답형은 간단한 단어, 구, 절 혹은 수나 기호로 응답하는 문항 형태로 용어의 정의나 의미를 물을 때, 혹은 계산 문제에 자주 사용된다.

예) 다음은 프랑스 경축일에 대한 설명입니다. 어떤 날을 가리키는지 써 넣으시오.

fête nationale pour commémorer la prise de la Bastille en 1789. ___________
fête nationale pour commémorer la résurrection du Christ. ___________
fête catholique en l'honneur de tous les saints. ___________

(3) 논술형

논술형은 주어진 질문에 제한 없이 여러 개의 문장으로 응답하는 형태를 말한다. 피험자의 분석력, 비판력, 조직력, 종합력, 문제해결력, 창의력 등을 측정할 수 있다.

예1) Vous cherchez un travail, rédigez un CV. (Ne pas dépasser une page.)

예2) Certains affirment que le tabac doit être considéré comme une drogue. Qu'en pensez-vous? (Rédigez en 500 mots environ.)

4.1.3. 서답형 문항의 채점 방법

서답형 문항의 채점 방법에는 분석적 채점 방법과 총괄적 채점 방법이 있다.

분석적 채점 방법은 응답 내용을 요소 요소로 구분하여 점수를 부여하는 방법으로 다음의 사항을 고려해야 한다.

① 채점을 하기 전에 교재, 노트, 참고서 등을 종합하여 모범 답안을 작성한다.
② 일차적으로 답안지를 한번 읽고 난 후 구체적으로 채점 기준에 의해 채점한다.

③ 후광 효과를 없애기 위하여 피험자의 성명과 수험번호를 가리고 채점한다.
④ 문항 간의 채점 시행 효과를 없애기 위하여 피험자의 답안지별로 채점하지 말고 문항별로 채점한다.
⑤ 객관성 확보를 위해 두 명 이상의 채점자가 채점하는 것이 바람직하다.

총괄적 채점 방법은 채점자가 응답을 전반적으로 읽은 후, 전체적인 느낌에 의하여 점수를 부여하는 방법으로 분석적 채점 방법에 비해 채점자의 주관성이 개입될 여지가 많다.

4.2. 문항 분석

4.2.1. 문항 난이도(difficulté des items)

문항 난이도는 문항의 어렵고 쉬운 정도를 나타내는 지수로서 총 피험자 중 정답을 한 피험자의 비율, 즉 정답률이 된다. 문항의 난이도 지수는 정답의 백분율이기 때문에 난이도 지수가 높을수록 그 문항은 쉽다는 의미가 된다. 따라서 문항이 쉽고 어려움을 나타낼 때 난이도가 높다 혹은 낮다'라고 말할 경우 혼동이 오기 쉽기 때문에 '문항의 수준이 높다 낮다' 혹은 '문항이 쉽다 어렵다'라고 하는 것이 좋다. 절대적인 기준은 아니지만 문항 분석 결과 .30미만이면 매우 어려운 문항, .30 이상 .80미만이면 적절한 문항, .80이상이면 매우 쉬운 문항이라 본다.

4.2.2. 문항 변별도(distinction des items)

문항 변별도는 문항이 피험자의 능력을 변별하는 정도를 나타내는 지수를 일컫는다. 즉 한 검사에서 어떤 문항에 정답을 한 피험자의 검사 점수가 높고 답이 틀린 피험자의 점수가 낮다면, 이는 피험자를 변별하는 기능을 가진 문항으로 볼 수 있다. 반대로 그 문항에 정답을 한 피험자의 점수가 낮고 답이 틀린 피험자의 점수가 높다면 이를 부적 변별력을 가진 문항이라 한다. 또 어떤 문항은 답을 맞히거나 틀린 피험자가 같은 점수를 얻는다면 이는 변별력이 없는, 즉 변별도 지수가 0인 문항이 된다. 다시 말해 검사 총점을 기준으로 총점이 높은 학습자(상위 능력 집단)와 총점이 낮은 학생(하위 능력 집단)로 양분하였을 때, 상위 집단의 학습자가 각 문항에서 정답을 맞히는 비율은 하위 집단의 학습자가 정답을 맞히는 확률보다 의미 있게 높아야 바람직하다. 만약 이러한 비율의 차가 의미 없는 것으로 나왔다면 그 문항은 상하 능력 집단을 변별하는 데 역할을 제대로 하지 못하는 변별력이 없는 문항이라 할 수 있다. 문항 변별도 지수에 의해 문항을 평가하는 절대적인 기준은 없다. 그러나 사전 검사를 한다고 가정할 때 일반적으로 문항 변별도가 .40 이상이면 변별력이 좋은 문항으로 수정하지 않고 본 검사에서 사용이 가능하고, .20 미만이면 변별력이 낮은 문항으로 수정이 필요하며, 문항 변별도가 음수로 산출될 경우 본 검사에서 반드시 제외시켜야 한다.

4.3. 외국어 평가 도구의 요건

4.3.1. 타당도(validité)

타당도란 평가 도구가 측정하려는 내용을 얼마만큼 충실하게 측정하고 있는지를 보여주는 정도이다. 타당도에는 반드시 준거의 개념이 수반되는데, 어떤 기준에 비추어 타당도가 있느냐 없느냐를 가늠하기 때문이다. 타당도의 종류에는 준거타당도, 내용타당도, 구인타당도가 있다. 이들을 구체적으로 살펴보자.

1) 준거타당도

준거 타당도는 평가 결과 얻은 점수를 가지고 미래의 행동을 예측하거나, 다른 검사에서의 점수를 추정해 보려고 할 때 필요한 타당도로 공인타당도와 예언타당도가 있다.

공인타당도는 새로 제작된 검사 도구에서 얻은 점수와 기존에 타당성이 입증된 검사에서 얻은 점수와의 관계에 의하여 검증되는 타당도로, 새로 제작된 검사 도구와 기존에 타당성을 보장받고 있는 검사 도구가 유사성 혹은 연관성이 높은 것으로 판명되면 공인타당도가 높다고 할 수 있다.

예언타당도는 제작된 검사에서 얻은 점수와 미래의 어떤 행위와의 관계로 추정되는 타당도이다. 다시 말해 예언타당도는 검사 점수가 미래의 행위를 얼마나 잘 예측하느냐의 문제로, 예컨대 대학수학능력시험에서 높은 점수를 얻은 학생이 대학에 가서도 좋은 성적을 올린다면 이 대학수학능력시험의 예언타당도가 높다고 할 수 있다.

2) 내용타당도

내용타당도는 제작된 검사가 측정하고자 하는 내용 혹은 속성을 제대로 측정하고 있는지를 검사 내용 전문가가 주관적으로 판단하는 것인데 내용타당도에 의한 검사도구의 타당성 입증은 논란이 따른다. 즉 검사의 결과를 계량화할 수 없어 객관성이 결여되었다는 지적이다. 그러나 검사가 검사의 목적에 부합하는 지는 전문가의 판단에 맡길 수밖에 없다는 점에서 내용타당도 검증은 반드시 필요한 절차라 할 수 있다.

3) 구인타당도

구인타당도는 조작적으로 정의되지 않은 인간의 심리적 특성이나 성질을 심리적 구인으로 분석하여 조작적 정의를 내린 후 검사 점수가 조작적 정의에서 규명한 심리적 구인들을 제대로 측정하였는가를 검증하는 방법이다. 예를 들어 지능 검사에서는 어휘력, 수리력, 추리력, 공간력, 지각력, 기억력, 언어 유창성이 구인이라 할 수 있으며, 외국어 평가에서는 언어 숙달도, 의사소통 능력 등이 구인이 될 수 있다.

4.3.2. 신뢰도(fiabilité)

신뢰도란 검사가 얼마나 정확하게 오차 없이 측정하느냐의 정도를 의미한다. 따라서 신뢰도는 정확성, 일관성, 안정성 등과 연관되는 의미로 사용된다. 한 검사 점수가 일관성이 결여되어 측정할 때마다 다른 결과가 나온다면 그 결과를 믿을 수 없게 된다. 그러므로 평가 도구가 일정한 목적을 가지고 사용되기 위해서는 최소한의 신뢰도를 갖추어야 한다. 평가 도구의 타당도는 필수 불가결한 요건이며 신뢰도가 낮으면 타당도도 떨어지기 때문에 신뢰도는 타당도의 필요 조건이다. 신뢰도에는 검사도구의 신뢰도와 채점신뢰도가 있다. 검사도구의 신뢰도는 같은 집단에 두 번 혹은 유사한 집단에 동시에 시행했을 때 유사한 결과가 나오는 것을 의미한다.

채점신뢰도를 높이기 위해서는 정확한 기준을 철저히 지키면서 채점을 해야 하는

데 채점자간 상호 일치성, 채점자 내 내적 일관성이 유지되어야 한다. 채점자 신뢰도를 높이기 위한 방법으로는 첫째, 평가 도구 자체를 객관화하는 것으로 채점 방안이 명확하고, 세부 사항이 구체적으로 제시되어야 한다. 둘째, 채점자 훈련을 통해 평가자의 소양을 높인다. 셋째, 평가자의 주관적 요인을 최소화하고 비 객관적 평가 도구는 가능한 한 여러 사람이 공동으로 평가하여 그 결과를 평균 또는 종합하는 것이 좋다.

4.3.3. 객관도(objectivité)

객관도란 측정 결과에 대해 여러 검사자 혹은 채점자가 어느 정도로 일치된 평가를 하느냐의 정도를 말한다. 선택형 문항의 경우는 채점자의 주관이 배제되므로 객관도가 높은 문항의 형태라 할 수 있다. 객관도는 신뢰도의 일종이며 검사자의 신뢰도라 할 수 있다. 즉 여러 검사자 간의 합의도라고 할 수 있는데 같은 답안지를 여러 사람이 채점해 본 결과 그 점수들이 각각 다르게 나왔다면 객관도가 낮고 같은 사람이 여러 번 채점하여 그 점수들이 각기 다르게 나왔다면 역시 채점자 신뢰도가 낮은 것이다. 평가에서 객관도가 낮게 되는 주요 요인으로는 평가 도구 자체의 객관성 결여와 평가자의 소양 부족 등을 들 수 있다. 객관도를 높이기 위해서는 여러 사람이 공동으로 평가해서 그 결과를 종합하는 것이 바람직하다.

4.3.4. 실용도(praticabilité)

실용도란 평가 도구가 경비와 시간, 노력을 적게 들이고 소기의 목적을 이루느냐를 의미한다. 실용도가 높은 검사란 구체적으로 실시의 용이성, 실시 시간의 적절성, 채점의 용이성, 해석과 사용의 용이성, 검사 비용의 경제성 등을 두루 갖춘 도구라 할 수 있다.

5. 언어 기능별 평가

5.1. 듣기

듣기란 의사소통 활동 중 음성 언어를 통해 이루어지는 이해 활동으로 귀를 통해 들어오는 말소리를 두뇌가 인지하고 인식하고 발화자의 의도나 의미를 파악하여 그에 대응하는 반응을 준비하게 하는 과정이라 할 수 있다. 이처럼 듣기 능력은 단순 능력이라기보다는 여러 가지 하위 능력이나 기능들로 구성된 복합적 능력으로, 듣기 평가는 하위 구성 요소를 하나 하나 평가하기보다는 이들 요소를 통합적으로 평가해야 한다. 따라서 발음, 어휘, 문법 등 언어 요소에 대한 평가는 가급적 피하는 것이 좋은데 학습 초기 단계에 불가피하게 이들 요소를 평가할 경우 최소한의 맥락 속에서 이루어지는게 바람직하다. 평가를 위한 듣기 자료는 실제 생활에서 접하는 구두 언어로 구성된 자료를 사용해야 한다. 즉 정보의 잉여성, 주저함, 휴지 등 구두 언어의 특징이 드러나는 자료를 사용하는 것이 중요하다. 또한 실제 의사소통 상황에서 요구되는 듣기 능력을 평가해야 한다.

듣기 평가 문항의 형태는 객관식 평가와 주관식 평가로 구분할 수 있는데 객관식 평가 유형으로는 선다형, 진위형, 연결형 등이 사용되고, 주관식 평가 유형으로는 단답형, 받아쓰기, 회상 평가 등이 사용된다. 초보 학습자의 경우 녹음된 텍스트를 듣고 들은 내용에 대한 물음에 진위형(vrai/faux), 혹은 예/아니오(oui/non), 선다형 등의 통제형 문항이나 단답형의 비율을 높이는 것이 좋다. 중급 수준 이상의 학습자에게는 이해한 사항을 문장 혹은 문단으로 답하도록 하는 자유 문답형의 문항 비율을 높인다. 같은 질문 형식을 가진 문항의 경우 초보 학습자에게는 텍스트를 듣기 전에 질문을 먼저 읽도록 하고 중급 수준 이상의 학습자에게는 들은 후에 문제를 읽도록 할 수도 있다. 또한 텍스트의 사실적 내용을 평가하는 것만이 아니라 텍스트의 함축된 의미나 화자의 언술의 의사소통 기능을 이해했는지를 평가하는 것도 중요하다. 듣기 평가 문항들은 그것이 문자로 제시되었을 때는 바로 읽기 평가 문항으로 사용될 수 있다.

5.2. 말하기

말하기는 의사소통 행위에서 가장 중요한 의사소통 수단이며 듣기와는 뗄 수 없는 관계이다. 말을 통해 자신의 의사를 명확히 표현하는 것은 물론이고 상대방의 의사를 충분히 이해하고 적절히 대처해 나가야 한다는 점에서 말하기는 상호작용 속에서 참여자 간에 의미 협상이 지속적으로 이루어지는 과정이라고 할 수 있다. 따라서 말하기 평가에서도 말하기 활동의 상호활동적 특성을 고려해야 한다.

말하기 평가는 배운 내용을 반영하되 단순한 암기력을 평가하는 것이 아니고 수험자의 생각을 표현할 수 있는 평가 상황을 제시한다. 특히 실생활에서 사용하는 언어를 발화할 수 있는 평가 상황을 구성해야 하며, 평가 기준을 미리 마련하여 객관적이고 공정한 평가가 이루어지도록 해야 한다.

말하기 평가는 실용도 문제로 직접 평가 대신에 선다형 문항을 통한 간접 평가의 방식을 사용해 왔다. 그러나 간접 평가는 타당도가 떨어지기 때문에 의사소통접근법에서는 간접 평가 방식을 지양하고 직접 평가를 하고 있다. 간접 평가의 범주에는 선다형뿐 아니고 인위적인 상황에서의 표현 행위를 모두 포함시키기도 한다. 큰 소리로 읽기, 상황에 적절한 정보 녹음하기, 듣고 그대로 말하기, 그림을 보고 질문에 답하기 등이 그 예이다. 말하기 직접 평가 유형으로는 구두 발표, 역할놀이, 가상놀이, 구술 면접, 토론 등과 같은 평가 방법이 있다.

말하기 평가의 채점의 객관도와 타당도를 높이기 위해서는 채점 기준을 미리 설정하여야 한다. 채점 기준의 등급은 적절해야 되는데 지나치게 많은 등급은 세분화된 채점기준을 만들기 어려울 뿐 아니라 적용하는데도 어려움이 있다. 반면 등급이 너무 적으면 학생의 말하기 능력 수준을 정밀하게 측정하기 어렵다. 또한 말하기 평가를 실시하기 전에 복수 채점자의 사전 훈련이 필요하다. 지속적이고 규칙적인 채점자 훈련을 통해 채점의 전문성을 확보하도록 해야 한다.

5.3. 읽기

읽기는 문자 언어를 통해 이루어지는 이해 활동으로 문자 텍스트를 독자가 의도를 가지고 시각을 통해 인식하고 독자 자신의 배경 지식을 활용하여 의미를 재구성하여 새로운 표현으로 반응해 내는 활동이라 할 수 있다. 이와 같은 읽기의 속성을 반영하여 읽기 평가를 실시해야 하는데 읽기 평가도 듣기 평가와 마찬가지로 단어, 구문 등 부분적 요소에 대한 이해 능력보다는 통합적 능력을 측정하는 것이 바람직하다. 즉 글의 주제, 요지, 분위기, 필자의 의도나 태도, 글의 논리의 전개 순서, 일의 진행 순서에 대한 이해력을 측정하는 것이 중요하다. 한걸음 더 나아가 글의 내용에 대한 이해 수준을 넘어 독자의 올바른 판단이나 적용 능력도 측정할 수 있다.

읽기 과정과 능력에 대한 이해가 폭넓어 짐에 따라 읽기 평가의 범위와 유형도 다양해지고 있다. 예컨대 표지판, 광고문, 신문 기사 등과 같은 실재자료를 지문으로 사용하기도 한다. 읽기 자료는 평가의 목적, 피험자의 수준, 내용의 난이도 등을 고려하여 적절한 것을 선택해야 하며, 가능한 한 실생활에서 흔히 접할 수 있는 자료를 사용하는 것이 좋다. 또한 학습자의 흥미나 관심을 유발할 수 있는 지문을 선택하되, 피험자들이 잘 알고 있는 일반적인 내용은 피한다. 이 경우 독해 능력보다는 상식을 측정하는 시험이 될 수 있기 때문이다.

읽기 평가는 다양한 종류의 객관식 평가와 주관식 평가 유형으로 평가할 수 있다. 객관식 평가로 읽기 평가에서 가장 많이 사용되는 유형은 선다형과 진위형이다. 이 형태가 선호되는 것은 단시간 내에 많은 피험자를 대상으로 객관도와 신뢰도 높은 평가를 할 수 있기 때문이다. 주관식 평가 형태로는 규칙빈칸메우기, 단답형, 정보전이 평가, 요약하기 등이 있다.

5.4. 쓰기

쓰기는 필자가 배경 지식을 활용해 자신의 생각과 전달하고자 하는 메시지를 복잡한 정신 과정을 거쳐 글로 표현하는 활동이다. 말하기는 대개의 경우 말하는 상대를 앞에 두고 비교적 짧고 쉬운 문장으로 의사 전달이 직접적으로 이루어지지만 쓰기는 일방적으로 생각과 의미를 논리적으로 표현해야 하므로 말하기 보다는 복잡한 사고가 요구되며, 말하기에 비해 분명하고 정확해야 한다. 쓰기는 문자 표현 기능의 가장 기본이 되는 철자법, 구두점에서부터 어휘력, 구문력, 표현력 등 언어 사용 전반에 관한 지식을 포함하는 포괄적인 표현 능력으로 이 능력을 보다 구체적으로 살펴보면 다음의 몇 가지로 구분해 볼 수 있다. 즉, 언어 자체에 대한 지식, 글을 쓰는 목적에 비추어 글의 내용을 정확하고 폭 넓고 깊게 다룰 수 있는 내용 지식, 독자가 이해하기 쉬운 방식으로 글을 구성하고 조직할 수 있는 과정 지식, 글의 문체를 목적에 맞게 선택하여 사용할 수 있는 수사적 지식, 글의 문법과 맞춤법에 맞게 쓸 수 있는 기술적 세부 사항에 관한 지식 등이다.

말하기 평가와 마찬가지로 쓰기 평가에서도 실용성의 문제로 직접 평가보다는 선다형을 통한 간접 평가 방식이 사용된다. 그러나 의사소통접근법에서는 이러한 방식이 타당도가 낮기 때문에 서식 완성하기, 작문, 요약하기 등의 직접 평가를 권장하고 있다. 쓰기 평가 시에는 가능한 한 실생활에서의 언어 사용과 유사할 수 있도록 평가 상황을 구성하고 담화 수준의 쓰기 평가가 이루어지도록 한다.

쓰기 평가 문항 형태는 선다형, 오류 인지형, 배열형, 낱말 형태 변형하기, 빈칸 메우기, 베껴 쓰기, 문장 변형하기, 글이나 서식 완성하기, 편집하기 등이 있고 직접평가 방안으로는 자유 작문, 통제 작문, 정보 전이 평가, 요약하기, 논술 등이 있다.

5.5. 수행평가

5.5.1. 개관

교육 현장에서 기존의 선택형 지필 시험에 대한 대안적 평가 방식으로 제안되어 실시되고 있는 수행평가(évaluation de la performance)는 백순근 외(1998:34)의 정의에 따르면 "학생 스스로가 자신의 지식이나 기능을 나타낼 수 있도록 답을 작성(서술 혹은 구성)하거나, 발표하거나, 산출물을 만들거나 행동으로 나타내도록 요구하는 평가 방식"이라 할 수 있다. 이와 같은 일반적인 수행평가의 정의를 토대로 프랑스어과 수행평가가 갖추어야 할 특징을 제시해 보면 다음과 같다.[10]

첫째, 가능한 한 실제와 유사한 상황에서 학생들의 수행 정도를 평가해야 할 것이다. 프랑스어를 학습하는 것은 모국어를 습득하는 것과는 차이가 있다. 따라서 모국어를 습득하는 것과 같은 실제 상황을 외국어 학습에서 제시하기는 불가능하다. 그

---

10) 5장의 이하 내용은 이근님(2002)「프랑스어과 수행평가」, 프랑스학연구회 편,『프랑스 언어학의 지평』, 서울: 월인, 175-190쪽의 내용을 본 글의 목적에 맞게 발췌 · 재구성하였음.

러나 외국어 교육의 목적이 의사소통 능력의 습득이라는 점을 고려해 볼 때 현실적 제약이 있음에도 불구하고 가능한 한 현실과 유사한 상황을 설정해 줌으로써 보다 의미 있는 수행평가가 이루어질 수 있다.

둘째, 수행평가 과제는 여러 가지 지식과 기능을 통합하여 제시할 수 있다. 교과간 통합, 혹은 교과 내에서 뚜렷이 구분되었던 지식과 내용의 통합은 현재 교육의 일반적 추세이며, 이러한 추세에 따라 프랑스어과에서도 듣기, 말하기, 읽기, 쓰기 기능을 통합하여 교수 · 학습하는 것이 바람직하다. 이러한 교수 · 학습의 방향에 따라 평가에 있어서도 기능을 통합하여 평가를 해야 할 것이다. 따라서 수행평가 과제는 듣기와 말하기 통합형, 듣고, 읽고, 쓰기의 통합형, 읽기와 쓰기 통합형 등 4개의 언어 기능을 통합적으로 평가하는 과제를 평가하는 것이 바람직하다.

5.5.2. 수행평가의 유형

수행평가는 선택형 지필 검사를 제외한 모든 종류의 시험을 망라한 것으로 서술형 및 논술형, 실기 시험, 실험 · 실습법, 관찰법, 토론법, 구술 시험, 면접법, 자기평가 및 동료 평가 보고서법, 연구 보고서법, 포트폴리오(portfolio)법 등 그 종류는 일일이 열거하기 어려울 정도로 많다. 이 가운데 몇 가지 방법을 제시해 보고자 한다.

① **서술형** : 서술형 검사란 흔히 주관식 시험이라 부르며, 문제의 답을 선택하는 것이 아니고 학생들이 직접 서술하는 것으로 단답형, 통제 작문, 빈칸채우기 등의 서술형 문항이 사용 가능하다.

② **구술시험** : 구술시험은 학생들에게 특정 교육 내용이나 주제에 대해 질문한 다음, 학생의 의견이나 생각을 발표하도록 하여 평가하는 것이다. 일정 주제를 주고 자신의 생각을 간단히 표현하도록 하는 방법이 그 예가 될 수 있다.

③ **면접법** : 면접법이란 교사가 학생들과 대화를 통해서 얻고자 하는 자료나 정보를 수집하여 평가하는 방법으로 인터뷰가 이 유형에 속한다.

④ **자가평가 및 동료 평가 보고서법** : 자가평가(auto-évaluation) 보고서법이란 특정 주제나 교수 · 학습 영역에 대하여 자기 스스로 학습과정이나 학습 결과에 대해 자세히 평가하도록 하여 그 결과 보고서를 보고 평가하는 것이며, 동료 평가 보고서법이란 동료 학생들이 상대방을 서로 평가하도록 하고 그 결과를 보고 평가하는 것이다.

⑤ **연구보고서법** : 연구보고서법이란 각 교과별로나 통합교과적으로 특정 주제에 대하여 자기 나름대로 자료를 수집하고 분석·종합하여 연구보고서를 작성·제출하도록 하여 평가하는 것이다.

⑥ **포트폴리오법** : 자신이 쓰거나 만든 작품을 지속적이며 체계적으로 모아 둔 개인별 작품집 혹은 서류철을 이용한 평가 방법으로 포트폴리오에 포함될 수 있는 내용으로는 프랑스어 수업과 관련해 읽은 책이나 참고한 책 목록, 학습 활동을 기록한 오디오나 비디오테이프, 과제와 관련된 기록장, 도표나 차트 등이 있다.

⑦ **기타** : 역할놀이, 신문 등 실재자료를 활용한 평가, 퍼즐 등이 수행평가의 한 방법이 될 수 있다.

6. 프랑스어 능력 평가 시험

본 장에서는 고등학생과 성인을 대상으로 프랑스어 능력을 평가하는 대표적인 몇몇 시험의 개요와 구성, 시험 문항의 실제 예를 제시하고자 한다.

6.1. 대학수학능력시험 프랑스어 I[11]

6.1.1. 시험의 개요

프랑스어 I 시험은 2000년에 대학수학능력시험 제2외국어 영역에 독일어, 스페인어, 중국어, 일본어, 러시아와 함께 포함되어 최초로 도입되었으며. 2004년에 제2외국어/한문 영역으로 확대되면서 아랍어와 한문이 추가되고 2013년에 베트남어가 추가되어 총 9개 과목 가운데 한 과목으로 현재까지 시행되고 있다. 시험의 출제와 채점은 한국교육과정평가원이 담당하며 시행은 각 시 · 도 교육청이 담당한다.

11) 대학수학능력시험 프랑스어 I 관련 내용은 www.kice.re.kr에 소개된 내용을 중심으로 정리한 것임. (2013년 12월 25일 검색)

6.1.2. 시험의 구성

프랑스어 I 시험은 일반계 고등학교 프랑스어 I 교육과정의 범위 내에서 출제된다. 구체적인 시험의 구성은 〈표 15-2〉와 같다.

〈표 15-2〉 대학수학능력시험 프랑스어 I의 구성

평가 영역	문항수	시험 시간	비고
발음, 철자, 어휘	5문항	40분	ㅁ 5지 선다형 ㅁ 지필고사로 듣기, 말하기, 쓰기는 간접적으로 평가함 ㅁ 기본어휘표에 제시된 어휘를 사용하여 출제
문법	5문항		
의사소통기능	16문항		
문화	4문항		
계	30문항		

6.1.3. 시험 문항의 예

예1) 〈보기〉의 밑줄친 부분과 발음이 같은 것은?

> 보기: A : Tu as vu mon livre ?
> B : Le voici.

① cent ② aucun ③ blanc ④ couleur ⑤ cravate

〈2013학년도, 발음 및 철자 영역〉

예2) 빈칸에 들어갈 말로 가장 알맞은 것은?

> A : Si on sortait ce soir ?
> B : __________ , je suis déjà pris.

① Entendu ② Avec plaisir ③ Je suis libre ④ Sans problème ⑤ C'est dommage

〈2013학년도, 의사소통기능 영역〉

예3) 프랑스의 젊은이들에 관한 글이다. 글의 중심 내용으로 알맞은 것은?

> Pour les femmes, avant, on devait choisir entre « madame » et « mademoiselle » dans les formulaires administratifs. Mais, cette anné en février, on a décidé proposer seulement « madame ». Pour les hommes, c'est toujours « monsieur ».
>
> * formulaire administratif : 행정서식

① 행정 절차의 간소화　② 남성의 여성관 변화　③ 여성에 대한 호칭 변화
④ 공직자의 남녀 비율 변화　⑤ 기혼 여성 우대 정책 도입

〈2013학년도, 문화 영역〉

6.2. SNULT (Seoul National University Language Test; 서울대학교언어시험)[12)]

6.2.1. 시험의 개요

SNULT는 서울대학교가 주관하는 시험으로 1967년 정부기관, 공공기관, 은행 및 일반기업의 의뢰를 받아 해외 파견 요원이나 유학생을 선발할 목적으로 개발된 시험이다. 2008년 8월부터는 일반인을 대상으로 정기 시험을 실시하고 있다. 서울대학교 언어교육원이 출제를 하고 TEPS(Test of English Proficiency developed by Seoul National University) 관리위원회가 시험의 관리를 한다. 평가 대상 언어는 영어, 독일어, 프랑스어, 스페인어, 중국어, 일본어, 러시아어 등 7개 언어이다. 채점 결과는 7개의 등급(1+, 1, 2+, 2, 3+, 3, 4)으로 수험생에게 전달된다.

6.2.2. 시험의 구성

SNULT 프랑스어는 국내 프랑스어 교육 환경을 연구, 분석하여 다양한 영역을 포괄하는 문제로 구성되어 있다. 특정한 발화 상황에 대한 세밀한 이해능력 및 대상이 되는 텍스트의 대략적인 이해를 넘어 주어진 문장이나 텍스트가 가진 어법성에 대한 이해 능력을 측정하는 시험이다. 시험의 구성은 〈표15-3〉와 같다.

〈표 15-3〉 SNULT의 구성

<table>
<tr><th>평가 영역</th><th>문항수</th><th>시험 시간</th><th>문항의 유형</th></tr>
<tr><td>듣기</td><td>50문항</td><td>50분</td><td rowspan="5">4지 선다형</td></tr>
<tr><td>문법</td><td>10문항</td><td rowspan="3">50분</td></tr>
<tr><td>어휘</td><td>10문항</td></tr>
<tr><td>독해</td><td>30문항</td></tr>
<tr><td>계</td><td>100문항</td><td>100분</td></tr>
</table>

12) SNULT 관련 내용은 http://www.teps.or.kr/Teps/info/snult.aspx에 소개된 내용을 중심으로 정리한 것임. (2013년 7월 25일 검색)

6.2.2. 시험 문항의 예

예1) 다음 문장을 듣고 자연스러운 대화를 이룰 수 있는 가장 적절한 응답을 고르시오.

F : Tu reprends du riz, Jean-Louis ?

H: ____________________

(a) Ça va, merci. (b) Moi, je prends le taxi.

(c) Bon, allez! Au revoir ! (d) Une bière serait très bien.

〈청해〉

예2) 다음 대화를 듣고 자연스러운 대화를 이룰 수 있는 가장 적절한 응답을 고르시오.

F : Tu as bien pensé à nos vacances d'été ? On part quand ?

H : La première semaine du mois prochain, d'accord ?

F : Très bien. Et on emmène Médor ?

H : ____________________

(a) Oui, l'hôtel aura un garage.

(b) Oui, finalement, il fera chaud là-bas.

(c) Non, les chiens ne sont pas admis à l'hôtel.

(d) Si, nous pouvons bien annuler la réservation.

〈청해〉

예3) 다음 대화문의 빈 칸에 들어갈 가장 적절한 표현을 고르시오.

A : Je vais m'installer à côté de la fenêtre.

B : D'accord. Je __________ avec mon plateau.

(a) t'ai (b) te vois (c) te fais (d) te suis

〈독해〉

예4) 다음 글을 읽고 주어진 질문에 대한 가장 알맞은 답을 고르시오.

Comment être heureux à Paris malgré les Parisiens ? Surtout ne soyez pas intimidés. Bien sûr, c'est difficile, car le Parisien apprend très jeune l'art d'intimider les autres. Les serveurs sont hautains, les vendeurs froids, les chauffeurs de taxi souvent très désagréables... Les touristes égarés qui demandent leur chemin sont regardés avec mépris. “J’sais pas” est la réponse la plus habituelle des Parisiens.

Q. D’après le texte, comment sont les Parisiens ?

(a) Ils sont très sympatiques. (b) Ils sont peut-être timides.
(c) Ils ne sont pas du tout gentils. (d) Ils ne sont pas vraiment indifférents.

〈독해〉

6.3. FLEX (Foreign Language EXamination: 외국어시험)[13)]

6.3.1. 시험의 개요

FLEX는 한국외국어대학교가 1997년에 외국어능력 집단 검사 도구를 개발하기 시작하여 1999년 개발을 완료 · 시행하고 있는 전문적인 외국어능력시험으로 대상 외국어로는 현재 영어, 독일어, 프랑스어, 스페인어, 중국어, 일본어, 러시아어 등 7개가 있다. 2005년부터 한국외국어대학교와 대한상공회의소가 공동으로 시험을 시행하고 있으며 시험의 결과는 9등급(1A, 1B, 1C, 2A, 2B, 2C, 3A, 3B, 3C)으로 구분된다.

6.3.2. 시험의 구성

FLEX는 3개 영역(듣기 · 읽기, 말하기, 쓰기)으로 구성되어 있으며 응시자는 3개 영역에 모두 응시하거나 자유롭게 영역을 선택하여 응시가 가능하다. 단, 듣기 · 읽기는 분리하여 응시할 수 없다. FLEX의 구성은 〈표 15-4〉와 같다.

13) FLEX 관련 내용은 http://flex.hufs.ac.kr/에 소개된 내용을 중심으로 정리한 것임. (2013년 6월 30일 검색)

〈표 15-4〉 FLEX의 구성

평가 영역	문항수	시험 시간	문항의 유형	비고
듣기 · 읽기	듣기: 50문항 읽기: 90문항	듣기: 30분 읽기: 90분	3-4지 선다형	
말하기	9문항	25분	질문-응답	응답을 녹음하여 채점
쓰 기	10문항	60분	서답형	

6.3.3. 시험 문항의 예[14)]

예1) Écoutez les dialogues puis les questions. Choisissez ensuite pour chacune des questions la réponse qui convient le mieux.

녹음 : H : Pour aller à la gare, s'il vous plaît?
F : C'est facile, c'est tout droit!

질문 : Que faut-il faire pour arriver à la gare?

(1) Aller tout droit. (2) Tourner à droite.
(3) Monter tout droit. (4) Tourner à gauche. 〈듣기〉

예2) Retrouvez le synoyme de la partie soulignée.
Faubourg St. Antoine, les couturiers ont remplacé les artisans du passé.

(1) joailliers (2) d'autrefois (3) sans argent (4) de la métropole 〈읽기〉

예3) Dites d'abord votre numéro d'inscription. Ensuite présentez-vous brièvement. Parlez aussi de ce que vous aimez faire quand vous avez du temps libre.(Vous avez une minute pour répondre.) 〈말하기〉

예4) Vous écrivez une carte postale à un(e) ami(e) pour lui raconter le voyage en France que vous êtes en train de faire(5 à 6 lignes).

〈쓰기〉

14) FLEX 시험 문항의 예는 박시현(2008) 『새로운 유형 FLEX 프랑스어 II』, 서울: 한국외국어대학교출판부에서 발췌하여 제시하였음.

6.4. DELF(Diplôme d'études en langue française: 프랑스어자격증)와 DALF((Diplôme approfondi de langue française: 심화프랑스어자격증)

6.4.1. 개요

DELF와 DALF는 외국인의 프랑스어 능력을 인증하는 프랑스 교육부 공인 자격증으로 유럽평회의가 개발한 유럽공통참조기준에 근거하여 6개 수준으로 구분하여 자격을 부여하는 시험이다. DELF와 DALF는 1985년 5월 22일 법령에 의해 최초로 만들어졌으며, 현행 시험 체제는 2005년 7월 7일 개정된 법령에 따라 정비되었다.

6.4.2. 자격증의 구성

자격증은 유럽공통참조기준에서 제시하고 있는 6단계 수준에 해당하는 여섯 개의 자격증으로 이루어지는데, 이들은 각기 독립적으로 분리되어 있다. 각 시험은 듣기, 말하기, 읽기, 쓰기 능력을 평가한다.

〈표 15-5〉 DELF, DALF 시험의 구성

자격증	시험 영역	시험 시간	성취 수준
DALF C2	듣기, 말하기, 읽기, 쓰기	3시간 30분	독립적인 수준
DALF C1		4시간	
DELF B2		2시간 30분	숙련된 수준
DELF B1		1시간 45분	
DELF A2		1시간 40분	초보 수준
DELF A1		1시간 20분	

6.4.3. 시험 문항의 예[15)]

예1) Vous allez à Paris en train. Répondez aux questions.

녹음 : Le train, TGV, numéro 6866 à destination de Paris partira à quinze heures dix-huit, quai numéro cinq.

15) DELF/DALF 문항의 예는 http://www.ciep.fr/delfdalf/sujets-delf.php에 제시되어 있는 문항 가운데 선택한 문항임. (2013년 6월 30일 검색)

1. Le train part du quai:

   □ numéro 6. □ numéro 16. □ numéro 5

2. A quelle heure part le train? ____________________ 〈DELF A1, 듣기〉

예2) Vous parlez de vous, de vos activités, de vos centres d'intérêt. Vous parlez de votre passé, de votre présent et de vos projets.(2 à 3 minutes)

〈DELF B1 말하기〉

예3) Lisez chaque titre et inscrivez le chiffre qui lui correspond dans la rubrique appropriée: politique, culture, société, sports, économie.

1. Le chef du gouvernement appelle à des élections anticipées.
2. Avec 5,725 personnes tuées, la mortalité sur les routes françaises a diminué de 21% en 2003.
3. Ses exportations de cacao ont doublé par rapport à l'année dernière.
4. La Méditerranée envahie par une nouvelle algue tropicale.
5. La gratuité fait recette dans les musées de Paris.
6. Marseille en tête du championnat de France.

Politique	Culture	Société	Sciences	Sports	Économie

〈DELF A2, 읽기〉

예4) Vous écrivez à la rédaction d'un journal pour donner votre avis sur les causes défendues par les écologistes. Vous expliquez quelles sont selon vous la valeur et les limites des positions adoptées par les écologistes, notamment quand elles entrent en conflit avec d'autres intérêts. (250 mots environ)

〈DALF C1, 쓰기〉

6.5. TCF(Test de connaissance du français: 프랑스어능력시험)

6.5.1. 특징

TCF는 국제 교역의 확대와 인구 이동의 증가, 문화적 다원주의와 다언어 구사를 표방하는 대외 언어 정책의 필요에 의해 만들어 졌다. 이 시험은 비 프랑스어권 사람들에게 간단하고 신속하게, 그리고 신뢰할 수 있고 공인된 방법으로 자신의 프랑스어 지식을 평가받고 법적인 유효성을 인정받을 수 있도록 해 준다. TCF는 프랑스 교육부의 요청에 의해 국제교육연구소(CIEP : Centre international d'études pédagogiques)가 관리하는데 시험의 출제, 채점, 결과 보고까지 평가의 전 과정을 전담한다. TCF는 수행평가의 형태에 가까운 DELF, DALF 시험과는 달리 선택형 문항을 개발하여 수차례의 사전 검사를 통해 정선된 문항을 중심으로 문제 은행을 구축하여 시험을 실시하고 있다.

6.5.2. 시험의 구성

표준화되고 선별된 프랑스어 수준을 측정하는 TCF는 6단계 시험으로 구성된다. 이 여섯 단계는 유럽평의회의 유럽공통참조기준과 유럽언어평가자연합(ALTE: Association of Language Testers in Europe)에 의해 만들어졌다. 필수 시험 과목은 읽기, 언어 구조, 듣기 등 3개이고, 선택 시험 과목은 표현 능력(말하기, 쓰기)을 평가하는데 말하기, 쓰기의 시험 영역은 인가받은 시험 시행 기관이 결정한다. 필수 시험과 선택 과목들은 다음과 같이 구성된다.

〈표 15-6〉 TCF의 구성

<table>
<tr><th>영역</th><th>문항수</th><th>시험 시간</th><th>필수 · 선택</th><th>비고</th></tr>
<tr><td>듣기</td><td>30문항</td><td>25분</td><td rowspan="3">필수</td><td rowspan="3">4지 선다형</td></tr>
<tr><td>언어구조</td><td>20문항</td><td>20분</td></tr>
<tr><td>읽기</td><td>30문항</td><td>45분</td></tr>
<tr><td>말하기</td><td></td><td>15분</td><td rowspan="2">선택
선택</td><td></td></tr>
<tr><td>쓰기</td><td></td><td>45분</td><td></td></tr>
</table>

6.5.3. 시험 문항의 예[16)]

예1) Vous allez entendre une question suivie de 4 réponses. Vous devez cliquer sur celle qui correspond le mieux à la réponse attendue. Pour vérifier si vous avez choisi la bonne réponse, cliquez sur "verifier". Vous n'entendrez les questions et les réponses qu'une seule fois.

녹음 : Est-ce que le facteur est passé?

A. Non, tous les jours.	B. Non, pas encore.
C. Oui, souvent.	D. Oui, de temps en temps.

〈듣기〉

예2) Pour chaque question, quatre possibilités, A, B, C ou D vous sont proposées. Vous devez cliquer sur celle qui correspond le mieux à la réponse attendue. Pour vérifier si vous avez choisi la bonne réponse, cliquez sur "vérifier".

1. Je ne suis pas sûr(e) que ce bus

   A – va
   B – alla
   C – aille
   D – ait

   _______ jusqu'au château de Versailles.

2. Le président : "*Nous avons négocié la réduction du temps de travail à 35 heures par semaine*". Il a indiqué

   A – qu'ils auraient négocié la réduction du temps de travail.
   B – qu'ils négocieraient la réduction du temps de travail.
   C – qu'ils négociaient la réduction du temps de travail.
   D – qu'ils avaient négocié la réduction du temps de travail.

〈언어구조〉

예3) Lisez le paragraphe suivant. Un seul résumé est exact. Choisissez la bonne réponse.

> Les musées français, en cette année 2000, ont décidé de célébrer le Grand Siècle: celui de Louis XIV, de Versailles, mais également d'une peinture longtemps délaissée parce qu'assimilée à la grandeur et à la pompe un peu sévère et religieuse qui présidait à l'esprit du temps.

---

16) TCF 문항의 예는 http://www.ciep.fr/tcf/tcf.php에 제시되어 있는 문항 가운데 선택한 문항임. (2013년 7월 5일 검색)

Résumé du paragraphe :

□ A – En cette année 2000, les musées français ont décidé de rendre hommage au roi Louis XIV.

□ B – Les musée français réhabilitent une peinture un peu oubliée.

□ C – Tous les musées exposeront les oeuvres du château de Versailles.

□ D – La peinture religieuse, représentative du siècle de Louis XIV, sera exposée à Versailles. 〈읽기〉

예4) Est-ce que vous travaillez? (Si oui: quel métier? Si non: quelles études faites-vous?)

Qu'avez-vous fait pendant vos dernières vacances?

Pourquoi avez-vous décidé de passer ce test? 〈말하기〉

예5) Rédiger un message simple et personnel ou remplir un formulaire(environ 40 mots).

Rédiger une lettre personnelle portant sur des situations de la vie quotidienne, impliquant l'utilisation d'un registre courant, voire familier(environ 60 mots).

〈쓰기〉

Lussier에 따르면 교육 평가란 그 자체가 종착점이 아니고 교사가 계획한 교육 단계와 학생이 체험한 학습 단계를 활발히 통합하는 절차이다(1992:서문). 외국어 평가의 경우도 예외는 아니어서 평가의 결과에 따라 교육 목표를 재구성하고 교수·학습 방법을 수정 보완하게 된다. 따라서 평가는 교수·학습의 최종 결과가 아니고 새로운 교수·학습을 시작하게 하는 첫 단계라고도 할 수 있으므로 교육의 과정에서 평가의 중요성은 매우 크다.

현대 외국어 교육의 목표가 학습자의 의사소통 능력의 배양이라는 것은 주지의 사실이다. 따라서 외국어 교육은 언어에 관한 지식(savoir)를 중시하던 오랜 관행에서 언어 지식을 바탕으로 능동적으로 학습하고(savoir-apprendre), 실제 생활에서 성공적으로 의사소통할 수 있고(savoir-faire), 습득된 요소들을 내재화시킬 수 있는(savoir-être) 능력을 길러주는 방향으로 발전해 왔다.

이와 같은 맥락에서 외국어 평가에서도 의사소통 능력을 평가해야 한다는 것은 이론의 여지가 없어 보인다. 다만 어떤 방식으로 평가를 해야 학습자의 진정한 의사소통 능력을 평가할 수 있을지에 대한 해결책을 찾는 것이 필요한데, 그 이유는 평가의 방식이 평가의 질은 물론이고 교수 · 학습의 질을 좌우하기 때문이다. 그동안 외국어 평가에서는 교수 · 학습과정에서 의사소통 상황과 맥락을 중요시하는 것과 마찬가지로 평가 상황의 개념이 확산되면서 유의미한 상황에서의 평가가 강조되고 있다. 그러나 교육 현장에서는 평가의 객관성과 실용성을 내세워 선택형 문항 위주의 지필검사로 외국어 능력을 평가하고 있어 진정한 의사소통 능력 평가라고 보기 어려운 측면이 많았다.

1990년대 후반부터 수행평가가 본격적으로 논의되면서 수행평가의 이론에 바탕을 둔 수행평가 기법들이 보편화되고 중 · 고등학교 교육 현장에 널리 보급되어 현재 평가 방법으로 활용되고 있다. 그러나 수행평가는 여전히 객관성과 실용성이 담보되지 못하기 때문에 전면적으로 실시하지 못하고 지필 시험을 보충하는 역할에 그치고 있는 것이 현실이다. 그러나 실제 교수 · 학습 상황을 평가에 도입하여 평가를 하여야 하므로 향후 수행평가를 확대 실시하는 것이 바람직한 방향이라 할 수 있다. 다만 객관도와 실용도를 높이는 방법을 지속적으로 구안해내야 할 것이다.

외국어 평가에서 향후 주목해야 할 분야는 행위중심접근법(approche actionnelle)이다. 2001년 유럽평의회(Conseil de l'Éurope)의 유럽공통참조기준이 발표되면서 외국어 교수법의 큰 흐름은 행위중심적 관점(perspective actionnelle)을 따르고 있다. 의사소통접근법이 의사소통의 실제성을 중시했지만 의사소통 능력을 효율적으로 습득하고 발달시키기 위한 방법에 집중한 나머지 사실상 학교 밖의 세계에서 의사소통이 왜 필요한가라는 의문을 제기하지 않았다는 비판의 입장을 취하는 행위중심적 관점이란 사회적 맥락 안에서 행위하는 상황에서의 학습자를 고려함으로써 학습의 목표를 실제 행위 중심으로 설정하기를 주장한다(최희재 2009 : 182-183). 교수 · 학습 행위의 결과인 평가 역시 행위중심적 관점에 따라 변화되어야 할 것이다. 이미 유럽 각국의 교육과정과 평가 체제는 유럽공통참조기준을 근거로 변화되었고 이러한 변화는 앞으로도 지속될 전망이다. 앞에서 언급한 DELF / DALF, TCF 등도 평가 체제를 이미 개편 또는 신설하여 유럽공통참조기준에서 제시하고 있는 6단계의 언어 능력 수준에 따라 자격증 또는 등급을 부여하고 있다. 향후 행위중심접근법이 의사소통접근법의 약점을 극복하고 프랑스어 교육과 평가의 질을 제고하는데 얼마나 기여할 수 있을지 관심을 가지고 지켜볼 일이다.

〈학습과제〉

1. Tagliante가 구분한 평가의 기능을 나열하고 각 기능의 특성에 대해 서술해 보시오.
2. 수행평가(évaluation de la performance)와 지식평가(évaluation des connaissances) 각각의 특징과 두 평가의 차이점을 설명해 보시오.
3. 선택형 시험과 서답형 시험의 장단점을 설명하고 현재 중등 학교 상황에서 어떤 형태의 시험이 필요한지 토론해 보시오.
4. DELF/DALF와 TCF가 등장하게 된 배경과 각 시험의 특징 및 장단점을 토론해 보시오.

참고문헌

교육인적자원부(2007) 『외국어과 교육과정 II』, 서울: 대한교과서주식회사.

김대현 · 김석우(2005) 『교육과정 및 교육평가』, 서울: 학지사.

김영숙 · 최연희 · 김은주 · 남지영 · 문영인 · 신정선(2004) 『영어과 교육론 1, 원리와 적용』, 서울: 한국문화사.

박시현(2008) 『새로운 유형 FLEX 프랑스어 II』, 서울: 한국외국어대학교출판부.

백순근 외(1998) 『수행평가의 이론과 실제』, 서울: 원미사.

성태제(2002) 『현대 교육 평가』, 서울: 학지사.

이근님(2002) "프랑스어과 수행평가"- 프랑스학연구회편, 『프랑스 언어학의 지평』, 서울: 월인, 171-201쪽.

이근님(2004) "프랑스 문화 능력 평가 연구 -대학수학능력시험 문화 능력 평가 문항을 중심으로-" 『불어불문학연구』 제60집, 한국불어불문학회, 549-576쪽.

이근님(2005) "고등학교 프랑스어 교육 실태 분석 연구", 『프랑스어문교육』 제19집, 한국 프랑스어문교육학회, 85-115쪽.

이근님(2005) "프랑스어 듣기 능력 평가 연구 -고등학교 프랑스어 학습자를 대상으로-", 『프랑스학연구』 제31권, 프랑스학회, 223-257쪽.

이근님 · 이인제(1999) 『프랑스어, 국가 교육과정에 근거한 성취기준 및 평가 도구』, 서울: 사단법인 교육진흥연구회.

정종진(1999) 『학교 학습의 극대화를 위한 교육평가의 이해』, 서울: 양서원.

최희재(2009) 『유럽연합의 언어 · 문화 정책 고찰을 통한 프랑스 언어 문화 통합 교육 방안 연구-행위중심접근법의 한국 프랑스어 교육에의 적용-』, 서울대학교대학원 박사학위 논문.

황정규(1998) 『학교 학습과 교육평가』, 서울: 교육과학사.

Bloom, B. S.(1956) *The Taxonomy of Educational Objectives, Handbook I, Cognitive domain,* New York : David Mckey.

Bolton, S.(1987) *Evaluation de la compétence communicative en langue étrangère*, traduit de l'allement par Yves Bertrand, Paris: Hatier.

Carroll, J.(1968) "The psychology of language testing". In A. Davies(Ed.), *Language testing symposium : A psycholinguistic approach,* Oxford : Oxford University Press, pp.46-69.

Conseil de l'Europe(2001) *Un cadre européen commun de référence pour les langues:*

apprendre, enseigner, évaluer, Paris: Didier.

Germain, C. (1993) *Évolution de l'enseignement des langues : 5000 ans d'histoire,* Paris: CLE international.

Lussier, D. (1992) *Évaluer les apprentissages dans une approche communicative,* Paris: Hachette.

Noël-Jothy, F. et Sampsonis, B. (2006) *Certifications et outils d'évaluation,* Paris: Hachette.

Oller, J. W., Jr. (1976) "Language testing today". *English Teaching Forum, 14*(3), pp.22-27.

Oller, J. W., Jr. (1979) *Language testing at school : A pragmatic approach*. London : Longman.

Scallon, G. (2004) *L'évaluation des apprentissages dans une approche par compétences,* Québec: Éditions du renouveau pédagogique, Inc.

Tagliante, Ch. (2005) *L'évaluation et le cadre européen commun*, Paris: CLE international.

〈사전〉

Galisson, R., Coste, D.(1976), *Dictionnaire de didactique des langues*, Paris: Hachette.

Larousse du collège(2006), Paris: Larousse.

Le petit Larousse(1995), Paris: Larousse.

Robert, P.(1994), *Nouveau petit LE ROBERT*, Paris: Dictionnaires Le Robert.

〈인터넷〉

http://www.ciep.fr

http://flex.hufs.ac.kr/

http://www.kice.re.kr

http://www.teps.or.kr/Teps/info/snult.asp

색 인

ㄱ

ㄴ

ㄷ

ㄹ

ㅁ

ㅂ

ㅅ

ㅇ

ㅈ

ㅊ

ㅋ

ㅌ

ㅍ

ㅎ

한 · 불 용어 대조표

- A -	
ACAO(apprentissage coopératif assisté par ordinateur)	컴퓨터 활용 협동학습
acculturation	문화 변용
achievement standards	성취기준
acquisition	습득
acte de parole	화언행위
acteur social	사회적 행위자
activité communicative	의사소통 활동
activités d'apprentissage	학습 활동
activités langagières	언어 활동
ALAO(apprentiaage des langues assisté par ordinateur)	컴퓨터 활용 언어교육
allophone	이음
alvéo-dental	치경음
alvéolaire	치조음
apprenant	학습자
apprentissage	학습
apprentissage mixte	온/오프라인 혼합학습
approche actionnelle	행위중심접근법
approche axée sur la compréhension	이해중심접근법
approche communicative	의사소통접근법
approche fonctionnelle-notionnelle	기능 · 개념접근법
approche globale	총괄적접근법
approche naturel	자연적접근법
activité après l'écoute	듣기 후 활동
analyse contrastive	대조 분석
argumentation	논증
assessement	총평
assimilation	동화
assourdissement	무성음화
auto-apprentissage	자기주도 학습
auto-évalution	자가평가
- B -	
besoin langagier	언어적 필요
bilabiale	양순음

blended learning	블렌디드 수업, 혼합형 수업
- C -	
Cadre européen commun de référence pour les langues : CECR	유럽공통참조기준
canevas	대화 구성틀
civilisation	문명, 문화
CMO(communication médiatisée par ordinateur)	컴퓨터 매개 커뮤니케이션
cognitif	인지적
collocation	연어
commentaire	논평
communicateur	소통자
communication écrite	문어 의사소통
communication interculturelle	상호문화적 의사소통
compétence de lecture	읽기 능력
compétence de communication	의사소통 능력
compétence discursive	담화 능력
compétence grammaticale	문법적 능력
compétence linguistique	언어 능력, 언어학적 능력
compétence orale	구어 능력
compétence pragmatique	화용론적 능력
compétence sociolinguistique	사회언어학적 능력,
compétence stratégique	전략적 능력
compétence textuelle	텍스트 능력
composition contrôlée	통제 작문
composition guidée	유도 작문
composition libre	자유 작문
compréhension écrite	읽기
compréhension orale	듣기
connaissance déclarative	선언적 지식
consigne	지시
consonne	자음
consonne sourde	무성자음
consonne sonore	유성자음
constrictive	협착음
constructivisme	구성주의
contextualisation	맥락화, 상황화
copie	베껴 쓰기

correction	교정
courant linguistique	언어학적 흐름
courant intégré	통합적 흐름
courant psychologique	심리학적 흐름
cours d'étude	교과과정, 교육과정(프)
courseware	코스웨어
critique	비평
culture	문화
culture-cible	목표 문화
culture courante	일상 문화
culture cultivée	교양 문화
culture savante	식자 문화
culture-source	원천 문화
curriculum	교육과정
curriculum guideline	교육과정 지침(미)
cursus	실행교육과정
- D -	
DALF(diplôme approfondi de langue francaise)	심화 프랑스어 자격증
débutant	초보자
décentrage	탈중심화
déculturation	탈문화화
déductif	연역적
DELF(diplôme d'étude en langue francaise)	프랑스어 자격증
dictée	받아쓰기
didacticien	교수법 학자
didactique	교수법/교수학
difficulté des items	문항 난이도
diphtongue	이중모음
disponibilité	대기성
dissertation	논술
distinction des items	문항 변별도
distributionnalisme	분포주의
diversification	다양화
docimologie	시험학
document authentique	실재자료
document fabriqué	제작자료
dossier	(학습) 단원
dramatisation	극화활동

- E -	
EAO(enseignement assisté par ordinateur)	컴퓨터 활용교육
EAVO(enseignement assisté par vidéodisque et ordinateur)	컴퓨터와 비디오 활용교육
écrit	쓰기, 글
écoute	듣기
écoute globale	총괄적 듣기
éducation interculturelle	상호문화 교육
effet de retour	세환효과
EIAO(enseignement intelligement assisté par ordinateur)	지능컴퓨터 활용교육
enchaînement	연독
énoncé	발화체
énonciateur	발화자
énonciation	발화
enseignant	교수자
enseignement-apprentissage	교수 · 학습
enseignement littéraire	문학교육
épistémologie	인식론
erreur	오류
e-tandem	온라인 탄뎀학습법
évaluation	평가
évaluation analytique	분석적평가
évaluation critériée	준거지향평가
évaluation de la performance	수행평가
évaluation du savoir	성취도평가
évaluation formative	형성평가
évaluation holistique	종합적평가
évaluation normative	규준지향평가
évaluation sommative	총합평가
exercice	연습활동
exercice à trous	빈칸 채우기 연습
exercice de réemploi	재사용연습
exercice de reformulation	재구성연습
exercice de répétition	반복연습
exercice de substitution	대체연습
exercice de transformation	변형연습
exercices structuraux	문형연습

explication	설명
explicite	명시적
exploitation	활용
exposition	노출, 전시
expression écrite	쓰기
expression orale	말하기
- F -	
feed-back	피드백
fiablité	신뢰도
fidélité	정확성
fixation	고정화
FLE(français langue étrangère)	외국어로서의 프랑스어
fluidité	유창성
fonction langagière	언어 기능
fosse nasale	비강
fossilisation	화석화
Français élémentaire	기초 프랑스어
Français fondamental	기본 프랑스어
fréquence	빈도수
- G -	
gammes	리듬
grammaire active	능동적 문법
grammaire comparée	비교문법
grammaire contextualisée	상황화된 문법
grammaire décontextualisée	비상황화된 문법
grammaire de correspondance	대응문법
grammaire déductive	연역적 문법
grammaire distributionnelle	분포주의 문법
grammaire explicite	명시적 문법
grammaire générative	생성문법
grammaire implicite	암시적 문법
grammaire inductive	귀납적 문법
grammaire linguistique	언어학적 문법
grammaire passive	수동적 문법
grammaire pédegogique	교육문법
grammaire scolaire	학교문법
grammaire traditionnelle	전통문법
grammaire universelle	보편문법

- H -	
hypertexte	하이퍼텍스트
- I -	
IA(intelligence artificielle)	인공지능
image	그림, 화상
image authentique	실재그림/화상
image codée	코드그림
image fixe	정화상
image illustration	대화장면그림
image mobile	동화상
image situation	상황그림
implicite	암묵적, 함축적
indices énonciatifs	발화 지표
indices formels	형태 지표
indices iconiques	도상 지표
indices thématiques	주제 지표
inductif	귀납적
Instructions ministérielles	교육부 지침
Instructions officielles	공적 지침
intention de communication	의사소통 의도
interaction	상호작용
interactivité	상호성
interculturalisme	상호문화주의
interférence	간섭
interférence linguistique	간섭현상
interlangue	중간언어
intonation	억양
- J -	
jeu de rôles	역할극
- L -	
labio-dentale	순치음
langue cible	목표어
langue maternelle	모국어
langue morte	사어
langue ordinaire	일상 언어
langue vivante	현용어
latérale	설측음
leçon	단원, 과

lecture balayage	훑어 읽기
lecture globale	총괄적 읽기
lecture oralisée	낭독
lecture studieuse	정독
lexème	어휘소
lexique	어휘
liaison	연음
lieu d'articulation	조음위치
liquide	유음
- M -	
manuel	교재
manuels spécifiques	특수교재
manuels universalistes	일반교재
matériel complémentaire	보조자료
matériel didactique	교육자료
mécanisme	기제연습
média fixe	고정 미디어
média mobile	동적 미디어
mémorisation	암기
mémoire à court terme	단기기억
mémoire à long terme	장기기억
mesure	측정
métalangage	메타언어
méthode	언어학습교재
méthode audio-orale	청화식 교수법
méthode communautaire	공동체교수법
méthode directe	직접교수법
méthode grammaire-traduction	문법 · 번역교수법
méthode hypothético-déductive	가설-연역적방법론
méthode naturelle	자연교수법
méthode par le silence	침묵교수법
méthode situationnelle	상황교수법
méthode structuro-globale audiovisuelle	구조 · 총괄시청각교수법
méthode traditionnelle	전통교수법
méthodologie	교수방법론
méthodologie active	능동적 방법론
Minimum standards	교육과정 지침(미)
mode articulatoire	조음방법

modèle ascendant	상향식 모델
modèle descendant	하향식 모델
modèle interactif	상호작용모델
module	모듈(학습단위)
moments de la classe de langue	외국어수업단계
mot plein	실사, 실어
mot vide	허사, 허어
multicanalité	멀티채널특성
multilinguisme	다언어주의
multimédia	멀티미디어
multiréférentialité	멀티참조특성
-N-	
nasale	비음
nasalisation	비음화
National curriculum	교육과정 지침(영)
niveau avancé	상급 수준
niveau intermédiaire	중급 수준
(un) Niveau-seuil	프랑스어 목록자료집
niveaux de langue	언어층위
non conventionnelle	비관례적
norme	규범
notion de filtre affectif	정의적 여과개념
nouvelle critique	신비평
- O -	
objectivité	객관도
occlusive	폐쇄음
opération onomasiologique	명칭론적 조작
opération sémasiologique	의미론적 조작
orale simple	단순·구강모음
ordre scriptural	서체의 영역
organe articulatoire	조음기관
- P -	
pacte de lecture	읽기 협약
paire minimale contextualisée	문맥화된 최소대립쌍
palatale	경구개음
palatalisation	구개음화
paramètre	매개변인
paraphrase	환언

parcours de l'apprentissage	학습과정
paysage sonore	소리감(音感)
pédagogie	교육학
pédagogue	교육론자
perspective actionnelle	행위중심적 관점
phonème	음소
phonologie	음운론
plan d'étude	교육과정
plosive	파열음
plurilinguisme	다중언어주의
portefeuille européen des langues	유럽 언어 포트폴리오
portfolio	포트폴리오
post-alvéolaire	후부치조음
praticabilité	실용도
pratique	연습
préécoute	듣기 전 활동
présentation	제시
problème du transfert	전이의 문제
processus de l'éducation	교육의 과정(過程)
production	생성
production écrite	쓰기
production orale	말하기
program guide	교육과정 지침(미)
programmes	교육과정 지침
progression	전개순서
progression modulable	모듈식 진도방식
projets de lecture	읽기 계획
prosodique	운율의
psychométrie	심리측정학
- R -	
réalité virtuelle	가상현실
rectorat	교육청
réduction	축소
règle d'emploi	사용 규칙
relativité	상대성
réponse physique totale	전신반응법
représentation	표상
républicain	공화주의자

réseau	연결망
révision	수정하기, 검토, 복습
- S -	
schéma	선험지식구조, 도식
science de la littérature	문학과학
science de l'education	교육학
segment	분절음
semi-consonne	반자음
semi-voyelle	반모음
simulation	모의활동
situation de communication	의사소통 상황
situation d'évaluation	평가 상황
situation de production	생산 상황
situation de réception	수용 상황
sociolinguistique	사회언어학
son	음성, 소리
sonore	유성음
sonorité	유성성
sourde	무성음
standardisation	표준화
stimulus intellectuel	지적자극
stratégie de lecture	읽기전략
structuralisme	구조주의
sujet énonciateur	발화주체자
suggestopédie	암시교수법
suprasegment	초분절음
syllabus	교수요목
- T -	
tâche	과제
tâche d'apprentissage	학습과제
tâche sociale	사회적 과제
TAL(N)(traitement automatique du langage (naturel))	(자연)언어자동처리
Tandem	탄뎀학습법
TCF(test de connaissance du français)	프랑스어능력시험
test	검사
test de closure	빈칸메우기시험
texte	텍스트, 문헌

thème	주제, 작문
TICE(technologies de l'information et de la communication pour l'éducation)	정보통신기술의 교육적 활용
timbre	음색
topique	화제
transfert	전이
transformation	변형
transposition	전환, 전이
- U -	
unité capitalisable	이수단위
unité didactique	교수(학습)단위
unité lexicale	어휘 단위
usager	사용자
- V -	
validité	타당도
vélaire	연구개음
version	번역
vidéo	영상
vocabulaire	어휘
voisement	유성음화
voyelle antérieure	전설모음
voyelle fermée	폐모음
voyelle moyenne	중설모음
voyelle nasale	비강모음
voyelle orale	구강모음
voyelle ouverte	개모음
voyelle postérieure	후설모음

| 저자 소개 |

대표저자

이근님
한국교육과정평가원 선임연구원
한국외국어대학교 불어학 박사

공저자(ㄱㄴㄷ순)

김은정
서울대학교 인문대학 불어불문학과 강사
서울대학교 교육학 박사

김정숙
경기여자고등학교 교사
파리3대학교 언어 · 문화교육학 박사

김진하
서울대학교 불어교육과 조교수
서울대학교 불문학 박사

김현주
단국대학교 외국어대학 프랑스어과 교수
스트라스부르2대학교 언어음성학 박사

박동열
서울대학교 불어교육과 부교수
파리4대학교 언어학 박사

서은영
숙명여대 프랑스 언어 · 문화학과 강사
파리3대학교 언어 · 문화교육학 박사

심봉섭

서울대학교 사범대학 불어교육과 교수
파리8대학교 언어학 박사

윤선영

서울대학교 불어교육과 강사
낭시2대학교 박사과정 수료, 서울대학교 교육학 박사

장니나

부산외국어대학교 지중해지역원 HK연구교수
파리8대학교 언어학 박사

최윤희

서울대학교 불어교육과 강사
파리7대학교 언어학 박사

최희재

서울대학교 사범대학 불어교육과 강사
서울대학교 교육학 박사

한문희

전 서울대학교 불어교육과 교수
스트라스부르대학교 언어학 박사

홍승현

상명대학교 서울산학협력단 특임교수
프랑슈-콩테대학교 외국어교수법 박사

프랑스어 교육학
Didactique du **français**

초판 1쇄 발행 _ 2015년 3월 10일

저　　자 • 이 근 님 외 13인 공저
발 행 인 • 정 현 걸
발　　행 • 신 아 사
인　　쇄 • 예지인쇄
출판등록 • 1956년 1월 5일 (제9-52호)
주　　소 • 서울특별시 은평구 녹번동 28-36번지 2F
전　　화 • (02)382-6411 • 팩스 (02)382-6401
홈페이지 • www.shinasa.co.kr
E-MAIL • shinasa@daum.net

ISBN: 978-89-8396-894-4 (93760)
저자와의 협의로 인지를 생략합니다.

정가 *22,000*원